LE DICTIONNAIRE DES SYNONYMES

30 000 mots

Abréviations utilisées

abrév. : abréviation
adj. : adjectif
adj. dém. : adjectif démonstratif
adj. num. : adjectif numéral
adj. pos. : adjectif possessif
adv. : adverbe
all. : allemand
amér. : américain
anc. : ancien
angl. : anglais
≠ : contraire
ap. J.-C. : après Jésus-Christ
ar. : arabe
art. : article
aus. : australien
av. J.-C. : avant Jésus-Christ
compl. : complément
conj. : conjonction
déf. : défini
démons. : démonstratif
dét. : déterminant
dialect. : dialecte
eccles. : ecclésiastique
égypt. : égyptien
esp. : espagnol
exclam. : exclamation
expr. : expression
f. : féminin
fam. : familier
fig. : figuré
franç. : français
gaul. : gaulois
géom. : géométrie
germ. : germanique
gr. : groupe
gram. : grammaire
impers. : impersonnel
indéf. : indéfini
indic. : indicatif
interj. : interjection
inv. : invariable
ital. : italien
jap. : japonais
lang. : langue
lat. : latin
loc. adv. : locution adverbiale
loc. conj. : locution conjonctive
loc. prép. : locution prépositionnelle
loc. : locution
math. : mathématiques
n.f. : nom féminin
n.m. : nom masculin
n.p. : nom propre
néerl. : néerlandais
péjor. : péjoratif
pers. : personnel
plur. : pluriel
port. : portugais
prép. : préposition
pron. : pronom
pron. démons. : pronom démonstratif
pron. indéf. : pronom indéfini
pron. pers. : pronom personnel
pron. poss. : pronom possessif
provenç. : provençal
scand. : scandinave
sing. : singulier
= : synonyme
v. : verbe
v. impers. : verbe impersonnel
v. pron. : verbe pronominal

Dépôt légal : mai 2011
Impression et reliure en Italie par Grafica veneta.

A a A a A a A a A a A a A a

abaisser : v. **1-** *Il abaisse le store de la fenêtre pour se protéger du soleil.* = Baisser. ≠ Relever. **2-** *Au moment des soldes, les commerç≠s abaissent les prix.* = Diminuer, réduire. ≠ Élever, hausser. ■ **s'abaisser :** v. pron. **1-** *Le terrain s'abaisse vers la rivière.* = Descendre. ≠ S'élever, monter. **2-** *Ne t'abaisse pas à répondre à ses injures.* = S'avilir, s'humilier, se rabaisser. ≠ Se glorifier, se vanter. ■ **abaissement :** n.m. = Baisse, chute, diminution. ≠ Élévation, hausse.

abandon : n.m. *Un abandon de famille, de poste.* = Délaissement, démission, désertion. ≠ Maintien. ■ **à l'abandon :** loc. adv. *Cette maison inhabitée est laissée à l'abandon.* = Négliger. ■ **abandonné :** adj. *Des enfants abandonnés.* = Délaissé, seul. ■ **abandonner :** v. **1-** = Laisser, quitter, se retirer. ≠ Conserver, garder. **2-** *Lorsqu' elle commence une activité, elle n'abandonne jamais.* = Cesser, délaisser, démissionner, renoncer. ≠ Maintenir.

abasourdir : v. **1-** *Ce concert de rock m'a abasourdi.* = Abrutir, assourdir, étourdir. **2-** Fig. *Ta réponse m'abasourdit !* = Sidérer, stupéfier.

abattre : v. **1-** *Abattre un arbre, un mur.* = Couper, scier, démolir, détruire. ≠ Relever, remonter. **2-** *Les gardes-chasse abattent les bêtes dangereuses.* = Tuer. **3-** Fig. *Pascal ne se laisse pas abattre par un échec.* = Affaiblir, décourager, démoraliser. ■ **s'abattre (sur) :** v. pron. = Fondre sur, tomber brutalement. ■ **abattement :** n.m. **1-** *Cette mauvaise nouvelle me plonge dans l'abattement.* = Accablement, découragement, lassitude. ≠ Excitation, exaltation, joie. **2-** *L'abattement d'impôts lui permet d'en payer moins.* = Diminution, rabais. ≠ Augmentation, majoration. ■ **abattu :** adj. *Elle a un moral d'acier, elle n'est jamais abattue.* = Affaibli, découragé, triste. ≠ Enthousiaste.

abbé : n.m. = Prêtre (dans la religion catholique.) ■ **abbaye :** n.f. = Couvent, monastère.

abdiquer : v. *En février 1848, le roi Louis-Philippe a abdiqué.* = Abandonner, démissionner, renoncer. ≠ Accéder (au pouvoir). ■ **abdication :** n.f. = Abandon, démission, renonciation. ≠ Accession (au pouvoir).

abdomen : n.m. = Ventre.

aberration : n.f. *Par quelle aberration as-tu agi ainsi ?* = Absurdité, égarement, erreur, folie. ≠ Logique. ■ **aberrant :** adj. *Cette personne a une conduite aberrante.* = Absurde, illogique, insensé. ≠ Logique, normal, sensé.

abêtir : v. = Abrutir, rendre bête. ■ **abêtissant :** adj. = Abrutissant. ■ **abêtissement:** n.m. = Abrutissement.

abîme : n.m. = Gouffre, fosse, précipice, abysse. ■ **être au bord de l'abîme.** = Catastrophe, perte, ruine. ■ **abîmer :** v. = Casser, dégrader, détériorer, endommager. ≠ Améliorer, réparer, restaurer. ■ **s'abîmer :** v. pron. = Se détériorer.

abject : adj. = Ignoble, immonde, méprisable, répugnant. ≠ Élevé, noble.

ablation : n.f. *Depuis l'ablation de son appendice, Armelle n'a plus de crise d'appendicite.* = Suppression. ≠ Greffe.

ablution : n.f. **1-** = Toilette purificatrice. (au sens religieux.) **2-** plur. (rare) *Tous les matins, je fais mes ablutions avant de sortir.* = Toilette.

aboi ou **aboiement :** n.m. = Cri (du chien), jappement. ■ **aux abois :** plur. **1-** *Après deux heures de chasse à courre, le cerf aux abois affrontait les chiens.* = Acculé, encerclé. **2-** fig. *Sans travail et sans logement, Marc est aux abois.* = Désespéré. ≠ Heureux.

abolir : v. *En France, la peine de mort a été abolie en 1981.* = Abroger (une loi), anéantir, annuler, supprimer. ≠ Établir, fonder, instaurer, promulguer. ■ **abolition :** n.f. = Abrogation, annulation, suppression. ≠ Établissement, instauration.

abominable : adj. **1-** *Sur l'autoroute, nous avons vu un accident abominable.* = Affreux, atroce, effroyable, horrible. **2-** *Il ne cesse de pleuvoir, quel temps abominable !* = Détestable, épouvantable, exécrable. ≠ Magnifique, merveilleux. ■ **abominablement :** adv. *Ce monstre est abominablement laid.* = Atrocement, horriblement. ■ **abomination :** n.f. *La guerre, le crime sont des abominations.* = Horreur. ≠ Beauté.

abonder : v. *Les fautes abondent dans cette dictée.* = Foisonner, proliférer, pulluler. ≠ Manquer. ■ **abonder dans le sens de quelqu'un.** = Approuver. ≠ Désapprouver, réprouver. ■ **abondance :** n.f. **1-** *À la saison des moissons, les oiseaux trouvent des graines en abondance.* = Foison, profusion. ≠ Pénurie, rareté. **2-** *Il voudrait vivre dans l'abondance.* = Aisance, opulence, richesse. ≠ Dénuement, pauvreté, rareté. ■ **abondant:** adj. = Copieux, fourni, généreux, riche. ≠ Insuffisant, maigre, pauvre, rare. ■ **abondamment :** adv. = Beaucoup, copieusement, énormément. ≠ Peu.

abonner : v. *David a abonné son frère à un journal d'informatique.* = Adhérer. ≠ Désabonner. ■ **abonné :** adj. et n. *Sur un annuaire, on trouve la liste des abonnés du téléphone.* = Adhérent, affilié.

abord : n.m. **1-** sing. *Mon professeur est aimable, il est d'un abord facile.* = Accès, approche, aspect, comportement, contact. ■ **au premier abord, de prime abord.** = À première vue, immédiatement, tout de suite. ≠ Après, ensuite. **2-** plur. ■ **les abords** d'un lieu. *Nous arrivons aux abords de la ville.* = Les alentours, les environs, la périphérie. ≠ Centre. ■ **d'abord** : adv. = Premièrement, en premier lieu, en priorité. ≠ Après, ensuite, finalement. ■ **abordable** : adj. **1-** *Quand Laura boude, elle n'est pas abordable.* = Accessible, accueillant, aimable. ≠ Inabordable, inaccessible. **2-** *Pendant les soldes, les vêtements sont abordables, leur prix est raisonnable.* ≠ Inabordable, cher. ■ **aborder** : v. **1-** *Christophe Colomb aborda Cuba en octobre 1492.* = Accéder, accoster, atteindre. ≠ S'éloigner, quitter. **2-** *Les pirates abordent le navire marchand.* = Accrocher, éperonner, toucher. **3-** *Élisa aborde un passant pour lui demander son chemin.* = Accoster. ≠ Éviter, s'éloigner. **4-** *Après la dictée, la maîtresse aborde notre sujet favori : les vacances.*= Entamer. ≠ Éviter.

aboutir : v. **1-** *À Paris, l'avenue des Champs-Élysées aboutit à la place Charles- de-Gaulle.* = Arriver à, déboucher, finir. ≠ Débuter, commencer. **2-** *Les efforts entrepris par Léa aboutissent; elle passe en sixième.* = Avoir pour résultat, réussir. ≠ Échouer, rater. ■ **aboutissement** : n.m. *Une médaille d'or est l'aboutissement des efforts d'un sportif.* = Issue, résultat.

aboyer : v. **1-** = Japper. **2-** fig. *Paul, cesse d'aboyer contre moi!* = Crier, hurler.

abracadabrant : adj. = Invraisemblable, bizarre, extravagant, farfelu. ≠ Banal, normal, sensé.

abréger : v. = Écourter, raccourcir, réduire, résumer. ≠ Allonger. ■ **abrégé** : n.m. *Pour réviser, il utilise un abrégé de mathématiques.* = Aide-mémoire, condensé, résumé. ■ **en abrégé** : loc. adv. = Brièvement, en résumé, sommairement. ≠ En détails. ■ **abrègement** : n.m. = Diminution, réduction. ≠ Allongement.

abreuver : v. = Donner à boire. ≠ Assoiffer. ■ **s'abreuver** : v. pron. *La sécheresse est si grande que les troupeaux ne peuvent plus s'abreuver.* = Boire, se désaltérer.

abri : n.m. = Protection, refuge.

abriter : v. *La table de jardin est abritée par l'auvent.* = Cacher, couvrir, protéger. ≠ Découvrir, exposer. ■ **s'abriter** : v. pron. = Se cacher, se dissimuler, se protéger. ≠ Se découvrir, s'exposer.

abroger : v. *Louis XIV a abrogé l'édit de Nantes.* = Révoquer, supprimer, annuler. ≠ Établir, instituer, promulguer. ■ **abrogation** : n.f. = Annulation, révocation, suppression. ≠ Établissement, institution, promulgation.

abrupt : adj. *Les flancs du mont Blanc sont très abrupts.* = Escarpé, raide, rapide, à pic. ≠ Doux.

abruti : 1- adj. *Après une dure journée de travail, je suis abruti.* = Assommé, étourdi. ≠ Dispos. **2-** n. *Espèce d'abruti!* = Idiot, stupide. ≠ Éveillé, intelligent. ■ **abrutir** : v. = Fatiguer, accabler, assourdir. ≠ Élever, éveiller. ■ **abrutissant** : adj. = Assourdissant, assommant, fatigant . ≠ reposant, délassant. ■ **abrutissement** : n.m. = Abêtissement, hébétement. ≠ Élévation.

absent : adj. = Distrait, éloigné, manquant. ≠ Attentif, présent. ■ **absence** : n.f. **1-** *Les absences doivent être justifiées.* = Éloignement, manque. ≠ Présence. **2-** fig. *Elle porte des vêtements criards, quelle absence de goût!* = Manque. **3-** *Ses moments d'absence pendant le cours l'empêchent de suivre.* = Rêverie, distraction. ≠ Attention. ■ **s'absenter** : v. pron. = Partir, disparaître, sortir, s'éloigner. ≠ Se présenter, demeurer.

absolu : adj. **1-** *Les examens se déroulent dans un silence absolu.* = Parfait, complet, total, entier. ≠ Limité, imparfait. **2-** *Louis XIV régnait en roi absolu, en maître sur ses sujets.* = Autoritaire. ≠ Conciliant, libéral. ■ **absolument** : adv. = Entièrement, complètement, sans retenue, totalement. ≠ Partiellement. ■ **absolutisme** : n.m. = Despotisme, dictature, tyrannie.

absorber : v. **1-** *Le papier buvard absorbe l'encre.* = Boire, éponger, pomper. ≠ Dégorger, rejeter. **2-** *Jean a mal à l'estomac; il a absorbé trop d'aspirine.* = Avaler, engloutir. **3-** fig. *La lecture de ce roman l'absorbe complètement .* = Accaparer, occuper, retenir. ≠ Libérer. ■ **absorbant** : adj. **1-** *Les plantes ont des racines munies de poils absorbants.* = Poreux, perméable. ≠ Imperméable. **2-** fig. *Résoudre un problème est un travail absorbant.* = Accaparant.

absoudre : v. *Elle absout son fils de toutes ses fautes.* = Pardonner, excuser. ≠ Condamner. ■ **absolution** : n.f. = Pardon. ≠ Condamnation.

abstenir (s') : v. pron. *Dans les lieux publics, il faut s'abstenir de fumer.* = Se priver, se passer, renoncer, ne pas voter (aux élections). ■ **abstinence** : n.f. *Les catholiques font abstinence de viande le vendredi.* = Jeûne, privation.

abstraire : v. = Isoler, exclure, écarter, séparer. ≠ Inclure. ■ **s'abstraire** : v. pron. *Il parvient à s'abstraire du vacarme.* = Se détacher, s'isoler, se mettre à part. ■ **abstraction** : n.f. *La liberté est une abstraction.* = Idée, notion, irréalité. ≠ Réalité. ■ **faire abstraction d'une chose.** *La science étudie des faits réels, elle fait abstraction du surnaturel.* = Écarter, mettre de côté, ne pas tenir compte. ≠ Mentionner, tenir compte. ■ **abstrait** : adj. **1-** *La philosophie est une science abstraite .* = Théorique, hypothétique. ≠ Concret, positif. **2-** *Dans certaines de ses œuvres, Picasso est un peintre abstrait.* = Non-figuratif. ≠ Figuratif.

absurde : adj. = Insensé, illogique, irrationnel. ≠ Sensé, raisonnable, logique. ■ **absurdité** : n.f. = Bêtise, idiotie, sottise, stupidité. ≠ Sagesse, bon-sens.

abus : n.m. *Frapper les plus faibles que soi est un abus de sa force.* = Exagération, excès, injustice. ≠ Mesure, modération. ■ **il y a de l'abus** : fam. = exagération. ■ **abuser** : v. = Exagérer, dépasser les bornes (fam.), outrepasser. ■ **abuser quelqu'un**. *Le renard abuse le corbeau dans la fable de La Fontaine.* = Tromper, duper, leurrer. ≠ Détromper, ouvrir les yeux. ■ **abusif** : adj. *L'usage abusif d'un médicament provoque des malaises.* = Excessif. ≠ Modéré.

abysse : n.m. *Le plus grand abysse connu atteint 11 520 mètres de profondeur.* = Abîme, fosse, gouffre.

acabit : n.m. péjor. *C'est un menteur et je n'aime pas les gens de cet acabit.* = Sorte, espèce, nature.

académie : n.f. **1-** *L'Académie des sciences, l'Académie des lettres.* = Conservatoire, université, institut. **2-** *Les écoles et lycées d'Angoulême font partie de l'académie de Bordeaux.* = Rectorat. ■ **académicien** : n. *Un académicien, membre de l'Académie française, porte un habit vert et une épée.* = Immortel.

acariâtre : adj. = Querelleur, hargneux, bougon, revêche. ≠ Sympathique, sociable, doux.

accabler : v. **1-** *Je suis accablé de travail.* = Surcharger, écraser, submerger. ≠ Décharger, soulager. **2-** *Les empreintes retrouvées sur la porte accablent le voleur.* = Charger, confondre. ≠ Libérer. ■ **accablant** : adj. *À 35 degrés, la chaleur est accablante.* = Oppressant, écrasant, lourd. ≠ Doux, léger. ■ **accablement** : n.m. = Abattement, découragement, épuisement, prostration. ≠ Consolation.

accalmie : n.f. = Éclaircie, répit, pause. ≠ Tempête, agitation.

accaparer : v. = Monopoliser, prendre, retenir. ≠ Partager, distribuer.

accéder : v. **1-** *Nous accédons à la plage par un petit chemin.* = Atteindre, parvenir, arriver. ≠ S'éloigner. **2-** *Le directeur accède à ma demande.* = Consentir, souscrire, être d'accord (fam.) ≠ Refuser.

accélérer : v. **1-** *Dès la sonnerie, les élèves accélèrent le rangement de leur cartable.* = Activer, presser. ≠ Modérer, ralentir. **2-** *Pour doubler une voiture, on accélère.* = Augmenter la vitesse. ≠ Freiner, ralentir. ■ **accélération** : n.f. = Augmentation, accroissement. ≠ Ralentissement, modération. ■ **accélérateur** : n.m. *La pédale d'accélérateur.* = fam. Champignon.

accent : n.m. *Marcel Pagnol avait l'accent du Midi.* = Inflexion, intonation, prononciation. ■ **mettre l'accent sur** : = Insister sur, attirer l'attention. ■ **accentuer** : v. *Des gestes expressifs accentuent ses paroles.* = Renforcer, souligner, intensifier. ≠ Atténuer, modérer.

accepter : v. **1-** = Consentir à, accorder, accepter. ≠ Refuser. **2-** *J'ai accepté ce cadeau comme preuve de ton amitié.* = Recevoir. ≠ Rejeter. **3-** *Il a été accepté dans ce groupe dès le premier jour.* = Accueillir, adopter. ≠ Repousser. ■ **acceptable** : adj. *Son travail est maintenant acceptable.* = Satisfaisant, convenable, correct. ≠ Inacceptable. ■ **acceptation** : n.f. = Accord. ≠ Refus.

accès : n.m. *L'accès à la fosse aux lions est interdit au public.* = Entrée, voie, passage. ■ **accès de colère, de jalousie** : = Bouffée, crise . ■ **accès de fièvre** : = Poussée, montée. ■ **accessible** : adj. **1-** *Le pic du Midi est accessible surtout en été.* = Praticable, abordable. ≠ Inaccessible, inabordable. **2-** *Les livres de Stendhal ne sont pas accessibles aux enfants.* = Clair, compréhensible, abordable. ≠ Difficile, incompréhensible. ■ **accessoire** : **1-** n.m. *L'autoradio laser d'une voiture est un accessoire agréable.* = Instrument, outil. **2-** adj. *La beauté physique est accessoire; l'essentiel est ce qu'on a dans le cœur.* = Secondaire, négligeable. ≠ Essentiel, principal. ■ **accessoirement** : adv. = Éventuellement. ≠ Principalement, obligatoirement.

accident : n.m. **1-** = Choc, chute, collision, malheur. **2-** *Un accident de terrain.* = Inégalité. ■ **accidenté** : **A-**adj. **1-** *La montagne est une région très accidentée.* = Inégal, varié. ≠ Plat, uni, égal. **2-** *On remorque une voiture accidentée.* = Abîmé. **B-** n. *Un accidenté du travail.* = Blessé. ■ **accidentel** : adj. . = Imprévu, inhabituel, occasionnel. ≠ Normal, régulier, constant. ■ **accidentellement** : adv. = Par hasard, fortuitement. ≠ Constamment, fatalement, normalement.

acclamer : v. = Applaudir, crier de joie. ≠ Huer, siffler. ■ **acclamation** : n.f. = Applaudissement, ovation, hourra. ≠ Huée.

acclimater : v. *Dans les zoos d'Europe, on a acclimaté les ours blancs.* = Introduire, accoutumer, adapter. ■ **s'acclimater** : v. pron. *Mon ami japonais s'est bien acclimaté à la France.* = S'habituer, s'adapter. ■ **acclimatation** : n.f. = Adaptation. ■ **Jardin d'acclimatation** : = Zoo.

accommoder : v. **1-** *Il accommode bien les pâtes.* = Assaisonner, préparer, cuisiner. **2-** *Il accommode son comportement aux circonstances.* = Ajuster, adapter. ≠ Opposer. ■ **s'accommoder de** : v. pron. *Quel bon caractère, il s'accommode de tout.* = Accepter, se satisfaire, s'adapter, s'habituer. ≠ Refuser, rejeter. ■ **accommodant** : adj. = Complaisant, conciliant, sociable. ≠ Désagréable, agressif. ■ **accommodement** : n.m. = Arrangement, accord, entente. ≠ Désaccord.

accompagner : v. *Il accompagne son petit frère à l'école.* = Aller avec, escorter, conduire. ≠ Quitter. ■ **accompagnateur** : n. = Guide. ■ **accompagnement** :

n.m. **1-** = Escorte, suite, cortège. **2-** *Les moules marinières ont des frites comme accompagnement.* = Garniture, sauce.

accomplir : v. = Faire, exécuter, réaliser. ≠ Échouer. ■ **s'accomplir** : v. pron. *Son plus beau rêve s'est accompli.* = Se réaliser, arriver. ■ **accompli** : adj. **1-** *Après des années d'entraînement, Maud est une gymnaste accomplie.* = Parfait, excellent, incomparable, remarquable. ≠ Médiocre, moyen, imparfait. **2-** *J'ai fini ce travail : mission accomplie!* = Terminé, achevé, réalisé. ≠ Commencé, ébauché. ■ **accomplissement** : n.m. = Exécution, réalisation, achèvement. ≠ Échec.

accorder : v. **1-** *Avant de jouer, le musicien accorde son violon.* = Harmoniser. ≠ Détonner. **2-** *Ses parents lui accordent la permission d'aller au cinéma.* = Consentir, accepter. ≠ Refuser, rejeter. **3-** *Elle accorde les couleurs de ses vêtements quand elle s'habille.* = Assortir, harmoniser. ≠ Contraster, jurer. ■ **accord** : n.m. **1-** *Ce piano ne tient pas l'accord.* = Harmonie. **2-** *As-tu l'accord de tes parents?* = Approbation, consentement, aval. ≠ Refus. **3-** *Nous sommes en parfait accord dans notre équipe.* = Entente. ≠ Désaccord, mésentente. ■ **d'accord** : « *Veux-tu jouer avec moi? – D'accord* ». = Oui, certainement. ≠ Non, pas du tout.

accoster : v. **1-** *Le* Titanic *a accosté à Southampton.* = Jeter l'ancre, aborder. ≠ Lever l'ancre. **2-** *Ne te laisse pas accoster par des inconnus.* = Aborder, approcher.

accotement : n.m. *Danger! Accotements non stabilisés.* = Bas-côté. ≠ Chaussée.

accoucher : v. = Mettre au monde un enfant, donner naissance. ■ **accouchement** : n.m. = Naissance, enfantement. ■ **accoucheur** : n.m. = Obstétricien, sage-femme.

accouder (s') : v. pron. = S'appuyer sur les coudes. ■ **accoudoir** : n.m. *En voiture, on peut s'appuyer à l'accoudoir de la portière.* = Bras.

accoupler (s') : v. pron. *Les oiseaux s'accouplent après la parade nuptiale.* = Se reproduire. ■ **accouplement** : n.m. = Reproduction, saillie.

accourir : v. = Se presser, se précipiter. ≠ S'arrêter, traîner.

accoutrer (s') : v. pron. *Elle s'accoutre d'une manière ridicule!* = S'habiller, s'affubler. ■ **accoutrement** : n.m. *Notre voisin porte toujours un drôle d'accoutrement.* = Habillement, vêtement, déguisement.

accoutumer : v. *On ne l'a pas accoutumé à travailler.* = Habituer. ≠ Désaccoutumer, déshabituer. ■ **s'accoutumer** : v. pron. = S'adapter, s'habituer, se familiariser. ≠ Se déshabituer. ■ **accoutumance** : n.f. **1-** *Vivre au pôle demande une longue accoutumance.* = Adaptation, acclimatement, habitude. ≠ Inadaptation. **2-** *L'accoutumance à un produit toxique, à un poison.* = Immunisation, insensibilisation. ■ **accoutumé** : adj. = Ordinaire, habituel, rituel. ≠ Extra-ordinaire, inhabituel. ■ **comme à l'accoutumée** : loc. adv. = Comme d'habitude, comme à l'ordinaire.

accrocher : v. **1-** = Suspendre, pendre, fixer. ≠ Décrocher. **2-** *Papa a accroché l'aile avant de la voiture.* = Accidenter, heurter. ■ **s'accrocher** : v. pron. = S'agripper, se cramponner, se suspendre. ≠ Se décrocher, se détacher. ■ **accroc** : n.m. **1-** = Déchirure, trou. **2-** fig. *Notre randonnée s'est effectuée sans accroc.* = Empêchement, obstacle, incident, difficulté, contretemps. ■ **accrochage** : n.m. **1-** *Il y a eu un accrochage de voitures au carrefour.* = Choc, accident **2-** *Leur mésentente provoque des accrochages.* = Friction, heurt, querelle, dispute. ≠ Harmonie. **3-** *Un accrochage s'est produit entre deux patrouilles ennemies.* = Engagement, heurt, bataille. ■ **accrocheur** : adj. *Un sportif très accrocheur.* = Tenace, combattif. ≠ Changeant.

accroître : v. = Augmenter, agrandir, grossir, renforcer. ≠ Diminuer. ■ **accroissement** : n.m. = Augmentation, agrandissement. ≠ Diminution.

accroupir (s') : v. pron. *Sur cette photo de classe, les élèves de devant se sont accroupis.* = Se baisser, être à croupetons. ≠ Se redresser, se relever.

accueillir : v. = Recevoir, accepter. ≠ Rejeter. ■ **accueil** : n.m. **1-** *Nous avons rendez-vous à l'accueil de la gare.* = Entrée, réception. (lieu). **2-** *Nos amis nous font un accueil chaleureux.* = Hospitalité, réception, traitement. ■ **centre d'accueil** : = Asile, refuge. ■ **accueillant** : adj. **1-** *Les habitants de mon village sont très accueillants.* = Hospitalier, aimable, serviable. ≠ Inhospitalier, revêche. **2-** *Ce chalet tout en bois est accueillant.* = Chaleureux, agréable, sympathique. ≠ Repoussant, antipathique.

acculer : v. *Ce commerçant a été acculé à la faillite.* = Pousser, contraindre, forcer.

accumuler : v. = Amasser, entasser, empiler. ≠ Disperser, éparpiller. ■ **accumulateur** : n.m. = Batterie, pile. ■ **accumulation** : n.f. = Amoncellement, amas, entassement. ≠ Dispersion, éparpillement.

accuser : v. **1-** *On l'accuse de vol.* = Dénoncer, incriminer, mettre en cause, inculper. ≠ Innocenter. **2-** *Le visage ridé de ce vieil homme accuse son grand âge.* = Souligner, révéler, montrer, accentuer. ≠ Dissimuler, cacher, diminuer. ■ **accusation** : n.f. = Dénonciation, délation, diffamation, reproche, charge. ≠ ■ **accusateur** : n. et adj. **1-** *Pendant la Révolution, le magistrat en charge de l'accusation au tribunal s'appelait l'accusateur public.* = Procureur, substitut. ≠ Défenseur. **2-** *Il défie ses accusateurs du* *regard.* = Dénonciateur, délateur, mouchard (fam.). ■ **accusé** : n. *L'accusé a été interrogé par le juge.* = Inculpé, prévenu.

acerbe : adj. = Agressif, blessant, mordant. ≠ Aimable, gentil.

acéré : adj. = Pointu, tranchant, aigu, aiguisé, coupant ≠ Émoussé, arrondi.

achalandé : adj. *Le rayon de ce marchand de primeurs est bien achalandé en fruits.* = Fourni, approvisionné. ≠ Vide.

acharner (s') : v. pron. **1-** *Le tigre s'acharne sur sa proie.* = Poursuivre, combattre. **2-** *Marc s'acharne à essayer d'attraper un papillon.* = S'obstiner, persévérer. ≠ Abandonner. **3-** *Ses ennemis s'acharnent contre lui.* = Persécuter. ≠ Protéger. ■ **acharné** : adj. **1-** *Les gladiateurs se livraient à des combats acharnés.* = Forcené, farouche, furieux. **2-** *C'est un travailleur acharné.* = Courageux, obstiné, têtu, persévérant. ≠ Indolent, inconstant. ■ **acharnement** : n.m. = Obstination, opiniâtreté, ardeur. ≠ Mollesse.

achat : n.m. = Emplette, acquisition. ≠ Vente.

acheminer : v. *Les caravanes du désert acheminent les marchandises d'un village à l'autre.* = Faire parvenir, apporter, convoyer, transporter. ■ **s'acheminer** : v. pron. = Aller vers, se diriger, avancer. ■ **acheminement** : n.m. *La Poste prend en charge l'acheminement du courrier.* = Transport

acheter : v. = Acquérir, se payer, se procurer. ≠ Vendre. ■ **acheteur** : n. = Client, acquéreur, preneur. ≠ Vendeur.

achever : v. **1-** = Terminer, finir. ≠ Débuter, commencer, ébaucher. **2-** *Le lion achève sa proie avant de la dévorer.*= Tuer, porter le coup de grâce. ≠ Épargner. ■ **achevé** : adj. *C'est un pianiste achevé, il serait capable de donner des concerts.* = Accompli, parfait, excellent. ≠Débutant, imparfait. ■ **achèvement** : n.m. = Aboutissement, accomplissement, fin, terme. ≠ Commencement, début, ébauche.

acide : adj. et n.m. **1-** *Le citron est un fruit acide.* = Âcre, aigre, piquant. ≠ Doux. **2-** *Des paroles acides.* = Désagréable, aigre, acerbe. ≠ Agréable, doux. ■ **acidité** : n.f. = Aigreur. ≠ Douceur. ■ **acidulé** : adj. *Lola n'aime pas les bonbons acidulés.* = Aigrelet.

acolyte : n.m. fig. péjor. *Dans les fables de La Fontaine, le loup est souvent l'acolyte du renard.* = Complice, compère, partenaire.

acompte : n.m. = Arrhes, provision, avance.

acoquiner (s') : v. pron. *Évite de t'acoquiner avec le premier venu.* = Fréquenter, s'attacher, se lier. ≠ Abandonner, éviter.

à-côté : n.m. *Les surprises font partie des à-côtés agréables de la vie.* = Supplément, détail.

à-coup : n.m. *Cette voiture va tomber en panne, son moteur ne fonctionne que par à-coups.* = Secousse, saccade, raté.

acquérir : v. **1-** = Acheter. ≠ Vendre, céder. **2-** *Au fil des répétitions, Olivier acquiert une certaine aisance sur scène.* = Assimiler, prendre, obtenir. ≠ Perdre. ■ **acquéreur** : n.m. = Acheteur. ≠ Vendeur. ■ **acquis** : adj. *Louis et moi sommes inséparables, son amitié m'est acquise.* = Gagné, obtenu. ≠ Perdu.

acquiescer : v. = Approuver, accepter, consentir. ≠ Refuser, s'opposer. ■ **acquiescement** : n.m. = Consentement, approbation, accord. ≠ Opposition, refus.

acquitter : v. **1-** *Ma mère a acquitté sa facture de téléphone.* = Payer, régler. **2-** *Dans cette affaire de vol, cet homme a finalement été acquitté.* = Disculper, amnistier, innocenter, relâcher, relaxer. ≠ Condamner. ■ **s'acquitter** : v. pron. **1-** *Je me suis acquitté de la promesse que je t'avais faite.* = Accomplir, remplir. ≠ Manquer à. **2-** = Rembourser, payer ses dettes. ■ **acquit** : n.m. = Quittance, reçu. ■ **acquittement** : n.m. **1-** = Paiement, règlement, remboursement. ≠ Dette. **2-** *Le tribunal a prononcé l'acquittement de cette personne accusée à tort.* = Amnistie, relaxe, remise en liberté. ≠ Condamnation.

âcre : adj. = Acide, amer, aigre, irritant. ≠ Doux, suave. ■ **âcreté** : n.f. *L'âcreté des coings m'irrite la langue.*= Acidité, amertume. ≠ Douceur.

acrobate : = Trapéziste, équilibriste, funambule. ■ **acrobatie** : n.f. = Voltige, saut, équilibre (au cirque); vrille, looping, tonneau (en avion). ■ **acrobatique** : adj. = Difficile, périlleux. ≠ Facile.

acte : n.m. **1-** *Le pompier a fait acte de bravoure en sauvant cet enfant des flammes.* = Action, geste. **2-** *Pour établir ma carte d'identité, je dois fournir un acte de naissance.* = Certificat, contrat, document. ■ **acteur** : n.m. **1-** = Comédien, interprète, vedette. **2-** *Stéphane a été l'acteur principal de cette bagarre.* = Protagoniste, instigateur, meneur. ■ **actif** : adj. = Dynamique, entreprenant, énergique, efficace. ≠ Inactif, passif, indolent, paresseux.

action : n.f. **1-** *En aidant les autres, tu fais une bonne action.* = Acte, activité, efficacité, oeuvre. ≠ Inaction. **2-** *La falaise s'est creusée sous l'action de la mer et du vent.* = Effet, mouvement, influence. **3-** *L'action de ce film se passe en Espagne.* = Scénario, intrigue. ■ **actionner** : v. *Actionne la manivelle pour remonter le store.* = Faire fonctionner, mettre en marche. ■ **activement** : adv. *L'avocat s'occupe activement de cette affaire.* = Sérieusement, efficacement. ≠ Mollement. ■ **activer** : v. *Le vent active l'incendie.* = Accélérer. ≠ Ralentir. ■ **s'activer** : v. pron. = Se hâter. ≠ Ralentir. ■ **activité** : n.f. **1-** *En été, l'activité d'une* *fourmilière est importante.* = Vivacité, ardeur, animation. ≠ Inactivité, inertie. **2-** *L'activité industrielle d'une région se concentre souvent autour des grandes villes.* = Occupation, travail, essor.

actuel : adj. = Présent, contemporain. ≠ Passé, ancien. ■ **actualité** : n.f. **1-** *La sécheresse en Afrique est un problème d'actualité.* = Événement actuel. **2-** plur. *Tous les soirs, il écoute les actualités à la radio.* = Informations, nouvelles. ■ **actuellement** : adv. = En ce moment, à l'heure actuelle, aujourd'hui. ≠ Autrefois.

adapter : v. **1-** *Séverine a adapté sa façon de s'habiller au pays où elle vit.* = Ajuster, mettre en accord avec. ≠ Opposer. **2-** *Le conte* Peau d'Âne *a été adapté au cinéma.* =Transposer. ■ **s'adapter** : v. pron. = S'habituer, s'acclimater, s'accoutumer. ≠ S'opposer. ■ **adaptable** : adj. = Assimilable. ≠ Opposé. ■ **adaptation** : n.f. **1-** *Dans sa nouvelle école, Zoé a dû faire des efforts d'adaptation.* = Acclimatation, accoutumance, transformation. ≠ Inadaptation. **2-** *La comédie musicale* Notre-Dame de Paris *est une adaptation d'un livre de Victor Hugo.* = Transposition, traduction.

addition : n.f. **1-** *Une sauce vinaigrette est une addition d'huile au vinaigre.* = Ajout, augmentation, adjonction, complément. ≠ Retrait, soustraction, déduction. **2-** *« Garçon ! L'addition s'il vous plaît ! »* = Note, facture. ■ **additionner** : v. = Ajouter, augmenter, totaliser. ≠ Enlever, soustraire, déduire..

adepte : n.m. ou f. *Marc est un adepte de cette doctrine religieuse.* = Partisan, adhérent.

adéquat : adj. *Pour planter un clou, l'outil adéquat est le marteau.* = Convenable, approprié. ≠ Inadéquat, inapproprié.

adhérer : v. **1-** *Le papier collant adhère au mur.* = Coller, tenir. ≠ Se détacher. **2-** *Notre classe adhère à une association sportive.* = S'engager, s'inscrire, s'affilier. ≠ Démissionner. ■ **adhérence** : n.f. *En cas de pluie, l'adhérence des pneus d'une voiture est moins bonne.* = Tenue de route, collage. ■ **adhérent** : n. *J'ai une carte d'adhérent à la bibliothèque.* = Membre, abonné, partisan. ■ **adhésif** : adj. *Du ruban adhésif.* = Collant. ■ **adhésion** : n.f. **1-** *Le directeur a donné son adhésion à notre projet de classe artistique.* = Consentement, approbation, accord. ≠ Refus, opposition. **2-** = Inscription (dans une association, un parti politique...). ≠ Démission.

adieu : **1-** n.m. *Faire ses adieux.* = Prendre congé. **2-** interjection. = Bonsoir, au revoir. ≠ Bonjour.

adjacent : adj. *Ces deux jardins sont adjacents.* = Voisin, contigu, attenant. ≠ Distant, séparé.

adjoindre : v. *On a adjoint une infirmière supplémentaire à la surveillante dans ce service hospitalier.* = Ajouter, associer. ≠ Enlever, dissocier. ■ **adjoint** : n.m. *Les adjoints aident le maire à gérer la commune.* = Aide, assistant, collaborateur. ■ **adjonction** : n.f. = Addition, association. ≠ Suppression.

adjuger : v. *Une coupe a été adjugée aux gagnants.* = Donner, attribuer, décerner. ■ **s'adjuger** : v. pron. *À table, mon frère s'adjuge les meilleurs morceaux.* = S'approprier, s'emparer de. ≠ Laisser, abandonner.

admettre : v. **1-** *J'admets que tu as raison.* = Être d'accord, accepter, reconnaître. ≠ Nier. **2-** *Cette élève est admise dans la classe supérieure.* = Recevoir, accepter, autoriser. ≠ Exclure, rejeter.

administrer : v. **1-** *Le maire est élu pour administrer sa commune.* = Diriger, gérer, organiser. **2-** *Le médecin m'a administré des gouttes pour le nez.* = Prescrire, ordonner. ■ **administrateur** : n.m. *Mon père est administrateur de société.* = Dirigeant, gérant, gestionnaire. ■ **administration** : n.f. **1-** *Le directeur d'une usine est chargé de son adminisntration.* = Gestion, conduite, direction. **2-** *Il travaille dans une administration, le service des Impôts.* = Service public.

admirer : v. = S'extasier, s'enthousiasmer. ≠ Mépriser, dédaigner. ■ **admiration** : n.f. = Émerveillement, enthousiasme. Mépris. ■ **admirateur** : n.m. *Les acteurs de cinéma ont de nombreuses admiratrices.* = Adorateur, fanatique (fam. fan.). ≠ Ennemi, détracteur. ■ **admirable** : adj. = Magnifique, splendide, merveilleux, extraordinaire. ≠ Laid, horrible. ■ **admirablement** : adv. = Parfaitement, merveilleusement. ≠ Horriblement.

admission : n.f. *Mon frère a fait une demande d'admission à un club sportif.* = Adhésion, entrée. ≠ Radiation. ■ **admissible** : adj. *Son retard inhabituel est admissible.* = Acceptable, tolérable, plausible. ≠ Inadmissible, intolérable.

adolescent : = Jeune, mineur. ■ **adolescence** : n.f. *L'adolescence est un passage délicat de l'enfance à l'âge adulte.* = Âge tendre.

adonner (s') : v. pron. *Ces enfants s'adonnent à une activité sportive.* = Se livrer, pratiquer. ≠ Abandonner.

adopter : v. **1-** *Mon oncle et ma tante ont adopté une petite fille.* = Faire sien. ≠ Abandonner. **2-** fig. *Mon frère a adopté la médecine, il veut être chirurgien.* = Prendre, admettre, choisir. ≠ Abandonner. **3-** *Les députés ont adopté une loi.* = Voter. ≠ Rejeter. ■ **adoption** : n.f. = Choix, vote.

adorer : v. **1-** *Les Égyptiens adoraient Rê, le dieu Soleil.* = Vénérer, honorer. **2-** *Cette enseignante est adorée par ses élèves.* = Aimer, idolâtrer. ≠ Détester. ■ **adorateur** : n.m. = Admirateur. ■ **adoration** : n.f. = Amour, adulation, culte, vénération. ≠ Haine.

■ **adorable** : adj. = Mignon, charmant, ravissant, charmant. ≠ Détestable, horrible.

adosser : v. *Les vestiaires sont adossés à l'enceinte du stade.* = Appuyer contre. ■ **s'adosser** : v. pron. = S'appuyer. ≠ Lâcher.

adoucir : v. 1- *La musique adoucit les moeurs.* = Corriger, modérer, atténuer. **2-** *Une visite adoucirait sa solitude.* = Apaiser, soulager. ≠ Aggraver. ■ **adoucissement** : n.m.1- *Au printemps, on s'attend à un adoucissement de la température.* = Réchauffement, amélioration. ≠ Dégradation. **2-** *Ce médicament est la cause d'un adoucissement de ses souffrances.* = Apaisement, soulagement. ≠ Aggravation.

adresser : v. **1-** = Envoyer, poster, expédier. **2-** *Jean n'ose pas adresser la parole à sa jolie voisine.* = Parler. ■ **s'adresser à** : v. pron. **1-** = Parler à quelqu'un. **2-** *Ce livre s'adresse aux élèves de CM.* = Être destiné, concerner. ■ **adresse** : n.f. **1-** *La pétanque est un jeu d'adresse.* = Habileté, savoir-faire, dextérité. ≠ Maladresse, gaucherie. **2-** *Écris lisiblement l'adresse de tes amis sur l'enveloppe.* = fam. Coordonnées.

adroit : adj. = Habile, ingénieux. ≠ Maladroit, gauche. ■ **adroitement** : adv. = Habilement, avec adresse.

adulte : adj. = Mûr, sérieux, responsable, grand. ≠ Immature, irresponsable.

adultère : **1-** n.m. = Infidélité, inconstance, trahison. ≠ Fidélité. **2-** adj. = Inconstant, infidèle, traître. ≠ Fidèle.

advenir : v. *Fais ce que tu dois, advienne que pourra.* (Proverbe ancien). = Se produire, survenir, arriver.

adversaire : n. = Antagoniste, rival, concurrent, opposant. ≠ Partenaire, coéquipier, allié.

aérer : v. **1-** = Donner de l'air, changer d'air, ventiler. ≠ Confiner, renfermer. **2-** *Elle a aéré la présentation de son texte en espaçant les paragraphes.* = Alléger. ■ **aération** : n.f. *Cette pièce fermée depuis longtemps a vraiment besoin d'aération.* = Ventilation. ≠ Confinement. ■ **aérien** : adj. **1-** *La tempête arrache les câbles aériens.* = En l'air. ≠ Souterrain. **2-** *À l'aéroport, la tour contrôle le trafic aérien.* = Aviation. **3-** fig. *La harpiste joue une musique aérienne.* = Léger, pur.

affable : adj. = Courtois, avenant, accueillant, aimable, sociable, poli. ≠ Désagréable, brusque, discourtois. ■ **affabilité** : n.f. = Amabilité, courtoisie, politesse. ≠ Brusquerie, impolitesse.

affaiblir : v. **1-** *La grippe a beaucoup affaibli Julie.* = Fatiguer, diminuer, épuiser, perdre de la force. ≠ Fortifier, revigorer. **2-** *Des grèves ont affaibli cette société.* = Ebranler, diminuer. ≠ Renforcer. ■ **affaiblissement** : n.m. = Baisse, diminution, faiblesse, fatigue, déclin. ≠ Augmentation, progrès, force.

affaire : n.f. **1-** *C'est un problème, mais j'en fais mon affaire.* = Cela me regarde. ■ **se tirer d'affaire.** = S'en sortir. **2-** *Pour aller à la plage, ce maillot de bain fera l'affaire.* = Convenir. **3-** *Le père de Constance a une affaire de nettoyage.* = Entreprise, usine, société. **4-** *Quand mes parents ont acheté leur maison, ils ont conclu l'affaire chez le notaire.* = Transaction. **5-** plur. *Avant de partir à la montagne, nous préparons nos affaires de ski.* = Effets personnels. ■ **affairé** : adj. *Les fourmis semblent toujours affairées.* = Occupé, actif. ≠ Oisif. ■ **affairement** : n.m. = Animation. ≠ Oisiveté. ■ **s'affairer** : v. pron. = S'empresser. ≠ Traîner, lambiner.

affaisser (s') : v. pron. *Sous le poids de la neige, le toit de la maison s'est affaissé.* = Fléchir, se tasser, s'effondrer, s'abaisser, s'écrouler. ≠ Se redresser, se relever. ■ **affaissement** : n.m. *Des pluies diluviennes ont provoqué un affaissement de terrain.* = Tassement, écroulement.

affaler (s') : v. pron. *Après une longue marche, les randonneurs se sont affalés dans le pré.* = Tomber, s'écrouler. ≠ Se redresser, se relever.

affamé : adj. **1-** *Le chaton affamé miaule désespérément.* = Famélique. ≠ Repu, rassasié. **2-** *Cet acteur est affamé de succès.* = Avide, assoiffé. ≠ Détaché, indifférent.

affecter : v. **1-** *Ce local est affecté au stockage du papier.* = Consacrer, destiner. ≠ Désaffecter. **2-** *Dans l'usine, Gilles est affecté au courrier.* = Nommer, désigner. **3-** *La disparition du chien l'a beaucoup affecté.* = Peiner, affliger, attrister, toucher. ≠ Réjouir. **4-** *François affecte de croire encore au Père Noël.* = Feindre, simuler, avoir l'air de. ■ **affecté** : adj. *On n'aime pas beaucoup entendre parler une personne affectée.* = Maniéré, apprêté. ≠ Naturel, simple. ■ **affectation** : n.f. **1-** *Affectation d'une somme à de menues dépenses.* = Destination. **2-** *La maîtresse quitte l'école, elle a une affectation dans un autre département.* = Nomination, mutation. **3-** *Elle est poseuse et maniérée : son affectation ne la rend pas sympathique.* = Préciosité, recherche, snobisme. ≠ Naturel, simplicité.

affection : n.f. **1-** = Attachement, tendresse, amitié. ≠ Aversion, indifférence, hostilité. **2-** *Jules souffre d'une affection bénigne.* = Indisposition, maladie. ■ **affectionner** : v. = Aimer, chérir. ≠ Détester. ■ **affectif** : adj. *Les sentiments, les émotions, les chagrins font partie de notre vie affective.* = Sentimental, émotionnel. ■ **affectivité** : n.f. = Sensibilité, émotivité. ■ **affectueux** : adj. = Aimant, tendre, sentimental. ≠ Froid, dur. ■ **affectueusement** : adv. = Tendrement. ≠ Froidement, durement.

affermir : v. **1-** *Pour affermir ses muscles, il fait du sport.* = Renforcer, raffermir. ≠ Ramollir. **2-** fig. *Ces réflexions ne font que l'affermir dans son opinion.* = Consolider, renforcer, fortifier. ≠ Affaiblir.

afficher : v. **1-** *La liste des candidats est affichée.* = Placarder, montrer, annoncer, publier. ≠ Cacher. **2-** *Après sa victoire au tennis, Benoît affiche une fierté excessive.* = Manifester, montrer. ≠ Dissimuler. ■ **affiche** : n.f. = Panneau, poster, pancarte. ■ **affichette** : n.f. = Écriteau.

affilée (d') : loc. adv. *Il ne faut pas conduire plus de deux heures d'affilée.* = Sans arrêt, sans discontinuer, sans interruption.

affilier (s') : v. pron. *Vincent s'est affilié à un club de plongée .* = Adhérer, s'inscrire. ≠ Démissionner. ■ **affiliation** : n.f. = Rattachement, admission, entrée. ≠ Sortie, démission.

affinité : n.f. *Ils ont beaucoup d'affinités : tous sont très sportifs.* = Concordance, harmonie, analogie, accord. ≠ Opposition.

affirmer : v. = Assurer, soutenir, certifier, attester. ≠ Nier, contester, démentir. ■ **affirmation** : n.f. *Malgré ses affirmations, je ne le crois pas.* = Attestation, assurance, propos. ≠ Doute, négation, démenti. ■ **affirmatif** : adj. *Un ton affirmatif.* = Net, catégorique. ≠ Négatif, confus. ■ **affirmativement** : adv. = Positivement. ≠ Négativement.

affleurer : v. *Des écueils affleurent la surface de la mer.* = Émerger, sortir de. ≠ S'enfoncer.

affliger : v. = Désoler, attrister, navrer. ≠ Consoler, réjouir. ■ **affligeant** : adj. **1-** *Après la perte de son emploi, il se trouve dans une situation affligeante.* = Attristant, désolant. ≠ Réjouissant. **2-** *Le dernier film que j'ai vu est vraiment affligeant.* = Lamentable, mauvais. ≠ Excellent. ■ **affliction** : n.f. = Désolation, tristesse, désespoir. ≠ Joie, bonheur.

affluer : v. **1-** *La chaleur fait affluer le sang au visage.* = Monter. ≠ Refluer. **2-** fig. *Les spectateurs affluent vers l'entrée du chapiteau.* = Arriver, se presser vers, abonder. ≠ Se retirer. ■ **affluence** : n.f. *Le premier jour des vacances est un jour d'affluence sur les routes.* = Foule, multitude, encombrement, ruée. ■ **affluent** : n.m. *L'Allier est un affluent de la Loire.* = Cours d'eau, rivière. ■ **afflux** : n.m. *Il y a eu un afflux de visiteurs au Salon de l'auto.* = Arrivée massive, foule, multitude, flot.

affoler : v. = Apeurer, effrayer, épouvanter, terrifier. ≠ Calmer, rassurer. ■ **affolant** : adj. = Bouleversant, terrible, effrayant. ≠ Rassurant. ■ **affolement** : n.m. = Agitation, peur, panique. ≠ Calme.

affranchir : v. **1-** *Au Moyen Âge, le seigneur pouvait affranchir les serfs travaillant sur son domaine.* = Libérer, émanciper, rendre libre. ≠ Asservir. **2-** *Avant de la poster, Isabelle affranchit sa lettre.* = Timbrer. ■ **affranchissement** : n.m. **1-** *L'affranchissement des tyrannies rend aux hommes leur dignité.* = Émancipation, libération. ≠ Asservissement. **2-** *À la poste, les tarifs d'affranchissement du courrier sont affichés.* = Frais de port, timbre.

affreux : adj. **1-** *La vue de cet accident est trop affreuse.* = Épouvantable, atroce. ≠ Agréable. **2-**. *Je n'aime pas du tout ce tableau, il est affreux.* = Hideux, horrible, abominable. ≠ Beau, magnifique. **3-** *Il ne cesse de pleuvoir, le temps est affreux.* = Détestable, ignoble. ≠ Clément, beau. ■ **affreusement** : adv. = Horriblement, effroyablement, extrêmement, terriblement. ≠ Légèrement.

affronter : v. = Braver, faire face, combattre. ≠ Fuir. ■ **s'affronter** : v. pron. *Lors de la finale, seules les deux meilleures équipes s'affrontent.* = S'opposer. ≠ S'allier. ■ **affront** : n.m. *Il m'a fait l'affront de ne pas me féliciter après ma victoire.* = Insulte, injure, offense, outrage. ≠ Louange. ■ **affrontement** : n.m. = Combat.

affubler : v. *On m'avait affublé d'un pantalon à pois que je détestais.* = Accoutrer, déguiser, vêtir. ≠ Dévêtir.

affûter : v. **1-** *Le boucher affûte ses couteaux avec un aiguisoir.* = Aiguiser, affiler. ≠ Émousser. **2-** fig. *À force d'entraînement au tennis, Guillaume a affûté son coup droit.* = Perfectionner. ■ **à l'affût** : loc. adv. = Aux aguets.

afin de : loc. prép. **afin que :** loc. conj. *Je travaille afin de réussir. Aline l'aide afin qu'il réussisse.* = Dans le but de, pour, pour que.

agacer : v. = Énerver, irriter, exaspérer, taquiner. ≠ Apaiser, calmer. ■ **agaçant** : adj. = Énervant, exaspérant. ≠ Agréable. ■ **agacement** : n.m. = Énervement, exaspération, irritation. ≠ Calme.

âge : n.m. **1-** *Mon chien a dix ans, il prend de l'âge.* = Vieillir. **2-** *L'âge de la pierre polie a succédé à l'âge de la pierre taillée.* = Période, époque. ■ **âgé** : adj. = Vieux, ancien. ≠ Jeune.

agence : n.f. **1-** *Nous sommes allés retirer nos billets de train auprès de l'agence de voyage.* = Bureau, comptoir. **2-** *Notre banque a des agences dans toutes les villes.* = Succursale.

agencer : v. *Tu dois agencer convenablement les pièces d'un puzzle pour obtenir une image.* = Organiser, assembler, arranger. ≠ Disperser. ■ **agencement** : n.m. *L'agencement de cet appartement est remarquable.* = Aménagement, organisation. ≠ Désordre.

agenda : = Memento, répertoire, calendrier.

agenouiller (s') : v. pron. = Se mettre à genoux, s'incliner, se prosterner. ≠ Se redresser.

agent : n.m. **1-** *Les fumées d'usine sont un des agents de la pollution.* = Cause, origine, source, facteur. **2-** *L'agent d'assurances nous a fait signer un contrat.* = Employé, commis, gérant. **3-** *Un agent secret.* = Espion.

agglomérer : v. = Réunir, amonceler, assembler, entasser. ≠ Disperser, séparer. ■ **agglomération** : n.f. **1-** = Agglomérat, amas, amoncellement, entassement. ≠ Dispersion, séparation. **2-** *La vitesse est limitée dans les agglomérations.* = Cité, village, bourg, ville, banlieue, zone urbaine. ■ **aggloméré** : n.m. = Parpaing.

agglutiner (s') : v. pron. = Se rassembler, se presser, s'entasser. ≠ Se disperser. ■ **agglutinant** : adj. *Le ruban adhésif est enduit d'une substance agglutinante.* = Adhésif, collant.

aggraver : v. = Augmenter, accroître. ≠ Alléger, atténuer, diminuer. ■ **s'aggraver** : v. pron. *La maladie s'aggrave de jour en jour.* = Empirer, redoubler. ≠ Améliorer, calmer. ■ **aggravation** : n.f. = Augmentation, accroissement, intensification, progrès. ≠ Diminution, réduction, amélioration.

agile : adj. = Souple,habile, adroit, léger, vif, alerte. ≠ Gauche, maladroit, lourd, lent. ■ **agilité** : n.f. = Souplesse, adresse, légèreté, vivacité. ≠ Gaucherie, maladresse, lourdeur, lenteur.

agir : v. **1-** *Il ne suffit pas de dire, il faut agir.* = Faire, exécuter, effectuer. **2-** *Julien n'a que dix ans, mais il agit comme un adulte.* = Se conduire, se comporter. **3-** *Le besoin d'argent le fait agir.* = Animer, pousser, conduire, mener. ≠ Freiner, retenir. **4-** *Sa bonne humeur agit sur son entourage.* = Influer, influencer. ■ **agir (s')** : v. pron. *Il s'agit non pas de vous, mais de moi.* = Être question de. ■ **agissant** : adj. *Un remède agissant soulage le malade.* = Actif, efficace. ≠ Inactif, inefficace. ■ **agissements** : n.m. plur. *L'escroc a été condamné pour ses agissements malhonnêtes.* = Pratique, manigance, combine, machination, manoeuvre.

agiter : v **1-** *Le vent agite les branches des arbres.* = Secouer, remuer. **2-** *Des cauchemars agitent l'enfant.* = Troubler, tracasser, inquiéter, angoisser. ≠ Calmer, apaiser. ■ **s'agiter** : v. pron. = Remuer, se démener, s'exciter. ≠ Se calmer . ■ **agité** : adj. **1-** *Un enfant agité.* = Turbulent, nerveux. ≠ Sage, calme. **2-** *Un malade agité.* = Fiévreux. ≠ Calme, tranquille. **3-** *Une mer agitée.* = Houleux. **4-** *Une vie agitée.* = Trépidant, mouvementé. ≠ Calme, paisible. ■ **agitateur** : n. *Avant 1789, les orateurs anti-royalistes étaient des agitateurs.* = Révolutionnaire, trublion, meneur. ■ **agitation** : n.f. **1-** *Les abeilles en danger sont prises d'une grande agitation.* = Animation, activité, trouble. ≠ Calme, repos. **2-** *Pendant les grèves, il y a beaucoup d'agitation dans les villes.* = Animation, effervescence, remous. ≠ Paix. **3-** *Le malade traverse des périodes d'agitation.* = Nervosité, fébrilité. = Repos, calme.

agonie : n.f. = Dernièrs instants, extrémité, fin, mort. ■ **agoniser** : v. = S'éteindre, décliner, mourir. ■ **agonisant** : adj. ou n. = Moribond, mourant.

agrafer : v. = Attacher , accrocher, assembler, fixer. ≠ Désagrafer.

agrandir : v. = Augmenter, ajouter, développer, étendre. ≠ Réduire, rapetisser, diminuer, restreindre. ■ **agrandissement** : n.m. = Accroissement, augmentation,développement, extension. ≠ Réduction, diminution.

agréer : v. **1-** « *Veuillez agréer mes sentiments respectueux.* » = Accepter, recevoir. **2-** *Les appareils agréés par la Commission européenne portent la mention NE.* = Reconnaître, admettre. ■ **agréable** : adj. **1-** *L'été, il est agréable de se baigner.* = Plaisant, charmant. ≠ Déplaisant. **2-** *Une odeur, des mets agréables.* = Délicieux, exquis. ≠ Désagréable. **3-** *Ces amis sont des gens agréables à fréquenter.*= Avenant, accueillant, sociable, sympathique. ≠ Désagréable, pénible, insociable. ■ **agréablement** : adv. = Plaisamment. ≠ Désagrablement.

agréger : v. = Associer, rattacher, admettre, incorporer. ≠ Désagréger.

agrément : n.m. **1-** *Il a obtenu l'agrément de sa famille pour poursuivre des études de médecine.* = Approbation, accord, consentement. ≠ Désapprobation, refus. **2-** *Ce parc est plein d'agréments : on peut se promener, jouer ou se reposer.* = Charme, plaisir, amusement. ≠ Désagrément, défaut. ■ **agrémenter** : v. = Embellir, enjoliver, orner, parer. ≠ Enlaidir, déparer.

agresser : v. = Attaquer, assaillir, sauter sur (fam.). ■ **agresseur** : n.m. = Attaquant, assaillant. ■ **agressif** : adj. = Provocant, hargneux, coléreux, menaçant. ≠ Doux, inoffensif. ■ **agression** : n.f. = Attaque, violence. ■ **agressivité** : n.f. = Brutalité, hargne, violence. ≠ Douceur.

agricole : adj. = Campagnard, rural. ≠ Urbain. ■ **agriculteur** : n.m. = Cultivateur, éleveur, fermier, agronome. ■ **agriculture** : n.f. = Culture, agronomie.

agripper : v. *L'enfant timide agrippe la jupe de sa mère.* = Attraper, accrocher. ≠ Lâcher.■ **s'agripper** : v. pron. = S'accrocher à, se retenir, se cramponner.

aguets (aux) : loc. adv. *La lionne aux aguets observe un troupeau de gazelles.* = A l'affût, en observation.

ahuri : adj. *La violence de ces propos l'a laissé complètement ahuri.* = Hébahi, stupéfait, abasourdi. ■ **ahurissant(e)** : adj. = Étonnant, stupéfiant. ■ **ahurissement** : n.m. = Étonnement, stupéfaction.

aider : v. = Assister, épauler, seconder, secourir, soutenir. ≠ Abandonner, gêner, nuire. ■ **aide** : **1-** n.f. *Il a un bras cassé, il a besoin d'aide pour s'habiller.* = Secours, assistance, soutien. **2-** n. *Léa est aide-soignante à l'hôpital, elle aide une infirmière.* = Assistant, auxiliaire, adjoint.

aïeul : n.m. = Grand-père, grand-mère. ■ **aïeux** : plur. = Ancêtres, ascendants, prédécesseur.

aigre : 1- adj. *Ces cerises aigres me piquent la langue.* = Acide, piquant, rance, sur. ≠ Doux. **2-** fig. *La marâtre s'adresse à Cendrillon d'un ton aigre.* = Âpre, mordant, acariâtre, revêche. ≠ Agréable ■ **aigrement** : adv. Avec aigreur. *Mes voisines se reprochent aigrement le manque de surveillance de leurs enfants.* ■ **aigreur** : n.f. **1-** *Je n'aime pas l'aigreur du vinaigre.* = Acidité. ≠ Douceur. **2-** fig. *Je suis peiné par l'aigreur de ses propos.* = Méchanceté, amertume, animosité. ≠ Douceur, sérénité. ■ **aigri** : adj. = Amer, désabusé, irritable. ■ **aigrir** : v. *Le temps orageux a fait aigrir le lait.*= Devenir aigre,surir. ■ **s'aigrir** : v. pron. **1-** *Le vin s'aigrit à l'air.* = S'altérer, tourner. **2-** *Il vit seul et son caractère s'aigrit.* = Rendre méchant, amer, irritable. ≠ Adoucir, consoler.

aigu : adj. **1-** = Tranchant, acéré, effilé, pointu. ≠ Émoussé. **2-** *Une voix aiguë.* = Perçant, strident, criard. ≠ Grave. **3-** *Les crampes provoquent des douleurs aiguës.*= Vif, violent. ≠ Sourd.

aiguille : n.f. *L'aiguille du Midi culmine à 3 842 m.* = Pic, dent, sommet.■ **aiguiller** : v. = Diriger, orienter. ■ **aiguilleur** : n.m. Spécialiste en charge d'un poste d'aiguillage. ■ **aiguillon** : n.m. = Dard. ■ **aiguillonner** : v. = Animer, encourager, stimuler. ≠ Réfréner, calmer. ■ **aiguiser**: v. = Affûter, affiler. ≠ Émousser.

aile : n.f. **1-** *Les ailes d'un oiseau, d'un avion.* = Aileron,empennage. **2-** *Les ailes d'une voiture.* = Flanc. **3-** *Il se met sous l'aile de son grand frère.* = Protection, soutien.

ailleurs : adv. *Ici ou ailleurs, il faut travailler.* = Autre part, dans un autre endroit. ≠ Ici.■ **d'ailleurs** : loc. adv. D'autre part, du reste, au demeurant.

aimable : adj. = Agréable,accueillant, gentil, plaisant, poli. ≠ Désagréable, insupportable.

aimant : adj. = Affectueux, tendre, caressant, câlin. ≠ Froid, distant. **aimer :** v. **1-** = Avoir de l'affection, affectionner, chérir, s'éprendre, adorer. ≠ Détester, haïr. **2-** *Lucien aime le football, mais il aime aussi aller au cinéma.* = Prendre plaisir. ■ **aimer mieux**. = Préférer.

aîné : n. ou adj. *Leur fils aîné est avocat.* = Premier-né.

ainsi : 1- adv. *Il chante ainsi parce qu'il est heureux.* = De cette manière, de cette façon, comme ça. **2-** conj. de coordination. *Il fait chaud, ainsi nous irons à la plage.* = Donc, par conséquent, c'est pourquoi. ■ **ainsi que** : loc. conj. *Julien ainsi que Laura passent en sixième.*= Comme, de même que, et.

air : n.m. **1-** *L'air forme une couche qui entoure la Terre.* = Atmosphère. **2-** *On étouffe, il n'y a pas un brin d'air.* = Brise, vent, courant d'air. **3-** *Il a toujours l'air joyeux.* = Apparence, allure, expression, manières, mine. **4-** *L'air de cette chanson me trotte dans la tête depuis ce matin.* = Mélodie. ■ **airbag** : n.m. = Coussin gonflable.

aire : n. **1-** *L'unité de mesure des aires est le mètre carré.* = Superficie, surface, zone. **2-** *L'aigle niche dans une aire.* = Nid, refuge

aisance : n.f. **1-** *Avec aisance, il présente son exposé.* = Assurance,facilité, légèreté, naturel. ≠ Gêne, embarras. **2-** *Ils vivent dans l'aisance.* = Aise, confort, opulence, richesse. ≠ Pauvreté.

aise : n.f. *Je suis à l'aise chez toi.* = Bien. ≠ Gêné. ■ **prendre ses aises**. = S'installer confortablement. ■ **aisé** : adj. **1-** = Facile, commode, simple. ≠ Difficile, malaisé. **2-** = Fortuné, riche. ≠ Pauvre. ■ **aisément** : adv. = Facilement, commodément, simplement. ≠ Difficilement, malaisément.

ajourner : v. *J'ai ajourné mon rendez-vous.* = Déplacer, remettre, reculer. ■ **ajournement** : n.m. = Remise, atermoiement, report, renvoi.

ajouter : v. **1-** *Paul ajoute de l'eau à son sirop pour le diluer.* = Allonger, additionner, joindre. ≠ Enlever, ôter, déduire, soustraire. **2-** *Après son discours, il n'a plus rien à ajouter.* = Dire. ■ **ajout** : n.m. = Addition.

ajuster : v. **1-** *On a ajusté ce tuyau au robinet du jardin.* = Adapter, accorder, arranger, agencer. ≠ Déranger. **2-** *Le chasseur ajuste un lièvre.* = Mettre en joue, viser. ■ **ajustage** : n.m. = Assemblage.

alambiqué : adj. = Compliqué, recherché, sophistiqué. ≠ Simple.

alangui : adj. = Abattu, affaibli, languissant. ≠ Energique. ■ **alanguissement** : n.m. = Langueur, indolence. ≠ Ardeur, vivacité.

alarme : n.f. **1-** *Ma voiture est équipée d'un signal d'alarme.* = Alerte. **2-** *Ne vous affolez pas à la première alarme.* = Affolement, crainte, inquiétude. ≠ Tranquillité, quiétude. ■ **alarmant** : adj. = Inquiétant, préoccupant, effrayant. ≠ Rassurant. ■ **alarmer** : v. *Les mauvaises notes de Léonie alarment ses parents.* = Inquiéter, angoisser, effrayer. ≠ Rassurer, tranquilliser. ■ **s'alarmer** : v. pron. = S'inquiéter. ≠ Se tranquilliser, se rasséréner. ■ **donner l'alarme**. = Prévenir, avertir, mettre en garde, alerter. ■ **alarmiste** : n. et adj. *Ce journaliste écrit des articles alarmistes qui inquiètent les lecteurs.* = Pessimiste. ≠ Optimiste.

album : n.m. = Livre, cahier, recueil, classeur.

alcool : n.m. **1-** *Ce dessert est parfumé à l'alcool.* = Eau-de-vie, marc, fine, cognac, rhum, whisky. **2-** *L'abus d'alcool est dangereux pour la santé.* = Boissons alcoolisées, apéritif, digestif, vin. ■ **alcoolique** : n. = Buveur, ivrogne. ≠ Sobre. ■ **s'alcooliser** : v. pron. = S'enivrer. ■ **alcoolisme** : n.m. = Ivresse, éthylisme. ≠ Sobriété.

alentours : n.m. plur. *Les alentours de l'oasis sont entourés de sable.* = Abords, environs, voisinage. ■ **aux alentours de**. = Autour de, environ.

alerte : **1-** n. *La gare a été évacuée à cause d'une alerte à la bombe.* = Alarme, danger. **2-** adj. *Il est alerte malgré son grand âge.* = Agile, leste, vif. ≠ Inerte. ■ **alerter** : v. = Avertir, prévenir, appeler.

algue : n.f. = Plante aquatique, varech, goëmon.

alibi : n.m. *L'accusé avait un bon alibi : il était chez son cousin au moment du vol.* = Prétexte, excuse.

aliéner : v. *En se mariant, elle a aliéné son indépendance.* = Abandonner, céder. ■ **aliénation** : n.f. = Démence, folie. ■ **aliéné** : n. = Dément, fou.

aligner : v. = Ranger, mettre en ligne. ■ **alignement** : n.m. = Rangée.

aliment : n.m. = Denrée, produits comestibles, nourriture. ■ **alimentaire** : adj. **1-** = Comestible, nourrissant, nutritif. **2-** *Il fait un travail alimentaire.* = Lucratif. ■ **alimentation** : n.f. **1-**= Nourriture. **2-** *Avec la grève, l'alimentation des stations d'essence ne se fait plus.* = Approvisionnement. ■ **alimenter** : v. **1-** = Nourrir. **2-** *La Seine alimente en eau la ville de Paris.* = Approvisionner. ■ **s'alimenter** : v. pron. =Se nourrir, manger.

alinéa : n.m. = Paragraphe.

aliter (s') : v. pron. = Se coucher. ≠ se lever.

allaiter : v. = Donner le sein.

allécher : v. *L'odeur des gâteaux allèche les enfants.* = Appâter, tenter, attirer, séduire. ≠ Repousser. ■ **alléchant** : adj. = Appétissant, séduisant, tentant. ≠ Repoussant.

allée : n.f. = Chemin, passage. ■ **allées et venues** : n.f. plur. = Déplacement, va-et-vient.

alléger : v. = Délester, décharger, soulager. ≠ Alourdir. ■ **allégement** : n.m. = Diminution, soulagement.

allégresse : n.f. = Joie, gaieté, enthousiasme, entrain. ≠ Tristesse, consternation, abattement.

aller : **A-** v. **1-** *Ce week-end, nous irons au bord de la mer.* = Se rendre. ≠ Rester, revenir. **2-** *Aujourd'hui je vais bien, mais hier j'allais mal.* = Se porter. **3-** *Cette nouvelle coiffure te va bien.* = Convenir, s'accorder. ■ **s'en aller** : v. pron. = Partir, abandonner, disparaître. **B-** n.m. *À la gare, j'ai pris un aller simple pour Marseille.* ≠ Retour.

allier : v. *Le mariage de Louis XVI à Marie-Antoinette allia la France à l'Autriche.* = Unir, réunir. ≠ Désunir, opposer. ■ **s'allier** : v. pron. = S'associer. ■ **alliance** : n.f. **1-** = Mariage, union. ≠ Désunion, divorce. **2-** *Marc était mon ami, mais il fait maintenant alliance avec mes ennemis.* = Accord, coalition. **3-** = Anneau, bague. ■ **allié** : n. **1-** *Pendant la Seconde Guerre mondiale, les États-Unis, la Grande-Bretagne et l'URSS étaient les alliés de la France.* = Partenaire, associé. ≠ Ennemi, opposé. **2-** *L'abbé Pierre est l'allié des gens démunis.* = Ami, appui, aide. ■ **alliage** : n.m. *Le bronze est un alliage de cuivre et d'étain.* = Mélange.

alligator : n.m. = Caïman, crocodile.

allocation : n.f. = Prestation, pension, secours. ■ **allocataire** : n. = Bénéficiaire.

allocution : n.f. = Discours.

allonger : v. **1-** *Pour atteindre le toit, il a allongé l'échelle de 2 mètres.* = Rallonger, prolonger. ≠ Raccourcir. **2-** *Michel allonge le bras pour atteindre la boîte de gâteaux.* = Étirer, tendre, avancer. ≠ Replier. **3-** *Les jours allongent.* = Augmenter, rallonger. ≠ Diminuer. ■ **s'allonger** : v. pron. = Se coucher. ■ **allongement** : n.m. = Augmentation, accroissement. ≠ Raccourcissement. ■ **allonge** : n.f. sport. = Coup de poing, frappe (en boxe).

allumer : v. **1-** *L'homme de Cro-Magnon savait allumer un feu.* = Mettre le feu, enflammer. **2-** *J'allume ma chambre pour pouvoir lire la nuit.* = Éclairer. **3-** *Tous les matins, Lucie allume la radio.* = Brancher. ≠ Eteindre. ■ **allumage** : n.m. = Mise à feu.

allure : n.f. **1-** *Sonia a une drôle d'allure.* = Aspect, apparence, air, contenance, dégaine (fam.), conduite. **2-** *Julien marche à toute allure.* = Vitesse, démarche, pas, marche.

allusion : n.f. = Insinuation, sous-entendu. ■ **allusif** : adj. *Au lieu de dire les choses franchement, il tient des propos allusifs.* = Indirect. ≠ Direct, franc.

alluvion : n.f. *La grande crue du Nil dépose des alluvions dans les champs.* = Dépôt, limon, sédiment.

almanach : n.m. = Agenda, calendrier.

alors : **A-** adv. **1-** *La sorcière jeta alors un sort à la Belle au bois dormant.* = A ce moment-là. **2-** *Il est malade ; alors il ne viendra pas.* = Donc, dans cette circonstance, dans ce cas. **B- alors que** : loc. conj. *Il est allé à l'école alors qu'il était malade.* = Pourtant, bien que, tadis que, pendant que.

alourdir : v. **1-** *Les livres alourdissent les cartables.* = Charger, surcharger, lester. ≠ Alléger. **2-** *Il est alourdi par la fatigue.* = Appesantir, engourdir. ■ **alourdissement** : n.m. = Lourdeur, appesantissement. ≠ Allégement, légèreté.

alpage : n.m. *Les bergers mènent les troupeaux aux alpages.* = Pacage, alpe.

altercation : n.f.. = Querelle, dispute.

altérer : v. **1-** *Le vent, le gel, la pluie altèrent les pierres des vieux murs.* = Détériorer, abîmer, corrompre. **2-** *L'épouvante altère les traits de son visage.* = Déformer, défigurer. **3-** *L'air brûlant nous altère.* = Assoiffer. ≠ Désaltérer. ■ **altération** : n.f. = Dégradation, déformation, détérioration.

alterner : v. *Les phases de la lune alternent.* = Se succéder. ■ **alternance** : n.f. = Rythme, succession, va-et vient. ■ **alternative** : n.f. *Il est devant une alternative : soit il choisit un ballon, soit il prend un disque.* = Dilemne. ■ **alternativement** : adj. = Successivement, tour à tour, l'un après l'autre.

altier : adj. = Fier, hautain, orgueilleux. ≠ Humble, modeste.

altitude : n.f. = Élévation, hauteur.

altruisme : n.m. = Générosité, bonté. ≠ Égoïsme. ■ **altruiste** : adj. et n. = Généreux, bon. ≠ Égoïste.

alvéole : n.f. *Les larves d'abeilles sont abritées dans des alvéoles.* =Cavité, cellule.

amabilité : n.f. = Gentillesse, affabilité, courtoisie, politesse. ≠ Grossièreté, impolitesse.

amadouer : v. = Flatter, charmer.

amaigrir : v. = Maigrir. ≠ Engraisser, grossir. ■ **amaigri** : adj. = Maigre, émacié. ≠ Gras, gros. ■ **amaigrissement** : n.m. = Amincissement, maigreur.

amalgame : n.m. = Mélange, assemblage. ■ **amalgamer** : v. = Réunir, mélanger, mêler.

amant : n. *Roméo et Juliette sont des amants légendaires.* = Amoureux, compagnon, soupirant.

amarrer : v. *Notre bateau est amarré au ponton.* = Attacher, fixer. ≠ Détacher.

amasser : v. = Entasser, accumuler, amonceler. ≠ Disperser, éparpiller. ■ **amas** : n.m. = Monceau, amoncellement, tas, fatras (péj.).

amateur : n.m. **1-** *Alice fait du théâtre en amateur.* = Dilettante. ≠ Professionnel. **2-** *David est un amateur d'antiquités.* = Connaisseur, collectionneur. ■ **amateurisme** : n.m. = Dilettantisme.

ambassade : n.f. *Ce ministre part en ambassade pour négocier des accords de paix.* = Délégation, mission. ■ **ambassadeur** : n.m. = Délégué, diplomate, chargé de mission, représentant.

ambiance : n.f. = Atmosphère.

ambigu : adj. = Obscur, équivoque, incertain. ≠ Clair, précis. ■ **ambiguïté** : n.f. = Obscurité, équivoque. ≠ Clarté, précision.

ambition : n.f. = But, désir, rêve, volonté. ■ **ambitieux** : **1-** adj. *Cet homme est trop ambitieux !* = Présomptueux, prétentieux. **2-** n. *C'est un ambitieux !* = Arriviste. ■ **ambitionner** : v. *Ma sœur ambitionne d'être cosmonaute.* = Chercher à, aspirer à, désirer. ≠ Dédaigner.

ambré : adj. = Doré, bronzé, hâlé.

ambulant : adj. *Les cirques vont de ville en ville avec leurs artistes ambulants.* = Itinérant. ≠ Fixe, sédentaire.

âme : n.f. **1-** *Nous estimons sa grandeur d'âme.* = Coeur, conscience, esprit. ■ **rendre l'âme** : mourir. ■ **corps et âme** : tout entier. ■ **état d'âme** : sentiment, sensibilité. **2-** *Le village où j'habite ne compte que cinq cents âmes.* = Habitant. ■ **ne pas trouver âme qui vive** : ne trouver personne.

améliorer : v. = Perfectionner, réparer, restaurer, embellir. ≠ Détériorer. ■ **s'améliorer :** v. pron. *Le temps s'améliore.* = S'arranger, aller mieux. ≠ Se détériorer. ■ **amélioration** : n.f. **1-** = Réparation, restauration, rénovation, embellissement, perfectionnement. **2-** = Mieux, progrès. ≠ Détérioration.

aménager : v. = Arranger, installer, agencer, modifier. ■ **aménagement** : n.m. *L'aménagement du carrefour a fait diminuer le nombre d'accidents.* = Agencement, arrangement, disposition.

amender : v. **1-** *Les députés amendent un texte de loi.* = Réformer, modifier. **2-** *L'engrais amende le sol.* = Améliorer. ≠ Détériorer. ■ **s'amender** : v. pron. *Ce jeune délinquant peut s'amender.* = S'améliorer, se corriger. ■ **amende** : n.f. = Contravention. ■ **amendement** : n.m. **1-** = Modification (loi). **2-** = Amélioration, correction.

amener : v. **1-** *Mes parents nous ont amenés au zoo.* = Conduire, emmener. **2-** *Le train amène les voyageurs vers Paris.* = Acheminer, conduire, apporter. **3-** *Les fortes chutes de neige ont amené les avalanches.* = Entraîner, provoquer, occasionner. **4-** *Je suis amené à partir plus tôt que prévu.*= Conduire à, pousser à.

amenuiser : v. = Réduire, diminuer, amincir. ≠ Augmenter, grossir, épaissir. ■ **amenuisement** : n.m. = Amincissement, diminution. ≠ Épaississement.

amer : adj. **1-** *Ce pamplemousse est vraiment amer.* = Acide, âcre. ≠ Doux. **2-** *Gabriel fait une critique amère du spectacle qu'il a vu.* = Dur, mordant, blessant. ≠ Bienveillant. **3-** *Il éprouve une amère déception.* = Cruel, douloureux, pénible, triste. ≠ Agréable. ■ **amèrement** : adv. *Je regrette amèrement de n'être pas allé voir ce film.* = Beaucoup. ■ **amertume :** n.f. **1-** *Je n'aime pas l'amertume des endives.* = Âcreté, âpreté. ≠ Douceur. **2-** *Je suis rempli d'amertume à l'idée de ne pas partir en vacances.* = Tristesse, déception. ≠ Joie, plaisir.

ameublement : n.m. = Arrangement, décoration, mobilier.

ameuter : v. *L'arrivée en fanfare du cirque a ameuté les enfants du quartier.* = Rassembler, attrouper. ≠ Disperser.

ami : A- n. **1-** = Camarade, copain (fam.) ≠ Ennemi. **2-** *Mon père fait partie des amis de la nature.* = Protecteur. **B-** adj. *L'Europe est formée de pays amis.* = Accueillant, amical. ■ **amical** : adj. = Bienveillant, cordial. ≠ Hostile, inamical, malveillant. ■ **amicalement** : adv. = Cordialement.

amidonner : v. *Autrefois, les repasseuses amidonnaient le linge.* = Empeser.

amincir : v. = Amaigrir, mincir, amenuiser. ≠ Épaissir, grossir, élargir. ■ **amincissement** : n.m. = Amaigrissement

amitié : n.f. = Sympathie, affection, entente. ≠ Antipathie, inimitié.

amnésie : n.f. *Il est frappé d'amnésie depuis sa chute; il ne sait même plus son nom.* = Oubli.

amnistie : n.f. *Le président nouvellement élu a décrété une amnistie pour les contraventions.* = Grâce, pardon. ■ **amnistier** : v. = Gracier, pardonner.

amocher : v. fam. = Abîmer, détériorer, blesser, massacrer.

amoindrir : v. = Restreindre, affaiblir, diminuer. ≠ Augmenter, renforcer, accroître. ■ **amoindrissement** : n.m. = Diminution, réduction. ≠ Augmentation, accroissement.

amollir : v. = Ramollir. ≠ Affermir, durcir. ■ **s'amollir** : v. pron. = Se ramollir, s'affaiblir, fléchir. ≠ S'endurcir.

amonceler : v. = Entasser, amasser. ≠ Disperser. ■ **s'amonceler** : v. pron. = S'accumuler, s'entasser. ■ **amoncellement** : n.m. = Accumulation, entassement, amas. ≠ Dispersion.

amont : n.m. *Montons vers l'amont du torrent, jusqu'à sa source.* SYN . Haut. ≠ Aval.

amoralité : n.f. = Vice, immoralité.

amorce : n.f. **1-** *Notre rencontre est peut-être l'amorce d'une amitié.* = Commencement, début, ébauche. **2-** *À la pêche, il attire les poissons avec des amorces.* = Appât. ■ **amorcer** : v. gr. **1-** *Il a amorcé l'écriture de son discours.* = Commencer, débuter, ébaucher. **2-** *On peut amorcer les tanches avec du blé.* = Appâter.

amorphe : adj. = Mou, inconsistant. ≠ Énergique, dynamique, actif.

amortir : v. *Les tapis de gymnastique amortissent les chutes.* = Atténuer, affaiblir, atténuer, diminuer.

amour : n.m. **1-** *Mes parents ont fait un mariage d'amour.* = Adoration, passion. ≠ Haine. **2-** *L'amour des parents pour leurs enfants est sans limite.* = Tendresse. **3-** *Luc pratique le surf avec amour.* = Passion. ≠ Aversion. ■ **amouracher (s')** : v. pron. péjor. = S'enticher, se toquer (fam.). ■ **amourette** : n.f. = Caprice, flirt. ■ **amoureux** : **1-** n. *Les randonneurs sont des amoureux de la montagne.* = Fervent, mordu (fam.). **2-** adj. *Marc lance des regards amoureux à Nina.* = Adorateur, tendre. ■ **amour-propre** : n.m. = Orgueil, fierté.

amovible : adj. = Démontable, mobile. ≠ Inamovible.

amphithéâtre : n.m. = Salle de cours, de conférences.

ample : adj. **1-** *Ce manteau ample me fait paraître très grosse.* = Large, grand. ≠ Ajusté, étroit. **2-** *Cette chanteuse à la voix ample pourrait chanter à l'Opéra.* = Généreux, riche. ■ **amplement** : adv. = Largement, grandement. ■ **ampleur** : n.f. = Étendue, importance. ≠ Petitesse. ■ **amplifier** : v. *Le haut-parleur amplifie le son de ma voix.* = Augmenter, exagérer. ≠ Diminuer.

ampoule : n.f. *En jardinant, elle s'est fait des ampoules aux mains.* = Cloque.

amputer : v. *Suite à ses blessures, on a dû l'amputer d'un bras.* = Couper, mutiler. ■ **amputation** : n.f. = Mutilation.

amulette : n.f. = Gri-gri, mascotte, porte-bonheur, talisman.

amuser : v. = Divertir, distraire, égayer, faire rire. ≠ Ennuyer. ■ **s'amuser** : v. pron. = Se divertir, jouer. ≠ S'ennuyer. ■ **amusant** : adj. = Drôle, divertissant, comique, distrayant; (fam.) marrant, rigolo. ≠ Assommant, ennuyeux, triste. ■ **amusement** : n.m. = Distraction, divertissement, récréation. ■ **amuseur** : n. = Farceur, plaisantin, comique.

an : n.m. = Année.

anachronique : adj. *Laver le linge au lavoir est anachronique.* = Désuet, dépassé, démodé.

analogie : n.f. = Rapport, similitude, ressemblance. ≠ Opposition, différence. ■ **analogue** : adj. = Semblale, voisin, similaire, identique. ≠ Opposé, différent.

analphabète : n. ou adj. = Ignorant, illettré. ■ **analphabétisme** : n. m = Ignorance, illettrisme.

analyse : n.f. *Il lit dans un journal l'analyse d'événements politiques.* = Article, étude, critique. ■ **analyser** : v. *Dans ce laboratoire, on analyse le sang.* = Étudier, examiner.

anarchie : n.f. = Désordre, pagaille, confusion, chaos. ≠ Ordre. ■ **anarchique** : adj. = Désordonné, confus. ≠ Ordonné.

ancêtres : n. = Aïeux, anciens. ■ **ancestral** : adj. *La vie est apparue sur Terre dans les temps ancestraux.* = Ancien.

ancien : 1- *Mes parents achètent des meubles anciens à la brocante.* = Vieux, antique, vétuste.

≠ Récent. **2-** *Le grec et le latin sont des langues anciennes.* = Séculaire. ■ **anciennement** : adv. = Autrefois. ≠ Récemment. ■ **ancienneté** : n.f. *L'ancienneté de ces meubles leur donne de la valeur.* = Authenticité, vieillesse. ≠ Modernité, nouveauté.

andouille : n.f. = fam. Abruti.

âne : n.m. **1-** *Le cheval hennit mais l'âne brait.* = Baudet, bourricot. **2-** = fam. Sot, ignorant.

anéantir : v. **1-** *Les tremblements de terre anéantissent des villes entières.* = Détruire, ravager, pulvériser, ruiner. ≠ Créer. **2-** *Ce nouvel échec l'a anéanti.* = Abattre, accabler, briser. ≠ Fortifier. ■ **anéantissement** : n.m. **1-** = Effondrement, destruction, ruine. ≠ Création. **2-** = Abattement, accablement.

anecdote : n.f. = Petite histoire. ■ **anecdotique** : adj. = Accessoire.

anémie : n.f. = Affaiblissement, faiblesse. ≠ Force, santé. ■ **anémique** : adj. = Faible. ≠ Fort. ■ **anémier** : v. = Affaiblir, épuiser.

ânerie : n.f. = Idiotie, stupidité, sottise.

anesthésie : n.f. = Insensibilisation. ■ **anesthésier** : v. *Avant une opération, le patient est anesthésié.* = Insensibiliser, endormir.

ange : n.m. = Esprit céleste, archange, chérubin. ■ **être aux anges** : = Ravi. ■ **angélique** : adj. *Il garde un air angélique quand il a fait une bêtise.* = Doux, parfait, pur. ≠ Diabolique. ■ **ange gardien.** = Protecteur. ■ **angelot** : n.m. = Petit ange, chérubin.

angine : n.f. = Mal de gorge.

angle : n.m. = Coin, coude, encoignure, arête.

angoisse : n.f. = Inquiétude, crainte, anxiété, effroi. ≠ Tranquillité, sérénité, calme. ■ **angoissé** : adj. = Inquiet, anxieux. ≠ Tranquille, serein, calme. ■ **angoisser** : v. = Inquiéter, faire peur, affoler, oppresser. ≠ Tranquilliser, calmer, apaiser.

anguleux : adj. *Son visage anguleux lui donne un air mal aimable.* = Laid, maigre, taillé à la serpe. ≠ Rond.

anicroche : n.f. fam. = Accroc, incident.

animal : **A-** n.m. **1-** *Les insectes, les poissons, l'homme sont des animaux.* = Créature. ≠ Végétal. **2-** *Le vétérinaire soigne les animaux.* = Bête, bestiole. **B-** adj. *Il est poussé à la violence par une force animale.* = Bestial, brutal, physique. ≠ Spirituel.

animer : v. **1-** *Laurent a construit un pantin qu'il peut animer.* = Donner vie, faire bouger. **2-** *Les sauveteurs sont animés par l'envie de sauver une vie.* = Stimuler, aiguillonner, encourager. ≠ Paralyser, retenir. **3-** *Le présentateur anime une émission de télévision.* = Présenter, organiser, diriger. ■ **animé** : adj. **1-** *Un être animé est un être vivant.* = Vivant. ≠ Inanimé. **2-** *Les rues de la ville sont très animées.* = Agité, mouvementé, vivant. ≠ Calme. ■ **animation** : n.f. **1-** *Il y a beaucoup d'animation dans notre quartier.* = Mouvement, activité, agitation. ≠ Calme. **2-** *Nous discutons avec animation.* = Vivacité, chaleur. ≠ Froideur. ■ **animateur** : n.m. = Entraîneur, présentateur, directeur.

animosité : n.f. = Malveillance, aigreur, aversion, antipathie. ≠ Bienveillance, cordialité.

ankylose : n.f. *Ce sportif a une ankylose du genou, il doit arrêter l'entraînement.* = Raideur. ≠ Souplesse. ■ **ankylosé** : adj. = Raide, engourdi. ≠ Souple. ■ **ankyloser (s')**: v. pron. = S'engourdir, se rouiller.

annales : n.f. plur. *La chute du mur de Berlin restera dans les annales.* = Mémoires, recueil.

anneau : n.m. = Bague, alliance.

année : n.f. = An, date.

annexe : **1-** adj. *Je dois joindre à mon dossier des documents annexes.* = Accessoire, secondaire. ≠ Principal. **2-** n.f. *Nous avons occupé une chambre dans l'annexe de l'Hôtel de la Plage.* = Dépendance. ■ **annexer** : v. = Joindre, unir, rattacher. ≠ Détacher, séparer. ■ **annexion** : n.f. *La Bretagne a été annexée à la France au XVIᵉ siècle.* = Réunion. ≠ Séparation.

anniversaire : n.m. = Commémoration, célébration.

annoncer : v. **1-** *Nos voisins nous ont annoncé la naissance de leur fille.* = Apprendre, informer, avertir. ≠ Cacher, taire. **2-** *Le chant du coucou annonce le printemps.* = Présager, prédire, signaler. ■ **annonce** : n.f. **1-** *Les affiches, les prospectus sont souvent des annonces publicitaires.* = Communiqué, déclaration, avis. **2-** *Une sonnerie stridente est l'annonce de l'arrivée du train en gare.* = Indice, signe. ■ **annonciateur** : adj. *Le temps lourd est annonciateur d'orage.* = Avant-coureur, précurseur.

annoter : v. = Noter. ■ **annotation** : n.f. = Note.

annuler : v. **1-** *J'ai annulé mon rendez-vous.* = Supprimer, décommander. ≠ Confirmer. **2-** *La Cour d'Appel a annulé un jugement.* = Abroger, casser, invalider, abolir. ≠ Ratifier, valider. ■ **annulation** : n.f. **1-** = Suppression. ≠ Confirmation. **2-** *À cause d'une fraude, l'annulation du vote a été décidée.* = Abrogation, cassation, invalidation, abolition. ≠ Ratification, validation.

anodin : adj. *Cette douleur anodine ne l'empêche pas de courir vite.* = Inoffensif, bénin. ≠ Dangereux, important.

anomalie : n.f. *À la suite d'une anomalie dans le moteur, la voiture est tombée en panne.* = Bizarrerie, singularité.

ânonner : v. = Hésiter, balbutier. ■ **ânonnement** : n.m. =Hésitation, balbutiement.

anonyme : adj. = Inconnu, non signé. ≠ Connu, signé. ■ **anonymat** : n.m. *Les gagnants du Loto souhaitent parfois garder l'anonymat.* = Incognito.

anormal : adj. = Inhabituel, exceptionnel, singulier, insolite, bizarre. ≠ Habituel, normal.

anse : n.f. = Petite baie, crique, golfe.

antagonisme : n.m. = Rivalité, hostilité. ≠ Accord, harmonie. ■ **antagoniste** : n. et adj. = Adversaire, ennemi.

antan (d') : adv. *Ma grand-mère adore les chansons d'antan.* = D'avant, d'autrefois.

antarctique : adj. et n. = Pôle Sud. ≠ Arctique.

antécédent : n.m. *Ce n'est pas la première fois que cela arrive, il existe de nombreux antécédents.* = Précédent.

antenne : n.f. 1- *Les médecins ont installé une antenne chirurgicale sur les lieux de la catastrophe.* = Poste, unité. 2- **avoir des antennes** : = De l'intuition.

antérieur : adj. *La conquête de la Gaule par les Romains est antérieure à l'an zéro.* = Avant, précédent. ≠ Postérieur, ultérieur. ■ **antérieurement** : adv. = Avant, précédemment. ≠ Postérieurieurement, ultérieurement

anthologie : n.f. = Recueil de morceaux choisis, florilège.

anthrax : n.m. invar. = Furoncle, abcès, panaris.

anthropophage : adj. ou n. = Cannibale.

antichambre : n.f. = Salle d'attente, vestibule.

anticiper : v. *Aux échecs, Benoît anticipe toujours les attaques de son adversaire.* = Devancer, prévoir. ≠ Différer. ■ **anticipation** : n.f. = Prévision, présage. ■ **roman, film d'anticipation** : = Science-fiction.

antidote : n.m. = Contrepoison, remède.

antipathie : n.f. = Aversion, dégoût, répugnance. ≠ Sympathie. ■ **antipathique** : adj. = Déplaisant, désagréable, détestable, répugnant. ≠Sympathique.

antipode : n.m. ■ **être aux antipodes de** : *Son raisonnement est aux antipodes du mien.* = À l'opposé, trèsloin.

antiquaire : n.m. = Brocanteur.

antisémite : adj. et n. = Raciste. ■ **antisémitisme** : n.m. = Racisme.

antiseptique : n.m. ou adj. = Désinfectant. ■ **antisepsie** : n.f. = Assainissement, désinfection.

antonyme : n.m. = Contraire, opposé.

antre : n.m. = Caverne, grotte, gîte, tanière.

anus : n.m. = fam. Derrière, trou de balle.

anxiété : n.f. = Angoisse. ≠ Calme, sérénité. ■ **anxieux** : adj. = Angoissé, inquiet, tourmenté. ≠ Calme, serein.

apaiser : v. = Calmer, tranquilliser, rasséréner, consoler. ≠ Exciter, énerver, déchaîner. ■ **apaisant** : adj. *Des paroles apaisantes.* = Rassurant, sécurisant, consolant. ≠ Excitant, provocant. ■ **apaisement** : n.m. = Soulagement, au calme. ≠ Excitation, provocation, déchaînement.

apathie : n.f. = Inertie, nonchalance, mollesse. ≠ Activité, énergie, enthousiasme. ■ **apathique** : adj. *Lorsqu'il a avalé une proie, le boa devient apathique : il digère.* = Inactif, inerte, indolent. ≠ Actif, énergique, vif.

apercevoir : v. = Discerner, percevoir, voir. ■ **s'apercevoir** : v. pron. = Se rendre compte, remarquer. ■ **aperçu** : n.m. = Estimation, idée, exemple.

apeurer : v. = Faire peur, effrayer. ■ **apeuré** : adj. *Une meute de chiens poursuit la biche apeurée.* = Craintif, effarouché, peureux. ≠ Audacieux.

apitoyer : v. = Émouvoir, attendrir. ■ **s'apitoyer** : v. pron. = Compatir, s'attendrir. ■ **apitoiement** : n.m. = Pitié. ≠ Indifférence.

aplanir : v. 1- *Il a aplani le terrain avant de semer le gazon.* = Niveler, égaliser. 2- *La calculatrice aplanit les difficultés de calcul.* = Supprimer, faciliter. ≠ Compliquer.

aplatir : v. = Écraser, étaler. ≠ Redresser.

aplomb : n.m. 1- *Le maçon vérifie l'aplomb du mur.* = Verticalité. 2- *Le funambule garde son aplomb sur le fil.* = Equilibre. ≠ Déséquilibre. 3- *Malgré sa timidité, Tom a parlé avec aplomb.* = Assurance, audace, culot (fam.). ≠ Timidité.

apogée : n.m. = Point culminant, sommet, faîte. ■ **à l'apogée de** : *Cet athlète, champion du monde, est à l'apogée de sa carrière.* = Au sommet.

apostropher : v. = Interpeller.

apothéose : n.f. *Le bouquet final fut l'apothéose du feu d'artifice du 14 Juillet.* = Apogée, triomphe.

apparaître : v. 1- *Lorsque les gros nuages sombres apparaissent, l'orage n'est pas loin.* = Surgir, se manifester, survenir, naître. ≠ Disparaître, se cacher. 2- *Ce problème nous apparaît impossible à résoudre.* = Paraître, sembler.

appareil : n.m. 1- *La machine à laver est un appareil ménager très utile.* = Machine, outil. 2- *Mon grand-père porte un appareil dentaire.* = Dentier. 3- *Le commandant manœuvre l'appareil pour atterrir.* = Avion. ■ **appareiller** v. 1- *Le navire va appareiller.* = Lever l'ancre. ≠ Jeter l'ancre, mouiller. 2- *Le vétérinaire appareille avec une patte en bois le chien blessé.* = Agencer, installer, équiper, monter. ■ **appareillage** : n.m. 1- = Départ (d'un navire). 2- = Équipement, installation.

apparent : adj. 1- *Elle a attaché ses cheveux avec une grosse barrette apparente.* = Visible, ostensible. ≠ Caché, invisible. 2- *Il n'est pas venu au rendez-vous,* *c'est la raison apparente de notre brouille.* = Superficiel, prétendu, supposé. ≠ Réel, véritable, effectif. ■ **apparemment** : adv. = Vraisemblablement, visiblement. ≠ Réellement, effectivement. ■ **apparence** : n.f. = Air, physionomie, mine, aspect.

apparenter (s') : v. pron. *Le goût de la mandarine s'apparente au goût de l'orange.* = Se rapprocher, ressembler.

apparition : n.f. 1- *L'apparition de petits boutons sur sa peau faisait penser à une allergie.* = Arrivée, manifestation, naissance. ≠ Disparition. 2- *Les fantômes sont des apparitions.* = Esprit, revenant, spectre, vision.

appartement : n.m. = Logement , logis, habitation.

appartenir : v. 1- *Cette jolie voiture appartient à Jeanne.* = Être la propriété. 2- *Le cheval et l'âne appartiennent à la famille des équidés.*= Faire partie de, relever de.

appâter : v. 1- *Lorsqu'il pêche, Papa appâte toujours le poisson.* = Amorcer. 2- *Les parents de Raoul l'ont appâté par une promesse de récompense.* = Allécher, séduire, attirer. ≠ Repousser. ■ **appât** : n.m. 1- *Le poisson mord à l'appât.* = Amorce, esche, leurre. 2- *L'appât d'une vie facile l'a poussé à devenir voleur.* = Attrait, perspective.

appauvrir : v. = Ruiner, épuiser. ≠ Enrichir. ■ **appauvrissement** : n.m. = Ruine, épuisement. ≠ Enrichissement.

appeler : v.. 1- *Le chien de Vincent revient dès qu'on l'appelle.* = Apostropher, héler, interpeller. 2- *Quand il part en voyage, Adrien appelle toujours ses parents.* = Téléphoner à. 3- *Malade, il appelle le médecin.* = demander, convoquer, faire appel. 4-*Florent a appelé son cheval « Gipsy ».* = Nommer, dénommer, qualifier. ■ **appel** : n.m. *Les passants ont entendu un appel au secours venant d'un immeuble proche.* = Cri, voix, signal. ■ **faire appel à** : = Demander de l'aide. ■ **appellation** : n.f. *Le camembert est un fromage d'appellation contrôlée.* = Dénomination, label, marque.

appendice : n.m. = Supplément.

appentis : n.m. *Olivier range son vélo sous l'appentis.* = Dépendance.

appesantir : v. *La fatigue appesantit son allure.* = Alourdir. ≠ Alléger. ■ **s'appesantir** : v. pron. 1- = S'alourdir. 2- *Le professeur s'est appesanti sur une notion très difficile.* = Insister, s'attarder. ≠ Glisser, passer sur. ■ **appesantissement** : n.m. = Alourdissement, lourdeur. ≠ Allègement, légèreté.

appétit : n.m. = Envie de manger, désir. ■ **appétissant** : adj. = Alléchant, attirant. ≠ Dégoûtant, rebutant, repoussant.

applaudir : v. = Acclamer, battre des mains, approuver. ≠ Huer, désapprouver. ■ **applaudissement** : n.m. (surtout au plur.) = Acclamation, approbation. ≠ Huée, désapprobation.

appliquer : v. 1- *Nicolas a appliqué une couche de vernis sur sa table.* = Apposer, étendre, passer. ≠ Enlever, séparer, ôter. 2- *J'applique toujours les règles de calcul.* = Exécuter, utiliser, mettre en pratique. ■ **s'appliquer** : v. pron. *Julie s'applique dans son travail.* = Travailler avec soin, se consacrer à. ■ **appliqué** : adj. = Travailleur, sérieux, soigneux, studieux. ≠ Distrait, inattentif, négligent. ■ **application** : n.f. 1- *L'application des règles de grammaire permet d'écrire sans faute.* = Utilisation, mise en pratique. 2- *Grâce à son application, l'élève a d'excellents résultats.* = Concentration, soin, attention, travail. ≠ Distraction, inattention, négligence.

appointer : v. = Salarier, rétribuer. ■ **appointements** : n.m. plur. Salaire. ■ **appoint** : n.m. = Complément, supplément.

apporter : v. 1- Amener quelque chose dans un endroit en le portant. *Quand tu viendras me voir, apporte tes photos.* = Amener. ≠ Remporter, enlever, retirer. 2- *Alexandre apporte beaucoup de soin à son dessin.* = Porter, mettre. ■ **apport** : n.m. = Participation, contribution, appoint.

apposer : v. *Le directeur appose sa signature au bas du courrier.* = Appliquer, mettre, signer.

apprécier : v. 1- *Un antiquaire sait apprécier la valeur de chaque meuble.* = Évaluer, estimer. ≠ Déprécier. 2- *J'apprécie beaucoup les sorties au cinéma.* = Aimer, goûter. ≠ Mépriser. ■ **appréciable** : adj. *Il y a eu des changements appréciables pendant ton absence.* = Important, sensible. ■ **appréciation** : n.f. 1- *Le footballeur a manqué un but à cause d'une mauvaise appréciation de la distance.* = Estimation, évaluation. 2- *Les professeurs écrivent leurs appréciations sur nos dossiers scolaires.* = Observation, opinion, note.

appréhender v. 1- *J'appréhende toujours la rentrée des classes.* = Redouter, craindre. ≠ Espérer. 2- *Les policiers ont appréhendé un dangereux criminel.* = Saisir, arrêter. ≠ Relâcher. ■ **appréhension** : n.f. = Crainte vague, peur. ≠ Confiance, tranquillité.

apprendre : v. 1- *Aurélien a appris le mariage de son ami.*= Être informé. 2- . *Manon apprend le piano.* = Étudier, s'initier. 3- *Le grand-père de Cyndie lui apprend à pêcher.* = Enseigner, montrer. ■ **apprenti** : n. = Débutant, élève. ≠ Patron, instructeur. ■ **apprentissage** : n.m. = Étude, initiation. ≠ Expérience, métier.

apprêter : v. = Accommoder, préparer. ■ **apprêter (s')** : v. pron. *Lorsque la cloche sonne, les élèves s'apprêtent à sortir.* = Se préparer à, se disposer à.

apprivoiser : v. = Domestiquer, dompter, dresser. ■ **s'apprivoiser** : v. pron. *L'ours s'apprivoise facilement.* = Se domestiquer.

approbation : n.f. = Accord, acceptation, agrément, consentement. ≠ Désapprobation, opposition, refus, réprobation. ■ **approbateur** : adj. = Favorable, consentant. ≠ Désapprobateur.

approcher : v. 1- *Anaïs approche son livre des yeux.* = Mettre plus près. ≠ Éloigner. 2- *Son chat est craintif, il n'approche que lentement.* = Venir, se rapprocher, s'avancer. ≠ Reculer. 3- *Le coureur approche de l'arrivée.* = Aborder, toucher à. ≠ S'éloigner. ■ **approché** : adj. *Je calcule le total approché de mes dépenses.* = Approximatif. ■ **approche** : n.f. 1- *Le chien des voisins s'enfuit à mon approche.* = Venue, arrivée. ≠ Départ. 2- *Le loir se prépare à hiberner à l'approche de l'hiver.* = Proximité, apparition, venue. ≠ Éloignement. 3- *Des bouchons se forment à l'approche de la ville.* = Accès, abord . ■ **approchant** : adj. *Le violet et le mauve sont deux teintes approchantes.* = Proche, voisin, ressemblant, analogue, semblable. ≠ Éloigné, différent, opposé. ■ **approchable** : adj. = Abordable. ≠ Inapprochable, inabordable.

approfondir : v. *Avant son exposé, Xavier approfondit le sujet pour en savoir plus.* = Étudier, analyser, creuser (fam.) ≠ Effleurer. ■ **approfondissement** : n.m. = Étude, analyse, développement. ≠ Appauvrissement.

approprier (s') : v. pron. = S'adjuger, s'emparer, se saisir, s'attribuer. ≠ Rendre. ■ **approprié** : adj. = Convenable, adéquat, pertinent. ≠ Impropre. ■ **appropriation** : n.f. *L'appropriation du nid d'un autre oiseau est indispensable au coucou.* = Occupation, usurpation, vol. ≠ Abandon.

approuver : v. = Accepter, consentir, agréer. ≠ Blâmer, condamner, désapprouver, refuser.

approvisionner : v. = Ravitailler, alimenter, pourvoir. ■ **approvisionnement** : n.m. *Pendant la sécheresse, l'approvisionnement en eau potable a été interrompu.* = Stock, fourniture.

approximation : n.f. = Estimation, évaluation. ≠ Exactitude, précision. ■ **approximatif** : adj. = Imprécis, imparfait. ≠ Exact, précis. ■ **approximativement** : adv. = A vue d'œil, à peu près.

appuyer : v. 1- *Les murs du château fort sont appuyés par des contreforts.* = Maintenir, soutenir, étayer. 2- *Il appuie sa tête sur mon épaule.* = Poser, placer, mettre. ≠ Enlever, ôter, retirer. 3- *Il appuie sur les touches du clavier de l'ordinateur pour écrire son texte.* = Presser. ≠ Lâcher. 4- *Le moniteur appuie sur la nécessité de respecter la sécurité.* = Insister, souligner. ≠ Négliger, glisser. 5- *Le maire a appuyé la demande de subvention d'un club.* = Soutenir, recommander. ≠ Rejeter. ■ **s'appuyer** : v. pron. 1- *Grand-mère s'appuie sur sa canne pour marcher.* = Prendre appui. 2- *Jacques s'appuie sur le travail de Gabriel pour compléter le sien.* = Se fonder. ■ **appui** : n.m. 1- *Les mains sont les appuis du corps, quand on fait le poirier en gymnastique.* = Soutien. 2- *Elle aura l'appui de son professeur de piano pour entrer au conservatoire.* = Aide, soutien, concours. ≠ Abandon.

âpre : adj. 1- *Les fruits du prunellier ont un goût âpre.* = Aigre, amer, rude. ≠ Doux. 2- *Après d'âpres discussions, ils ont trouvé un accord.* = Rude, violent, brutal, pénible. ≠ Agréable. ■ **âprement** : adv. = Farouchement, durement, brutalement, rudement. ≠ Doucement.

après : A- prép. 1- *Je me lève, après quoi je prends une douche.* = Ensuite . 2- *Sur notre route, la mairie est après l'église.* = Derrière. B- adv. *Je travaille ; je sortirai après.* = Ensuite, plus tard. ■ **d'après** : *D'après vous, qui va gagner ?* = Selon.

âpreté : n.f. 1- *Je déteste l'âpreté des prunelles.* = Amertume. ≠ Douceur. 2- *L'âpreté des reproches qui lui sont adressés l'a fait éclater en sanglots.* = Dureté, brutalité, sévérité. ≠ Modération.

apte : adj. = Capable. ≠ Inapte, incapable. ■ **aptitude** : n.f. = Faculté, don, facilité. ≠ Inaptitude, incapacité.

ara : n.m. = Perroquet.

arbitre : n.m. = Médiateur, conciliateur. ■ **arbitrer** : v. *Pauline arbitre le match de handball.* = Juger. ■ **arbitrage** : n.m. = Médiation, conciliation. ■ **arbitraire** : adj. *Les sanctions arbitraires sont injustes.* = Injustifié, irrégulier, immotivé, gratuit. ≠ Justifié, motivé, légitime.

arborer : v. *Sur le podium, le champion arbore sa médaille.* = Montrer, porter. ≠ Cacher.

arbre : n.m. 1- = Essence, arbuste, arbrisseau, végétal. 2- *Le garagiste a réparé l'arbre de transmission de la voiture.* = Axe.

arc : n.m. = Courbe, demi-cercle, arcade, arceau.

arcade : *Le pont du Gard est formé de trois rangées d'arcades superposées.* = Voûte, arceau. ■ **arc-boutant** : n.m. *Les arcs-boutants soutiennent les murs des cathédrales gothiques.* = Étai. ■ **s'arc-bouter** : v. pron. = S'adosser.

arceau : n.m. = Voûte, arcade.

archaïque : adj. = Ancien, désuet, vieillot, retardataire. ≠ Moderne.

arche : n.f. *Le fleuve passe sous les arches du pont.* =Voûte.

archevêque : n.m. = Dignitaire, évêque (dans la religion catholique).

architecte : n.m. = Bâtisseur, constructeur, créateur. ≠ Démolisseur. ■ **architecture** : n.f. fig. *L'architecture de son visage est magnifique.* = Forme, structure.

archives : n.f. plur. *Éric consulte les archives de la mairie pour reconstituer l'histoire de la ville.* = Document, dossier, annales, mémoires.

arctique : adj.= Boréal, polaire. ≠ Antarctique.

ardent : adj. **1-** *Le soleil ardent de l'été brûle l'herbe des prairies et dessèche le sol.* = Torride, brûlant, incandescent. ≠ Froid, glacial. **2-** fig. *Robespierre était un ardent révolutionnaire.* = Bouillant, passionné, enflammé, fougueux, acharné. ≠ Tiède, mou, inerte, nonchalant. ■ **ardeur** : n.f. = Fougue, flamme, vigueur, enthousiasme, vivacité, acharnement. ≠ Tiédeur, mollesse, inertie, nonchalance. ■ **ardemment** : adv. = Passionnément, vivement. ≠ Faiblement.

ardu : adj. = Difficile, malaisé. ≠ Facile, aisé.

argent : n.m. **1-** *Ma grand-mère m'a offert un bracelet en argent.* = Métal blanc gris. **2-** *Avez-vous pris de l'argent dans mon sac ?* = Monnaie, espèces; fam. Sous, fric, pognon, oseille. ■ **argenté** : adj. **1-** *J'ai plusieurs bagues en métal argenté.* = Blanc, gris. **2-** *Il peut se le permettre, il est argenté.* = Riche. ≠ Désargenté.

argile : n.f. = Terre glaise, glaise.

argot : n.m. = Jargon, langue verte , verlan.

argument : n.m. = Démontration, raisonnement, preuve. ■ **argumenter** : v. = Discuter, contester. ■ **argumentation** : n.f. = Raisonnement.

aride : adj. **1-** *Les Touaregs vivent dans les régions arides du Sahara.* = Désertique, stérile, sec, pauvre. ≠ Fertile, humide, riche. **2-** fig. *Paula trouve la grammaire trop aride.* = Ingrat, rébarbatif. ■ **aridité** : n.f. **1-** = Stérilité, sécheresse, pauvreté. ≠ Fertilité, humidité, richesse. **2-** Sévérité. ≠ Attrait.

aristocratie : n.f. = Noblesse. ≠ Démocratie, peuple. ■ **aristocrate** : n. = Noble. ≠ Démocrate, prolétaire.

arithmétique : n.f. = Calcul.

armature : n.f. *L'armature de la tente igloo de Frédéric est en fibre de verre.* = Carcasse, ossature.

arme : n.f. **1-** *Les chasseurs ont un permis de port d'armes.* = Armement. **2-** fig. *Son arme favorite, c'est l'intelligence : il fait face à toutes les situations.* = Argument, ressource. **3-** plur. *Les armes des Valois sont au-dessus des portes de leurs châteaux.* = Armoiries, blason. ■ **armée** : n.f. **1-** *Les armées de la Révolution sont devenues la « Grande Armée » sous Napoléon Ier.* = Régiment, troupe. **2-** *Une armée de bénévoles a nettoyé les plages polluées.* = Multitude. ■ **armer** : v. **1-** = Équiper d'armes. ≠ Désarmer. **2-** = Fréter (un bateau). **3-** *Le photographe est armé de plusieurs objectifs.* = Munir, pourvoir. ■ **armement** : n.m. = Équipement, matériel. ≠ Désarmement.

armistice : n.m. = Trêve.

armoiries : n.f. plur. = Armes.

armure : n.f. = Cuirasse, protection.

arnaquer : v. fam. = Escroquer, tromper, voler. ■ **arnaque** : n.f. fam. = Escroquerie, tromperie, vol. ■ **arnaqueur** : n. fam. = Escroc.

arôme : n.m. = Parfum, odeur, senteur. ■ **aromate** : n.m. *Le thym, le basilic, la cannelle sont des aromates.* = Assaisonnement.

arpenter : v. *Il réfléchit mieux en arpentant sa chambre.* = Marcher.

arquer : v. = Courber. ■ **ne plus pouvoir arquer** : fam. = Marcher. ■ **arqué** : adj. = Courbe.

arracher : v. **1-** *Le jardinier arrache des carottes.* = Déraciner, récolter. ≠ Planter. **2-** *Le voleur a arraché mon sac.* = Prendre, enlever de force. = Attacher, fixer. **3-** *Lorsque Delphine boude, il est difficile de lui arracher un sourire.* = Extorquer, obtenir. ■ **s'arracher de, à** : v. pron. *À la rentrée des classes, le petit enfant ne peut pas s'arracher des bras de sa mère.* = Quitter, s'éloigner. ■ **arrachage** : n.m. = Déracinement, récolte. ≠ Plantation. ■ **arrachement** : n.m. **1-** *Le dentiste procède à l'arrachement d'une dent.* = Extraction. ≠ Implantation. **2-** fig. *Me séparer de mon chien Toby serait un véritable arrachement.* = Déchirement.

arranger : v. **1-** *Son studio est bien arrangé.* = Installer, aménager, agencer. ≠ Déranger. **2-** *J'ai arrangé un rendez-vous avec le directeur.* = Organiser, mettre en place, préparer. ≠ Désorganiser. **3-** fam. *Ce jouet est cassé; Papa va l'arranger.* = Réparer. **4-** fam. *Les vacances débutent un samedi; cela nous arrange bien.* = Convenir. ■ **s'arranger** : v. pron. **1-** *Les parents de Justine et de Lola se sont arrangés pour récupérer les enfants à l'école.* = S'accorder, s'entendre. **2-** *À la fin du film, tout s'est arrangé.* = S'améliorer. ≠ Empirer. ■ **arrangement** : n.m. **1-** = Installation, aménagement, agencement. ≠ Dérangement. **2-** *Mes deux voisins se disputaient le passage entre leur maison, ils ont fini par trouver un arrangement.* = Accord, compromis. ≠ Désaccord. ■ **arrangeant** : adj. = Conciliant.

arrêter : v. **1-** *Des travaux dans la rue arrêtent la circulation.* = Immobiliser, bloquer, stopper, paralyser, interrompre. ≠ Poursuivre, reprendre. **2-** *La police a arrêté le voleur.* = Capturer, appréhender, emprisonner. ≠ Relâcher. **3-** *Ils ont arrêté la date de leur croisière.* = Fixer, définir, déterminer. ■ **s'arrêter** : v. pron. **1-** *Le chauffeur du car s'arrête toutes les deux heures.* = Faire halte, stopper. ≠ Repartir. **2-** *Cette pluie ne s'arrête pas.* = Cesser, finir. ≠ Commencer.

■ **arrêt** : n.m. **1-** = Immobilisation, halte. ≠ Mouvement. **2-** *Après l'école, nous nous retrouvons à l'arrêt de bus.* = Station. **3-** *Les ouvriers ont voté un arrêt de travail de vingt-quatre heures.* = Suspension, interruption. ≠ Reprise. ■ **maison d'arrêt** : = Prison. ■ **arrêté** : n.m. = Loi.

arrhes : n.f. plur. = Acompte.

arrière : 1- n.m. = Postérieur, dos, derrière. ≠ Avant, devant. **2-** adj. inv. *Le chien de Claudie a les pattes arrière blanches.* = Postérieur. ≠ Antérieur, avant. **3-** adv. *L'alpiniste ne regarde jamais en arrière pour ne pas avoir le vertige.* = Derrière. ≠ En avant. ■ **arriéré** : adj. *Souvent les jeunes pensent que leurs parents ont des goûts arriérés en matière de musique.* = En retard, démodé.

arrière-goût : n.m. fig. = Sentiment.

arrière-pays : n.m. invar. *Nous allons en vacances dans l'arrière-pays niçois.* = Intérieur.

arrière-train : n.m. = Croupe, derrière.

arriver : v. **1-** *Les enfants doivent arriver à l'école avant 8 heures et demie.* = Parvenir à, atteindre. ≠ S'en aller, s'éloigner. **2-** *Daniel est arrivé à résoudre son problème de mathématiques.* = Réussir. ≠ Échouer, manquer. **3-** *La rivière en crue arrive au seuil de la maison.* = Monter, s'élever. **4-** *Cette histoire incroyable est arrivée près de chez moi.* = Se produire, survenir, se passer. ■ **arrivage** : n.m. *Le vendredi, il y a un grand arrivage de poisson aux halles.* = Arrivée. ■ **arrivée** : n.f.**1-** *Nos amis annoncent leur arrivée pour dimanche prochain.* = Venue. ≠ Départ. **2-** *Voici l'arrivée du froid.* = Commencement, début, apparition. ■ **arriviste** : n. = Ambitieux.

arrogance : n.f. = Insolence. ≠ Modestie, humilité, déference. ■ **arrogant** : adj. = Hautain, dédaigneux. ≠ Humble, modeste, déférent.

arrondir : v. **1-** *La mer use les galets et les arrondit.* = Rendre rond, courber. ≠ Allonger. **2-** *Avec ces nouveaux timbres, j'arrondis ma collection.* = Augmenter, élargir, accroître. ≠ Diminuer, réduire. ■ **arrondi** : **1-** adj. *Julien a de bonnes joues arrondies.* = Rond, rebondi, potelé. ≠ Anguleux, aigu. **2-** n.m. *Quand on raccourcit une jupe, il faut refaire l'arrondi.* = Courbe. ≠ Droit. ■ **arrondissement** : n.m. *La ville de Paris est divisée en vingt arrondissements.* = Quartier, division.

arroser : v. **1-** *Le cuisinier arrose le rôti de sauce.* = Mouiller, humecter, asperger. ≠ Sécher. **2-** *La Loire arrose la Touraine.* = Traverser, irriguer. ≠ Assécher.

arsenal : n.m. *La police a trouvé un arsenal clandestin dans une grange.* = Réserve.

art : n.m. = Talent, adresse, habileté, savoir-faire.

artère : n.f. **1-** *L'avenue des Champs-Élysées est une des artères principales de la ville de Paris.* = Rue, avenue, voie. **2-** *La carotide est une artère qui conduit le sang au cerveau.* = Vaisseau.

article : n.m. = Éditorial, chronique, reportage, entrefilet, rubrique. ■ **articuler** : v. **1-** = Prononcer, dire. ≠ Bafouiller, balbutier. **2-** *Jérémie articule le pantin qu'il vient de fabriquer.* = Assembler. ≠ Désarticuler, disloquer. ■ **articulation** : n.f. **1-** *Quand Paul lit à voix haute, son articulation est parfaite.* = Prononciation. **2-** *Le coude, le poignet, l'épaule sont des articulations du bras.* = Jointure.

artifice : n.m. = Ruse, mensonge, perfidie. ■ **artificiel** : adj. *Maman préfère les fleurs naturelles aux fleurs artificielles.* = Factice, faux, imité. ≠ Naturel, original.

artisan : n. m. = Fabricant ; auteur.

artiste : n. m. = Peintre, sculpteur, acteur, musicien, interprète, acrobate.

as : n.m. **1-** ■ **être plein aux as :** fam. = Avoir beaucoup d'argent. ■ **passer à l'as :** fam. =Oublier. **2-** fig. *Arnaud est un as du roller.* = Champion, crack.

ascendant : n.m. **1-** *Kim a des ascendants chinois et américains.* = Ancêtre, aïeul, parent. **2-** *Jean-Marc a un ascendant bénéfique sur ses amis.* = Influence, autorité. ■ **ascendance** : n.f. = Lignée, origine.■ **ascension** : n.f. = Montée, escalade. ≠ Descente, chute. ■ **ascenseur** : n.m. = Monte-charge.

ascète : n.m. = Anachorète, ermite, moine, pénitent, yogi. ≠ Jouisseur. ■ **ascétique** : adj. = Austère, monacal. ≠ Hédoniste, épicurien. ■ **ascétisme** : n.m. = Austérité, jeûne, privation, pénitence. ≠ Hédonisme, épicurisme.

asepsie : n.f. = Assainissement, désinfection, stérilisation. ≠ Contamination. ■ **aseptiser** : v. = Désinfecter, assainir, stériliser. ≠ Contaminer.

asile : n.m. = Abri, refuge.

aspect : n.m. = Apparence, air, allure, forme, tournure.

asperge : n.f. fig. et fam. *Quelle asperge !* = Grand et maigre.

asperger : v. = Arroser, mouiller.

aspérité : n.f. = Inégalité, relief, rugosité.

asphalte : n.m. = Bitume.

asphyxie : n.f. = Étouffement, suffocation. ■ **asphyxier** : v. = Étouffer.

aspirer : v. = Inspirer, inhaler, humer, renifler, absorber, pomper. ≠ Expirer, souffler, refouler. ■ **aspirer à** : *Mes grands-parents aspirent à une retraite tranquille.* = Espérer, souhaiter, désirer, ambitionner. ■ **aspirant :** n.m. = Candidat, postulant. ■ **aspiration** : n.f. = Ambition, souhait.

assagir (s') : v. pron. = Se ranger, se calmer. ≠ Se déchaîner.

assaillir : v. = Attaquer. ≠ Défendre. ■ **assaillant** : adj. ou n. = Attaquant. ≠ Défenseur.

assainir : v. = Désinfecter, drainer, épurer, nettoyer, purifier. ■ **assainissement** : n.m. **1-** *L'assainissement de la chambre de ce malade contagieux est indispensable.* = Désinfection, asepsie. ≠ Infection. **2-** *On devra procéder à l'assainissement des marécages.* = Drainage, épuration. ≠ Corruption.

assaisonner : v. = Accommoder, aromatiser, épicer. ■ **assaisonnement** : n.m. = Épices, condiments, aromate.

assassin : n.m. = Meurtrier, tueur. ■ **assassiner** : v. =Tuer. ■ **assassinat** : n.m. = Meurtre , crime.

assaut : n.m. = Accrochage, attaque, charge, offensive, combat.

assécher : v. = Assainir, drainer. ≠ Arroser, irriguer. ■ **s'assécher** : v. pron. = Tarir, se vider. ≠ Se remplir. ■ **assèchement** : n.m. = Assainissement, drainage. ≠ Irrigation.

assembler : v. **1-** *Alain assemble les pièces de son jeu de construction.* = Ajuster, coller, monter. ≠ Séparer, disloquer. **2-** *Assemblez les pièces nécessaires à la constitution de votre dossier.* = Rassembler, réunir, regrouper. ≠ Disjoindre, désunir, éparpiller. ■ **assemblage** : n.m. = Montage, ajustage. ≠ démontage. ■ **assemblée** : n.f. *Le maire s'adresse à l'assemblée des citoyens.* = Rassemblement, réunion, assistance.

asséner ou assener : v. = Frapper, porter un coup.

assentiment : n.m. = Consentement, approbation, accord. ≠ Désapprobation, récusation, refus.

asseoir : v. = Installer. ≠ Lever. ■ **j'en suis resté assis** : fam. = Stupéfait.

asservir : v. *Au Moyen Âge, les seigneurs asservissaient les paysans.* = Opprimer, soumettre. ≠ Affranchir, libérer. ■ **asservissement** : n.m. = Assujettissement, servitude, soumission. ≠ Affranchissement, libération.

assez : adv. **1-** *Le jardin produit assez de tomates pour toute la famille.* = Suffisamment. ≠ Peu. **2-** *Ce livre est assez intéressant.* = Plutôt, passablement. ■ **en avoir assez**. *Ce bruit est infernal, j'en ai assez.* = Être excédé; fam. en avoir marre, en avoir ras le bol.

assidu : adj. *Il est assidu dans son travail.* = Régulier, exact, appliqué. ≠ Irrégulier, négligent. ■ **assidûment** : adv. *Un élève appliqué fréquente assidûment l'école.* = Régulièrement. ≠ Irrégulièrement. ■ **assiduité** : n.f. = Régularité, exactitude, application. ≠ Irrégularité, inexactitude, négligence.

assiéger : v. **1-** *Alésia fut assiégée par les Romains pendant de nombreux mois .* = Investir, bloquer, cerner, encercler. ≠ Abandonner, lever le siège. **2-** *Une foule de fans assiège le comptoir de vente des billets d'entrée.* = Se presser, se bousculer, prendre d'assaut. ≠ Abandonner, lever le siège. **3-** *Les mécontents l'assiègent de réclamations.* = Accabler, assaillir importuner, tourmenter. ≠ Libérer.

assiette : n.f. **1-** = Écuelle, vaisselle, assiettée. **2-** *Pierre est un excellent cavalier, il a une bonne assiette.* = Assise, équilibre, aplomb. ■ **être dans son assiette** : = fam. D'aplomb.

assimiler : v. **1-** *On peut assimiler le corps humain à une usine.* = Comparer, rapprocher. **2-** *Les plantes vertes assimilent le gaz carbonique.* = Absorber. ≠ Rejeter. **3-** *L'Amérique a assimilé de nombreux immigrants.* = Amalgamer, intégrer. ≠ Séparer, isoler. **4-** *Cet élève assimile bien ses leçons.* = Acquérir, comprendre. ■ **s'assimiler** : v. pron. *Les nouveaux élèves s'assimilent aux autres enfants de l'école.* = S'intégrer, se fondre. ≠ Se différencier. ■ **assimilation** : n.f. **1-** = Comparaison, rapprochement, identification. ≠ Distinction, séparation. **2-** = Nutrition, digestion. ≠ Rejet.**3-** = Intégration. ≠ Isolement. **4-** = Compréhension, apprentissage.

assister : v. **1-** *Mes parents assistent à un concert de musique classique.* = Être présent, voir. **2-** *Les infirmières assistent le chirurgien pendant l'opération.* = Aider, secourir, soutenir. ≠ Abandonner. ■ **assistance** : n.f. **1-** = Assemblée, public, auditoire, spectateurs. **2-** = Aide, secours, soutien. ≠ Abandon.

associer : v. **1-** *Ce peintre associe différentes couleurs pour créer son tableau.* = Unir, joindre, réunir. ≠ Dissocier. **2-** *Il a associé plusieurs personnes à son projet.* = Regrouper, intéresser, enrôler, adjoindre. ≠ Séparer, diviser. ■ **s'associer** : v. pron. = S'unir, collaborer, prendre part, se grouper. ■ **associé** : n. = Collaborateur, collègue, partenaire. ■ **association** : n.f. *Il est membre d'une association sportive.* = Club, comité, société, confédération. ≠ Dissociation, dissolution, rupture.

assoiffer : v. = Altérer. ≠ Désaltérer.

assombrir : v. = Obscurcir. ≠ Éclaircir. ■ **s'assombrir** : v. pron. = Se rembrunir. ≠ S'éclaircir, s'égayer.

assommer : v. **1-** *Le voleur a assommé le gardien de nuit.* = Étourdir, sonner (fam.) **2-** *Il m'assomme avec ses questions.* = Importuner, ennuyer, lasser. ■ **assommant** : adj. fam. = Ennuyeux, fatigant, lassant. ≠ Agréable, plaisant.

assortir : v. = Arranger, harmoniser, marier. ≠ Désassortir, jurer avec.■ **assorti** : adj. **1-** = En harmonie, conforme. **2-** plur. *J'ai acheté un paquet de bonbons assortis.* = Variés. ■ **assortiment** : n.m. **1-** *Il fait* *un assortiment de timbres selon leur couleur.* = Assemblage, arrangement. **2-** *Ce magasin propose un assortiment de linge de maison.* = Ensemble, jeu, lot, choix. **3-**.*Au restaurant, j'ai pris un assortiment de charcuterie.* = Mélange.

assoupir (s') : v. = Somnoler, dormir. ≠ Réveiller, éveiller. ■ **assoupi** : adj. = Somnolent, endormi. ≠ Réveillé, éveillé. ■ **assoupissement** : n.m. = Engourdissement, somnolence, sommeil. ≠ Réveil, éveil.

assouplir : v. **1-** *L'adoucissant assouplit le linge.*= Rendre souple. ≠ Raidir, durcir, tendre. **2-** *Le règlement trop strict a été assoupli.* = Aménager, atténuer, corriger. **3-** *Ces parents veulent assouplir le caractère de leur enfant turbulent.* = Former, façonner, discipliner. ■ **assouplissement** : n.m. **1-** = Exercices corporels. **2-** = Aménagement, atténuation.

assourdir : v. **1-** *Le bruit des avions assourdit les riverains de l'aéroport.* = Abrutir, abasourdir, assommer. **2-** *Le tapis neigeux assourdit le bruit de nos pas.* = Atténuer, amortir, étouffer. ■ **assourdissant** : adj. = Abrutissant, retentissant.

assouvir : v. **1-** *Olivia a toujours des biscuits pour assouvir sa faim.* = Apaiser, calmer, rassasier. ≠ Affamer. **2-** *Elle a assouvi sa haine par la vengeance.* = Satisfaire. ≠ Exciter, attiser. ■ **assouvissement** : n.m. = Satisfaction. ≠ Insatisfaction, inquiétude.

assujettir : v. **1-** *Jules César a assujetti la Gaule.* = Asservir, dominer, soumettre, opprimer. ≠ Délivrer, libérer. **2-** *Le maçon assujettit un échafaudage.* = Fixer, attacher, maintenir, river. ■ **assujettissement** : n.m. = Asservissement, subordination, soumission, oppression. ≠ Affranchissement, indépendance, liberté.

assumer : v. = Endosser, supporter. ≠ Se décharger, rejeter.

assurer : v. **1-** *Grâce aux vues des satellites, on peut assurer que la Terre est sphérique.* = Garantir, affirmer, certifier, attester. ≠ Contester, nier. **2-** *Le bus assure quotidiennement le ramassage scolaire.* = Garantir. **3-** *Nos biens sont assurés contre l'incendie.* = Protéger. **4-** *Le baudrier assure l'alpiniste.* = Préserver, affermir. ≠ Ébranler. ■ **s'assurer** : v. pron. **1-** *Le conducteur s'assure du bouclage de sa ceinture.* = Vérifier, contrôler. **2-** = Se garantir, se protéger, se prémunir. ■ **assuré** : adj. **1-** *Son regard assuré fait croire à sa sincérité.* = Convaincant, confiant. ≠ Timide. **2-** *Son nouveau spectacle aura un succès assuré.* = Garanti, certain, sûr, incontestable. ≠ Douteux. **3-** *La démarche peu assurée d'un petit enfant fait craindre une chute.* = Stable, ferme. ≠ Vacillant, hésitant. ■ **assurance** : n.f. **1-** *Il avance sur la glace avec assurance.* = Aplomb, aisance, confiance. ≠ Hésitation, doute, méfiance. **2-** *Une assurance scolaire est indispensable en cas d'accident à l'école.* = Garantie.

asticoter : v. fam. = Agacer, taquiner. ■ **asticot** : n.m. = Ver.

astiquer : v. = Frotter, nettoyer, polir.

astre : n.m. = Planète, étoile, comète, satellite. ■ **astral** : adj. = Sidéral.

astreindre : v. = Contraindre, obliger, forcer, soumettre. ≠ Dispenser. ■ **astreinte** : n.f. = Obligation, contrainte. ■ **astreignant** : adj. = Pénible, contraignant.

astronomique : adj. fam. *Ces chaussures de sport valent un prix astronomique.* = Inabordable, excessif.

astuce : n.f. = Ruse, stratagème, truc, ficelle, finesse. ■ **astucieux** : adj. = Intelligent, malin, inventif. ≠ Inintelligent. ■ **astucieusement** : adv. = Finement.

atelier : n.m. = Boutique, chantier, fabrique, usine.

athée : adj. ou n. = Incroyant, irréligieux, matérialiste, agnostique, sceptique. ≠ Croyant, religieux.

atmosphère : n.f. **1-** *La pollution de l'atmosphère est un problème mondial.* = Air. **2-** *À l'approche de Noël, il règne une atmosphère de fête.* = Ambiance. **atome :** n.m. = Particule, parcelle.

atours : n.m. plur. *Cendrillon fut parée de ses plus beaux atours pour aller au bal.* = Parure, vêtement.

atout : n.m. fig. *Travailler régulièrement est un atout certain pour obtenir un diplôme.* = Avantage.

âtre : n.m. = Foyer.

atroce : adj. **1-** *Les grands brûlés éprouvent des souffrances atroces.* = Insupportable, horrible, cruel, terrible. ≠ Doux. **2-** *Il a fait un temps atroce la semaine dernière.* = Désagréable, mauvais. ≠ Agréable. ■ **atrocité** : n.f. = Monstruosité, abomination, horreur, cruauté. ■ **atrocement** : adv. = Abominablement.

attacher : v. **1-** *Elle attache ses cheveux avec un élastique.* = Lier, maintenir, fixer, ficeler, nouer. ≠ Délier, détacher, dénouer. **2-** *Il attache beaucoup de prix aux valeurs morales.* = Attribuer, accorder. **3-** *Il est très attaché à ses amis.*= Lier, unir . ■ **s'attacher à** : v. pron. **1-** = Se fixer, s'accrocher. ≠ Se détacher. **2-** *Mathieu s'attache à réussir son tableau.* = Tenir à, s'efforcer. ■ **attachement** : n.m. = Affection, sympathie, amitié, tendresse, amour. ≠ Détachement, indifférence, aversion. ■ **attache** : n.f. **1-** = Lien, courroie, agrafe, ficelle, ruban... **2-** plur. fig. *J'ai toutes mes attaches dans la ville où je suis né.* = Liens, racines, relations. ■ **attachant** : adj. = Touchant, intéressant. ≠ Repoussant, ennuyeux.

attaquer : v. 1- *François Ier a attaqué et vaincu les Italiens en 1515 à Marignan.* = Combattre, assaillir, charger. ≠ Défendre. 2- *Tout citoyen doit attaquer les propos racistes.* = Condamner, critiquer. 3- *La rouille attaque mon vieux vélo.* = Endommager, ronger, détériorer. ≠ Protéger. 4- *Gaël attaque un nouveau livre.* = Entamer, commencer, aborder. ■ **s'attaquer à** : v. pron. *Il ne faut pas s'attaquer à plus faible que soi.* = S'en prendre à, agresser. ≠ Se défendre, se protéger. ■ **attaque** : n.f. 1- = Assaut, offensive. ≠ Défense. 2- *Les employés de banque ont été victimes d'une attaque à main armée.* = Agression. 3- plur. *Le gouvernement doit faire face aux attaques de l'opposition.* = Critique, accusation. ■ **attaquant** : n.m. = Assaillant, agresseur. ≠ Défenseur.

attarder (s') : v. pron. = Se retarder, traîner, flâner. ≠ Se dépêcher. ■ **attardé** : adj. = Retardataire, retardé, arriéré. ≠ EN avance, avancé, précoce.

atteindre : v. 1- *Le coureur atteint l'arrivée avec difficulté.* = Accéder, parvenir à, arriver, s'élever. ≠ Rater, manquer. 2- *Le policier a pu atteindre le fuyard et le maîtriser.* = Rattraper, rejoindre. 3- *Les insultes n'atteignent pas Brice.* = Toucher, troubler, émouvoir.

atteler (s') : v. pron. fig. = Se mettre à, entreprendre, commencer.

attenant : adj. = Proche, voisin. ≠ Distant, éloigné.

attendre : v. 1- *Anita attend une lettre importante.* = Espérer, guetter. 2- *Voilà une heure que je t'attends !* = Patienter, languir, moisir (fam.). ≠ S'en aller, partir. 3- *La mère de Luc attend un bébé pour septembre.* = Être enceinte. ■ **s'attendre à** : v. pron. = S'en douter, escompter, imaginer. ■ **en attendant :** loc. adv. 1- *Il loge à l'hôtel, en attendant.* = Provisoirement. 2- *Il était fatigué ; en attendant il a gagné la course.* = En tout cas, poutant, mais.

attendrir : v. = Émouvoir, toucher, apitoyer. ≠ Durcir, endurcir. ■ **attendrissant** : adj. = Touchant, émouvant. ■ **attendrissement** : n.m. = Émotion. ≠ Dureté, froideur.

attente : n.f. = Espérance, expectative, espoir, souhait.

attenter : v. *Tous les journaux en parlent : on a attenté à la vie du président.* = Porter atteinte. ≠ Respecter. ■ **attentat** : n.m. = Crime.

attentif : adj. 1- *Je ne suis pas toujours attentif pendant ses discours !* = Appliqué, concentré, vigilant. ≠ Inattentif, distrait. 2- *La jeune maman est attentive à son bébé.* = Soigneux, prévenant, soucieux. ≠ Indifférent. ■ **attention** : n.f. 1- *La maîtresse réclame l'attention des élèves.* = Concentration, application, vigilance. ≠ Inattention, distraction, dissipation. ■ **faire attention à** : = Être vigilant, prendre garde. 2- plur. *Damien est plein d'attentions pour sa nouvelle amie.* = Prévenance, complaisance, égards. ≠ Grossièreté, brutalité. ■ **attentionné** : adj. = Prévenant, empressé, complaisant. ≠ Grossier, brutal.

atténuer : v. = Réduire, amoindrir, diminuer. ≠ Aggraver, augmenter, exagérer.

atterrer : v. = Accabler, consterner, abattre.

atterrir : v. = Se poser, toucher terre. ≠ Décoller, s'envoler.

attester : v. = Certifier, garantir, confirmer, prouver. ≠ Contester, démentir. ■ **attestation** : n.f. = Certificat.

attifer : v. fam. = Accoutrer.

attirail : n.m. = Équipement, matériel.

attirer : v. 1- *Le bébé attire le biberon à sa bouche.* = Amener, prendre. ≠ Repousser. 2- *Les graines posées sur la fenêtre attirent les oiseaux.* = Appâter, allécher, tenter. ≠ Éloigner, rebuter. 3- *Cette affiche attire l'attention des passants.* = Appeler, solliciter. ≠ Détourner. 4- *Son insolence va lui attirer des ennuis.* = Occasionner, valoir, susciter. ■ **attirant** : adj. = Attractif, attrayant, séduisant. ≠ Rebutant, repoussant. ■ **attirance** : n.f. = Attraction, attrait. ≠ Éloignement, répulsion.

attiser : v. 1- *Marie attise le feu avant qu'il ne s'éteigne.* = Aviver, ranimer. ≠ Éteindre, étouffer. 2- *Sa réussite attise les convoitises.* = Allumer, exciter, enflammer. ≠ Calmer.

attitré : adj. = Habituel.

attitude : n.f. 1- *Tu vas avoir une crampe si tu restes longtemps dans cette attitude.* = Posture, position, maintien. 2- *Les joueurs doivent toujours avoir une attitude respectueuse envers leurs adversaires.* = Manière, conduite, comportement. 3- *Quelle attitude adopter pour résoudre ce problème ?* = Avis, disposition, position.

attouchement : n.m. = Contact, caresse.

attraction : n.f. = Attirance, fascination. ≠ Répulsion. ■ **attractif** : adj. = Attirant, attachant, intéressant. ≠ Répulsif.

attrait : n.m. = Charme, agrément, séduction.

attraper : v. 1- *J'attrape le ballon au vol.* = Prendre, saisir, happer. ≠ Manquer, lâcher. 2- fam. *Lola se fait attraper à cause de son retard.* = Gronder, réprimander. 3 - *J'ai cru à ses mensonges, il m'a bien attrapé.* = Abuser, tromper. ■ **attrape** : n.f. = fam. Blague, farce. ■ **attrape-nigaud** : n.m. = Piège.

attrayant : adj. J = Agréable, plaisant, attirant. ≠ Déplaisant, rebutant, repoussant.

attribuer : v. 1- *On a attribué la palme d'or au meilleur film.* = Décerner, allouer. ≠ Refuser, reprendre, retirer. 2- *Tintin attribue le vol des bijoux de la*

Castafiore à une pie. = Supposer, prêter, imputer. ■ **s'attribuer** : v. pron. = S'approprier, s'arroger, s'adjuger (fam.), prendre. ≠ Rejeter, renoncer. ■ **attribut** : n.m. = Caractéristique, qualité. ■ **attribution** : n.f. **1-** *L'attribution du 1er prix au dessin d'Hector me paraît injustifiée.* = Remise, dotation. ≠ Retrait. **2-** plur. *Cela n'entre pas dans ses attributions.* = Emploi, fonction, rôle, pouvoir.

attrister : v. = Peiner, chagriner, affliger, désoler, navrer. ≠ Consoler, égayer, réconforter, réjouir. ■ **attristant** : adj. = Affligeant, désolant, navrant, consternant. ≠Consolant, réconfortant, réjouissant.

attroupement : n.m. = Rassemblement, manifestation. ≠ Dispersion. ■ **s'attrouper** : v. pron. = Se regrouper, se rassembler. ≠ Se disperser.

aubaine : n.f. = Chance, occasion. ≠ Malchance.

aube : n.f. = Aurore, point du jour. ≠ Crépuscule.

auberge : n.f. = Restaurant, hôtel . ■ **aubergiste** : n.m. = Restaurateur, hôtelier.

aucun : 1- adj. *Ophélie n'a aucune envie de jouer.* = Pas le moindre, pas un, nul. **2-** pron. *Il travaille plus qu'aucun de ses collègues.*= Personne,nul.≠ Beaucoup, plusieurs, tous. ■ **aucunement** : adv. = Pas du tout, rien.

audace : n.f. **1-** *Les pompiers font souvent preuve d'audace pour sauver une vie humaine.* = Hardiesse, courage, cran. ≠ Lâcheté, peur. **2-** *Tu as l'audace de me contredire !* = Aplomb, arrogance, culot (fam.), effronterie. ≠ Humilité, respect. ■ **audacieux** : adj. et n. = Intrépide, courageux; arrogant, effronté. ≠ Lâche, peureux; humble, respectueux.

audience : n.f. **1-** *J'ai demandé une audience au maire de notre ville.* = Entretien, rendez-vous. **2-** *Les informations télévisées ont une forte audience.* = Populatité, retentissement. ■ **audition** : n.f. **1-** *L'oreille est l'organe qui permet l'audition.* = Ouïe. **2-** *Marc a passé une audition pour entrer dans une école de théâtre.* = Essai, test. ■ **auditoire** : n.m. = Public,assistance, salle, spectateurs. ■ **audible** : adj. = Perceptible. ≠ Inaudible. ■ **audimètre** : n.m. = Audimat.

auge : n.f. = Abreuvoir, mangeoire.

augmenter : v. **1-** *En faisant silence dans notre cachette, nous augmentons nos chances de ne pas être découverts.* = Accroître, agrandir. ≠ Diminuer, réduire. **2-** *Le nombre d'ordinateurs achetés ne cesse d'augmenter.* = Grandir, grossir, multiplier. ≠ Décroître. **3-** *Son patron a augmenté son salaire.* = Élever, majorer, hausser. ≠ Baisser, réduire. ■ **augmentation** : n.f. = Agrandissement, accroissement, hausse, majoration, amplification. ≠ Diminution, baisse, réduction.

augure : n.m. **1-** *L'augure prédisait l'avenir.* = Prêtre, devin, prophète. **2-** *Le ciel s'éclaircit, c'est de bon augure pour notre promenade.* = Présage, auspice. ■ **augurer** : v. = Présager, présumer, prédire.

aujourd'hui : adv. = Actuellement, maintenant, à présent. ≠ Autrefois, jadis.

aumône : n.f. = Don, obole. ■ **faire l'aumône** : = Charité.

auparavant : adv. = Avant, précédemment, d'abord. ≠ Après, ensuite.

auprès de : loc. prép. = Près, à côté, proche, contre. ≠ Loin.

auréole : n.f. **1-** *La peinture rouge a laissé une auréole sur sa chemise.* = Tache. **2-** *Dans ce tableau, une auréole de lumière entoure la tête des saints.* = Nimbe. **3-** *La Lune est entourée d'une auréole, ce soir.* = Halo.

aurore : n.f. = Aube, point du jour, commencement. ≠ Crépuscule.

ausculter : v. = Examiner.

auspice : n. m. **1-** *L'année a commencé sous d'heureux auspices.* = Présage, augure. **2-** plur. *Il monte ce spectacle sous les auspices du ministre de la Culture.* = Tutelle, égide, protection.

aussi : 1- adv. *Nous allons à la pêche, Pierre vient aussi.* = Également, de même. **2-** conj. *Il fait très chaud, aussi nous pouvons nous baigner cet après-midi.* = Ansi, donc. ■ **aussitôt** : adv. = Instantané-ment, immédiatement, vite. ■ **aussitôt que** : loc. conj. = Dès que.

austère : adj. **1-** *La discipline dans un couvent est austère.* = Sévère, rigoureux, ascétique, spartiate. ≠ Voluptueux. **2-** *Les murailles austères du donjon abritaient le seigneur et sa famille.* = Froid, triste, sévère. ≠ Aimable, gai.■ **austérité** : n.f. = Rigueur, sévérité, gravité. ≠ Plaisir.

autant : A- adv. = Comme, pareil, tant. ≠ Moins, plus. **B-** loc. conj. **d'autant que** : = Attendu que, vu que.

auteur : n.m. **1-** *Victor Hugo est l'auteur du roman* Note-Dame de Paris. = Créateur, artiste, écrivain, romancier. **2-** *L'auteur de cette mauvaise plaisanterie est resté inconnu.* = Responsable.

authentique : adj. = Exact, certain, certifié, incontestable, réel. ≠ Faux, douteux, incertain, irréel. ■ **authentifier** : v. = Certifier, légaliser. ■ **authenticité** : n.f. **1-** *La vedette a nié l'authenticité des propos qu'on lui prêtait dans les journaux.* = Véracité. ≠ Fausseté. **2-** *L'antiquaire nous a confirmé l'authenticité de cette commode Louis XVI.* = Ancienneté.

auto : n.f. = Automobile, voiture, bagnole (fam.).

autobus : n.m. Abrév. : bus. = Autocar, car.

autocar : n.m. Abréviation : car. = Autobus, bus.

autochtone : n. ou adj. = Indigène, originaire.

autocollant : n. ou adj. = Autoadhésif.

autocuiseur : n.m. = Cocotte-Minute.

automate : n.m. **1-** = Robot. **2-** fig. *Louise marchait sans regarder devant elle, comme un automate.* = Marionnette, pantin, robot. ■ **automatique** : adj. = Machinal, involontaire, irréfléchi, spontané. ≠ Conscient, prémédité, volontaire, réfléchi. ■ **automatiquement** : adv. = Mécaniquement, machinalement. ≠ Consciemment, volontairement, délibérément. ■ **automatisme** : n.m. = Habitude, réflexe. ≠ Hasard.

automobile : n.f. = Véhicule, voiture; (très fam.) bagnole, taxi, tire.

autonome : adj. = Indépendant, libre. ≠ Dépendant, soumis, subordonné. ■ **autonomie** : n.f. = Liberté. ≠ Dépendance, soumission, subordination, tutelle. ■ **autonomiste** : n. = Séparatiste, dissident.

autoriser: v. = Admettre, permettre, consentir, tolérer. ≠ Défendre, interdire, proscrire. ■ **autorisation** : n.f. = Accord, consentement, permission. ≠ Interdiction, refus.

autorité : n.f. **1-** *Néron exerçait son autorité sur tout l'empire romain.* = Domination, souveraineté, pouvoir, puissance. ≠ Soumission, subordination, infériorité. **2-** *Ce professeur a beaucoup d'autorité.* = Influence, ascendant, prestige. **3-** n.f. plur. **les autorités**. *La cigarette est déclarée dangereuse par les autorités du ministère de la Santé.* = Gouvernement, administration. ■ **autoritaire** : adj. = Impérieux, directif, sec, intransigeant. ≠ Doux, conciliant.

autour : A- ■ **autour de**. loc. prép. **1-** *Les Indiens dansent autour du feu.* = À proximité, aux abords de, aux alentours de. **2-** fig. *Jean a beaucoup d'amis autour de lui.* = Près, auprès de. **B-** adv. *On ne voit pas ce château, de hautes murailles se dressent tout autour.* = Alentour.

autre : A- adj. **1-** *Jouons à un autre jeu.* = Différent. ≠ Même. **2-** *Marie veut une autre part de tarte.* = Supplémentaire, nouveau. ≠ Identique, semblable. **B-** pron. *Véronique et Valérie sont jumelles : l'une est rousse, l'autre brune.* = Personne différente. ■ **autrefois** : adv. = Avant, anciennement, jadis. ≠ Actuellement, aujourd'hui, maintenant. ■ **autrement** : adv. **1-** *Il s'habille différemment pendant les vacances.* = Différemment. ≠ Pareillement. **2-** *Mets ton écharpe, autrement tu vas prendre froid.* = Sans quoi, sinon.

autrui : pron. indéf. invar. = Les autres.

auvent : n.m. = Marquise.

auxiliaire : 1- adj. *En voile, un moteur auxiliaire est un moteur de secours.* = Complémentaire, annexe. **2-** n. *Il est l'auxiliaire du patron.* = Aide, adjoint, assistant, collaborateur.

avachir (s') : v. pron. **1-** *Mon pantalon de survêtement s'avachit.* = Se déformer. **2-** *Fatigué, Nicolas s'avachit sur sa table.* = Se laisser aller, se relâcher. ≠ Se raffermir. ■ **avachi** : adj. = Déformé, mou.

avalanche : n.f. ■ **une avalanche de** : fig. *François reçoit une avalanche de compliments pour ses bonnes notes.* = Pluie, averse, déluge.

avaler : v. **1-** *Je n'ai pas eu le temps de sucer mon bonbon, je l'ai avalé tout rond.* = Absorber, ingurgiter, engloutir, dévorer. **2-** fam. *Agathe avale toutes les bêtises que Pierre lui raconte.*= Admettre, croire.

avancer : v. **1-** L'escargot avance lentement. = Aller. ≠ Reculer. **2-** *Jean avance son assiette pour être servi.* = Déplacer, porter en avant. ≠ Retirer. **3-** *Pierre avance dans son travail : il a presque fini d'écrire son livre.* = Progresser. ≠ Être en retard. **4-** *Mes parents ont avancé leur départ : ils devaient partir dans une semaine, finalement ils partent ce soir.* = Hâter, précipiter. ≠ Retarder. **5-** *Maman m'a avancé de l'argent.* = Prêter. ■ **s'avancer** : v. pron. **1-** *Bertrand s'avance vers son amie.* = S'approcher, venir, se déplacer vers. ≠ S'éloigner, se retirer. **2-** *En annonçant qu'il viendra jouer au tennis la semaine prochaine, Louis s'avance un peu; il ne sera peut-être pas là.* = Se hasarder, se risquer. ■ **avancé** : adj. **1-** *Il est rentré à une heure avancée de la nuit.*= Tardive. **2-** *Il a atteint un âge avancé.* = Vénérable. **3-** *Marc est très avancé pour son âge, il sait lire et compter à quatre ans.* = Précoce. ■ **avance** : n.f. **1-** *Nous suivons l'avance de ce coureur cycliste détaché du peloton.* = Progression, mouvement. **2-** *Je n'avais pas assez d'argent pour un gros achat, j'ai dû demander une avance.* = Acompte, provision. ■ **avancement** : n.m. **1-** *L'architecte contrôle l'avancement des travaux.* = Évolution, progression. **2-** *Il est monté en grade, il a eu de l'avancement.* = Promotion. ■ **avancée** : n.f. = Progrès.

avant : 1- prép. ou adv. = Antérieurement, auparavant. ≠ Après. ■ **avant tout**. loc. adv. *Avant tout, il faut terminer ce travail.* = Surtout, tout d'abord. **2-** adj. invar. *Le phare avant de ma voiture est cassé.* = De devant, antérieur. ≠ Arrière.

avantage : n.m. = Atout, plus. ■ **être à son avantage** : = Mieux. ■ **prendre l'avantage** : = Le dessus. ■ **avantager** : v. **1-** *Papa ne fait aucune différence entre ses enfants : il n'avantage personne.*= Privilégier, favoriser. ≠ Désavantager, léser. **2-** *Le bleu avantage Laura : il est assorti à ses yeux.* = Embellir. ■ **avantageux** : adj. **1-** *Pendant les soldes, les prix sont avantageux.* = Intéressant. ≠ Désavantageux. **2-** *Il parle de son adjoint en termes avantageux.* = Flatteur, élogieux, favorable. ≠ Défavorable, fâcheux, préjudiciable. **3-** *Son air avantageux n'attire pas la sympathie.* = Fat, prétentieux, vaniteux, suffisant. ■ **avantageusement** : adv. **1-** *Elle m'a parlé de vous avantageusement.* = Favorablement, en bien (fam.).

2- *Dans cette recette, la margarine remplace avantageusement l'huile.* = Avec profit, avec bénéfice.

avant-propos : n.m. invar. = Préface.

avare : n. ou adj. = Intéressé, cupide ; (fam.) pingre, radin, rapiat, grippe-sous. ≠ Dépensier, large, généreux, prodigue. ■ **avarice** : n.f. = Avidité, ladrerie, cupidité, rapacité. ≠ Largesse, générosité, prodigalité.

avarie : n.f. *Après une avarie de moteur, le bateau doit rentrer au port.* = Dommage. ■ **avarié** : adj. *La nourriture avariée n'est pas consommable.* = Avancé, détérioré, pourri.

avenant : adj. = Aimable, gracieux, agréable. ≠ Désagréable, rebutant. ■ **à l'avenant** : loc. adv. = De même, pareillement.

avenir : n.m. **1-** *Dans l'avenir, les hommes voyageront dans l'espace.* = Futur. **2-** *Il faut étudier pour préparer son avenir.* = Carrière, destin. ■ **à l'avenir** : = Dorénavant, désormais.

aventure : n.f. = Histoire, mésaventure. ■ **à l'aventure** : = Au hasard. ■ **aventurer** : v. = Hasarder, risquer. ■ **s'aventurer** : v. pron. = Se hasarder, se risquer. ■ **aventureux** : adj. = Hasardeux, audacieux, risqué, téméraire. ≠ Prudent, sûr.

avenue : n.f. = Allée, boulevard, rue.

avérer (s') : v. pron. = Se révéler, se montrer. ≠ Démentir. ■ **avéré** : adj. = Vrai, incontestable. ≠ Faux, contestable.

averse : n.f. = Ondée, pluie.

aversion : n.f. = Dégoût, répugnance, antipathie. ≠ Amour, goût, sympathie.

avertir : v. = Prévenir, annoncer, alerter. ■ **averti** : adj. *C'est un critique de cinéma averti.* = Expérimenté, compétent, instruit. ≠ Ignorant. ■ **avertissement** : n.m. **1-** *J'ai joué au bord de la rivière malgré les avertissements de mes parents, et je suis tombé dans l'eau.* = Avis, conseil, recommandation. **2-** *La première page de ce livre est un avertissement au lecteur.* = Préface. **3-** *Paul ne travaille pas assez au collège, il a eu un avertissement.* = Réprimande, remontrance. ■ **avertisseur** : n.m. = Klaxon.

aveu : n.m. = Confession, déclaration, révélation. ≠ Désaveu ; silence.

aveugle : **1-** n. *Les aveugles utilisent une canne blanche pour se déplacer.* = Non-voyant. **2-** adj. *J'ai une confiance aveugle dans mes amis.* = Absolu, total. ≠ Clairvoyant, lucide. ■ **aveuglément** : adv. = Sans réflexion. ≠ Lucidement. ■ **à l'aveuglette** : loc. adv. = À tatons, au hasard. ■ **aveugler** : v. **1-** *Le soleil aveugle celui qui le regarde en face.* = Éblouir. **2-** fig. *Son amour l'aveugle.* = Égarer, troubler, affoler. ≠ Ouvrir les yeux. ■ **aveuglement** : n.m. = Folie, égarement. ≠ Clairvoyance, discernement, lucidité. ■ **aveuglant** : adj. = Brillant, éblouissant, éclatant.

aviateur : n. = Pilote d'avion. ■ **aviation** : n.f. = Aéronautique; transports aériens.

avide : adj. **1-** *L'ogre est avide de nourriture.* = Affamé, goulu, vorace. ≠ Détaché. **2-** fig. *L'avare est avide de richesses.* = Cupide, âpre. ≠ Désintéressé. **3-** *Avide de connaissances, elle est toujours plongée dans les livres.* = Curieux, désireux, impatient. ≠ Indifférent. ■ **avidité** : n.f. = Gloutonnerie, voracité; convoitise, cupidité, désir. ≠ Détachement, indifférence.

avilir : v. = Abaisser, déshonorer, dégrader, rabaisser, salir. ≠ Élever, glorifier, honorer. ■ **s'avilir** : v. pron. = Se déshonorer, se rabaisser, se dégrader. ■ **avilissant** : adj. = Dégradant, déshonorant. ≠ Digne, honorable.

avion : n.m. = Aéroplane (vieux), jet, zinc (fam.), taxi.

avis : n.m. 1- *Il a un avis bien arrêté sur la question.* = Opinion, point de vue, jugement, sentiment. **2-** *Le Maire fait connaître dans un avis au public un nouvel arrêté municipal.* = Annonce, communiqué, information, notification.■ **aviser** : v. **1-** *Je cherchais ma sœur, quand je l'avise au milieu d'un groupe de filles.* = Apercevoir. **2-** *Mon père va voir les prix des ordinateurs, ensuite il avisera.* = Réfléchir. ■ **s'aviser de** : v. pron. **1-** *Elle s'avise de la présence de notre chien derrière nous, alors qu'elle le pensait attaché.* = S'apercevoir, découvrir. **2-** *Si tu t'avises de recommencer cette bêtise, tu seras puni !* = Essayer, se permettre, oser. ■ **avisé** : adj. = Prudent, habile, réfléchi. ≠ Imprudent, irréfléchi.

aviver : v. **1-** *Le froid avive la couleur des joues de Clément.* = Animer, rehausser. ≠ Éteindre, ternir. **2-** *Elle a perdu son chien; la vue de celui du voisin avive son chagrin.* = Augmenter, attiser, ranimer, réveiller. ≠ Calmer, apaiser.

avoir : **A-** v. **1-** *Olivier a un vélo.* = Posséder, détenir. **2-** *Laure a froid, Léa a chaud.* = Éprouver, ressentir. **3-** *Marc a une nouvelle moto.* = Acheter. **4-** fam. *En me faisant une blague, Paul m'a bien eu.* = Abuser, tromper. **B-** n.m. Actif, crédit; biens, fortune, richesse.

avorter : v. fig. = Échouer. ■ **avortement** : n.m. **1-** Fausse couche, I.V.G. (interruption volontaire de grossesse). **2-** fig. = Echec. ≠ Réussite.

avouer : v. **1-** *Céline nous a avoué qu'elle ne savait pas faire la cuisine.* = Admettre, reconnaître, convenir. ≠ cacher, dissimuler, taire. **2-** *Le criminel a fini par avouer.* = Passer aux aveux, se mettre à table (fam.) ≠ Nier, taire.

axe : n.m. **1-** = Pivot, arbre, essieu. **2-** *Pour faire son exposé sur l'Afrique, Juliette a choisi l'axe historique.* = Ligne, direction. ■ **axer** : v. fig. *Sa vie est axée sur l'éducation de ses enfants.* = Orienter.

azur : n.m. **1-** = Ciel. **2-** = Bleu (couleur du ciel). ■ **azuré** : adj. = Bleu.

B b B b B b B b B b B b b

baba : adj. invar. fam. = Stupéfait, étonné.
babine : n.f. = Lèvre.
babiole : n.f. = Bricole (fam.), bagatelle, colifichet, souvenir, broutille.
bac : n.m. = Cuve.
baccalauréat : n. m. = fam. Bac.
bâche : n.f. = Toile.
bacille : n.m. = Bactérie, microbe, virus.
bâcler : v. *C'est du travail bâclé !* = Expédier, gâcher, saboter. ≠ Fignoler, soigner.
bactérie : n.f. = Bacille, microbe.
badaud : n. ou adj. = Curieux, flâneur, passant.
badigeon : n.m. = Peinture. ■ **badigeonner :** v. = Peindre, enduire, étaler.
badin : adj. *Un ton badin.* = Léger, enjoué, gai. ≠ Grave, sérieux. ■ **badinage** : n.m. Plaisanterie, marivaudage.
bafouer : v. = Se moquer de, outrager, railler, ridiculiser. ≠ Exalter.
bafouiller : v. = Bredouiller, balbutier, marmonner.
bâfrer : v. fam. = S'empiffrer, bouffer (fam).
bagage : n.m. **1-** *Elle part pendant un mois, elle a beaucoup de bagages.* = Valise, sac, malle. **2-** fig. *Emilie a acquis un solide bagage scientifique.* = Connaissances, compétence.
bagarrer (se) : v. pron. = Se battre, lutter.■ **bagarre :** n.f. = Bataille, échauffourée, rixe, pugilat. ■ **bagarreur :** adj. fam. = Batailleur, combattif.
bagatelle : n.f. = Babiole, broutille, futilité.
bagne : n.m. **1-** *Jean Valjean fut condamné au bagne.* = Prison, travaux forcés. **2-** fam. *Cette usine, c'est le bagne !* = Enfer, galère (fam.) ■ **bagnard :** n.m. = Forçat.
bague : n.f. = Anneau, alliance.
baguenauder (se) : v. pron. ou **baguenauder :** v. fam. = Flâner.
baguette : n.f. = Bâton, badine. ■ **mener quelqu'un à la baguette** : = À coups de trique, sévèrement.
bahut : n.m. **1-** = Armoire, buffet. **2-** fam. Camion. **3-** argot scol. Collège ou lycée.
baie : n.f. **1-** *Nous sommes allés à la baie du Mont-Saint-Michel.*= Golfe. **2-** *La baie vitrée du salon donne sur le jardin.* = Fenêtre. **3-** *Les premiers hommes cueillaient des baies.* = Fruit à pépins.
baigner : v. **1-** *Célia baigne son bébé.* = Laver, mouiller, tremper. **2-** *La mer baigne les côtes normandes.* = Arroser. **3-** v. intr. *Les cornichons doivent baigner dans le vinaigre.* = Tremper, macérer, mariner. ■ **se baigner :** v. pron. = Prendre un bain, nager.
bâiller : v. **1-** *Le spectacle était ennuyeux, Jean n'arrêtait pas de bâiller.* = Ouvrir la bouche. **2-** *L'encolure de son pull bâille.* = S'ouvrir.
bain : n.m. **1-** *Valérie prend son bain.* = Toilette, baignade. **2-** *Pour dorer un objet, on le plonge dans un bain d'or.* = Préparation, liquide.
baiser : **1-** v. = Embrasser ; avoir des relations intimes (vulgaire). **2-** n.m. *Jules dépose un baiser sur la joue de Lola.* = fam. Bise, bisou.
baisser : v. **1-** *Il y a trop de soleil, baisse le store.* = Abaisser, descendre. ≠ Élever, remonter. **2-** *Honteux d'avoir été grondé, Alban baisse la tête.*= Incliner, pencher, courber. ≠ Lever. **3-** *Baisse la radio, on ne s'entend plus !* = Diminuer. ≠ Hausser. **4-** v. intr. *Sa vue baisse, il a besoin de lunettes.* = S'affaiblir, faiblir, diminuer. ≠ Augmenter. ■ **baisse :** n.f. = Diminution, abaissement, descente, effondrement. ≠ Hausse, augmentation, montée.
bal : n.m. **1-** *Cendrillon a dansé avec le prince au bal de la Cour.* = Fête, reception, soirée. **2-** *Elle va danser dans un bal des Champs-Élysées.* = Dancing, guinguette, boîte, night-club.
balader : v. fam. = Promener. ■ **se balader :** v. pron. = Se promener, sortir. ■ **balade :** n.f. fam. = Promenade, sortie. ■ **baladeur :** n.m. = Walkman (mot anglais).
balafre : n.f. = Cicatrice, coupure, entaille. ■ **balafrer :** v. = Couper, entailler, blesser.
balai : n.m. = Balayette, balai-brosse. ■ **un coup de balai :** = Nettoyage.
balance : n.f. = Bascule, pèse-personne, trébuchet. ■ **balancer :** v. **1-** *Bébé balance sa tête de droite à gauche pour dire non.* = Dodeliner, ballotter, branler. **2-** *Il balance entre partir à la mer ou partir à la montagne.* = Hésiter. **3-** *Anne a balancé tous ses vieux habits.* = fam. Jeter. **4-** *Le voleur a balancé ses complices à la police.* = fam. Dénoncer. ■ **se balancer :** v. pron.**1-** *Laura se balance sur sa chaise.* = Osciller. **2-** fam. *Tu pars ? Je m'en balance!* = S'en moquer. ■ **balancement :** n.m. = Va-et-vient. ■ **balançoire :** n.f. = Escarpolette, bascule.
balayer : v. **1-** *Yvan balaie la cuisine.* = Nettoyer, donner un coup de balai. **2-** *Le radar balaie le ciel pour surveiller les avions.*= Fouiller, sillonner. **3-** *Le soleil a balayé les dernières traces de neige.* = Chasser, supprimer. **4-** *Sa longue robe balaye le sol.* = Traîner.■ **balayette :** n.f. = Balai (petit). ■ **balayures :** n.f. plur. = Détritus, débris. ■ **balayage :** n.m. = Nettoyage.

balbutier : v. = Bredouiller, bafouiller, marmonner. ■ **balbutiement :** n.m. = Babil, ânonnement.

baldaquin : n.m. = Dais.

balisage : n.m. =Signalisation. ■ **balise :** n.f. = Bouée, signal, réflecteurs, feu. ■ **baliser :** v. *La piste d'atterrissage est balisée.* = Signaliser.

baliverne : n.f. (presque toujours au plur.) = Bêtise, sottise, sornette.

ballade : n.f. = Chanson, romance, complainte.

ballant(e) : adj. SYN .Oscillant, pendant.

balle : n.f. **1-** = Ballon. **2-** *Une balle de revolver ou de pistolet.* = Projectile, cartouche, plomb, chevrotine, pruneau (fam.)

ballon : n.m. **1-** *Le ballon de football est rond, le ballon de rugby ovale.* = Balle. **2-** *En 1783, Étienne de Montgolfier lança un ballon dont la nacelle était occupée par des animaux.* = Montgolfière, dirigeable. **3-** *Le Ballon d'Alsace est un sommet arrondi des Vosges.* = Montagne.

ballotter : v. **1-** *Le petit bateau est ballotté sur les vagues.* = Agiter, remuer, secouer. **2-** fig. *Fanny est ballottée entre son père et sa mère qui ne vivent plus ensemble.* = Tirailler.

balourd : adj. ou n.m. = Lourdaud, rustaud, fruste, obtus. ≠ Adroit, délicat, fin, subtil.

baluchon : n.m. fam. = Paquet.

balustrade : n.f. = Rampe, garde-fou, garde-corps, parapet.

bambin : n.m. fam. = Bébé, enfant.

ban : n.m. **1-** *On a publié les bans du mariage de Marie et de Franck.* = Annonce, publication, proclamation. **2-** *« Un ban pour le vainqueur de la course! »* = Applaudissements, bravos. **3-** *L'écrivain Oscar Wilde fut mis au ban de la société à cause de sa façon de vivre.* = Rejet, exil. ■ **banal :** adj. = Ordinaire, courant, insignifiant, rebattu. ≠ Extraordinaire, original, remarquable. ■ **banalité :** n.f. = Cliché, lieu commun, platitude, poncif. ≠ Nouveauté, originalité.

banc : n.m. **1-** *Dans le jardin public, Camille s'assoit sur un banc en bois.* = Siège, banquette. **2-** *La mer était si transparente que l'on pouvait voir un banc de méduses dans l'eau.* = Bande, groupe. ■ **bancal :** adj. *Cette chaise est bancale : l'un de ses pieds est plus court que les autres.* = Boiteux.

bandage : n.m. = Pansement.

bande : n.f. **1-** *Léa a une entorse, on lui a enroulé une bande autour de la cheville.* = Bandage, pansement. **2-** *Thierry est parti en vacances avec sa bande d'amis.* = Groupe, troupe.

bander : v. **1-** *L'infirmière a bandé le front du blessé.* = Panser. **2-** *Emma bande les yeux d'Adrien pour jouer à colin-maillard.* = Couvrir. **3-** *L'archer bande la corde de son arc avant de lancer une flèche.*= Tendre, raidir. ≠ Détendre, relâcher.

banderole : n.f. = Calicot.

bandit : n.m. **1-** = Malfaiteur, brigand, gangster, voleur. **2-** fig. *Ce commerçant est un bandit !* = Voleur.

banlieue : n.f. = Environs, abords, périphérie.

bannir : v. **1-** *Le tribunal a décidé de bannir ce chef révolutionnaire.* = Exiler, proscrire. ≠ Rappeler. **2-** fig. *Anna est végétarienne, elle a banni la viande de son alimentation.* = Supprimer, éliminer, rejeter. ≠ Adopter.

banquet : n.m. = Repas, festin.

banquette : n.f. = Siège, banc.

baptiser : v. **1-** *Ce nouveau-né va être baptisé.* = Ondoyer. **2-** *Le navire a été baptisé* "Jeanne d'Arc." = Appeler. ≠ Débaptiser.

baraque : n.f. **1-** *Les badauds s'arrêtent devant les baraques de la fête foraine.* = Abri, baraquement. **2-** *Cette vieille baraque menace de s'écrouler.* = Bicoque, masure. **3-** fam. *On étouffe dans cette baraque !* = Maison. ■ **baraquement :** n.m.= Abri, cabane, baraque. ■ **baraqué :** adj. fam. = Grand, fort, costaud.

barbare : adj. **1-** *Un crime barbare a été commis dans l'immeuble voisin.* = Cruel, féroce, sanguinaire, sauvage, inhumain. ≠ Bon, humain. **2-** *Pour mes grands-parents, le rap est une musique barbare.* = Choquant, grossier. ≠ Civilisé, raffiné. ■ **barbarie :** n.f. **1-** *La guerre n'excuse pas la barbarie.*= Cruauté, férocité, sauvagerie. ≠ Bonté, humanité. **2-** *Détruire des oeuvres d'art est un acte de barbarie.* = Vandalisme.

barbe : n.f. = Barbiche, barbicette, collier. ■ **quelle barbe ! :** fam. Quel ennui ! ■ **barbant :** adj. fam. = Ennuyeux. ■ **barber :** v. fam. = Ennuyer, assommer.

barbiche : n.f. = Petite barbe.

barboter : v. **1-** *Le bébé barbote dans son bain.* = Patauger. **2-** fam. *Il a encore barboté des bonbons !* = Voler, prendre, dérober; fam. piquer, chiper.

barbouiller : v. **1-** *Guillaume a barbouillé son livre avec des feutres.* = Gribouiller, maculer, salir, tacher. ≠ Laver, nettoyer. **2-** *L'ouvrier a barbouillé la grille d'antirouille avant de la recouvrir de peinture.* = Peindre, peinturlurer. ■ **être barbouillé :** *Il a mangé trop de crêpes, il est tout barbouillé.* = Avoir la nausée. ■ **barbouillage :** n.m. = Barbouillis, gribouillage, gribouillis, griffonnage.

baril : n.m. = Tonneau.

barioler : v. = Bigarrer, chamarrer, panacher, peinturlurer. ■ **bariolage :** n.m. = Bigarrure.

baroque : adj. **1-** *Nous visitons une église baroque, surchargée d'ornements.* = Rococo. ≠

Classique. **2-** *Henri avait imaginé des vacances baroques, sans programme et sans véritable itinéraire.*= Bizarre, excentrique, singulier. ≠ Normal.

barque : n.f. = Embarcation, canot. **barre :** n.f. **1-** *Nous fait poser des barres métalliques aux fenêtres du rez-de-chaussée.* = Barreaux. **2-** *Le marin est à la barre, il dirige le bateau.* = Gouvernail. ■ **avoir un coup de barre** : fam. = Être fatigué. ■ **barrer :** v. **1-** *En tombant, l'arbre a barré la route.* = Boucher, couper, obstruer. ≠ Ouvrir. **2-** *Elle barre sur sa liste de courses ce qu'elle vient d'acheter.* = Rayer, biffer, supprimer. **3-** *C'est Loïc qui barre ce trimaran.* = Diriger. ■ **barrage :** n.m. = Obstacle, barrière. ■ **barreau :** n.m. = Barre. ■ **barreur :** n. *Un barreur gouverne le yacht.* = Skkiper.

barricade : n.f. = Barrage, barrière. ■ **barricader :** v. = Fermer. ■ **se barricader :** v. pron. = Se retrancher, s'enfermer.

barrière : n.f. **1-** *Une barrière empêche les animaux de s'échapper du parc.* = Clôture, haie, palissade. **2-** *En Australie, les vagues viennent se briser sur la Grande Barrière de Corail.*= Obstacle, barrage.

barrique : n.f. =Tonneau.

bas : A- adj. **1-** *La rivière a inondé la partie basse de la ville.* = Inférieur. ≠ Haut. **2-** *J'ai acheté cet ordinateur à bas prix.* = Modéré, modique. ≠ Élevé. **3-** *Elle dit des méchancetés sur moi par basse jalousie.* = Indigne, abject, méprisable, vil, vulgaire. ≠ Estimable, respectable, honorable. ■ **aller la tête basse, l'oreille basse** : = Embarrassé, confus, honteux. **B-** adv. *Maman parle bas pour ne pas réveiller le bébé.* = Doucement. ■ **bas les pattes!** : fam. Ne me touche pas! N'y touche pas! ■ **mettre bas** : = Accoucher (pour un animal femelle). ■ **en bas** : = Dessous, au-dessous. ■ **plus bas** : = Plus loin. **C-** n.m. *Elle a filé ses bas en les enfilant.* SYN Collants. ■ **un bas de laine** : = Économies.

bas-côté : n.m. = Accotement.

basculer : v. = Culbuter, renverser. ■ **bascule :** **1-** = Balance. **2-** = Balançoire.

base : n.f. **1-** *La base de cette colonne est plus large et plus épaisse que le sommet.* = Assise, pied, support, socle. ≠ Sommet, haut. **2-** fig. *Liberté, Égalité, Fraternité sont les bases de la République française.* = Fondement, principe essentiel. **3-** *Des ragots sont à la base de notre brouille.* = Origine, point de départ. ■ **baser** : v. = Fonder, établir. ■ **se baser sur** : v. pron. = Se fonder.

basilique : n.f. = Église.

basque : n.f. ■ **être pendu aux basques de quelqu'un** : fam. = Être collant, coller.

basse-cour : n.f. = Poulailler.

bassesse : n.f. **1-** *Bien se comporter uniquement pour être récompensé, c'est faire preuve de bassesse.* = Mesquinerie, servilité, platitude. ≠ Fierté, dignité. **2-** *Il devrait avoir honte de commettre des bassesses.* = Indignité, lâcheté. ≠ Générosité, noblesse.

bassin : n.m. **1-** *On peut faire de la barque dans les bassins du parc de Versailles.* = Étang. **2-** *Le bassin d'une fontaine.* = Vasque. **3-** *Le Bassin parisien est traversé par la Seine.* = Cuvette. **4-** *Il s'est fracturé un os du bassin.* = Abdomen, hanche. ■ **bassiner** : v. fam. = Ennuyer.

bastille : n.f. = Prison, château.

bastingage : n.m. = Balustrade, garde-corps.

bastion : n.m. **1-** *Des bastions sont construits sur les remparts du château fort.* = Fortification. **2-** fig. *Marseille est un bastion du football.*= Rempart, soutien.

bataille : n.f. = Bagarre, combat, lutte. ■ **batailler :** v. = Se battre, combattre, lutter. ■ **batailleur** : adj. ou n. =Combatif, belliqueux. ≠ Pacifique.

bataillon : n.m. = Troupe.

bâtard : adj. et n. **1-** *Les princes et les rois avaient un tas d'enfants bâtards.* = Adultérin, illégitime, naturel. ≠ Légitime. **2-** fig. *Il a fallu trouver une solution bâtarde pour satisfaire tout le monde.*= Boiteux.

bateau : A- n.m. = Embarcation, bâtiment, navire, paquebot, cargo, voilier, rafiot (fam.). ■ **mener en bateau** : fig. fam. = Mentir, tromper. **B-** adj. inv. fam. *Ma sœur aimerait bien tomber sur des questions bateau à son examen.* = Banal, commun. ≠ Original.

batifoler : v. fam. = Folâtrer.

bâtir : v. **1-** *Eugène est maçon, il bâtit des maisons.* = Construire, édifier, ériger. ≠ Détruire, démolir, raser. **2-** *Elle bâtit l'ourlet de sa robe avant de le coudre.* = Faufiler. ≠ Débâtir. ■ **bâti :** adj. *Cet acteur est bâti en athlète.* = Taillé, charpenté. ■ **être bien ou mal bâti :** = Proportionné, balancé (fam.) ■ **bâtiment :** n.m. **1-** *Une ferme comprend plusieurs bâtiments : la maison, les écuries, les hangars…*= Construction, bâtisse, édifice. **2-** *Pascal travaille dans le bâtiment.* = Construction. **3-** *Un bâtiment de fort tonnage transporte des marchandises.* = Bateau, navire, vaisseau. ■ **bâtisse :** n.f. = Bâtiment. ■ **bâtisseur :** n. = Constructeur.

bâton : n.m. = Canne, gourdin, massue, matraque, tuteur, échalas. ■ **mettre des bâtons dans les roues** : fam. = Gêner, contrarier, entraver.

battre : v. **1-** *Cette brute bat sa femme et ses enfants.* = Frapper, taper, cogner, rosser, rouer de coups. **2-** *J'ai battu Paul aux échecs.* = Vaincre, gagner, triompher. **3-** *C'est à toi de battre les cartes et de distribuer.* = Brouiller, mélanger, mêler. **4-** *Nous battons la forêt pour retrouver ma chienne égarée.* =

Parcourir, fouiller, reconnaître. **5-** *La grêle bat les carreaux.* = Heurter, fouetter, marteler. **6-** *Dans l'émotion, son coeur bat vite.* = Palpiter. ■ **battre des mains** : = Applaudir. **7-** *Les ennemis battent en retraite.* = Reculer. ■ **se battre** : v. pron. = Combattre, lutter contre. ■ **battement :** n.m. **1-** *Il y a du vent, le battement des volets contre la fenêtre est énervant.* = Choc, claquement, martèlement. **2-** *La tourterelle s'envole dans un battement d'ailes.* = Bruissement. **3-** *Après un course d'endurance, Louis ressent les battements de son cœur jusque dans la tête.* = Pulsation, palpitation. **4-** *Entre l'examen d'histoire et celui d'anglais, Sylvie a un battement de dix minutes.* = Délai, intervalle. ■ **battant : A-** n. **1-** *Louis travaille et en plus prend des cours du soir, c'est un battant.* = Fonceur. **2-** *Le battant de la cloche.* = Marteau. **3-** *Le battant de la fenêtre a claqué et une vitre s'est brisée.* = Vantail. **B-** adj. *Il est entré le cœur battant.*= Palpitant. ■ **une pluie battante** : = Cinglante, violente. ■ **mener une affaire tambour battant** : fig. = Rondement, rapidement. ■ **batterie :** n.f. **1-** *Une batterie de cuisine comprend des casseroles, des poêles et divers ustensiles.* = Ustensile, outil. **2-** *La batterie de la voiture est déchargée, je ne peux plus démarre.*= Accumulateurs. **3-** *Il tient la batterie d'un groupe de rock.* = Percussions. ■ **batteur :** n. **1-** *Maman bat les blancs d'œufs en neige avec un batteur.* = Fouet. **2-** *Il est batteur dans un orchestre.*= Percussionniste. ■ **battue :** n.f. = Reconnaissance, chasse.

baudet : n.m.= Âne.

bauge : n.f. = Gîte. (du sanglier, du porc.)

baume : n.m. *Le baume du tigre est une pommade qui soulage les torticolis.* = Liniment. ■ **mettre du baume au cœur** : fig. = Adoucir , consoler.

bavard : adj. ou n. **1-** = Loquace, volubile, éloquent, prolixe, baratineur (fam.) ≠ Muet, silencieux. **2-** = Indiscret, cancanier. ≠ Discret. ■ **bavardages :** n.m. plur. Ragots, racontars, commérages. ■ **bavarder :** v.**1-** *Papa a croisé un vieil ami, ils ont bavardé pendant cinq minutes.* = Parler, papoter, causer. ≠ Se taire. **2-** *Si cela s'apprend, les gens vont bavarder.* = Jaser, cancaner.

bave : n.f. = Salive. ■ **baver :** v. = Saliver. ■ **baver de** : fam. *Baver d'admiration, baver de rage, baver d'envie.* = Éprouver. ■ **baver sur quelqu'un** : fam. = Calomnier, médire. ■ **en baver** : fam. = Peiner. ■ **baveux :** adj. = Coulant. ■ **bavure :** n.f. **1-** *Son stylo fuit, il y a quelques bavures sur sa lettre.* = Tache, éclaboussure. **2-** *Un innocent a été emprisonné à tort, c'est une bavure.* = Erreur, faute, méprise. ■ **sans bavure** : = Impeccablement, parfaitement.

bayer : v. ■ **bayer aux corneilles** : fam. = Rêvasser.

bazar : n.m. **1-** = Marché. (en Orient). **2-** *Le Bazar de la Mairie vend des articles très variés.* = Magasin. **3-** fam. *Maman a grondé Lucas, sa chambre est un vrai bazar.* = Désordre.

béant : adj. = Large, ouvert.

béat : adj. = Satisfait. ≠ Inquiet. ■ **béatitude :** n.f. = Bonheur, euphorie. ≠ Inquiétude, peine.

beau ou **bel A-** adj. **1-** Qui fait plaisir à regarder. *Les roses sont de belles fleurs parfumées.*= Joli, superbe, splendide. ≠ Laid, affreux, hideux. **2-** *Venir en aide à celui qui est dans le besoin est une beau geste.* = Généreux, noble. ≠ Mesquin. **3-** *J'ai eu une belle tranche de gâteau pour mon goûter.* = Grand, gros, important. ≠ Petit, minuscule. **4-** *Nous avons assisté à un beau match.* = Intéressant, remarquable. ≠ Médiocre, mauvais. **5-** *Le temps a été beau pendant l'été.* = Ensoleillé , radieux, magnifique. ≠ Affreux, mauvais. **6-** *Tu as 10 fautes en dictée, quel beau travail!* = Joli. (ironiquement). ■ **bel et bien** : = Réellement, véritablement. ■ **de plus belle** : = De nouveau. **B-** n.m. = Beauté, esthétique. ≠ Laideur.

beaucoup : adv. **A- 1-** *Anne a mangé huit crêpes, elle en a mangé beaucoup.* = Copieusement, énormément, en abondance. **2-** *Manon aime beaucoup sa cousine.* = Énormément, excessivement. ≠ Peu. **B- 1-** *Beaucoup d'arbres sont tombés pendant la tempête.* = Plusieurs. ≠ Aucun. **2-** *Il a beaucoup de chagrin.* = Énormément. ≠ Peu, aucun. **C-** *Beaucoup pensent que nous avons raison d'aider nos parents.* = Bon nombre de personnes. ≠ Nul, aucun, personne.

beauté : n.f.**1-** *Venise est une ville d'une grande beauté.* = Splendeur, magnificence, éclat, harmonie. **2-** *Jean donne son goûter à un camarade; la beauté de son geste l'honore.* = Générosité, grandeur, noblesse. ≠ Laideur. ■ **être en beauté** : = Être à son avantage. ■ **se faire une beauté** : = Se maquiller, se coiffer, s'apprêter. ■ **terminer en beauté** : = Magnifiquement, superbement. ≠ Horriblement.

bébé : n.m. = Nouveau-né, nourrisson, petit, poupon.

bêcher : v. **1-** . *Nicolas bêche le jardin.* = Retourner, ameublir. **2-** fam. Mépriser, snober. ■ **bêche** : n.f. = Pelle. ■ **bêcheur** : adj. et n. fam. = Prétentieux, snob.

bée : adj. = Béant. ■ **être bouche bée** : = Ébahie.

bégayer : v. = Bredouiller, balbutier.

belle : n.f. **1-** *La Belle au bois dormant a dormi cent ans.* = Belle femme, belle jeune fille. **2-** *Le jeu se déroulera en deux manches et une belle.* = Partie.

belliqueux : adj. = Agressif, batailleur, querelleur, guerrier. ≠ Pacifique, paisible, pacifiste.

bénédiction : n.f. = Sacre, consécration. ■ **ce qui arrive est une bénédiction** : = Bonheur, chance. bienvenu.

bénéfice : n.m. **1-** *Le fleuriste a fait des bénéfices, il a gagné de l'argent.*= Gain, profit. ≠ Déficit, perte. **2-** *Dans le bus, Grand-Père trouve toujours quelqu'un qui lui cède sa place : c'est le bénéfice de l'âge.* = Privilège. ≠ Inconvénient. ■ **bénéficiaire :** = Allocataire. ■ **bénéficier :** v. = Profiter. ≠ Pâtir, souffrir de.

bénévole : n.m. ou adj. = Gratuit, volontaire. ≠ Payé, rétribué. ■ **bénévolement :** adv. = Gratuitement.

bénin : adj. = Inoffensif, insignifiant. ≠ Dangereux, grave.

bénir : v. **1-** *Que Dieu vous bénisse !* = Protéger. ≠ Maudire. **2-** *Je bénis le jour où je t'ai connu !* = Se réjouir, se féliciter, marquer d'une pierre blanche (fam.). ≠ Exécrer.

bercer : v. = Balancer. ■ **se bercer d'illusions** : = Se tromper, s'illusionner. ■ **berceau :** n.m. **1-** = Couffin. **2-** *La Corse est le berceau de l'enfance de Napoléon.* = Lieu de naissance. **3-** =Voûte, arceau. ■ **berceuse :** n.f. = Chanson.

berge : n.f. **1-** *Nous avons fait un pique-nique sur les berges de la Seine.* = Rive, bord. **2-** fam. *Il a au moins trente berges !* = An.

berger : n. = Pâtre, pasteur. ■ **bergerie :** n.f. Bâtiment où l'on enferme les moutons. ■

berline : n.f. = Voiture.

berner : v. = Tromper, duper, mystifier, leurrer. ≠ Détromper, démystifier.

besogne : n.f. = Travail, tâche. ■ **besogneux :** adj. = Pauvre, misérable. ≠ Riche. ■ **besoin :** n.m. **1-** *Cet enfant a besoin d'affection.* = Nécessité, envie, désir. ≠ Satiété. **2-** *Cette famille est dans le besoin.* = Pauvreté, misère, dénuement. ≠ Aisance, prospérité, richesse.

bestial : adj. = Brutal, sauvage. ≠ Délicat, raffiné. ■ **bestialité :** n.f. = Brutalité, grossièreté. ≠ Délicatesse, raffinement. ■ **bestiaux :** n.m. plur. = Bétail. ■ **bestiole :** n.f. = Petite bête. ■ **bétail :** n.m. = Troupeau, bêtes, bestiaux, cheptel.

bête : **1-** n.f. *Le guépard est une bête sauvage.* = Animal. **2-** adj. *Elle est bête comme ses pieds !* = Stupide, sot. ≠ Intelligent, fin , futé. ■ **bêtement :** adv. = Stupidement, sottement. ■ **tout bêtement** : = Tout simplement. ■ **bêtise :** n.f. **1-** *Il est d'une rare bêtise!* = Imbécillité, stupidité, sottise, idiotie. ≠ Intelligence, finesse. ■ **faire, dire des bêtises** : = Niaiseries, idioties, stupidités, âneries (fam.). **2-** *Nous nous sommes disputés pour des bêtises.* = Broutille, babiole, bagatelle, sottise.

beugler : v. **1-** *Les vaches beuglent.* = Meugler, mugir. **2-** *Ce chanteur beugle et nous casse les oreilles.*= Hurler, crier. ■ **beuglement :** n.m. = Meuglement, mugissement.

beurre : n.m. ■ **mettre du beurre dans les épinards** : fam. = Améliorer l'ordinaire. ■ **faire son beurre** : = S'enrichir. ■ **avoir un œil au beurre noir** : = Poché . ■ **compter pour du beurre** : = Rien.

bévue : n.f. = Bêtise, étourderie, boulette (fam.) , gaffe (fam.), impair, méprise.

biais : n.m. **1-** *Le tissu de cette robe a été coupé en biais.* = En diagonale, en oblique. **2-** *Par le biais de questions indiscrètes, elle a découvert ce qu'on lui avait caché.* = Détour. ■ **biaiser :** v. fig. fam. = Louvoyer, tergiverser.

bible : n.f. **1-** = Écritures. **2-** fig. *Ce guide de voyage est une vraie bible.* = Référence..

bichonner : v. fam. = Soigner.

bicoque : n.f. fam. péjor. = Baraque, cabane.

bicyclette : n.f. = Vélo, deux roues, cycle, VTT.

bidet : n.m. = Petit cheval.

bidon : **A-** n.m. **1-** *Un bidon d'eau de 5 litres.* = Jerrycan, nourrice. **2-** fam. = Ventre. ■ **c'est du bidon** : = Mensonge, bluff. **B-** adj. inv. fam. *Ces certificats sont bidon.* = Simulé, faux. ■ **se bidonner :** v. pron. = Rire, se marrer (fam.).

bien : **A-** adv. **1-** *Jules travaille bien à l'école.* = Convenablement. **2-** *Alice aime bien les desserts.* = Beaucoup. **3-** *Je suis bien contente.* = Très. **4-** *C'est bien lui qui est parti.* = Réellement, vraiment. **B-** adj. inv. **1-***Elle ne se sent pas bien.* = À l'aise, d'aplomb. **2-** *Elle est bien dans ce rôle.* = Parfait. **3-** *C'est un garçon bien.* = Honnête, correct, sérieux. **C-** loc. conj. ■ **bien que**. *Bien qu'il fasse beau, j'emporte une veste.* = Quoique. ■ **si bien que**. *Je ne trouvais pas mes baskets, si bien que je suis arrivé en retard.* = De sorte que. **C-** n.m. **1-** *Il travaille pour le bien de la population.* = Prospérité, bonheur. **2-** *Mère Térésa faisait le bien autour d'elle.* = Charité. ≠ Mal. 3- *Le seul bien que possède Patrice, c'est cette maison.* = Propriété, patrimoine.

bien-être : n.m. inv. **1-** *Il ne souffre plus et ressent un réel bien-être.* = Satisfaction, soulagement, bonheur, euphorie. ≠ Angoisse, inquiétude, malaise. **2-** *Aisés, ils vivent dans un grand bien-être matériel.* = Confort, luxe. ≠ Pauvreté.

bienfaisant : adj. = Salutaire. ≠ Malfaisant. ■ **bienfaisance :** n.f. = Aide, assistance, secours. ■ **bienfait :** n.m. = Résultat, avantage. ■ **bienfaiteur :** n. = Sauveur, protecteur. ≠ Ennemi.

bienheureux : n. ou adj. = Heureux. ≠ Malheureux.

bienséant : adj. = Convenable, correct, décent. ≠ Choquant, inconvenant, indécent. ■ **bienséance :** n.f. = Décence, savoir-vivre, politesse, convenance. ≠ Indécence, inconvenance, sans-gêne.

bientôt : adv. = Dans peu de temps, prochainement, sous peu. ≠ Tardivement.

bienveillant : adj. = Agréable, gentil, indulgent. ≠ Méchant, malveillant. ■ **bienveillance** : n.f. = Bonté, gentillesse, indulgence. ≠ Méchanceté, malveillance.

bienvenu : adj. = Bien accueilli. ≠ Malvenu..

bière : n.f. = Cercueil.

biffer : v. = Rayer, effacer, supprimer, barrer.

bifurquer : v. **1-** *Pour aller chez nos amis, nous devons bifurquer après Lyon.* = Tourner. **2-** fig. *Après des études d'histoire, il a bifurqué vers le journalisme.* = Se tourner. ■ **bifurcation** : n.f. **1-** *L'arrêt d'autobus se trouve près de la bifurcation de l'avenue.* = Fourche, carrefour, croisement. **2-** fig. *Edgar a une bifurcation possible dans ses études, soit médecine, soit pharmacie.*= Option orientation.

bigarré : adj. = Bariolé. ≠ Uni.

bijou : n.m. **1-** *Elle portait pour unique bijou sa magnifique alliance.* = Joyau, bague, bracelet, collier, médaillon, parure. **2-** fig. *Cette cathédrale est un bijou de l'art gothique.* = Chef-d'œuvre. ■ **bijouterie :** n.f. = Joaillerie, orfèvrerie. ■ **bijoutier :** n. = Joailler, orfèvre.

bilan : n.m. **1-** *Le bilan de cette entreprise fait apparaître des bénéfices cette année.* = Situation, balance. **2-**fig. *La région est dévastée, voilà le bilan du séisme.* = Résultat, conséquence.

bile : n.f. **1-** *De la bile a donné une couleur verdâtre au foie du poulet.* = Amer, fiel. **2-** fig. = Inquiétude, souci. ■ **se faire de la bile** : fam. S'inquiéter. ■ **se biler :** v. pron.fam. Se tourmenter. ■ **bilieux :** adj. fig. = Inquiet.

bille : n.f. **1-** *Les enfants jouent aux billes pendant la récréation.* = Agate, calot. ■ **reprendre ses billes :** fam. Se retirer d'une affaire. **2-** fam. *Elle est trop maquillée, elle a une bille de clown.* = Tête, figure, face.

billet : n.m. **1-** *Un billet de banque.* = Argent, coupure, biffeton (fam.) **2-** *Son fiancé lui envoyait des billets doux tous les jours.* = Mot, message. **3-** *Il est possible d'acheter ses billets de train sur Internet.* = Ticket.

biner : v. = Sarcler, piocher. ■ **binette :** n.f. **1-** = Pioche. **2-** fam. Visage, figure, tête.

biniou : n.m. = Cornemuse.

biographie : n.f. = Vie.

bique : n.f. fam. = Chèvre. ■ fam. péjor. **vieille bique** : = Vieille femme.

biscornu : adj. fig. fam. = Bizarre, extravagant, saugrenu.

biscuit : n.m. **1-** *Les Anglais sont friands de biscuits à la cannelle.* = Gâteau, pâtisserie, galette, sablé. **2-** *Chez l'antiquaire, on trouve des statuettes en biscuit.* = Porcelaine.

bise : n.f. **1-** = Vent froid. **2-** fam. = Baiser, bisou.

bistouri : n.m. = Scalpel.

bitume : n.m. = Goudron, asphalte, macadam. ■ **bitumer :** v. = Goudronner.

bivouac : n.m. =Campement. ■ **bivouaquer :** v. = Camper.

bizarre : adj. = Extravagant, étrange, insolite, curieux, singulier. ≠ Normal, ordinaire. ■ **bizarrement :** adv. = Curieusement, drôlement, étrangement, curieusement. ■ **bizarrerie :** n.f. = Extravagance, étrangeté, singularité. ≠ Banalité.

blafard : adj. = Blême, décoloré, pâle, livide, terreux. ≠ Coloré, vif.

blague : n.f. fam. **1-** *Pour lui faire une blague, son petit frère avait caché les chaussures d'Astrid.* = Plaisanterie, farce. **2-** *Attention! ne faites pas de blagues!* = Sottise, boulette, bévue. ■ **blaguer :** v. = Plaisanter, taquiner. ■ **blagueur** : adj. et n. = Plaisantin. ≠ Sérieux.

blâmer : v. = Critiquer, désapprouver, désavouer, réprimander. ≠ Approuver, encourager, féliciter. ■ **blâmable :** adj. = Critiquable, condamnable, répréhensible. ≠ Louable. ■ **blâme** : n.m. = Désapprobation, reproche, condamnation. ≠ Éloge.

blanc : A- adj. **1-** *Mamy a des cheveux blancs.* = Laiteux, argenté, platine, ivoire. ≠ Noir. **2-** *Théo est tout blanc, il doit être malade.* = Blême, pâle, blafard, livide. **3-** *Jérôme a rendu une page blanche, il n'avait pas appris ses leçons.* = Vierge. ■ **nuit blanche** : = Insomnie. ■ **arme blanche** : = Couteau, poignard. **B- 1-** n.m. *Les murs sont peints d'un blanc mat.* = Blancheur. **2-** *Laissez un blanc si vous ne savez pas répondre.* = Espace. **3-** *Regarde moi dans le blanc des yeux.* = En face. ■ **blanchâtre :** adj. = Crayeux, blême. ■ **blancheur :** n.f. *La neige fraîche est d'une blancheur immaculée.*= Blanc. ≠ Noirceur.

blanchir : v. **1-** *L'eau de Javel blanchit les tissus.* = Décolorer, éclaircir. ≠ Colorer. **2-** *Autrefois, les laveuses blanchissaient le linge.* = Laver, nettoyer. ≠ Salir. **3-** *Elle blanchit des légumes avant de les faire cuire.* = Ébouillanter. **4-** *Le tribunal l'a blanchi, il n'était pas coupable.* = Innocenter, disculper. ≠ Accuser. ■ **blanchissage :** n.m. = Nettoyage. ■ **blanchisserie :** n.f. = Laverie.

blasé : adj. = Fatigué, indifférent, las, revenu de. ≠ Enthousiaste, passionné.

blason : n.m. = Armes, armoiries.

blasphème : n.m. = Injure, juron, imprécation, outrage, sacrilège. ■ **blasphémer :** v. = Jurer, insulter. ≠ Vénérer. ■ **blasphématoire :** adj. = Impie, sacrilège. ≠ Pieux.

blazer : n.m. = Veste.

bled : fam. = Trou, village.

blêmir : v.= Pâlir, blanchir, verdir. ≠ Se colorer. ■ **blême :** adj. = Livide, pâle, blafard, blanc, vert. ≠ Animé, coloré, hâlé.

blesser : v. **1-** *Dans un accès de violence, un homme a blessé sa famille.* = Estropier, contusionner, frapper, meurtrir, amocher (fam.) ≠ Épargner. **2-** fig. *Il est très susceptible, un rien le blesse.* = Choquer, contrarier, froisser, peiner, offenser, ulcérer. ≠ Complimenter, flatter. ■ **se blesser :** v. pron. = Se faire mal. ■ **blessant :** adj. = Désagréble, vexant, offensant. ≠ Aimable, conciliant. ■ **blessé : 1-** adj. et n. *Il n'y a eu que des blessés légers dans cet accident de voiture.* = Accidenté. ≠ Valide, sain et sauf. **2-** adj. fig. *Blessé des remarques de sa mère, il s'est mis à bouder.* = Froissé, vexé, offensé, ulcéré. ≠ Flatté. ■ **blessure :** n.f. **1-** *Nous avons une trousse à pharmacie, en cas de petite blessure.* = Plaie, coupure, lésion, contusion, brûlure. **2-** fig. = Peine, douleur, offense. ■ **blessure d'amour-propre** : = Vexation.

bleu : A- adj. **1-** = Azur, azuré, ciel, marine, d'outremer, roi, turquoise, pervenche... **2-** fig. *Léo préfère manger son steak bleu.* = Saignant. **3-** ■ **une peur bleue** : = Grande peur, frayeur. **4-** ■ **en rester bleu :** = Stupéfait, interdit. **B-** n.m. **1-** *Je me suis fait un bleu en tombant de vélo.* = Hématome, contusion, ecchymose. **2-** *Le garagiste porte un bleu pour protéger ses habits.* = Cotte, salopette. **3-** *Il entre dans la profession, c'est un bleu.* = Novice, débutant. ≠ Ancien. **4-** *Le bleu d'Auvergne, le bleu de Bresse.* = Fromage.

blinder : v. fam. fig. = Endurcir. ■ **blindage** : n.m. = Protection.

blizzard : n.m. = Vent glacial.

bloc : n.m. **1-** *Un bloc de pierre se décrocha de la montagne.* = Masse. **2-** *Les policiers l'ont mis au bloc.* = Prison. **3-** *Les alliés ont fait bloc contre l'envahisseur.* = Coalition. **4-** *Bloc opératoire.* = Salle d'opérations. **5- en bloc :** loc. adv. = Globalement, en gros. ≠ En détail. **6- à bloc :** loc. adv. = Complètement, à fond. ■ **blocage :** n.m. **1-** *Plusieurs blocages de la balle nous ont donné l'avantage dans le jeu.*= Arrêt, frein. **2-** fig. *Elle n'arrive pas à apprendre à nager, sa peur de l'eau provoque un blocage.*= Inhibition, paralysie.

blond : 1- adj. *Des blés blonds. Des cheveux blonds.* = Doré, d'or, blondasse (péjor.). **2-** n. *Un blond, une blonde.* = Blondinet (enfant). ≠ Brun.

bloquer : v. **1-** *L'horloge ne fonctionnait plus, son mécanisme était bloqué.* = Arrêter, coincer, immobiliser. ≠ Débloquer. **2-** *Un barrage de police bloque la route.* = Boucher, obstruer. ≠ Dégager. ■ **se bloquer** : v. pron. fig. *En mathématiques, Sonia se bloque et ne comprend plus rien.*= Être paralysé, inhibé. ≠ Se débloquer.

blottir (se) : v. pron. = Se pelotonner, se lover, se recroqueviller, se cacher.

blouse : n.f. **1-** *Les chirurgiens portent des blouses vertes.*= Vêtement de travail, tablier. **2-** = Corsage, chemisier (vêtement féminin). ■ **blouser** : v. fam. fig. =Tromper. ■ **blousant :** adj. = Ample. ≠ Ajusté, collant.

bluff : n.m. = Comédie, chiqué (fam.). ■ **bluffer :** v. fam.= Tromper, duper, leurrer.

bobine : n.f. fam. = Figure, tête.

bocal : n.m. = Pot.

bohème : adj. et n. = Fantaisiste, artiste, marginal. ≠ Rangé, conformiste. ■ **bohémien :** n. = Gitan, tzigane, nomade.

boire : v. **1-** *Louise boit un litre d'eau par jour.* = Absorber, prendre, se désaltérer, ingurgiter, laper (animaux). **2-** *Rémi regrettait d'avoir tant bu, il n'avait plus les idées claires.* = S'enivrer, picoler (fam.), carburer (fam.). **3-** *Le buvard boit l'encre renversée.* = Absorber. **4-** ■ **boire les paroles de quelqu'un** : = S'enivrer, savourer.

bois : n.m. **1-** *Allons dans les bois cueillir du muguet.* = Forêt, futaie, taillis, bosquet. **2-** *Quand il attaque, le cerf fonce les bois en avant.*= Corne. ■ **boiser :** v. = Planter des arbres. ■ **boisement :** n.m. = Plantation.

boisson : n.f. = Breuvage, rafraîchissement, eau, lait, tisane, alcool.

boîte : n.f. **1-** *Boîte à chaussures. Boîte à bijoux.* = Récipient, coffre, coffret, écrin, étui. ■ **mettre quelqu'un en boîte** : fam. fig. = Se moquer.**2-** fig. fam. *Je vais travailler dans une autre boîte.* = Société, usine. ■ **boîte de nuit** : = Discothèque.

boiter : v. = Clopiner, boitiller, traîner la jambe. ■ **boiteux : 1-** n. = Éclopé, bancal (péjor.). **2-** adj. *Je suis tombé en m'asseyant sur une chaise boiteuse.* = Branlant, bancal. ■ **boitiller :** v. = Boiter.

bombarder : v. **1-** *Durant la Seconde Guerre mondiale, Londres a été bombardé.* = Assiéger, attaquer, canonner. **2-** *Jérôme et Bertrand bombardent les passants de boules de neige.* = Lancer, projeter. **3-** fig. *Suite à sa petite annonce, il est bombardé de coups de téléphone.* = Accabler.

bombe : n.f. **1-** *Une bombe atomique.* = Projectile, explosif, machine. ■ **attentat à la bombe** :

= Explosif. **2-** *Une bombe de peinture.* = Atomiseur. **3-** *Une bombe de cavalier.* = Casquette (hippisme). **4-** fam. *Ils ont fait une bombe à tout casser.* = Fête, noce. ■ **bombé :** adj. = Renflé, arrondi. ≠ Creux. ■ **bomber :** v. **1-** *Les militaires bombent la poitrine au cours d'un défilé.* = Gonfler, se redresser. ≠ Aplatir, creuser. ■ **bomber le torse** : fig. = Être fier. **2-** *Il est interdit de bomber les murs.* = Dessiner, taguer (fam.).

bon : A- adj. **1-** . *Pour marcher dans la montagne, il faut de bonnes chaussures.* = Approprié, convenable, satisfaisant, efficace, excellent, parfait. ■ **être bon en** : = Réussir. ■ **être bon pour** : *Fumer n'est pas bon pour la santé.* = Être utile. **2-** *Un bon repas. Un bon film. De bonnes vacances.* = Agréable,fameux, délicieux. ≠ Mauvais. ■ **en avoir de bonnes** : fam. = Plaisanter. **3-** *A-t-il un bon motif pour s'absenter ?* = Valable, plausible, admissible. ≠ Invraisemblable, inadmissible. **4-** *Rose est aimable, serviable et bonne.* = Bienveillant, ouvert, humain, charitable, généreux. ≠ Méchant, malveillant, inhumain, insensible, dur. ■ **avoir quelqu'un à la bonne** : fam. = Être bienveillant. **5-** *Une bonne pincée de sel. Un bon kilomètre. Une bonne punition.*= Grand, gros. ■ **en finir une bonne fois :** = Définitivement. **B-** n.m. *Denise a gagné un bon d'achat de 200 euros.* = Ticket, attestation, certificat. **C-** adv. ■ **pour de bon :** = Réellement, véritablement.

bonbon : n.m. = Confiserie, friandise, sucrerie, berlingot, dragée, caramel.

bond : n.m. = Saut.

bondé : adj. = Plein, complet, rempli. ≠ Vide.

bondir : v. **1-** *La lionne a bondi sur sa proie.* = Sauter, s'élancer. **2-** *Dès que la sonnerie retentit, Manuel bondit hors de la classe.*= Se précipiter, courir.

bonheur : n.m. **1-** *Le malheur des uns fait le bonheur des autres.* = Joie, plaisir, félicité, béatitude. ≠ Malheur. **2-** *Corinne a eu le bonheur d'être choisie.* = Chance. ≠ Malchance. ■ **porter bonheur** : = Chance.

bonhomme : A- n.m. **1-** fam. *Ce drôle de bonhomme travaillait dans un cirque.* = Homme, type. **2-** *Ce bonhomme va avoir cinq ans.* = Enfant. **B-** adj. *Un caractère bonhomme.*= Aimable, bon, simple. ■ **bonhomie :** n.f. = Simplicité, bonté. ≠ Affectation, vanité.

boniment : n.m. = Propos, baratin (fam.)

bonne : n.f. = Employée de maison, nourrice, gouvernante.

bonté : n.f. = Bienveillance, humanité, compréhension, indulgence, générosité, charité, dévouement. ≠ Méchanceté.

bord : n.m. **1-** *Le bord d'un bateau.* = Babord (côté gauche), tribord (côté droit). **2-** *Nous sommes du même bord.* = Parti, opinion. **3-** *Elle cueillait des fleurs au bord de la forêt.* = Orée, lisière, bordure. **3-** *Le bord de l'eau. Le bord de mer.* = Rivage, berge, rive, côte, plage. ■ **être au bord de** : *Elle est au bord de la crise de nerfs.* = Être sur le point de. ■ **sur les bords** : fam. *Il est menteur sur les bords !* = Un peu, légèrement. ■ **border :** v. **1-** *Maman borde le col et le bas de son manteau d'une bande de fourrure.*= Garnir. **2-** *Des haies de noisetiers bordent le chemin.* = Longer. ■ **bordure :** n.f. = Bord, contour. ■ **en bordure de** : = Au bord de.

borne : n.f. = Limite, terme. ■ **sans borne** : *Agathe est d'une gentillesse sans borne.* = Immense, infini. ■ **dépasser les bornes** : = Abuser, exagérer. ■ **borné :** adj. **1-** *De ma fenêtre, j'ai une vue bornée par de très hauts immeubles.*= Limité. ≠ Illimité, étendu. **2-** fig. *Il ne comprend rien, il est vraiment borné !* = Obtus, bouché (fam.). ≠ Intelligent. ■ **borner :** v. = Limiter. ≠ Élargir, étendre. ■ **se borner à :** v. pron. = Se contenter de, se réduire à, se limiter à.

bosquet : n.m.= Petit bois, buisson.

bosse : n.f. **1-** *Qui a deux bosses, le chameau ou le dromadaire ?* = Grosseur, protubérance. **2-** *Il s'est fait une bosse sur la tête en se cognant.* = Enflure, contusion. **3-** *Cette piste de ski est difficile, elle est pleine de bosses.* = Monticule, inégalité. ■ **avoir la bosse de** := Don, génie. ■ **bosselé :** adj. = Cabossé, déformé.■ **bosser :** v. fam. =Travailler. ■ **bosseur :** n. fam. =Travailleur. ■ **bossu :** adj. et n. = Difforme.

botte : n.f. **1-** *Une botte de foin, d'asperges, d'oeillets.* = Gerbe, bouquet, fagot. **2-** *J'enfile des bottes par temps de pluie.* = Cuissarde, bottine. ■ **lécher les bottes de quelqu'un** : = Le flatter. ■ **botter :** v. **1-** *L'ailier a botté en touche.* = Tirer, shooter. **2-** fam. *Si ton père te voit faire ça, tu vas te faire botter le derrière !* = Enguirlander. **3-** fam. *L'idée d'aller au cinéma ce soir me botte.* = Plaire, convenir. ■ **bottine :** n.f. = Petite botte. ■ **botteler :** v. = Lier.

bouche : n.f. **1-** = Cavité buccale, gueule. ■ **bouche cousue** : = Silencieux, muet. ■ **faire la fine bouche** : = Faire le difficile. ■ **être une fine bouche** : = Gourmand, gourmet. **2-** *Bouche de métro. Bouche d'égout.* = Ouverture, entrée, orifice. ■ **bouchée :** n.f. = Morceau.

boucher : v. **1-** = Fermer, clore, obturer (un trou), calfeutrer (une porte), colmater (une brèche), aveugler (une fenêtre). ≠ Déboucher, ouvrir. **2-** *La rue est bouchée par la manifestation.* = Obstruer, bloquer. ■ **en boucher un coin :** = Étonner. ■ **bouché :** adj. **1-** *Alexia est enrhumée, elle a le nez bouché.* = Fermé, obstrué. ≠ Dégagé. **2-** *Le temps est bouché.* = Couvert, brumeux. ≠ Clair. **3-** fam. *Il en met du temps à comprendre, il est bouché !* = Borné, sot. ≠ Ouvert.

boucherie : : n.f. fig. = Tuerie, massacre, carnage.

bouchon : n.m. **1-** *Le palefrenier frictionner un cheval avec un bouchon de paille.* = Tampon. **2-** *Les départs en vacances provoquent des bouchons sur les routes.* = Embouteillage. ■ **bouchonner :** v. **1-** = Frotter, frictionner. **2-** = Embouteiller.

boucle : n.f. **1-** *La boucle d'une ceinture.* = Attache, anneau. **2-** *Boucle d'oreille.* = Créole. *Boucle d'un fleuve.* = Méandre. *Boucle de cheveux.* = Bouclette, frisette, accrohe-cœur, anglaise. ■ **bouclier :** n.m. = Écu, protection, rempart. ■ **bouclette :** n.f.= Petite boucle. ■ **boucler :** v. **1-** = Attacher, fermer. ≠ Déboucler. **2-** *Le détenu est bouclé dans sa cellule.* = Enfermer, emprisonner. ≠ Libérer. ■ **la boucler** : fam. = Se taire. **3-** *Les cheveux de Pascale bouclent naturellement.* = Friser. **4-** *La police boucle le quartier.* = Encercler, entourer.

bouder : v. **1-** *Antonin est puni, il boude dans sa chambre.* = Faire la tête. **2-** *Jeanne est fâchée, elle a boudé ma fête.*= Éviter. ■ **bouderie :** n.f. = Mauvaise humeur, humeur. ■ **boudeur :** adj. = Bougon, grognon, maussade.

boudiner : v. *Elle a grossi, sa jupe la boudine.* = Serrer, saucissonner.

boue : n.f. = Fange, gadoue (fam.), vase, limon. ■ **traîner quelqu'un dans la boue** : fig. = Calomnier. ■ **boueux :** adj. = Fangeux, bourbeux, vaseux.

bouée : n.f. = Balise, flotteur.

bouffer : v. **1-** *Astrid brosse longuement ses cheveux pour les faire bouffer.* = Gonfler. ≠ S'aplatir. **2-** fam. = Manger, bâfrer. ≠ Jeûner. **3-** fam. *La voiture de mes parents bouffe beaucoup d'essence.*= Consommer. **4-** fig. *Mon père est bouffé par son travail, il rentre tard.* = Accaparer. ■ **se bouffer le nez** : fam. = Se disputer. ■ **bouffée :** n.f. **1-** *Il sort des bouffées d'ail de la bouche de ce gourmand.* = Exhalaison. **2-** *Nous sommes dans un courant d'air, je sens des bouffées d'air froid.* = Souffle. **3-** *Une bouffée de colère, d'orgueil.* = Accès, explosion. ■ **bouffant :** adj. = Ample, gonflant. ■ **bouffe** : n.f. fam. = Nourriture, repas.

bouffir : v. = Gonfler, enfler, boursoufler, grossir. ≠ Maigrir. ■ **bouffi :** adj. **1-** *Mamie nourrit trop son chien, il est bouffi .* = Gonflé, enflé, boursouflé. ≠ Maigre, émacié. **2-** fig. *Cet acteur est bouffi d'orgueil.* = Orgueilleux, prétentieux, vaniteux.

bouffon : **1-** n.m. *Au Moyen Âge, le roi avait son bouffon attitré.* = Amuseur, farceur, plaisantin, pitre. **2-** adj. *Mon oncle raconte souvent des histoires bouffonnes.* = Comique, cocasse, burlesque. ≠ Sérieux, grave.

bouger : v. **1-** *Romain n'arrête pas de bouger en classe.* = S'agiter, remuer. ≠ S'arrêter. **2-** *Nous allons bouger ce meuble gênant.* = Déplacer. **3-** *Viens quand tu veux, je ne bouge pas de chez moi.* = Sortir. ■ **se bouger** : v. pron. fam. = Se remuer, agir. ■ **avoir la bougeotte** : fam. = Ne pas tenir en place.

bougie : n.f. = Chandelle, cierge.

bougonner : v. fam. = Ronchonner, râler, grommeler. ■ **bougon** : adj. = Grognon, ronchon, râleur.

bouillir : v. **1-** *L'eau bout à 100 °C.* = Bouillonner. ≠ Geler. **2-** *Le pot-au-feu doit bouillir doucement pendant longtemps.* = Frémir, cuire. **3-** fig. *Bouillir de jalousie, de rage.* = Frémir, être emporté par. ■ **faire bouillir** : *Cet enfant me fait bouillir !* = Exaspérer. ■ **bouillant :** adj. **1-** *On fait cuire des spaghettis à l'eau bouillante salée.* = Bouillonnant. **2-** *Maman adore boire son café bouillant.* = Brûlant. ≠ Froid, glacé. **3-** fig. *Il est bouillant de colère dès qu'une parole lui déplaît.* = Emporté, fougueux, ardent. ≠ Pondéré, calme.

bouillon : n.m. = Potage, soupe, consommé. ■ **bouillonner :** v. **1-** = Bouillir. **2-** fig. *Des tas d'idées bouillonnent dans la tête de Camille.* = S'agiter, se presser, tourner. ■ **bouillonnant :** adj. *Il a un esprit bouillonnant.* = Vif, agité, enthousiaste. ≠ Lent. ■ **bouillonnement :** n.m. **1-** *Le bouillonnement de l'eau d'un torrent.* = Agitation. **2-** *Un bouillonnement d'idées.* = Effervescence, exaltation, enthousiasme. ≠ Calme.

boule : n.f. **1-** = Globe, sphère. ■ **être en boule** : fam. = Colère, rogne (fam.), pétard (fam.). **2-** *Pour jouer à la pétanque, il faut des boules et un cochonnet.* = Balle, bille. **3-** fam. ■ **perdre la boule.** = La tête, le nord ; devenir fou. ■ **boulet :** n.m. = Obus, projectile. ■ **comme un boulet :** fam. = Très vite. ■ **boulette :** n.f. fam. = Sottise, gaffe, maladresse.

boulevard : n.m. = Avenue, rue.

bouleverser : v. **1-** *En sautant sur l'échiquier, le chat a bouleversé les pièces du jeu.* = Mettre en désordre, déranger, chambouler. ≠ Ranger. **2-** *L'accident de son chien a bouleversé Julie.* = Émouvoir, troubler, perturber. ≠ Apaiser, calmer. ■ **bouleversement :** n.m. **1-** = Changement, dérangement, désordre, révolution. ≠ Ordre. **2-** = Émotion, trouble, désarroi, perturbation. ≠ Apaisement, calme. ■ **bouleversant :** adj. = Émouvant.

boulot : **1-** adj. *Emma est un peu boulotte car elle mange trop de sucreries.* = Rondelet, gros. ≠ Maigre, mince. **2-** n.m. fam. *Tu as fait du bon boulot.*= Travail.

bouquet : n.m. **1-** *Un bouquet de roses, un bouquet d'arbres.* = Botte, gerbe, touffe. **2-** *Le bouquet du vin.* = Arôme, parfum, odeur. **3-** ■ **c'est le bouquet** : fam. = Comble, summum.

bouquin : n.m. fam. = Livre. ■ **bouquiner :** v. fam. = Lire.

bourbeux : adj. = Boueux. ■ **bourbier :** n.m. **1-** *Avec la pluie, le chemin se transforme en bourbier.* = Cloaque. **2-** fig. *Pour sortir de ce bourbier, Marius doit trouver un travail.* = Embarras.

bourde : n.f. = Sottise, bévue, gaffe, maladresse.

bourdon : n.m. *Le bourdon d'une cathédrale.* = Cloche. ■ **avoir le bourdon** : fam. = Cafard. ■ **bourdonner :** v. = Vrombir, ronfler, bruire. ■ **bourdonnement :** n.m. = Vrombissement, ronflement, tintement (cloches).

bourg : n.m. = Village, bourgade, hameau. ■ **bourgade :** n.f. = Petit bourg. ■ **bourgeois :** adj. **1-** *Mes grands-parents mènent une vie bourgeoise.* = Confortable, aisé, pantouflard (fam.) ≠ Difficile. **2-** *Des préjugés bourgeois les empêchent de fréquenter leurs voisins bohèmes.* = Conventionnel, conformiste, formaliste, conservateur. ≠ Anarchiste, bohème, révolutionnaire. ■ **bourgeoisie :** n.f. = Les gens aisés, les nantis (péjor.). ≠ Prolétaire, paysan, ouvrier.

bourgeon : n.m. = Bouton.

bourrasque : n.f. = Coup de vent, rafale, grain, tourbillon.

bourreau : n.m. **1-** = Exécuteur (dans les condamnations à mort). **2-** *Un bourreau d'enfants.* = Tortionnaire, meurtrier. ≠ Victime. **3-** ■ **bourreau des cœurs** : = Don Juan, séducteur. ■ **bourreau de travail** : = Travailleur acharné.

bourrer : v. = Remplir, garnir. ≠ Vider. ■ **bourrer quelqu'un de coups** : = Frapper violemment. ■ **bourrer le crâne de quelqu'un** : = Mentir. ■ **se bourrer :** v. pron. fam. = Se gaver. ■ **bourrelet :** n.m. **1-** *Elle fixe des bourrelets aux portes et aux fenêtres pour empêcher l'air de passer.* = Coussinet, tortillon. **2-** fam. *Les bourrelets de graisse sont disgracieux.*= Grosseur. ≠ Creux. ■ **bourru :** adj. = Rude, brusque, grincheux, renfrogné. ≠ Affable, aimable.

bourse : n.f. **1-** *La bourse ou la vie!* = Porte-monnaie. **2-** *Il reçoit une bourse de l'État pour étudier le chinois.* = Pension.

Bourse : n.f. *Il suit tous les jours les cours de la Bourse.* = Corbeille, marché. **2-** *Hausse de la Bourse.* = Boom. *Effondrement de la Bourse.* = Krach. ■ **boursicoter :** v. = Spéculer. ■ **boursicoteur** : n. m. = Spéculateur.

boursouflé : adj. = Gonflé, enflé, bouffi. ≠ Creux, émacié. ■ **boursouflure :** n.f. = Gonflement, cloque, bouffissure.

bousculer : v. **1-** *Dans la cohue , on se fait souvent bousculer.* = Heurter, pousser. **2-** *Il aime prendre son temps, il ne faut pas le bousculer.* = Presser. ■ **se bousculer** : v. pron. = Se presser. ■ **bousculade :** n.f. = Désordre.

bouse : n.f.= Excrément. ■ **bousiller** : v. fam. = Abîmer, détériorer, détruire, massacrer, tuer.

bout : n.m. **1-** *Il porte des chaussures à bouts pointus.* = Fin, extrémité. ≠ Début. **2-** *Aller au bout d'un voyage.* = Terme, terminus. **3-** *Un bout de pain.* = Morceau, fragment. ≠ Tout. **4-** *Il est resté jusqu'au bout du film.* = Fin. ■ **venir à bout de quelque chose** : = Triompher de. ■ **être à bout** : = Être épuisé ou exaspéré.

boutade : n.f. = Plaisanterie, saillie. ■ **boute-entrain :** n.m. inv. = Animateur, amuseur.

bouteille : n.f. = Fiole, flacon, litre, magnum, bonbonne (gaz).

boutique : n.f. = Magasin, échoppe. ■ **boutiquier :** n. = Marchand.

bouton : n.m. **1-** = Bourgeon. **2-** *Un bouton de porte.* = Poignée. *Un bouton électrique.* = Commutateur. ■ **boutonner :** v. = Attacher. ■ **boutonnière :** n.f. = Entaille, incision.

box : n.m. **1-** *Les chevaux rentrent au box.* = Stalle. **2-** *Le box des accusés.* = Banc. **3-** *Un box de voiture.* = Garage. **4-** *Un sac en box.* = Cuir.

boxe : n.f. = Sport de combat, savate (boxe française). ■ **boxer :** v. fam. Frapper, battre.

boyau : n.m. **1-** = Intestin, entrailles (animaux). **2-** = Chemin, passage, galerie, tranchée.

bracelet : n.m. = Gourmette, jonc, anneau.

brader : v. = Liquider, sacrifier, solder.

brailler : v. = Crier, pleurer. ■ **braillard** ou **brailleur** : adj. et n. fam. = Criard, gueulard. ■ **braillement :** n.m. = Cri.

brancard : n.m. = Civière.

branche : n.f. **1-** *Le singe s'accroche aux branches des arbres.* = Branchage, ramure, rameau. **2-** *Elle met une branche de céleri dans la soupe de légumes.* = Tige. **3-** *Tu travailles dans quelle branche ?* = Secteur, spécialité. **4-** *John appartient à la branche anglaise de la famille.* = Lignée, ascendance. ■ **brancher :** v. fam. = Orienter. ■ **branché** : adj. fam. **1-** *Il est branché sur la politique.* = Informé, interessé. ≠ Ennuyé. **2-** *Ma grande sœur a une allure branchée.* = À la mode, tendance. ≠ Démodé. ■ **branchage :** n.m. = Branches, ramure..

brandir : v. = Agiter, montrer.

branler : v. = Vaciller, chanceler. ≠ Tenir. ■ **branlant :** adj. = Vacillant, chancelant. ≠ Stable, solide. ■ **branle-bas :** n.m. inv. = Agitation, remue-ménage.

braquer : v. **1-** *Il braque ses jumelles vers la scène.* = Pointer, diriger. ≠ Détourner. **2-** fam. *Le gang a braqué une banque.* = Attaquer. **3-** *Ma voiture braque mal.* = Tourner. **3-** fig. *Ne lui parle pas de ses erreurs, tu vas le braquer.* = Vexer. ■ **braquer quelqu'un contre** : *À force de moqueries, mon frère m'a braqué contre le dessin.*= Dresser. ■ **se braquer :** v. pron. Se buter.

bras : n.m. **1-** = Membre. **2-** fig. ■ **accueillir quelqu'un à bras ouverts** : = Cordialement, chaleureusement. ■ **avoir le bras long** : = Influence. ■ **à bras raccourcis** : = Violemment. ■ **avoir quelqu'un sur les bras** : = En charge. **3-** *Bras d'un fauteuil.* = Accoudoir.

brasier : n.m. = Feu, incendie.

brasser : v. = Mélanger, mêler. ■ **brasserie :** n.f. = Café-restaurant.

bravade : n.f. = Provocation, défi.

brave : adj. ou n. **1-** = Courageux, vaillant. ≠ Lâche, peureux, froussard (fam.). **2-** *Ce sont de braves gens.* = Honnête, bon. ≠ Malhonnête, mauvais. ■ **bravement :** adv. = Courageusement, vaillamment. ≠ Lâchement. ■ **braver :** v. **1-** *Les pompiers bravent le danger.* = Affronter, s'exposer, défier. ≠ Fuir. **2-** *Le déliquant brave les lois.* = Défier, mépriser, offense, se moquer. ≠ Respecter, se soumettre. ■ **bravoure :** n.f. = Courage. ≠ Lâcheté.

brèche : n.f. = Ouverture, trou, entaille. ≠ Fermeture.

bredouiller : v. = Bafouiller, balbutier, bégayer, marmonner. ≠ Articuler. ■ **bredouillage, bredouillement** ou **bredouillis :** n.m.= Bafouillage, balbutiement, bégaiement.

bref : **A-** adj. **1-** *L'attente a été brève.* = Court, réduit, momentané. ≠ Long. **2-** *Les propos du directeur ont été brefs mais clairs.* = Concis, succinct, sommaire. ≠ Délayé. **B-** adv. *En bref.* = Enfin, en résumé, en somme.

bribes : n.f. plur. *Malgré la cloison, nous pouvions entendre des bribes de leur conversation.*= Partie, miette. ≠ Tout.

bric-à-brac : n.m. inv. = Désordre.

bricole : n.f. = Babiole. ■ **bricoler :** v. = Arranger, réparer. ■ **bricoleur :** n. = Amateur.

bride : n.f. **1-** = Rêne. **2-** fig. ■ **à bride abattue** : = vite. ■ **lâcher la bride** : = Laisser libre. ■ **tourner bride** : = Demi-tour. ■ **brider :** v. **1-** *J'ai grossi, ma jupe me bride le ventre.* = Serrer. **2-** fig. *Son père demande à Léon de brider son exubérance.* = Contenir, limiter, freiner. ≠ Débrider, libérer. .

brièvement : adv. = En peu de mots, succinctement ≠ Longuement.

brigade : n.f. = Troupe.

brigand : n.m. = Bandit, voleur, malfaiteur. ■ **brigandage :** n.m. = Vol, pillage, rapine.

briller : v. **1-** *Le soleil brille.* = Étinceler, luire, rayonner, flamboyer, resplendir, rutiler. ≠ S'assombrir, s'obscurcir. **2-** fig. *Grâce à sa conversation, Louise brille en société.*= Charmer, pétiller, rayonner, éblouir. ≠ S'effacer. ■ **brillant : A-** adj. **1-** = Étincelant, lumineux, resplendissant, rutilant. ≠ Terne, mat. **2-** fig. *Rosalie est une brillante élève.* = Remarquable, doué. ≠ Médiocre. ■ **un regard brillant d'intelligence** : = Pétillant, rayonnant. **3-** *Il fait une brillante carrière.* = Beau, magnifique, splendide. ≠ Médiocre. **B-** n.m. **1-** *Le brillant d'une étoffe, d'une pierre précieuse.* = Éclat, lumière, chatoiement. **2-** *Le brillant d'un discours, d'une cérémonie.* = Éclat, splendeur. **3-** *Une bague avec des brillants.* = Diamant.

brimer : v. = Opprimer, humilier. ■ **brimade :** n.f. = Vexation, humiliation.

brin : n.m. = Tige, filament. ■ **un brin de** : fig. *Il fait un brin de toilette avant de sortir.* = Un petit peu de. ■ **brindille :** n.f. = Petite branche.

brio : n.m. *Ce pianiste joue avec brio des œuvres de Chopin.*= Éclat, talent, virtuosité. ≠ Maladresse.

brise : n.f. = Vent.

briser : v. **1-** = Casser, détruire, mettre en miettes. ≠ Réparer, consolider. **2-** *Le chant d'un oiseau brisa le silence.* = Interrompre. ■ **brisé :** adj. *Je suis brisé de fatigue.* = Éreinté. ■ **brisant :** n.m. = Récif, rocher, écueil.

broc : n.m. = Pot, carafe.

brocanteur : n. = Chineur, antiquaire.

brochure : n.f. = Livre, catalogue, opuscule.

broder : v. **1-** *Marie a brodé des fleurs sur le bas de son pantalon.* = Enjoliver, orner. **2-** fig. *Tu brodes, l'histoire est plus simple !* = Amplifier, exagérer, inventer. ■ **broderie :** n.f. = Ornement, tapisserie, dentelle.

bronze : n.m. = Airain. ■ **bronzer :** v. = Brunir, hâler. ■ **bronzage :** n.m. = Hâle. ■ **bronzé :** adj. Bruni, hâlé, basanné. ≠ Clair.

brosser : v. **1-** *Valérie brosse ses vêtements.* = Dépoussiérer, épousseter. **2-** = Peindre.

brouhaha : n.m. = Tapage, tintamarre, vacarme.

brouillard : n.m. = Brume, bruine, crachin. ■ **être dans le brouillard** : fam. = Obscurité.

brouiller : v. **1-** *Brouiller des œufs, des cartes.* = Battre, mélanger, mêler. ≠ Classer, débrouiller, démêler. **2-** *Brouiller une émission.* = Troubler, parasiter. **3-** fig. *Le chagrin lui brouille l'esprit.*= Embrouiller, troubler. ≠ Éclaircir. ■ **se brouiller** : v. pron. *Ils se sont brouillés à cause d'une histoire stupide.* = Se fâcher. ≠ Se réconcilier. ■ **brouillon : 1-** n.m. *J'ai fait un brouillon de mon exposé.* = Canevas. **2-** adj. *Un enfant brouillon.* = Désordonné, confus. ≠ Ordonné, méthodique. ■ **brouille :** n.f. = Désaccord, fâcherie, séparation. ≠ Réconciliation.

brouter : v. = Paître. ■ **broutille :** n.f. = Babiole, futilité.

broyer : v. = Écraser, piler, concasser, pulvériser. ■ **broyer du noir** : fig. fam. = Avoir le cafard.

bruine : n.f. = Pluie, crachin. ■ **bruiner** : v. = Pleuvoir.

bruire : v. *Les arbres bruissent quand le vent souffle.* = Murmurer, chuchoter. ■ **bruissement :** n.m.= Bourdonnement, murmure. ■ **bruit :** n.m. **1-** = Son, tapage, vacarme. ≠ Silence. **2-** Nouvelle qui se répand. *La presse à scandales fait courir toutes sortes de bruits.* = Rumeur, commérage, ragot.

brûle-pourpoint (à) : loc. adv. = Brusquement, soudain.

brûler : v. **1-** = Calciner, consummer, carboniser, flamber, incendier. **2-** *J'ai brûlé un pull en le repassant avec un fer trop chaud.* = Roussir. **3-** *La soupe est trop chaude; elle brûle la langue.* = Irriter. ≠ Glacer. **4-** fam. *Brûler un feu rouge.* = Griller. **5-** *Je brûle d'envie d'aller la voir.* = Désirer, rêver de. ■ **brûlure :** n.f. **1-** *Il a une brûlure au premier degré.* = Lésion. **2-** *Son pull porte une brûlure de cigarette.* = Trou. **3-** *Des brûlures d'estomac.* = Aigreurs. ■ **brûlant :** adj. **1-** = Chaud, bouillant, torride. ≠ Glacé, froid. **2-** fig. *N'abordez pas ce sujet brûlant.* = Dangereux, épineux, délicat. **3-** *Un amour brûlant.* = Ardent, passionné.

brume : n.f. = Brouillard.

brun : adj. ou n.m. = Marron. ■ **brunir** : v. = Bronzer.

brusque : adj. **1-** *Un mouvement brusque.* = Brutal, violent. ≠ Doux. **2-** *Le brusque retour du gel risque d'abîmer la vigne.* = Imprévu, soudain, subit. ≠ Progressif, graduel. ■ **brusquement :** adv. = Soudainement, subitement. ≠ Progressivement. ■ **brusquer :** v. **1-** *Ne me brusque pas!* = Bousculer, rudoyer. **2-** *L'orage qui menaçait brusqua leur départ.* = Accélérer, hâter, précipiter, presser. ≠ Ralentir. ■ **brusquerie :** n.f. **1-** = Brutalité, rudesse. **2-** = Hâte, précipitation.

brut : adj. **1-** *Un diamant brut, du bois brut, de l'or brut.* = Naturel, non travaillé. ≠ Façonné, raffiné, travaillé. **2-** *Champagne brut. Cidre brut.* = Sec. ≠ Doux. ■ **brutal :** adj. **1-** *Un homme brutal.* = Violent, rude, grossier. ≠ Doux, aimable, délicat. **2-** *Quand il a appris cette mauvaise nouvelle, le choc a été brutal.* = Rude, terrible. ■ **brutalement :** adv. = Violemment, rudement, durement. ≠ Délicatement, doucement. ■ **brutaliser :** v. = Rudoyer, maltraiter. ■ **brutalité :** n.f. = Violence, rudesse, grossièreté, sauvagerie. ≠ Douceur, délicatesse.

bruyant : adj. **1-** *Une musique bruyante.* = Assourdissant, retentissant, tonitruant. ≠ Doux. **2-** *Des enfants bruyants.* = Turbulent, tapageur. ≠ Silencieux, tranquille.

bûche : n.f. **1-** *Une bûche se consume lentement dans la cheminée.*= Bois. **2-** fam. *J'ai pris une de ces bûches.*= Chute. ■ **bûcher :** v. fam. =Travailler, étudier. ■ **bûcheur :** n. fam. Travailleur. ≠ Paresseux.

buée : n.f. = Vapeur.

buisson : n.m. = Broussailles, fourré, hallier, taillis, roncier.

bulbe : n.m. *Des bulbes de tulipe.* = Oignon.

bulletin : n.m. **1-** *Le bulletin météorologique annonce du beau temps.* = Communiqué. **2-** *En raison de son bon bulletin scolaire, Louis a été félicité.* = Carnet. **3-** *Le Bulletin municipal est publié mensuellement.* = Journal.

bungalow : n.m. = Maison.

bureau : n.m. **1-** = Secrétaire, table. **2-** *L'avocat se rend à son bureau.* = Cabinet. **3-** *Bureau de poste. Bureau de l'immigration.* = Services. ■ **bureaucrate** : n. = Employé de bureau, fonctionnaire.

burlesque : adj. = Comique, loufoque. ≠ Grave, tragique.

bus : n.m. fam. = Autobus.

busqué : adj. *Un nez busqué.* = Aquilin.

buste : n.m. = Tronc, torse.

but : n.m. **1-** *La flèche a atteint son but.* = Cible. ■ **de but en blanc** : = Soudain, brusquement. **2-** *L'explorateur arrive au but de son expédition.* = Terme, fin. **3-** fig. *Le but de cet étudiant est de devenir médecin.* = Objectif, intention, dessein, projet, finalité. **4-** *Quel est le but de votre visite ?* = Objet, motif. ■ **buter :** v. **1-** *Il a buté contre une grosse pierre.* = Heurter, achoper. **2-** *Par ses remarques, le professeur a buté Sylvain.* = Braquer. ■ **se buter** : v. pron. = S'entêter. ■ **buté :** adj. Têtu, entêté, obstiné.

butin : n.m. *Les pillards se partagent le butin.* = Prises, richesses. ■ **butiner :** v. = Récolter.

butte : n.f. = Tertre, monticule, hauteur, colline. ■ **être en butte à quelque chose** : *Il est en butte aux moqueries de ses voisins.* = Être la cible de. ■ **butter** : v. fam. = Assassiner, tuer.

buvable : adj. **1-** *Ce médicament n'est pas buvable.* = Absorbable, consommable, potable. ≠ Imbuvable. **2-** fig. fam. *Ce prétentieux n'est pas buvable !* = Supportable. ■ **buvette :** n.f. = Café, bar. ■ **buveur :** n. = Ivrogne.

C c C c C c C c C c c c c

cabale : n.f. *Une cabale a été organisée contre lui.* = Intrigue, complot, conjuration, conspiration, ligue. ■ **cabalistique :** adj. *Je n'ai rien compris à ce texte, il y avait trop de signes cabalistiques.*= Mystérieux. ≠ Clair.

cabane : n.f. = Cabanon, cahute.

cabaret : n.m. = Café-concert, boîte.

cabine : n.f. **1-** *Nous avons retenu une cabine à bord d'un bateau.* = Couchette. **2-** *Le pilote est dans la cabine de l'avion.* = Cockpit. ■ **cabinet :** n.m. **1-** = Réduit, cagibi. **2-** *Cabinet d'avocat, de médecin.* = Etude, bureau. **3-** *Cabinet ministériel.* = Ministère, gouvernement. **4-** plur. = Toilettes, W.C., waters, petits coins (fam.).

câble : n.m. **1-** = Cordage, corde. **2-** *Papa vient de nous abonner à la télévision par câble.* = Télédistribution. **3-** *Le journaliste a reçu un câble de New York.* = Dépêche.

cabosser : v. = Bosseler, déformer.

cabot : n. m. 1- = Acteur. 2- fam. = Chien. ■ **cabotin :** n. ou adj. fam. = Acteur.

cabrer (se) : v. pron.= Se révolter, se rebiffer, protester. ≠ Céder.

cabriole : n.f. = Gambade, culbute, galipette, pirouette. ■ **cabriolet :** n.m. = Décapotable.

cacher : v. **1-** *Il a caché des pièces d'or.* = Dissimuler, planquer (fam.), camoufler (fam.). ≠ Montrer. **2-** *Des nuages cachent le soleil.* = Dissimuler, voiler, éclipser, masquer. ≠ Découvrir. **3-** *Elle cache son émotion.* = Dissimuler, rentrer, taire. ≠ Avouer, révéler. ■ **se cacher :** v. pron. v Se dissimuler, s'embusquer, se planquer (fam.), se tapir, se terrer. ≠ Apparaître, se montrer, se manifester. ■ **cache :** n.f. *Des armes ont été découvertes dans une cache.* = Abri, cachette, planque (fam.). ■ **cache-col :** n.m. = Écharpe, cache-nez. ■ **caché :** adj. **1-** *Il doit avoir des qualités cachées.* = Secret, intime. ≠ Apparent, visible. **2-** *Il mène une action cachée contre l'État.* = Secret, clandestin. **3-** *Quel est le sens caché de ce message?* = Obscur, mystérieux.

cachet : n.m. **1-** *Un cachet est apposé en bas de ce document officiel.* = Sceau, tampon, estampille. **2-** *Cachet d'aspirine.* = Comprimé, gélule. **3-** *L'acteur perçoit un cachet.* = Rétribution, salaire. ■ **cacheter :** v. = Sceller, fermer.

cachette : n.f. = Abri, cache, planque (fam.). ■ **en cachette :** *Il rit en cachette.* = Secrètement, en catimini, discrètement, à la dérobée. ≠ Franchement, ouvertement. ■ **cachot :** n.m. = Prison, cellule, mitard (argot). ■ **cachotterie :** n.f. fam. *Arrêtez de faire des cachotteries!* = Secret, mystère. ■ **cachottier :** adj. et n. = Secret, mystérieux.

cacophonie : n.f. = Tintamarre, vacarme, charivari.

cadavre : n.m. **1-** = Corps, dépouille, mort. ≠ Vivant. **2-** fam. Bouteille. ■ **cadavérique :** adj. *Un teint cadavérique.* = Blanc, pâle, livide. ≠ Coloré.

cadeau : n.m. = Présent, don.

cadence : n.f. = Rythme, mesure. ■ **cadencé(e) :** adj. *Les soldats marchent au pas cadencé* = Rytmé.

cadet : n. = Junior, benjamin, dernier-né. ■ **c'est le cadet de mes soucis :** fam. = Le moindre.

cadre : n.m. **1-** *J'ai mis la photo de Gabriel dans un cadre.* = Encadrement. **2-** *Il habite à la campagne, dans un joli cadre.* = Décor, entourage. **3-** *Les ouvertures de la maison ont des cadres métalliques.* = Châssis (fenêtre, bâti (porte). ■ **cadrer :** v. *Elle a prévu des vacances au Maroc; cela cadre bien avec sa soif de soleil.* = Concorder, convenir, correspondre à. ≠ Contredire.

caduc : adj *Ces lois sont caduques.* = Périmé, nul.

cafard : n.m. **1-** *La cave est remplie de cafards.* = Blatte, cancrelat. **2-** fam. *Ce cafard m'a dénoncé.* = Rapporteur, mouchard (fam.). **3-** fam. *Je me sens envahie par le cafard.* = Mélancolie, tristesse. ■ **avoir le cafard :** = Avoir des idées noires, le bourdon (fam.). ■ **cafardage :** n.m. fam. = Dénonciation, mouchardage. (fam.) ■ **cafarder :** v. fam. = Dénoncer, rapporter, moucharder (fam.). ■ **cafardeux :** adj. fam. = Mélancolique. ≠ Gai, joyeux.

café : n.m. **1-** *Garçon! un café, s'il vous plaît.* = Express, petit noir (fam.) **2-** *Il passe son temps libre au café.* = Bar, bistrot (fam.), troquet (fam.) ■ **cafetière :** n.f. fam. Tête, figure.

cage : n.f *Cage à lapins.* = Clapier. *Cage aux oiseaux.* = Volière.

cageot : n.m. = Caisse, cagette, clayette..

cahier : n.m. = Carnet, calepin, livret, registre.

cahot : n.m. *Chaque cahot de la route secouait les voyageurs de l'autocar.* = Cahotement, heurt, secousse. ■ **cahoter :** v. = Secouer.

cahute : n.f. = Cabane.

cailler : v. **1-** *En ajoutant de la présure, le fromager fait cailler le lait.*= Figer, coaguler. **2-** fam. *On caille ici !* = Avoir froid.

caillou : n.m. **1-** = Pierre, galet, pierraille, gravier. **2-** fam. *Il n'a plus un cheveu sur le caillou.* = Crâne . ■ **caillouter :** v. *Mon père va caillouter l'allée qui mène à la maison.* = Empierrer.

caisse : n.f. = Boîte, emballage, cageot.

cajoler : v. = Câliner, dorloter, caresser, flatter. ≠ Brusquer, rudoyer. ■ **cajolerie :** n.f. = Caresse, câlinerie. ≠ Brusquerie. ■ **cajoleur :** adj. et n.= Flatteur, enjôleur, séducteur. ≠ Brusque, bourru.

calamité : n.f. *La guerre est une calamité.* = Catastrophe, fléau, désastre. ≠Bonheur.

calciner : v. *Le soleil trop ardent calcine les fleurs.* = Brûler, griller, flamber. ≠ Refroidir.

calcul : n.m. **1-** *Léo est bon en calcul.* = Arithmétique. **2-** *D'après mes calculs, ils devraient arriver vers 20 heures.* = Estimation. **3-** *Cet arriviste n'agit que par calculs.* = Prévision, arrière-pensée, plan, dessein. ■ **calculer** : v.**1-** *Avant de le vendre, il faut calculer l'aire du terrain.* = Compter, chiffrer, mesurer. **2-** *Alain calcule ses chances de réussite au bac.* = Estimer,évaluer. **3-** *Le clown a calculé ses moindres gestes pour faire rire le public.* = Combiner, arranger, préméditer.

cale : n.f. **1-** *Toutes les caisses sont dans la cale du navire.* = Soute. **2-** *Je mets une cale sous le pied de la table pour la stabiliser.* = Soutien. ■ **calé** : adj. fam. *Franck est calé en histoire.* = Fort, savant, instruit. ■ **caler** : v. **1-** *Le moteur a calé.* = S'arrêter. **2-** *Il faut caler ce meuble bancal.* = Stabiliser, soutenir.

calendrier : n.m. **1-** = Almanach, éphéméride, agenda. **2-** *Le pilote de ligne établit chaque mois le calendrier de ses voyages.* = Emploi du temps, programme.

calfeutrer : v. = Boucher. ■ **se calfeutrer** : v. pron. *Quand il pleut, Laure se calfeutre dans sa chambre.*= S'enfermer.

calibre : n.m. **1-** = Revolver, fusil (argot). **2-** *Les fruits sont triés selon leur calibre.* = Espèce, nature, dimension. ■ **calibrer** : v. **1-** *Calibrer une machine, un canon.* = Mesurer. **2-** *Calibrer des fruits.* = Trier, classer.

calicot : n.m. = Banderolle.

califourchon (à) : loc. adv. *Il s'assoit à califourchon sur sa chaise.*= À cheval.

câliner : v. = Caresser, cajoler, dorloter. ≠ Brusquer, rudoyer. ■ **câlin** : adj. = Affectueux, tendre, caressant, aimant. ≠ Brusque. ■ **câlinerie** : n.f. = Caresse, cajolerie.

calme : **A-** adj. 1- *Nous campons chaque été dans un endroit très calme.* = Paisible, tranquille, peinard (fam.). **2-** *C'est un homme très calme.* = Placide, paisible, pacifique, serein. ≠ Agité, désordonné, énervé, excité. **B-** n.m. **1-** *Le trop grand calme de la mer précède la tempête.* = Tranquillité, quiétude, sérénité. ≠ Ouragan, tempête. **2-** *Parce qu'il garde son calme, Paul sert d'arbitre dans les discussions.* = Sang-froid, contrôle, assurance, placidité. ≠ Agitation, désordre, émotion. ■ **calmant** : adj. ou n. = Tranquillisant, apaisant, sédatif. ≠ Excitant, stimulant. ■ **calmer** : v. = Apaiser, tranquilliser, rassurer, soulager. ≠ Exciter, agiter, énerver, troubler ■ **se calmer** : v. pron. = S'apaiser, se modérer, s'adoucir.

calvaire : n.m. **1-** *Le long des routes bretonnes, on rencontre beaucoup de calvaires.*= Croix. **2-** *Les grandes inondations font vivre un calvaire aux sinistrés.* = Épreuve, supplice.

camarade : n.m. = Ami, compagnon, copain (fam.), pote (argot). ≠ Ennemi. ■ **camaraderie** : n.f. = Entente, amitié.

cambrioler : v. = Dévaliser, voler. ■ **cambriolage** : n.m. = Vol. ■ **cambrioleur** : n. = Voleur.

camelote : n.f. fam. *Mon sac à dos s'est très vite déchiré : c'était de la camelote!* = Cochonnerie (fam.), saloperie (très fam.).

camion : n.m. = Poids lourd, semi-remorque, bahut (fam.), camionnette. ■ **camionneur** : n. = Routier.

camoufler : v. = Cacher, déguiser, masquer, dissimuler.

camp : n.m. **1-** = Cantonnement, quartier, bivouac (pour l'armée). **2-** *Jules et moi passons nos vacances d'été dans un camp d'étudiants.* = Camping. **3-** *Sa famille a été déportée dans les camps.* = Camp de concentration. **4-** *Au football, mon frère était dans mon camp.* = Équipe, groupe, parti. ■ **camper** : v. **1-** = Bivouaquer. **2-** *Nous n'avons pas encore de logement, nous campons chez des amis.* = Séjourner. ■ **se camper** : v. pron. *Elle s'est campée devant moi pour m'empêcher de passer.* = Se dresser, se planter.

campagne : n.f. **1-** = Nature, champs, terre. **2-** *Campagne militaire.* = Expédition, guerre, opération. *Campagne publicitaire.* = Publicité, propagande. ■ **campagnard** : adj. et n. **1-** adj. = Champêtre, rural; rustique. ≠ Urbain; raffiné. **2-** n. = Paysan. ≠ Citadin.

camping : n.m. = Camp.

canaille : n.f. et adj. = Crapule, fripouille, vaurien. ≠ Honnête, probe.

canal : n.m. **1-** *La ville de Venise est traversée par de nombreux canaux.* = Cours d'eau; bief (écluse); chenal, passe (dans un port); détroit (bras de mer). **2-** fig. *Nous avons été informés par le canal de la radio.* = Par l'intermédiaire de. ■ **canalisation** : n.f. = Conduite, tuyauterie, tuyau, pipe-line. ■ **canaliser** : v. fig. *Le service d'ordre canalise la foule avant l'entrée au stade.*= Concentrer, diriger, endiguer. ≠ Disperser, éparpiller.

cancan : n.m. fam. = Commérage, médisance, racontar, ragot. ■ **cancaner** : v. = Médire.

cancre : n.m. fam. = Paresseux.

cancrelat : n.m. = Blatte, cafard.

candeur : n.f. = Innocence, ingénuité, pureté, naïveté. ≠ Dissimulation, fourberie, ruse. ■ **candide** : adj. *Elle croit tout ce qu'on lui dit, elle est candide.* = Innocent, ingénu, pur, naïf, crédule. ≠ Faux, fourbe, rusé.

candidat : n.m. *Les candidats sont nombreux pour cet emploi.* = Demandeur, postulant, concurrent.

canevas : n.m. *Il prépare le canevas de son prochain discours.* = Ébauche, plan, schéma, brouillon.

canicule : n.f. = Chaleur. ≠ Froid. ■ **caniculaire :** adj. = Torride.

cannibale : adj. et n. = Anthropophage.

canoë : n.m. = Embarcarcation, canot, pirogue.

canoniser : v. = Béatifier (dans la religion catholique). ■ **canonisation**: n.f. = Béatification.

canot : n.m. = Embarcarcation, canoë, chaloupe, esquif, périssoire.

cantine : n.f. **1-** *Déjeuner à la cantine.* = Réfectoire. **2-** *Une cantine de marin.* = Malle.

cantonner(se) : v. pron.= S'établir, se renfermer, se limiter, se borner. ■ **cantonnement :** n.m. = Bivouac, camp.

cap : n.m. **1-** = Pointe, promontoire. **2-** ■ **changer de cap.** = Direction. ■ **mettre le cap sur.** = Se diriger vers.

capable : adj. **1-** *Zoé est capable de comprendre.* = Apte à, à même de. ≠ Incapable. **2-** *À ses débuts, elle était déjà une vendeuse très capable.* = Habile, compétent. ≠ Incapable, incompétent, inapte.

capacité : n.f. **1-** *L'atelier a augmenté sa capacité de production.* = Puissance, pouvoir, force. **2-** *Jules a une grande capacité d'écoute.* = Aptitude, compétence, faculté, talent. ≠ Inaptitude, incompétence, incapacité.

cape : n.f. = Manteau. ■ **rire sous cape :** = En cachette, à la dérobée, en tapinois. ≠ Franchement.

capitaine : n.m. *Didier est le capitaine de l'équipe de football.* = Chef.

capital : **A-** n.m. **1-** *Il a tout son capital placé en actions.* = Fortune, avoir, biens, richesse. **2-** *Le musée, le théâtre font partie du capital culturel de la ville.* = Patrimoine. **B-** adj. *Quand on traverse le désert, il est capital d'avoir de l'eau.* = Essentiel, fondamental, important, primordial. ≠ Accessoire, secondaire. ■ **capitaliste :** adj. ou n. = Fortuné, nanti, riche.

capiton : n.m. = Capitonnage, rembourrage. ■ **capitonner :** v. *Un fauteuil capitonné.*= Rembourrer

capituler : v. **1-** *Cet exercice de gymnastique est trop difficile, je capitule !* = Renoncer, abandonner. **2-** *L'armée ennemie a capitulé.* = Se rendre. ≠ Résister, tenir. ■ **capitulation :** n.f. **1-** = Abandon. ≠ Obstination. **2-** = Reddition. ≠ Résistance.

capot e: n.f. = Manteau. ■ **capoter :** v. **1-** *L'affaire prévue a capoté.* = Échouer. **2-** *La voiture a capoté.* = Se renverser, se retourner, culbuter.

caprice : n.m. **1-** *Elle cède à tous les caprices de son fils.* = Coup de tête, désir, envie, fantaisie, lubie. ≠ Raison. **2-** *Il n'aime pas vraiment Sonia, ce n'est qu'un caprice.* = Amourette, flirt, passade, toquade. ≠ Constance.. ■ **capricieux :** adj. et n. *Il passe rapidement du rire à la bouderie ou à la colère : quelle humeur capricieuse !* = Changeant, fantasque, inconstant, instable, lunatique, versatile. ≠ Constant, tenace.

capter : v. **1-** *Avec cette radio, je capte très mal les émissions anglaises.* = Recevoir, intercepter. **2-** *Il tente de capter l'attention de l'auditoire .* = Attirer, gagner, retenir, captiver. ≠ Disperser.

captif : adj. ou n. = Prisonnier. ■ **captiver :** *Ce livre me captive.* = Intéresser, plaire, capter, enchanter, passionner. ≠ Ennuyer. ■ **captivant :** adj. = Intéressant, prenant, passionnant. ≠ Ennuyeux, inintéressant. ■ **captivité :** n.f. = Emprisonnement. ≠ Liberté.

capture : n.f. **1-** *La police a réussi la capture de cet assassin.* = Arrestation. **2-** *Il a pêché un énorme brochet, c'est une belle capture.* = Prise. ■ **capturer :** v. **1-** Arrêter. **2-** Prendre, saisir. ≠ Libérer.

caquet : n.m. fig. = Bavardage, babil, caquetage. ■ **rabattre le caquet à quelqu'un :** fam. = Clouer le bec. ■ **caquetage :** n.m. = Bavardage. ■ **caqueter :** v. *Mes voisines sont toujours en train de caqueter.*= Bavarder.

car : **1-** conj. *Je ne suis pas venu, car j'étais malade.* = Parce que. **2-** n.m. = Autocar, autobus.

caractère : n.m. **1-** *Un caractère courageux, un caractère émotif.* = Comportement, tempérament, personnalité. **2-** *Pour s'en sortir, il a fait preuve de caractère.* = Courage, volonté, ténacité. **3-** *Cette maison ancienne a beaucoup de caractère.* = Style, cachet. **4-** *Connaissez-vous les caractères principaux du style gothique ?* = Caractéristique, particularité. **5-** *Le texte est écrit en caractères d'imprimerie.* = Lettre. ■ **caractériser :** v. **1-** *Ce qui caractérise la rougeole, c'est une éruption de petites taches rouges.* = Définir, dépeindre, spécifier. **2-** *L'application et la concentration caractérisent un bon élève.* = Distinguer, montrer, préciser. ■ **caractéristique :** **1-** adj. *Un teint frais est le signe caractéristique d'une bonne santé.* = Distinctif, propre, spécifique, typique. **2-** n.f. *En français, la lettre « s » finale est une des caractéristiques du pluriel.* = Indice, marque, particularité, signe.

caravane : n.f. = Roulotte.

carboniser : v. = Brûler, calciner.

carcan : n.m. fig. *Jules supporte mal le carcan de la discipline.* = Contrainte.

carcasse : n.f. **1-** *Le désert est parsemé de carcasses d'animaux.* = Squelette, ossature. **2-** *La décoratrice recouvre de soie rose la carcasse d'un abat-jour.* = Armature, charpente (d'immeuble), coque (de bateau), châssis (de voiture).

carence : n.f. *Carence en vitamines.*= Absence, insuffisance, manque. ≠ Présence.

caresse : n.f. = Câlinerie, cajolerie, attouchement, baiser, étreinte. ≠ Brutalité. ■ **caressant** : adj. = Affectueux, tendre, câlin. ≠ Froid, indifférent, insensible; brutal, brusque. ■ **caresser** : v. **1-** = Câliner, cajoler, enlacer, étreindre, toucher, tripoter (fam.). ≠ Battre, frapper. **2-** *Il caresse le projet d'un voyage lointain.* = Bercer, entretenir, nourrir, projeter.

cargaison : n.f. *Le navire transporte une cargaison de marchandises.* = Chargement, fret.

caricature : n.f. **1-** *Ce portraitiste dessine aussi des caricatures.* = Charge. **2-** *Le romancier a écrit une caricature de la bourgeoisie du XIXème siècle.* = Satire. **3-** *Ce n'est qu'une caricature de justice, le jugement est inique.* = Parodie, simulacre. ■ **caricatural** : adj. = Grotesque, ridicule. ■ **caricaturer** : v. Charger, parodier, railler, ridiculiser.

carnage : n.m. = Boucherie, extermination, hécatombe, massacre, tuerie, génocide.

carnassier : adj. ou n.m. = Carnivore.

carnet : n.m. = Agenda, cahier, calepin, bloc-notes, répertoire.

carnivore : n.m. et adj. = Carnassier.

carré : **A- 1-** n.m. *Les carrés d'un jeu de dames.* = Carreau, case, quadrilatère. **2-** *Il a semé un carré de carottes.* = Planche, parterre. **3-** *Sur le bateau, les hommes d'équipage ne sont pas admis dans le carré des officiers.* = Salon, pièce. **B-** adj. fig. *Il est carré en affaires.* = Direct, droit, loyal, franc. ≠ Mou, timide. ■ **carrément** : adv. *Elle le lui a dit carrément.*= Franchement, fermement, nettement. ≠ Indirectement, mollement.

carreau : n.m. **1-** *On a fait poser des carreaux dans la salle de bains.* = Dalle, carrelage. **2-** *La fenêtre a claqué, un carreau s'est cassé.* = Vitre.

carrefour : n.m. = Bifurcation, croisement, embranchement, étoile, patte d'oie, rond-point.

carrière : n.f. **1-** *Elle mène bien sa carrière.* = Avenir, métier, profession, situation. **2-** = (selon le minéral extrait) Sablière, ardoisière, marbrière.

carrossable : adj. *Le chemin est carrossable.* = Praticable. ≠ Impraticable.

carrure : n.f. **1-** *Ce lutteur a une carrure imposante.*= Taille, largeur. **2-** fig. *Son successeur est d'une autre carrure.* = Valeur, envergure.

carte : n.f. **1-** *Des jeux de cartes.* = Belote, bridge, poker; réussite. ■ **jouer sa denière carte.** fig. = Atout, le tout pour le tout. ■ **jouer carte sur table.** fig. = Être loyal. ■ **avoir plus d'une carte dans son jeu.** fig. = Chance, atout. **2-** *Une carte de géographie.* = Atlas, mappemone, plan, planisphère. **3-** *Repas « à la carte ». Carte des vins.* = Menu, choix. **4-** *Carte d'identité, carte d'électeur, carte grise.* = Papiers.

cartomancie : n.f. = Divination, tarots. ■ **cartomancienne** : n.f. = Voyante.

carton : n.m. **1-** *Carton à chaussures, carton à chapeau.* = Boîte, emballage, caisse. **2-** *Carton à dessin.* = Dossier.

cartouche : n.f. **1-** *Il est parti pour la chasse sans ses cartouches !* = Balle, munitions. **2-** *Je n'ai plus de cartouches pour mon stylo.* = Recharge. **3-** *Une cartouche de cigarettes.* = Emballage, boîte.

cas : n.m. **1-** *Que décider dans ce cas ?* = Circonstance, événement. **2-** *C'est un cas difficile.* = Problème. **3-** *Le juge a-t-il envisagé un cas de légitime défense ?* = Eventualité, hypothèse, possibilité. **4-** *Il y a des cas de varicelle à l'école.* = Maladie. **5-** ■ **en tout cas.** = De toute façon. ■ **en ce cas.** = Alors. ■ **auquel cas.** = Dans ces circonstances.

casanier : adj. = fam. Pantouflard.

cascade : n.f. **1-** = Chute d'eau, cataracte. ■ **en cascade.** = En série. **2-** *Il exécute les cascades de ce film.* = Acrobatie, saut.

caser : v. = Loger, ranger, disposer. ■ **se caser** : v. pron. fam. = Se placer, se marier.

casse : n.f. *Les œufs étaient mal emballés, il y a eu de la casse pendant le transport.* = Dommage, dégât. ■ **casse-cou** : adj. et n.m. inv. fam. = Imprudent. ■ **casse-croûte** : n.m. inv. = En-cas, collation. ■ **casse-tête** : n.m. inv. = Problème, jeu de patience.

casser : v. **1-** *Julie a cassé un verre.* = Briser. ≠ Réparer, recoller. **2-** *L'ouragan a cassé des arbres.* = Détruire, endommager, fracasser. **3-** *Un coup violent lui a cassé le nez.* = Fracturer. **4-** fig. fam. *Il nous casse la tête avec ses histoires!* = Ennuyer, fatiguer. ■ **se casser** : v. pron. **1-** = Se briser, se rompre. **2-** fig. fam. ■ **se casser la figure.** = Tomber. ■ **se casser la tête.** = Réfléchir. ■ **se casser.** = Partir. ■ **ne pas se casser.** = Ne pas se fatiguer. ■ **cassant** : adj. **1-** Fragile, cassable. *Elle applique une crème sur ses ongles, car ils sont cassants.* = Fragile, délicat. ≠ Résistant, solide. **2-** fig. *Ce chef de service a un ton cassant.* = Autoritaire, sec, tranchant. ≠ Doux, aimable. ■ **cassé** : adj. **1-** = Brisé, rompu. **2-** *Un homme cassé par la vieillesse avançait à petits pas.* =Courbé, voûté. **3-** *Voix cassée.* = Rauque, éraillée. ■ **cassure** : n.f. = Fêlure, fissure, fracture. ≠ Recollage.

castrer : v. *Nous avons fait castrer notre chat.*= Châtrer, émasculer, stériliser.

cataclysme : n.m. = Catastrophe, désastre, fléau, ouragan, séisme.

catalogue : n.m. = Liste, énumération , nomenclature. ■ **cataloguer** : v. = Classer, juger.

catastrophe : n.f. = Désastre, drame, tragédie, fléau. ≠ Bonheur. ■ **catastrophique :** adj. **1-** = Affreux, abominable, effroyable, épouvantable. **2-***Ses résultats sont catastrophiques.* = Déplorable, lamentable. ■ **catastrophé :** adj. = Attristé, abattu. ≠ Heureux.

catégorie : n.f. =Classe, espèce, genre, groupe, rang. ■ **catégorique :** adj. *J'affirme que la Terre est ronde et je suis catégorique.* = Clair, formel, net. ≠ Confus, évasif.

cathédrale : n.f. = Basilique, église.

catimini (en) : loc. adv. = En cachette, discrètement, secrètement.

cauchemar : n.m. **1-** *À cause d'un cauchemar, j'ai passé une très mauvaise nuit.* = Rêve. **2-** fig. *Étudier les mathématiques est un cauchemar !* = Horreur, tourment.

cause : A- n.f. **1-** *La circulation automobile est une des causes de la pollution dans les villes.* = Origine, source. ≠ Conséquence, résultat. **2-** *Je ne connais pas la cause de son absence.* = Motif, raison, mobile. **3-** L'avocat défend une cause difficile. = Affaire, dossier. **B-** loc. prép. ■ **à cause de.** *Nous ne sortons pas à cause du mauvais temps.* = En raison de, par la faute de. ■ **causer :** v. **1-** *Pardon si je t'ai causé de la peine.* = Amener, occasionner, produire, susciter. **2-** *Nous avons causé ensemble de la fête de Noël.*= Bavarder, parler. ≠ Se taire.

caustique : adj. *Il a un humour caustique.*= Incisif, ironique, moqueur, mordant, satirique. ≠ Bienveillant.

caution : n.f. **1-** *Il faut laisser une caution pour louer l'appartement.* = Arrhes, dépôt. **2-** *Papa a donné sa caution pour l'emprunt que j'ai fait à la banque.* = Soutien, appui, garantie. **3- sujet à caution.** *Cette nouvelle est sujette à caution.* = Douteux, contestable, suspect. ≠ Incontestable. ■ **cautionnement :** n.m. = Dépôt, garantie. ■ **cautionner :** v. = Couvrir, garantir.

cavalier : **A-** n. **1-** *Louis est un excellent cavalier.* = Écuyer, jockey. **2-** Elle n'a pas de cavalier pour danser la valse. = Danseur. **B-** adj. *Sa manière de parler est insolente et cavalière.*= Impertinent, inconvenant, leste, familier. ≠ Respectueux, sérieux. ■ **cavalièrement :** adv. *Il lui parle cavalièrement.* = Insolemment, familièrement. ≠ Respectueusement, sérieusement.

caverne : n.m. = Grotte, antre. ■ **caverneux :** adj. *Une voix caverneuse.* = Grave, sépulcral. ■ **cavité :** n.f **1-** Il trouve de petits crabes dans les cavités des rochers. = Anfractuosité, creux, trou. **2-** *Le spéléologue descend dans une profonde cavité.* = Abîme, gouffre, puits, précipice.

céder : v.**1-** *Il voulait absolument un bonbon, j'ai cédé.*= Acquiescer, consentir, plier, capituler. ≠ Résister, s'opposer. **2-** *J'ai cédé ma place dans le métro.* = Laisser. ≠ Conserver, garder. **3-** *L'épicier a cédé son magasin.* = Vendre. **4-** *L'étagère a cédé sous le poids des livres.* = Casser, rompre. ≠ Tenir bon.

ceinture : n.f. **1-** *Elle boucle sa ceinture.* = Ceinturon, cordelière. **2-** *Les coups en dessous de la ceinture sont interdits.* = Taille. **3-** *La ville est entourée d'une ceinture verte.* = Zone, environnement. ■ **ceinturer :** v. **1-** Des remparts ceinturent le château. = Entourer, ceindre. **2-** *Il a ceinturé son adversaire.* = Se saisir de. ≠ Relâcher. ■ **ceinturon :** n.m. =Ceinture.

célèbre : adj. = Connu, fameux, illustre, légendaire, réputé. ≠ Inconnu, ignoré. ■ **célébrer :** v. **1-** *Nous célébrons Noël tous ensemble.*= Commémorer, fêter, glorifier. **2-** *Le général célèbre la mémoire d'un soldat mort en héros.* = Louer, vanter. ≠ Rabaisser, déprécier. ■ **célébrité :** n.f. **1-** = Réputation, gloire. ≠ Oubli, obscurité. **2-** Personne très connue. *Les célébrités du monde du spectacle sont photographiées dans les magazines.* = Personnages. ≠ Inconnu.

céleste : adj. **1-** *La voûte céleste est l'ensemble du ciel et des étoiles.* = Cosmique. ≠ Terrestre. **2-** *C'est une beauté céleste.* = Merveilleux, surnaturel. ≠ Humain.

cellule : n.f. **1-** *Le prisonnier a été placé en cellule.* = Taule (fam.), cachot, geôle. **2-** *La cellule d'un moine est exiguë.* = Chambrette, loge, réduit. **3-** *Le gâteau de cire des abeilles est formé de cellules.* = Alvéole **4-** fig. *Les cellules d'un syndicat, d'un parti politique.* = Section, groupe.

cendre : n.f. = Poussière, résidu. ■ **cendres :** n.f. plur. = Restes, souvenir.

censé : adj. *Laurent est censé savoir ses leçons.* = Supposé, présumé.

censure : n.f. Un visa de censure était obligatoire pour les films. = Contrôle. ■ **censurer :** v. = Contrôler, couper, supprimer, interdire.

centenaire : adj. *Un arbre centenaire.* = Séculaire.

centre : n.m. **1-** *Le Cher est un département du centre de la France.* = Milieu, cœur. ≠ Bout, extrémité. **2-** *Un nouveau centre d'activités commerciales a été créé.* = Foyer, base, siège, pôle. **3-** *Luc est le centre de notre club.* = Animateur, cerveau. ■ **centralisation :** n.f. *Napoléon Ier a réalisé la centralisation administrative de la France.* = Réunion, concentration. ≠ Décentralisation. ■ **centraliser :** v. = Réunir, concentrer. ≠ Décentraliser. ■ **centrer :** v. fig. *Le livre est centré sur le personnage d'Ivanhoé.* = Orienter, diriger.

cep : n.m. = Pied de vigne.

cependant : conj. = Pourtant, néanmoins, toutefois.

céramique : n.f. **1-** *Une assiette en céramique.*= Faïence, porcelaine. **2-** *Il fait de la céramique.* = Poterie.

cercle : n.m. **1-** = Rond, circonférence, anneau, disque. **2-** fig. *Louis fait partie d'un cercle de poètes.* = Groupe, club, association. **3-** ■ **un cercle vicieux.** = Problème insoluble. ■ **cercler** : v. *Ses lunettes sont cerclées de plastique rouge.* = Entourer.

cercueil : n.m. = Bière, sarcophage.

cérébral : adj. ou n. = Mental, intellectuel.

cérémonie : n.f. **1-** *Le mariage est une cérémonie.* = Célébration, rite. **2-** *Les cérémonies du 14 Juillet, du 11 Novembre.* = Commémoration. **3-** ■ **sans cérémonie**. Simplement, sans façons, à la bonne franquette (fam.). ■ **cérémonial** : n.m. = Protocole, étiquette. ■ **cérémonieux** : adj. = Affecté, formaliste, obséquieux, solennel. ≠ Simple, naturel, sans-façon.

cerné : n.m. *Il s'est couché tard; ce matin, il a les yeux cernés.* = Fatigué. ■ **cerner** : v. **1-** = Entourer. **2-** *La ville est cernée, les habitants vont se rendre.* = Encercler, assiéger, investir. **3-** *Tu n'as pas bien cerné le probléme.* = Voir, délimiter.

certain : **A-** adj. **1-** *Léo a fait une bêtise; il va être puni, c'est certain!*= Sûr, évident, inévitable. ≠ Incertain. **2-** *Il est incapable de fournir une preuve certaine de son innocence.* = Tangible, réel, indéniable, indicutable, irréfutable. ≠ Contestable, discutable, douteux. **3-** *Le juge est certain de la culpabilité du prévenu.* = Assuré, persuadé, convaincu. = Hésitant, sceptique. **B-** pron. ind. plur. *Aux yeux de certains, Jérôme a beaucoup de qualités.* = Quelques-uns, plusieurs. ■ **certainement** : adv. = Sûrement, assurément, certes, évidemment. ■ **certes** : adv. *C'est difficile certes, mais tu vas y arriver.* = Assurément, certainement

certificat : n.m. **1-** *Après une absence, je dois fournir un certificat médical.* = Attestation, constat. **2-** *CAP : Certificat d'aptitude professionnelle.* = Diplôme, brevet. ■ **certifier** : v. = Assurer, affirmer, confirmer, authentifier. ≠ démentir, contester, nier.

certitude : n.f. = Conviction, évidence. ≠ Doute, incertitude, illusion.

cerveau : n.m. **1-** = Encéphale, matière grise. **2-** *Ce chercheur est un grand cerveau.* = Esprit, tête. **3-** *Le cerveau d'un gang de malfaiteurs a été arrêté.* = Chef. ■ **cervelle** : n.f. = Esprit, facultés mentales. ■ **se creuser la cervelle** : fam. = Réfléchir.

cesser : v. = Arrêter, finir, stopper, se terminer. ≠ continuer, durer, persister. ■ **faire cesser.** *Il a fait cesser le scandale.* = Arrêter, calmer, étouffer, suspendre. ≠ Maintenir, prolonger. ■ **ne cesser de.** *Il ne cesse de me harceler.* = Continuer. ■ **sans cesse** : n.f. = Sans arrêt, continuellement.

chacun : pron. indéf. *Chacun pourra prendre une part de gâteau.*= Tout le monde.

chagrin : n.m. **1-** = Peine, souffrance, tristesse. ≠ Joie, gaieté, plaisir. **2-** *Un livre relié en chagrin.* = Cuir. ■ **chagriner** : v. = Attrister, contrarier, peiner.

chahut : n.m. =Tapage, tumulte, vacarme. ■ **chahuter** : v. *Les élèves ont chahuté en classe, ils ont eu une punition.* = Faire du chahut, du tapage. ■ **se faire chahuter.** = Se faire malmener, houspiller. ■ **chahuteur** : adj. et n. = Dissipé.

chaîne : n.f. **1-** *Je porte une chaîne à mon cou.* = Bijou, collier. **2-** *Nous avons fait la chaîne pour porter les paquets.* = Cortège, suite. **3-** *Sur quelle chaîne passe le film ?* = Canal. ■ **chaînon** : n.m. = Maillon.

chair : n.f. **1-** *Cette volaille a une chair délicate.* = Viande. **2-** *La chair sucrée d'un fruit.* = Pulpe. **3-** *Couleur chair.* = Rose pâle. **4-** fig. *Il est porté sur les plaisirs de la chair.* = Luxure, sensualité, sexe. ≠ Esprit.

chaise : n.f. = Siège.

chaland : n.m. = Péniche.

chaleur : n.f. **1-** *L'incendie dégage une grande chaleur.* = Température, tiédeur, canicule, fournaise. ≠ Froid. **2-**fig. *Elle m'accueille toujours avec chaleur.* = Ardeur, cordialité, générosité, enthousiasme. ≠ Froideur, indifférence. ■ **chaleureusement** : adv. = Chaudement, avec enthousiasme. ■ **chaleureux** : adj. = Affectueux, cordial, enthousiaste, vif. ≠ Froid, glacé, tiède.

chamade : n.f. ■ **battre la chamade** : *Vincent est affolé, son cœur bat la chamade.*= Vite.

chamailler (se) : v. pron. fam. = Se disputer, se quereller. ■ **chamaillerie** : n.f. = Dispute, querelle.

chambre : n.f. **1-** = Pièce. **2-** *Chambres de la Cour de cassation.* = Tribunal. **3-** *Chambre des députés, chambre des notaires.* = Assemblée. **4-** *Chambre à air.* = Boyau.

champ : n.m. **1-** *Des champs de blé.* = Pré, prairie, culture. **2-** *Champ de bataille.* = Front. **3-** *Un champ de courses, de foire, de tir.* = Terrain. **4-** fig. *Il a restreint le champ de ses activités.* = Domaine, sphère. ■ **laisser le champ libre à quelqu'un** : = Lui donner toute liberté. ■ **sur-le-champ** : = Immédiatement, tout de suite. ■ **à tout bout de champ** : = Constamment, à tout instant.

champion : **A-** n. **1-** *Il est champion de natation.* = Gagnant, vainqueur. **2-** *Cet avocat est le champion des causes difficiles.* = Défenseur. **B-** adj. fam. *En calcul, Alex est champion.* = As. ■ **championnat** : n.m. = Compétition.

chance : n.f. **1-** *J'ai eu la chance de gagner.* = Veine, bol (fam.). ≠ Déveine, malchance. **2-** *Il n'a pas* *su saisir sa chance.* = Occasion, atout. **3-** *Pas de chance, il a raté son train.* = Dommage. ■ **chanceux :** adj. et n. = fam. Veinard, verni. ≠ Malchanceux.

chanceler : v. **1-** Marcher en ayant du mal à garder son équilibre. *Quand Jules s'est relevé après sa chute, il chancelait.* = Tituber, vaciller. ≠ S'affermir. **2-** fig. *Ses bonnes résolutions chancellent rapidement.* = Fléchir, hésiter. ■ **chancelant :** adj. = Fragile, faible, vacillant. ≠ Assuré, ferme, fort.

chandail : n.m. = Pull-over, tricot.

chandelle : n.f. = Bougie, cierge, flambeau. ■ **chandelier :** n.m. = Bougeoir, candélabre, flambeau, torchère.

changer : v. **1-** *Nous allons changer de voiture.* = Échanger, remplacer. ≠ Conserver, garder. **2-** *Je ne changerais pas ma place contre la sienne.* = Abandonner, céder, quitter. ≠ Persister. **3-** *La fée a changé la citrouille en carrosse.* = Transformer, modifier, métamorphoser. ≠ Maintenir.**4-** *Je ne l'avais pas vu depuis longtemps, il a changé.* = Se transformer, se modifier, varier. ≠ Se maintenir. ■ **change :** n.m. **1-** *Change d'un bébé.*= Couche. **2- donner le change.** = Tromper. ■ **changeant :** adj. **1-** *En mars, le temps est changeant.* = Variable, incertain, capricieux. ≠ Constant, immuable, invariable, stable. **2-** *La gorge du pigeon a des reflets changeants.*= Chatoyant. ■ **changement :** n.m. **1-** *Changement de saison. Changement de couleur. Changement d'humeur.* = Transformation, modification, fluctuation, variation. ≠ Fixité, invariabilité, stabilité. **2-** *Ils ont voté pour le changement.* = Nouveauté, innovation, mutation. ≠ Stabilité. **3-** *Changement d'adresse, de résidence.* = Départ, déménagement. **4-** *Changement d'avis, d'opinion.* = Revirement, retournement. ≠ Constance, fidélité.

chanson : n.f. = Air, chant, refrain, rengaine (fam.).

chanter : v. **1-** = Fredonner, s'égosiller, vocaliser; gazouiller, pépier, roucouler (pour les oiseaux). **2-** fig. *Il chante les louanges de son associé.* = Louer, vanter. **3-** *Qu'est-ce que tu nous chantes là!* = Dire, raconter. ■ **chant :** n.m. = Air, aria, ballade, complainte, mélodie, sérénade. ■ **chantage :** n.m. *Il n'a pas cédé au chantage.* = Intimidation, racket. ■ **chantant :** adj. *Mon ami brésilien parle français avec un accent chantant.* = Mélodieux, musical. ■ **chanteur :** n. = Interprète, cantatrice, choriste, diva, troubadour, vedette.

chantier : n.m. fam. *Quel chantier, cette chambre!* = Désordre.

chaos : n.m. = Anarchie, confusion, désordre. ≠ Harmonie, ordre. ■ **chaotique :** adj. = Confus.

chapeau : n.m. **1-** = Coiffure, couvre-chef, canotier, capeline, bibi, feutre, melon, panama, sombrero. **2-** fig. fam. *Chapeau !* = Bravo.

chapelet : n.m. fig. *Ce grossier personnage débite des chapelets d'injures.* = Bordée, kyrielle, série.

chapelle : n.f. **1-** = Église, oratoire. **2 -** fig. *Ils n'admettent personne dans leur groupe, ils ont un esprit de chapelle.* = Clan, clique, coterie.

chapiteau : n.m. *Le cirque est arrivé, on monte le chapiteau.* = Tente.

chapitre : n.m. **1-** *Je termine le chapitre de ce livre et j'arrive.* = Partie, section. **2-** *Il est exigeant sur le chapitre du travail.* = Question, matière, sujet. ■ **chapitrer :** v. *Sa mère chapitre Lola qui a fait des bêtises.* = Réprimander, faire la leçon.

chaque : adj. indéf. sing. = Chacun, tout.

charabia : n.m. fam. = Galimatias.

charade : n.f. = Devinette, énigme.

charger : v. **1-** *Nous avons chargé la voiture avec les bagages.* = Fréter, alourdir, surcharger. ≠ Alléger, décharger. **2-** *J'ai chargé l'appareil photo avec un film.* = Garnir. ≠ Dégarnir. **3-** *Ses mains sont chargées de bagues.* = Couvrir, remplir, surcharger. **4-** *Maman charge Myriam de surveiller son frère.* = Confier, préposer, déléguer. ≠ Décharger. **5-** *Le sanglier blessé charge le chasseur.* = Attaquer. ■ **se charger :** v. pron. *Je me charge de tout.* = S'occuper, prendre en mains. ■ **charge :** n.f. **1-** *La charge de ce camion est de 500 kilos.* = Fardeau, chargement. ≠ Allégement, décharge. **2-** *Ce travail n'est pas une charge pénible.* = Obligation, emploi, poste. **3-** *Mes voisins ont quatre enfants à charge.* = fam. Sur les bras. **4-** *Nous avons à régler les charges de l'appartement.* = Frais, impôt, redevance. **5-** *De lourdes charges accablent le prévenu.* = Accusation, présomption, preuve. **6-** *Les charges de la police ont repoussé des manifestants en colère.* = Assaut, attaque. ■ **chargement :** n.m. = Cargaison, fret. ≠ Déchargement.

charité : n.f. = Altruisme, bienfaisance, bonté, générosité, humanité, philanthropie. ≠ Dureté, égoïsme, misanthropie. ■ **charitable :** adj. = Secourable. ≠ Dur, égoïste.

charivari : n.m. = Tapage, tumulte, vacarme.

charlatan : n.m. *Ne lui faites pas confiance, c'est un charlatan.*= Escroc, imposteur, menteur.

charme : n.m. **1-** *Cette maison au bord du lac a beaucoup de charme.* = Attrait, agrément, séduction. ≠ Laideur, horreur. **2-** *Blanche-Neige fut victime d'un charme jeté par la sorcière.* = Sort, enchantement, ensorcellement, sortilège. ■ **faire du charme :** = Courtiser, séduire. ■ **charmer :** v. = Enchanter, plaire, ravir, séduire. ≠ Déplaire, mécontenter, répugner. ■ **charmant :** adj. **1-** *Merci de cette charmante soirée.* = Agréable, bon, excellent. ≠ Désagréable, déplaisant, ennuyeux. **2-** *Ta nouvelle robe est char-*

mante. = Joli, ravissant. ≠ Laid, horrible. **3-** *C'est un enfant charmant, toujours souriant.* = Amène, délicieux, gentil. ≠ Maussade, rebutant, repoussant. ■ **charmeur :** adj. et n. = Séducteur.

charnu : adj. = Bien en chair. ≠ Décharné, osseux.

charpente : n.f. **1-** *Les ouvriers ont posé une charpente de soutien.* = Armature, bâti, échafaudage. **2-** *Les dinosaures avaient de solides charpentes !* = Ossature, squelette. ■ **charpenté(e) :** adj. **1-** *Un homme bien charpenté.* = Bien bâti, robuste. **2-** *Un récit, un roman bien charpentés.* = Bien construits.

charrier : v. **1-** *La rivière en crue charrie des branches.* = Transporter, entraîner. **2-** fig. fam. *Alors là, tu charries !* = Exagérer, abuser, pousser (fam.). **3-** fig. fam. *Ses amis le charrient gentiment.* = Se moquer, plaisanter, railler.

chassé-croisé : n.m. *Chaque été, le chassé-croisé des vacanciers crée des bouchons.*= Migration.

chasser : v. **1-** *Je l'ai chassé de chez moi.* = Mettre, jeter dehors. **2-** *Il a été chassé de son emploi.* = Congédier, éjecter (fam.). **3-** *Des clandestins viennent d'être chassés.* = Expulser, refouler. **4-** *Le vent chasse les nuages.* = Dissiper, supprimer. **5-** *La voiture chasse sur le verglas.* = Déraper, glisser, patiner. ■ **chasse :** n.f. **1-** = Battue, traque, braconnage, chasse à courre, vénerie. **2-** *Chasse sous-marine.* = Pêche. **3-** *Chasse à l'homme.* = Poursuite. **4-** *Avion de chasse.* = Chasseur. ■ **chasseur :** n. **1-** Rabatteur, pisteur, veneur; braconnier. **2-** *Un chasseur d'hôtel.* = Groom, portier. **3-** *Chasseurs alpins.* = Soldat. **4-** = Avion de combat.

chasteté : n.f. *Les prêtres font vœu de chasteté.*= Ascétisme, continence, pureté, sagesse, vertu. ≠ Concupiscence, débauche, dépravation, impureté, lubricité, luxure, vice. ■ **chaste :** adj. = Ascétique, continent, pur, sage, vertueux. ≠ Concupiscent, débauché, dépravé, impur, lubrique, luxurieux, vicieux.

chat : n. **1-** = Matou, minet. **2-** ■ **Il n'y a pas un chat .** fam. = Personne. ■ **avoir un chat dans la gorge .** = Être enroué.

château : n.m. = Bastide, castel, château fort, citadelle, gentilhommière, manoir, palais. ■ **châtelain :** n. = Seigneur.

châtier : v. **1-** *Les responsables de cet incendie seront châtiés.*= Punir, réprimer. ≠ Récompenser. **2-** fig. *Il devrait châtier son style.* = Épurer, parfaire, perfectionner. ■ **châtiment :** n.m. = Sanction, peine, punition. ≠ Récompense.

chatouiller : v. **1-** = Faire des chatouilles. **2-** *Ce petit bouton me chatouille.* = Agacer, démanger, picoter. ≠ Calmer. **3-** fig. *Chatouille-lui l'amour-propre et il t'écoutera.* = Flatter, plaire. ≠ Déplaire. ■ **chatouillement** ou **chatouillis :** n.m. **1-** *Les chatouillements font rire le bébé.* = fam. Chatouilles. **2-** *Un chatouillement dans la gorge me fait toussoter.* = Picotement, démangeaison. ■ **chatouilleux :** adj. = Sensible, susceptible.

chatoyer : v. = Briller, étinceler, miroiter. ■ **chatoiement :** n.m. = Reflet, miroitement. ■ **chatoyant :** adj. = Brillant, miroitant.

châtrer : v. *Châtrer un taureau, un cheval.* = Castrer, émasculer.

chaud : **A-** adj. **1-** *Il fait froid, je vais prendre un bain chaud.* = Brûlant, bouillant, torride (pour le soleil), tropical (pour un climat). ≠ Frais, froid, glacé. **2-** fig. *C'est un chaud partisan de la peine de mort.* = Ardent, bouillant, enthousiaste, vif. ≠ Calme, indifférent. **B-** n.m. *Il préfère le chaud au froid.* = Chaleur. ■ **chaudement :** adv. fig. *Le vainqueur est chaudement félicité.* = Chaleureusement, vivement.

chauffer : v. **1-** *Je fais chauffer de l'eau.* = Faire bouillir, tiédir. ≠ Refroidir. **2-** *Ce radiateur chauffe trop.* = Surchauffer, brûler, cuire. ■ **chauffeur :** n.m. = Conducteur. ■ **chauffeuse :** n.f. = Fauteuil.

chaussée : n.f. = Route, voie.

chausser : v. = Mettre des chaussures. ≠ Déchausser. ■ **chaussure :** n.f. = Soulier, sandale, botte, bottine ; fam. pompe, godasse, grolle. ■ **chausson** : n.m. = Pantoufle, mule, babouche, savate.

chausse-trape : n.f. = Piège.

chauve : n.m. ou adj. = Dégarni, déplumé. ≠ Chevelu.

chauvinisme : n.m. *Son chauvinisme lui fait accuser à tort l'arbitre de la défaite de l'équipe nationale.*= Nationalisme. ■ **chauvin :** adj. = Nationaliste, xénophobe. ≠ Impartial.

chavirer : v. **1-** *Un fort coup de vent a fait chavirer le voilier.* = Se renverser, couler, sombrer. **2-** fig. fam. *Il est tout chaviré par cette mauvaise nouvelle.* = Retourné, ému.

chef : n.m. **1-** *Le chef a pris ses décisions.* = Dirigeant, directeur, patron, responsable, leader, capitaine. ≠ Subordonné. **2-** *Au restaurant, nous commandons la terrine du chef.* = Cuisinier.

chef-d'œuvre : n.m. = Réussite, perfection, succès. ≠ Ébauche.

chemin : n.m. **1-** *À la campagne, nous nous promenons souvent le long des chemins.*= Allée, sentier, piste. **2-** *Je connais le chemin pour aller jusque chez toi.* = Trajet, itinéraire, parcours, route. **3-** *Il ne prend pas le chemin de la réussite.* = Voie. ■ **cheminer :** v. = Marcher, avancer.

chemise : n.f. **1-** = Liquette (fam.), chemisette, chemisier (pour une femme). ■ **s'en moquer comme de sa première chemise.** = Totalement. **2-** *Rangez ces documents dans une chemise.* = Dossier.

chenapan : n.m. = Coquin, galopin, voyou, vaurien.

cher : adj. **1-** *C'est un ami très cher.* = Aimé, chéri. ≠ Détestable, odieux. **2-** *Ces souvenirs me sont chers.* = Précieux. ≠ Négligeable. **3-** *Je ne peux pas m'acheter ce livre, il est trop cher.* = Coûteux, inabordable. ≠ Gratuit, bon marché. ■ **chéri :** adj. ou n. *Je suis content de retrouver mes enfants chéris.* = Aimé, adoré, préféré. ■ **chérir :** v. = Aimer. ≠ Détester, haïr.

chercher : v. **1-** *J'ai perdu mes clés, je les cherche depuis longtemps.*= Rechercher, être en quête de. ≠ Trouver. **2-** *J'ai beau chercher, je ne trouve pas la solution.* = Réfléchir, calculer, examiner. **3-** *Qu'est-ce que tu vas chercher !* = Imaginer, inventer. **4-** *Elle cherche à vous faire plaisir.* = S'ingénier, vouloir. ■ **chercheur :** n. = savant.

chère : n.f. *Ce gourmand aime la bonne chère.* = Nourriture, plats, mets.

chétif : adj. *C'est une enfant chétive.* = Faible, malingre, rachitique. ≠ Robuste, vigoureux.

cheval : n.m. **1-** = Canasson (fam.), coursier, destrier (cheval de bataille), étalon, haridelle (cheval efflanqué), jument, palefroi (cheval de cérémonie), pouliche, pur-sang. **2-** fig. *Mes parents sont à cheval sur les principes.* = Strict, intransigeant. ■ **chevalier :** n.m. **1-** (Moyen Âge) = Noble, paladin, preux. **2-** *Un chevalier d'industrie.* = Escroc, voleur. **3-** *Un chevalier servant.* = Amoureux, soupirant. ■ **chevalière** : n.f. = Bague, anneau. ■ **chevaleresque :** adj. = Généreux.

chevaucher : v. *Un appareil dentaire rectifie la position des dents qui se chevauchent.* = Se croiser, se recouvrir. ■ **chevauchée :** n.f. *Au cinéma, on voit des cow-boys partir en chevauchée.* = Cavalcade, course, défilé.

cheveux : n.m. plur. = fam. Tifs, tignasse, crinière; chevelure. ■ **chevelure :** n.f. = Cheveux.

chevroter : v. *Fatigué, le chanteur a la voix qui chevrote.* = Trembloter, trembler.

chic : A- n.m.*Elle a le chic pour toujours réussir ses gâteaux.* = Savoir-faire, habileté. ≠ Difficulté, maladresse. **B-** adj. inv. **1-** *C'est une femme chic.*= Élégant. ≠ Banal, vulgaire. **2-** fam. *Paul est un chic type.* = Bon, gentil, serviable. ≠ Moche (fam.). **C-** interj. fam. *Il ne pleut plus : chic! On va pouvoir sortir!* = fam. Chouette, super !

chicane : n.f. = Tracasserie, dispute. ■ **chicaner :** v. *Il chicane sur des détails !* = Argumenter, chipoter, ergoter. ≠ Accepter.

chien : n. = Bâtard, corniaud, molosse, roquet; fam. Clebs, cabot, clébard.

chiffon : n.m. = Linge. ■ **parler chiffons :** fam. = Parler de vêtements, de mode. ■ **chiffonner :** v. **1-** = Froisser, friper. ≠ Défroisser, repasser. **2-** fam. *Cette histoire me chiffonne.*= Ennuyer, tourmenter. ■ **chiffonnier :** n.m. = Commode.

chiffre : n.m.**1-** *Quel est le chiffre des dépenses ?*= Montant, somme, total. **2-** *Ce linge ancien est marqué au chiffre de mes grands-parents.* = Monogramme.

chimère : n.f. *Jean veut aller sur la planète Mars; c'est une chimère.* =Illusion, rêve, utopie. ≠ Réalité. ■ **chimérique :** adj. = Idéaliste, illusoire, irréaliste, utopique. ≠ Réel, solide, vrai.

chipie : n.f. *Lucie cherche à faire punir ses camarades, c'est une chipie!* = fam. Garce.

chiquenaude : n.f. = Pichenette

chirurgie : n.f. = Ablation, amputation, greffe, opération.

choc : n.m. **1-** *Nous avons entendu de loin le choc entre les deux voitures.* = Accident, collision, heurt. **2-** *Ce fut soudain le choc des deux armées ennemies.* = Bataille, combat, lutte. **3-** *Quand il a annoncé la nouvelle de son départ, nous avons eu un choc.* = Émotion violente.

chœur : n.m. = Chorale. ■ **en chœur :** = Ensemble.

choir : v. *Il m'a laissé choir sans explications.*= Abandonner, plaquer.

choisir : v. = Préférer, opter pour, se fixer sur, sélectionner, adopter. ■ **choix :** n.m. **1-** *Olivier a le choix entre deux spectacles : le cirque ou le cinéma.* = Alternative, option. **2-** *La bibliothèque offre un très beau choix de livres.* = Assortiment, collection, sélection. **3-** *Le filet de bœuf est un morceau de choix.* = De qualité.

choquer : v. = Contrarier, heurter, méduser, scandaliser. ≠ Charmer, plaire, séduire. ■ **choquant :** adj. *Cet enfant mal élevé a des manières choquantes.* = Grossier, inconvenant, scandaleux.

chorale : n.f. = Chœur.

chose : n.f. **1-** *J'ai reçu quelques petites choses pour ma fête.* = Objet ; fam. truc, machin, bidule. **2-** *Regardons les choses en face : nous allons rater le train.* = Réalité.

choyer : v.= Couver, cajoler, dorloter, entourer, soigner.

chrétien : n. ou adj. = Fidèle, catholique, copte, orthodoxe, protestant. ≠ Agnostique, athée, païen.

chronique : **1-** adj. *Ma grand-mère a de la bronchite chronique, elle tousse souvent.* = Durable, permanent. ≠ Temporaire. **2-** n.f. *Mon père lit tous les jours la chronique sportive du journal.*= Article, nouvelle. ■ **chroniqueur :** n. = Journaliste.

chuchoter : v. *Je lui chuchote un secret à l'oreille.* = Murmurer, susurer, souffler. ≠ Crier, hurler. ■ **chuchotement** : n.m. = Murmure, chuchotis.

chute : n.f. **1-** *J'ai fait une chute.* = Tomber. **2-** *Une chute de pierres.* = Éboulement. *Des chutes de neige, de pluie.* = Précipitations. **3-** *La chute d'un empire.* = Déclin, décadence, ruine. *La chute d'un gouvernement.* = Renversement. **4-** *La chute de la température.* = Baisse, effondrement. **5-** *Une chute d'eau.* = Cascade, cataracte. **6-** *Des chutes de tissu.* = Débris, déchets. ■ **chuter** : v. = Descendre, dégringoler, tomber.

cicatrice : n.f. = Balafre, stigmate. ■ **cicatriser** : v. = Guérir. ■ **cicatrisation** : n.f. = Guérison, réparation.

ciel : n.m. **1-** *La voûte du ciel.* = Azur, firmament, cosmos, univers. ≠ Terre. **2-** *Son âme est allée au ciel.* = Nirvâna, olympe, paradis, walhalla. ≠ Enfer. **3-** (plur. ciels) *Un ciel de lit.* = Dais, baldaquin.

cierge : n.m. = Chandelle.

ciller : v. *La lumière éblouissante le fait ciller.* = Cligner des yeux.

cime : n.f. *J'entends des oiseaux cachés à la cime des arbres.* = Pointe, sommet, faîte. ≠ Bas, base, pied.

cimenter : v. fig. *Un pacte entre les quatre amis a cimenté leur amitié.* = Affermir, consolider, lier, sceller. ≠ Désagréger, ébranler, saper.

cimetière : n.m. = Nécropole, catacombes (Antiquité), colombarium, crypte, ossuaire, charnier.

cinéma : n.m. = Ciné, cinoche (fam.) ; grand écran, salles obscures. ■ **faire du cinéma** : *Ne fais pas attention, il fait son cinéma.* = Cirque, numéro. ■ **cinéaste** : n. = Metteur en scène, réalisateur, opérateur.

cingler : v. **1-** *Le voilier cingle vers le large rapidement.* = Faire voile, naviguer. **2-** *La pluie cingle les carreaux.* = Frapper, fouetter. ■ **cinglant** : adj. **1-** *Un vent cinglant.* = Battant, fouettant. **2-** fig. *Une remarque cinglante.* = Blessant, cruel, vexant. ■ **cinglé** : adj. ou n. = Fou.

cintre : n.m. = Portemanteau, patère.

circonférence : n.f. = Cercle, rond, tour.

circonscrire : v. *L'incendie a pu être circonscrit.* = Encercler, borner, limiter. ≠ Élargir, étendre.

circonspection : n.f. = Discrétion, modération, prudence, retenue. ≠ Imprudence, légèreté. ■ **circonspect** : adj. = Discret, modéré, prudent. ≠ Imprudent, léger.

circonstance : n.f. **1-** *Le témoin décrit les circonstances de l'accident.* = Condition. **2-** *Ma sœur se marie : pour la circonstance, je mettrai une cravate.* = Cas, événement, occasion.

circuit : n.m. **1-** *Le sang suit un circuit dans le corps qui le ramène toujours au cœur.* = Tour. **2-** *Circuit touristique.* = Voyage.

circuler : v. **1-** *Il ne circule qu'à moto.* = Se déplacer. **2-** *Les ragots circulent vite dans le village.* = Se répandre, se propager. ■ **circulation** : n.f. *Un bouchon ralentit la circulation sur l'autoroute.* = Trafic.

cirque : n.m. **1-** *Nous emmenons les enfants au cirque.* = Chapiteau. **2-** fig. fam. = Désordre, bazar, chahut.

citadelle : n.f. = Forteresse, bastion, château fort.

cité : n.f. *Carcassonne est une cité fortifiée.* = Ville. ≠ Campagne. ■ **citadin** : adj. et n. *Les Parisiens ont des habitudes citadines : ce sont des citadins.* = Urbain. ≠ Campagnard, paysan. ■ **citoyen** : n. **1-** *Un citoyen français.* = Ressortissant. ≠ Sujet. **2-** fam. *Celui-là, c'est un drôle de citoyen !* = Individu, type.

citer : v. **1-** *Il a été cité en justice.* = Appeler, assigner, convoquer. **2-** *Jean a cité la morale d'une fable de La Fontaine.* = Rapporter. **3-** *Citez-moi 4 fleuves français.* = Nommer, énumérer. 4- *Il cite un cas intéressant.* = Mentionner, produire, rapporter. ■ **citation** : n.f. **1-** = Sommation, appel en justice. **2-** = Exemple, extrait, passage.

civière : n.f. = Brancard.

civilisation : n.f. **1-** *Les trois grandes civilisations du monde antique sont les civilisations égyptienne, grecque et romaine.* = Culture. **2-** *La médecine est un des bienfaits de la civilisation.* = Progrès. ■ **civilisé** : adj. *Mowgli ne savait pas se tenir à table, il n'était pas civilisé.* = Évolué, cultivé, policé. ≠ Primitif, sauvage, inculte. ■ **civiliser** : v. *Il faudrait civiliser ce grossier personnage.* = Dégrossir, affiner, policer. ≠ Abrutir.

civisme : n.m. = Sens civique. ≠ Incivisme.

clair : **A-** adj. **1-** *Notre appartement est en plein soleil, il est très clair.* = Lumineux, éclairé, ensoleillé. ≠ Sombre, obscur. **2-** *L'eau de cette rivière est claire.* = Pur, limpide, transparent. ≠ Trouble . **3-** *L'exposé de Vincent était très clair.* = Précis, explicite, lumineux. ≠Confus, obscur. **4-** *Il est clair qu'il m'a menti.* = Évident, net. ≠ Douteux. **5-** *Il a un esprit clair et rapide.* = Clairvoyant, perspicace. ≠ Brumeux. **B-** n.m. ■ **le plus clair** : *Il passe le plus clair de son temps à rêver.* = La plus grande partie. ■ **tirer au clair** : = Éclaircir, élucider. **C-** adv. ■ **voir clair** : *Essayons de voir clair dans cette affaire !* = Comprendre. ■ **parler haut et clair** : = Franchement.■ **clairement** : adv. = Nettement, explicitement, simplement. ≠ Confusément, obscurément.

clairsemé : adj. = Éparpillé, espacé. ≠ Dense, serré.

clairvoyance : n.f. = Discernement, flair, intelligence, lucidité, perspicacité. ≠ Aveuglement. ■ **clairvoyant** : adj.. = Fin, intelligent, lucide, perspicace. ≠ Aveugle.

clamer : v. = Crier. ≠ Taire. ■ **clameur :** n.f. = Acclamation, tumulte, vacarme. ≠ Silence.

clan : n.m. = Coterie, parti .

clandestin : adj. ou n.m. *Il a organisé un trafic clandestin.* = Caché, secret, illégal. ≠ Autorisé, légal. ■ **clandestinement :** adv. = Secrètement, en cachette.

claquer : v. 1- *Les drapeaux claquent au vent.* = Battre. 2- fig. fam. *Cette affaire peut lui claquer dans les doigts.* = Éclater, craquer. 3- fam. *Après de tels efforts, le coureur est claqué.* = Fatiguer, éreinter. 4- fam. *Le vieux chien est mal en point, il risque de claquer.* = Mourir. 5- *J'ai envie de le claquer!* = Gifler. ■ **se claquer** (un ligament, un muscle) : v. pron. = Se déchirer, se froisser. ■ **claque :** n.f. = Gifle.

clarifier : v. 1- *Le confiseur clarifie un sirop.* = Décanter, filtrer, purifier. 2- *J'ai clarifié les données de la situation.* = Éclaircir. ≠ Embrouiller, épaissir. ■ **clarification :** n.f. = Éclaircissement.

clarté : n.f. 1- *J'aime la clarté de ton appartement.* = Lumière. ≠ Obscurité, ombre. 2- *La clarté de la Lune, de l'eau.* = Éclat, transparence. 3- fig. *La clarté d'explications.* = Netteté, précision. ≠ Confusion.

classe : n.f. 1- *Les revues s'adressent à différentes classes de lecteurs.* = Catégorie, espèce, sorte. 2- *Elle a vraiment de la classe.* = Allure, distinction. 3- *Les élèves vont en classe.* = École. ■ **classer :** v. 1- *Nous classons les noms par ordre alphabétique.* = Ranger, trier. ≠ Déranger, déclasser, emmêler. 2- fam. *On a tout de suite classé cet individu.* = Cataloguer. ■ **classement :** n.m. 1- = Rangement, classification. ≠ Déclassement, désordre. 2- *Il est deuxième, c'est un bon classement.* = Place, rang. ■ **classification :** n.f. *Au XVIIIe siècle, un savant suédois a mis au point une classification des plantes.* = Classement.

classique : A- n.m. *Cet écrivain est un classique, l'année prochaine tu l'étudieras.* ≠ Moderne. B- adj. 1- *Ce mélomane n'écoute que de la musique classique.* = Grand. 2- *Il s'habille toujours de façon classique.* = Sobre, de bon goût. ≠ Excentrique, original. 3- *C'est le coup classique !* = Habituel, courant.

claustration : n.f. = Isolement. ≠ Liberté.

clé ou **clef :** n.f. *Elle m'a posé un problème si facile que j'en ai vite trouvé la clé.*= Solution, explication.

clémence : n.f. = Indulgence, bonté, générosité, humanité. ≠ Sévérité, cruauté, rigueur. ■ **clément :** adj. = Indulgent, bon, généreux, humain. ≠ Inflexible, cruel, sévère.

client : n. (f. cliente) 1- *C'est une boutique qui a beaucoup de clients.* = Acheteur. ≠ Marchand, vendeur. 2- *Je suis cliente de ce boucher, il me sert toujours très bien.* = Habitué, fidèle.

cligner : v. *Sans lunettes de soleil, j'ai cligné des yeux toute la journée.*= Ciller, clignoter.

clignoter : v. 1- = Ciller, cligner. 2- fig. *Je vois au loin une lumière qui clignote.* = Scintiller. ■ **clignotant :** adj. ou n. m. *La nuit, Paris s'illumine d'enseignes clignotantes.* = Intermittent, vacillant.

climat : n.m. fig. *Climat de sympathie, d'hostilité.* = Ambiance.

clinquant : adj. *Elle ne porte que des bijoux clinquants.* = Brillant.

clique : n.f. *Julien et toute sa clique sont des bagarreurs, agressifs et mal élevés.* = Cabale, clan, coterie.

clochard : n. = Mendiant, vagabond, clodo (fam.)

cloche : n.f. 1- *Toutes les heures, les cloches de l'église sonnent.* = Bourdon, carillon, clochette, grelot, timbre. 2- fam. *Quelle cloche !* = Sot, niais, crétin. ■ **clochette :** n.f. *Mon chat porte un collier avec une minuscule clochette.* = Grelot.

cloison : n.f. *Nous avons abattu la cloison entre l'entrée et le salon.* = Mur, séparation. ■ **cloisonner :** v. *Cet ancien atelier a été cloisonné pour le transformer en appartement.*= Compartimenter.

cloître : n.m. = Monastère, couvent, abbaye. ■ **cloîtrer :** v. *Ces moines vivent cloîtrés.* = Enfermer.

cloque : n.f. = Ampoule.

clore : v. 1- *Papa clot le terrain avec une haie de thuyas.* = Fermer, entourer, clôturer. 2- fig. *Je viens de clore la discussion pour que le calme revienne.* = Finir, achever. ≠ Débuter, commencer, ouvrir. ■ **clos :** A- adj. 1- *Des volets clos.* = Fermé. 2- *N'en parlons plus, l'incident est clos.*= Terminé, achevé. B- n.m. *Le clos Vougeot donne un vin réputé.* = Vignoble. ■ **clôture :** n.f. 1- *La clôture au bout du chemin nous empêche de passer.* = Grille, grillage, barrière, haie, palissade. ≠ Ouverture. 2- *Il a demandé la clôture de son compte en banque.* = Fermeture, fin. ■ **clôturer :** v. 1- = Fermer, clore, enclore. 2- = Terminer, achever.

clou : n.m. 1- *J'ai besoin d'un marteau pour enfoncer des clous.* = Pointe. 2- = Furoncle. 3- fam. *Je roule dans un vieux clou.* = Tacot, bagnole. ■ **clouer :** v. = Assembler, fixer. ≠ Déclouer.

clown : n.m. 1- = Pitre, paillasse. 2- fig. *L'élève dissipé fait le clown.* = Pitre, guignol, singe. ■ **clownerie :** n.f. = Pitrerie.

club : n.m. = Association, groupe.

coaguler(se) : v. pron. *Après une blessure, le sang cesse de couler, il se coagule.* = Se cailler, se figer, se solidifier. ≠ Liquéfier.

coaliser (se) : v. pron. = S'allier, s'unir. ≠ Brouiller, opposer, séparer. ■ **coalition :** n.f. *Les Anglais* *ont organisé plusieurs coalitions contre Napoléon Ier.* = Alliance, ligue, bloc. ≠ Discorde, rupture.

cobaye : n.m. = Cochon d'Inde. ■ **servir de cobaye** : fam. *Nous servons de cobayes quand maman essaie une nouvelle recette de cuisine.* = Sujet d'expérience.

cocarde : n.f. *La voiture du député a une cocarde tricolore.* = Insigne. ■ **cocardier** : adj. = Chauvin, militariste.

cocasse : adj.. = Amusant, comique, drôle, pittoresque, risible. ≠ Sérieux.

coche : **1-** n.m. ■ **louper le coche** : fam. L' occasion. **2-**n.f. = Encoche, entaille. ■ **cocher** : **1-** v. *J'ai coché mon nom sur la liste pour confirmer ma présence.* = Pointer. 2- n.m. *« Allez! Fouette, cocher! »* = Conducteur.

cochon : **1-** n.m. = Porc. **2-** n. ou adj. fam. *Il est rentré couvert de boue, c'était un vrai cochon.* = Malpropre, sale, dégoûtant. ≠ Propre. ■ **cochonnerie** : n.f. **1-** = Malpropreté, saleté. **2-** *N'achète pas de cochonneries!* = Camelote.

code : n.m. **1-** *Code civil, Code pénal, code de la route.* = Règlement, lois. **2-** *Nous communiquons par code, personne ne peut comprendre ce que nous écrivons.*= Symbole. **3-** *Code bancaire, digicode...*= Combinaison secrète.

coefficient : n.m. *Vous tiendrez compte d'un coefficient d'erreur.* = Pourcentage.

cœur : n.m. **1-** *L'arrêt du cœur est mortel.*= fam. Palpitant. ■ **au cœur de.** *Au cœur de la forêt.* = Au milieu de, au fond de. **2-** *La générosité, l'amour, le chagrin sont ressentis avec le cœur.* = Sensibilité. ■ **avoir bon cœur.** = Être généreux. ■ **par cœur** : = De mémoire, sur le bout des doigts.

cognée : n.f.= Hache.

cogner : v. *À cause du vent, le volet cogne contre le mur.* = Frapper, battre. ■ **se cogner** : v. pron. Se heurter. **cohabiter** : v. = Habiter ensemble.

cohérence : n.f. *La cohérence d'une démonstration, d'un discours.* = Liaison, logique, cohésion. ≠ Incohérence. ■ **cohérent** : adj. = Harmonieux, logique, ordonné. ≠ Incohérent. ■ **cohésion** : n.f. *Notre équipe a gagné grâce à sa cohésion.* = Homogénéité, union. ≠ Confusion, dispersion.

coiffer : v. **1-** *Chez le coiffeur, c'est Sonia qui me coiffe.* = Peigner. **2-** *Le directeur coiffe tous les services de l'entreprise.* = Diriger, chapeauter, superviser. ■ **coiffure** : n.f. = Couvre-chef, béret, bonnet, chapeau, coiffe, toque.

coin : n.m. **1-** *La boulangerie se trouve au coin de la rue.* = Angle. **2-** *Je me cache dans un coin.* = Renfoncement. **3-** *Nous faisons pousser des légumes dans un coin du jardin.* = Partie, parcelle. **4-** *Nous campons dans un coin tranquille au bord d'un lac.* = Endroit. ■ **les petits coins** : fam. = Les toilettes.

coincer : v. **1-** *Mets une cale pour coincer la porte.* = Bloquer, immobiliser. **2-** fig. *Je suis coincé dans les embouteillages.* = Bloquer, retenir. **3-** *La police a coincé les voleurs.* = Pincer, attraper. ■ **se coincer** : v. pron. Ne plus pouvoir effectuer un mouvement. *Il s'est coincé le dos en portant un sac trop lourd.* ■ **coincé** : adj. **1-** = Bloqué. **2-** fam. = Complexé, mal à l'aise.

coïncidence : n.f. = Hasard. ■ **coïncider** : v. *Tous les témoignages coïncident, c'est lui le coupable.*= Concorder. ≠ Diverger.

col : n.m. *Les cols des Alpes, des Pyrénées.* = Pas, port, défilé, gorge.

colère : n.f. = Courroux, exaspération, fureur, rage, rogne. ≠ Calme, douceur, modération. ■ **coléreux** : adj. = Irritable, irascible, agressif, emporté, violent. ≠ Calme, doux.

colique : n.f. = Dérangement, diarrhée, courante (fam.).

colis : n.m. = Paquet.

collaborer : v. *Mon père collabore au journal des parents d'élèves.* = Participer à, coopérer. ■ **collaborateur** : n. *J'aurai besoin de nombreux collaborateurs pour mener à bien ce travail.*= Aide, associé, adjoint. ■ **collaboration** : n.f.. *La construction d'un bâtiment est le fruit de la collaboration entre plusieurs artisans.* = Coopération, participation, aide, concours.

collation :n.f. = Encas, goûter.

colle : n.f. **1-** = Glu, poix. **2-** fam. *Pour sa mauvaise conduite, Charles a eu deux heures de colle.*= Retenue, consigne. **3-** fam. *On m'a posé une colle, je n'ai pas su répondre.* = Problème, énigme. ■ **collant** : **A-** adj. **1-** *Alice a mangé un bonbon, elle a les doigts collants.* = Gluant, poisseux. ≠ Sec. **2-** *Elle porte une robe collante.* = Ajusté, moulant. ≠ Large, ample. **3-** fam. *Ce qu'il peut être collant !* = Crampon, casse-pieds, enquiquinant, assommant, envahissant. ≠ Discret. **B-** n.m. *Pour faire de la danse, Anne porte des collants.* = Bas. ■ **coller** : v. **1-** = Réunir, fixer, assembler. ≠ Arracher, décoller. **2-** *Il colle son front contre la vitre.* = Appuyer, plaquer. ≠ Détacher. **3-** fam. *Il lui colle une gifle.* = Donner, mettre. **4-** fam. *On l'a collé deux heures.* = Consigner, punir. **5-** *Il a été collé au bac.* = Refuser, échouer. ≠ Accepter, réussir. **6-** fam. *Ce type me colle, je ne peux pas m'en débarrasser.* = Importuner, ennuyer.

collecte : n.f. *Nous avons fait une collecte pour des enfants malades.* = Quête. ■ **collectif** : adj. *Un travail collectif.* = Commun, en équipe. ≠ Individuel. ■ **collectivité** : n.f. *Il doit apprendre à vivre* *en collectivité.* = Communauté, groupe. ■ **collection :** n.f. *Guillaume a vendu sa collection de timbres.* = Série. ■ **collectionner :** v. *Elle collectionne les porte-clés.* = Amasser, accumuler. ≠ Disperser. ■ **collectionneur :** n. = Amateur.

collège : n.m. **1-** = École, institution. **2-** Le collège des cardinaux, le collège électoral. = Groupe. ■ **collégiale :** n.f. = Église. ■ **collégien :** n. = Élève. **collègue :** n. = Collaborateur, adjoint.

collet : n.m. **1-** *Le braconnier pose des collets.* = Piège, lacets. **2-** ■ **collet monté.** *C'est une personne très collet monté.* = Affecté, guindé. **3-** ■ **mettre la main au collet.** *Les gendarmes mettent la main au collet du voleur.* = Prendre, arrêter.

collier : n.m. **1-** *J'ai offert un collier à Maman.* = Bijou, chaîne, rivière, sautoir. **2-** *L'homme portait un collier soigneusement taillé.* = Barbe. **3-** ■ **coup de collier :** fam. *Pour passer en 6e, Julien doit donner un sérieux coup de collier.* = Effort.

colline : n.f. . = Hauteur, éminence, butte, coteau.

collision : n.f. *Les véhicules sont entrés en collision.* = Accident, choc, heurt.

colloque : n.m. *Il se rend à un colloque de médecins.*= Conférence, réunion, rencontre.

colmater : v. *La brèche, dans la coque du Titanic, ne pouvait pas être colmatée.* = Combler, boucher, fermer.

colombe : n.f. *La colombe est le symbole de la paix.* = Pigeon.■ **colombier :** n.m.= Pigeonnier.

colonie : n.f.1- *Une colonie de fourmis.* = Groupe. **2-** *Les anciennes colonies d'outre-mer.* = Mandat, protectorat, tutelle; empire. ■ **coloniser :** v. *Au siècle dernier, la France a colonisé plusieurs pays d'Afrique.* = Occuper. ≠ Décoloniser. ■ **colonisation :** n.f.= Colonialisme, impérialisme. ≠ Décolonisation.

colonne : n.f. **1-** *Les soldats avançaient en colonne.* = File. **2-** *Des colonnes sculptées sont le support de cet édifice.* = Pilier, pilastre, colonnade. **3-** *Colonne vertébrale.* = Épine dorsale.

colorer : v. = Colorier, teinter. ≠ Décolorer. ■ **colorant :** n.m. = Couleur, teinture. ■ **coloration :** n.f. *Le bronzage donne une coloration différente à ma peau.* = Couleur, pigmentation. ≠ Décoloration. ■ **coloré :** adj. *Après une course de vitesse, nous avons les joues colorées.*= Rouge. ≠ Décoloré, pâle.

coloris : n.m. = Couleur. ■ **colorier :** v. = Colorer, peindre, enluminer.

colosse : n.m. *Cet athlète est un colosse, il a soulevé 200 kilos.*= Hercule, géant. ≠ Nain. ■ **colossal :** adj. *Un gratte-ciel est un immeuble colossal.* = Démesuré, gigantesque, énorme, immense. ≠ Minuscule, petit.

colporter : v. *Il a colporté la nouvelle à tous les voisins.* = Propager, divulguer, répandre.

combattre : v. = Batailler, se battre, lutter, attaquer. ≠ Apaiser, pacifier, soutenir. ■ **combat :** n.m. = Action, bataille, engagement, guerre , lutte, mêlée, rencontre. ■ **combatif :** adj. *Il a un caractère combatif, il veut toujours être le meilleur.* = Agressif, accrocheur, batailleur, bagarreur. ■ **combattant :** adj. et n. **1-** *Le 11 novembre a lieu le défilé des anciens combattants.* = Soldat, vétéran. **2-** *Impossible de séparer les combattants sans recevoir un coup de poing.* = Adversaire, antagoniste.

combien : adv. *Vous ne pouvez pas savoir combien il est courageux.* = Comme, à quel point.

combinaison : n.f. **1-** *La combinaison du jaune et du bleu donne du vert.*= Association, alliance, amalgame, mélange. ≠ Dispersion, séparation. **2-** *La combinaison des pièces de l'appartement est fonctionnelle.* = Arrangement, disposition. **3-** fig. *Trouve une combinaison pour nous tirer de là.* = Moyen, système. **4-** *Ses combinaisons frauduleuses l'ont amené devant la justice.* = Combine, manœuvre, manigance, magouilles (fam.). **5-** *Le mécanicien porte une combinaison.* = Bleu, cotte. ■ **combiner :** v. **1-** *Il faut en général combiner plusieurs lettres pour former un mot.* = Associer, assembler, marier, unir. ≠ Dissocier, isoler, séparer. **2-** *Les malfaiteurs ont combiné un cambriolage.* = Arranger, concevoir, calculer, comploter, organiser.

comble : **A-** n.m. **1-** *C'est le comble !* = C'est trop fort. **2-** *Le comble du bonheur.* = Faîte, maximum,sommet, summum, zénith. ≠ Minimum. **3-** ■ **les combles :** n.m. plur. = Grenier, mansarde. ≠ Cave, fondation. ■ **de fond en comble :** *Pour retrouver un livre, elle a fouillé la maison de fond en comble.* = Complètement, entièrement. **B-** adj. **1-** *La salle de spectacle est comble.* = Bondé, complet, plein. ≠ Désert, vide. **2-** *La mesure est comble !* = Il y en a assez, ça suffit !

combler : v. **1-** *Les ornières du chemin ont été comblées.* = Égaliser, niveler, boucher, remblayer. ≠ Vider. **2-** *Si tu étais premier en classe, cela me comblerait de joie.* = Remplir, plaire, satisfaire. ≠ Nuire.

combustion : n.f. *La combustion d'un bois humide est difficile.* = Calcination, ignition, inflammation. ■ **combustible :** adj. ou n.m. = Inflammable.

comédie : n.f. **1-** *Les comédies de boulevard m'amusent.* = Pièce, farce, vaudeville. **2-** *Elle pleure mais c'est de la comédie.*= Feinte, mensonge, simulacre, bluff (fam.). **3-** *Cet enfant fait des comédies pour un rien.* = Caprice. ■ **comédien** : n. **1-** = Acteur. **2-** *Il fait semblant d'avoir mal : quel comédien !* = Hypocrite, menteur.

comique : adj. **1-** = Amusant, cocasse, désopilant, drôle, hilarant. ≠ Dramatique, grave, touchant, sérieux, triste. **2-** *Sa réaction est comique !* = Ridicule, risible.

commander : v. **1-** *Le colonel commande un régiment.* = Donner des ordres, diriger. ≠ Obéir, se soumettre. **2-** *Les circonstances commandent une grande prudence.* = Exiger, imposer, réclamer. ≠ Interdire. **3-** *J'ai commandé un nouveau vélo.* = Acheter, passer commande. ≠ Décommander. ■ **commande** : n.f. **1-** *Maman a passé une commande par correspondance.* = Achat. **2-** *La vendeuse a un sourire de commande.* = Affecté, feint, simulé. ≠ Sincère. ■ **commandement** : n.m. **1-** *« À mon commandement, présentez… armes! »* = Injonction, ordre, sommation. **2-** *Le général exerce le commandement de l'armée.* = Autorité, pouvoir, resposabilités. ≠ Faiblesse, impuissance.

commando : n.m. *Un commando de parachutistes.* = Détachement, unité.

comme : **A-** conj. *Organise ta journée comme tu en as envie!* = Ainsi que. **2-** *Paul est blanc comme un linge.* = Tel. **3-** *Elle travaille comme vendeuse.* = En tant que. **4-** *Comme tu es malade, tu n'iras pas à l'école.* = Puisque. **5-** *Le train est parti comme j'arrivais : je l'ai manqué.* = Lorsque. **B-** adv. *Comme c'est beau!* = Que.

commémorer : v. *Le 11 novembre, nous avons commémoré l'armistice de 1918.* = Fêter, célébrer. ■ **commémoration** : n.f. = Célébration.

commencer : v. = Amorcer, attaquer, débuter, entamer, entreprendre, ouvrir. ≠ Aboutir, accomplir, achever, conclure, finir, terminer. ■ **commencement** : n.m. = Début, départ, démarrage, entrée, origine, ouverture. ≠ Aboutissement, achèvement, conclusion, fin, issue, terme.

comment : adv. **A-** Interrogatif. **1-** *Comment êtes-vous venu ?* = De quelle manière. **2-** *Comment ?* = Pardon, hein (fam.), quoi (fam.). **B-** Affirmatif. *Il ne sait pas comment elle va réagir.* = Comme. **C-** Exclamatif. **1-** *Comment! Tu n'as pas fini ton travail!* = Quoi. **2-** *" Tu lui as menti ? - Et comment !"* = Bien sûr, évidemment.

commentaire : n.m. *Le film était suivi d'un commentaire.* = Remarque, explication. ■ **commentateur** : n. = Interprète, éditorialiste, critique. ■ **commenter** : v. = Expliquer, interpréter.

commerce : n.m. **1-** = Achat, vente, négoce, import-export, trafic. **2-** = Boutique, magasin, supermarché, hypermarché. ■ **commerçant** : n. = Négociant, marchand, débitant, détaillant, grossiste, vendeur. ■ **commercialiser** : v. *Après de nombreux tests en laboratoire, ce produit va être commercialisé.* = Exploiter, mettre en vente.

commère : n.f. fam. = Bavard. ■ **commérage** : n.m. = Racontar, ragot, cancan.

commettre : v. 1- *Le chauffard commet de graves imprudences.* = Accomplir, perpétrer. **2-** *Son chef le commet à de nouvelles fonctions.* = Charger, nommer, préposer. ≠ Démettre, retirer. ■ **commis** : n.m. *Mon frère est commis chez le boulanger.* = Employé.

commission : n.f. **1-** *Cet agent a touché une commission pour la vente de ma maison.* = Courtage, gain, prime, pourcentage, rétribution. **2-** *J'ai une commission pour vous.* = Message. **3-** plur. *Pour aider sa mère, Théo fait les commissions.* = Courses, achat, emplette. **4-** *Ce professeur est membre d'une commission d'examen.* = Comité, bureau. ■ **commissionnaire** : n.m.= Coursier, livreur ; messager.

commissure : n.f. *Elle a des traces de chocolat à la commissure des lèvres.* = Coin.

commode : **A-** adj. **1-** *La maison est d'un accès commode.* = Facile, aisé, pratique. ≠ Difficile, gênant, incommode. **2-** *Cet homme renfrogné n'est pas commode.* = Acariâtre, désagréable, sévère. ≠ Aimable, agréable, sympathique. **B-** n.f. *Une commode Louis XVI.* = Chiffonnier. ■ **commodément** : adv. *Installez-vous commodément.* = Confortablement. ■ **commodité** : n.f. *Commodité d'un lieu.* = Confort, utilité. ≠ Désagrément, gêne. ■ **pour plus de commodité.** = Facilité.

commun : **1-** adj. *Nous nous retrouvons dans la cour commune aux immeubles de la résidence.* = Collectif. ≠ Individuel, personnel. ■ **en commun.** = Ensemble, collectivement. **2-** *Ils ont des goûts communs.* = Identique, semblable. ≠ Différent, distinct. **3-** *L'intérêt commun d'une population.* = Général, public. ≠ Particulier. **4-** *Dans ce restaurant, la cuisine est très commune.* = Banal, ordinaire, quelconque. ≠ Exceptionnel, rare, recherché. ■ **peu commun.** *Il est d'une intelligence peu commune.* = Extraordinaire. **5-** *La grippe est une maladie très commune.* = Courant, fréquent. ≠ Rare. ■ **communal** : adj. *Le stade, la piscine sont des équipements communaux.* = Municipaux.■ **communauté** : n. f. *Les habitants du village forment une communauté.* = Groupe, collectivité, congrégation (religion). ■ **commune** : n.f. = Municipalité.

communion : n.f. **1-** *Les fidèles se réunissent dans la communion.* = Communauté. **2-** *Le prêtre donne la communion.* = Sacrement de l'eucharistie (religion chrétienne). **3-** *Elle se sent en communion avec son amie.* = Accord, affinité, harmonie.

communiquer : v. **1-** *Pour mener à bien un travail en commun, il est important de communiquer.* = Échanger. **2-** *J'ai communiqué les derniers résultats à mon voisin.* = Dire, divulguer, transmettre. ≠ Garder, taire. **3-** *Un couloir fait communiquer nos chambres.* = Desservir. ■ **communicatif :** adj. *Vous n'êtes pas très communicatif aujourd'hui.* = Causant, démonstratif, expansif, ouvert. ≠. Secret, taciturne. ■ **un rire communicatif.** = Contagieux. ■ **communication :** n.f. **1-** *La communication est indispensable entre les hommes.* = Échange, relation. **2-** *Il a une communication à vous faire.* = Annonce, information, message. **3-** *L'avion est un moyen de communication rapide.* = Moyen de transport. **4-** *Ma sœur travaille dans la communication.* = Médias. ■ **communiqué :** n.m. = Avis, bulletin, déclaration, note.

compact : adj. *Une foule compacte se presse à l'entrée du stade.* = Dense, serré.

compagnie : n.f. **1-** *Son chien est une compagnie pour cette dame seule.* = Présence. ≠ Isolement, solitude. ■ **en compagnie de.** = Avec. **2-** *Une nouvelle compagnie de gendarmes vient d'arriver dans notre ville.* = Troupe, unité. **3-** *Les automobilistes doivent s'assurer auprès d'une compagnie d'assurances.*= Société.

compagnon : n.m.**1-** *M. Ledoux est le compagnon de Tania, ils vivent ensemble.* = Époux, concubin. **2-**= Ami, camarade, condisciple.

comparer : v. *Comparons ces différentes solutions.* = Confronter, rapprocher, analyser, évaluer. ■ **comparable :** adj. = Analogue, identique, semblable. ≠ Incomparable. ■ **comparaison :** n.f. = Analyse, confrontation, jugement, rapprochement. ■ **en comparaison de.** *En comparaison de ses scores habituels, celui d'aujourd'hui est médiocre.* = Par rapport à, à côté de.

compartiment : n.m. = Case, casier, classeur, division. ■ **compartimenter :** v. = Cloisonner.

compatir : v. *Nous compatissons à leur peine.* = S'apitoyer, plaindre. ■ **compassion :** n.f. = Pitié. ≠ Dureté, indifférence, insensibilité. ■ **compatible :** adj. *Claire et moi avons des avis compatibles.* = Conciliable. ≠ Incompatible, inconciliable. ■ **compatissant :** adj. = Humain, sensible. ≠ Dur, insensible.

compenser : v. *Pour compenser une visite chez le dentiste, Maman m'a emmené au cinéma.* = Contrebalancer, neutraliser, racheter, réparer, récompenser. ■ **compensation :** n.f. = Dédommagement, consolation, contrepartie.

compère : n.m. = Acolyte, complice.

compétence : n.f. *La compétence de cette infirmière lui permet de juger des stagiaires.* = Aptitude, capacité, expérience, valeur. ≠ Incompétence. ■ **compétent :** adj. = Capable, expert, qualifié. ≠ Incompétent.

compétition : n.f. **1-** *Les deux candidats ont été mis en compétition.* = Concurrence, rivalité. **2-** *J'ai assisté à une compétition d'athlétisme.* = Épreuve, match, course, championnat, tournoi. ■ **compétitif :** adj. *Ce supermarché attire les clients par ses prix compétitifs.* = Concurrentiel.

complainte : n.f. = Chant, mélodie, romance.

complaire (se) : v. pron.= Se plaire. ■ **complaisance :** n.f.**1-** = Amabilité, attention, obligeance, serviabilité. ≠ Dureté. **2-** *Il s'écoute parler avec complaisance.* = Indulgence, satisfaction, vanité. ≠ Sévérité. ■ **complaisant :** adj. **1-** *Mon voisin me rend souvent service, il est vraiment complaisant.* = Attentionné, empressé, obligeant, serviable. ≠ Dur. **2-** *Il est complaisant envers lui-même.* = Indulgent, satisfait. ≠ Sévère.

complément : n.m. = Appoint, supplément, différence. ■ **complémentaire :** adj. = Supplémentaire.

complet : adj. **1-** *J'ai une série complète de magazines anciens.* = Entier, total. ≠ Incomplet. **2-** *L'hôtel est complet.* = Plein, comble. ≠ Désert, vide. **3-** *Le soir de la tempête, nous étions dans le noir le plus complet.* = Absolu, profond. ≠ Relatif. 4- *C'est un imbécile complet.* = Achevé, parfait. ■ **complètement :** adv. = Entièrement, tout à fait. ■ **compléter :** v. *Il voudrait compléter sa collection de timbres.* = Achever, améliorer, augmenter, parfaire. ≠ Diminuer, réduire, commencer. ■ **complexe :** adj. *Écrire un livre est une tâche complexe mais passionnante.* = Compliqué, délicat. ≠ Simple. ■ **complexé :** adj. = Timide. ■ **complexité :** n.f. *La complexité d'un problème.* = Complication. ≠ Simplicité.

complice : n. *Le voleur et ses complices ont été arrêtés par la police.* = Acolyte, compère. ■ **complicité :** n.f. *Leur complicité les faisait rire des mêmes choses.*= Accord, connivence, entente. ≠ Désaccord.

compliment : n.m. = Éloge, félicitation, louange. ≠ Blâme, reproche. ■ **complimenter :** v. = Féliciter, louer. ≠ Blâmer.

compliquer : v. *Des témoignages contradictoires compliquent cette affaire.* = Embrouiller, obscurcir. ≠ Démêler, éclaircir, simplifier. ■ **se compliquer :** v. pron. *La situation se complique.* = S'aggraver. ■ **complication :** n.f. **1-** *Leur situation est d'une telle complication !* = Complexité. ≠ Simplicité. **2-** *Des complications imprévues m'ont retardé.* = Difficulté, embarras, incident, ennui. **3-** *Les complications d'une maladie.* = Aggravation. ■ **compliqué :** adj. *C'est un problème bien compliqué.* = Complexe, confus, difficile, embrouillé, obscur. ≠ Clair, simple.

complot : n.m. = Cabale, conspiration, conjuration, intrigue, machination. ■ **comploter :** v. = Manigancer, tramer.

comporter : v. *Ce mot comporte plusieurs sens.* = Admettre, contenir, inclure. ≠ Exclure. ■ **se**

comporter : v. pron. *Ce garçon charmant se comporte toujours bien.* =Se conduire, agir. ■ **comportement :** n.m. = Attitude, conduite.

composer : v. **1-** *Composer un bouquet, un menu.* = Faire, arranger, assembler, confectionner, disposer. ≠ Décomposer, défaire, dissocier. **2-** *Composer un livre, des poèmes.* = Créer, écrire, élaborer, produire. **3-** *Composer son attitude, son visage, ses gestes.* = Affecter, étudier. **4-** *Endetté, il devra composer avec son banquier.* = S'entendre, traiter, transiger. ■ **se composer :** v. pron. *Mon appartement se compose de six pièces.*= Comporter, comprendre. ■ **composant :** n.m. *L'oxygène est un composant de l'air.* = Partie. ■ **compositeur :** n.m. = Musicien. ■ **composition :** n.f. **1-** *Une composition florale.* = Association, confection, disposition, fabrication, mélange. ≠ Décomposition, dissociation. **2-** *Une composition musicale.* = Élaboration, organisation, production. **3-** *Myriam a eu un 20 en composition de français.* = Devoir, dissertation, contrôle, narration, rédaction. **4-** *La composition d'une équipe.* = Constitution, structure. ■ **être de bonne composition :** *Il ne se fâche jamais, il est de bonne composition.* = Avoir bon caractère.

compote : n.f. = Marmelade.

comprendre : v. **1-** *J'ai compris le sens de ce texte en le relisant.* = Saisir. **2-** *J'ai compris que la situation allait s'aggraver.* = Réaliser, s'apercevoir. ≠ Méconnaître. **3-** *Je comprends sa réaction.*= Admettre, approuver. ≠ Ignorer. **4-** *L'appartement comprend deux chambres et un séjour.* = Contenir, comporter. ■ **se comprendre** : v.pron. = S'entendre, s'accorder. ■ **compréhensible :** adj. **1-** *Un livre compréhensible.* = Accessible, clair, simple. ≠ Incompréhensible. **2-** *Sa réaction est bien compréhensible.* = Explicable, naturel, normal. ■ **compréhensif :** adj. = Bienveillant, indulgent, tolérant. ≠ Borné, intolérant. ■ **compréhension :** n.f. **1-** *La ponctuation aide à la compréhension d'un texte.* = Clarté, intelligence. ≠ Obscurité, incompréhension. **2-** *La justice a fait preuve de compréhension vis-à-vis de ce prévenu.* = Bienveillance, indulgence, tolérance. ≠ Intolérance, sévérité.

comprimer : v. **1-** *Pour éviter une hémorragie, il faut comprimer l'artère.* = Presser, serrer. ≠ Desserrer. **2-** *Comprimer des tôles, des papiers.* = Aplatir, écraser, réduire. ■ **comprimé :** n.m. = Cachet, gélule. ■ **compression :** n.f. *Compression du personnel.* = Réduction. ≠ Élargissement, expansion.

compromettre :] v. **1-** *Il a été compromis dans cette affaire louche.* = Impliquer. **2-** *Compromettre son autorité, sa réputation, sa santé.* = Exposer, engager, risquer. ≠ Assurer, garantir. ■ **se compromettre :** v. pron. *Il se compromet avec des voyous.* = S'abaisser, s'avilir, se mouiller (fam.). ■ **compromettant :** adj. *Il détruit des lettres compromettantes qui lui feraient du tort.* = Encombrant. ■ **compromis :** n.m. *Le conflit entre les voisins s'est fini par un compromis.* = Accord, arrangement, transaction.

compte : n.m. **1-** *Le compte des dépenses.* = Bilan, calcul, somme, total. **2-** *Envoyez-moi votre compte.* = Facture, note, relevé. **3-** *Il y a eu un règlement de compte entre bandes rivales.* = Bagarre, explication. **4-** *Il trouve son compte dans cet arrangement.* = Avantage, bénéfice. **5-** ■ **rendre compte de :** *Rendre compte d'une mission.* = Justifier. ■ **se rendre compte :** *Je me rends compte que j'ai tort.* = S'apercevoir, comprendre. ■ **tenir compte de :** *Je dois tenir compte de ses efforts.* = Prendre en considération. ■ **sur le compte de :** *J'ai appris bien des choses sur le compte de mon collègue.* = Au sujet de. ■ **au bout du compte :** = Finalement.

compter : v. **1-** *Louis compte ses billes.* = Calculer, dénombrer. **2-** *Ta dictée compte trop de fautes.* = Comprendre, contenir. **3-** *Mes parents comptent beaucoup pour moi.* = Avoir de l'importance. **4-** *Je compte quatre mois pour finir ce travail.* = Prévoir, estimer. **5-** *Vous pouvez compter sur moi, je serai à l'heure.* = Faire confiance. ■ **comptant :** adv. *Quand je vais chez le garagiste, je paie mes réparations comptant.* = Cash.

compte rendu : n.m. = Rapport.

comptoir : n.m. **1-** *Il prend un demi au comptoir du café.* = Zinc (fam.), bar. **2-** *Le comptoir d'une banque.* = Agence, succursale.

concasser : v. *En cuisine, un moulin à poivre sert à concasser du poivre.* = Broyer.

concéder : v. **1-** *Le ministre concède des avantages à la région sinistrée.* = Accorder, consentir, octroyer. ≠ Refuser, rejeter. **2-** *Je vous concède que j'ai tort.* = Admettre, convenir, reconnaître. ≠ Nier.

concentrer : v. **1-** *L'armée a concentré des troupes à la frontière.* = Rassembler, regrouper, réunir. ≠ Disperser, éparpiller. **2-** *Il concentre son affection sur son fils.* = Centrer, focaliser. ■ **se concentrer :** v. pron. = Réfléchir. ■ **concentration :** n.f. **1-** *Une concentration de vieilles voitures.* = Rassemblement, regroupement. ≠ Dispersion, éparpillement. **2-** *Il travaille vite, il a une bonne concentration.* = Attention, réflexion. ≠ Distraction. ■ **concentré :** adj. **1-** = Attentif, réfléchi, ≠ Distrait. **2-** *Il sirote du lait concentré.* = Condensé. ≠ Dilué.

concerner : v. *Cette affaire le concerne.* = Intéresser, regarder, toucher. ■ **en ce qui me concerne.** = Pour ma part.

concert : n.m.**1-** = Audition, récital. **2-** ■ **de concert.** *Nous y sommes allés de concert.* = Ensemble.

concerter (se) : v. pron. *Nous nous concertons avant de prendre une décision.* = S'entendre, s'accorder. **concession :** n.f. *J'ai dû faire des concessions pour que notre affaire aboutisse.* = Compromis, transaction. ≠ Contestation, dispute.

concevoir : v. **1-** *Ces parents sont heureux de concevoir.* = Engendrer, féconder. ≠ Être stérile. **2-** *L'architecte conçoit un projet d'immeuble.* = Créer, élaborer. **3-** *Cela se conçoit.* = Comprendre, saisir. ■ **concevable** : adj. *Ce n'est pas concevable.* = Compréhensible, imaginable, pensable. ≠ Inconcevable.

concierge : n. = Gardien, portier (dans un hôtel).

concile : n.m. *Le concile vient de s'ouvrir sous la présidence du pape.* = Réunion. ■ **conciliabule :** n.m. = Conversation.

concilier : v. *Pour pouvoir nous rencontrer, nous allons concilier nos emplois du temps.* = Accorder. ■ **se concilier :** v. pron. *Il a su se concilier la bienveillance de son patron.* = S'attirer, gagner. ■ **conciliant :** adj. = Accommodant, arrangeant, complaisant. ≠ Agressif, désagréable. ■ **conciliation :** n.f. = Accord, arrangement. ≠ Désaccord, opposition, rupture.

concitoyen : n. = Compatriote.

conclure : v. **1-** *La Fontaine conclut ses fables par une morale.* = Finir. ≠ Commencer. **2-** *Nous sommes d'accord, l'affaire est conclue.* = Régler, terminer. **3-** *Marie est absente aujourd'hui, j'en conclus qu'elle est malade.* = Déduire. ■ **concluant :** adj. *Les essais sont concluants, nous adoptons cette solution.* = Convaincant, probant. ■ **conclusion :** n.f. **1-** *Quelles conclusions pouvons-nous tirer de cet événement ?* = Déduction, enseignement, leçon. **2-** *La conclusion d'une affaire.* = Règlement. ≠ Commencement, début. **3-** *La conclusion d'un livre, d'un film.* = Dénouement, épilogue. ≠ Introduction.

concorder : v. = Coïncider, correspondre, s'accorder. ≠ S'opposer. ■ **concordance :** n.f. *Il agit en concordance avec ses principes.* = Accord, conformité, rapport. ≠ Contradiction, désaccord. ■ **concorde :** n.f. = Accord, entente. ≠ Discorde.

concourir : v. *Tous nos efforts concourent à une sélection de notre équipe.* = Aider à, participer. ≠ S'opposer. ■ **concours :** n.m. **1-** = Examen, compétition. **2-** *Jacques a apporté son concours à cette œuvre de bienfaisance.* = Aide, participation. **3-** ■ **un concours de circonstances** : = Coïncidence.

concret : A- adj. **1-** *Donnez-moi des preuves concrètes de sa culpabilité.* = Palpable, réel, tangible. **2-** *Soyez concrets et agissez !* = Pratique, réaliste. **B-** n.m. *Il ne peut envisager que le concret.* = Réel. ≠ Abstrait. ■ **concrètement :** adv. = Pratiquement. ■ **concrétiser :** v. *L'architecte a concrétisé son idée de villa ronde : elle est aujourd'hui construite.* = Matérialiser, réaliser.

concurrence : n.f. =Compétition, émulation, rivalité. ≠ Entente. ■ **concurrent :** n.m. *Les concurrents sont sur la ligne de départ.* = Candidat (à un examen); adversaire, participant, rival.

condamner : v. **1-** *Le coupable a été condamné à six mois de prison.* = Frapper. ≠ Acquitter, innocenter. **2-** *On est condamné à supporter les conséquences de nos actes.* = Contraindre, forcer, obliger. **3-** *Je condamne vivement son attitude.*= Blâmer, réprouver. ≠ Approuver, recommander. **4-** *La loi condamne la maltraitance.* = Interdire. ≠ Autoriser. **5-** *Le propriétaire a condamné la porte.* = Fermer, murer. ■ **condamnable :** adj. *Une mauvaise action est condamnable.* = Blâmable, répréhensible. ≠ Recommandable. ■ **condamnation :** n.f. **1-** = Sanction, peine. ≠ Acquittement. **2-** *Ce livre est la condamnation de la violence.* = Blâme, critique, désaveu. ≠ Approbation, éloge. ■ **condamné :** adj. et n. **1-** = Détenu, repris de justice. **2-** *Ce malade est condamné.* = Incurable, perdu.

condenser : v. = Abréger, comprimer, raccourcir, réduire, résumer. ≠ Diluer, dilater. ■ **condensation :** n.f. = Vapeur. ■ **condensé :** **1-** adj. *Du lait condensé.* = Concentré. **2-** n.m. *Le condensé d'un récit.* = Résumé.

condiment : n.m. = Assaisonnement.

condition : n.f. A- sing. **1-** *Un comte était une personne de haute condition.* = Position, qualité, rang. **2-** *Les hommes sont mortels, c'est la condition humaine.* = Destinée, sort. **3-** *La condition physique d'un sportif.* = Forme. **4-** ■ **à condition de.** = Si. **B-** plur. **1-** *Il relit les conditions de son contrat.* = Clause, modalité. **2-** *Quelles sont vos conditions?* = Exigences, prétentions. **3-** *Conditions économiques.* = Conjoncture. *Conditions météorologiques.* = Climat, situation. **4-** ■ **dans ces conditions.** = Alors. ■ **conditionner :** v. **1-** *Que tu sois rentrée conditionnera ma visite chez toi.* = Commander. **2-** *La réussite est conditionnée par le travail.* = Dépendre de. **3-** *Il est conditionné par son éducation sévère.* = Aliéner, mettre en condition. **4-** *Le lait est conditionné en paquet de six bouteilles.*= Emballer.

conduire : v. **1-** *Son père le conduit à l'école.* = Accompagner, amener. **2-** *Conduire une voiture.* = Diriger. **3-** *Il conduit son entreprise de main de maître.*= Diriger, commander. ≠ Obéir. **4-** *Conduire une liste électorale.* = Être à la tête de. **5-** *Le cuivre conduit l'électricité.* = Transmettre. **6-** *Cette route conduit à Limoges.* = Aboutir, aller. **7-** *La volonté de réussir le conduit.*= Animer, pousser. ≠ Abandonner. ■ **conducteur :** n. = Pilote, chauffeur. ■ **conduit :** n.m. *Ce conduit de cheminée est étroit.* = Tuyau, passage. ■ **conduite :** n.f. **1-** *Mon fils a eu 18/20 pour sa bonne* *conduite.* = Attitude, comportement. **2-** *C'est vous qui aurez la conduite de cette affaire.* =Commandement, direction. **3-** *Une conduite hydroélectrique.* = Canalisation, tuyauterie.

conférence : n.f. **1-** *Une conférence de presse réunit des journalistes.* = Assemblée, réunion. **2-** *J'ai assisté à une conférence sur l'environnement.* = Causerie.■ **conférencier :** n. = Orateur.

confesser : v. *Je confesse que je n'avais guère envie de travailler.* = Avouer, admettre, convenir, reconnaître. ≠ Cacher, dissimuler, nier, omettre, taire. ■ **confession :** n.f. **1-** *La confession des péchés.* = Aveu (religion catholique). **2-** *Ali est de confession musulmane.* = Religion. **3-** *Je dois vous faire une confession, c'est moi qui ai pris le livre que vous cherchez.* = Aveu, déclaration. ≠ Démenti, désaveu.

confidence : n.f. = Aveu, révélation. ■ **confidentiel :** adj. *Une affaire confidentielle.* = Secret.

confier : v. **1-** *Je lui confie ce dossier.* = Remettre. ≠ Ôter, retirer. **2-** *Je confie ma fille à une "nounou".*= Donner en garde. **3-** *Elle m'a confié un secret.* = Dire, livrer, révéler. ≠ Cacher, dissimuler, taire. ■ **se confier :** v. pron. *Laura se confie souvent à sa mère.* = S'épancher, s'ouvrir, vider son sac (fam.). ■ **confiance :** n.f. **1-** *Il a une trop grande confiance en lui.* = Assurance, hardiesse, outrecuidance. ≠ Anxiété, crainte. **2-** *Sa confiance excessive envers les autres lui jouera des tours.* = Crédulité. ≠ Méfiance. **3-** *Je le connais bien, ma confiance en lui est absolue.* = Foi. ≠ Défiance. **4-** *Mon ami est une personne de confiance.* = Sûr. ■ **confiant :** adj. **1-** *Il est excessivement confiant.* = Assuré, sûr de soi. **2-** *Les enfants sont souvent trop confiants.* = Crédule, naïf. ≠ Méfiant.

confirmer : v. **1-** *Je confirme que nous viendrons mardi.* = Assurer, certifier, garantir. ≠ Démentir, nier. **2-** *Ses mauvais résultats confirment un manque de travail.* = Attester, démontrer, prouver. ≠ Annuler . **2-** *Mon diplôme a été officiellement confirmé.* = Entériner, légaliser, valider. ■ **confirmation :** n.f. **1** *J'ai eu la confirmation de ce que je disais.* = Preuve. ≠ Démenti. **2-** *Confirmation officielle d'un acte.* = Attestation, entérinement, légalisation, validation.

confisquer : v. = Prendre, retirer, saisir. ≠ Rendre, restituer.

conflit : n.m. **1-** = Contestation, désaccord, litige, opposition. ≠ Accord, entente. **2-** = Guerre. ≠ Paix.

confluent : n.m. *Lyon se situe au confluent de la Saône et du Rhône.* = Jonction, rencontre.

confondre : v. **1-** *On me confond avec mon frère jumeau.* = Amalgamer, mélanger, mêler, prendre pour. ≠ Discerner, distinguer, séparer. **2-** *Le coupable a été confondu.* = Démasquer. **3-** ■ **se confondre en excuses :** = Multiplier.

conformer (se) : v. pron. *Je me conforme à la loi.*= Respecter, se plier, suivre. ≠ S'opposer. ■ **conforme :** adj. **1-** *La photocopie d'un document est conforme à l'original.* = Identique, semblable, exact. ≠ Différent. **2-** *La section « sport / études » de ce collège est conforme aux goûts d'Alban.* = Adapté, approprié, assorti. ≠ Opposé. ■ **conformément :** adv. = Selon. ■ **conformiste :** adj ou n. = Traditionnaliste, bien-pensant. ≠ Non-conformiste, indépendant, avancé. ■ **conformité :** n.f. *Carla et moi avons une conformité de goûts qui nous rapproche.* = Accord, analogie, ressemblance, similitude. ≠ Désaccord, opposition.

confort : n.m. = Aise, bien-être, commodité. ≠ Inconfort.■ **confortable :** adj. = Aisé, douillet. ≠ Désagréable, inconfortable.

confrère : n. = Collègue.

confronter : v. *Le juge a confronté leurs déclarations.* = Comparer. ■ **confrontation :** n.f. = Comparaison.

confus : adj. **1-** *Votre discours est trop confus, je n'y comprends rien.* = Compliqué, embrouillé, nébuleux, obscur, vague. ≠ Clair, limpide, net, précis. **2-** *Elle est confuse de son erreur.* = Embarrassé, désolé, gêné, honteux. ■ **confusion :** n.f. **1-** *Tout le monde parle en même temps, c'est la confusion la plus complète.* = Anarchie, désordre, trouble. ≠ Ordre, netteté. **2-** *J'ai fait une confusion entre ces deux dossiers.*= Erreur, méprise. **3-** *Carl a répondu une bêtise, il est rouge de confusion.*= Embarras, gêne, honte, trouble. ≠ Assurance.

congé : n.m. **1-** = Vacances . **2-** ■ **prendre congé** : *Il est tard, je vais prendre congé.* = Dire au revoir, quitter, partir. ■ **donner congé à quelqu'un** : = Congédier, renvoyer. ■ **congédier :** v. **1-** *Il congédie son visiteur importun.* = Éconduire, éloigner, expédier, envoyer paître (fam.). ≠ Inviter. **2-** *Il a été congédié, il n'a plus de travail.*= Licencier, renvoyer, remercier, révoquer; fam. balancer, saquer, vider. ≠ Embaucher.

congestion : n.f. *Une congestion cérébrale.*= Attaque. ■ **congestionner :** v. fig. *Les bouchons congestionnent la circulation.* = Embouteiller, encombrer. ≠ Décongestionner.

congrès : n.m. = Assemblée, conférence, colloque, réunion.

conjoint : n. = Époux. ■ **conjointement :** adv. = Ensemble, simultanément.≠ Séparément.

conjoncture : n.f. *Dans la conjoncture actuelle, les choses sont plus faciles.*= Circonstance, condition, situation.

conjuguer : v. *Nous avons conjugué nos efforts pour soulever cette pierre.*= Combiner, joidre, unir. ≠ Disperser, opposer.

conjurer : v. **1-** *Pour conjurer le mauvais sort, il suffit d'utiliser une formule magique!* = Chasser, exorciser. ≠ Invoquer. **2-** *Croyez-moi, je vous en conjure.* = Implorer, prier, supplier. ■ **conjuration** : n.f. **1-** = Exorcisme, rite, magie. **2-** *César est mort en 44 av. J.-C. à la suite d'une conjuration.* = Cabale, complot, ligue. ■ **conjuré** : n. = Comploteur.

connaître : v. **1-** *Ce spécialiste connaît son affaire.* = Avoir l'expérience, savoir. ≠ Ignorer, méconnaître. **2-** *Je connais mes voisins.* = Fréquenter, rencontrer. ≠ Dédaigner. **3-** *Il a connu la grande pauvreté.* = Éprouver, ressentir. **4-** *Nous avons connu un bel automne.* = Avoir, bénéficier. **5-** ■ **s'y connaître** : *Mon camarade s'y connaît en mécanique.* = S'entendre. ■ **connaissance** : n.f. **1-** *La connaissance vient après l'apprentissage.* = Expérience, savoir, science. **2-** plur. *Ses connaissances en histoire sont superficielles.*= Idée, notion. **3-** *C'est une vieille connaissance.* = Fréquentation, relation. ■ **faire connaissance** : = Entrer en relation avec. *J'ai fait la connaissance de mes nouveaux voisins.* **4-** ■ **perdre connaissance** : = S'évanouir. ■ **connaisseur** : adj. ou n. *Il est connaisseur en tableaux anciens.* = Amateur, compétent. ≠ Ignorant, incompétent. ■ **connu** : adj. **1-** *C'est un fait bien connu.* = Notoire, répandu. **2-** *La Fontaine est un fabuliste connu.* = Célèbre. ≠ Inconnu.

connecter : v. = Raccorder. ≠ Isoler, séparer.

connivence : n.f. = Complicité, entente.

conquérir : v. **1-** *César a conquis la Gaule.* = Soumettre, vaincre. ≠ Perdre. **2-** *Nous avons été conquis par sa gentillesse.* = Séduire, subjuguer. **3-** *Ces avantages ont été conquis grâce à l'action des syndicats.*= Acquérir. ≠ Perdre. ■ **conquérant** : **1-** n.m. *Le roi d'Angleterre Guillaume Ier était surnommé « le Conquérant. »* = Guerrier, triomphateur, vainqueur. **2-** adj. *Avec son air conquérant, elle s'imagine que tout lui est dû.* = Arrogant, fier, prétentieux. ≠ Modeste, simple.■ **conquête** : n.f. **1-** *La conquête romaine.* = Assaut, domination, prise, soumission. ≠ Défaite, perte. **2-** *Marc, par sa gentillesse et son savoir-vivre, a fait une nouvelle conquête.* = Séduire. **3-** fam. *Voilà la dernière conquête de ce bourreau des cœurs !* = Victime.

consacrer : v. . **1-** *Cette église a été consacrée.* = Bénir. *Les Grecs ont consacré un temple à Athéna.* = Dédier. **2-** *Il a consacré sa vie à la science.* = Vouer. **3-** *As-tu du temps à me consacrer?* = Accorder. ■ **se consacrer** : v. pron. *Pendant ses vacances, il se consacre au sport.* = S'adonner. ■ **consécration** : n.f. *Une grande renommée a été la consécration de l'œuvre de Picasso.*= Apothéose, triomphe.

conscience : n.f. **1-** *Jean prend conscience qu'il faut travailler pour réussir.* = S'apecevoir, comprendre. **2-** *La conscience de Martin lui interdit de tricher à l'examen.* = Sens moral, honnêteté. ≠ Inconscience, malhonnêteté.■ **en conscience.** = Honnêtement. ■ **consciencieux** : adj. *Un bon élève consciencieux.* = Sérieux, travailleur. *Un ouvrier consciencieux.* = Minutieux, méticuleux, sérieux. ■ **consciencieusement** : adv. = Méticuleusement, minutieusement. ■ **conscient** : adj. *Il est conscient du danger.* = Lucide. ≠ Inconscient. ■ **consciemment** : adv. *Victor a fait cette bêtise consciemment.* = Délibérément, sciemment, en connaissance de cause. ≠ Inconsciemment.

consécutif : adj. **1-** *La pluie est tombée pendant trois jours consécutifs.* = Continu, successif. ≠ Discontinu. **2-** ■ **consécutif à.** *Sa cicatrice est consécutive à son accident.*= Être la suite de, la conséquence.

conseil : n.m. **1-** *Il nous donne de bons conseils.*= Avis, recommandation, suggestion. **2-** *Un ingénieur-conseil.* = Conseiller. **3-** *Le conseil municipal.*= Assemblée, réunion. ■ **conseiller** : v. **1-** *Mon père m'a bien conseillé.* = Diriger, guider, orienter. **2-** *Je te conseille ce livre.* = Recommander. ■ **conseiller** : n.m. = Guide, inspirateur, mentor.

consentir : v. **1-** *Il a consenti à m'accompagner.* = Accepter. ≠ Refuser. **2-** *Mes parents consentent à ce que je m'installe loin d'eux.* = Acquiescer, céder, permettre, souscrire. ≠ Empêcher, interdire, s'opposer. **3-** *Le marchand a consenti une remise de 20 %.* = Accorder. ■ **consentement** : n.m. = Approbation, accord, permission. ≠ Interdiction.

conséquent : **1-** adj. = Logique. ≠ Absurde, inconséquent. **2-** ■ **par conséquent** : adv. *Tu as travaillé, par conséquent tu dois réussir.*= Ainsi, donc. **3-** *Cet auteur a laissé une œuvre conséquente.* = Importante. ■ **conséquence** : n.f. = Conclusion, effet, retombée, résultat, suite.

conserver : v. **1-** *Je conserve mes photos dans une boîte.* = Garder, stocker. ≠ Dilapider, éparpiller. **2-** *Elle voudrait conserver sa jeunesse.* = Entretenir, maintenir, préserver, sauvegarder. ≠ Abandonner, céder, perdre. ■ **conservation** : n.f. *Jean travaille à la conservation des monuments historiques.* = Garde, maintien. ■ **conservateur** : **1-** n. = Gardien. **2-** adj. *Un parti politique conservateur.* = Réactionnaire. ≠ Novateur, progressiste. ■ **conservatoire** : n.m. = École.

considérer : v. **1-** *L'enfant considère son nouveau jouet.* = Observer, regarder. ≠ Dédaigner, ignorer. **2-** *Il faut considérer le pour et le contre.*= Examiner, estimer, étudier, juger, peser. **3-** *Il est très considéré.*= Admirer, estimer, révérer. ≠ Déconsidérer, mépriser. ■ **considérer comme**. *On le considère comme un* *sauveur.* = Juger, tenir pour. ■ **considération :** n.f. **1-** *Votre demande nécessite considération.*= Attention, étude, examen. **2-** *Ce bon employé a toute la considération de son patron.* = Estime, respect. ≠ Mépris. ■ **considérable :** adj. = Énorme, immense, important, remarquable. ≠ Faible, insignifiant, minuscule. ■ **considérablement :** adv. = Beaucoup.

consigner : v. **1-** *Elle consigne les événements du jour dans son journal intime.* = Noter, rapporter. **2-** *Le professeur consigne un élève insolent.* = Punir. ■**consigne :** n.f. **1-** *Respectez la consigne.* = Instruction, ordre, règle. **2-** = Punition (fam. colle), retenue.

consister : v. *Le matériel scolaire consiste en une trousse, un cartable, des livres et des cahiers.* = Se composer de, comprendre. ■ **consistance :** n.f. **1-** *On met de la farine dans la sauce béchamel pour lui donner de la consistance.* = Épaisseur. **2-** fig. Fermeté, solidité, stabilité. ≠ Inconsistance. ■ **consistant :** adj. **1-** *Une bouillie consistante.* = Épais, compact, visqueux. **2-** *Un repas consistant.* = Copieux, solide. ≠ Léger.

consoler : v. = Apaiser, rasséréner, réconforter. ≠ Attrister, chagriner, désoler, peiner, tourmenter. ■ **consolation :** n.f. *Des paroles de consolation.* = Apaisement, réconfort, soulagement. ≠ Chagrin, peine, tristesse, tourment. ■ **consolateur :** n. et adj. = Apaisant, consolant, réconfortant.

consolider : v. = Étayer, fortifier, renforcer, soutenir. ≠ Abattre, démolir, saper. ■ **consolidation :** n.f. = Renfort, réparation.

consommer : v. **1-** *Consommer des aliments.* = Manger. *Consommer des liquides.* = Boire. *Consommer de l'essence.* = Employer, boire (fam.), user. ≠ Produire. **2-** *Il a consommé son œuvre.* = Achever, finir, terminer. ≠ Commencer. **3-** *Le tueur consomme un crime.* = Accomplir, commettre, perpétrer. ■ **consommateur :** n. *La publicité est destinée aux consommateurs.* = Acheteur, client. ≠ Producteur. ■ **consommation :** n.f. **1-** *Le pain est un produit de consommation courante.* = Usage. **2-** *Vous prendrez bien une consommation ?* = Boisson. **3-** *La consommation d'un forfait, d'un crime.* = Accomplissement, perpétration.

conspirer : v. = Comploter. ■ **conspirateur :** n. = Comploteur. ■ **conspiration :** n.f. *Une conspiration contre Jules César a abouti à son assassinat.* = Cabale, complot, conjuration, ligue.

conspuer : v. *Les supporters ont conspué l'équipe perdante.* = Huer, siffler. ≠ Acclamer, applaudir.

constant : adj. **1-** *Il est constant dans son travail.* = Assidu, opiniâtre, persévérant. ≠ Changeant, instable. **2-** *Un bruit constant.* = Continuel, incessant, permanent. ≠ Variable. ■ **constance :** n.f. **1-** *Elle travaille avec constance.* ≠ Assiduité, opiniâtreté, persévérance. ≠ Inconstance, instabilité. **2-** *La constance de la rotation de la Terre.* = Permanence, régularité. ≠ Irrégularité, variabilité. ■ **constamment :** adv. = Sans cesse, continuellement, invariablement, perpétuellement. ≠ Jamais, quelquefois.

constater : v. **1-** *Je constate beaucoup d'erreurs.* = Noter, observer, remarquer, voir. **2-** *L'huissier a constaté l'effraction.* = Prendre acte, faire un constat. ■ **constat :** n.m. = Rapport. ■ **constatation :** n.f. = Observation, examen.

constellation : n.f. *Les constellations d'Andromède, de la Grande Ourse.* = Étoile. ■ **une constellation de.** = Beaucoup de. ■ **consteller :** v. = Parsemer.

consterner : v. *Cette nouvelle catastrophe nous consterne.*= Abattre, atterrer, attrister, désoler, stupéfier. ≠ Réjouir. ■ **consternation :** n.f. = Abattement, accablement, désolation, tristesse, stupeur. ≠ Joie.

constituer : v. **1-** *Notre avocat constitue un dossier.* = Établir, élaborer. ≠ Annuler. **2-** *Ils vont constituer un groupe de rock.* = Composer, fonder, former. ≠ Défaire, décomposer, dissoudre. **3-** *Ne pas respecter un feu rouge constitue une faute grave.* = Représenter. ■ **se constituer prisonnier :** = Se rendre. ■ **constituant :** adj. ou n. *L'oxygène est un constituant de l'air.* = Composant, élément. ■ **constitution :** n.f. **1-** *La constitution d'un dossier, d'une équipe.* = Composition, création, formation, fondation. ≠ Annulation, désorganisation, dissolution. **2-** *Il jouit d'une robuste constitution.* = Nature, tempérament. **3-** Voter une constitution. = Lois.

construire : v. **1-** *Construire une maison.* = Bâtir, édifier, ériger. ≠ Démolir, détruire. **2-** *Son discours est bien construit.* = Agencer, composer. **3-** *Construire une maquette.* = Assembler, monter. ■ **construction :** n.f. = Bâtiment, édification. ■ **constructif :** adj. *Notre discussion a été constructive.* = Positif. ≠ Négatif.

consulter : v. **1-** *Consulter un dictionnaire.* = Compulser, se référer à. **2-** *Consulter un avocat.* = Prendre conseil. **3-** *Tu décides seul, tu aurais pu me consulter !* = Interroger. ≠ Répondre. ■ **consultation :** n.f. = Enquête, référendum, sondage, vote.

consumer : v. **1-** *Le feu a consumé toute la partie nord de cette forêt.* = Brûler, calciner, embraser. ≠ Éteindre. **2-** *Le chagrin le consumme.* = Miner, ronger, user. ≠ Fortifier.

contact : n.m. **1-** *Bien des maladies se transmettent par contact.* = Attouchement, caresse. **2-** *J'ai pris contact avec mon chirurgien.* = Entrer en relation. **3-** *J'ai un bon contact avec mes voisins.* = Relation, rapport. ■ **contacter :** v. *Je n'ai pas pu te contacter.* = Atteindre, joindre, toucher.

contagion : n.f. = Contamination, propagation, transmission. ■ **contagieux :** adj. = Transmissible. ≠ Intransmissible.

contaminer : v. *Jérôme avait la grippe, il a contaminé toute la classe.* = Infecter, transmettre. ≠ Assainir, purifier. ■ **contamination :** n.f. = Contagion. ≠ Purification.

contempler : v. = Admirer, regarder. ■ **contemplation :** n.f. **1-** *La contemplation des étoiles.* = Observation. **2-** *Il est plongé dans la contemplation.* = Méditation, pensée, réflexion.

contemporain : adj. = Actuel, moderne. ≠ Ancien.

contenir : v. **1-** *Cette fiole contient du poison.* = Renfermer. **2-** *Ce devoir ne contient aucune erreur.* = Comporter, comprendre. **3-** *La géométrie est contenue dans les mathématiques.* = Faire partie. ≠ Exclure. **4-** *La salle contient trois cents spectateurs.* = Recevoir. **5-** *Le service d'ordre contient les manifestants.* = Arrêter, endiguer, refouler, retenir. ≠ Céder. ■ **se contenir :** v. pron. = Se contrôler, se maîtriser, se modérer. ≠ Éclater, lâcher. ■ **contenance :** n.f. **1-** *Le fût a une contenance de 500 litres.* = Capacité, volume. **2-** *Quelle contenance dois-je adopter devant le directeur?* = Attitude, comportement, maintien. **3-** ■ **perdre contenance** : = Se démonter, se décontenancer, se troubler.

content : adj. **1-** *Il est content d'avoir réussi.* = Satisfait, fier, heureux. ≠ Ennuyé, mécontent. **2-** *Je suis content de te voir .* = Heureux, ravi. **3-** *Juliette est toujours contente.* = Joyeux, gai. ≠ Triste. **4-** ■ **tout son content.** *Le bébé a bu tout son content de lait.* = Soûl. ■ **contentement :** n.m. = Satisfaction, joie, plaisir. ≠ Chagrin, contrariété, mécontentement. ■ **contenter :** v. = Satisfaire, combler. ≠ Chagriner, contrarier, mécontenter. ■ **se contenter :** v. pron. **1-** *Il se contente de peu.* = S'accommoder. **2-** *Il s'est contenté de faire une remarque vexante.* = Se borner à.

conter : v. = Dire, raconter, narrer. ■ **conte :** n.m. = Fiction, histoire. ■ **conteur :** n.m. = Narrateur.

contester : v. = Argumenter, contredire, critiquer, discuter, récuser. ≠ Admettre, approuver, certifier, croire, reconnaître. ■ **contestable :** adj. = Discutable, douteux. ≠ Certain, incontestable, sûr. ■ **contestation :** n.f *L'arbitre tranche la contestation entre les joueurs.*= Différend, dispute, conflit, litige.

contexte : n.m. = Circonstance, situation.

continuer : v. **1-** *Continuer un travail, continuer son chemin.* = Poursuivre. ≠ Cesser, interrompre. **2-** *Si tu continues, tu vas être puni!* = S'entêter, persister. ≠ Abandonner. **3-** *La route continue jusqu'en Espagne.* = Se poursuivre, se prolonger. ≠ S'arrêter. **4-** *Le mauvais temps continue.* = Durer, persister. ■ **continu :** adj. = Incessant, ininterrompu, persistant. ≠ Coupé, discontinu, intermittent, interrompu. ■ **continuel** : adj. = Constant, incessant, perpétuel. ≠ Interrompu, momentané, rare. ■ **continuellement :** adv. = Sans cesse, sans relâche. ■ **continuation :** n.f. = Prolongement, poursuite. ≠ Arrêt, interruption. ■ **continuité :** n.f. = Constance, permanence, persistance. ≠ Discontinuité, interruption, suspension.

contourner : v. **1-** *Contourner un obstacle, une difficulté.* = Éviter. **2-** fig. *Contourner la loi.* = Tourner. ■ **contour :** n.m. = **1-** *Le contour d'un objet.* = Bord, bordure, périmètre. **2-** *Les contours du corps humain.* = Courbe, galbe, forme, ligne. **3-** *Les contours d'un fleuve, d'une route.* = Méandres, lacet.

contracter : v. **1-** *Contracter ses biceps.* = Raidir, tendre. ≠ Décontracter, détendre. **2-** *Le froid contracte le volume des corps.* = Diminuer, réduire, resserrer. ≠ Dilater, gonfler. **3-** *Contracter la grippe.* = Attraper. **4-** *Il a contracté la manie de se ronger les ongles.* = Prendre. ■ **contraction :** n.f. = Crampe, crispation, spasme. ≠ Décontraction, relâchement.

contradiction : n.f. **1-** *Léa fait le contraire de ce qu'on lui dit, elle a l'esprit de contradiction.* = Contestation, opposition, réfutation. ≠ Accord, entente. **2-** *Le soleil brille et la pluie tombe à verse, c'est une contradiction météorologique.* = Absurdité, invraisemblance. ≠ Cohérence. ■ **contradictoire :** adj. **1-** = Contraire, opposé. ≠ Identique, semblable. **2-** = Absurde, impossible. ≠ Concordant, cohérent.

contraindre : v. = Forcer, obliger. ■ **contrainte :** n.f. **1-** *Les esclaves obéissaient sous la contrainte.* = Force, violence. ≠ Liberté. **2-** *Aller à l'école est une contrainte pour certains enfants.* = Obligation. ≠ Libération.

contraire : **A-** n.m. *La gaieté est le contraire de la tristesse.* = Antonyme, opposé. **B-** adj. **1-** *Des avis contraires.* = Contradictoire, opposé. ≠ Pareil, semblable. **2-** *Un vent contraire.* = Défavorable. ≠ Favorable. **C-** adv. ■ **au contraire.** = Loin de là. ■ **contrairement :** adv. = À l'opposé, par contre. ■ **contrarier :** v. **1-** *Son arrivée avait contrarié mes plans.* = Contrecarrer, déranger, gêner. ≠ Aider, favoriser. **2-** *Ton attitude me contrarie beaucoup.* = Fâcher, mécontenter, navrer. ≠ Contenter, réjouir. ■ **contrariant :** adj. = Agaçant, désagréable. ≠ Agréable. ■ **contrariété :** n.f. = Agacement, déplaisir, ennui, mécontentement, tracas. ≠ Satisfaction.

contraster : v. = Détonner, s'opposer, trancher. ≠ Accorder, unifier. ■ **contraste :** n.m. = Désaccord, opposition. ≠ Accord, identité.

contrat : n.m. = Accord, convention, engagement.

contravention : *Lucien a reçu une contravention pour excès de vitesse.* = Amende, contredanse (fam.), P.-V. (procès-verbal).

contre : **A-** prép. **1-** *Il s'appuie contre le mur.* = À, sur. **2-** *Mets les chaises contre la table.* = Auprès de, près de. ≠ Loin. **3-** *Je suis contre ce projet.* = Opposé. ≠ Favorable, pour. ■ **par contre :** *Ce meuble est beau, par contre il n'est pas pratique.* = En revanche, mais. **B-** n.m. *Il faut peser le pour et le contre avant de s'engager.* = L'opposé. ■ **contrer :** v. = S'opposer.

contre-attaquer : v. *Après avoir été mise en difficulté, la cavalerie contre-attaque.* = Riposter. ■ **contre-attaque :** n.f. = Contre-offensive, riposte.

contrebande : = Fraude.

contrecarrer : v. = Contrarier, contredire, s'opposer. ≠ Aider, favoriser.

contrecœur (à) : loc. adv. = Contre son gré, à regret. ≠ De bon cœur.

contredire : v. = Contrarier, contredire, démentir, réfuter. ≠ Approuver, s'entendre.

contrée : n.f. = Pays, région.

contrefaire : v. **1-** *L'imitateur contrefait une chanteuse célèbre.* = Caricaturer, copier, mimer. **2-** *Il a contrefait la signature de ses parents sur son carnet de notes.* = Falsifier, imiter, reproduire. **3-** *Denis a contrefait sa voix au téléphone, je ne l'ai pas reconnu.* = Changer, déguiser. ■ **contrefaçon :** n.f. = Imitation. ■ **contrefait :** adj. *Quasimodo était contrefait.* = Difforme.

contrefort : n.m. *Les contreforts d'une église romane.* = Arc-boutant, pilier.

contre-jour : n.m. = Ombre.

contrepartie : **1-** n.f. *La contrepartie d'un travail est un salaire.* = Compensation, échange. **2-** ■ **en contrepartie** : loc. adv. = En échange, en revanche.

contrepoison : n.m. = Antidote.

contresens : **1-** n.m. = Erreur. ≠ Exactitude. **2-** ■ **à contresens.** loc. adv. *Il prend un sens interdit et circule à contresens.* = À l'envers, à rebours.

contretemps : **1-** n.m. *Un contretemps ennuyeux.* = Complication, difficulté, empêchement, obstacle. ≠ facilité. **2-** ■ **à contretemps.** loc. adv. *Il est arrivé à contretemps.* = Au mauvais moment, comme un chien dans un jeu de quilles (fam.).

contribuer : v. = Aider, collaborer, coopérer, participer. ≠ S'abstenir. ■ **contribution :** n.f. **1-** = Aide, concours, participation. **2-** Cotisation, impôt, quote-part.

contrôle : n.m. **1-** *Le contrôle des billets.* = Inspection, vérification. **2-** *On doit toujours garder le contrôle de son véhicule.* = Maîtrise. **3-** *Il exerce un contrôle attentif sur la conduite de son fils.* = Censure, critique. ■ **contrôler :** v. **1-** *Le gendarme contrôle les papiers de l'automobiliste.* = Examiner, surveiller, vérifier. **2-** *Il contrôle ses faits et gestes.* = Maîtriser. ■ **se contrôler :** v. pron. = Se dominer. ■ **contrôleur :** n. = Inspecteur, vérificateur.

controverse : n.f. = Débat, discussion, polémique.

contusion : n.f. = Meurtrissure, bosse, bleu, ecchymose.

convaincre : v. *À force d'arguments, je l'ai convaincu qu'il avait tort.* = Persuader. ■ **convaincant :** adj. *Des preuves convaincantes.* = Décisif, probant. ■ **convaincu :** adj. **1-** *Il est convaincu de sa réussite.* = Certain, persuadé, sûr. ≠ Incertain, sceptique. **2-** *Éric expose sa solution d'un ton convaincu.* = Assuré. ≠ Incrédule.

convalescence : n.f. = Repos, rétablissement.

convenir : v. **1-** *La nouvelle coiffure de Laura convient bien à son style.* = Aller, concorder. **2-** *Nous allons convenir d'une date de rendez-vous.* = Arranger, se mettre d'accord. **3-** *Tu as raison, j'en conviens.* = Admettre, reconnaître. ≠ S'opposer. ■ **convenable :** adj. **1-** *Quel est le moment convenable pour passer vous voir ?* = Approprié, idoine, opportun, pertinent. ≠ Inopportun. **2-** *Son salaire est convenable.* = Correct, raisonnable, satisfaisant. 3- *Elle a toujours une attitude convenable.* = Correct, décent, honorable, comme il faut. ≠ Déplacé, incorrect. ■ **convenablement :** adv. = Correctement. ■ **convenance :** n.f. **1-** *Elle habite un studio à sa convenance.*= À son goût. **2-** plur. *Les gens bien élevés respectent les convenances.*= Bienséance, conventionssavoir-vivre, usages.

convention : n.f. **1-** = Accord, contrat, traité. **2-** plur. = Convenances, usages. ■ **conventionnel :** adj. **1-** *La ponctuation est un ensemble de signes conventionnels.* = Arbitraire. **2-** *Ses idées sont très conventionnelles.* = Commun, habituel, routinier. ≠ Original, marginal.

converger : v. **1-** *Tous les chemins convergeaient vers la ville.* = Aboutir. **2-** *Nos façons de voir convergent.*= Se rejoindre. ≠ Diverger.

converser : v. = Bavarder, deviser, dialoguer, s'entretenir. ≠ Se taire. ■ **conversation :** n.f. = Bavardage, causette (fam.), dialogue, entretien.

convertir : v. **1-** *Il a converti ses euros en dollars.*= Changer, troquer. **2-** *Par ses promesses, ce politicien a réussi à convertir des sceptiques.* = Rallier. ≠ Détourner. **3-** *Les missionnaires devaient convertir des peuples primitifs.* = Évangéliser. ■ **se convertir :** v. pron. *Henri IV s'est converti au catholicisme.* = Adhérer, entrer, opter pour. ≠ S'opposer. ■ **conversion :** n.f. = Adhésion, option, ralliement. ■ **convertible :** adj. = Transformable.

conviction : n.f. = Assurance, certitude, croyance, persuasion. ≠ Doute, scepticisme.

convier : v. = Inviter.

convive : n. = Hôte, invité, pique-assiette. ■ **convivial** : adj. = Accueillant. ■ **convivialité** : n.f. = Hospitalité.

convoiter : v. = Ambitionner, désirer, envier, lorgner (fam.), souhaiter, vouloir. ≠ Dédaigner, mépriser, repousser. ■ **convoitise** : n.f. = Ambition, avidité, cupidité, désir, envie. ≠Dédain , indifférence, répulsion.

convoquer : v. = Appeler, assigner, inviter. ■ **convocation** : n.f. = Appel, assignation.

convoyer : v. *Les motards convoient un camion de déchets nucléaires.* = Accompagner. ■ **convoi** : n.m. **1-** *Un convoi de nomades.*= Caravane. **2-** *Un convoi de marchandises.*= Train. **3-** *Un convoi de prisonniers.* = Groupe, file. **4-** *Un convoi funèbre.* = Enterrement, obsèques.

convulser : v. *L'épouvante convulsait les traits de son visage.* = Contracter, crisper. ■ **convulsion** : n.f. 1- = Spasme (en médecine). **2-** *Le pays traverse une période de convulsions.* = Bouleversement, crise, désordre, secousse, trouble.

coopérer : v. = Collaborer, contribuer, participer.■ **coopération** : n.f. *La coopération de nos bonnes volontés a permis la réussite de notre entreprise.* = Aide, collaboration, contribution. ■ **coopérative** : n.f. = Association, mutuelle.

coordination : n.f. *La coordination des secours.* = Organisation. ≠ Confusion, désordre. ■ **coordonner** : v. *Coordonner des couleurs, des mouvements, des actions.*= Agencer, assembler, combiner, organiser. ≠ Désorganiser.

copain : adj. fam. = Camarade, ami. ■ **copiner** : v. fam. = Fréquenter.

copie : n.f. **1-** *Une copie de tableau de maître.*= Imitation, reproduction. ≠ Modèle, original. **2-** *La copie d'un document.* = Double, duplicata, photocopie. **3-** *Le professeur relève les copies.* = Devoir. ■ **copier** : v. 1-= Imiter, recopier, reproduire. ≠ Créer. **2-** *Mon voisin copie !* = Pomper (fam.), tricher.

copieux : adj. *Un repas copieux.* = Abondant, plantureux, riche. ≠ Mesquin, pauvre. ■ **copieusement** : adv. = Beaucoup, abondamment.

coq : n.m. = Oiseau, coquelet, poulet. ■ **coquet** : adj. **1-** *Une maison coquette.* = Gai, joli, pimpant. **2-** *Cette femme coquette ne sort jamais sans chapeau.* = Élégant. **3-** *Il a gagné une coquette somme d'argent.* = Gentil, important, joli, rondelet, substantiel.

coque : n.f. **1-** *La coque du pétrolier s'est déchirée, provoquant une terrible marée noire.* = Carcasse, corps, ventre. **2-** *La coque des noix.* = Coquille.

coqueluche : n.f. *Patrick Bruel est la coqueluche des jeunes filles.* = fam. Chouchou.

coquille : n.f. **1-** *La coquille des mollusques.* = Carapace, coque, coquillage, écaille. **2-** *La coquille des œufs.* = Coque. **3-** fam. *Ce texte est bourré de coquilles.* = Erreur (en imprimerie).

coquin : n. et adj. **1-** *C'est un enfant coquin.* = Espiègle, fripon, garnement. **2-** *Prenez garde, c'est un coquin sans scrupules.* = Bandit, canaille, crapule, fripouille (fam.), vaurien.

cor : n.m. **1-** *Un cor de chasse.* = Trompe, olifant. ■ **à cor et à cri** : = Avec véhémence. **2-** *Les cors d'un cerf.* = Corne. **3-** *Un cor au pied.* = Durillon.

corbeau : n.m. = Choucas, corneille, freux.

corde : n.f. **1-** = Cordelette, cordelière, cordon, ficelle, lacet. **2-** *Cet homme fut condamné à la corde.* = Pendaison, potence. **3-** *Les cordes d'une guitare.* = Boyau, crin, fil. **4-** *Les cordes vocales.* = Voix. **5-** ■ **être sur la corde raide** : = En très grande difficulté. ■ **avoir plusieurs cordes à son arc** : = Talents. ■ **tomber des cordes** : = Pleuvoir.

cordial : adj. = Amical, chaleureux, sympathique. ≠ Antipathique, hostile. ■ **cordialement** : adv. Amicalement, chaleureusement. ≠ Froidement. ■ **cordialité** : n.f. = Chaleur, gentillesse, sympathie. ≠ Froideur, hostilité.

cordonnier : n.m. = Bottier, savetier.

coriace : adj. **1-** *Une viande coriace.* = Dur, ferme. **2-** fig. *Un caractère coriace.* = Difficile, tenace. ≠ Tendre, mou.

corne : n.f. = Andouillers, bois, cors. ■ **corner** : v. *Elle corne les pages de ses livres.* = Plier.

corneille : n.f. = Corbeau, choucas. ■ **bayer aux corneilles** : = Rêvasser.

cornemuse : n.f. = Biniou.

corporation : n.f. = Communauté, corps, métier, ordre.

corps : n.m. **1-** *Le corps humain.* = Organisme. **2-** *Un corps sans vie a été decouvert dans les fourrés.* = Cadavre, mort. **3-** *Elle a un corps magnifique.* = Anatomie, morphologie. ■ **corps et biens** : *Le Titanic a coulé corps et biens.* = Complètement. ■ **corps et âme** : *Il se donne corps et âme à son métier.* = Entièrement. ■ **à corps perdu** : *Il s'est jeté à corps perdu dans ce travail.*= Fougueusement. **4-** *Le volume, la masse d'un corps.* = Élément, matière, substance. **5-** *Le corps enseignant.* = Communauté, corporation, métier.

corpulence : n.f. = Grosseur, embonpoint. ≠ Maigreur. ■ **corpulent** : adj. = Gras, gros. ≠ Maigre.

correct : adj. **1-** *Sa tenue est toujours très correcte.*= Convenable, décent. ≠ Indécent, ridicule.

2- *Il est correct en affaires.*= Droit, honnête, régulier. ≠ Malhonnête. **3-** *Tes réponses sont correctes.* = Exact, juste. ≠ Inexact, faux, mauvais. ■ **correcteur :** n. = Examinateur. ■ **correction :** n.f. **1-** *Passons à la correction de votre devoir.* = Modification, rectification. **2**- *J'ai fait une bêtise, Papa me donne une correction.* = Fessée, punition, raclée, volée. ≠ Récompense. **3-** *La correction d'une traduction, d'une analyse.* = Exactitude, justesse. ≠ Inexactitude. **4-** *Un peu de correction, je vous prie!*= Convenance, décence, politesse. ≠ Inconvenance, indécence, impolitesse.

correspondre : v. **1-** *Aurélie correspond avec une étudiante américaine.* = Communiquer, être en relation, s'écrire. **2-** *Toutes les pièces de l'appartement correspondent.* = Communiquer. **3-** *Cela correspond à ce que je pensais.* = Concorder, répondre, se rapporter. ≠ S'opposer. ■ **correspondance :** n.f. **1-** *Une correspondance de classe à classe.* = Échange, courrier, message. **2-** *Il y a une correspondance entre ces deux faits.* = Analogie, concordance, rapport, relation. ≠ Discordance, opposition. ■ **correspondant :** n. *Un correspondant de presse.* = Journaliste.

corridor : n.m. = Couloir.

corriger : v. **1-** *Il relit et corrige son texte.* = Améliorer, modifier, rectifier, revoir. ≠ Altérer. **2-** *Si je continue à crier, mon père va me corriger.* = Battre, frapper, punir. ≠ Récompenser. ■ **se corriger :** v. pron. *Il s'est corrigé de sa gourmandise.* = Se guérir. ■ **corrigé :** n.m. = Modèle.

corrompre : v. **1-** *Les rejets toxiques corrompent l'air.* = Abîmer, altérer, empoisonner, polluer, vicier. ≠ Assainir, purifier. **2-** *Corrompre la jeunesse, les mœurs.* = Avilir, dépraver, perdre, pervertir. ≠ Améliorer, perfectionner. **3-** *Le prévenu a essayé de corrompre le juge.* = Acheter, soudoyer, suborner. ■ **corrompu :** adj. = Dépravé, pervers, vicieux ; vénal. ≠ Pur ; intègre. ■ **corruption :** n.f. **1-** *La corruption d'aliments périmés.* = Décomposition, pourrissement, putréfaction. ≠ Assainissement, purification. **2-** *La corruption des mœurs, de la jeunesse.* = Dérèglement, dépravation, perversion, souillure. ≠ Amélioration, perfectionnement, pureté. **3-** *La corruption de fonctionnaire, d'hommes politiques.* = Subornation.

corsaire : n.m. = Pirate.

corsé : adj. **1-** *Un plat corsé, un vin corsé.* = Épicé, fort, relevé. **2-** fig. *Une histoire corsée.* = Scabreux. ■ **se corser :** v. = Se compliquer.

cortège : n.m. **1-** *À son mariage, le cortège des invités était impressionnant.* = Défilé, procession. **2-** fig. *L'hiver arrive avec son cortège de vent, de froid et de neige.* = Accompagnement, suite.

corvée : n.f. = Besogne, devoir, service, tâche, travail.

cosmos : n.m. = Monde, univers, espace. ■ **cosmique :** adj. *Une fusée cosmique.* = Spatial. ■ **cosmonaute :** n.m. = Astronaute, spationaute.

cosse : n.f. **1-** *La cosse des petits pois.* = Gousse. **2-** fam. = Paresse. ■ **cossu :** adj. = Fortuné, riche. ≠ Pauvre.

costaud : adj. fam. = Fort, robuste, solide. ≠ Faible.

costume : n.m. **1-** = Vêtement. **2-** *Un costume de Zorro.* = Déguisement. ■ **se costumer :** v. pron. *Elle s'est costumée en sorcière pour Halloween.* = Se déguiser.

cote : n.f. = Dimension (sur un plan) ; cotation, cours, valeur (en Bourse).

côte : n.f. **1-** *Les côtes de la région sont plantées d'arbres fruitiers.* = Coteau, colline. **2-** *Il a dû grimper la côte à pied.* = Montée, pente, raidillon. **3-** *Le navire s'approche de la côte.* = Bord, corniche, falaise, plage, littoral. **4-** *Une côte d'agneau.* = Côtelette. ■ **coteau :** n.m. = Butte, colline, monticule. ■ **côtier :** adj. *La navigation côtière.* = Cabotage. ■ **côtoyer :** v. 1er gr. **1-** *Un sentier côtoie les falaises.*= Border, longer. **2-** *Il côtoie de petits voyous.* = Fréquenter. **3-** fig. *Ton entêtement côtoie le ridicule.* = Frôler.

côté : n.m. **1-** *J'ai mal au côté gauche.* = Flanc. **2-** *Marcher sur le côté de la route.* = Bord. ≠ Centre, milieu. **3-** *Examinons tous les côtés du problème.* = Aspect. **4-** *Il a aussi ses bons côtés.* = Qualité. **5-** *Il est parti de ce côté.* = Direction. ■ **laisser de côté :** = Négliger, omettre. ■ **mettre de côté :** Garder, économiser. ■ **à côté de :** = Par ailleurs. ■ **la porte à côté :** = Voisin.

cotisation : n.f. = Contribution, participation.

coton : n.m. **1-** *Une robe en coton.* = Cotonnade. **2-** *Du coton hydrophile.* = Ouate. **3-** fam. *C'est coton !* = Difficile. ■ **élever dans du coton :** = Couver, dorloter. ■ **filer un mauvais coton :** = Être sur la mauvaise pente. ■ **cotonnade :** n.f. = Coton.

cotte : n.f. = Bleu, combinaison, salopette.

cou : n.m. = Gorge, nuque, encolure. ■ **se casser le cou :** = Se blesser. ■ **prendre ses jambes à son cou :** = Fuir. ■ fig. fam. **jusqu'au cou :** *Il est dans les ennuis jusqu'au cou.* = Entièrement.

coucher : **A-** n.m. *Un coucher de soleil.* = Crépuscule. **B-** v. **1-** *Coucher les enfants.* = Mettre au lit. ≠ Lever. **2-** *Chez qui vas-tu coucher ?* = Dormir. **3-** *Le vent couche les arbres.* = Courber, incliner. ≠ Dresser.**4-** *Vous me coucherez cela sur le papier.* = Écrire. ■ **se coucher :** v. pron. **1-** *Il est tard, je me couche.* = S'allonger, s'étendre, se mettre au lit, se pieuter (fam.). ≠ Se lever. **2-** *Les blés se couchent sous le vent.* = Se courber, s'incliner. ≠ Se dresser. .

3- Disparaître à l'horizon. *Le soleil se couche.* ■ **couchant :** n.m. = Occident, ouest. ■ **couche :** n.f. 1- *Le peintre applique trois couches de peinture.* = Épaisseur, pellicule. 2- *Maman change la couche de bébé.* = Couche-culotte, change. 3- *Il s'étendit sur sa couche.* = Lit (autrefois). 4- *Couche sociale.* = Classe.

coude : n.m. 1- = Articulation . 2- *Le cours d'eau fait un coude à cet endroit.* = Angle, courbe. ■ **au coude à coude :** = Ensemble. ■ **couder :** v. = Courber. ≠ Redresser.

couffin : n.m. = Berceau.

couiner : v. fam. *Les freins de mon vélo couinent.* = Grincer.

couler : v. 1- *L'eau coule le long des vitres.* = Dégouliner (fam.), dégoutter, ruisseler. 2- *La Loire coule lentement.* = S'écouler. 3- *Mon stylo coule.* = Fuir, se vider. 4- *La barque a coulé au fond de l'étang.* = Sombrer. 5- *Couler de la cire, de l'or.* = Mouler. ■ **coulant(e) :** adj. 1- *Joëlle aime l'omelette coulante.* = Baveux. 2- *Un nœud coulant.* = Coulissant. ≠ Serré. 3- fam. *Luc a des parents coulants, il fait ce qu'il veut.*= Accommodant, conciliant, indulgent. ≠ Sévère.

couleur : n.f. 1- sing. = Carnation, coloris, nuance, teint, teinte, tonalité. 2- plur. *Hissez les couleurs!* = Drapeau.

coulisse : n.f. 1- sing. *Le volet glisse sur une coulisse.*= Glissière, rainure. 2- plur. *Les coulisses de la politique.* = Dessous, secrets. ■ **coulisser :** v. = Glisser.

couloir : n.m. 1- *Suivez ce couloir, puis entrez à droite.* = Corridor. 2- *Un couloir montagneux.* = Gorge, passage.

coup : n.m. 1- *Un coup de poing.* = fam. Châtaigne, jeton, gnon, marron ; claque, fessée, gifle, volée. 2- *Cette nouvelle m'a porté un coup au cœur.*= Choc. 3- *Des coups de fusil.* = Détonation, fusillade, tir. 4- *Un coup de fer .* = Repassage. *Un coup d'œil.* = Regard. *Un coup de soleil.* = Insolation. *Un coup de vent.* = Bourrasque, tempête. 5- *Il a réussi du premier coup.* = Fois. ■ **mauvais coup :** = Délit. ■ **sur le coup :** = Dans l'instant. ■ **tout à coup, tout d'un coup :** = Soudain. **coupable :** A- 1- adj. *Il a été reconnu coupable d'un vol.* = Fautif, responsable. ≠ Innocent. 2- *Des actions coupables.* = Blâmable, condamnable, impardonnable, répréhensible. B- n. = Prévenu, responsable. ≠ Innocent.

coupe : n.f. 1- *Une coupe de champagne.* = Verre. *Une coupe de fruits.* = Compotier. 2- *La coupe de France de natation.* = Compétition. 3- *Chez le coiffeur, elle a demandé une coupe au carré.* = Taille. 4- *Ce barrage a été dessiné en coupe.* = Profil, tranche. ■ **être sous la coupe de quelqu'un :** = Dépendance. ■ **couper :** v. = Découper, hacher, sectionner, tailler, trancher, tronçonner. ≠ Rassembler, réunir. ■ **se couper :** v. pron. 1- *Il s'est coupé au pouce.* = Se blesser , s'entailler. 2- *Les routes se coupent au carrefour.* = Se croiser. ■ **se couper du monde :** = S'isoler. ■ **coupant :** adj. 1- *Une lame coupante.* = Tranchant 2- fig. *Une voix coupante.* = Autoritaire, sec, dur. ■ **coupure :** n.f. 1- *Il s'est fait une profonde coupure.*= Balafre, blessure, estafilade, plaie. 2- *Une coupure de courant.* = Interruption. 3- *Une coupure de cent euros.* = Billet.

couple : n.m. 1- *Un couple de pigeons. Un couple de patineurs.* = Paire. 2- *Jean-Yves et Armelle vivent en couple.* = Ménage.

coupole : n.f. = Dôme. ■ **La Coupole :** l'Académie française.

cour : n.f. 1- = Avant-cour (d'un château), patio (cour intérieure). 2- *Laura aime avoir sa cour autour d'elle.* = Cercle, escorte, suite. ■ **faire la cour :** *Fabien fait la cour à Isabelle.* = Courtiser. 3- *Messieurs, la cour!* = Tribunal.

courage : n.m. 1- *Les pompiers agissent avec courage face au feu.* = Bravoure, hardiesse, héroïsme, intrépidité, vaillance. ≠ Faiblesse, lâcheté. 2- *Il se met au travail avec courage.* = Ardeur, énergie. ■ **prendre son courage à deux mains :** = Se forcer. ■ **courageux :** adj. = Brave, hardi, intrépide, vaillant ; travailleur. ≠ Faible, lâche, peureux ; craintif, timide.

courant : A- adj. *Aimer les bonbons est chose courante chez les enfants.*= Commun, habituel, ordinaire, répandu. ≠ Extraordinaire, inhabituel, rare. B- n.m. 1- *Le bateau se déplace dans le sens du courant.* = Cours. 2- *Un courant d'air.* = Vent. 3- *Un courant électrique.* = Électricité. 4- *Un courant de pensée.* = Mouvement. ■ **être au courant :** = Savoir. ■ **mettre au courant :** = Informer, renseigner. ■ **couramment :** adv. 1- *Il vient couramment chez nous.* = Généralement, habituellement. ≠ Rarement. 2- *Il parle couramment l'anglais.*= Aisément, facilement. ≠ Difficilement.

courbature : n.f. = Fatigue, lassitude. ■ **courbaturé :** adj. = Las, moulu. ≠ Détendu.

courbe : A- adj. *Le cercle est une ligne courbe.* = Arrondi, bombé, incurvé, recourbé, rond, sinueux, voûté. ≠ Droit. B- n.f. 1- *En voiture, il ne faut pas freiner dans les courbes.* = Tournant, virage. *Les courbes d'un fleuve.* = Méandre. 2- *Une courbe de température.* = Graphique, diagramme. ≠ Droite. ■ **courber :** v. 1- *Il courbe une branche pour faire un arc.* = Arquer, couder, plier, tordre, voûter. ≠ Dresser, redresser. 2- *Courber la tête, les épaules.* = Incliner, pencher. 3- fig. *Les occupants courbent la population sous leur loi.* = Dominer, opprimer. ■ **se courber :** v. pron.

1- = S'incliner. ≠ Se relever. 2-fig. = Se plier, se soumettre. ■ **courbette :** n.f. *Pour plaire à son patron, il ne cesse de lui faire des courbettes.* = Bassesse, flatterie, platitude. ■ **courbure :** n.f. = Courbe.

courir : v. 1- = Accélérer, bondir, cavaler (fam.), s'élancer, filer, galoper, sprinter, trotter. 2- *Inutile de courir, nous avons le temps !* = Se dépêcher, se hâter, se précipiter. 3- *Le bruit court qu'elle part à la retraite.* = Circuler, se répandre. 4- *Courir les récompenses, les honneurs.* = Poursuivre, rechercher. 5- *Courir les filles.* = Courtiser. ■ **par les temps qui courent :** = Actuellement. ■ **coureur :** n. 1- *Les coureurs cyclistes prennent le départ du Tour de France.* = Routier, grimpeur, pistard. 2-*Quel coureur de jupons !* = fam. Cavaleur.

couronne : n.f. 1- *Une couronne royale.* = Diadème, tiare (pour le pape). 2- *Il aspire à la couronne.* = Royauté, souveraineté. 3- *Une couronne de fleurs.* = Cercle. ■ **couronnement :** n.m. 1- *Le couronnement d'un roi.* = Sacre. ≠ Abdication. 2- fig. *Il devient directeur, c'est le couronnement d'une carrière.* = Aboutissement, achèvement, apothéose. ≠ Début. ■ **couronner :** v. 1- *Le pape a couronné le roi.* = Sacrer. ≠ Détrôner. 2- *Cet ouvrage a été couronné par l'Académie française.* = Récompenser. 3- *Et pour couronner le tout, il n'est pas venu !* = Parachever, parfaire.= Débuter.

courrier : n.m. = Correspondance, lettre, mél (= e-mail).

courroie : n.f. = Bandoulière, lanière, sangle.

courroux : n.m. = Colère, rage.

cours : n.m. 1- *Le cours des événements.* = Déroulement, développement, évolution, progression, suite. ■ **au cours de :** = Pendant. 2- *Un cours d'eau.* = Courant, fleuve, rivière, ruisseau, torrent. 3- *À Paris, des marronniers bordent le Cours-la-Reine.* = Allée, avenue, promenade. 4- *Les cours de la Bourse sont en baisse.* = Cote, prix, valeur. 5- *Des cours de français.* = Classe, enseignement, leçon. 6- *Il est inscrit dans un cours privé.* = École, institution.

course : n.f. 1- *Course automobile, cycliste, hippique, à pied.*= Compétition. 2- *Elle va faire ses courses au marché.* = Achat, provision. 3- *La course des étoiles dans le ciel.* = Déplacement, mouvement. ≠ Arrêt. 4- *La course d'un piston.* = Va-et-vient. 5- *Une course en montagne.* = Randonnée.

court : A- adj. 1- *Elle a les jambes courtes.* = Courtaud, petit. ≠ Grand, long. 2- *La vie est courte !* = Bref, éphémère, fugace. ≠ Durable. 3- *La conversation a été courte.* = Bref, laconique, lapidaire, rapide. ≠ Prolongé. 4- *Un résumé très court, mais complet.* = Concis, dense. B- adv. fig. ■ **couper court :** se terminer rapidement. *Il coupe court à l'entretien.* = Interrompre. ■ **à court de :** *Être à court d'idées, de carburant.* =Manquer. ■ **prendre de court :** = Surprendre.

courtisan : n. = Flatteur. ■ **courtiser :** v. 1- = Faire la cour, faire du charme, draguer (fam.), flirter. 2- *Il courtise son supérieur pour être bien vu.* = Flatter, lécher les bottes (fam.).

courtois : adj. = Affable, aimable, poli. ≠ Discourtois, grossier, impoli. ■ **courtoisie :** n.f. = Affabalité, amabilité, politesse, respect, urbanité.

coussin : n.m. = Coussinet, oreiller, pouf, traversin. ■ **coussinet :** n.m.= Petit coussin, bourrelet.

couteau : n.m. = Canif, coutelas, lame, poignard, scalpel (en chirurgie). ■ **à couteaux tirés :** fig. = En très mauvais termes. ■ **mettre le couteau sous la gorge :** = Contraindre, menacer. ■ **coutelas :** n.m. = Couteau.

coûter : v. 1- *Combien coûte ce livre ?* = Valoir. 2- *Les travaux prévus dans la maison coûtent cher.* = Revenir. 3- fig. *Un travail régulier et soigné coûte beaucoup d'efforts.* = Causer, occasionner. 4- *Il lui coûte d'avouer ses bêtises.* = Être pénible, difficile. ■ **coût :** n.m. *Le coût d'une marchandise.* = Prix. ■ **coûteux :** adj. *Les vacances aux sports d'hiver sont coûteuses.* = Cher, hors de prix, onéreux, ruineux. ≠ Économique, bon marché.

coutume : n.f. 1- *Il a coutume de se lever à 7 heures chaque matin.* = Habitude. 2- *À Noël, la coutume est de manger de la dinde aux marrons.* = Mœurs, rite, tradition, usage. ■ **coutumier :** adj. = Habituel. ≠ Exceptionnel.

couture : n.f. 1- = Bâti, point, piqûre. 2- *Léa travaille dans la couture.* = Mode. 3- ■ **battre à plate couture :** = Complètement. ■ **examiner sur toutes les coutures :** = Attentivement. ■ **couturier :** n.m. = Grand couturier, créateur, styliste. ■ **couturière :** n.f. = Coupeuse, essayeuse, finisseuse, retoucheuse.

couvent : n.m. = Abbaye, cloître, monastère.

couver : v.. 1- *On dit que les grands-parents couvent leurs petits-enfants.* = Choyer, dorloter, gâter. ■ **couver des yeux :** = Regarder. 2- *Le feu couve sous la cendre.* = Dormir. 3- fig. *L'insurrection couve depuis plusieurs mois.* = Gronder. ■ **couvée :** n.f. = Nichée.

couvrir : A- v. 1- *Couvrir un livre.* = Recouvrir. *Couvrir son visage de ses mains.* = Cacher, dissimuler. *Couvrir d'une bâche.* = Bâcher. *Couvrir d'un dallage.* = Daller. *Couvrir de carreaux.* = Carreler. ≠ Découvrir. 2- *Les feuilles mortes couvrent le sol.* = Inonder, joncher, submerger. ≠ Dégager. 3- *On le couvre de cadeaux.* = Accabler, combler, submerger. 4- *Mon assurance couvre les incendies.* = Garantir, protéger. 5- *Ce commerçant parvient tout juste à couvrir ses frais.* =

Payer, régler. ■ **se couvrir :** v. pron. **1-** *Couvre-toi bien!* = S'emmitoufler. ≠ Se découvrir, se dévêtir. **2-** *Le ciel se couvre.* = S'assombrir, s'obscurcir. ≠ S'éclaircir. ■ **couvert : A-** adj. **1-** *Les enfants sont-ils bien couverts pour sortir?* = Emmitouflé, vêtu. **2-** *Un ciel couvert.*= Nuageux. **B-** n.m. *Mettre le couvert.* = La table. ■ **à couvert :** = À l'abri. ■ **couverture :** n.f. **1-** = Couvre-lit, couvre-pieds, plaid. **2-** *Il faut refaire la couverture de la maison.* = Toiture. **3-** *Une couverture protège mes livres.* = Couvre-livre, jaquette, liseuse, protège-cahier. **4-** fig. *Une couverture sociale.* = Protection. **5-** *Il demande une couverture avant d'accorder un prêt.* = Provision.

cracher : v. **1-** = Expectorer, crachoter, recracher, vomir. **2-** fig. fam. *Cette commère crache sur ses voisins.* = Calomnier, outrager. **3-** *La plume de mon stylo est cassée, elle crache.* = Éclabousser. **3-** *Le volcan en éruption crache une lave brûlante.* = Lancer, projeter, rejeter. ■ **crachat :** n.m. = Salive.■ **crachin :** n.m. = Pluie fine. ■ **crachoter :** v. = Cracher.

craindre : v. **1-** *La princesse craint l'ogre.* = Avoir peur, redouter. ≠ Affronter, braver ; désirer, souhaiter. **2-** *Il craint pour la vie du malade.* = Trembler. ≠ Espérer. **3-** *José craint ses parents.* = Obéir, respecter. ≠ Mépriser. ■ **crainte :** n.f. *L'antilope vit dans la crainte de la lionne.* = Angoisse, effroi, frayeur, inquiétude, peur, terreur. ≠ Audace, bravoure, courage ; désir, souhait. ■ **de crainte de** : = De peur de. ■ **craintif :** adj. = Anxieux, apeuré, effarouché, inquiet, peureux, timide, timoré, tremblant. ≠ Audacieux, brave, courageux, décidé, résolu.

cramoisi : adj. = Rouge.

crampe : n.f. = Contraction. ■ **crampon :** n.m. **1-** = Agrafe, crochet, grapin, harpon. **2-** fam. *Mon petit frère me suit partout, c'est un vrai crampon!* = Gêneur, pot de colle (fam;). ■ **cramponner (se) :** v. pron. = S'accrocher s'agripper, se retenir. ≠ Se détacher, lâcher.

cran : n.m. **1-** *Ses cheveux souples font des crans.* = Ondulation. **2-** *Elle a maigri, elle pourra serrer sa ceinture d'un cran.* = Encoche, entaille, trou. **3-** fig. *Il a eu le cran dire non à son chef autoritaire.* = Audace, courage. **4-** *Un cran d'arrêt.* = Couteau. ■ **être à cran.** = Exaspéré.

crâne : n.m. **1-** *Il n'a plus un cheveu sur le crâne.* = Tête, caillou (fam.) **2-** *Il n'a rien dans le crâne !* = Cervelle. ■ **crâner :** v. fam. = Poser, faire le malin (fam.) ≠ Se dégonfler (très fam.) ■ **crâneur :** n. fam. = Prétentieux, vaniteux. ≠ Modeste.

crapule : n.f. = Canaille, escroc, voleur, vaurien.

craquer : v. **1-** *Les biscottes craquent sous la dent.* = Croquer. **2-** *La couture de mon pantalon a craqué.* = Se déchirer. **3-** fig. fam. *Ses nerfs ont craqué.* = Flancher, lâcher, s'effondrer. **4-** fig. fam. *Je craque devant un gâteau à la crème !* = Céder, fondre. ■ **craquant :** adj. fam. = Irrésistible. ■ **se craqueler :** v. pron. *Il fait si chaud et sec que la terre se craquelle.* = Se fendiller, se fissurer. ■ **craquelure :** n.f. = Fendillement, fêlure, fissure.

crasse : n.f. **1-** *Le clochard vivait dans la crasse.*= Saleté. ≠ Propreté. **2-** fam. *Elle m'a fait une crasse.* = Méchanceté, vacherie. ■ **crasseux :** adj. = Malpropre, sale.

cravache : n.f. = Baguette, fouet, stick. ■ **cravacher :** v. **1-** = Fouetter. **2-** fig. fam. = Aller vite.

crayonner : v. = Dessiner.

créateur : n. **1-** *Coco Chanel est la créatrice du tailleur en jersey.* = Auteur, inventeur. **2-** *Le Créateur.* = Dieu. ■ **créatif :** adj. *Un esprit créatif.* = Inventif. ≠ Destructeur. ■ **création :** n.f. **1-** = Conception, élaboration, innovation, invention. **2-** *La Création.* = Génèse (religion), monde, Univers. ■ **créature :** n.f. **1-** = Être , humain, personne. **2-** fig. *C'est une des créatures de ce ministre.* = Favori, protégé.

crèche : n.f. **1-** *La crèche de Noël.* = Étable. **2-** *Dès l'âge d'un an, Charlotte est allée à la crèche.* = Pouponnière. **3-** fam. *Je t'invite dans ma crèche.* = Chambre, maison. ■ **crécher** : v. fam. = Habiter, loger.

crédit : n.m. **1-** *Pour cet achat, j'ai demandé un crédit à la banque.* = Prêt. ■ **à crédit :** = À tempérament. ≠ Au comptant. **2-** *Je fais entièrement crédit à mon médecin.* = Confiance. ≠ Défiance, méfiance. **3-** *Suite à un scandale financier, ce P.D.G. a perdu tout crédit.* = Autorité, influence, pouvoir, puissance. ≠ Discrédit.

crédule : adj. = Confiant, naïf. ≠ Incrédule, soupçonneux. ■ **crédulité :** n.f. = Confiance, naïveté. ≠ Incrédulité, scepticisme.

créer : v. **1-** *Jacquard a créé le métier à tisser.* = Concevoir, élaborer, imaginer, inventer. **2-** *Et Dieu créa l'homme.* = Fabriquer, former. ≠ Détruire. **3-** *Tu me crées bien des soucis.* = Causer, engendrer, occasionner, produire. ≠ Anéantir. **4-** *Créer un nouvel emploi.* = Établir, instituer, organiser. ≠ Abroger.

crème : A- n.f. **1-** *Une crème au chocolat.* = Entremets, flan. **2-** fig. fam. *C'est la crème des hommes.* = Le meilleur. **3-** fig. fam. *Il fréquente la crème de la haute société.* = Élite, gratin. **B-** adj. *Une chemise crème.*= blanc cassé.

créneau : n.m. fig. fam. *Il faudra trouver un créneau pour nous rencontrer.* = Temps. ■ **monter au créneau :** *Pour faire voter cette loi, le ministre a dû monter au créneau.* = Attaquer, s'impliquer.

crêper(se) : v. pron. = Friser, onduler. ■ **se crêper le chignon :** fam. et fig. = Se battre, se disputer. ■ **crépu** : adj. = Frisé.

crépiter : v. *Le feu crépite dans la cheminée.* = Pétiller.

crépuscule : n.m. **1-** *Le crépuscule, c'est l'heure entre chien et loup.* = Soir, tombée du jour. ≠ Aurore. **2-** fig. *Le crépuscule de la vie.*= Déclin, fin, vieillesse.

crête : n.f. *La crête de la colline.*= Faîte, sommet.

crétin : n. fam. = Abruti, imbécile, stupide.

creux : A- 1- adj. *Un vieil arbre creux.* = Évidé, vide. ■ **avoir les joues creuses :** = Maigre. **2-** fig. Sa conversation est creuse. = Futile, plat, vain. **B-** n.m. *L'eau s'était accumulée dans un creux.* = Cuvette, cavité, trou. ≠ Bosse. ■ **avoir un creux dans l'estomac :** = Avoir faim. ■ **creuser :** v. **1-** *Les vers creusent le bois.*= Faire un trou, évider. ≠ Combler, remplir. **2-** fig. *Creuser une idée.* = Approfondir. **3-** fam. *Le grand air, ça creuse!* = Donner faim. ■ **se creuser :** v. pron. *L'écart se creuse entre le coureur échappé et le peloton.* = Augmenter. ■ **se creuser la cervelle :** fam. = Réfléchir.

crevasse : n.f. **1-** *Une crevasse dans un mur.* = Lézarde, fente, fissure. **2-** *Ses mains, pleines de crevasses, saignaient.* = Engelure, gerçure. ■ **crevasser (se) :** v. pron. = Se craqueler, se fendiller, se fendre, se fissurer, se lézarder.

crever : v. **1-** *Les nuages noirs crèvent en une violente averse.* = Éclater. **2-** *Mon pneu a encore crevé!* = Percer. **3-** fam. *Cette partie de tennis m'a crevé.* = Fatiguer. **4-** *Le lapin a crevé.*= Mourir. ■ **crever les yeux :** = Être évident. ■ **crevant :** adj. fam. **1-** = Épuisant, exténuant, tuant. ≠ Reposant. **2-** = Amusant, comique, drôle. ≠ Triste.

cri : n.m. = Appel, braillement (fam.), clameur, gémissement, hurlement, plainte, rugissement, vagissement, (pour un nouveau-né), vocifération. ■ **dernier cri :** *Sarah est toujours habillée dernier cri.* = À la mode. ■ **criard :** adj. **1-** *Le son criard d'une alarme.* = Discordant, désagréable, perçant, strident. ≠ Harmonieux. **2-** *Des couleurs criardes.* = Discordant, tapageur, voyant. ≠ Sobre.

crible : n.m. = Tamis. ■ **cribler :** v. **1-** *Cribler du gravier, des fruits.* = Tamiser, trier. ≠ Mélanger. **2-** *L'archer crible la cible de ses flèches.* = Percer, trouer. 3-fig. *Il est criblé de dettes.*= Accabler, couvrir.

crier : v. = Appeler, brailler, clamer, gémir, hurler, rugir, s'égosiller, s'époumonner, tonitruer, vociférer. ≠ Chuchoter, murmurer, susurrer. ■ **crier son innocence :** = Clamer, proclamer.■ **criée :** n.f. *Sur le port, les poissons sont vendus à la criée.*= Enchère.

crime : n.m. **1-** *Crime de sang.* = Assassinat, homicide, meurtre. **2-** *Le viol est un crime.* = Délit, forfait. **3-** *Un crime contre l'État.* = Attentat, complot, trahison. 4- *Quel crime d'abattre ces arbres centenaires!* = Faute.■ **criminel :** n. = Assassin, meurtrier ; coupable, incendiaire, malfaiteur, voleur. ≠ Innocent.

crique : n.f. = Anse, baie, golfe.

crise : n.f. **1-** *Une crise d'asthme. Une crise de nerfs.* = Accès, attaque, poussée. ≠ Latence. **2-** *Il traverse une période de crise.* = Déséquilibre, perturbation, rupture. ≠ Calme, équilibre. **3-** *Une crise économique.* = Marasme, récession. ≠ Prospérité.

crisper : v. **1-** *Elle crispe les doigts sur son stylo.* = Serrer. **2-** fig. fam. *Avec ses grands airs, il me crispe.* = Agacer, énerver. ■ **crispation :** n.f. = Contraction.

cristal : n.m. = Verre. ■ **cristallerie :** n.f.= Verrerie. ■ **cristallin :** adj. = Clair, limpide, pur, transparent.

critère : n.m. = Preuve, raison. ■ **critérium :** n.m. = Compétition, course, sélection.

critique : A- adj. 1- *La situation est critique, une décision s'impose.* = Dangereux, grave. ≠ Bon. **2-** *L'état du malade est critique.* = Grave, sérieux. **3-** *Se montrer critique.* = Négatif, sévère. ≠ Positif. **B-** n.m. *Un critique littéraire.* = Commentateur, juge. **C-** n.f. **1-** *Il fait la critique de nouveaux films.* = Analyse, appréciation, examen, jugement. **2-** *La critique a été bonne.* = Presse, médias. **3-** *Son comportement mérite des critiques.* = Observation, remarque, reproche. ≠ Approbation, compliment, éloge, louange. ■ **critiquer :** v. = Attaquer, blâmer, condamner, désapprouver, éreinter. ≠ Admirer, apprécier, féliciter, louer.

croc : n.m. **1-** *Les crocs d'un chien.* = Dent, canine. **2-** *Le boucher suspend un quartier de viande à un croc.* = Crochet. ■ **crochet :** n.m. **1-** = Croc, pendoir, piton. **2-** *Il a fait un crochet par Angoulême.* = Détour. ■ **crochu :** adj. *Un bec crochu.*= Recourbé. ≠ Droit.

croire : A- v. . **1-** *Je crois que la Terre est ronde.* = Accepter, admettre, penser. ≠ Démentir, contester, nier. **2-** *Je crois que je vais y arriver.* = Estimer, juger, présumer. ≠ Douter. **3-** *J'ai eu tort de le croire.* = Écouter, faire confiance. **4-** *Il croit en Dieu.* = Avoir la foi. **5-** *Je le croyais plus fort.* = Imaginer, supposer. **B- se croire :** v. pron. **1-** *Il se croit un grand artiste!* =Se prendre pour. **2-** *Il se croyait perdu.* = S'imaginer.

croisée : n.f. **1-** *La croisée des chemins.* = Carrefour. **2-** *Ferme la croisée!* = Fenêtre. ■ **croisement :** n.m. = Carrefour, croisée, intersection. ■ **croiser :** v. **1-** *La route croise la voie ferrée.* = Couper, traverser. **2-** *J'ai croisé Louise dans la rue.* = Rencontrer. **3-** *Au zoo, un tigre a été croisé avec une lionne.* = Accoupler. ■ **croisière :** n.f. = Voyage.

croître : v. **1-** *Il croissait en âge et en sagesse.* = Grandir, pousser, se développer. ≠ Décliner. **2-** *Son troupeau de moutons croît chaque année.*=

Augmenter, s'accroître, se multiplier. ≠ Décroître, diminuer. ■ **croissance :** n.f. = Développement. ■ **croissant :** adj. *Le nombre des motards est croissant.* = Grandissant.

croix : n.f.1- *Jésus-Christ est mort sur la croix.*= Gibet. 2- *Jésus-Christ est représenté sur une croix.* = Calvaire, croisillon, crucifix. 3- *Handicapé, il porte sa croix avec courage.* = Calvaire, épreuve. 4- *On a offert une croix en or à Amélie.* = Bijou.

croquant : n.m. = Paysan.

croquer : v. 1- *Croquer une pomme.* = Mordre. 2- *Le gâteau sec croque sous la dent.* = Craquer. ≠ Fondre. 3- *Il a croqué toute sa fortune.* = Dépenser, dilapider, claquer (fam.). 4- *Croquer un portrait.* = Dessiner. ■ **croquis :** n.m. = Dessin, ébauche, esquisse.

cross : n.m. = Course.

crotale : n.m. = Serpent à sonnette.

crotte : n.f. = Boue, excrément. ■ **crotté :** adj. *Des chaussures crottées.* = Sale.

crouler : v. 1- *Cette vieille tour menace de crouler.* = S'affaisser, s'écrouler, s'effondrer, tomber. ≠ Dresser, redresser, résister. 2- *Il croule sous le travail.*= Être surchargé.

croupe : n.f. *La croupe d'un cheval.*= Derrière. ≠ Poitrail. ■ **croupir :** v. 1- *L'eau croupit dans cette mare.* = Stagner. 2- fig. *Il croupit dans la paresse.* = Moisir, pourrir, végéter.

croûte : n.f. 1- *Des croûtes de pain.* = Croûton. ■ **casser la croûte :** fam. = Manger. ■ **gagner sa croûte :** fam. Sa vie. 2- *Il se forme une croûte de tartre autour du robinet.* = Dépôt, couche. 3- *La croûte terrestre.* = Écorce. 4- fam. *Ce tableau est une vraie croûte.* = Mauvais tableau.

croyant : adj. ou n.m. = Dévôt, mystique, pieux, pratiqant, religieux. ≠ Agnostique, athée, incroyant, mécréant, sceptique. ■ **croyance** : n.f. 1- *La croyance en Dieu.* = Foi. ≠ Agnosticisme, athéisme, scepticisme. 2- *Il respecte toutes les croyances.* = Conviction, idées, opinion.

cru : n.m. A- *Un grand cru bordelais.* = Vin. B- adj. 1- *Son steak est presque cru.* = Bleu. ≠ Cuit.2- *Une lumière crue.* = Vif, violent. ≠ Tamisé, voilé. 3- *Un langage cru.* = Choquant, hardi, osé. ≠ Châtié. 4- *Il a fait une description très crue de la société.* = Brutal, réaliste. ≠ Édulcoré. C- adv. *Je te le dis tout cru.* = Crûment, franchement. ■ **crûment :** adv. *Elle dit crûment ce qu'elle pense des autres.* = Brutalement, franchement, tout net, sèchement.

cruauté : n.f. 1- *La cruauté d'un acte.* = Barbarie, brutalité, férocité, sadisme, sauvagerie. ≠ Bonté, charité. 2- *La cruauté du destin.* = Dureté, hostilité, rigueur. ≠ Douceur, clémence.

cruche : n.f. fam. *Elle n'y comprend rien, quelle cruche!* = Idiot, imbécile, niais.

crucifix : n.m. = Croix.

crue : n.f. *La crue de la Seine.* = Débordement, montée. ≠ Baisse, décrue, retrait.

cruel : adj. 1- *Un homme cruel.* = Barbare, brutal, féroce, inhumain, sadique, sanguinaire, sauvage. ≠ Bon, doux, humain. 2- *Un destin cruel.*= Dur, implacable, inexorable. 3- *Le décès de son père est une perte cruelle.* = Atroce, douloureux, insupportable, pénible. 4- *Une phrase cruelle.* = Cinglant, féroce, méchant. ≠ Bienveillant. ■ **cruellement :** adv. 1- = Brutalement, durement, férocement, méchamment. ≠ Doucement, humainement. 2- = Atrocement, douloureusement, durement, péniblement.

cueillir : v. 1- Prendre sur la branche, couper. *Cueillir des cerises, cueillir une rose.*= Prendre, ramasser, récolter. 2- fam. *La police a cueilli le malfaiteur.* = Arrêter, pincer (fam.).■ **cueillette :** n.f. = Récolte.

cuir : n.m. = Basane, box, chagrin, daim, maroquin, peau.

cuirasser(se) : v. pron. fig. *À la longue, il s'est cuirassé contre les moqueries.* = Se blinder (fam.), s'endurcir.

cuire : v. 1- = Bouillir, braiser, frire, griller, mijoter, poêler , rissoler, rôtir. 3- fam. *Je suis trop resté au soleil, les joues me cuisent.* = Brûler. ■ **cuisant :** adj. 1- *Les orties laissent des traces cuisantes.* = Douloureux, mordant. 2- fam. *Un échec cuisant.* = Blessant, brûlant, douloureux.

cuisine : n.f. 1- *Elle passe son temps dans la cuisine.*= fam. Dans ses casseroles. 2- *Mamie nous fait de la bonne cuisine.* = Repas, bouffe (fam.) 3- *L'art culinaire.* = Gastronomie. 4- fam. péjor. *Une cuisine électorale précède les élections.*= Combinaison, intrigue, manœuvre. ■ **cuisiner :** v. 1- *Célia sait cuisiner.* = Faire la cuisine. 2- fig. fam. *Les policiers ont cuisiné ce suspect.* = Interroger. ■ **cuisinier :** n.m. 1- *Il a choisi le métier de cuisinier.* = Cuistot (fam.), chef, maître queux. 2- *C'est une merveilleuse cuisinière.* = Cordon-bleu.

cuisse : n.f. 1- = Gigot (de mouton), jambon (de porc), cuissot, gigue (de chevreuil). 2- ■ **se croire sorti de la cuisse de Jupiter :** Être très orgueilleux.

cul : n.m. 1- (vulgaire) = Le derrière de l'homme et de certains animaux. 2- Fond de certains objets. *Un cul de bouteille, de verre.* ■ **faire cul sec :** fam. Boire son verre d'un seul trait. ■ **cul-de-sac :** n.m. (plur. culs-de-sac) Rue sans issue. = Impasse.

culbuter : v. 1er gr. 1- Faire tomber, renverser. *L'ouragan culbute tout sur son passage.* 2- Tomber à la renverse. *Je me prends les pieds à une racine d'ar-*

bre, et je culbute. = Basculer. ■ **culbute** : n.f. **1-** Mouvement où l'on fait un tour sur soi-même, en posant la tête sur le sol et en lançant les jambes. = Roulade, galipette. **2-** Chute à la renverse, ou tête en avant. *J'ai fait une belle culbute dans l'escalier!*

culinaire : adj. Qui concerne la cuisine. *Les bons cuisiniers pratiquent l'art culinaire.*

culminer : v. 1er gr. Atteindre la plus grande hauteur. *L'Everest culmine à 8 848m, c'est le plus haut sommet du monde.* ■ **culminant(e)** : adj. Le plus élevé. *Le mont Blanc est le point culminant des Alpes, à 4 807 mètres.*

culot : [de la famille de **cul**] n.m. **1-** Fond métallique d'une ampoule électrique, d'une cartouche. **2-** fam. Façon osée de se comporter. *Il ne manque pas de culot pour venir comme cela chez moi.* **3-** Dépôt noir dans une pipe. ■ **culotte** : n.f. Sous-vêtement féminin couvrant les fesses et le ventre. = Slip. ■ **culotté** : adj. **1-** fam. Osé, audacieux. *Il est culotté d'avoir dit cela.* **2-** Recouvert d'une mince couche d'un dépôt. *Une bonne pipe doit être bien culottée.*

culpabilité : [de la famille de **coupable**] n.f. **1-** Fait d'être coupable d'une mauvaise action. *La culpabilité de ce suspect a été démontrée.* **2-** Sentiment qui consiste à se sentir coupable. *Un sentiment de culpabilité.* ≠ Innocence.

culte : n.m. **1-** Hommage religieux rendu à une divinité, à un saint. *Les Grecs autrefois rendaient un culte à de nombreuses divinités.* **2-** Pratiques organisées par une religion, rite. *Dans un temple, on pratique le culte protestant.* **3-** Vénération, adoration. *Les Chinois ont le culte de leurs ancêtres.*

cultiver : v. 1er gr. **1-** Travailler la terre. *Mon voisin cultive la terre.* **2-** Faire pousser. *Cette année, Maman a cultivé des choux dans son potager.* **3-** Entretenir, améliorer. *Cultiver sa mémoire. Cultiver ses relations.* ■ **se cultiver** : v. pron. Améliorer ses connaissances, les enrichir, apprendre. ■ **cultivateur** : n.m. (f. cultivatrice) Personne dont le métier est de travailler la terre. = Agriculteur. ■ **cultivé(e)** : adj. **1-** Qui a subi une préparation. *Une terre cultivée.* **2-** Qui a beaucoup de connaissances. *Un homme cultivé.* = Érudit.

culture : n.f. **1-** Action de faire pousser, de travailler la terre. *La culture de la vigne.* **2-** L'ensemble des terres et des végétaux qui ont été travaillés. *Les cultures ont souffert du gel.* **3-** Connaissances. *C'est un savant, il a une grande culture scientifique.* **4-** Le mode de vie, de pensée, les arts d'un pays, d'une civilisation. *La culture africaine.* **5-** La culture physique : la gymnastique. **6-** Un bouillon de culture : une préparation permettant une prolifération microbienne. ■ **culturel** : adj. (f. culturelle) Qui est relatif à la culture, à la civilisation. *L'UNESCO a une mission culturelle : développer la culture, l'éducation, la communication entre les pays.* ■ **culturisme** : n.m. Gymnastique spécialisée dans le développement des muscles.

cumuler : v. 1er gr. Assumer plusieurs tâches, plusieurs métiers à la fois. *Cet homme politique ne souhaite pas cumuler les mandats de sénateur, de maire, de conseiller régional.* ■ **cumul** : n.m. Action de cumuler, d'exercer plusieurs fonctions. ■ **cumulus** : n.m. **1-** Nuage de beau temps, clair, au sommet arrondi. **2-** Appareil électrique permettant la production d'eau chaude.

cupide : adj. Avide d'argent et de richesses. = Rapace. ■ **cupidité** : n.f. Désir immodéré de richesses. ≠ Désintéressement, générosité.

curable : adj. Qui peut être soigné, guéri. ≠ Incurable.

curare : n.m. Poison qui paralyse les muscles. Les Indiens d'Amérique du Sud enduisaient de curare le bout de leurs flèches.

cure : [du lat. *cura*, soin] n.f. **1-** Traitement médical dans un établissement thermal. *Mamie a fait une cure pour ses rhumatismes.* **2-** Consommation importante. *J'ai fait une cure de vitamines.* ■ **curiste** : n. Personne qui fait une cure thermale.

cure : n.f. Habitation d'un curé. = Presbytère. ■ **curé** : n.m. Homme de l'Église catholique ayant la responsabilité d'une paroisse. = Prêtre.

curer : v. 1er gr. Nettoyer en raclant. *Curer une écurie.* ■ **se curer** : v. pron. Se gratter, se nettoyer. *Se curer les dents, les oreilles.* ■ **cure-dent** ou **cure-dents** : n.m. Petit bâtonnet de bois ou de plastique servant à extraire des déchets d'aliments restés entre deux dents.

curieux : (f. curieuse) **1-** n.m. Qui aime tout savoir, avec exagération. *Il faut qu'il mette son nez partout, c'est un curieux.* = Indiscret. **2-** adj. Qui aime s'instruire. *Il est curieux de tout.* **3-** Bizarre, étrange. *C'est curieux, il ne m'en avait pas parlé.* ■ **curieusement** : adv. De façon curieuse, bizarrement. *Elle est curieusement coiffée.* ■ **curiosité** : n.f. **1-** Envie de connaître. *Cet élève fait preuve de curiosité intellectuelle.* ≠ Indifférence. **2-** Tournure d'esprit qui porte à vouloir tout savoir, à se mêler de ce qui ne nous regarde pas. *La curiosité est un vilain défaut.* ≠ Discrétion, réserve. **3-** Choses particulières à visiter. *C'est une des curiosités de ce pays.*

cutané(e) : adj. Qui a rapport avec la peau. *Une éruption cutanée est une apparition de boutons sur la peau.* ■ **cuti-réaction** : n.f. (plur. cuti-réactions). Petite incision pratiquée généralement sur le bras pour vérifier l'efficacité d'un vaccin.

cuve : n.f. Récipient de grande contenance destiné à recevoir du vin ou un carburant. *Une cuve à mazout.* ■ **cuvée :** n.f. **1-** Quantité de vin dans une cuve. **2-** Produit d'une vigne. *La cuvée 2003 est une bonne cuvée.* ■ **cuvette :** n.f. **1-** Récipient large et peu profond, petite bassine. **2-** Partie en faïence des toilettes qui contient l'eau. **3-** Espace de terrain en creux. *Le terrain formait une large cuvette.*

cybercafé : n.m. Café où des ordinateurs sont mis à la disposition des clients pour accéder à Internet.

cyclamen : [du grec *kuklaminos*, de *kuklos*, cercle] n.m. Plante à fleurs roses ou blanches, issue d'un tubercule, poussant à l'état sauvage en montagne, cultivée en pots dans nos régions.

cycle : [du grec *kuklos*, cercle] n.m. **1-** Portion de temps qui revient régulièrement. *Le cycle des saisons.* **2-** Durée d'une période d'enseignement. *Le premier cycle, le second cycle.*

cycle : n.m. Appareil, engin à deux ou trois roues. *Un marchand de cycles.* ■ **cyclisme :** n.m. Pratique sportive de la bicyclette. ■ **cycliste : 1-** n.m. Personne qui pratique le vélo. *J'ai vu passer un groupe de cyclistes.* **2-** adj. Qui a un rapport avec le vélo. *Le Tour de France est une grande course cycliste.* ■ **cyclo-cross :** n.m. inv. Course cycliste se pratiquant sur un terrain très accidenté, semé d'obstacles. ■ **cyclomoteur :** n.m. Engin à deux roues muni d'un moteur de moins de 50 cm^3, qui ne roule pas à plus de 45 km/h.

Cyclope : n.m. Dans les légendes de la Grèce ancienne, géant forgeron et bâtisseur qui n'avait qu'un œil au milieu du front et qui accomplissait des travaux colossaux.

cyclone : [du grec *kuklos*, cercle] n.m. Tempête violente accompagnée de vents tourbillonnants.

cygne : [du lat. *kuknos*] n.m. Oiseau palmipède blanc ou noir, de grande taille, de grande envergure, au long cou flexible, vivant sur l'eau. ■ **le chant du cygne :** dernière œuvre réalisée par un artiste avant de mourir.

cylindre : [du grec *kulindros*] n.m. **1-** Forme géométrique ayant la forme d'un tube dont les extrémités sont fermées par deux disques identiques. *Souvent, les boîtes de conserves ont la forme d'un cylindre.* **2-** Gros rouleau de pierre utilisé pour aplanir les routes. = Rouleau-compresseur.

cymbale : [du grec *kumbalon*] n.f. Chacun des deux disques de cuivre que l'on utilise en musique en les frappant l'un contre l'autre. Les cymbales font partie des instruments à percussion.

cyprès : [du grec *kuparissos*] n.m. Arbre conifère, résineux, à feuillage persistant, de forme conique.

D d D d D d D d D d D d D d

dactylo : n.m. ou f. *Mon père a embauché une nouvelle dactylo.* = Secrétaire . ■ **dactylographier :** v. = Taper à la machine.

dada : n.m. **1-** = Cheval , canasson **2-** fam. *La peinture, c'est son dada.* = Passion, passe-temps, hobby.

dadais : n.m. = Niais, empoté, garçon à l'air sot. ≠ Vif, dégourdi.

dague : n.f. *Il portait une dague au côté droit.*= Poignard, épée courte.

daigner : v. = Consentir à, avoir la bonté de, condescendre. ≠ Refuser de.

dais : n.m. = Baldaquin,ciel de lit.

dalle : n.f. = Carreau (pour paver un sol) ■ **daller :** v. = Couvrir avec des dalles. = *Carreler* ■ **dallage :** n.m. *Il y a un dallage noir et blanc dans notre salle de séjour.* = Carrelage.

dame : n.f. **1-** = Femme, épouse ■ **2-***La dame de cœur.* = Reine (Figure dans un jeu de cartes). ■ **damer :** v. 1- *Les pistes de ski sont damées par des machines, les dameuses.* = Tasser, égaliser une surface. ■ **damer le pion à quelqu'un** = prendre l'avantage. ≠ Perdre.■ **damier :** n.m. = Echiquier

damner : v. = Châtier, punir,condamner à l'enfer. ≠ Accorder le paradis. ■ **damné :** adj. et n. **1-** = Condamné à l'enfer. **2-** *Avec ce damné brouillard, nous avons perdu notre chemin.* = Maudit, satané. ≠ Béni.

dan : n.m. *Farid est deuxième dan de judo.*= Grade.

dandiner (se) : v. pron. = *Gênée, Anna se dandine quand elle est interrogée.* = Se balancer. ■ **dandinement :** n.m. = Balancement.

danger : n.m. = Risque, péril, menace. ≠ Sûreté. ■ **dangereux :** adj. (f. dangereuse) **1-** = Risqué, périlleux, hasardeux . ≠ Sûr, sans risque. **2-** *Un homme dangereux.* = Inquiétant, nuisible.

dans : prép.: **1-** = à l'intérieur. **2-** *Dans son enfance…*= Pendant. ■ **dans les :** fam. *Ce livre coûte dans les dix euros.* = Environ, à peu près.

danse : n.f. = Bal, ballet, chorégraphie. ■ **danseuse :** n.f. *Audrey rêve de devenir danseuse à l'Opéra.*= Ballerine, étoile. ■ **danseur de corde :** = Funambule.

dard : n.m. *En cas de piqûre, il faut enlever le dard de la plaie.* = Aiguillon. ■ **darder :** v. *Le soleil darde ses rayons sur les dunes du désert.*= Lancer, jeter.

date : n.f. **1-** *Quelle est ta date de naissance ?* = Jour, mois, année. ■ **de longue date :** *Je le connais de longue date.* = Depuis longtemps.■ **dater :** v. **1-** *De quelle époque datez-vous cette poterie ?* = Estimer, évaluer. ■ **à dater de :** = A partir de. **3-** fam. *Ton costume commence à dater.* = Être démodé, ancien. ≠ Nouveau, à la mode.

davantage : adv. de quantité. = Encore, plus de. ≠ Moins.

dé : n.m. *Un dé de jambon.* = Cube .

débâcle : n.f. **1-** *La débâcle se produit au printemps en Sibérie.*= Fonte des glaces, dégel. **2-***L'ennemi s'enfuit, c'est la débâcle.*= Déroute, retraite pour une armée, débandade, fuite. ≠ Triomphe, réussite, succès.

déballer : v. **1-** *Virginie a déballé tous ses jouets.* = Enlever l'emballage, dépaqueter, étaler des objets. ≠ Emballer, empaqueter, rassembler. **2-** *Jérôme a fini par déballer la vérité à ses parents.*= fam. Vider son sac. ■ **déballage :** n.m. **1-** *Au moment des soldes, les commerçants font des déballages de marchandises.* = Etalage. **2-** Aveu.

débandade : n.f. = Fuite, dispersion, panique.

débarbouiller : v. = Nettoyer, laver (un visage) ≠ Salir, souiller. ■ **débarbouillage :** n.m. *Brice ne fait qu'un débarbouillage rapide avant d'aller à l'école.* = Nettoyage, lavage(du visage). ≠ Souillure.

débarcadère : n.m. = Quai, môle, jetée.

débardeur : n.m. **1-** = Docker. **2-** = tricot.

débarquer : v. **1-** = Décharger. ≠ Embarquer. **2-** *Les passagers du bateau ont débarqué à Marseille.*= Descendre **3-** fam. = Arriver à l'improviste. ■ **débarquement :** n.m. **1-** = Déchargement. ≠ Embarquement. **2-** = Descente. ≠ Montée.

débarrasser : v. **1-** *Débarrasser un grenier.*= Enlever, ôter, déblayer. ≠ Embarrasser, encombrer. **2-** Enlever le couvert. ≠ *Mettre le couvert, dresser la table.* **3-** *Je suis en vacances, débarrassé de tout souci.* = Soulager. ■ **se débarrasser :** v. pron. = Se libérer, se défaire. ≠ Se charger, s'encombrer. ■ **débarras :** n.m.= Réduit, fourre-tout.

débattre : v. *Nous avons débattu du racisme.* = Discuter. ■ **se débattre :** v. pron. **1-** = Lutter, faire des efforts. ≠ Céder, lâcher prise. ■ **débat :** n.m. **1-** Discussion, polémique.

débaucher : v. **1-** = Congédier, licencier, renvoyer. ≠ Embaucher. **2-** = Corrompre, soudoyer, appâter. ■ **débauche :** n.f. **1-** = Dévergondage, luxure. ≠ Pudibonderie. **2-** *À ce dîner, il y avait une débauche de nourriture.* = Excès. ≠ Pénurie, manque.

débile : adj. ou n. **1-** = Faible, diminué. ≠ Fort, puissant, solide. **2-** fam. *Il marche au milieu de la route, il est débile!* = Idiot.

débit : n.m. **1-** = Dépenses. ≠ Crédit. ■ **débiter :** v. ≠ Créditer. ■ **débiteur :** n. (f. débitrice) ≠ Créancier.

débit : n.m. **1-** *Ce grand magasin a un gros débit.* = Quantité importante. **2-** *Débit de boissons.* = Magasin, bar, taverne. **3-** *Quand Félix lit à voix haute, son débit monotone nous endort.* = Élocution. **4-** *Le débit du Rhône est plus important l'hiver que l'été.*= *Ecoulement.* ■ **débiter :** v.**1-** = Couper en morceaux, partager. **2-***Débiter une récitation.* = Annoner.

déblayer : v. = Dégager, balayer, évacuer. ≠ Remblayer. ■ **déblai :** n.m. = Gravats, débris.

débloquer : v. **1-** = Décoincer, dégager. ≠. Bloquer, coincer. ■ **déblocage :** n.m. ≠ Blocage.

déboire : n.m. (souvent plur.) *Le héros malchanceux multiplie les déboires.* = Déception, désillusion, échec. ≠ Satisfaction, succès.

déboiser : v. = Abattre des arbres. ≠ Reboiser. ■ **déboisement :** n.m. = Abattage. ≠ Reboisement.

déboîter : [de la famille de **boîte**] v. *En tombant, Jacques s'est déboîté la rotule.* = Luxer. ■ **déboîtement :** n.m. Luxation.

débonnaire : adj. = Facile à vivre, accommodant, serviable. = fam. = Bon enfant. ≠ Désagréable, peu avenant, antipathique.

déborder : [de la famille de **bord**] v. Dépasser, submerger. ■ **débordé :** adj. *Je travaille quinze heures par jour, je suis débordé.* = Dépassé. ■ **débordement :** n.m. **1-**r. *Les débordements du Rhône provoquent des inondations.* = Crue. **2-** *Un débordement de paroles.*= Abondance, profusion. ≠ Manque, pauvreté. ■ **débordant :** adj. *Lola m'accueille avec une joie débordante.* = Exubérant. ■ **être débordant de vie, de santé :** = Vif. ≠ Chétif.

déboucher : v. **1-** = Ouvrir. **2-** Enlever ce qui obstrue, bouche. *Le plombier débouche le lavabo.*

déboucher : [de **bouche**] v. **1-** *La voiture a débouché d'on ne sait où.* = Surgir. **2-** *Cette rue étroite débouche sur une grande place.* = Donner sur. ■ **débouché :** n.m. **1-***Cette rue étroite débouche sur une grande place.* = Aboutissement. ≠ Impasse. **2-** *L'entreprise cherche à trouver de nouveaux débouchés pour ses produits.* = Marché.

débouler : v. = Tomber.

débourser : [de **bourse**] v. = Dépenser, payer. ■ **déboursement :** n.m. = Paiement.

debout : adv. = Vertical. ≠ Horizontal, couché, assis.

déboutonner : [de **bouton**] v. = Dégrafer. ≠ Boutonner, agrafer

débraillé : adj. = Négligé. ≠ Correct.

débrancher : [de **brancher**] v. ≠ Connecter, brancher, commuter.

débrayer : v. **1-** ≠ Embrayer. **2-** Chômer, faire une pause. ■ **débrayage :** n.m. **1-** ≠ Embrayage. **2-** = Pause, grève.

débridé : *Cet auteur a une imagination débridée.* = Décousu, confus. ≠ Clair, net, précis.

débris : n.m. = Morceau, fragment, miette , ruines.

débrouiller : [de **brouiller**] v. **1-** *Débrouiller un écheveau de fil.* = Démêler. ≠ Emmêler. **2-** *Le commissaire a débrouillé cette affaire .* = Éclaircir ≠ Embrouiller. ■ **débrouillard :** adj. ou n. fam. = Malin, habile. ≠ Empoté.

débroussailler : [de **broussaille**] v. **1-** = Défricher, éclaircir.

débusquer : [de **bûche**] v. **1-** *À la chasse, les chiens débusquent les perdrix.* = Chasser.

débuter : [de **but**] v. **1-** = Commencer. ≠ Achever, finir, terminer. ■ **début :** n.m. Commencement. ≠ Fin, achèvement. ■ **débutant :** adj. et n. = Novice.

deçà (en) : loc. prép. = De ce côté-ci de. ≠ Au delà de.

décacheter : [de **cacheter**] v. = Ouvrir. ≠ Fermer, cacheter.

décaféiné : adj. et n. = fam. Déca. ≠ Caféiné.

décaler : v. *Ce rendez-vous est trop tôt pour moi, je vais le décaler.* = Déplacer, reporter. ■ **décalage :** n.m. = Écart, différence.

décalquer : v. *J'ai décalqué ce dessin.* = Reproduire. ■ **décalquage** ou **décalque :** n.m.= Reproduction.

décamper : [de **camp**] v. fam. *Les voleurs ont décampé en entendant les sirènes.* = Déguerpir, se sauver. ≠ Rester.

décapiter : v. **1-**= Guillotiner. **2-** Étêter.

décapsuler : [de **capsule**] v. *Décapsuler une bouteille de bière.* = Ouvrir, déboucher. ≠ Fermer, reboucher, capsuler. .

décéder : v. = Mourir, trépasser, disparaître. ≠ Vivre, exister.

déceler : [de **celer**] v. *L'enquêteur cherche à déceler des indices sur le lieu du crime.* = Découvrir, détecter, trouver. ≠ Cacher, masquer. ■ **décelable :** adj.= Détectable. ≠ Indécelable, indétectable, introuvable.

décent : adj. **1-** *Cette robe n'est pas trop courte, elle est décente.* = Correct, convenable, bienséant. ≠ Indécent, malséant. ■ **décemment :** adv. = Correctement. ■ **décence :** n.f. = Respect , réserve, tact. ≠ Irrespect, indécence.

déception : [de **décevoir**] n.f. = Déconvenue, désappointement, désillusion. ≠ Satisfaction.

décerner : v. *Décerner un prix littéraire, une récompense.* = Attribuer, accorder.

décès : [de **décéder**] n.m. Mort, trépas, disparition. ≠ Vie, existence.

décevoir : v. = Tromper. ≠ Satisfaire.

déchaîner (se) : v. pron.= S'exciter, s'embraser. ≠ S'apaiser, se calmer. ■ **déchaînement :** n.m. = Violence, colère, fureur. ≠ Calme, douceur, tranquillité. ■ **déchaîné :** adj. **1-** *Les vagues déchaînées retournent les voiliers.* = Violent. **2-** = Surexcité. ≠ *Paisible.*

décharge : n.f. **1-** *Je viens d'entendre une décharge.* = Coup de feu. **2-** = Choc électrique. ■ **décharger :** v. **1-** Vider. ≠ Charger. ■ **décharger sa conscience :** = Avouer. ≠ Nier. ■ **déchargement :** n.m. ≠ Chargement.

décharné : [de **chair**] adj.= Squelettique, maigre. ≠ Gras, dodu.

déchet : [de **déchoir**] n.m. = Détritus, ordure, résidu. ■ **déchetterie :** n.f. (nom déposé) = Décharge.

déchiffrer : [de **chiffre**] v. **1-** *Champollion a réussi à déchiffrer les hiéroglyphes égyptiens.* = Lire, décrypter.

déchiqueter : v. = Déchirer, mettre en lambeaux.

déchirer : v. **1-** = Lacérer. **2-** *D'un coup de griffes, mon chat m'a déchiré la main.* = Égratigner. **3-** fig. *Une alarme a déchiré le silence de la nuit.* = Percer. **4-** fig. *Tu me déchires le cœur.* = Attrister. ≠ Réjouir. **6-** *La guerre déchira le pays.* = Diviser. ≠ Rassembler, réunir. ■ **se déchirer :** v. pron. *Jules et Paul se déchirent pour une histoire de fille. = Se disputer, se quereller. ≠ S'entendre, être d'accord .* ■ **déchirure :** n.f. = Accroc.

décider : v. **1-** = Déterminer, trancher. ≠ Hésiter. **2-** = Persuader, convaincre. ■ **décidé :** adj. *Sûre d'elle, Paula se dirigea vers l'homme d'un air décidé.* = Déterminé, résolu. ■ **décidément :** adv. = En définitive, vraiment.

décimer : v. = Massacrer.

décision : n.f. **1-** = Choix, détermination. ≠ Indécision, indétermination, hésitation. ■ **décisif :** adj. = Déterminant.

déclarer : v. = **1-** Annoncer ,dire, communiquer. ≠ Taire. ■ **se déclarer :** v. pron. **1-** = Avouer son amour. **2-** *Un incendie s'est déclaré.* = Éclater. ■ **déclaration :** n.f. **1-** = Discours. **2-** *Une déclaration de naissance.* = Information.

déclasser : v. ≠ Reclasser.

déclencher : v. **1-** = Commencer, lancer. **2-** *Déclencher un conflit.* = Provoquer, créer. ■ **se déclencher :** v. pron. *Le chauffage se déclenchera à 6 heures.* = Se mettre en marche, en route. ■ **déclenchement :** n.m. = Commencement,mise en marche, démarrage, début.

décliner : v. **1-** *Le soleil décline.* = Décroître, descendre. ≠ Monter, progresser. **2-** *La vue de Papy décline.* = Baisser, perdre de ses forces. ≠

S'accroître. **3-** *Les époux déclinent leur nom.* = Faire connaître, énoncer.**4-** = Refuser. ≠ Accepter. ■ **déclin :** n.m. = Baisse. ■ **être sur le déclin :** = Vieillir, perdre de ses facultés.

déclouer : v. ≠ Clouer, reclouer.

décocher : v. **1-** *Décocher une flèche.* = Lancer, tirer. **2-** fig. *Décocher une méchanceté.* = Adresser brusquement.

décoder : [de **code**] v. = Comprendre, élucider.

décoiffer : [de **coiffer**] v. = Ébouriffer, dépeigner. ■ **se décoiffer :** v. pron. Déranger sa coiffure.

décoincer : v. = Débloquer, dégager. ≠ Bloquer. ■ **se décoincer :** v. pron. fig. fam. = Être plus détendu, moins timide. ≠ fam. Etre coincé, timide.

décoller : [de **coller**] v. **1-** *Décoller une feuille.* = Désunir, enlever. ≠ Coller, recoller. **2-** *L'avion pour Rome a décollé à 14 h.* = Quitter le sol, s'envoler. ≠ Atterrir, se poser. ■ **décollé :** adj. ■ **des oreilles décollées :** = Ecartées de la tête. ■ **décollage :** n.m. *Attachez vos ceintures pour le décollage.*= Appareillage, envol.

décolleté : [de **col**] **1-** adj. *Un corsage décolleté.* = Dégagé, ouvert. ≠ Montant. **2-** n.m. = Échancrure, ouverture .

décolorer : [de **colorer**] *Le soleil a décoloré ce vêtement.*= v. Ôter la couleur, délaver, passer, pâlir.

décombres : n.m. plur. = Ruines, gravats, débris.

décommander : [de **commander**] v. *Il y avait trop d'attente, j'ai dû décommander ma voiture.* = Annuler . ■ **se décommander :** v. pron.= Annuler un rendez-vous.

décomposer : [de **composer**] v. *Décomposer un mot en syllabes.* = Fragmenter, séparer, dissocier. ≠ Associer, rassembler, réunir, recomposer. ■ **se décomposer :** v. pron. = Pourrir, gâter. ■ **décomposition :** n.f. **1-** = Séparation, division. **2-** = Pourriture, putréfaction.

décompresser : v. fam. = Se détendre ≠ Etre stressé, tendu.

déconcerter : v. *Cette nouvelle m'a déconcerté, je ne sais pas quoi faire* = Étonner, décontenancer, démonter, désarçonner. ≠ Rassurer. ■ **déconcertant :** adj. = Déroutant, bizarre. ≠ Rassurant.

décongeler : v. = Réchauffe. ≠ Congeler, surgeler. ■ **décongélation :** n.f.= Réchauffement. ≠ Congélation, surgélation.

déconnecter : v. = Débrancher, éteindre. ≠ Brancher, connecter, allumer. ■ **déconnexion :** n.f.= Débranchement. ≠ Branchement, connexion, allumage.

déconseiller : [de **conseiller**] v. = Dissuader, décourager. ≠ Conseiller, persuader, encourager.

déconsidérer : v. = Discréditer, décrier. ≠ Considérer quelqu'un, avoir de l'estime, du respect.

décontracter : v. = Détendre, relaxer. ≠ Contracter. ■ **se décontracter :** v. pron.= Se détendre, se relâcher. ≠ Se crisper, se raidir. ■ **décontraction :** n.f. = Relâchement . ≠ Tension, contraction, crispation. ■ **décontracté :** adj. = Détendu, serein, à l'aise. ≠ Tendu, crispé.

déconvenue : n.f. = Déception, désillusion.

décorer : v. = Embellir, enjoliver, orner. ≠ Enlaidir. ■ **décoration :** n.f. = Embellissement, enjolivement.■ **décor :** n.m. *Ce chalet est en harmonie avec le décor de montagnes.* = Environnement , paysage. ■ **décoratif :** adj. (f. décorative) = Joli, agréable. ≠ Laid.

décortiquer : v. **1-** = Eplucher, écosser, peler. **2-** fig. *J'ai décortiqué ce raisonnement pour mieux le comprendre.* = Étudier, analyser.

découdre : v. = Défaire. ≠ Coudre, recoudre. ■ **en découdre :** *Les deux ennemis sont face à face, décidés à en découdre.* = se disputer et se battre.

découper : v. **1-** *Découper un poulet.* = Couper, dépecer, détailler, partager. **2-** *La silhouette du peuplier se découpe à l'horizon.* = Se détacher, se remarquer.

décourager : [de **cœur**] v. *Tous ses ennuis l'ont découragé.* = Abattre, démoraliser. ≠ Encourager. ■ **se décourager :** v. pron. = Perdre courage, baisser les bras. ■ **découragement :** n.m. = Lassitude, perte de courage. ■ **décourageant :** adj. = Lassant, démoralisant. ≠ Encourageant, enthousiasmant.

décousu : [de **découdre**] adj. **1-** *La chemise de Marion est décousue à l'épaule.* = Défaite, détachée. ≠ Cousue. **2-** *Des paroles décousues.*= Sans suite, incohérent, débridé.

découvrir : v. **1-** = Deviner, déceler, détecter, déchiffrer, trouver.**2-** *Maman découvre le bébé pour qu'il n'ait pas trop chaud.* =Enlever, ôter. ≠ Couvrir. ■ **se découvrir :** v. pron. **1-** = Enlever un vêtement, se dévêtir, se déshabiller. **2-** *Le ciel se découvre.* = Se dégager, s'éclaircir. ■ **découverte :** n.f. = Trouvaille, invention .

décrasser : [de **crasse**] v. = Nettoyer, laver, dégraisser, récurer. ≠ Salir, encrasser.

décrire : v. **1-** = Dépeindre, détailler.

décrocher : [**croc**] v. **1-** = Détacher. ≠ Accrocher. **2-** fam. *Aude a décroché le premier prix au concours de dessin.*= Obtenir.

décroître : [de **croître**] v. = Diminuer, décliner, s'affaiblir, rapetisser. ■ **décroissant :** adj. = Diminuant, faiblissant. ≠ Croissant.

déçu : adj. = Désabusé, amer.

décupler : v. **1-** Augmenter, multiplier. ≠ Baisser, diminuer.

dédaigner : v. **1-** = Mépriser, traiter avec dédain. **2-** = *Jeanne dédaigne mon aide, elle croit pouvoir réussir seule.* = Négliger, refuser. ≠ Apprécier. ■ **dédain :** n.m. Mépris. ≠ Considération, estime. ■ **dédaigneux :** adj. (f. dédaigneuse)= Méprisant, hautain. ≠ Respectueux.

dédale : n.m. = Labyrinthe, enchevêtrement.

dedans : 1- adv. de lieu. = À l'intérieur. **2-** n.m. = Intérieur. ≠ Dehors, Extérieur.

dédicace : n.f. = Autographe.

dédier : v. **1-** = Dédicacer.

dédommager : v. = Indemniser. ■ **dédommagement :** n.m.= Compensation, indemnité.

dédoubler : [de **doubler**] v. = Diviser en deux.

déduire : v. **1-** = Conclure **2-** = Enlever, soustraire.. ■ **déduction :** n.f. **1-** *Il a trouvé la réponse à l'énigme après une suite de déductions.* = Raisonnement, conclusion. **2-** = Soustraction, ristourne. ≠ Addition, ajout, augmentation.

déesse : n.f. = Divinité.

défaillir : [de **faillir**] v. **1-** = Se trouver mal, s'évanouir. **2-** *Parce qu'il vieillit, Grand-père pense que sa mémoire va défaillir.*= Diminuer, manquer. ≠ Augmenter. ■ **défaillance :** n.f. **1-** = Faiblesse , évanouissement. **2-** *Une défaillance d'attention.* = Carence, manque. ≠ Excès. ■ **défaillant :** adj. Manquant, faible.

défaire : [de **faire**] v. **1-** = Enlever, ôter, détruire. **2-** *Les lacets sont plus faciles à défaire qu'à nouer* = Dénouer. ≠ Nouer, lacer, faire. **3-** *À la fin du voyage, je défais ma valise.*= Déballer, vider. ≠ Emballer, faire. ■ **se défaire :** v. pron. **1-** *Il est difficile de se défaire des vieux objets que l'on a aimés.*=Se débarrasser. ≠ Se séparer de. ■ **défaite :** n.f. = Échec. ■ **défaitiste :** adj. et n. = Pessimiste ≠ Optimiste.

défaut : [de **défaillir**] n.m. **1-** = Absence, manque, pénurie. ≠ Abondance. ■ **faire défaut :** = Manquer. ≠ Etre en excès. **2-** = Imperfection, anomalie, travers. ≠ Qualité.

défavorable : [de **favorable**] adj. **1-** = Contre, hostile. ≠ Favorable, pour. **2-** *Le match de tennis est annulé à cause d'une météo défavorable.* = Mauvais.

défavoriser : v. = Désavantager ≠ Avantager, favoriser. ■

défectueux : adj. (f. défectueuse) = Défaillant.

défendre : v. **1-** = Interdire, prohiber. ≠ Autoriser, admettre.**2-** = Protéger, secourir. ■ **se défendre :** v. pron. **1-** = Combattre, se battre, lutter. ≠ Se laisser faire, laisser tomber. **2-** *Il se défend très bien en anglais.* fam.= Avoir des aptitudes. **3-** fam. *Ce que tu dis se défend.*= Être justifié. **défendable :** adj. ≠ Indéfendable.

défense : n.f.**1-** = Interdiction. ≠ Autoriser. ■ **défenseur :** n.m. = Protecteur.

déférent : adj. = Respectueux, poli. ≠ Irrespectueux. ≠ Malpoli.■ **déférence :** n.f. = Respect, politesse, considération. ≠ Impolitesse.

déferler : v. **1-** *La mer déferle sur la grève.* = Submerger . **2-** fig. = Se répandre .

défi : [de **défier**] n.m. = Provocation , bravade. ■ **défiance :** n.f. = Suspicion, méfiance. ≠ Confiance. ■ **défiant :** adj. = Soupçonneux, méfian, suspicieux. ≠ Confiant.

déficience : n.f. Insuffisance, faiblesse.

déficit : n.m. = Insuffisance, déficience, manque. ≠ Abondance, excès.

défier : [de **fier**] v. **1-** = Lancer un défi, provoquer. **2-** = Affronter, braver.

défier (se) : v. pron. = Se méfier, craindre. ≠ Avoir confiance.

défigurer : v. = Transformer, déformer, détruire.

défilé : n.m. **1-** = Passage étroit , couloir, gorge. **2-** = Cortège, procession.

définir : v. 1- = Expliquer. **2-** *Son caractère est changeant, il est difficile à définir.* = Analyser, déterminer. ■ **défini :** adj. **1-** = Précis, net. ≠ Imprécis, confus. ■ **définition :** n.f. = Explication. ■ **définitif :** adj. (f. définitive) = Achevé,irrévocable, sans appel. ≠ Provisoire. ≠ Temporaire. ■ **en définitive :** = Après tout, finalement. ■ **définitivement :** adv. = D'une manière définitive, formellement, pour toujours. ≠ Provisoirement.

déflagration : n.f. = Explosion.

défoncer : v. **1-** = Enfoncer. ■ **se défoncer :** v. pron. fam. **1-** = Être à fond dans une activité. **2-** = Se droguer. ■ **défoncé :** adj. = Détérioré, abîmé.

déformer : v. = Transformer, abîmer. ■ **déformation :** n.f = Changement .

défouler (se) : v. pron. fam. = Se laisser aller, se libérer. ≠ Se retenir, se contenir.

défraîchir (se) : [de **frais**] v. pron. = Se faner, s'user, se ternir. ■ **défraîchi :** adj. = Fané, usé, terni. ≠ Neuf, éclatant, rutilant.

défricher : [de **friche**] v. = Débroussailler, déblayer. ■ **défrichement :** n.m. = Défrichage, débroussaillage.

défriser : [de **friser**] v. **1-** fam. fig. *Tu n'es pas contente ? ça te défrise ?* = Déplaire, contrarier.

défunt : adj. et n. = Décédé, trépassé, disparu.

dégager : v. **1-** *Dégager un blessé d'une voiture accidentée.* = Enlever , libérer. **2-** *Le gouvernement a* *dégagé des crédits pour l'Éducation nationale.* = Mettre à disposition, débloquer. **3-** = Exhaler. ■ **se dégager :** v. pron. **1-** = Se libérer. **2-** S'éclaircir. ≠ S'obstruer **3-** *Une odeur désagréable se dégage de la porcherie.* = Se répandre, sortir. ■ **dégagé :** adj. = Libre. ≠ Bouché, obstrué.

dégainer : [de **gaine**] v. Sortir son arme. ≠ Rengainer. ■ **dégaine :** n.f. fam. Allure .

dégarnir (se) : [de **garnir**] v. pron. **1-** = Se vider. ≠ Se remplir. **2-** Perdre ses cheveux.

dégât : n.m. (souvent au plur.) *La tempête a provoqué de nombreux dégâts.*= Dommage, casse, dégradation.

dégeler : [de **geler**] v. ≠ Congeler. **2-** fam. *Dégeler une ambiance.* = Favoriser les relations, égayer . ■ **dégel :** n.m. = Fonte, débâcle.

dégénérer : v. **1-** = Altérer, dénaturer. **2-** fam. = Mal tourner.

déglutir : v. = Avaler, absorber. ≠ Régurgiter.

dégonfler : [de **gonfler**] v. = Diminuer de volume. ■ **se dégonfler :** v. pron. fam. = Avoir peur, ne pas oser. ≠ Oser, fam. Foncer.■ **dégonflé :** adj. et n. fam. = Peureux, lâche, couard. ≠ Courageux, audacieux, téméraire.

dégouliner : [gueule] v. = Couler ■ **dégoulinement :** n.m. ou **dégoulinade :** n.f. = Ecoulement.

dégourdi : adj. = Débrouillard, déluré. ≠ Empoté.

dégoûter : [de **goût**] v. **1-** = Écœurer, donner la nausée. **2-** = Oter l'envie. ≠ Repousser. ≠ Attirer, plaire. ■ **dégoût :** n.m. = Ecoeurement, aversion, répulsion. ≠ Attirance.■ **dégoûtant :** adj. **1-** = Écœurant, répugnant. ≠ Appétissant, attirant. **2-** *Il est tombé dans la boue, il est dégoûtant.* = Sale. ≠ Propre. **3-** fam. *C'est dégoûtant d'avoir dénoncé cette personne.* = Méprisable, révoltant.

dégrader : v. **1-** = Abîmer, détériorer, casser. ≠ Réparer, restaurer. **dégradation :** n.f. **1-** = Destruction, délabrement, saccage.

dégrafer : [d'**agrafer**] v. = Déboutonner, défaire . ≠ Boutonner, agrafer.

degré : n.m. **1-** = Echelon, grade. **2-** = Niveau, position, stade. **3-** *Le soleil peut brûler au deuxième degré, une brûlure très grave.*= Intensité.

dégringoler : v. fam. **1-** = Tomber, descendre , dévaler. ■ **dégringolade :** n.f. fam. = Chute.

déguerpir : v. = S'enfuir, partir précipitamment.

déguiser : [de **guise**] v. *Déguiser sa voix.* = Transformer, masquer, contrefaire. ■ **se déguiser :** v. pron. = Se travestir, se costumer. ■ **déguisé :** adj. = Costumé, travesti. ■ **déguisement :** n.m. = Costume, travestissement.

déguster : v. **1-** = Goûter, savourer. **2-** fam. *Mon père m'a grondé, qu'est-ce que j'ai dégusté !* = Être maltraité.

dehors : **A-** adv. de lieu. = À l'extérieur, hors. ≠ Dedans, à l'intérieur. ■ **mettre quelqu'un dehors :** = Renvoyer, congédier, licencier. **B-** loc. prép. **en dehors de : 1-** = Hors de. **2-** *En dehors de Paul et moi, personne n'est au courant.*= Sauf. **C-** n.m. plur. = Apparence, aspect.

déjeuner : n.m. = Repas, collation.

délai : n.m. = Laps de temps, répit, sursis, prolongation. ■ **sans délai :** =Immédiatement. ≠ Plus tard, après.

délaisser : [de **laisser**] v. = Abandonner, négliger. ■ **délaissé :** adj. = Abandonné, négligé. ≠ Soigné, fam. = Bichonné.

délasser : [de **lasser**] v. = Reposer, distraire. ≠ Enerver, fatiguer. ■ **se délasser :** v. pron. = Se détendre, se reposer ■ **délassement :** n.m. = Détente, distraction. ■ **délassant :** adj. = Reposant, relaxant. ≠ Fatigant, stressant, énervant.

délation : n.f. = Dénonciation.

délavé : [de **laver**] adj. = Eclairci, terni, décoloré, passé.

délayer : v. = Diluer, allonger ≠ Concentrer. ■ **délayage :** n. m. **1-** = Dilution. ≠ Concentration. **2-** fig. fam. = Bla-bla.

déléguer : v. = Confier, mandater, se décharger de. ■ **délégué :** n.= Représentant, mandataire. ■ **délégation :** n.f. = Mandat, pouvoir.

délibérer : v. *Les jurés ont délibéré longuement avant de se décider.* = Réfléchir. ■ **de propos délibéré :** = exprès. **2-** = Résolu, décidé. ■ **délibérément :** adv. = Volontairement, exprès. ■ **délibération :** n.f. = Discussion.

délicat : adj. **1-** *Une santé délicate.* = Fragile. **2-** *Un plat délicat.* = Fin, recherché, subtil. ≠ Indélicat, lourd,grossier. **3-** = Complexe, difficile, malaisé. **4-** = Sensible, prévenant. ■ **délicatement :** adv. *Il a annoncé délicatement une mauvaise nouvelle.* = Finement, avec tact. ■ **délicatesse :** n.f. **1-** = Finesse. ≠ Grossièreté. **2-** *Elle nettoie des objets très anciens avec délicatesse.* = Soin, attention. ≠ Grossièrement.

délice : **A-** n.m. = Plaisir, régal. **B-** n.f. plur. *En vacances, nous goûtons aux délices de la vie à la campagne.* = Charmes, plaisirs. ■ **délicieux :** adj. **1-** = Succulent. **2-** *Une personne délicieuse.* = Charmant, agréable, sympathique.

délier : [de **lier**] v. = Défaire, libérer de ses lien,dénouer, libérer. ≠ Lier, nouer, entraver.

délinquant : adj. et n. = Coupable, fautif.

délire : n.m. = Divagation, folie, aliénation. ■ **délirer :** v. **1-** Divaguer , fam. = Dérailler. ■ **délirant :** adj.*Tu inventes n'importe quoi, tu as une imagination délirante!* = Incroyable, extraordinaire.

délit : n.m.= Faute, crime, méfait, infraction.

délivrer : v. = Libérer, relâcher. ≠ Emprisonner, séquestrer. **2-** *Le médecin délivre une ordonnance.* = Remettre, donner. **3-** *Mon ami m'a délivré de cette corvée.* = Soulager, décharger. ■ **délivrance :** n.f. = Soulagement.

déloger : v. = Expulser. ≠ Installer.

déloyal : [de **loyal**] adj. (plur. déloyaux) . = Infidèle, malhonnête. ≠ Loyal, honnête. ■ **déloyauté :** n.f. = Trahison, traîtrise, infidélité, malhonnêteté. ≠ Honnêteté, droiture, fidélité.

déluge : n.m. = Déferlement, inondation, pluie violente. ■ **remonter au déluge :** = Etre très ancien. **2-** *Un déluge de paroles.* = Abondance.

déluré : adj. = Débrouillard, éveillé, très à l'aise. ≠ Timide, réservé.

demander : v. **1-** = Interroger, questionner, réclamer. **2-** *Ce travail demande beaucoup de recherches.*= Nécessiter, avoir besoin de, exiger. **se demander :** v. pron. = Se poser une question. ■ **demande :** n.f. = Demande, question, prière, réclamation. ■ **demandeur d'emploi :** = Chômeur.

démarche : n.f. **1-** = Façon de marcher, allure. **2-** = Raisonnement.

démarquer (se) : [de **marque**] v. = Se distinguer, se singulariser. ≠ Se fondre.

démarrer : [d'**amarrer**] v. **1-** = Mettre en marche , mettre en route, partir. ≠ Arrêter, stopper. **2-** fig. = Commencer, débuter. ≠ Finir, terminer . ■ **démarrage :** n.m. **1-** = Mise en route, mise en marche. ≠ Arrêt. **2-** = Début, commencement. ≠ Arrêt.

démasquer : [de **masque**] v. *La police a démasqué le coupable.* = Découvrir, confondre. ≠ Masquer, cacher.

démêler : [de **mêler**] v. = Élucider, tirer au clair, séparer le vrai du faux. ≠ Embrouiller, emmêler. ■ **démêlé :** n.m. = Contestation, dispute. ■ **démêloir :** n.m. = Peigne .

dément : **1-** n. ou adj. = Fou, aliéné. ■ **démence :** n.f. **1-** = Folie, démence.

démentir : [de **mentir**] v. = Contredire, nier , réfuter. ≠ Approuver.

démesure : n.f. = Exagération, excès, démesure. ■ **démesuré :** adj. = Excessif, exagéré, disproportionné. ≠ Raisonnable, mesuré. ■ **démesurément :** adv.= Exagérément. ≠ Raisonnablement.

demeurer : v. **1-** = Rester, stationner. **2-** = Habiter, résider. ■ **en demeurer là :** = En rester là. ■ **demeuré :** adj. et n. = Idiot. fam. Crétin. ■ **demeure : 1-** n.f. = Habitation, maison, résidence. **2-** adv. **à demeure :** = Continuellement.

demi (à) : loc. adv.= A moitié. ≠ Entièrement.

demi : n.f. = Moitié .

demi : n.m. = Bière.

démission : n.f. = Abandon, renonciation, désistement. ■ **démissionner :** v. Renoncer, abandonner.

demi-tarif : n.m. (plur. demi-tarifs) = Moitié prix. ≠ Plein-tarif.

démobiliser : [de **mobiliser**] v. = Démotiver, décourager. ≠ Motiver, encourager.■ **démobilisation :** n.f. = Démotivation, relâchement, découragement. ≠ Motivation,enthousiasme.

démocratie : n.f. ≠ Dictature. ■ **démocrate :** n. ≠ Fasciste. ■ **démocratiser :** v. = Vulgariser, rendre accessible. ■ **démocratique :** adj. = Populaire.

démodé : adj. = Ancien, désuet, passé. ≠ Nouveau.

demoiselle : n.f. = Jeune fille.

démolir : v. **1-** = Détruire, casser. **2-** = Détériorer. ■ **démolition :** n.f. **1-** = Destruction. **2-** *Les sauveteurs cherchent des survivants sous les démolitions.* = Décombres.

démon :n.m. = Diable. ≠ Ange. ■ **démoniaque :** adj. = Diabolique. ≠ Angélique.

démonter : [de **monter**] v. **1-** = Défaire. ≠ Monter. **2-** = Décontenancer, désarçonner.. ■ **se démonter :** v. pron. = Perdre contenance, se troubler.

démontrer : v. = Prouver. **2-** Faire une démonstration.

démoraliser : [de **moral**] v. = Décourager, démotiver. ≠ Encourager. ■ **démoralisant :** adj. = Décourageant, démotivant.. ≠ Encourageant, motivant.

dénicher : [de **nid**] v. fam. = Trouver, découvrir.

dénigrer : v. = Calomnier, discréditer. ≠ Féliciter, louer. ■ **dénigrement :** n.m. = Critique, calomnie, médisance. ≠ Éloge, louange.

dénivelé : n.m. = Dénivellation.

dénombrer : [de **nombre**] v.= Compter, recenser. ■ **dénombrement :** n.m. = Comptage. ≠ Recensement.

dénommer : v. *Les botanistes ont dénommé les différentes plantes.* = Appeler, nommer. ■ **dénomination :** n.f. = Appellation.

dénoncer : v. = Rapporter. fam. = Moucharder. ■ **dénonciation :** n.f. = Délation,accusation.

denrée : [de **denier**] n.f. = Aliment, vivres.

dense : adj. **1-** = Serré, compact. ≠ Aéré **2-** *Le mercure est un métal liquide très dense.* = Lourd.

dent : n.f. **1-** = Croc. fam. = Quenotte. ■ **se casser les dents :** = Echouer dans une action. **2-** *Dans les*

Alpes, la dent du Midi culmine à 3257 m. = Sommet ,aiguille, pic.■ **denté** : adj. = dentelé, crénelé. ≠ Lisse. ■ **dentition** : n.f. .= Denture. ■**dentier** : n.m.= Appareil dentaire.

dénuder : v. = Découvrir, dévêtir, déshabiller, dépouiller, dégarnir. ≠ Couvrir, vêtir, habiller, garnir.

dénuement : n.m. = Manque, absence, pauvreté. ≠ Abondance, richesse.

dépanner : v. **1-** = Réparer **2-** fam. = Rendre service. ■ **dépannage** : n.m. **1-** = Réparation **2-** = Aide, service.

départ : n.m. fig. = Début, commencement. ≠ Fin.

dépasser : v. **1-** = Déborder. **2-** Doubler. **3-** = Franchir. ■ **se dépasser** : v. pron. = Se surpasser. ■ **dépassé** : adj. = Démodé, en retard,obsolète.

dépayser : [de la famille de **pays**] v. = Faire changer de pays, changer d'air, de cadre.

dépecer : [de la famille de **pièce**] v. = Découper. ■ **dépeçage** : n.m. = Découpage.

dépêcher (se) : v. pron. = Se presser, faire vite. ≠ Traîner. ■ **dépêche** : n.f. Information, nouvelle.

dépeigner :] v. = Décoiffer.

dépendre de: v. = Appartenir, relever de. ■ **dépendance** : n.f. **1-** sing. = Subordination, lien, corrélation.**2-** plur. *Une grange, un cellier, des écuries font partie des dépendances de la ferme.* = Bâtiments. ■ **dépendant** : = Subordonné. ≠ Autonome.

dépendre : [de la famille de **pendre**] v. = Détacher. ≠ Pendre, attacher, accrocher.

dépens (aux) : = Au détriment de.

dépense : n.f. = Achat, consommation. ≠ Économie. ■ **dépenser** : v. = Acheter, consommer. ≠ Economiser. ■ **se dépenser** : v. pron. = Se remuer. ■ **dépensier** : adj. (f. dépensière) = Prodigue, gaspilleur. ≠ Économe, avare.

dépérir : v. = S'affaiblir, s'étioler, perdre des forces. ■ **dépérissement** : n.m. = Affaiblissement.

dépêtrer (se) : [de **empêtrer**] v. pron. = Se sortir de difficultés, se dégager.

dépister : [de **piste**] v. = Découvrir, trouver,deviner. ■ **dépistage** : n.m. *Une analyse de sang permet de dépister une maladie infectieuse.*= Recherche, découverte.

dépit : n.m. = Déception, amertume. ≠ Satisfaction. ■ **en dépit de** : Malgré. ■ **dépité** : adj. = Déçu. ≠ Satisfait. ■ **dépiter** : v. = Décevoir. ≠ Satisfaire. ■ **se dépiter** : v. pron. ≠ Se réjouir.

déplacer : [de **place**] v. **1-** = Changer de lieu. **2-** = Remettre à plus tard. ■ **se déplacer** : v. pron.= Changer de lieu. ■ **déplacement** : n.m. **1-** = Changement de place. **2-** = Voyage. ■ **déplacé** : adj. = Malvenu, choquant. ≠ Bienvenu, bienséant, correct.

déplaire : [de **plaire**] v. = Ennuyer, rebuter, contrarier, vexer. ≠ Séduire, plaire. ■ **se déplaire** : v. pron. ≠ Se plaire. ■ **déplaisir** : n.m. = Amertume, mécontentement. ■ **déplaisant** : adj.= Désagréable. ≠ Plaisant, agréable.

déplier : [de **plier**] v. = Ouvrir. ≠ Fermer, replier. ■ **dépliant** : n.m. = Prospectus.

déplorer : v. = Regretter. ■ **déplorable** : adj. = Lamentable, pitoyable, affligeant.

déployer : v. = Étendre , ouvrir. ≠ Refermer, replier.

déplumer (se) : [de **plumer**] v. = Se dégarnir.

déposer : v. **1-** = Poser , mettre. ≠ Enlever. **2-** =Témoigner. ■ **déposition** : n.f. *Pierre a été cambriolé, il a fait une déposition à la police.* = Déclaration. ■ **dépôt** : n.m. **1-** = Entrepôt. **2-** = Versement. **3-** = Résidu.

déposséder : [de **posséder**] v. = Priver de.

dépouiller : v. **1-** = Arracher, enlever. **2-** = Voler, déposséder. ■ **dépouillement** : n.m. **1-** = Dénue-ment.

dépourvu: adj. = Démuni. ≠ Pourvu, muni. ■ **au dépourvu** : loc. adv. = À l'improviste. ■ **être pris au dépourvu** : = Etre surpris.

déprécier : v. **1-** = Dévaluer. **2-** = Déconsidérer, discréditer. ≠ Apprécier. ■ **se déprécier** : v. pron. = Se dévaloriser. ■ **dépréciation** : n.f. = Baisse, dévalorisation. ≠ Augmentation.

déprimer : v. = Démoraliser. ≠ Encourager, enthousiasmer. ■**dépression** : n.f. = Creux, abaissement. *Cette dépression se remplit d'eau à chaque pluie.* ■**dépressif** : adj. et n. (f. dépressive) = Abattu, triste. ≠ Gai, joyeux.

dérailler : v. fam.= = Déraisonner, délirer.

déranger : [de **rang**] v. **1-** = Dérégler. ≠ Ranger, règler. **2-** = Importuner. ■ **dérangement** : n.m. = Gêne, panne.

déraper : v. = Glisser, perdre le contrôle.

dérégler :] v. = Déranger. fam.= Détraquer. ■ **dérèglement** : n.m. = Dérangement..

dérider : v. = Égayer. ■ **se dérider** : v. pron. = Sourire.

dérision : n.f. = Moquerie. ■**dérisoire** : adj. = Insignifiant, insuffisant. ≠ Important, primordial.

dériver : v. = = Détourner, dévier. ■ **dérivation** : n.f. Détournement , déviation.

dernier : adj. ou n. (f. dernière) **1-** = Ultime, final.**2-** = Récent. **3-** *La semaine dernière.* = Précédent, passé. ■ **dernièrement** : adv. = Récemment.

dernier-né : n. (plur. derniers-nés, dernières-nées) = Benjamin.

dérober : v. = Voler, subtiliser. ■ **dérobé :** adj. = Caché, dissimulé. ■ **à la dérobée :** loc. adv. = En cachette. ■ **dérobade :** n.f. = Échappatoire,fuite.

dérouiller : fam. **1-** *Je vais dérouiller mes jambes engourdies en marchant* = Dégourdir. **2-** = Souffrir. ■ **dérouillée :** n.f. fam. = Volée, coups.

dérouter : v. **1-** = Dévier, détourner. **2-** = Désorienter, troubler. ■ **déroutant(e) :** adj. = Déconcertant, troublant. ■ **déroute :** n.f. = Fuite.

derrière : [du lat. *retro*, en arrière] **1-** adv. = En arrière. ≠ Devant. **2-** n.m. Postérieur, fesses .

dès : prép. = À partir de. ■ **dès que :** loc. conj. = Aussitôt que.

désaccorder : v. ≠ Accorder. ■ **désaccord :** n.m.= Mésentente, discorde. ≠ Accord, harmonie.

désagréable : adj. **1-** = Pénible, déplaisant. ≠ Agréable, plaisant.

désagrément : n.m. = Souci, ennui.

désaltérer (se) : [de la famille d'**altérer**] v. = Étancher sa soif, boire.. ■ **désaltérant :** adj. = Rafraîchissant.

.**désappointer :** v. = Décevoir, dépiter. ■ **désappointement :** n.m. = Déception, dépit. ■ **désappointé :** adj. = Déçu.

désapprouver : v. = Critiquer, blâmer. ≠ Féliciter, apprécier. ■ **désapprobation :** n.f. = Critique, blâme. ≠ Approbation.

désarçonner : v. = Décontenancer, troubler.

désarroi : n.m. = Détresse , embarras.

désastre : n.m. Catastrophe, échec. ≠ Réussite. ■ **désastreux :** adj. (f. désastreuse) = Déplorable, très mauvais. ≠ Satisfaisant.

désavantage : n.m. = Inconvénient,handicap. ≠ Avantage. ■ **désavantageux :** adj. = Défavorable . ≠ Favorable.

désavouer : v. = Renier, contredire. ≠ Approuver.

descendance : n.f. = Postérité. ■ **descente :** n.f. = Pente.

désert : adj. = Vide. ≠ Plein, bondé.

déserter : v. **1-** = Abandonner, quitter, partir, fuir.

désespoir : n.m. = Affliction, découragement.

déshabiller : v = Dévêtir. ≠ Habiller, vêtir.

déshérité : adj. = Défavorisé.

déshydrater : v. = Dessécher. ≠ Hydrater.

désigner :v. = Montrer, choisir.

désillusion : n.f. = Déception, déconvenue.

désintéressement : n.m. = = Altruisme, générosité. ≠ Égoïsme.

désinvolte : adj. = Sans souci, décontracté, léger, sans-gêne. ≠ Rigoureux, sérieux. ■ **désinvolture :** n.f. = Légèreté. ≠ Rigueur, sérieux.

désirer : v. = Vouloir, souhaiter, envier. ■ **désirable :** adj. = Attirant, séduisant. ≠ Repoussant. ■ **désir :** n.m.**1-** = Envie, ambition, aspiration, motivation. ≠ Désintérêt. **2-** Attirance, attrait.

désister (se) : v. = Se retirer. ■ **désistement :** n.m. = Abandon. ≠ Maintien.

désobéir : [d'**obéir**] v. = Transgresser, refuser, enfreindre. ≠ Obéir.■ **désobéissant :** adj. = Indiscipliné.

désœuvré : adj. et n. = Oisif. ≠ Occupé. ■ **désœuvrement :** n.m. = Inaction, oisiveté. ≠ Occupation.

désolant : adj. = Ennuyeux, fâcheux, contrariant. ■ **désolé :** adj. = Désertique, vide. ■ **désolation :** n.f. Affliction.

désopilant : adj. = Hilarant, drôle, amusant.

désordre : n.m. = Capharnaüm, fouillis.

désorganisation : n.f. = fam. Pagaille.

désorienter : v. **1-** = Égarer. **2-** = Déconcerter, troubler. ■ **désorienté :** adj. = Déconcerté, embarrassé.

despote : n.m. Tyran. ■ **despotisme :** n.m.= Tyrannie. ≠ Démocratie.

dessaler : v. fam. = Chavirer.

dessein : n.m. = Intention, projet, but, objectif. ■ **à dessein :** = Intentionnellement, exprès.

desservir : v. . **1-** = Débarrasser. **2-** *Méfie-toi, ton mauvais caractère risque de te desservir.* = Causer du tort.

dessous : [de **sous**] **A-** adv. = Sous. ≠ Dessus. **B-** n.m. plur. Sous-vêtements.

dessus : adv. = Sur . ≠ Dessous. ■ **avoir le dessus :** = Etre le plus fort.

destin : n.m. = Fatalité. ■ **destinée :** n.f. = Avenir.

destituer : v. = Révoquer.

détacher : v. = Libérer, défaire, délacer. ≠ Lier, attacher, nouer.

détacher : v. = Dégraisser, nettoyer. ≠ Tacher.

déteindre : v. **1-** = Se décolorer. **2-** fig. *La paresse de Léo déteint beaucoup sur son frère.* = Influencer.

détendre :v. = Décontracter, Relaxer. ≠ Tendre, contracter. ■ **se détendre :** v. pron.= Se décontracter, se relaxer. ■ **détente :** n.f. Relâchement, repos, décontraction, relaxation. ≠ Tension.

détenir : v. = Posséder, avoir.■ **détenu :** adj. et n. = Prisonnier.

détériorer : v. = Endommager, abîmer.. ■ **détérioration :** n.f. = Dégâts, dégradation.

déterminer : v. = Préciser, fixer, définir. ■ **se déterminer** : v. pron. = Se résoudre ≠ Se décider. ■ **déterminé :** adj. = Décidé, sûr de soi. ■ **déterminant : 1-** adj. = Important, décisif. ≠ Insignifiant. ■ **détermination :** n.f. = Décision, choix.

détester : v. = Haïr, abhorrer, exécrer. ≠ Adorer. ■ **détestable** : adj. = Désagréable, odieux. ≠ Adorable, charmant.

détourner : v. **1-** = Dévier. **2-** *J'ai détourné son attention pendant quelques minutes pour qu'il m'écoute !* = Distraire. ■ **détour :** n.m.= Crochet.

détraquer : v. **1-** = Dérégler. ≠ Régler, arranger. **2-***L'abus de chocolat lui a détraqué l'intestin.*= Déranger. ■ **détraqué :** adj. et n. fam. *Arrêtez de me suivre, espèce de détraqué !* = Dérangé .

détresse : n.f. = Angoisse, misère, besoin.

détritus : n.m. = Déchets, ordures.

détruire : v. = Écraser, démolir, brûler. ≠ Construire, bâtir.

dévaler : v. = Descendre.

dévaliser : [de **valise**] v. = Voler, cambrioler.

devancer : v. = Précéder, être devant, passer avant. ≠ Suivre. ■ **devanture :** n.f. = Vitrine.

dévaster : v. = Détruire , démolir.

déveine : n.f. fam. = Malchance. ≠ Chance.fam. = Veine.

développement : n.m. **1-** = Croissance, progrès. **2-** *Le développement de photos.* = Tirage, reproduction.

déverser : v. **1-** = Vider, décharger. ≠ Remplir. **2-** = Répandre. ■ **se déverser :** v. pron. = S'écouler.

devin : n. (f. devineresse) = . = Voyant, astrologue.

deviner : v. = Découvrir, trouver.

deviser : v. = Parler, converser. ■ **devis :** n.m. = Estimation.

dévoiler : [de **voiler**] v. = Révéler, montrer. ≠ Cacher, dissimuler.

devoir : n.m. = Obligation.

dévorer : v. **1-** = Engloutir, avaler. **2-** *Ce chat est dévoré par les puces.* = Mordre, piquer, ronger. ■ **dévorant :** adj. = Destructeur, dévastateur.

dévot : adj. et n. = Pieux. ■ **dévotion :** n.f. = Admiration.

dévouer (se) : [de **vœu**] v. pron. = Se consacrer. ■ **dévouement :** n.m. = Sacrifice, abnégation.

dévoyé : = = Délinquant.

dextérité : n.f. = Habileté, adresse, maîtrise. ≠ Maladresse, gaucherie.

.**diable :** n.m. = Démon. ■ **diabolique :** adj. = Inquiétant, démoniaque.

dialogue : n.m. Conversation , discussion. *Le dialogue a repris entre les deux amis : ils se parlent de nouveau.* ■ **dialoguer :** v. S'entretenir, discuter, converser.

diapositive : n.f. = fam. Diapo.

diarrhée : n.f. ≠ Constipation.

dictateur : n.m. = Tyran, despote. ■ **dictature :** n.f. ≠ Démocratie.

diction : n.f. = Prononciation, élocution. ■ **dictionnaire :** n.m. = fam. Dico.

dicton : n.m. = Proverbe.

diète : n.f.= Régime.

diffamer : v. = Calomnier, discréditer. ■ **diffamatoire :** adj. Médisant, calomnieux. ≠ Élogieux.

différemment : [de différence] adv.= Autrement.

différence : n.f. = Ecart .■ **différer : A-** = Remettre à plus tard, repousser. **B- 1-** = Être différent. **2-** = Se distinguer. ■ **différent :** adj. **1-** = Distinct. ■ **différend :** n.m. = Mésentente , désaccord. ■ **différencier :** v. = Distinguer.

difficile : adj. = Délicat, pénible, ingrat. ■ **difficilement :** adv. = Péniblement. ≠ Facilement, aisément.. ■ **difficulté :** n.f. = Problème ,obstacle.

difforme : adj. = Déformé, tordu, contrefait. ≠ Harmonieux.

diffuser : v.= Répandre, propager.

digeste : adj. ≠ Indigeste.

digne : adj.= Convenable, réservé. ■ **dignement :** adv. Convenablement. ■ **dignité :** n.f. = Estime, respect.

dilapider : v. = Dépenser, gaspiller. ≠ Economiser.■ **dilapidation :** n.f. = Gaspillage. ≠ Économie.

dilater : v. = Agrandir, augmenter. ≠ Diminuer, rétrécir.■ **se dilater :** v. pron. = S'agrandir, augmenter de volume.

dilettante : n. = Amateur. ≠ Professionnel.

diligent : adj. = Rapide, efficace. ≠ Lent. ■ **faire diligence :** = Se presser, se dépêcher.

diluer : v. = Délayer . ≠ Concentrer.

dimension : n.f. = Mesure, grandeur, taille.

diminuer : v. **1-** = Raccourcir, rétricir, réduire. ≠ Augmenter. **2-** = = S'affaiblir. ■ **diminué:** adj. = Affaibli. ■ **diminution :** n.f. = Réduction, baisse. ≠ Augmentation.

dîner : n.m. = Repas, souper.

diplomate : adj. = Habile, adroit. ≠ Maladroit, grossier.

dire : **A-** v. **1-** = Articuler, prononcer. **2-** = Raconter, exprimer.

direct : adj.**1-** = Droit. ≠ Tordu. **2-** = Franc, honnête. ■ **directement :** adv.= Immédiatement. ■ **direction** : n.f. = Sens . ■ **directives** : n.f. plur. = Consignes, ordres.

diriger : v. = Administrer, gérer. **2-** = Donner la direction, orienter. ■ **dirigeant :** n. = Administrateur, président.

discerner : v. *Le médecin discerne les causes de cette maladie.* = = Distinguer, reconnaître, comprendre.

discipline : n.f. **1-** = Règles, ordre. **2-** = Matière enseignée. ■ **discipliné:** adj. = Obéissant. ≠ Désobéissant, indiscipliné.

discontinu : adj. = Intermittent, irrégulier. ≠ Continu. ≠ Régulier.

discorde : n.f. = Mésentente, dispute, désaccord.

■ **discothèque :** n.f. fam. = Boîte de nuit.

discourir : v. = Pérorer. ■ **discours :** n.m. = Allocution.

discret : adj. (f. discrète) = Réservé. ■ **discrètement :** adv. = Sobrement. ≠ Ostensiblement.■ **discrétion :** n.f. = Retenue, réserve. ≠ Ostentation, étalage.

disculper : v. = Innocenter, blanchir. ■ **se disculper :** v. pron. = Se justifier.

discuter : v. **1-** = Parler, converser, s'entretenir. **2-** = Marchander, négocier. **3-** = Contester, polémiquer. ■ **discutable :** adj. **1-** = Contestable, douteux. ≠ Irréfutable. ■ **discussion :** n.f. = Conversation, entretien, dialogue.

disette : n.f. = Famine.

disgrâcieux : adj. (f. disgracieuse) = Laid, vilain.

disloquer : v. = Déboîter, désarticuler. ■ **se disloquer :** v. pron. = Se séparer, se disperser. ■ **dislocation :** n.f. **1-** = Déboîtement, luxation. **2-** Dispersion.

disparaître : [de **paraître**] v. **1-** = S'évanouir, s'effacer. ≠ Apparaître. **2-** = Mourir. ■ **faire disparaître :** = Enlever, effacer, éliminer, supprimer. ■ **disparition :** n.f. Mort.

disparate : adj. = Hétéroclite, divers, varié. ≠ Homogène.

se dispenser : v. pron. = S'abstenir de.

disperser : v. = Éparpiller, répandre, disséminer. ≠ Rassembler.

disponible : adj. = Libre, prêt. ≠ Occupé, pris.

disposer : v. **1-** = Installer. **2-** *Le député dispose d'une voiture de fonction.* = Utiliser. ■ **être disposé à :** = Etre prêt à. ■ **se disposer (à) :** v. pron. = S'apprêter à, être sur le point de. ■ **disposé :** adj. = Arrangé, installé. ■ **être bien ou mal disposé :** = fam. Être bien ou mal luné. ≠ Être de mauvaise humeur. ■ **disposition :** n.f. plur. = Aptitudes, facilités. ■ **dispos :** adj. = En forme, frais.

disproportionné : n.f. adj. Excessif, démesuré.

disputer : v. **1-** fam. = Gronder, réprimander. ≠ Féliciter. ■ **se disputer :** v. pron. = Se quereller. ■ **dispute :** n.f.= Discussion, querelle, conflit.

disqualifier : v. = Exclure, déclasser, éliminer. ■ **disqualification :** n.f. = Exclusion, élimination.

disséquer : v. fig. = Examiner avec attention.

dissimuler : v. = Cacher, masquer, taire. ≠ Monter, exhiber. ■ **se dissimuler :** v. pron. = Se cacher. ■ **dissimulé :** adj. = Cachottier, hypocrite. ■ **dissimulation :** n.f. = Fausseté, hypocrisie. ≠ Franchise.

dissiper : v. **1-** = Faire disparaître. *Le vent dissipe les nuages.* **2-** Agiter, rendre indiscipliné. ■ **se dissiper :** v. pron. = Disparaître. ■ **dissipé :** adj. = Agité, indiscipliné.

dissocier : v. = Séparer, distinguer.

dissuader : v. = Déconseiller. ≠ Persuader, conseiller.

distant : adj. **1-** = Éloigné. ≠ Proche, près. **2-** = Froid. ≠ Chaleureux. ■ **distance :** n.f. **1-** = Trajet, chemin, longueur . **2-** Éloignement. ≠ Proximité.

distinguer : v. = Reconnaître ,apercevoir. ■ **se distinguer :** v. pron. = Se faire remarquer, se singulariser. . ■ **distingué :** adj. = Elégant, raffiné. ≠ Vulgaire. ■ **distinction :** n.f.= Élégance, raffinement. ≠ Vulgarité. ■ **distinctement :** adv. = Nettement, clairement. ≠ Confusément.

distraire : v.= Amuser, divertir. ≠ Ennuyer, lasser. ■ **se distraire :** v. pron. = Prendre du bon temps, se détendre. ■ **distrait :** adj. = Déconcentré. ■ **distrayant :** adj. = Amusant, divertissant. ■ **distraction :** n.f. = Plaisir, amusement, divertissement.

diurne : adj. ≠ Nocturne.

diva : n.m. **1-** = Cantatrice, chanteuse d'opéra.

divan : n.m. = Canapé, sofa.

diverger : ≠ Converger. ■ **divergent :** adj. = Différent., contraire. ≠ Semblable. ■ **divergence :** n.f. ≠ Convergence.

divers : adj. plur. = Différents, variés. ■ **diversité :** n.f. = Variété.

divin : adj. fam. = Excellent, sublime. ■ **divinement :** adv. = Merveilleusement.

diviser : v. = Partager, fractionner, séparer. ■ **division :** n.f. = Séparation, partage. ≠ Union. ≠ Unification.

divorce : n.m. = Rupture , séparation. ≠ Union, mariage. ■ **divorcer :** v. = Se séparer.

docile : adj. = Obéissant, sage. ≠ Désobéissant. ■ **docilité :** n.f. = Obéissance, discipline. ≠ Indocilité, indiscipline.

docteur : n.m. (f. doctoresse). = Médecin.

dodu : adj. = Bien en chair, gras. ≠ Mince.

doigté : n.m. = Adresse, habileté, tact. ≠ Maladresse.

doléance : n.f. (souvent plur.) = Plainte, réclamation.

domaine : n.m. **1-** = Propriété. **2-** = Spécialité.

dôme : n.m. = Coupole.

domestique : n. Employé, serviteur. ■ **domestiquer :** v. = Apprivoiser, dresser.

domicile : n.m. = Habitation, résidence.

dominer : v. **1-** = Surpasser, soumettre. **2-** = Surplomber.■ **se dominer :** v. pron. = Se maîtriser. ■ **domination :** n.f. = Autorité.

dommage : n.m. = Dégât, préjudice.

dompter : v. = Dresser .

don : n.m. = Cadeau, offrande.

donner : v. = Offrir, céder, procurer, fournir. ■ **se donner :** v. pron. = Se consacrer.

doper : v.= Stimuler.

dorénavant : adv. = Désormais.

dorer : v. = Bronzer, hâler, brunir.

dorloter : v. = Câliner.

dormir : v. = S'assoupir, sommeiller. ≠ S'éveiller. ■ **dormant :** adj. *Des nénuphars fleurissent sur l'eau dormante du bassin.* = Calme, stagnant.

dorsal : adj. (plur. dorsaux) ≠ Ventral.

dos : n.m. = Derrière, revers, verso. ≠ Devant, recto.

dossier : n.m. = Chemise, classeur.

doubler : v. = Dépasser. ■ **doublure :** n.f. = Garniture.

douceur : [de **doux**] n.f. = Délicatesse,gentillesse. ≠ Brutalité.■ **doucereux :** adj. (f. doucereuse) = Mielleux.

doué : adj. = Adroit, habile. ≠ Malhabile, maladroit.

douillet : adj. (f. douillette) = Confortable, moëlleux. ≠ Inconfortable. ■ **douillettement :** adv. = Confortablement.

douleur : n.f.= Souffrance, mal. ■ **douloureux :** adj. (f. douloureuse) = Sensible, endolori.

douter : v. = Hésiter, tergiverser. ■ **se douter :** v. pron. = Pressentir, supposer. ■ **doute :** n.m. = Hésitaion, incertitude. . Certitude. ■ **sans doute :** = Probablement. ■ **douteux :** adj. (f. douteuse) = Aléatoire, peusûr.

douve : n.f. = Fossé.

doux : adj. (f. douce) = Agréable , gentil. ≠ Revêche, brutal. ■ **doucement :** = Lentement, paisiblement, calmement.

drain : n.m. Tube, tuyau .

drame : n.m. = Accident, catastrophe. ■ **dramatique :** adj. = Grave, sérieux.

dresser : v. = **1-** Lever, mettre droit. ≠ Coucher, allonger. **2-** Installer, disposer. ■ **dresser la table :** = Mettre le couvert. ■ **se dresser :** v. pron. **1-** = Se tenir droit. **2-** = S'opposer.

drogue : n.f. = Stupéfiant. ■ **drogué :** n. = Toxicomane.

droit : adj. **1-** = Rectiligne. ≠ Courbe. **2-** Vertical. ■ **droiture :** n.f. = Honnêteté, loyauté. ≠ Hypocrisie, Malhonnêteté.

droit : adj. ≠ Gauche. ■ **droitier :** adj. (f. droitière) ≠ Gaucher.

droit : n.m. = Autorisation.

drôle : adj. **1-** = Amusant, comique. fam. = Rigolo. **2-** = Bizarre, étonnant.

dru : adj. = Touffu, serré. ≠ Clairsemé.

duel : n.m. = Combat, rixe. .

dupe : n.f. et adj.= Naïf. fam. = Pigeon, gogo. ■ **duperie :** n.f. = Tromperie.

duplicata : n.m. = Copie, double. ■ **dupliquer :** v. = Copier.

dur : adj. *Ce matelas est dur.*= **1-** Ferme. ≠ Mou. **2-** *Le portail est dur à ouvrir.* = Difficile. ≠ Facile. **3-** *Le climat est très dur en Sibérie.* = Rigoureux. ≠ Doux, clément. **4-** = Énergique, courageux. **5-** = Austère, sévère. ≠ Tendre, indulgent, doux. ■ **durement :** adv. = Sévèrement, méchamment, brutalement. ≠ Gentiment, délicatement. ■ **avoir la tête dure :** fam. = Être têtu, obstiné. ■ **être dur d'oreille :** Etre un peu sourd.

dureté : n.f. = Âpreté, sévérité. ≠ Douceur, délicatesse, indulgence.

durer : v. = Se maintenir, se prolonger. ■ **durant :** prép. = Pendant. ■ **durée :** n.f. = Période, laps de temps. ■ **durable :** adj. = Stable, solide. ≠ Temporaire, éphémère.

durillon : [de **dur**] n.m. = Cor, cal.

dynamique : adj. et n. = Plein d'énergie, actif, entreprenant. ≠ Apathique. ■ **dynamisme :** n.m. = Entrain. ≠ Apathie,mollesse.

E e E e E e E e E e E e E e

eau : n.f. (plur. eaux). = Liquide, flot, pluie. ■ **tomber à l'eau :** = Échouer. ■ **se jeter à l'eau :** = se risquer. ■ **mettre l'eau à la bouche :** = faire envie, faire salive.

ébahir : v. = Étonner, abasourdir, sidérer. ■ **ébahi :** adj. = Stupéfait, médusé, sidéré. ■ **ébahissement :** n.m. = Étonnement, stupéfaction, surprise.

ébattre (s') : [de **battre**] v. pron. = Courir, sauter, s'égayer.

ébaucher : v. **1-** = Esquisser. **2-** fig. = Commencer, amorcer. ■ **ébauche :** n.f. **1-** = Essai, esquisse. **2-** fig. = Commencement, début.

ébène : n.f. = Noir. ■ **ébéniste :** n.m. = Menuisier.

éberlué : adj. = Étonné, ébahi, sidéré.

éblouir : v. **1-** = Aveugler. **2-** fig. = Émerveiller, impressionner. ■ **éblouissant :** adj. **1-** = Aveuglant. **2-** = Brillant, impressionnant, magnifique. ■ **éblouissement :** n.m. **1-** = Aveuglement. **2-** = Émerveillement.

ébouillanter : [de **bouillant**] v. = Brûler, échauder. ≠ Refroidir, rafraîchir.

ébouler (s') : v. pron. = S'écrouler, s'effondrer, s'affaisser. ■ **éboulement :** n.m. **1-** = Écroulement, effondrement, affaissement. **2-** = Éboulis.

ébouriffé : adj. = Décoiffé,échevelé. ■ **ébouriffer :** v. **1-** = Décoiffer. **2-** fam. = Surprendre, ahurir. ■ **ébouriffant :** adj. fam. = Extraordinaire, renversant, étonnant. ≠ Quelconque, ordinaire.

ébrancher : [de **branche**] v. = Élaguer, émonder, tailler. ■ **ébranchement** ou **ébranchage :** n.m. = Élagage, émondage.

ébranler : [de **branler**] v. **1-** = Faire trembler, fragiliser . ≠ Stabiliser. **2-** = Déstabiliser, faire perdre confiance, troubler. ■ **s'ébranler :** v. pron. = Se mettre en marche, partir. ■ **ébranlement :** n.m. = Déstabilisation. ≠ Solidité, fermeté.

ébrécher : [de **brèche**] v. = Casser, fendre.

ébriété : n.f. = Ivresse. ≠ Sobriété.

ébullition : n.f. **1-** = Bouillonnement. **2-** = Effervescence, agitation. ≠ Calme, tranquillité.

écarlate : adj. = Rouge, cramoisi, vermillon, incarnat.

écarquiller : v. = Ouvrir (les yeux). ≠ Fermer.

écart : [de **écarter**] n.m. **1-** = Différence, décalage. ■ **écarter :** v. **1-** = Éloigner, séparer, disjoindre. ≠ Rapprocher, unir. **2-** = Repousser, mettre à part, éliminer. ■ **s'écarter :** v. pron. = S'éloigner, se disjoindre. ■ **écartement :** n.m. = Distance.

ecclésiastique : n. = Religieux. ≠ Laïque.

écervelé : [de **cerveau**] adj. = Irréfléchi, étourdi. ≠ Réfléchi, posé.

échalas : n.m. **1-** = Piquet. **2-** Fam. = Personne grande et maigre.

échancrer : v. = Enlever, creuser, découper, décolleter. ■ **échancré :** adj. = Découpé, décolleté.

échanger : v. = Troquer. ■ **échange :** n.m. = Troc. ■ **en échange :** = en contrepartie, en retour. **2-** *Échange de lettres,d'idées, de coups de poing.* = Communication, envoi réciproque.

échantillon : n.m. = Exemplaire, modèle. ■ **échantillonner :** v. = Choisir.

s'échapper : v. pron. = S'enfuir, sortir. ■ **échappatoire :** n.f. = Prétexte, excuse.

écharpe : n.f. = Cache-nez, châle.

écharper : v. = Blesser, déchiqueter, étriper.

échauffer : v. **1-** = Chauffer, brûler. ≠ Refroidir. **2-** = Impatienter, énerver, exaspérer.

échauguette : n.f. = Guérite.

échéance : [de **échoir**] n.f. = Date, ultimatum, délai. ■ **à brève échéance :** = sous peu, très vite.

échec : n.m. = Défaite, fiasco. ≠ Réussite, succès.

échelle : n.f. **1-** = Escabeau. **2-** Degré, niveau, rapport, échelon. ■ **échelonner :** v. = Espacer, étaler. ≠ Rapprocher.

échevelé : adj. = Ébouriffé, décoiffé, hirsute. ≠ Coiffé, peigné.

échine : n.f. = Épine dorsale. ■ **s'échiner :** v. pron. = Se donner du mal, s'efforcer.

échiquier : [de **échec**] n.m. = Damier.

échouer : v. = Manquer, rater, avorter. ≠ Réussir.

éclabousser : v. = Asperger.

éclair : [de **éclairer**] n.m. **1-** = Décharge électrique. **2-** = Lumière, lueur. ■ **comme un éclair :** = Rapidement. ≠ Lentement. ■ **éclairage :** n.m. = Lumière. Fig. *J'ai un autre éclairage sur la question.*= Compréhension.

éclaircir : v. **1-** = Rendre plus clair. ≠ Assombrir. **2-** = Désépaissir. **3-** = Résoudre, élucider. ≠ Embrouiller. ■ **éclaircissement :** n.m. = Précision, explication, renseignement. ■ **éclaircie :** n.f. = Embellie.

éclairer : v. **1-** = Illuminer. ≠ Assombrir. **2-** = Expliquer. ■ **éclaireur :** n.m. = Scout.

éclater : v. **1-** = Se briser, exploser. ■ **éclater de rire :** = pouffer de rire. ■ **éclater en sanglots :** = pleurer. **2-** Briller, étinceler. ■ **s'éclater :** v. pron. fam. = S'amuser. ■ **éclat :** n.m. **1-** = Lumière. **2-** *Cette réception ne manque pas d'éclat, tout est luxueux.* = Splendeur, faste. ■ **éclatant :** adj. = Brillant, lumineux, resplendissant. ≠ Terne, sombre.

éclipse : n.f. = Absence, disparition . ≠ Apparition. ■ **éclipser :** v. **1**- Cacher. ≠ Montrer, révéler. **2-** fig. *Claudia est si belle, qu'elle éclipse toutes les autres filles.* = Surpasser. ■ **s'éclipser :** v. pron. = Partir, disparaître.

éclopé : adj. ou n. = Estropié, blessé.

éclore : v. **1-** = S'ouvrir, naître. ≠ Se fermer, se faner. ■ **éclosion :** n.f. = Naissance, sortie.

écluser : v. fam. = Boire beaucoup d'alcool.

écœurer : [de **cœur**] v. **1-** = Dégoûter, répugner. ≠ Attirer. **2-** fam. = Démoraliser, dégoûter. ≠ Encourager. ■ **écœurant :** adj. = Infect, abject. ≠ Délicieux, appétissant. **2-** fig. *L'égoïsme des gens est écœurant.* = Révoltant. **3-** fam. = Décourageant, démoralisant. ■ **écœurement :** n.m. **1-** Dégoût, répugnance. **2-** fig. = fam. Découragement.

école : n.f. = Établissement, institut. ■ **écolier :** n. (f. écolière) = Élève.

écologiste : = fam. Écolo.

économe : n. = Épargnant, parcimonieux. ≠ Dépensier. ■ **économie :** n.f. = Epargne. ≠ Dépense. ■ **économique :** adj. = Bon marché. ≠ Coûteux, onéreux. ■ **économiser :** v. = Epargner. ≠ Dépenser, gaspiller.

écorcher : v. **1-** = Dépecer, dépouiller. **2-** = Déchirer, arracher, égratigner. **3-** *Ecorcher un nom.* = Déformer. ■ **s'écorcher :** v. pron. = S'égratigner. ■ **écorchure :** n.f. Blessure, égratignure.

écouler : [de **couler**] v. *Écouler des marchandises.* = Vendre.■ **s'écouler :** v. pron. **1-** = Couler. **2-** *Le temps ne s'écoule pas vite.* = Passer. ■ **écoulement :** n.m. = Flot, débit.

écourter : [de **court**] v. = Abréger, raccourcir, diminuer. ≠ Rallonger , allonger.

écouter : v. = Prêter l'oreille, entendre.

écran : n.m. = Panneau, cloison. ■ **le petit écran :** = la télévision.

écraser : v. **1-** = Aplatir, déformer, briser. **2-** *Il a écrasé un sanglier.* = Tuer. **3-** = Surcharger, accabler. **4-** *L'équipe a écrasé l'adversaire.* = Vaincre, anéantir. ■ **s'écraser :** v. pron.**1-** = S'aplatir, se déformer. **2-** fam. = Se taire. ■ **écraseur :** n. (f. écraseuse) = Chauffard. ■ **écrasant :** adj. = Très lourd , accablant. ≠ Léger.

écrin : n.m. = Coffret, boîte, étui.

écrire : v. = Inscrire, noter, rédiger, composer. ■ **écrit :** n.m. = Manuscrit, imprimé, document . ■ **par écrit :** loc. adv. ≠ Oralement. ■ **écriteau :** n.m. = Pancarte, panneau.

écrivain : n.m. = Auteur, romancier.

écrouer : v. = Mettre en prison. ≠ Libérer.

écrouler (s') : [de **crouler**] v. pron. = S'effondrer, s'abattre, s'affaisser. ≠ Se lever, se redresser.■ **écroulement :** n.m. = Effondrement, affaissement, éboulement.

écueil : n.m. **1-** = Rocher, récif. **2-** = Obstacle, difficulté.

écume : n.f. **1-** = Mousse. **2-** = Bave. ■ **écumoire :** n.f. = Passoire.

écurie : [de **écuyer**] n.f. = Box. ■ **écuyer :** n.m. = Cavalier.

édelweiss : n.f. = Immortelle des neiges.

édifice : [de **édifier**] n.m. = Construction, bâtiment, monument.

édifier : v. **1-** = Construire, bâtir. **2-** = Éclairer, renseigner . ■ **édifiant :** adj. = Instructif.

édit : n.m. = Ordonnance, décret.

éditer : v. = Publier, faire paraître, imprimer. ■ **édition :** n.f. = Tirage, impression, publication.

édredon : n.m. = Couette, couvre-pieds.

éduquer : v. = Élever. ■ **éducatif :** adj. (f. éducative) = Pédagogique. ■ **éducation :** n.f. **1-** = Instruction, enseignement, formation, pédagogie. **2-** = Savoir-vivre. ■ **éducateur :** n. (f. éducatrice). = Enseignant, professeur, pédagogue.

effacer : [de **face**] = Faire disparaître, gommer, supprimer. ■ **effacé :** adj. **1-** = Terne, passé. ≠ Vif, co,tradté. **2-** fig. = En retrait, modeste, discret. ■ **effacement :** n.m. = Suppression, gommage.

effaré : adj. = Effrayé, effarouché. ≠ Rassuré, rasséréné. ■ **effarant :** adj. = Incroyable, inouï.

effaroucher : [de **farouche**] v. = Alarmer, faire peur, intimider, troubler.

effectif : **1-** adj. (f. effective) = Efficace, réel. **2-** n.m. = Nombre d'individus. ■ **effectivement :** adv. = En effet.

effectuer : **1-** v. = Faire, accomplir. **2-** = Calculer.

efféminé : adj. = Maniéré. ≠ Viril.

effervescence : n.f. **1-** = Bouillonnement. **2-** fig. = Agitation, activité intense. ≠ Calme, paix.

effet : n.m. **1-** = Conséquence, résultat. ■ **en effet :** = effectivement. ■ **à cet effet :** dans ce but. ■ **prendre effet :** = Entrer en vigueur, commencer, débuter. **2-** *Son travail a fait bon effet.* = Impression, sensation. ■ **faire l'effet de :** = Paraître, sembler. plur. **3-** *Poser ses effets sur une chaise.* = Vêtements.

efficace : adj. = Actif, efficient. ≠ Inefficace, inutile. ■ **efficacement :** adv. = De manière efficace. ■ **efficacité :** n.f. = Rendement, productivité. ≠ Inutilité, inefficacité.

effiler : [de **fil**] v. = Amincir. ≠ Epaissir. ■ **effilé :** adj. = Mince, fin, allongé. ≠ Épais.

efflanqué : [de **flanc**] adj. = Maigre, décharné. ≠ ≠ Gras, dodu, bien en chair.

effleurer : [de **fleur**] v. = Frôler, caresser.

effondrer (s') : [de **fond**] v. pron. **1-** = S'écrouler, s'abattre, craquer, s'affaisser. ≠ Se redresser. **2-** = Être anéanti, abattu, craquer. ■ **effondrement :**

n.m. **1-** = Écroulement, abaissement, affaissement. ≠ Redressement. **2-** = Anéantissement, abattement.

efforcer (s') : [de **forcer**] v. pron. = S'appliquer, tâcher, essayer. ■ **effort :** n.m. = Peine, intensité.

effraction : n.f. = Vol.

effrayer : v. **1-** = Faire peur, affoler, terrifier. ≠ Réconforter, rassurer. **2-** = Inquiéter, décourager. ≠ Rassurer, encourager. ■ **s'effrayer :** v. pron. = Prendre peur, s'inquiéter. ■ **effrayant :** adj. = Épouvantable, terrible, affolant. ≠ Rassurant, réconfortant.

effréné : adj. = Excessif, démesuré. ≠ Modéré, mesuré.

effroi : [de **effrayer**] n.m. = Grande peur, terreur, épouvante, horreur. ■ **effroyable :** adj. = Terrible, atroce, épouvantable. ≠ Rassurant. ■ **effroyablement :** fam. = Terriblement.

effronté : [de **front**] adj. ou n. = Insolent, audacieux, téméraire. ≠ Docile, obéissant. ■ **effronterie :** n.f. = Insolence, audace, impudence. ≠ Convenance, respect.

égal : (plur. égaux) adj. **1-** = Pareil, semblable, équivalent. ≠ Inégal, dissemblable. **2-** = Uni. **3-** *Cela m'est égal.*= Indifférent. ■ **d'égal à égal :** = sur le même rang. ■ **être sans égal :** = unique, incomparable. ≠ courant. ■ **également :** adv. **1-** = De manière égale, pareillement. **2-** = Aussi, de même. ■ **égaler :** v. = Atteindre, valoir. ■ **égaliser :** v. = Aplanir, niveler.

égalité : n.f. **1-** = Équivalence, similitude. ≠ Différence. **2-** = Régularité.

égard : n.m. **1-** = Attention, considération. ≠ Indifférence, mépris. ■ **à l'égard de :** = envers, vis-à-vis de. **2-** plur. = Marques de respect, considération, courtoisie. ≠ Grossièreté, impolitesse.

égarer : v. : = Perdre. ≠ Trouver. ■ **s'égarer :** v. pron. **1-** = Se perdre. **2-** fig. = Faire fausse route, se tromper, se fourvoyer.

égayer : [de **gai**] v. : = Rendre gai, distraire, amuser, divertir. ≠ Ennuyer, lasser.

égoïste : adj. = Égocentrique, personnel. ≠ Altruiste, attentionné. ■ **égoïsme :** n.m. = Egocentrisme. ≠ Altruisme.

égosiller (s') : [de **gosier**] v. pron. = Crier, donner de la voix.

égoutter : [de **goutte**] v. = Essorer. ≠ Mouiller.

égratigner : v. = Blesser, écorcher, érafler. ■ **égratignure :** n.f. = Écorchure, plaie, égratignure.

éhonté : [de **honte**] adj. = Effronté, insolent, arrogant. ≠ Respectueux.

éjecter : v. **1-** = Projeter. **2-** fam. = Expulser, renvoyer brutalement. ■ **éjection :** n.f. = Projection, rejet.

élaborer : v. = Concevoir, échafauder, préparer. ■ **élaboration :** n.f. = Conception, préparation.

élancer (s') : [de **lancer**] v. pron. = Bondir, se lancer, se précipiter. ■ **élan :** n.m. = Entrain, empressement, fougue. ≠ Apathie, mollesse. ■ **élancement :** n.m. = Douleur. ■ **élancé :** adj. : = Svelte, mince. ≠ Trapu.

élargir : [de **large**] v. **1-** = Augmenter, dilater, agrandir. ≠ Diminuer, réduire, rétrécir. **2-** fig. *Élargir un débat.* = Développer. ≠ Rétrécir.

élastique : adj. = Extensible, souple, flexible. ≠ Raide, rigide. ■ **élasticité :** n.f. **1-** = Extensibilité. **2-** fig. = Souplesse. ≠ Rigidité.

élection : n.f. = Vote, choix.

électricité : n.f. = Courant. ■ **électriser :** v. fig. = Exalter, transporter, enflammer, enthousiasmer. ■ **électrophone :** n.m. = Platine.

élégant : adj. **1-** = Chic, distingué, racé. ≠ Vulgaire. **2-** Courtois, délicat. ≠ Grossier, inélégant. ■ **élégance :** n.f. **1-** = Distinction, chic, classe. ≠ Vulgarité, inélégance. **2-** = Délicatesse. ≠ Indélicatesse.

élément : n.m. = Partie, détail, échantillon. ≠ Tout, ensemble.

élémentaire : adj. = Facile, simple, aisé. ≠ Compliqué, complexe, difficile.

élever : [de **lever**] v. **1-** = Construire, dresser, ériger. **2-** Augmenter, accroître. ≠ Diminuer, abaisser. **3-** = Nourrir, éduquer. ■ **s'élever :** v. pron. **1-** = Monter. ≠ Descendre, s'abaisser. **2-** = Protester, se plaindre. ≠ Approuver. ■ **élevé :** adj. **1-** = Haut, grand. ≠ Bas, petit, court. **2-** = Accéléré, rapide. ≠ Ralenti, lent. **3-** = Cher, coûteux, onéreux. ≠ Bon marché. ■ **élévation :** n.f. *Une élévation de terrain.* = Éminence, saillie, protubérance. ≠ Creux, dépression. ■ **élève :** n. = écolier, collégien, lycéen, étudiant, apprenti.

élimé : [de **lime**] adj. = Usé , râpé.

éliminer : v. **1-** = Exclure, rayer d'une liste, rejeter, supprimer, ôter. ≠ Ajouter. ■ **élimination :** n.f. = Suppression, exclusion, rejet.

élire : v. = Choisir, voter pour.

élite : n.f. fam. = Crème, dessus du panier.

ellipse : n.f. = Ovale.

élocution : n.f. = Articulation, parole, prononciation.

éloge : n.m. = Louange, compliment, flatterie. ≠ Critique, blâme.

éloigner : [de **loin**] v. = Écarter, séparer, isoler. ≠ Rapprocher, réunir. ■ **éloigné :** adj. = Lointain, distant. ≠ Proche, près.

élongation : [de **long**] n.f. *Ce sportif s'est fait une élongation.* = Étirement.

éloquent : adj. = Convaincant, persuasif, expressif. ■ **éloquence :** n.f. = Verve. fam. = Bagout.

élu : [d'**élire**] adj. = Choisi.

élucider : v. = Débrouiller, éclaircir, expliquer. ≠ Embrouiller, emmêler. ■ **élucidation :** n.f. = Éclaircissement, explication.

éluder : v. *Il a éludé ma question.* = Éviter.

émacié : adj. = Maigre. ≠ Bouffi.

e-mail : n.m. = Courrier électronique, courriel.

émanciper : v. = Dégager, libérer, affranchir. ■ **s'émanciper :** v. pron. **1-** = Se libérer, s'affranchir.

emballer : [de **balle**] v. **1-** = Envelopper, empaqueter. ≠ Déballer. **2-** = Plaire. ■ **s'emballer :** v. pron. = S'enthousiasmer, s'exciter. ■ **emballement :** n.m. fam. = Enthousiasme.

embarcation : n.f. = Petit bateau, barque, canot.

embardée : n.f. *La voiture a fait une embardée.* = Écart.

embarquer : [de **barque**] v. **1-** = Prendre à bord. ≠ Débarquer. **2-** fam. = Emporter, entraîner. ■ **s'embarquer :** v. pron. **1-** = Monter à bord. ≠ Débarquer. **2-** fam. = Se lancer dans une affaire risquée. ■ **embarquement :** n.m. ≠ Débarquement.

embarrasser : v. = Gêner, troubler. ■ **s'embarrasser :** v. pron. fam. **1-** = S'encombrer, se charger. ≠ Se débarrasser. **2-** *Il ne s'embarrasse pas pour si peu.* = Se soucier, s'inquiéter. ■ **embarras :** n.m. **1-** = Ennui, souci, tracas. = fam. Pétrin. **2-** = Incertitude, perplexité. **3-** Gêne, malaise. ■

émoi : n.m. = Émotion,trouble, agitation. ≠ Calme. ■ **émotif :** adj. (f. émotive). = Sensible, vulnérable. ≠ Stoïque. ■ **émotivité :** n.f. = Sensibilité, vulnérabilité.

émouvoir : v. = Toucher, bouleverser, remuer. ■ **s'émouvoir :** v pron. = S'inquiéter. ■ **émouvant :** adj. = Attendrissant, bouleversant, touchant.

empailler : [de **paille**] v. = Naturaliser. ■ **empailleur :** n.m. = Taxidermiste.

empaqueter : [de **paquet**] v. = Emballer, envelopper. ≠ Déballer.

emparer (s') : v. pron.**1-** = Prendre, saisir. **2-** fig. Envahir, saisir, s'approprier.

empêcher : v. = Bloquer, gêner, interdire. ≠ Faciliter, autoriser. ■ **s'empêcher :** v. pron. = Se retenir. ■ **empêchement :** n.m. = Contretemps, imprévu, obstacle.

empester : [de **peste**] v. = Sentir très mauvais, puer. ≠ Embaumer.

empêtrer : v. = Entraver. ■ **s'empêtrer :** v. pron. = Se faire retenir, s'emmêler, être coincé.

empiéter : [de **pied**] v. = Déborder.

empiffrer (s') : v. pron. fam. = Trop manger, se gaver, se bourrer.

empiler : [de **pile**] v. = Entasser, ranger.

empirer : [de **pire**] v. = Aggraver. ≠ Améliorer.

emplacement : [de **place**] n.m. = Endroit, lieu.

emplette : n.f. (souvent au plur.) = Achat, course, commission.

emploi : [de **employer**] n.m. **1-** = Utilisation, usage. **2-** = Travail, activité. fam. = Job. **3-** = Rôle.

employer : v. = Se servir, utiliser. ■ **s'employer :** v. pron. = Faire l'effort de, s'appliquer. ■ **employeur :** n. (f. employeuse) = Patron. ■ **employé :** n. = Salarié.

empoigner : [de **poing**] v. = Prendre, saisir. ≠ Lâcher. ■ **s'empoigner :** v. pron. = Se disputer, en venir aux mains, se battre. ≠ Se réconcilier, faire la paix. ■ **empoignade :** n.f. = Dispute, querelle.

empoisonnement : [de **poison**] n.m. **1-** = Intoxication. **2-** fam. = Ennui, souci, tracas. ■ **empoisonnant :** adj. fam. = Ennuyeux, agaçant. ≠ Agréable, plaisant.

emporter : v. **1-** = Prendre. **2-** *Le vent a emporté le chapeau.* = Entraîner. ■ **l'emporter sur :** = Gagner, vaincre. ■ **s'emporter :** v. pron. = Se mettre en colère, s'énerver, se fâcher. ≠ Se calmer. ■ **emportement :** n.m. = Fougue. ≠ Calme. ■ **emporté :** adj. = Fougueux, coléreux, violent. ≠ Calme, doux.

empoté : adj. fam. = Maladroit. ≠ Dégourdi, à l'aise.

empreinte : n.f. = Marque, trace.

empresser (s') : [de **presser**] v. pron. **1-** = Entourer de soins, d'attentions. ≠ Négliger. **2-** = Se dépêcher, se hâter. ■ **empressement :** n.m. = Ardeur. ■ **empressé :** adj. = Attentionné, prévenant. ≠ Indifférent, négligent.

emprise : n.f. = Domination, autorité. ■ **être sous l'emprise de :** = être sous l'influence de.

emprisonner : [de **prison**] v. = Écrouer, incarcérer. ■ **emprisonnement :** n.m. = Incarcération, détention. ≠ Libération.

emprunté : adj. = Mal à l'aise, guindé. ≠ A l'aise, dégourdi. ■ **emprunt :** n.m. = Dette, créance. ≠ Crédit.

ému : [de **émouvoir**] adj. = Troublé, bouleversé. fam. = Chamboulé.

émulation : n.f. = Incitation, stimulation. ■ **émule :** n. = Disciple, concurrent.

encadrement : [de **cadre**] n.m. = Entourage, châssis.

encaisser : [de **caisse**] v. **1-**= Recevoir. **2-** fam. = Supporter. ■ **encaissé :** adj. = Profond.

en-cas ou **encas :** n.m. inv. Repas léger, collation. fam. = Casse-croûte.

encastrer : v. = Emboîter, imbriquer. ≠ Déboîter. ■ **s'encastrer :** v. pron. = S'emboîter. ≠ Se déboîter.

encaustique : n.f. = Cire. ■ **encaustiquer :** v. = Cirer, astiquer.

enceinte : [de **enceindre**] n.f. Mur, rempart, enclos. ■ **enceinte acoustique :** = Haut-parleur, baffle.

encenser : v. fig. = Flatter, complimenter. ≠ Critiquer, blâmer.

encercler : [de **cercle**] v. = Entourer, cerner.

enchaîner : [de **chaîne**] v. = Attacher, lier. ≠ Délier, libérer. ■ **enchaînement :** n.m. = Suite, succession.

enchanter : v. **1-** = Charmer, séduire, envoûter, ensorceler. **2-** = Faire très plaisir, ravir. ■ **enchanté :** adj. = Ravi, charmé. ≠ Déçu, désanchanté. ■ **enchantement :** n.m.= Ravissement, ensorcellement, sortilège.

enchère : [de **cher**] n.f. = Adjudication.

enchevêtrer : v. = Embrouiller, emmêler. ≠ Démêler. ■ **s'enchevêtrer :** v. pron. = S'embrouiller, s'emmêler. ≠ S'expliquer. ■ **enchevêtrement :** n.m. = Entassement.

enclencher : [de **clenche**] v. = Mettre en marche, mettre en route, commencer.

enclin : adj. = Disposé, prêt à.

enclore : v. = Entourer, clôturer.

encoche : [de **coche**] n.f. = Entaille.

encoignure : [de **coin**] n.f. = Coin, angle.

encombrer : v. **1-** = Embarrasser, obstruer. ≠ Dégager. **2-** Gêner. ≠ Faciliter. ■ **encombrement :** n.m. = Engorgement , embouteillage. ■ **encombrant :** adj. = Embarrassant, gênant.

encourager : [de **courage**] v. = **1-** = Stimuler, inciter. ≠ Décourager, dissuader. **2-** = Favoriser, aider. ≠ Contrarier.

encrasser : [de **crasse**] v. = Salir. ≠ Nettoyer, laver.

encyclopédie : n.f.= Dictionnaire, glossaire.

endiablé : [de **diable**] adj. **1-** = Agité. ≠ Calme, posé. **2-** *Un rythme endiablé.* = Effréné, rapide.

endive : n.f. = Chicon.

endolori : adj. = Sensible, douloureux.

endommager : [de **dam**] v. = Détériorer, abîmer, léser. ■ **endommagement :** n.m. = Détérioration.

endormir : v. **1-** = Bercer. **2-** = Anesthésier. **3-** = Ennuyer, lasser. ■ **s'endormir :** v. pron. = S'assoupir, somnoler. ≠ S'éveiller. ■ **endormi :** adj. **1-** = Assoupi. **2-** = Mou, indolent. ≠ Remuant, actif. ■ **endormissement :** n.m. = Assoupissement. ■ **endormant :** adj. = Ennuyeux, lassant. Réjouissant, plaisant.

endosser : [de **dos**] v. **1-** *Marc a endossé sa veste chaude.* = Revêtir, enfiler. **2-** fig. = Assumer, reconnaître. . ■ **endosser un chèque :** = Encaisser.

endroit : **1-** = Lieu, place, site. **2-** *Arrivé à cet endroit du livre, je me suis arrêté.*= Passage. **3-** = Recto. ≠ Envers, verso.

enduire : v. = Appliquer, peindre, coller. ■ **enduit :** n.m. **1-** = Revêtement, colle.

endurance : n.f.= Résistance, force. ≠ Fatigabilité.

endurci : [de **durcir**] v. **1-** = Dur, froid, insensible. ≠ Attendri, doux. **2-** *Mon oncle est un célibataire endurci.* = = Invétéré.

endurer : v. = Supporter, souffrir ■ **endurant :** adj. = Résistant. ≠ Fatigable. ■ **endurance :** n.f. = Résistance. ≠ Fatigabilité.

énergie : n.f. **1-** = Force, vigueur, vitalité, tonus. **2-** = Volonté, courage. ■ **énergique :** adj. = Dynamique, actif, efficace. ≠ Mou, indolent. ■ **énergiquement :** adv. = Autoritairement.

énergumène : n.m. U*ne bande d'énergumènes.* = Agité, excité.

énerver : v. = Agacer, irriter. ≠ Calmer, apaiser. ■ **s'énerver :** v. pron. = Sortir de ses gonds, perdre son calme, s'impatienter. ■ **énervé :** adj. = Agacé, irrité. ≠ Calmé, apaisé, rasséréné.

enfant : n. = Bambin, gamin, petit, fils, fille. ■ **enfanter :** v. = Accoucher. ■ **attendre un enfant :** = être enceinte. ■ **enfantin :** adj. = Simple, facile, aisé. ≠ Complexe, difficile. ■ **enfantillage :** n.m. = Bagatelle, futilité, puérilité. ■ **enfance :** n.f. *L'enfance de l'humanité.* = Début, origine. ■ **c'est l'enfance de l'art :** fam. = Facile, élémentaire. ≠ Compliqué, difficile.

enfer : n.m. ≠ Paradis.

enfermer : [de **fermer**] v. = Boucler, cloîtrer, verrouiller. Ouvrir. ■ **s'enfermer :** v. pron. = Se réfugier, s'isoler, se terrer. ≠ Sortir.

enfiler : [de **fil**] v. **1-** fam. = Mettre un vêtement. ■ **enfilade :** n.f. = Succession, rangée.

enfin : adv. = Finalement, au bout du compte.

enflammer : v. **1-** = Incendier, embraser. **2-** *Sa blessure est enflammée.* = Irriter. **3-** = Enthousiasmer, galvaniser, exalter.

enfler : v. = = Gonfler, distendre. ■ **enflé :** n. fam. = Gonflé, boursouflé, bouffi. ■ **enflure :** n.f. **1-** = Boursouflure, gonflement. **2-** fam. et injurieux. = Imbécile, crétin.

enfoncer : [de **fond**] v. **1-** = Introduire, planter. ≠ Extraire, enlever, ôter. ■ **enfoncé :** adj. = Creux. ≠ Saillant. ■ **enfoncement :** n.m. ≠ Avancée, saillie. ≠ Creux.

enfouir : v. = Enfoncer profondément, cacher, enterrer. ≠ Déterrer, mettre au jour.

enfreindre : v. = Contrevenir, désobéir, transgresser. ≠ Obéir.

enfuir (s') : [de **fuir**] v. pron.= Partir, s'évader, se sauver. ≠ Rester, demeurer.

engager : v. **1-** = Faire pénétrer, introduire. **2-** *André a engagé son nom.*= Donner sa parole, sa garantie. **3-** = Embaucher, recruter - **4-**fig. = Commencer, débuter, initier. ≠ Terminer, achever. ■ **s'engager :** v. pron. **1-** = Promettre. **2-** = S'introduire, pénétrer. **3-** = Prendre parti. ■ **engagement :** n.m. **1-** = Embauche, recrutement. **2-** = Promesse, parole. ■ **engageant :** adj. = Avenant, séduisant. ≠ Repoussant, antipathique.

engendrer : v. **1-** *Les enfants sont engendrés par leurs parents* = Créer, donner la vie.. **2-***La violence engendre la violence.* = Provoquer, avoir pour effet.

engin : n.m. = Moteur, machine, instrument.

englober : [de **globe**] v. = Contenir, rassembler, renfermer.

engloutir : v. **1-** = Avaler, ingurgiter, absorber.. **2-** *Les eaux ont englouti cette ville.* fig. = Faire disparaître, submerger. **3-** *Il a englouti toute sa fortune au jeu.* fig. = Dilapider, gaspiller.

engluer : [de **glu**] v. = Coller.

engorger : [de la famille de **gorge**] v. = Boucher, saturer, encombrer. ■ **engorgement :** n.m. = Encombrement, saturation. ≠ Fluidité.

engouement : n.m. = Enthousiasme, frénésie. ≠ Désintérêt.

engourdir : [de **gourd**] v. = Ankyloser, paralyser. ≠ Dégourdir. ■ **engourdi :** adj. = Paralysé, ankylosé, raide.

engraisser : [de **graisse**] v. **1-** = Fertiliser. **2-** = Grossir, s'épaissir. ≠ Mincir.

engrenage : [de **grain**] n.m. = Rouage.

enhardir : [de **hardi**] v. = Inciter, encourager, stimuler. ■ **s'enhardir :** v. pron. = Devenir hardi, oser.

énigme : n.f. = Jeu, charade, devinette. ■ **énigmatique :** adj. = Mystérieux, obscur. ≠ Clair, évident, limpide.

enivrer : [de **ivre**] v. **1-** = Soûler, griser. **2-** *Cette artiste est enivrée par le succès.*= Étourdir, griser, exalter. ■ **s'enivrer :** v. pron. = Se soûler, devenir ivre. ≠ Être sobre.■ **enivrement :** n.m. = Exaltation, euphorie.

enjamber : [de **jambe**] v. = Franchir, passer par-dessus, sauter. ■ **enjambée :** n.f. = Pas.

enjeu : [de **jeu**] n.m. = Mise.

enjôler : [de **geôle**] v. = Séduire, tromper. ■ **enjôleur :** adj. (f. enjôleuse) = Séducteur, charmeur.

enjoliver : [de **joli**] v.= Décorer, embellir. ≠ Enlaidir, défigurer.

enjoué : [de **jeu**] adj. = Gai, aimable, souriant, pimpant. ≠ Grave, triste. ■ **enjouement :** n.m. = Bonne humeur, amabilité. ≠ Gravité, tristesse.

enlacer : [de **lacer**] v.**1-** = Entrecroiser, entremêler. **2-** = Étreindre, embrasser.

enlaidir : [de **laid**] v. **1-** = Défigurer, mutiler, dénaturer. ≠ Embellir.

enlever : v. **1-** = Déplacer. **2-** = Ôter, extraire. ≠ Poser, mettre, placer. **3-** = Capturer, kidnapper. ■ **enlèvement :** n.m. = Rapt.

s'enliser : [de **lise**] v. pron.. = S'embourber.

ennemi : n. ou adj. = Adversaire, concurrent, rival. ≠ Ami, allié.

ennuyer : v. **1-** = Tracasser, préoccuper, soucier. **2-** = Agacer, déranger. **3-** = Fatiguer, lasser. ≠ Amuser, distraire. ■ **ennui :** n.m. **1-** = Problème, contrariété, tracas, souci. **2-** = Lassitude, tristesse. ■ **ennuyeux :** adj. (f. ennuyeuse) **1-** = Contrariant, gênant. **2-** = Assommant, lassant, barbant. ≠ Amusant, délassant.

énoncer : v. = Exprimer, dire, formuler. ■ **énoncé :** n.m. = Texte.

énorme : adj. **1-** *Nadine a un appétit énorme.* = Excessif, démesuré. **2-** fam. = Extraordinaire, inouï. ≠ Banal, ordinaire. ■ **énormément :** adv. = Beaucoup, excessivement. ■ **énormité :** n.f. = Parole absurde, maladresse, sottise.

enquérir (s') : v. = S'informer, se renseigner, faire des recherches. ■ **enquête :** n.f. **1-** = Recherche. **2-** Sondage. ■ **enquêter :** v. = Rechercher, fouiller, se renseigner.

enraciner : [de **racine**] v.**1-** = Planter. **2-** fig. = Fixer, ancrer. ■ **s'enraciner :** v. pron. **1-** = Prendre racine. **2-** fig. = Se fixer.

enrager : [de **rage**] v. = Écumer, rager. ■ **enragé :** adj. = Furieux, furibond, furieux. **2-** fam. = Passionné.

enregistrer : [de **registre**] v. = Prendre note, constater, inscrire, recueillir.

enrichir : [de **riche**] v. **1-** = Faire fortune, augmenter . ≠ Appauvrir. ■ **enrichissant :** adj. = Intéressant. ≠ Abêtissant.

enrober : v. = Recouvrir, envelopper. ■ **enrobé :** adj. fam. = Enveloppé, grassouillet. ≠ Fin, élancé, svelte.

ensanglanté : adj. = Saignant, sanglant, sanguinolent.

enseigne : n.f. = Panneau, inscription.

enseigner : v. = Apprendre, initier, instruire. ■ **enseignement :** n.m. = = Pédagogie, éducation, instruction. ■ **enseignant:** adj. et n. = Professeur, maître, instituteur.

ensemble : adv. = Simultanément, dans le même temps. ■ **dans l'ensemble :** en gros, en général. ≠ en partie.

ensemencer : [de **semence**] v. = Planter, semer.

ensevelir : v. **1-** = Enterrer, inhumer. **2-** = Recouvrir, faire disparaître, cacher.

ensorceler : [de **sorcier**] v. **1-** = Jeter un sort, envoûter. **2-** = Séduire, charmer, enchanter. ■ **ensorcellement :** n.m. **1-** = Envoûtement, sortilège. **2-** fig. = Séduction, fascination.

ensuite : adv. = Après, plus tard, puis.

entaille : [de **taille**] : n.f. = Encoche, cran, fente, coupure.

entamer : v. = Commencer, entreprendre, amorcer. ≠ Finir, terminer, abandonner.

entasser : [de **tas**] v. = Empiler, accumuler, amonceler, amasser. ■ **s'entasser :** v. pron. S'accumuler, s'amonceler, se serrer.■ **entassement :** n.m. = Superposition , juxtaposition, amoncellement, accumulation.

entendre : v. **1-** = Percevoir, ouïr, écouter. **2-** *Comment entendez-vous cette phrase?* = Comprendre, saisir. ■ **s'entendre :** v. pron. = S' accorder, sympathiser, se mettre d'accord. ■ **entendu :** adj. = Convenu, décidé. ■ **entendu ! :** d'accord ! ■ **bien entendu :** = évidemment, naturellement. ■ **entendement :** n.m. = Intelligence, compréhension, raison. ■ **entente :** n.f. = Accord, alliance, complicité. ≠ Mésentente, dysharmonie, désaccord.

enterrer : [de **terre**] v. **1-** = Inhumer, ensevelir. ≠ Exhumer. ■ **enterrement :** n.m. = Funérailles, obsèques.

entêter : [de **tête**] v. *Mon amie porte un parfum qui m'entête.* = Étourdir. ■ **s'entêter :** v. pron. = = S'obstiner, se buter, persister. ■ **entêté :** adj. et n. = Têtu, obstiné, buté. ≠ Docile, conciliant.

enthousiasme : n.m. **1-** = Admiration, émerveillement, engouement, exaltation. ■ **enthousiasmer :** v. = Exalter, exciter, passionner. ≠ Décourager, rebuter. ■ **s'enthousiasmer :** v. pron. = S'enflammer, se passionner. ■ **enthousiasmant :** adj. = Réjouissant, excitant. ≠ Ennuyeux, soporifique. ■ **enthousiaste :** adj. = Ravi, passionné. ≠ Placide.

entier : **A-** adj. (f. entière) = Total, intégral, absolu. ■ **en entier :** loc. adv. = complètement, entièrement, absolument. ≠ Incomplètement, partiellement.

entorse : [de **en** et **tordre**] n.f. = = Foulure.

entourage : n.m. = Compagnie, milieu, proches. ■ **entourer :** v. **1-** = Encercler, ceindre, environner. **2-** Apporter son soutien, aider, assister.

entracte : [de **acte**] n.m. = Interruption, intermède, pause.

entraider (s') : [de **aide**] v. pron. = S'aider, se secourir, s'assister. ■ **entraide :** n.f. = Secours, assistance, aide.

entrailles : n.f. plur. = Viscères, boyaux.

entrain : n.m. = Gaieté, joie de vivre, bonne humeur, enthousiasme. ≠ Tristesse, lassitude, morosité.

entraîner : v. = Emporter, tirer, traîner. ■ **s'entraîner :** v. pron. = Se préparer, s'exercer. ■ **entraîneur :** n.= Coach.

entraver : v. **1-** = Bloquer, empêcher. ≠ Libérer. **2-** fig. = Gêner, dresser des obstacles, obstruer. ≠ Dégager, faciliter. ■

entre : = Au milieu de. ≠ En dehors de.

entrebâiller : [de **bâiller**] v. = Entrouvrir. ■ **entrebâillement :** n.m. = Ouverture. ≠ Fermeture.

entrecouper : [de **couper**] v. = Interrompre, hacher, saccader.

entrecroiser : [de**croiser**] v. = Croiser, entrelacer, tresser.

entrée : [de **entrer**] n.f. **1-** = Accès, hall, vestibule. ≠ Sortie. **2-** = Arrivée, commencement. ≠ Fin.

entrelacer : [de **lacer**] v. = Lier, entrecroiser, tisser, entremêler. ≠ Délier, démêler. ■ **s'entrelacer :** v. pron. = S'emmêler, s'enchevêtrer.

entremets : [de **mets**] n.m. = Dessert .

entreposer : [de **poser**] v. = Stocker. ■ **entrepôt :** n.m. = Local, dépôt.

entreprendre : [de **prendre**] v.= Commencer, débuter, démarrer. ≠ Terminer, achever, finir. . ■ **entreprise :** n.f. **1-** = Projet, objectif. **2-** = Commerce, exploitation. ■ **entreprenant :** adj. = Audacieux, hardi, osé, téméraire. ≠ Timoré, craintif.

entrer : v. . **1-** = Pénétrer, s'introduire, accéder. ≠ Sortir, quitte, partir.

entretenir : v. **1-** = Conserver, garder en bon état. ≠ Abandonner, négliger. **2-** *Les parents entretiennent leurs enfants.* = Subvenir. ■ **s'entretenir :** = Converser, discuter, parler.

entrevoir : [de **voir**] v. **1-** = Apercevoir, distinguer. **2-** *Soudain, il entrevit la solution.* = Soupçonner, commencer à comprendre. ■ **entrevue :** n.f. = Rencontre, entretien, rendez-vous.

entrouvrir : [de **ouvrir**] v. = Entrebâiller.

énumérer : v. = = Détailler, compter, dénombrer, recenser. ■ **énumération :** n.f. = Inventaire, catalogue, recensement, dénombrement.

envahir : v. **1-** = Proliférer, infester. **2-** = Occuper, conquérir. ≠ Libérer. ■ **envahissement :** n.m.

1- = Prolifération, infestation. **2-** = Invasion, occupation. ■ **envahisseur :** n.m. = Occupant. ■ **envahissant :** adj. = Encombrant, gênant, indésirable, indiscret.

envelopper : v. **1-** = Entourer, recouvrir, gainer. **2-** *Le brouillard enveloppe toute la campagne.* = Masquer. ≠ Montrer, révéler. ■ **enveloppe :** n.f. = Emballage, étui, housse.

envenimer : [de **venin**] v. *Envenimer une situation.* = Aggraver, exacerber. ■ **s'envenimer :** v. pron. **1-** = S'infecter. **2-** = Se détériorer, s'aggraver. ≠ S'améliorer.

envergure : [de **vergue**] n.f. **1-** = Ampleur, étendue, largeur, importance. **2-** = Ouverture d'esprit, intelligence.

envers : [de **vers**] prép. = À l'égard de, pour. ■ **envers et contre tout :** = malgré tout.

envers : n.m. **1-** = Dos, verso. ≠ Endroit, recto.

envie : n.f. **1-** = Jalousie, convoitise, désir. ≠ Indifférence, inappétance. ■ **envier :** v. = Jalouser, convoiter. ■ **envieux :** adj. et n. (f. envieuse) = Jaloux.

environ : **1-** adv. = À peu près, approximativement. ≠ Précisément, exactement. **2-** n.m. plur. = Alentours. ■ **aux environs de :** = du côté de.■ **environner :** v. = Entourer, cerner ■ **environnant :** adj. = Avoisinant, proche, attenant. ≠ Éloigné, lointain.

envisager : [de **visage**] v. = Projeter, prévoir.

envoi : [de **envoyer**] n.m. = Expédition, transport.

envoler (s') : [de **voler**] v. pron.. **1-** = Décoller. ≠ Atterrir, se poser. **2-** Disparaître, s'évanouir. ■ **envolée :** n.f. = Élan, essor, vol.

envoûter : v. = Jeter un sort, charmer, ensorceler, subjuguer. ■ **envoûtement :** n.m. = Enchantement, ensorcellement, séduction.

envoyer : v. **1-** = Lancer, projeter. **2-** = Adresser, expédier, poster. ≠ Recevoir. ■ **envoyé :** n. = Ambassadeur, mandataire, délégué.

épais : adj. (f. épaisse) **1-** = Dense, compact, massif, trapu, dru. ≠ Fin, mince, clairsemé. ■ **épaisseur :** n.f. = Consistance, densité, profondeur.

épanoui : adj. = Comblé, radieux, satisfait, rayonnant. ≠ Frustré, morose. ■ **s'épanouir :** v. pron. = S'ouvrir, éclore. ■ **épanouissement :** n.m. = Ouverture, plénitude.

épargner : v. **1-** = Ménager, économiser. **2-** = *Épargne-nous les explications inutiles.* = Dispenser. ■ **épargne :** n.f. = Economie, réserve.

éparpiller : v. = Disperser, semer, répandre. ≠ Ranger, rassembler. ■ **s'éparpiller :** v. pron. = Se disperser, papillonner. ≠ Se concentrer, fixer son attention.

épars : adj; = Dispersé, éparpillé, en désordre. ≠ Regroupé, rassemblé.

épater : v. fam. = Étonner, ébahir, surprendre. ■ **épaté :** adj. **1-** *Un nez épaté.* = Élargi, aplati. ≠ Fin, aquilin. **2-** fam. = Étonné, ébahi, surpris. ■ **épatant :** adj. fam. = Formidable, génial.

épauler : v. = Aider, soutenir, assister.

épave : n.f. = Ruine, débris.

épée : n.f. = Lame, fleuret.

éperdu : adj. = Affolé, inquiet, angoissé. ≠ Calme, serein, confiant.

éphémère : **1-** adj. = Temporaire, provisoire, de courte durée, momentané, fugace. ≠ Durable, persistant.

éphéméride : n.m. = Calendrier.

épice : n.f. = Assaisonnement, aromate. ■ **épicer :** v. = Assaisonner, relever. ■ **épicé :** adj. = Assaisonné, relevé. ≠ Fade, insipide.

épicéa : n.m. = Sapin.

épidémie : n.f. **1-** = Contagion. ■ **épidémique :** adj. *Un fou rire épidémique.* = Contagieux, communicatif.

épiderme : n.m. = Peau.

épier : v. = Observer , guetter, espionner.

épilogue : n.m. = Fin, dénouement, conclusion. ≠ Début, commencement, introduction. ■ **épiloguer :** v. = Discourir, commenter.

épine : n.f. **1-** = Pointe, piquant. **2- épine dorsale :** = colonne vertébrale. ■ **épineux :** adj. (f. épineuse) fig. *Un problème épineux.* = Difficile, embarrassant, complexe, délicat. ≠ Facile, aisé, compréhensible.

épisode : n.m. **1-** = Aventure, péripétie. ■ **épisodique :** adj. = Par moments, transitoire. ≠ Continu, durable.

éplucher : v. **1-** = Peler, décortiquer. **2-** fig. = Examiner, scruter, analyser. ■ **éplucheur :** n.m. = Épluche-légumes, économe.

éponger : v. = Essuyer, absorber, sécher.

époque : n.f. = Moment, période, temps.

époumoner (s') : [de **poumon**] v. pron.= Crier, s'égosiller.

épouser : v. **1-** = Se marier, convoler. ≠ Se séparer, divorcer. **2-** fig. *Il a épousé les idées de son ami.* = Soutenir, suivre.

épousseter : [de **poussière**] v. = Essuyer.

épouvanter : v. = Effrayer, terroriser, horrifier. ■ **épouvantable :** adj. **1-** = Terrifiant, insoutenable, effroyable. ■ **épouvante :** n.f. = Terreur, frayeur, effroi.

époux : [de **épouser**] n. (f. épouse) = Mari, conjoint.

éprendre (s') : v. = Tomber amoureux, aimer.

éprouver : v. **1-** = Ressentir, percevoir. **2-** = Mettre à l'épreuve, tester. ■ **épreuve :** n.f. **1-** = Difficulté, malheur, souci. **2-** = Devoir, contrôle, test. **3-** = Compétition, match. ■ **éprouvant :** adj. = Pénible, fatigant. ≠ Aisé, reposant.

épuiser : v. = Fatiguer, lasser, user. ■ **s'épuiser :** v. pron. = S'affaiblir. ■ **épuisé :** adj. = Harassé, éreinté. ≠ Revitalisé, revigoré.

épurer : [de **pur**] v. = Purifier. ■ **épuré :** adj. **1-** = Purifié. **2-** = Simplifié, clarifié.

équilibre : n.m. = Stabilité, aplomb. ■ **équilibrer :** v. = Répartir, égaliser, pondérer. ≠ Déséquilibrer. ■ **équilibré :** adj. **1-** = Stable. ≠ Instable. **2-** fig. = Stable, sage, pondéré .

équiper : v. = Pourvoir, fournir, munir. ■ **équipe :** n.f. = Ensemble, groupe, bande. ■ **équipement :** n.m. = Matériel, outil.

équitable : [de **équité**] adj. = Juste, impartial, légitime. ≠ Arbitraire, injuste.

équivalent : **1-** adj. = Égal, semblable, identique, pareil. ≠ Différent, inégal, dissemblable. ■ **équivalence :** n.f. = Égalité. ≠ Inégalité, différence.

équivoque : adj. **1-** = Trompeur, ambigu. ≠ Net, précis, clair. **2-** *Je me méfie de son allure équivoque.* = Louche, suspect.

érafler : [de **rafle**] v. = Écorcher, égratigner, rayer. ■ **éraflure :** n.f. Écorchure , égratignure, plaie.

éraillé : adj. = Rauque, enroué.

ère : n.f. = Époque, période.

éreinter : [de **rein**] v. **1-** = Fatiguer, harasser. ≠ Reposer, délasser. **2-** fam. = Critiquer, accabler. ≠ Louer, féliciter. ■ **éreintant :** adj. = Épuisant, exténuant, harassant. ≠ Revitalisant, revigorant.

ergoter : v. = Contester, chicaner, trouver à redire. ≠ Approuver.

ériger : v. *Élever un monument.* = Dresser, construire, élever. ■ **s'ériger :** v. pron. *Il s'érige en chef du groupe.* = Se donner le rôle de, se poser en.

éroder : v. = User, détruire. ■ **érosion :** n.f. Usure, corrosion.

érotique : adj. = Excitant, sensuel. ■ **érotisme :** n.f. = Sensualité, plaisir, volupté.

errer : v. = Déambuler, flâner.

erreur : n.f.= Faute, maladresse, étourderie. ■ **faire erreur :** = faire fausse route, se tromper. ■ **par erreur :** = par inadvertance. = ■ **erroné :** adj. = Faux, inexact.

érudit : adj. ou n. = Cultivé, savant. ≠ Ignorant, inculte. ■ **érudition :** n.f. = Savoir, connaissance.

escabeau : n.m. = Marchepied.

escalade : n.f. **1-** = Ascencion. **2-** *L'escalade de la violence.* fig. = Aggravation, intensification. ■ **escalader :** v. = Grimper, gravir. ■ **escalator :** n.m. (nom déposé) = Escalier mécanique, escalier roulant.

escale : n.f. = Arrêt, étape.

escamoter : v. = Cacher, faire disparaître. ≠ Montrer, révéler.

escapade : n.f. = Évasion, sortie, équipée, fugue.

escarmouche : n.f. = Bagarre, combat.

escarpé : adj. = Difficile d'accès, abrupt, pentu. ≠ Accessible, facile.

escarpin : n.m. = Chaussure, soulier.

esclaffer (s') : v. pron. = Éclater de rire, pouffer.

esclandre : n.m. = Querelle, scène , scandale. ■ **faire un esclandre :** = faire un scandale.

esclavage : n.m. = Servitude, asservissement. ≠ Émancipation, libération.

escompter : v. = Compter sur, espérer, s'attendre.

escorte : n.f. = Cortège. ■ **escorter :** v. = Accompagner, protéger.

escrimer (s') : : v. pron. *Il s'escrime à grimper cette paroi .* = S'efforcer, s'évertuer.

escroquer : v. = Tromper, duper, voler. fam. = Arnaquer. ■ **escroquerie :** n.f. = Malhonnêteté, tromperie, duperie. ■ **escroc :** n.m. = Voleur, malfaiteur.

espace : n.m. **1-** = Distance, écartement, éloignement.**2-** = Étendue, lieu, place, surface. ■ **espace vert :** = Parc, jardin. ■ **espacer :** v. = Séparer, échelonner. ■ **espacement :** n.m. = Intervalle.

espèce : n.f. **1-** = Catégorie, genre. **2- une espèce de :** = une sorte de. **3-** plur. = Argent, monnaie.

espérer : v. = Souhaiter, s' attendre à, escompter. ■ **espérance :** n.f. = Espoir, confiance, foi. ≠ Doute.

espiègle : adj. = Malicieux, facétieux,coquin.

espionner: v. **1-** = Surveiller, épier.

esplanade : n.f. = Terrain, place.

espoir : [de **espérer**] n.m. = Espérance.

esprit : n.m **1-** = Âme, conscience, raison. **2-** = Fantôme. **3-** = Vivacité, intelligence, humour, finesse. ≠ Lourdeur, maladresse, stupidité. ■ **avoir bon** ou **mauvais esprit :** = être bienveillant ou malveillant. ■ **faire de l'esprit :** = être drôle.

esquinter : v. = fam. **1-** = Abîmer, endommager,casser. **2-** = Critiquer , éreinter. ≠ Féliciter, complimenter.

esquisse : n.f. **1-** = Croquis, ébauche. **2-** fig. *Une esquisse de sourire vient éclairer son visage.* = Commencement. ■ **esquisser :** v. fig. = Commencer à faire, ébaucher.

esquiver : v. **1-** *Le boxeur a esquivé ce coup* = Éviter. **2-** *Esquiver une question.* = Escamoter, éluder. ≠ Affronter.

essai : n.m. = Tentative, expérimentation, expérience, test.

essayer : [de **essai**] v. **1-** = S'efforcer de, tâcher de, tenter. **2-** = Tester, expérimenter.

essence : n.f. **1-** = Carburant. **2-** *De l'essence de pétales de roses.* = Extrait, parfum. ■ **essentiel : A-** adj. (f. essentielle) = Indispensable, capital. primordial. ≠ Négligeable, futile, inutile. **B-** n.m. **: 1-** = Le plus important **2-** = La plus grande partie de. ■ **essentiellement :** adv. = Avant tout, absolument.

essor : n.m. **1-** = Envol, élan, impulsion. **2-** = Développement, croissance. ≠ Déclin, ruine.

essouffler (s') : [de **souffler**] v. pron. **1-** = Haleter, suffoquer. **2-** fig. = Peiner, fatiguer.

essuyer : v. **1-** = Sécher. **2-** *J'ai essuyé un refus.* = Subir, souffrir. ■ **essuie-mains :** n.m. inv. = Torchon.

est : n.m. inv. = Orient, levant.

estafilade : n.f. = Blessure, balafre, cicatrice.

estamper : v. = Imprimer, marquer. ■ **estampe :** n.f. = Image, gravure.

esthétique : A- adj. = Beau, grâcieux, harmonieux. ≠ Disgrâcieux, inélégant. **B-** n.f. = Beauté, grâce, harmonie.

estimer : v. **1-** = Expertiser. **2-** = Évaluer, calculer. **3-** = Apprécier, aimer. ≠ Déplaire, désapprouver.**4-** *J'estime que tu as raison.* = Penser, croire. ■ **s'estimer :** v. pron. *Je m'estime heureux.* = Se trouver, se croire. ■ **estime :** n.f. = Considération, sympathie. ■ **estimable :** adj. = Digne d'estime, respectable. ■ **estimation :** n.f. = Évaluation, approximation.

estivant : n. = Vacancier.

estomaquer : v. fam. = Stupéfier, surprendre.

estropier : v. **1-** = Blesser, mutiler, amputer. **2-** *Son insolence nous a estomaqués.* = Déformer, dénaturer.

estuaire : n.m. = Embouchure.

établir : v. *Établir son domicile à la campagne.* **1-** = Installer, fixer. **2-** *Établir un règlement.* = Instituer, instaurer. **3-** *Établir l'innocence d'un accusé.* = Montrer, prouver. **4-** = Nouer des relations. ■ **s'établir :** v. pron. = Se fixer. ≠ Partir, déménager. ■ **établissement :** n.m. = Entreprise, institution scolaire, société.

étage : n.m. = Niveau, palier. ■ **s'étager :** v. pron. = S' échelonner.

étai : n.m. = Poteau, pilier.

étaler : v. **1-** Répartir, répandre, déballer, exposer, montrer. ≠ Remballer, cacher, dissimuler. **2-** = Échelonner, espacer. ■ **étalage :** n.m. = Exposition, vitrine. ■ **étalement :** n.m. = Échelonnement, répartition.

étanche : adj. = Imperméable, hermétique. ≠ Perméable, poreux.

étang : [de **étancher**] n.m. = Étendue d'eau, mare, bassin.

étape : n.f. **1-** = Halte, pause, escale. **2-** = Trajet. **3-** *Ce travail se fera en trois étapes.* fig. = Durée, période.

état : n.m. **1-** = Condition,situation. ■ **état d'esprit :** = Mentalité. ■ **état d'âme :** = Sentiment, humeur. ■ **2-** = Façon d'être, aspect. **3-** ■ **État :** = Pays, gouvernement.

étayer : [de **étai**] v. **1-** = Consolider, renforcer. ≠ Fragiliser. **2-** fig. = Argumenter, justifier.

été : n.m. = Chaleur, canicule.

éteindre : v. = Faire cesser de brûler. ■ **s'éteindre :** v. pron. **1-**= Cesser de brûler. **2-** = S'étioler, mourir doucement. ■ **éteint :** adj. = Terne, sans éclat. ≠ Lumineux, éclatant. ■ **éteignoir :** n.m. fig. = fam. Rabat-joie. ≠ Boute-en-train.

étendard : [de **étendre**] n.m. **1-** = Drapeau. **2-** *L'étendard de la liberté.* = Signe, symbole.

étendre : v. **1-** *Étendre le bras.* = Allonger, déplier, déployer. **2-** = *Étendre de la peinture.* = Appliquer, étaler. **3-** *Étendre du vin avec un peu d'eau.* = Diluer, allonger. ≠ Concentrer. **4-** Augmenter, agrandir. ≠ Rapetisser, réduire, diminuer. ■ **s'étendre :** v. pron. **1-** = S'allonger., se coucher. ≠ Se lever, se dresser. **2-** = Croître, se développer, se propager. ■ **étendu :** adj. = Grand, vaste, ample. ≠ Réduit, étroit. ■ **étendue :** n.f. = Surface, espace, ampleur , importance.

éternel : (f. éternelle) adj. = Continuel, perpétuel, infini, sempiternel, immortel. ≠ Temporaire, passager, périssable, changeant. ■ **éternellement :** adv. = Continuellement, toujours, sans arrêt. ■ **éterniser (s') :** v. pron. = fam. S'attarder, traîner. ≠ Se hâter, se précipiter.

étêter : [de **tête**] v. = Écimer, élaguer, décapiter.

étincelle : n.f. = Escarbille. fig. *Une étincelle d'espoir.* = Lueur, éclair. ■ **étinceler :** v. = Briller, flamboyer, scintiller. ≠ S'éteindre, se ternir. ■ **étincelant :** adj. = Brillant, éblouissant, chatoyant. ≠ Éteint, mat, terne.

étiquette : n.f. **1-** = Écriteau, marque. **2-** = Protocole, cérémonial. ■ **étiqueter :** v. = Marquer.

étirer : [de **tirer**] v. = Allonger, étendre, distendre. ≠ Rapprocher, raccourcir.

étoffer : v. = Enrichir, développer, augmenter. ≠ Diminuer, simplifier. ■ **s'étoffer :** v. pron. = Se développer, prendre du poids, grossir. ≠ Mincir. ■ **étoffe :** n.f. = Tissu, textile, toile.. ■ **avoir de l'étoffe :** = avoir des possibilités, avoir du talent.

étoile : n.f. **1-** = Astre, comète. **2-** fig. = Star, vedette.

étonner : v. = Surprendre, ébahir, abasourdir, troubler. ■ **étonnant :** adj. **1-** = Curieux, bizarre, déconcertant. **2-** = Extraordinaire, merveilleux, inattendu. ≠ Banal, convenu, ordinaire. ■ **étonnement :** n.m. = Surprise, stupéfaction, ébahissement. .

étouffer : v. **1-** = Asphyxier, suffoquer. ≠ Respirer, inhaler. **2-** fig. *Étouffer un bruit.* = Amortir . ■ **s'étouffer :** v. pron. = = S'étrangler, suffoquer.■ **étouffement :** n.m. = Suffocation, oppression. ■ **étouffé :** adj. fig. = Assourdi, atténué, amorti. ≠ Sonore, bruyant.

étourderie : [de **étourdir**] n.f. = Distraction, inattention, bévue.

étourdir : v. = Assommer, choquer, griser. ■ **étourdissant :** adj. **1-** *Un vacarme étourdissant.* = Assourdissant. **2-** *Un spectacle étourdissant.* = Sensationnel, époustouflant, remarquable. ≠ Inintéressant, banal, ennuyeux. ■ **étourdissement :** n.m. = Malaise, vertige. ■ **étourdi :** adj. et n. = Distrait, écervelé. ≠ Attentif, posé, réfléchi.

étourneau : n.m. **1-** = Sansonnet. **2-** fam. = Distrait, étourdi, tête de linotte.

étrange : adj. = Bizarre, inhabituel, inquiétant, insolite. ≠ Courant, habituel, attendu, familier. ■ **étranger :** (f. étrangère) adj. Inconnu, autre, distinct. ≠ Familier. ■ **étrangement :** adv. = Bizarrement, curieusement, étonamment. ≠ Normalement, habituellement, couramment.

étrangler : v. = Étouffer, asphyxier. ≠ Oxygéner. ■ **étranglement :** n.m. = Resserrement , rétrécissement. ≠ Ouverture, élargissement.

être : v. = Exister.

être : n.m. **1-** = Personne, individu.

étreindre : v. **1-** = Serrer , enlacer, embrasser. 2- fig. = Oppresser, serrer. ≠ Desserrer, relâcher. ■ **étreinte :** n.f. = Embrassade, enlacement.

étrenne : n.f. (souvent au plur.) = Cadeau, gratification. ■ **étrenner :** v. *Étrenner un nouveau vêtement.*= Inaugurer.

étriqué : adj. **1-** = Étroit, petit, serré, exigu. ≠ Large, ample. **2-** = Mesquin, égoïste. ≠ Large, généreux, altruiste.

étude : n.f. sing. = Travail, recherche, examen, observation. ■ **étudier :** v. **1-** = Observer, examiner, analyser. **2-** = Travailler, apprendre. ■ **étudié :** adj. = Recherché, préparé, maniéré.

étui : n.m. = Enveloppe, écrin, housse.

étuve : n.f. = Sauna, hammam. ■ **étuver :** v. = Stériliser. ■ **étuvée (à l') :** loc. adv. *Des légumes cuits à l'étuvée.* = À l'étouffée, à la vapeur.

euphorie : n.f. = Bonheur, exaltation. ≠ Accablement, tristesse.

évacuer : v. **1-** = Éliminer, rejeter. ≠ Assimiler. **2-** = Partir, s'en aller, se retirer. ≠ Rester, demeurer. **3-** fig. = Se débarrasser de, rejeter. ≠ Accueillir.

évader (s') : v. pron. = S'enfuir, s'échapper, disparaître.

évaluer : v. = Estimer, mesurer, apprécier. ■ **évaluation :** n.f. = Estimation, expertise.

évanouir (s') : v. pron. **1-** = Perdre connaissance, défaillir. **2-** *La brume s'est évanouie.* = Disparaître, se dissiper, s'évaporer. ■ **évanouissement :** n.m. = Perte de connaissance , syncope, défaillance, faiblesse.

évaporer (s') : v. pron. **1-** = fam. Disparaître. **2-** fig. fam. = Disparaître , s'envoler, se volatiliser. ■ **évaporé :** adj. et n. = Léger, étourdi, frivole. ■ **évaporation :** n.f. ≠ Condensation.

évaser : [de **vase**] v. Élargir. ≠ Agrandir. ■ **s'évaser :** v. pron. S'élargir. ≠ Rétrécir.

évasion : [de **évader**] n.f. **1-** = Fuite, escapade. **2-** = Distraction, détente.

éveiller : v. **1-** = Tirer du sommeil, réveiller. ≠ Endormir, assoupir. **2-** *Éveiller l'attention.* = Susciter, exciter, stimuler. ■ **éveillé :** adj. = Vif, dégourdi, déluré. ≠ Empoté, apathique.

événement : n.m. **1-** = Fait, affaire, nouvelle.

éventail : [de **vent**] n.m. (plur. des éventails) = Choix, variété. ≠ Uniformité. ■ **s'éventer :** v. pron. **1-** = Se rafraîchir, s'aérér.

éventrer : [de **ventre**] v. = Déchirer, crever.

éventuel : adj. = Possible, incertain. ≠ Inévitable, prévu, sûr. ■ **éventualité :** n.f. = Possibilité, occasion, hypothèse. ≠ Certitude.

évertuer (s') : [de **vertu**] v. pron. = S'efforcer, tenter, s'obstiner. ≠ Abandonner, baisser les bras.

évidence : n.f. = Certitude, réalité. ≠ Doute, hésitation, indécision. ■ **évident :** adj. = = Incontestable, sûr, certain. ≠ Incertain, douteux. ■ **évidemment :** adv. = Bien sûr, bien entendu, sans aucun doute.

évider : [de **vide**] v. = Creuser, trouer.

évier : n.m. = Bac.

évincer : v. = Écarter , éloigner, exclure. ≠ Inclure, introduire.

éviter : v. **1-** Contourner, esquiver. ≠ Affronter, faire face. **2-** *Éviter une corvée.* = Épargner.

évolution : n.f. = Progression, changement, transformation. ≠ Stabilité, stagnation. ■ **évoluer :** v. **1-** = Changer, se modifier, se transformer. ≠ Stagner. ■ **évolué :** adj. = Intelligent, fin. ≠ Fruste, lourd.

évoquer : v. **1-** = Décrire. **2-** *Évoquer un souvenir.* = Rappeler, interpeller, susciter.

exacerber : v. = Aviver, redoubler. ≠ Apaiser, calmer.

exact : adj. **1-** *Un résultat exact.* = Juste, correct, vrai. **2-** *L'heure exacte.* = Précis, ponctuel. ■ **exactement :** adv. = Rigoureusement, tout à fait. ■ **exactitude :** n.f. = Rigueur, précision, ponctualité. ≠ Imprécision, approximation.

exagérer : v. = Grossir, amplifier, rajouter, dramatiser, abuser. ■ **exagéré :** adj.= Excessif, démesuré. ≠ Mesuré, pondéré, discret. **exalter :** v. **1-** = Glorifier, magnifier. **2-** = Enthousiasmer, passionner. ■ **exalté :** adj. et n. = Enthousiaste, passionné, fanatique. ≠ Las, blasé.

examen : n.m. **1-** Observation, étude, analyse. **2-** = Épreuve, test. ■ **examiner :** v. **1-** = Observer, étudier, analyser, inspecter.

exaspérer : v. = Agacer, irriter, énerver. ≠ Plaire, agréer, calmer. ■ **exaspération :** n.f. = Irritation, énervement, agacement. ≠ Calme, patience.

exaucer : v. = Accorder, satisfaire. ≠ Contrarier, refuser.

excéder : v. **1-** *Le prix des places excède 10 €.* = Dépasser. **2-** = Agacer, exaspérer. ■ **excédent :** n.m. = Surplus, excès. ≠ Manque, déficit.

excellent : adj. = = Parfait, remarquable, admirable. ≠ Mauvais, médiocre, lamentable. ■ **exceller :** v. = Briller, se distinguer.

excentrique : adj. ou n. = Bizarre, extravagant. ≠ Banal, ordinaire.

excepté : v. = À l'exception de, en dehors de, sauf, hormis. ■ **exceptionnel :** adj. (f. exceptionnelle) = Rare, inhabituel. ≠ Fréquent, habituel, courant.

excès : n.m. = Abus, exagération. ≠ Modération, sagesse. ■ **excessif :** adj. (f. excessive) = Éxagéré, démesuré. ≠ Pondéré, raisonnable.

exciter : v. **1-** *Exciter la curiosité.* = Éveiller, susciter. **2-** = Énerver, agacer. **3-** *Exciter l'appétit.* = Augmenter, stimuler. ≠ Réduire, décroître. ■ **s'exciter :** v. pron. = S'agiter, s'énerver. ≠ Se calmer, s'apaiser. ■ **excitant :** adj. et n.m. = Stimulant, séduisant. ≠ Rébarbatif, ennuyeux.

exclamation : n.f. = Cri, vocifération, interjection.

exclure : v. **1-** = Renvoyer, expulser. **2-** = Écarter, repousser. ■ **exclu :** **A-** adj. = Refusé, repoussé. ≠ Inclus, admis, accepté. ■ **exclusion :** n.f. = Expulsion, élimination. ■ **exclusivement :** adv. = Seulement, uniquement. ≠ Entre autre. ■ **exclusivité :** n.f. = Monopole, privilège.

excrément : n.m. = Crotte, déjections.

excursion : n.f. = Déplacement, visite, balade.

excuser : v. = Pardonner. ≠ Accuser. ■ **excuse :** n.f. = Motif, raison, prétexte. ■ **excusable :** adj. = Pardonnable. ≠ Inexcusable, impardonnable.

exécrer : v. = Détester, abominer, abhorrer. ≠ Aimer, adorer. ■ **exécrable :** adj. = Détestable, horrible, repoussant. ≠ Agréable, plaisant, attirant, séduidant.

exécution : n.f. **1-** *L'exécution des travaux est terminée.* = Réalisation. **2-** *L'exécution d'un condamné.* = Mise à mort.

■ **exécuter :** v. **1-** *Exécuter un travail.* = Faire, réaliser, effectuer. **2-** *Exécuter un concerto de Mozart.* = Jouer. **3-** = Mettre à mort. ■ **s'exécuter :** v. pron. = Obéir, obtempérer. ≠ Désobéir.

exemple : n.m. **1-** = Modèle. **2-** *Donner un exemple.* = Illustration, aperçu, échantillon. ■ **exemplaire :** **A-** adj. = Remarquable. ≠ Inintéressant, négligeable. **B-** n.m. = Échantillon, élément, modèle, specimen.

exercer : v. **1-** *Exercer la mémoire.* = Entraîner, travailler, cultiver. ≠ Négliger, laisser à l'abandon. **2-** *Exercer son autorité.* = Utiliser. ■ **s'exercer :** v. pron. S'entraîner. ■ **exercice :** n.m. **1-** Travail, activité. **2-** *Exercer une fonction.* = Activité, pratique d'un métier. ■ **en exercice :** = en activité.

exhiber : v. = Étaler, montrer, exposer. ≠ Cacher, dissimuler, taire. ■ **s'exhiber :** v. pron. *Cette vedette aime s'exhiber avec des célébrités.* = S'afficher, s'exposer. ■ **exhibition :** n.f. = Présentation, étalage, show.

exiger : v. = Demander, réclamer. ■ **exigence :** n.f. **1-** = Nécessité, besoin. ≠ Inutilité. **2-** *Les exigences d'une profession.* = Contrainte, obligation. ■ **exigeant :** adj. = Difficile, pointilleux, tyrannique. ≠ Facile, conciliant, accommodant.

exigu : adj. (f. exiguë) = Réduit, étroit, serré. ≠ Grand, large, spacieux. ■ **exiguïté :** n.f.= Étroitesse, petitesse.

exil : n.m. = Éloignement, déportation. ■ **exiler :** v. *Victor Hugo a été exilé.* = Bannir, expulser, éloigner. ■ **exilé :** adj. ou n. = Expatrié. ≠ Rapatrié.

exister : v. = Être, vivre. ■ **existant :** adj. et n.m. = Palpable, réel, concret. ≠ Inexistant, irréel. ■ **existence :** n.f. = Vie, destinée. ≠ Mort, fin.

exode : n.m. = Émigration, fuite, abandon. ≠ Immigration.

exonérer : v. = *Être exonéré d'impôts.* = Dispenser.

exorbitant : adj.= Excessif, exagéré, démesuré. ≠ Raisonnable, sage, mesuré.

exotique : adj. = Étranger, lointain.

expansion : n.f. **1-** = Augmentation, développement. ≠ Diminution, baisse. **2-** = Progrès, développement. ≠ Régression, recul. ■ **expansif :** adj. (f. expansive) Exubérant, ouvert, démonstratif. ≠ Réservé, discret, introverti.

expatrier (s') : [de de **patrie**] v. pron. = Émigrer, exiler.

expédier : v. **1-** = Envoyer, poster, adresser. **2-** fam. = Bâcler. ≠ Peaufiner, fignoler. ■ **expéditif :** adj. (f. expéditive) = Rapide, efficace. ≠ Lent, inefficace ■ **expédition :** n.f. **1-** = Envoi. **2-** = Voyage , exploration.

expérience : n.f. **1-** = Test, essai, expérimentation. ■ **expérimenter :** v. = Vérifier, essayer, tester, expérimenter. ■ **expérimenté :** adj. = Habile, compétent, chevronné. ≠ Amateur, dilettante.

expert : **A-** adj. Habile, expérimenté. ≠ Malhabile, incompétent. **B-** n. = Connaisseur. ■ **expertise :** n.f. = Examen, estimation, authentification. ■ **expertiser :** v. = Estimer, évaluer.

expier : v. = Se faire pardonner, se racheter. ■ **expiation :** n.f. = Repentir, rachat.

expirer : v. **1-** = Souffler. ≠ Inspirer. **2-** = Mourir, rendre l'âme., trépasser. ■ **expiration :** n.f. = Fin, échéance.

expliquer : v. = Renseigner, commenter, éclairer. ≠ Embrouiller. ■ **s'expliquer :** v. pron. **1-** = Se justifier, argumenter. ■ **explication :** n.f. = Commentaire, précision, renseignement.

exploit : n.m. = Prouesse, performance. ≠ Échec, contre performance. ■ **exploiter :** v. **1-** *Exploiter des mines de diamants.* = Tirer profit, faire fructifier. **2-** *Exploiter la gentillesse de quelqu'un.* = Utiliser, profiter de. **3-** = Abuser, voler.

explorer : v. **1-** = Prospecter, chercher, découvrir. 2- Ausculter, sonder. ■ **explorateur :** n.m. (f. exploratrice) = Voyageur. ■ **exploration :** n.f. = Découverte, prospection,voyage.

explosion : n.f. = Éclatement, déflagration. ■ **exploser :** v. **1-** = Éclater, sauter. **2-** fam. = Se mettre en colère.

exporter : v. = Vendre, expédier. ≠ Importer. ■ **exportateur** : adj. et n. (f. exportatrice) ≠ Importateur. ■ **exportation :** n.f. = Vente, expédition. ≠ Importation.

exposer : v. **1-** = Montrer, étaler, présenter. **2-** = Mettre en danger, faire courir un risque. ≠ Protéger. ■ **s'exposer :** v. pron. = Se mettre dans une situation de risque, se mettre en danger. ■ **exposé** : n.m. = Discours, présentation, conférence. ■ **exposition :** n.f. **1-** = Présentation, exhibition, salon. **2-** *L'exposition d'une maison.* = Orientation.

exprès : adv. = Volontairement, intentionnellement, sciemment. ≠ Par inadvertance.

express : n.m. [de « expresso »] = Café.

expression : [de **exprimer**] n.f. **1-** = Formule, locution, tournure. **2-** = Caractère, physionomie, attitude. ■ **expressif :** adj. (f. expressive) = Évocateur. ≠ Inexpressif.

exprimer : v. **1-** = Expliquer, manifester, énoncer. **2-** *Exprimer le jus d'un citron.* = Extraire, presser. ■ **s'exprimer :** v. pron. = Parler, se manifester.

exproprier : v. = Chasser, déloger, expulser. ≠ Accueillir, recevoir, loger. ■ **expulsion** : n.f. = Expropriation.

exquis : adj. **1-** = Délicieux, fameux, savoureux. ≠ Mauvais, infect. **2-** = Agréable, raffiné, charmant. ≠ Vulgaire, déplaisant, désagréable.

extase : n.f. = Béatitude, admiration, émerveillement, plaisir. ■ **extasier (s') :** v. pron. = S'émerveiller, admirer.

extension : n.f. = Allongement, agrandissement, augmentation. ≠ Diminution. ■ **extensible** : adj. = Élastique. ≠ Inflexible, rigide.

exténuer : v. = Affaiblir, épuiser, accabler. ≠ Dynamiser, stimuler. ■ **exténuant :** adj. = Fatigant, éreintant, épuisant. ≠ Reposant, délassant.

extérieur : **A-** adj. = Visible, externe. ≠ Caché, interne. **B-** n.m. = Dehors. ≠ Intérieur. ■ **extérioriser :** v. = Manifester ses sentiments, exprimer, dévoiler. ≠ Taire, cacher, dissimuler.

exterminer : v. = Détruire, décimer, tuer.

extirper : v. = Arracher, enlever, extraire. ≠ Planter, introduire. ■ **s'extirper** : v. pron. fam. = S'extraire, se tirer difficilement.

extorquer : v. = Soutirer, voler. ≠ Offrir, faire don de.

extrait : n.m. **1-** = Passage, aperçu, résumé. ≠ Totalité, globalité, ensemble.

extraordinaire : adj. = Étonnant, curieux, incroyable. ≠ Banal, ordinaire. ■ **extraordinairement :** adv. Bizarrement, étonnamment, exceptionnellement.

extravagant : adj. = = Excentrique, déraisonnable. ≠ Sage, mesuré, pondéré.

extrême : adj. = Excessif, intense, violent. ≠ Calme, paisible. ■ **à l'extrême :** = au-delà des limites. ■ **extrêmement :** adv. = Beaucoup, très, fort. ≠ Peu, modérément. ■ **extrémité :** n.f. = Bord, bout, lisière, limite.

exubérant : adj. **1-** = Abondant, luxuriant. **2-** = Extraverti, communicatif, démonstratif. ≠ Introverti, réservé. ■ **exubérance** : n.f. **1-** = Surabondance, profusion, luxuriance. ≠ Rareté, pauvreté, manque. **2-** S*e comporter avec exubérance.* = Joie, gaîté, démonstrativité. ≠ Tristesse, abattement.

exulter : v. = Jubiler, se réjouir. ≠ Se morfondre.

F f F f F f F f F f F f F f

fable : n.f. = Récit, conte, parabole.

fabriquer : v. **1-** = Créer, faire, réaliser, produire. **2-** fig. = Inventer, créer. ■ **fabrication :** n.f. = Confection, réalisation, création. ■ **fabricant :** n. = Artisan, industriel. ■ **fabrique :** n.f. = Usine, atelier.

fabuler : [de **fable**] v. = Affabuler, inventer. ■ **fabulation :** n.f. = Affabulation, invention. ≠ Vérité, réalité. ■ **fabuleux :** adj. (f. fabuleuse) = Extraordinaire, incroyable, fantastique, merveilleux.

façade : n.f. **1-** = Devant, devanture. **2-** *Une amabilité de façade.* fig. = Apparence, extérieur. ≠ Fond, réalité.

face : n.f. = Visage, figure. ■ **perdre la face :** = se déconsidérer, se ridiculiser. ■ **sauver la face :** = préserver, sauvegarder les apparences. ■ **de face :** de devant. ≠ de profil, de dos. ■ **face à face :** = vis-à-vis. ■ **faire face :** = assumer, affronter. ≠ fuir, se dérober. ■ **facette :** n.f. *Un talent aux multiples facettes.* = Aspect, variété. ≠ Uniformité.

facétie : n.f. = Plaisanterie, blague, farce. ■ **facétieux :** adj. (f. facétieuse) = Farceur. ≠ Sérieux.

fâcher : v. = Irriter, mécontenter, contrarier. ≠ Faire plaisir, contenter, satisfaire. ■ **se fâcher :** v. pron. **1-** = Se mettre en colère. **2-** = Se brouiller, se disputer. ≠ Se réconcilier. ■ **fâcherie :** n.f. Brouille, dispute, mésentente. ≠ Entente, réconciliation. ■ **fâché :** adj. **1-** = Contrarié, mécontent. ≠ Satisfait, content. **2-** = Brouillé, en froid. ■ **fâcheux :** adj. (f. fâcheuse) = Ennuyeux, regrettable, contrariant. ≠ Agréable, satisfaisant.

facile : adj. **1-** = Aisé, simple, abordable. ≠ Complexe, difficile, délicat, ardu. **2-** *Un enfant facile.* = Accommodant, agréable. ≠ Dur, pénible. ■ **facilement :** adv. = Aisément, sans peine, simplement. ≠ Difficilement, péniblement. ■ **facilité :** n.f. **1-** = Simplicité, aisance. **2-** *Avoir de la facilité à faire quelque chose.* = Disposition, intelligence. ≠ Handicap, désavantage. **3-** plur. = Occasion, commodité. ■ **faciliter :** v. *Faciliter la tâche.* = Aider, arranger, favoriser. ≠ Compliquer, entraver.

façon : n.f. **A-** sing. = Manière. ■ **sans façon :** = simple, simplement. ■ **de toute façon :** = de toute manière, en tout cas. **B-** plur. *Avoir de drôles de façons.* = Comportement, manière d'agir. ■ **de façon à, que :** = pour, afin de, dans le but de. ■ **de telle façon que :** = de telle sorte que. ■ **façonner :** v. = Fabriquer, confectionner, modeler.

facteur : n. (f. factrice) = Préposé.

factice : adj. **1-** = Artificiel, faux. ≠ Véritable, naturel. **2-** *Une gaieté factice.* = Forcé, affecté, emprunté. ≠ Naturel, vrai.

faction : n.f. **1-** = Clan, complot, ligue. **2-** *Être en faction.* = Surveillance, guet. ■ **factieux :** adj. et n. (f. factieuse) = Agitateur, émeutier.

facture : [de **facteur**] n.f. = Compte, addition, note, relevé.

faculté : n.f. sing. **1-** = Aptitude, capacité à. ≠ Inaptitude, incapacité, impossibilité. **2-** = Institut, université. ■ **facultatif :** adj. (f. facultative) = Optionnel, éventuel. ≠ Obligatoire, nécessaire, indispensable.

fade : adj. **1-** = Insipide, douceâtre. **2-** *Une couleur fade.* = Terne. ≠ Vif, éclatant. **3-** fig. = Sans intérêt, banal. ≠ Intéressant, captivant.

faible : adj. **1-** = Chétif, affaibli, malingre. ≠ Fort, puissant, costaud. **2-** *Des résultats faibles.* = Mauvais, médiocre. **3-** *Un bruit, une lumière faible.* = Peu intense, ténu. ■ **faible d'esprit :** = sans autorité, sans fermeté. ≠ autoritaire, impérieux. **4-** *Avoir un faible pour les sucreries.* = Penchant, goût, attirance. ≠ Désintérêt, dégoût, inappétance. ■ **faiblesse :** n.f. = Déficience, fragilité, mollesse. ≠ Force, puissance. ■ **avoir une faiblesse :** = avoir un malaise, s'évanouir. ■ **faire preuve de faiblesse :** = manquer d'autorité. ■ **faiblir :** v. = Diminuer. ≠ Augmenter, se renforcer.

faillir : v. = Manquer de, être sur le point de. ■ **faillir à :** = se dérober, pécher, faire défaut. ≠ Assumer, faire face, affronter. ■ **faille :** n.f. **1-** = Faiblesse, défaut, lacune. **2-** = Fissure, fente.

faillite : n.f. = Banqueroute, liquidation, ruine. ≠ Développement, progrès.

faim : n.f. **1-** = Appétit, fringale. ■ **avoir une faim de loup :** = avoir grand faim, être affamé. **2-** *Avoir faim de justice.* = Envie, besoin.

fainéant : adj. ou n. = Paresseux, nonchalant, oisif, désoeuvré. ≠ Actif, travailleur, dynamique, entreprenant. ■ **fainéantise :** n.f. = Paresse, nonchalance. ■ **fainéanter :** v. = Paresser. ≠ S'activer.

faire : v. **1-** = Fabriquer, confectionner, réaliser, créer. **2-** *Qu'est-ce qu'il fait dans la vie ?* = Exercer, travailler. **3-** *Faire des kilomètres.* = Parcourir, effectuer. ■ **s'en faire :** être soucieux, tracassé. ≠ être serein, insouciant.

faisable : [de **faire**] adj. = Possible, réalisable. ≠ Impossible, irréalisable, infaisable.

fait : [de **faire**] **A-** adj. **1-** = Fabriqué, réalisé, préparé. ■ **tout fait :** = préparé à l'avance. ■ **une idée toute faite :** = Préjugé, a priori. **2-** ■ **fait :** *Un fromage fait.* = À point, mûr. ≠ Vert, jeune. **B-** n.m. = Événement, action, acte. ■ **prendre quelqu'un sur le fait :** = surprendre. ■ **au fait :** = à propos. ■ **c'est un fait :** = c'est vrai. ■ **tout à fait :** = absolument, entièrement. ≠ partiellement, en partie.

faîte : n.m. = Sommet, cime, crête. ≠ Base, pied.

faitout : [de **faire**] n.m. = Cocotte.

falbalas : n.m. plur. *Une robe à falbalas.* = Volants, dentelles, rubans, froufrous.

falot : adj. = Terne, insignifiant, effacé, pâle, fade. ≠ Brillant, vif, éclatant, intéressant.

falsifier : v. = Altérer, fausser. ■ **falsification :** n.f. = Fraude, tromperie, truquage. ■ **falsificateur :** n. (f. falsificatrice) = Fraudeur, faussaire.

famélique : [de **faim**] adj. = Maigre, affamé. ≠ Bien nourri, repu.

fameux : adj. (f. fameuse) **1-** = Très connu, célèbre, renommé, réputé. **2-** = Très bon, délicieux, savoureux. ≠ Mauvais, infect. ■ **pas fameux :** = médiocre, insatisfaisant.

familier : (f. familière) adj. **1-** = Habituel, commun, proche. ≠ Étranger. **2-** *Des manières familières.* = Désinvolte, libre. ≠ Réservé, discret, poli. ■ **familiariser :** v. = Habituer, accoutumer. ■ **se familiariser :** v. pron. = S'habituer, s'accoutumer. ■ **familiarité :** n.f. = Intimité, proximité, sans-gêne.

famille : n.f. **1-** = Parents, ascendance, foyer. **2-** = Groupe, groupement, race.

famine : [de **faim**] n.f. = = Disette, pénurie.

fanatique : n. = Inconditionnel, fervent, passionné. abrév. = Fana, fan. ■ **fanatisme :** n.m. = Exaltation, intolérance. ≠ Tolérance.

faner (se) : [de **foin**] v. pron. **1-** = Perdre sa fraîcheur, sécher, se flétrir. **2-** *Des couleurs fanées, un visage fané.* = Perdre son éclat, perdre sa fraîcheur.

fanfaron : n. ou adj. (f. fanfaronne) = Vantard, hâbleur. ≠ Modeste. ■ **fanfaronnade :** n.f. = Vantardise. ≠ Modestie.

fantaisie : n.f. **1-** *La fantaisie d'un artiste.* = Créativité, originalité, imagination. **2-** = Envie passagère, caprice, lubie. ■ **fantaisiste :** adj. = Original, extravagant, comique. ≠ Sérieux, rabat-joie.

fantasque : [de **fantastique**] adj. = Instable, changeant, capricieux. ≠ Raisonnable, posé.

fantassin : n.m. = Soldat.

fantastique : adj. **1-** = Irréel, fabuleux. **2-** Formidable, extraordinaire, sensationnel. ≠ Banal, ordinaire.

fantôme : n.m. = Apparition, revenant.

faramineux : adj. (f. faramineuse) fam. = Démesuré, extraordinaire. ≠ Raisonnable, mesuré, sage.

farce : n.f. = Tour, facétie, plaisanterie. ■ **farcir :** v. *Farcir une dinde.* = Garnir, fourrer, remplir, bourrer. ■ **se farcir :** v. pron. fam. = Se taper, s'envoyer, s'appuyer. ■ **farceur :** n. (f. farceuse) = Blagueur, plaisantin. ≠ Rabat-joie.

fard : [de **farder**] n.m. = Maquillage. ■ **piquer un fard :** = rougir.

fardeau : n.m. = Charge, poids.

farder : v. = Maquiller. ■ **farder la vérité :** = cacher, dissimuler. ≠ révéler, mettre au jour, dévoiler. ■ **se farder :** v. pron. = Se maquiller.

farfadet : [de **fée**] n.m. = Lutin .

farfelu : adj. fam. = Fantaisiste, bizarre, original. ≠ Pondéré, raisonnable.

faribole : n.f. fam. (souvent plur.) = Baliverne, bêtise.

farouche : adj. **1-** = Sauvage, craintif, peureux. ≠ Confiant. **2-** = Timide, sauvage. ≠ Exubérant, extraverti. **3-** *Un adversaire farouche.* = Violent, acharné. ■ **farouchement :** adv. = Violemment. ≠ Avec douceur.

fart : n.m. = Cire .

fascicule : n.m. = Livret, brochure.

fasciner : v. **1-** = Hypnotiser, ensorceler. **2-** = Émerveiller, ravir, séduire. ■ **fascination :** n.f. = Admiration, ravissement, émerveillement.

faste : n.m. = Luxe, richesse, abondance. ≠ Pauvreté, dénument.

■ **faste :** adj. *Un jour faste.* = Favorable, chanceux. ≠ Néfaste, défavorable. ■ **fastueusement :** adj. (f. fastueuse) = Luxueux, somptueux, pompeux. ≠ Sobre, simple.

fastidieux : adj. (f. fastidieuse) = Ennuyeux, assommant, rébarbatif. ≠ Plaisant, agréable.

fat : adj. m. ou n.m. = Sot, vaniteux, imbu, fier. ≠ Modeste, simple.

fatal : adj. (plur. fatals) **1-** = Inévitable, obligatoire. ≠ Facultatif, éventuel. **2-** = Néfaste, nuisible, mortel. ≠ Favorable, porte-bonheur. ■ **fatalement :** adv. = Forcément, inévitablement. ≠ Éventuellement. ■ **fatalisme :** n.m. = Résignation, renoncement. ≠ Optimisme, espoir. ■ **fataliste :** adj. et n. = Résigné. ■ **fatalité :** n.f. = Destin. ■ **fatidique :** adj. = Fatal.

fatiguer : v. . **1-** = Épuiser, éreinter, harassser. ≠ Reposer, détendre, délasser. **2-** *Fatiguer son entourage.* = Lasser, ennuyer, importuner, agacer. ≠ Amuser, distraire. ■ **se fatiguer :** v. pron. = Fournir un effort, s'épuiser, s'échiner. ≠ Laisser aller. ■ **fatigue :** n.f. = Lassitude, peine, épuisement. ≠ Entrain, allant, dynamisme.

fatras : n.m. = Ramassis, fouillis. ≠ Ordre.

fatuité : [de **fat**] n.f. = Orgueil, prétention. ≠ Modestie, simplicité.

faubourg : n.m. *Les faubourgs de Lyon.* = Banlieue.

faucher : [de **faux**] v. **1-** *Faucher de l'herbe* = Couper avec une faux. . **2-** = Renverser, coucher brutalement. **3-** = Tuer. **4-** fam. = Voler, subtiliser, dérober. ■ **fauché :** adj. et n. fam. = Désargenté, démuni. ≠ Riche, fortuné. ■ **fauche :** n.f. fam. = Vol .

faufiler (se) : [de **fil**] v. pron. = Se glisser, s'introduire.

faussement : [de **faux, fausse**] adv. **1-** = À tort. ≠ À raison. **2-** = De façon hypocrite. ≠ Réellement, sincèrement. ■ **fausseté :** n.f. = Hypocrisie, dissimulation, tromperie. ≠ Franchise, sincérité. ■ **fausser :** v. **1-** = Déformer, falsifier. **2-** *Fausser une serrure.* = Déformer, plier, tordre. un objet.

faute : n.f. **1-** = Manquement, maladresse, erreur, inexactitude. **2-** = Manque, défaut, pénurie. ≠ Excès, abondance. ■ **sans faute :** = sans aucun doute. ■ **fautif :** adj. et n. (f. fautive) = Responsable, coupable.

fauteuil : n.m. = Siège.

faux : adj. (f. fausse) **1-** = Inexact, erroné. ≠ Juste, exact. **2-** = Trompeur, hypocrite. ≠ Sincère, honnête. **3-** *Un piano faux.* = Désaccordé, dissonnant. ≠ Juste. **B-** n.m.. = Contrefaçon, imitation.

faux-fuyant : n.m. (plur. faux-fuyants) *Chercher un faux-fuyant.* = Prétexte, échappatoire.

faveur : n.f. **1-** *Obtenir un avancement à la faveur de quelqu'un.* = Avantage, grâce, appui. **2-** *La faveur du public.* = Sympathie, considération, popularité. ≠ Antipathie. ■ **en faveur de :** = au bénéfice de. ■ **à la faveur de :** = à l'occasion de, grâce à. ■ **favoriser :** v. = Avantager, aider, privilégier. ≠ Gêner, rendre difficile, entraver. ■ **favorable :** adj; = Propice, opportun. ≠ Défavorable, inopportun.

favori : (f. favorite) **A-** adj. = Chouchou, préféré. ≠ Rejeté. **B-** n.m. plur. : = Pattes, touffe de barbe.

fébrile : [de **fièvre**] adj. **1-** = Fiévreux. **2-** = Très agité, énervé, excité. ≠ Calme, détendu, serein. ■ **fébrilité :** n.f. = Agitation, énervement, excitation. ≠ Calme, tranquillité.

fécond : adj. **1-** = Fertile, fructueux. ≠ Stérile. **2-** = Prolifique, abondant. ≠ Rare. ■ **féconder :** v. = Ensemencer, semer.

fédérer : v. = Grouper, rassembler, réunir. ≠ Séparer, éloigner. ■ **fédération :** n.f. = Rassemblement, regroupement, association, ligue.

féerique : adj. = Merveilleux, sublime.

feindre : v. = Faire semblant, simuler. ■ **feinte :** n.f. = Dissimulation, mensonge, ruse.

fêler : v. = Fendre, fissurer.

félicité : n.f. = Bonheur, béatitude, ravissement. ≠ Accablement, dépression, abattement. ■ **féliciter :** v. = Complimenter, louer, congratuler. ≠ Critiquer, blâmer, faire des reproches. ■ **se féliciter :** v. pron. = S'estimer heureux, se réjouir.

fêlure : [de **fêler**] n.f. = Fente, fissure.

femelle : [de **femme**] n.f. ≠ Mâle.

femme : n.f. = Épouse, concubine, compagne, amante, ménagère.

fendiller (se) : [**fendre**] v. pron. = Se craqueler, se fissurer, se fendre.

fendre : v. *Fendre du bois.* = Couper, tailler. ■ **se fendre :** v. pron. **1-** = Se crevasser, se fissurer, s'ouvrir. **2-** fam. *Se fendre d'un cadeau.* = Offrir, payer. ■ **se fendre la pêche :** fam. = rire.

fenêtre : n.f. = Ouverture, baie.

fennec : n.m. = Renard des sables.

fente : [de **fendre**] n.f. = Ouverture, fissure, lézarde.

férié : adj. *Un jour férié.* = Chômé. ≠ Ouvré.

ferme : A- adj. **1-** = Dur. ≠ Mou. **2-** = Stable, solide. ≠ Fragile, inconstant. **3-** = Autoritaire, intransigeant, inflexible. ≠ Faible. ■ **fermement :** adv. = Énergiquement, vigoureusement. ≠ Mollement, faiblement.

ferme : n.f. = Exploitation, domaine.

ferment : n.m. *La levure est un ferment.* = Levure, levain.

fermer : v. = Barrer, boucler, bloquer. ≠ Ouvrir, débloquer, déverrouiller. ■ **fermé :** adj. **1-** = Clos, bouclé, verrouillé. **2-** *Avoir l'air fermé.* = Replié, introverti. ≠ Ouvert, extraverti.■ **fermeture :** n.f. = Condamnation, barrage, verrouillage. ≠ Ouverture.

fermeté : [de **ferme**] n.f. **1-** = Assurance, résolution. ≠ Mollesse. **2-** *La fermeté de la main du chirurgien.* = Sûreté, assurance. **3-** = Intransigeance. ≠ Tolérance, indulgence. **4-** = Autorité. ≠ Faiblesse.

fermier : [de **ferme**] n. (f. fermière) = Agriculteur, paysan.

féroce : adj. = Agressif, cruel, barbare, impitoyable. ≠ Bon, doux, inoffensif. ■ **férocité :** n.f. = Cruauté, barbarie, dureté. ≠ Douceur, bienveillance.

ferraille : [de **fer**] : n.f. fam. = Monnaie. ■ **être ferré dans une matière :** = être fort, calé, expert. ≠ ignorant, amateur.

fertile : adj. **1-** = Fécond, riche, luxuriant. ≠ Stérile, improductif. **2-** fig. = Imaginatif, créatif. ≠ Stérile, sec. ■ **fertilité :** n.f. **1-** = Fécondité. ≠ Stérilité. **2-** = Richesse, abondance. ≠ Pauvreté, sécheresse.

fervent : adj. et n. *Un fervent de rugby.* = Passionné, admirateur. ≠ Indifférent. ■ **ferveur :** n.f. = Enthousiasme, ardeur. ≠ Froideur, indifférence.

fesse : n.f. = Arrière-train, séant. fam. = Derrière.

fesser : v. = Taper, claquer. ■ **fessée :** n.f. = Coup, correction, tape sur les fesses.

festin : n.m. = Banquet, noce.

fête : n.f. = Réjouissances, festivités, gala, kermesse. ■ **faire la fête :** = s'amuser, boire, danser. ■ **se faire une fête de :** = se réjouir, s'enthousiasmer. ≠ se lamenter, se morfondre. ■ **fêter :** v. = Festoyer, célébrer.

fétiche : n.m. = Porte-bonheur, talisman, grigri.

fétide : adj. = Nauséabond, pestilentiel, puant. ≠ Parfumé.

feu : n.m. (plur. feux) **1-** = Brasier, incendie, combustion, foyer. ■ **jouer avec le feu :** = jouer avec le danger. ■ **donner le feu vert :** = permettre, autoriser. ≠ interdire. ■ **il n'y a pas le feu** : fam. = Rien ne presse. ■ **arme à feu :** = pistolet, fusil, revolver. ■ **faire feu :** = tirer. ■ **ne pas faire long feu :** = ne pas durer. **2-** fig. = Ardeur, passion. ≠ Froideur. ■ **être tout feu, tout flamme :** = être passionné. ≠ être indifférent, insensible.

feuille : n.f. *Feuille de maladie, feuille d'impôts.* = Imprimé, fiche. ■ **feuillet :** n.m. = Page, fiche, folio. ■ **feuilleter :** v. = Parcourir, lire, compulser. ■ **feuilleton :** n.m. = Histoire.

feutrer : v. fig. *La neige feutre les bruits de la rue.* = Atténuer, étouffer.

fiable : [**se fier**] adj. = Sûr, solide, sérieux. ≠ Incertain.

fiancé : n. = Amoureux, prétendant, soupirant. ■ **fiançailles :** n.f. plur. = Promesse, engagement.

ficelle : n.f. **1-** = Cordelette. **2-** fam. *Les ficelles du métier.* = Astuces. ■ **ficeler :** v. = Attacher, lier, nouer. ≠ Détacher, délier, dénouer.

fiche : n.f. = Carton, feuillet. ■ **ficher :** v. **1-** = Inscrire, noter, cataloguer. **2-** = Enfoncer, planter, fixer. ■ **fichier :** n.m. = Registre, classeur. ■ **fichu : A-** adj. fam.= Abîmé, endommagé. ■ **être mal fichu :** = être malade. **B-** n.m. = Écharpe, châle, foulard.

fiction : n.f. = Invention, imagination. ■ **fictif :** adj. (f. fictive) = Inventé, imaginaire.

fidèle : adj. = Loyal, franc, sûr. ≠ Inconstant, déloyal. ■ **fidélité :** n.f. **1-** = Loyauté, franchise. ≠ Infidélité, inconstance. **2-** *Une traduction fidèle.* = Semblable, identique. ≠ Trompeur, faux.

fief : n.m. = Domaine, terres.

fiel : n.m. fig. = Méchanceté, malveillance. ≠ Bonté, bienveillance.

fiente : n.f. = Excrément, déjections.

fier (se) : v. pron. = Faire confiance, croire. ≠ Se méfier, se défier.

fier : adj. (f. fière) = Hautain, dédaigneux, méprisant, altier. ≠ Modeste, simple, humble. ■ **fierté :** n.f. = Arrogance, dédain, satisfaction. ≠ Humilité, modestie.

fièvre : n.f. **1-** = Température. **2-** = Agitation, excitation, fébrilité. ≠ Calme, tranquillité, apaisement. ■ **fiévreux :** adj. (f. fiévreuse) **1-** = Fébrile, malade. **2-** = Fébrile, agité, inquiet. ≠ Calme, paisible, tranquille.

figer : v. = Paralyser, pétrifier, immobiliser. ≠ Agiter, remuer, bouger, animer.

fignoler : [de **fin**] v. fam. = Soigner, peaufiner, parfaire. ≠ Bâcler, saboter.

figure : n.f. **1-** = Visage, face, faciès. ■ **faire bonne figure :** = paraître content. ■ **se casser la figure :** fam. = tomber, chuter, choir. **2-** *Une figure de l'Histoire.* = Personnage, emblème. **3-** = Image, portrait, représentation. ■ **figurer :** v. **1-** = Représenter, dessiner, modeler. **2-** *Figurer sur une liste.* = Se trouver, être présent, participer. ≠ Être absent. ■ **se figurer :** v. pron. = S'imaginer, croire. ■ **figuré :** adj. *Sens figuré.* = Abstrait. ≠ Sens propre. ■ **figurant :** n. = Acteur, comédien. ■ **figurine :** n.f. = Statuette, sculpture.

fil : n.m. **1-** = Fibre, brin. ■ **ne tenir qu'à un fil :** = être très fragile. ≠ solide, résistant. ■ **donner du fil à retordre :** = causer des soucis, tracasser, ennuyer. ■ **passer un coup de fil :** = téléphoner. **2-** *Le fil du rasoir.* = Tranchant. **3-** *Le fil de la conversation.* = Enchaînement, progression, cours. ■ **filet :** n.m. **A-** = Écoulement. ■ **un filet de voix :** fig. = une voix très faible. **B-** = Nasse. ■ **travailler sans filet :** = fig. prendre des risques.

filandreux : adj. (f. filandreuse) fig. *Des explications filandreuses.* = Confus, obscur, incompréhensible. ≠ Clair, net, précis.

filer : v. **1-** *Le gruyère file.* = Couler. **2-** *Le détective file un suspect.* = Suivre, épier. **3-** fam.= Se sauver, s'enfuir, partir. ■ **filer doux :** = être obéissant, être soumis. ≠ se rebeller, désobéir.

■ **file :** n.f. *Une file de skieurs.* = Suite, queue. ■ **en file indienne :** = les uns derrière les autres. ■ **à la file :** = l'un après l'autre.

filiale : n.f. = Société, succursale. ■ **filiation :** n.f. = Lien, parenté.

fille : n.f. **1-** = Demoiselle, enfant, fillette. ≠ ≠ Garçon, garçonnet, fils.

film : n.m. **1-** *Développer un film.* = Pellicule. **2-** = Œuvre cinématographique. **3-** = *Un film plastique.* = Pellicule, protection, enveloppe.

filon : [de **fil**] n.m. **1-** = Gisement, mine. **2-** fam. *Trouver un bon filon.* = Tuyau, moyen.

filou : n.m. fam. = Escroc, voyou, tricheur.

fils : n.m. = Enfant, garçon. ≠ Fille.

filtrer : v. **1-** = Épurer, clarifier, tamiser. **2-** *Le soleil filtre à travers les nuages.* = Passer, pénétrer, s'infiltrer.

fin : n.f. **1-** = Achèvement, aboutissement. ≠ Début, commencement. ■ **toucher à sa fin** : = être sur le point de se terminer. ■ **sans fin** : = continuellement, indéfiniment. ■ **en fin de compte** : = au bout du compte, en définitive. **2-** = Mort, trépas. **3-** (souvent plur.) *Parvenir à ses fins.* = But, objectif. ■ **final** : adj. = Ultime, dernier. ≠ Initial, premier.

fin : adj. **1-** = Mince, délicat, léger. ≠ Épais, grossier. **2-** = Intelligent, subtil. ≠ Lourd, maladroit, fruste. **3-** *Un mets très fin.* = Raffiné, délicat. ≠ Lourd, grossier. ■ **finesse** : n.f. **1-** = Minceur, délicatesse, légèreté. **2-** *Une personne pleine de finesse.* = Délicatesse, subtilité. ≠ Lourdeur, indélicatesse.

financer : v. = Payer, régler, verser. ■ **financement** : n.m. = Paiement, règlement, versement.

finir : [de **fin**] v. . =Terminer, achever, accomplir, cesser. ≠ Commencer, débuter, entreprendre. ■ **fini** : adj. **1-** = Terminé, achevé, accompli. **2-** = Passé, terminé.

fiole : n.f. = Flacon, flasque.

fioriture : n.f. (souvent plur.) = Ornement, décoration.

fioul ou **fuel** : n.m. = Mazout.

firmament : n.m. = Ciel.

fissure : n.f. = Fente, cassure, fêlure. ■ **fissurer** : v. = Fendre, fêler, lézarder.

fixe : adj. **1-** = Immobile, stable. ≠ Mobile, instable, changeant. **2-** = Invariable, persistant, immuable. ≠ Changeant, variable, irrégulier. ■ **fixer** : v. **1-** = Attacher, lier, coller, clouer. ≠ Détacher, délier, défaire. **2-** *Fixer un rendez-vous.* = Indiquer, définir, préciser.

flacon : n.m. = Fiole, flasque.

flageoler : v. *Des jambes qui flageolent.* = Trembler, frémir, chanceler.

flagrant : adj. = Évident, incontestable, certain. ≠ Incertain, douteux, discutable.

flairer : v. **1-** = Sentir, humer. **2-** fig. *Flairer un mensonge.* = Deviner, pressentir, suspecter, soupçonner. ■ **flair** : n.m. **1-** = Odorat, nez. **2-** fig. = Intuition, perspicacité, sagacité.

flamber : v. **1-** = Brûler, calciner, faire dorer. **2-** fam. *Les prix flambent.* = Augmenter, élever. ≠ Baisser, diminuer. **3-** fam. = Dépenser, gaspiller de l'argent. ■ **flambée** : n.f. **1-** = Feu vif. **2-** *Une flambée de haine.* = Explosion, montée. ■ **flambant neuf** : = tout neuf. ■ **flambeau** : n.m. = Torche.

flamboyer : [de **flamber**] v. = Étinceler, briller, étinceler. ■ **flambant** : adj.= Étincelant, brillant, rutilant. ≠ Terne, mat, sombre.

flamme : n.f. **1-** fig. = Ardeur, enthousiasme. ≠ Indifférence, froideur. ■ **déclarer sa flamme** : = avouer son amour. **2-** plur. = Incendie.

flanc : n.m. = Côté, aile, bord, ventre. ■ **prêter le flanc** : *Prêter le flanc à la critique.* = s'exposer. ■ **être sur le flanc** : fam. = être très fatigué.

flancher : v. fam. = Défaillir, renoncer, abandonner. ≠ Résister, tenir le coup.

flâner : v. = Se promener, traîner, musarder, se balader. ■ **flâneur** : n. (f. flaneuse) = Badaud, promeneur, passant. ■ **flânerie** : n.f. = Promenade, balade.

flash : n.m. **1-** = Lumière vive, éclair. **2-** *Un flash annonça la catastrophe.* = Message.

flasque : adj. = Mou, avachi, détendu. ≠ Ferme, tendu.

flatter : v. = Flagorner, encenser. ≠ Critiquer, blâmer, mépriser. **se flatter** : v. *Se flatter d'avoir minci.* = Se féliciter, se prévaloir, se vanter. ■ **flatteur** : (f. flatteuse) **A-** n. = Flagorneur, encenseur, obséquieux. **B-** adj. *C'est flatteur d'être comparé à un mannequin.* = Élogieux.

fléau : n.m. = Catastrophe, désastre, sinistre.

flèche : n.f. = Dard, trait, pointe. ■ **monter en flèche** : fig. = Augmenter, grimper. ≠ Baisser, diminuer. ■ **flécher** : v. = *Flécher un itinéraire.* = Indiquer, tracer, montrer.

fléchir : v. fig. = Attendrir, amadouer, céder.

flegme : n.m. = Calme, sang-froid. ≠ Émotivité, sensibilité. ■ **flegmatique** : adj. = Calme, tranquille, posé. ≠ Exubérant, émotif, emporté.

flétrir : [de **flasque**] v. = Faner. ■ **se flétrir** : v. pron. = Se faner, se dessécher. ≠ S'épanouir. ■ **flétri** : adj. = Fané, défraîchi, passé, usé. ≠ Frais, vif, éclatant, épanoui, neuf.

fleurir : v. = Éclore, s'épanouir, se développer. ≠ Se faner, se flétrir.

fleuve : n.m. = Cours d'eau.

flexible : [de **fléchir**] **A-** adj. **1-** *Une branche flexible.* = Pliable, souple, élastique. ≠ Rigide. **2-** *Un caractère flexible.* = Souple, docile, malléable. ≠ Inconciliant, intransigeant, rigide. ■ **flexion** : n.f. ≠ Extension.

flore : [de **fleur**] n.f. = Végétation. ■ **florilège** : n.m. = Recueil, anthologie.

florissant : [de **fleurir**] adj. = Prospère, fécond, abondant, fertile, heureux. ≠ Pauvre, improductif, stérile.

flot : n.m. **1-** = Courant, flux, onde. **2-** fig. *Un flot de paroles.* = Torrent, afflux, abondance,multitude, richesse. ≠ Pauvreté, rareté, pénurie. ■ **à flots** : = beaucoup, en abondance. ■ **flotter** : v. **1-** = Surnager, nager. ≠ Couler, sombrer, chavirer, dessaler. **2-** *Flotter au vent.* = Onduler, voleter, ondoyer. **3-** = fam. Pleuvoir.

flottement : [de **flotter**] n.m. fig.= Indécision, hésitation. ≠ Assurance, détermination, résolution.

flou : adj. = Imprécis, indistinct. ≠ Net, précis, clair.

fluet : [de **flou**] adj. (f. fluette) = Mince, fragile, ténu. ≠ Fort, puissant.

fluide : **A-** adj. **1-** = Liquide, clair. ≠ Solide, épais. **2-** *Une circulation fluide.* = Facile, aisé. ≠ Dense, difficile. **B-** n.m. = Liquide, flux, gaz.

flûte : n.f. **1-** = Pipeau, fifre. **2-** = Verre à pied. **3-** = Pain, baguette.

flux : n.m. = Écoulement, débit, flot, émission. ≠ Rétention.

foi : n.f. **1-** = Croyance, religion, conviction. **2-** *Avoir foi en quelqu'un.* = Confiance. ■ **de bonne foi :** = avec sincérité. ■ **de mauvaise foi :** = avec malhonnêteté.

foire : n.f. **1-** = Fête, marché. **2-** fam. = Désordre, pagaille, bruit. ≠ Calme, tranquillité, recueillement.

fois : n.f. = Moment, coup, opportunité. ■ **pour une fois :** = exceptionnellement. ≠ souvent, toujours. ■ **à la fois :** = en même temps.

foison (à) : adv. = En grande quantité, en abondance, beaucoup. ≠ Peu, parcimonieusement. ■ **foisonner :** v. = Abonder, pulluler. ■ **foisonnement :** n.m. = Quantité, abondance, pléthore. ≠ Rareté, pénurie.

folie : [de **fou**] n.f. **1-** = Aliénation, déraison, démence. ≠ Équilibre, normalité. **2-** *Faire une folie.* = Extravagance, exagération. ≠ Mesure, modération. ■ **à la folie :** = passionnément, énormément. ≠ modérément.

foncer : [de **fond**] v. **1-** = Assombrir, ternir. ≠ Éclaircir, éclairer. **2-** = Se précipiter, se ruer, s'élancer. ■ **foncé :** adj. = Sombre. ≠ Clair, lumineux, éclatant. ■ **fonceur :** adj. et n. (f. fonceuse) = Battant.

fonction : n.f. **1-** = Travail, emploi, profession, poste, activité. **2-** *La fonction du rein est de filtrer le sang.*= Rôle. ■ **en fonction de :** = d'après. ■ **fonctionnaire :** n. = Employé, agent, salarié. ■ **fonctionner :** v. = Marcher, manoeuvrer, agir. ≠ Dysfonctionner, arrêter, stopper. ■ **fonctionnement :** n.m. = Travail, marche, manoeuvre.

fond : n.m. **1-** = Base, creux, profondeur. ≠ Sommet, haut, cime, tête. **2-** *Un bruit de fond.* = Base, arrière-plan. ■ **à fond :** = entièrement. ≠ partiellement, en partie. ■ **à fond de train :** = très vite. ≠ lentement, doucement, tranquillement. ■ **au fond :** = en réalité. ■ **du fond du cœur :** = sincèrement.

fondamental : [de **fondement**] adj. (plur. fondamentaux) = Essentiel, primordial, total. ≠ Négligeable, futile. ■ **fondamentalement :** adv. = Radicalement, totalement.

fondateur : [de **fonder**] n. (f. fondatrice) = Créateur, initiateur. ■ **fondation :** n.f. = Établissement. ■ **fondations :** plur. = Base, soubassement, assise.

fondement : **1-** *La politesse est un des fondements de la vie en commun.* = Principe, base. **2-** *Un bruit sans fondement.* = Motif, raison.

fonder : v. **1-** = Créer, établir. **2-** *Fonder sa fortune sur des malhonnêtetés.*= Baser, établir, asseoir. **3-** *Des soupçons fondés.* = Justifier. ■ **se fonder :** v. pron. = Se baser. ■ **fondé :** adj. *Des critiques fondées.* = Justifié, vérifié. ≠ Infondé, injustifié.

fondre : v. **1-** = Liquéfier. **2-** *Fondre des couleurs.* = Combiner, mélanger, mêler. ≠ Contraster. **3-** = Dissoudre, délayer, diluer. ≠ Concentrer. fig. = Être attendri. ■ **fondre en larmes :** = se mettre à pleurer. **4-** *Des économies qui fondent.* = Diminuer. ≠ Augmenter, accroître. **5-** *Fondre sur une proie.* = Se précipiter, se jeter, se ruer. ■ **se fondre :** v. pron. = Disparaître. ≠ Apparaître, surgir.

fondrière : [de **fond**] n.f. = Ornière, trou, crevasse.

fonds : [de **fond**] n.m. **1-** plur. = Argent, liquidités.

fondu : [de **fondre**] adj. **1-** = Liquéfié. **2-** = Mélangé, dégradé, délayé. **3-** = Flou, indistinct. ≠ Net, détaché, précis.

fontaine : n.f. = Bassin, source.

fonte : [de **fondre**] n.f. **1-** = Dégel, liquéfaction, fusion. ≠ Solidification, gel.

footing : n.m. = Jogging, course.

forçat : n.m. = Bagnard,criminel. ■ **travail de forçat :** = travail difficile.

force : n.f. **1-** = Puissance, énergie, résistance, vigueur. ≠ Faiblesse, fragilité. **2-** = Capacité, détermination. ≠ Mollesse, inconsistance. **3-** *La force du vent.* = Intensité. ■ **à force de :** = avec beaucoup de. **5-** *Employer la force.* = Contrainte, violence. ≠ Douceur, persuasion. ■ **de force :** = par la contrainte. ■ **coup de force :** = coup d'État. ■ **de gré ou de force :** = qu'on le veuille ou non. ■ **force de frappe :** = puissance militaire.

forcené : **A-** n. = Aliéné, dément. **B-** adj. **1-** *Une colère forcenée.* = Violent, déchaîné. **2-** *Un partisan forcené.* = Acharné, obstiné. ≠ Modéré.

forcer : [de **force**] v. = Contraindre, obliger. ≠ Laisser libre de. ■ **forcer le pas :** = marcher plus vite. ■ **se forcer :** v. pron. = Faire un effort, s'obliger. ■ **forcé:** adj. **1-** = Obligé, contraint. ≠ Libre. **2-** *Un sourire forcé.* = Artificiel, hypocrite, faux. ≠ Naturel, sincère. ■ **forcément :** adv. = Évidemment, obligatoirement, inévitablement.

forer : v. = Percer, creuser

forêt : n.f. = Bois, futaie.

forfait : n.m. **1-** = Crime, délit, infraction. **2-** = *Déclarer forfait.* = Renoncement, abandon.

forger : v. **1-** = Façonner, fabriquer. **2-** *Forger une excuse.* = Inventer, imaginer.

formaliser (se) : v. pron. = S' offusquer, se choquer , se vexer. ■ **formalisme :** n.m. = Respect, déférence. ■ **formaliste :** adj. et n. = Cérémonieux, obséquieux. ■ **formalité :** n.f.= Démarche, procédure, acte.

format : [de **former**] n.m. = Dimension, taille. ■ **formation :** n.f. **1-** *La formation de la planète.* = Création, élaboration, organisation, constitution. **2-** = Instruction, apprentissage. ■ **formateur :** adj. et n. (f. formatrice) = Enseignant, maître.

forme : n.f. **A-** sing. **1-** = Apparence, aspect. **2-** = Ligne, contour, tracé. **3-** *La forme d'un athlète.* = Condition physique. ■ **ne pas avoir la forme :** = être fatigué. **4-** *Des formes d'art différentes.* = Catégorie, genre, style. **B-** plur. **1-** = Bonnes manières, politesse, courtoisie, éducation. ■ **mettre les formes :** = avec précaution, diplomatie. ≠ brutalement, rudement.

formel : adj. (f. formelle) = Net, précis. ≠ Confus, aléatoire. ■ **formellement :** adv. = Absolument, tout à fait, complètement.

former : [de **forme**] v. **1-** = Créer, concevoir, imaginer. **2-** Tracer, dessiner, façonner. **3-** = Instruire, éduquer, entraîner. .**4-** *Un groupe de rock.* = Constituer, composer.

formidable : adj. **1-** = Extraordinaire, énorme, considérable. ≠ Petit, faible. **2-** fam. *Un spectacle formidable.* = Sensationnel, exceptionnel, étonnant. ≠ Mauvais, médiocre. ■ **formidablement :** adv. fam. = Terriblement, très, énormément. ≠ Peu, moyennement.

formule : n.f. **1-** *Une formule de politesse.* = Expression, phrase. **2-** = Solution, moyen, méthode. ■ **formuler :** v. = Exprimer, dire, énoncer. ■ **formulaire :** n.m. = Imprimé, document.

fort : **A-** adj. **1-** = Puissant, robuste, vigoureux. ≠ Faible, fluet, rachitique. **2-** = Gros, enrobé. ≠ Mince, fin. **3-** *Un son fort.* = Violent. ≠ Faible. ■ **y aller fort :** fam. = Exagérer, abuser. ■ **fortement :** adv. = Beaucoup, très. ≠ Peu, modérément.

fortifier : [de **fort**] v. = Consolider, renforcer, tonifier. ≠ Affaiblir, diminuer, épuiser. ■ **fortifiant :** adj. et n. = Reconstituant, remontant.

fortune : n.f. **1-** = Richesse, prospérité, argent, biens. ≠ Pauvreté, misère, pénurie. ■ **faire fortune :** = devenir riche. **2-** = Hasard, destin, chance, malchance. ■ **à la fortune du pot :** = simplement, sans façon. ≠ cérémonieusement. ■ **de fortune :** = provisoire. ■ **fortuné :** adj. = Riche, aisé, prospère. ≠ Pauvre, miséreux.

fosse : n.f. **1-** = Trou, cavité, douve. **2-** = Tombe. ■ **fossé :** n.m. **1-** = Tranchée, rigole, canal. **2-** = Douve. **3-** fig. = Distance, écart.

fou ou **fol :** (f. folle) **A-** n. **1-** = Extravagant, original, déraisonnable, déséquilibré. ≠ Normal, équilibré, posé. **2-** *Un fou de musique.* = Passionné.

foudre : n.f. = Éclair, tonnerre. ■ **foudroyer :** v. = Tuer, terrasser. fig. = Anéantir, accabler. ■ **foudroyant :** adj. = Très rapide, puissant. ≠ Lent, faible, mou.

fouetter : v. **1-** = Frapper, battre, cingler. **2-** = Mélanger, battre.

fougue : n.f. = Ardeur, enthousiasme, impétuosité. ≠ Calme, flegme. ■ **fougueux :** (f. fougueuse) adj. = Ardent, enthousiaste. ≠ Calme, flegmatique, stoïque.

fouiller : v. **1-** = Explorer, chercher, fouiner, examiner. **2-** fig. *Fouiller une question, un problème.* = Étudier, enquêter. ■ **fouille :** n.f. = Recherche, enquête. ■ **fouillis :** n.m. = Désordre, capharnaüm. ≠ Ordre.

fouiner : [de **fouine**] v. fam. = Fouiller, farfouiller, fureter.

foulard : n.m. = Carré, châle.

fouler : v. **1-** = Écraser, piétiner. **2-** *Fouler le sol.* = Marcher. ■ **se fouler :** v. pron. = Se tordre. ■ **ne pas se fouler :** fam. = ne pas se fatiguer. ≠ se donner du mal. ■ **foule :** n.f. = Multitude, masse, grand nombre. ≠ Petite quantité, petit nombre. ■ **foulure :** n.f. = Entorse, élongation.

four : n.m. **1-** = Fourneau, gril. **2-** = Échec, fiasco. ≠ Réussite, succès.

fourbe : adj. ou n.m. = Faux, hypocrite, sournois. ≠ Honnête, loyal. ■ **fourberie :** n.f. = Tromperie, perfidie. ≠ Droiture, honnêteté, loyauté.

fourbu : adj. = Épuisé, harassé. ≠ Frais, dispos.

fourche : n.f. = Embranchement, bifurcation.

fourgon : n.m. = Wagon. ■ **fourgonnette :** n.f. = Camionnette.

fourmiller : [de **fourmi**] v. = Pulluler, abonder, grouiller. ■ **fourmillement :** n.m. **1-** = Picotement, **2-** = Multitude, abondance, agitation.

fournaise : [de **four**] n.f. **1-** = Brasier, feu. **2-** = Étuve. ■ **fourneau :** n.m. = Cuisinière, gazinière.

fournir : v. **1-** = Approvisionner, procurer, pourvoir, donner. **2-** *Des terres fournissant des céréales.* = Produire, livrer. ■ **se fournir :** v. pron. = Se ravitailler, se servir, s'approvisionner.

fourreau : n.m. **1-** = Étui, gaine. **2-** = Robe.

fourrer : v. **1-** = Garnir, remplir. ≠ Vider. **2-** = Doubler. ■ **se fourrer :** v. pron. = Se mettre. ■ **ne plus savoir où se fourrer :** = avoir honte. ■ **fourré :** **A-** adj. **1-** = Garni, rempli. **2-** = Doublé. **B-** n.m. = Buisson, taillis. ■ **fourrure :** n.f. = Peau, pelage.

fourvoyer (se) : [de **voie**] v. pron. = Faire erreur, se tromper, s'égarer, faire fausse route. ≠ Être dans le bon chemin.

foyer : n.m. **1-** = Âtre, feu, cheminée. **2-** = Maison, maisonnée, domicile, pénates. ■ **rentrer dans ses foyers** : = revenir à son domicile, à son pays natal.

fracasser : v. = Casser , mettre en pièces, fracturer. ■ **fracas** : n.m. = Bruit, vacarme. ■ **avec perte(s) et fracas** : = brutalement, sans ménagement. ≠ avec douceur, avec égards.

fraction : n.f. = Partie, morceau, fragment, tronçon. ≠ Tout, ensemble, globalité. ■ **fractionner** : v. = Séparer, diviser, partager. ≠ Regrouper, rassembler, réunir.

fracture : n.f. = Cassure, brisure, fente. ■ **fracturer** : v. = Forcer, briser, casser, saccager. ■ **se fracturer** : v. pron. = Se casser, se briser.

fragile : adj. **1-** = Cassant, friable. ≠ Solide, incassable. **2-** = Chétif, frêle, délicat. ≠ Robuste, fort, costaud. **3-** = Périssable. ≠ Stable, durable. ■ **fragilité** : n.f. = Manque de solidité, faiblesse, précarité. ≠ Force, résistance, solidité. ■ **fragiliser** : v. = Rendre fragile.

fragment : n.m. = Morceau, tronçon, partie. ≠ Ensemble, totalité. ■ **fragmenter** : v. = Partager, diviser. ≠ Rassembler, réunir, regrouper.

fraîcheur : n.f. **1-** = Froid, humidité. **2-** *La fraîcheur d'un poisson.* = Récent . ≠ Gâté, avarié, passé. ■ **fraîchir** : v. = Refroidir, rafraîchir. ≠ Réchauffer, tiédir.

frais : adj. (f. fraîche) **1-** = Légèrement froid. ≠ Tiède. **2-** fig. *Un accueil frais.* = Glacial, réfrigérant. ≠ Chaleureux. **3-** Récent. ≠ Ancien. **4-** = Éclatant, jeune, sain. ≠ Fané, flétri. **5-** = Détendu, dispos. ≠ Las, fatigué.

frais : n.m. plur. = Dépenses.

fraise : n.f. **1-** = Mèche, foret. **2-** = Collerette.

franc : adj. (f. franche) = Honnête, direct, droit, sincère. ≠ Fuyant, menteur, hypocrite. ■ **jouer franc jeu** : ne rien cacher, agir loyalement.

franchement : **1-** = En toute franchise, sincèrement, honnêtement, loyalement. **2-** = Ouvertement, clairement. ≠ Timidement. **3-** *Ce sirop est franchement mauvais.* Vraiment, complètement, totalement. ■ **franchir** : v. **1-** = Passer au-dessus, sauter. **2-** = Dépasser, traverser. ■ **franchise** : n.f. = Sincérité, loyauté, honnêteté. ≠ Fausseté, dissimulation. ■ **avec franchise** : = franchement.

frapper : v. **1-** = Taper, cogner, battre. **2-** = Rafraîchir, refroidir. ≠ Réchauffer, tiédir. ■ **frappant** : adj. = Étonnant, saisissant, stupéfiant.

fraternel : adj. (f. fraternelle) **1-** = Amical, cordial, sympathique, chaleureux. ≠ Inamical, antipathique. ■ **fraterniser** : v. = Sympathiser, s'entendre. ■ **fraternité** : n.f. = Amitié, solidarité. ≠ Désunion.

fraude : n.f. = Tromperie, falsification, tricherie. ■ **frauder** : v. = Tricher, abuser, tromper.

frayeur : n.f. = Grande peur, effroi, terreur.

fredonner : v. = Chanter, chantonner.

freiner : v. = Ralentir, arrêter, retenir. ≠ Accélérer, prendre de la vitesse.

frêle : adj. = Fragile, menu, chétif. ≠ Fort, puissant, résistant.

frémir : v. = Trembler, frissonner, vibrer. ■ **frémissement** : n.m. = Tremblement, frisson.

frénésie : n.f. = Ardeur, enthousiasme, fougue. ≠ Calme, mesure, tempérance. ■ **frénétique** : adj. = Passionné, délirant, violent, enthousiaste. ≠ Calme, tempéré, posé.

fréquent : adj. = Courant, habituel, usuel. ≠ Rare, exceptionnel. ■ **fréquemment** : adv. = Souvent, couramment. ≠ Rarement, exceptionnellement. ■ **fréquence** : n.f. = Répétition. ■ **fréquenter** : v. **1-** = Visiter, aller fréquemment. **2-** = Côtoyer. ≠ Éviter. ■ **fréquentation** : n.f. = Relation, connaissance.

frère : n.m. **1-** = Ami, compagnon fidèle. ≠ Ennemi. **2-** = Religieux.

fresque : n.f. = Peinture.

frétiller : v. **1-** = Remuer, s'agiter, se trémousser.

friable : adj. = Fragile, cassant. ≠ Solide, résistant.

friand : [de **frire**] **1-** adj. = Gourmand, amateur. ■ **friandise** : n.f. = Gourmandise, sucrerie, douceur.

friction : n.f. **1-** = Frottement, massage. **2-** plur. = Désaccord, accrochage, mésentente. ≠ Accord, harmonie. ■ **frictionner** : v. = Frotter, masser.

frigidaire : n.m. (nom déposé) = Réfrigérateur.

frigorifier : v. = Geler, réfrigérer. ≠ Réchauffer, chauffer. ■ **frigorifié** : adj. = Avoir très froid, être gelé. ≠ Avoir trop chaud, étouffer.

frimousse : n.f. fam. = Visage, minois.

fripe : n.f. surtout au plur. = Vêtements d'occasion. fam. Fringues. ■ **friper** : v.**1-** = Chiffonner, froisser. ≠ Repasser, détendre, lisser. **2-** *Un visage fripé.* = Rider, flétrir. ≠ Lisser.

fripon : (f. friponne) **1-** n. fam. = Chenapan, polisson, coquin.

frire : v. = Cuire, rissoler.

friser : v. **1-** = Boucler, onduler. ≠ Lisser, aplatir, défriser. **2-** = Toucher légèrement, frôler, effleurer, raser. **3-** *Friser un exploit.* = Être tout près, s' approcher. ■ **frisé** : **1-** adj. = Bouclé, ondulé. ≠ Raide, lisse. ■ **frisottis** : n.m. = Frisette.

frisson : n.m. = Tremblement, frissonnement, tressaillement. ■ **frissonner** : v. = Trembler, tressaillir.

frit : [de **frire**] adj. = Rissolé.

froid : A- n.m. = Manque de chaleur, basse température. ≠ Chaleur. ■ **prendre froid :** = s'enrhumer. ■ **être en froid :** = être fâché, être brouillé. ■ **jeter un froid :** = causer un malaise, causer une gêne. **B-** adj. (f. froide) = Distant, indifférent, dédaigneux. ≠ Chaleureux, expansif. ■ **garder son sang-froid :** = rester calme, faire face. ≠ perdre ses moyens. ■ **froidement :** adv. = Avec froideur, avec indifférence. ≠ Chaleureusement, cordialement. ■ **froideur :** n.f. = Indifférence, insensibilité, distance. ≠ Chaleur, affection.

froisser : v. **1-** = Friper, chiffonner, plier. ≠ Défroisser, repasser, lisser. **2-** = Vexer, offenser, fâcher. ■ **froissement :** n.m. = Plissement, chiffonnement.

frôler : v. **1-** = Toucher légèrement, effleurer, raser. **2-** fig. = Échapper de peu, passer tout près de, manquer de. ■ **frôlement :** n.m. = Effleurement.

fronce : n.f. = Pli. ■ **froncer :** v. **1-** = Plisser. **2-** *Froncer les sourcils.* = Rider, plisser.

front : n.m. **1-** = Face, figure, visage. **2-** = Devanture, façade, fronton. **3-** = Insolence, affront. ≠ Docilité. ■ **de front :** loc. adv. **1-** = de face, directement. ≠ par derrière, indirectement.

frontière : [de **front**] n.f. = Ligne, démarcation, limite.

frotter : v. **1-** = Astiquer, cirer, faire briller. **2-** = Nettoyer, briquer. ≠ Salir, encrasser. **3-** = Masser, frictionner. **frugal:** adj. (plur. frugaux) *Un dîner frugal.* = Austère, léger, modéré, sobre. ≠ Riche, lourd, copieux. ■ **frugalité :** n.f. = Simplicité, sobriété. ≠ Richesse, abondance.

fruit : n.m. **1-** = Baie, agrume, graine. **2-** *Le fruit d'efforts.* = Produit, résultat, conséquence, profit.

fugace : adj. = Fugitif, passager. ≠ Durable, tenace.

fugitif : (f. fugitive) **1-** n. = Évadé, fuyard. **2-** adj. = Fugace, passager, éphémère. ≠ Durable.

fugue : n.f. = Fuite, escapade. ■ **fuguer :** v. fam. = Faire une fugue, s'échapper.

fuir : v. **1-** = S'éloigner, s'enfuir, se sauver, s'échapper, détaler. ≠ Rester, demeurer, faire face. **2-** = Abandonner, baisser les bras, se dérober. ≠ Faire face, affronter, assumer. ■ **fuite :** n.f. = Abandon, débandade.

fumée : n.f. = Nuage, vapeur. ■ **fumage :** n.m. = Fumaison.

fumier : n.m. = Engrais.

funambule : n. = Équilibriste, fildefériste.

funboard : n.m. = Planche à voile. abrév. Fun.

funèbre : adj. = Macabre, funéraire.

funérailles : n.f. plur. = Enterrement, obsèques.

fureter : v. = Fouiller, farfouiller, fouiner, chercher.

fureur : n.f. **1-** = Colère, emportement, furie, rage. ≠ Calme, maîtrise, sang-froid. **2-** = Amour, passion, déchaînement. ■ **furibond :** adj. = fam. Furibard.

furie : n.f. **1-** = Emportement, fureur, rage. ≠ Calme, sang-froid, douceur. **2-** = Agitation, violence. ≠ Calme, sérénité. **2-** = Personne furieuse, déchaînée, mégère. ■ **furieux :** adj. (f. furieuse) = En colère, en fureur, furibond.

furoncle : n.m. = Anthrax, abcès, clou.

furtif : adj. (f. furtive) = Discret, secret. ■ **furtivement :** adv. = De manière furtive, à la dérobée. ≠ Ostensiblement, ouvertement.

fuseau : n.m. = Pantalon.

fuselé : [de **fuseau**] adj. = Mince, effilé, allongé. ≠ Court, trapu, épais.

fuser : v. **1-** *La cire de la bougie fuse.* = Fondre, se répandre. **2-** = Retentir, jaillir. ■ **fusible :** n.m. *Les fusibles ont sauté.* = Plomb.

fusil : n.m. = Arme à feu, carabine. ■ **fusiller :** v. = Exécuter, tuer. ■ **fusiller quelqu'un du regard :** = foudroyer du regard.

fusion : n.f. **1-** = Liquéfaction, fonte. **2-** = Mélange, union, fonte. ■ **fusionner :** v. = Lier,réunir, associer. ≠ Séparer, désunir.

fût : n.m. **1-** = Tronc. **2-** = Tonneau. ■ **futaie :** n.f. = Bois, forêt.

futé : adj. fam. = Rusé, malin, malicieux, dégourdi. ≠ Sot, nigaud, niais, empoté.

futile : adj. = Superficiel, creux, frivole, sans intérêt. ≠ Sérieux, grave, important. ■ **futilité :** n.f. = Frivolité, bagatelle, insignifiance.

futur : n.m. = Avenir, devenir. ≠ Passé. ■ **futuriste :** adj. = Avant-gardiste. ≠ Rétrograde, passéiste.

fuyant : [de **fuir**] adj. = Fugace, fugitif, éphémère. ≠ Durable, stable. ■ **fuyard :** adj. et n. = Fugitif.

G g G g G g G g G g G g G g

gabarit : n.m. **1-** = Modèle, patron. **2-** = Taille, dimension, envergure.

gâcher : v. **1-** Gaspiller, abîmer. ≠ Économiser, préserver, conserver. **2-** *La pluie a gâché notre sortie.* = Rendre désagréable, ternir, gâter.

gâchis : n.m. = Gaspillage, désordre. ≠ Économie, épargne.

gadoue : n.f. fam. = Boue.

gaffe : n.f. **1-** = Perche. **2-** fam. = Maladresse, bévue, impair, bourde. **faire gaffe :** fam. = faire attention, se méfier. ■ **gaffer :** v. = Faire une gaffe, commettre un impair.

gag : n.m. = Plaisanterie, sketch, situation comique.

gage : A- n.m. = Caution, garantie, dépôt. **B-** n.m. plur. *Les gages d'un chauffeur.* = Salaire, rétribution, paye.

gagner : v. **1-** = Encaisser, toucher, empocher. **2-** = Obtenir, bénéficier. **3-** = Vaincre, remporter, triompher. ≠ Perdre, échouer. **4-** *Le feu gagne du terrain.* = Progresser, s'étendre. ≠ Diminuer, perdre du terrain. ■ **gagnant :** adj. ou n. = Vainqueur, lauréat, champion. ≠ Perdant. ■ **gagne-pain :** n.m. inv. = Métier, emploi.

gai : adj. = Rieur, joyeux, enjoué, réjoui, guilleret. ≠ Triste, morose, maussade, renfrogné. ■ **gaiement :** adv. = Avec bonne humeur, avec entrain, joyeusement, allègrement. ≠ Tristement, mélancoliquement. ■ gaieté ou gaîté : n.f. = Bonne humeur, joie, entrain. ≠ Tristesse, morosité, mélancolie, chagrin. ■ **de gaieté de cœur :** = sans être obligé, de bon coeur. ≠ de mauvais gré.

gaillard : A- adj. = Vigoureux, plein d'entrain, leste, enjoué. ≠ Effacé, discret, terne. **B-** n. fam. = Garçon, lascar.

gain : [de **gagner**] n.m. **1-** = Bénéfice, profit, succès. **2-** = Rétribution, salaire, traitement.

gaine : n.f. = Étui, fourreau, housse. ■ **gainer :** v. = Recouvrir, envelopper.

gala : n.m. = Fête, réjouissance, soirée, réception.

galant : adj. = Courtois, délicat, empressé, poli. ≠ Impoli, grossier, indélicat. ■ **galanterie :** n.f. = Courtoisie, politesse , délicatesse.

gale : n.f. *Cette personne est une vraie gale.* = Teigne.

galérer : v. fam. **1-** = Avoir des soucis, rencontrer des obstacles, peiner. **2-** =Travailler dur. ≠ Travailler sans peine, facilement, avec aisance.

galerie : n.f. **1-** = Passage, espace couvert. **2-** = Exposition, musée. **3-** *Une galerie de toit.* = Porte-bagages. **4-** *Les galeries de la taupe.* = Souterrain, boyau, tunnel. ■ **amuser la galerie :** = amuser les gens autour.

galérien : [de **galère**] n.m. = Forçat.

galet : n.m. = Pierre.

galet : n.f. = Gâteau, biscuit, sablé.

galimatias : n.m. = Charabia.

galipette : n.f. fam. = Culbute, roulade.

galoche : n.f. = Chaussure, savate.

galon : n.m. **1-** = Ruban, faveur. **2-** *Le commandant a quatre galons.* = Décoration.

galoper : v. = Courir, se presser, se hâter. ≠ Traîner, lambiner. ■ **galopin :** n.m. fam. = Effronté, farceur, garnement, polisson. ■ **galopant :** adj. *Une épidémie galopante.* = Évoluer rapidement, augmenter.

gamba : n.f. = Crevette.

gambader : v. = Sautiller, s'égayer.

gamelle : n.f. = Écuelle, plat.

gamin : fam. **1-** n. = Gosse, enfant, môme. **2-** adj. = Puéril. ≠ Mûr, raisonnable. ■ **gaminerie :** n.f. = Enfantillage.

gamme : n.f. *Une gamme de produits.* = Succession, échantillonnage, série.

gang : n.m. = Bande, clan.

gangster : [de **gang**] n.m. = Bandit, malfaiteur, malfrat.

garage : [de **garer**] n.m. **1-** = Abri, hangar, remise. **2-** = Atelier.

garantie : [de **garant**] n.f. **1-** *La garantie d'un lave-linge.* = Engagement, gage, assurance. **2-** = Précaution, assurance, caution. ■ **garantir :** v. **1-** = Promettre, certifier, assurer. **2-** *Garantir d'être présent.* = Affirmer, attester, assurer. ≠ Contester, nier. **3-** *Les lunettes garantissent des brûlures du soleil.* = Protéger, préserver. ≠ Exposer.

garçon : n.m. **1-** = Enfant, garçonnet, jeune homme. ■ **vieux garçon :** = célibataire. **2-** = Serveur.

garde : [de **garder**] **A-** n.f. = Surveillance, veille. ■ **garde à vue :** = emprisonnement, détention. ■ **monter la garde :** surveiller. ■ **être sur ses gardes :** = se méfier. ≠ être confiant, être serein. ■ **prendre garde :** = se protéger, faire attention. **B-** n.m. = Surveillant, gardien, protecteur.

garde-fou : n.m. (plur. garde-fous). = Balustrade, barrière , garde-corps.

garde-manger : n.m. inv. = Réfrigérateur.

garde-meuble : n.m. (plur. garde-meubles) = Entrepôt.

garde-pêche : n.m. inv. = Garde-côte.

garder : v. **1-** = Surveiller, veiller, protéger. **2-** *Garder un secret.* = Conserver, ne pas révéler, taire. ≠ Révéler, confier. ■ **se garder :** v. pronom. **1-** = Se protéger, se méfier. ≠ Avoir confiance. **2-** *Se garder de parler.* = S'abstenir.

garde-robe : n.f. (plur. garde-robes) = Armoire, penderie.

gardien : n. (f. gardienne) = Surveillant, concierge, garde, vigile. ■ **gardien de la paix :** = agent de police.

gare : [de **garer**] interj. *Gare à toi !* = Attention ! ■ **sans crier gare :** = sans prévenir.

garer : v. = Ranger, mettre à l'abri. ■ **se garer :** v. pron. **1-** = Stationner, s'arrêter. ≠ Démarrer. **2-** fig. *Se garer des coups.* = Prendre garde, éviter. ≠ Affronter, endurer, subir.

garnement : n.m. = Chenapan, polisson, galopin.

garnir : v. **1-** *Des accoudoirs garnis de cuir.* = Protéger, renforcer, rembourrer. **2-** = Approvisionner, fournir. **3-** *Une table garnie de fleurs.* = Orner, enrichir, décorer. ■ **se garnir** : v. pron. *La salle se garnit de spectateurs.* = Se remplir. ■ **garnison** : n.f. = Troupe, régiment. ■ **garniture** : n.f. = Décoration, ornement, parure.

gars : [de **garçon**] n.m. fam. = Garçon, jeune homme.

gas-oil ou **gasoil** ou **gazole** : n.m. = Carburant.

gaspiller : v. = Dépenser inutilement, gâcher, dilapider. ≠ Économiser, épargner. ■ **gaspilleur** : n. (f. gaspilleuse) = Dépensier. ≠ Économe.

gastronomie : n.f. = Art culinaire. ■ **gastronome** : n. = Gourmet, amateur, bon vivant.

gâteau : n.m. = Pâtisserie, douceur.

gâter : v. *Des fruits gâtés . Des dents gâtées.* = Endommager, détériorer, abîmer, pourrir. ■ **se gâter** : v. pron. *Le temps se gâte.* = Devenir mauvais, se détériorer. ≠ S'arranger, s'améliorer. ■ **gâterie** : n.f. *Offrir une gâterie* = Plaisir, attention. ■ **gâteux** : adj. et n. (f. gâteuse) = Affaibli, radoteur, sénile. ≠ Vif, fringant, alerte, jeune.

gauche : adj. **1-** ≠ Droit. ■ **se lever du pied gauche** : fig. = Être de mauvaise humeur. **2-** = Maladroit, gêné, embarrassé, mal à l'aise. ≠ Adroit, habile. ■ **gauchement** : adv. = De manière malhabile, maladroitement. ≠ Adroitement, avec dextérité. ■ **gaucher** : adj. et n. (f. gauchère) ≠ Droitier. ■ **gaucherie** : n.f. = Maladresse, embarras, timidité. ≠ Adresse, aisance, sûreté.

gaudriole : n.f. = Plaisanterie, grivoiserie.

gaule : n.f. **1-** = Perche. **2-** = Canne à pêche.

gaulois : adj. = *Une plaisanterie gauloise.* = Paillard, grivois. ≠ Fin, délicat, subtil.

gaver : v. **1-** *Gaver des oies.* = Engraisser. **2-** = fam. Bourrer. ≠ Affamer. ■ **se gaver** : v. pron. = Se bourrer, se gorger.

gaz : n.m. inv. = Fluide, vapeur.

gazelle : n.f. = Antilope.

gazoduc : [de **gaz**] n.m. = Tuyau, canalisation. ■ **gazole** : n.m. = Gas-oil.

gazon : n.m. = Pelouse, herbe.

gazouillement : n.m. = Gazouillis.

géant : **A-** n.m. = Titan, surhomme, colosse. ≠ Nain. **B-** adj. = Énorme, gigantesque, monumental. ≠ Minuscule, nain, atrophié.

geindre : v. **1-** = Gémir, se plaindre, se lamenter. fam. = Pleurnicher. ≠ Se réjouir. ■ **geignard:** adj. fam. = Pleurnichard.

gel : [de **geler**] n.m. = Froid, glace, givre, gelée. ≠ ≠ Dégel, fonte, débâcle.

geler : v. **1-** = Givrer, glacer. **2-** *Les discussions sont gelées.* = Bloquer, stopper. ≠ Débloquer, reprendre.

gémir : v. **1-** = Geindre, se plaindre, se lamenter. ≠ Se réjouir, être satisfait. ■ **gémissement** : n.m. = Plainte, lamentation, sanglot.

gênant : [de **gêne**] adj. = Dérangeant, embarrassant, ennuyeux. ≠ Plaisant, agréable.

gendre : n.m. = Beau-fils.

gêne : n.f. **1-** = Malaise, embarras, ennui, désagrément. ■ **être sans gêne** : = prendre ses aises. **2-** = Manque d'argent, besoin. ≠ Aisance, opulence. ■ **gêner** : v. = Embarrasser, ennuyer, encombrer. ≠ Arranger, faciliter, aider, favoriser.

généalogie : n.f. = Origine, ascendance. ≠ Descendance.

général : (plur. généraux) **A-** adj. = Global, large, total. ≠ Particulier, singulier, spécifique. ■ **généralement** : adv. = En général, ordinairement, le plus souvent, d'habitude. ≠ Rarement, occasionnellement, de temps à autre. ■ **généraliser** : v. *L'emploi de l'ordinateur est généralisé.* = Développer, répandre, globaliser. ■ **généralités** : n.f. plur. = Banalités, lieux communs.

généraliste : n. = Médecin.

génération : n.f. *La génération à venir.* = Naissance, procréation, enfantement.

généreux : (f. généreuse) adj. **1-** = Désintéressé, magnanime, brave. ≠ Avare, égoïste, mesquin, pingre. **2-** *Une terre généreuse.* = Fertile, productif, fécond. ≠ Pauvre, stérile. ■ **généreusement** : adv. **1-** = D'une manière généreuse, avec bonté. **2-** *Se servir généreusement d'un plat.* = Largement, abondamment. ≠ Peu, avec parcimonie.

générosité : [de **généreux**] n.f. = Altruisme, bonté, magnanimité, mansuétude. ≠ Avarice, mesquinerie, pingrerie, égoïsme.

genèse : n.f. *La genèse d'une oeuvre.* = Formation, création, élaboration.

gêneur : [de **gêne**] n. (f. gêneuse) *Quel gêneur !* = Importun. fam. Raseur. ≠ Bienvenu.

génie : n.m. **1-** = Fée, lutin, démon, ange. **2-** = Surdoué, virtuose. fam. = As. ≠ Nul. ■ **génial** : adj. (plur. géniaux) fam. = Sensationnel, fantastique, formidable. ≠ Médiocre, mauvais.

génital : adj. (plur. génitaux) = Sexuel.

génocide : n.m. = Massacre, tuerie, crime contre l'humanité.

genre : n.m. **1-** = Race. **2-** *J'aime ce genre de musique.* = Sorte, manière, type, catégorie, style. **3-** *Avoir bon genre.* = Goût, façon.

gens : n.m. ou f. plur. = Personnes, monde, foule.

gentil : adj. (f. gentille) **1-** = Agréable, aimable, plaisant, tendre. ≠ Désagréable, méchant, mauvais, irascible. **2-** = Sage, obéissant, docile. ≠ Insupportable, odieux. ■ **gentillesse** : n.f. **1-** = Amabilité, serviabilité, bienveillance. ≠ Dureté, méchanceté, hargne, malveillance. **2-** = Délicatesse, attention.

gentilhomme : n.m. = Noble, aristocrate. ≠ Roturier.

gentleman : n.m. (plur. gentlemen) = Homme raffiné, distingué, bien élevé.

geôle : n.f. = Prison, cellule, cachot.

gérance : n.f. = Administration, gestion, direction.

gerbe : n.f. **1-** *Une gerbe de fleurs.* = Botte, bouquet. **2-** = Jet d'eau.

gercer : v. *Des lèvres gercées.* = Fendiller, crevasser. ■ **gerçure** : n.f. = Fente, crevasse, fissure.

gérer : v. *Gérer un commerce.* = Administrer, organiser, diriger. ■ **gérer un problème** : = essayer de résoudre.

germe : n.m. **1-** = Semence, graine, pousse, bourgeon. **2-** *Le germe d'une mésentente.*= Origine, cause, source. ≠ Fin, aboutissement. ■ **germer** : v. **1-** = Pousser, sortir. **2-** *L'idée a germé dans son esprit.* fig. = Sortir, commencer à se créer, naître.

gésir : v. = Être couché.

geste : n.m. **1-** = Mouvement, posture, attitude. **2-** *Faire un geste en aidant un malheureux.* = Action, acte généreux. ■ **gesticuler** : v. = S'agiter, gigoter. ≠ Se tenir tranquille.

gibecière : [de **gibier**] n.f. = Carnier.

giboulée : n.f. = Averse, pluie, précipitation.

gicler : v. *L'eau gicle du tuyau percé.* = Jaillir, fuser, éclabousser. ■ **giclée** : n.f. = Jet.

gifle : n.f. **1-** = Claque, tape, soufflet, coup. **2-** fig. *Il a ressenti son échec comme une gifle.* = Humiliation, déshonneur. ■ **gifler** : v. Donner une gifle, souffleter.

gigantesque : adj. **1-** = Énorme, colossal, immense, monumental. ≠ Petit, minuscule, nain. **2-** fig. *Une œuvre gigantesque.* = Démesuré, imposant, grandiose. ■ **gigantisme** : n.m. ≠ Nanisme.

gigot : n.m. *Un gigot d'agneau.* = Cuisse. ■ **gigoter** : v. fam. = Se trémousser. ■ **grande gigue** : fille grande et maigre.

girofle : n.m. = Clou de girofle.

gisement : [de **gésir**] n.m. *Une région riche en gisements de pétrole.* = Bassin, mine.

gîte : [de **gésir**] n.m. = Habitation, maison, abri, refuge.

givre : n.m. = Glace, gelée. ■ **givrer** : v. = Glacer. ■ **givré** : adj. = Glacé, congelé. ≠ Brûlant.

glace : n.f. **1-** = Verglas, givre. ■ **briser la glace** : = établir le contact avec quelqu'un, faire connaissance. **2-** = Miroir, vitre. **3-** = Crème glacée, sorbet. **4-** *Rester de glace.* = Froideur, insensibilité. ≠ Chaleur, compassion, cordialité.

glacer : v. **1-** *Le vent me glace les oreilles.* = Refroidir, geler, congeler, engourdir. ≠ Chauffer, réchauffer. **2-** fig. *Un regard qui glace.* = Intimider, gêner, impressionner. ≠ Mettre à l'aise. ■ **glacé** : adj. **1-** = Congelé. ≠ Brûlant. **2-** *Du papier glacé.* = Brillant. ≠ Mat. ■ **glacial** : adj. (plur. glacials ou glaciaux)**1-** *Une bise glaciale.* = Extrêmement froid, gelé. **2-** fig. Indifférent, hostile, hautain, intimidant. ≠ Chaleureux, sympathique, accueillant, cordial.

glaise : n.f. = Terre, argile, marne.

glaner : v. **1-** *Glaner les blés.*= Ramasser, moissonner. **2-** fig. *Glaner des compliments.* = Recueillir, ramasser, récolter.

glapir : v. **1-** = Crier, aboyer. **2-** *Glapir des insultes.* = Crier avec une voix aiguë, injurier.

glauque : adj. **1-** = Trouble, inquiétant. ≠ Net, clair. **2-** = Verdâtre.

glisser : v. **1-** = Skier, patiner. **2-** *Glisser sur le verglas.* = Déraper, riper. ≠ Accrocher. **3-** *Glisser des mains.* = Échapper, laisser tomber. ≠ Tenir, maintenir. ■ **se glisser** : v. pron. = S'introduire , se faufiler, s'infiltrer. ■ **glissant** : adj. **1-** = Instable, dangereux. **2-** *S'engager sur un terrain glissant.* = Délicat, hasardeux, difficile. ≠ Sûr, certain.

globe : n.m. **1-** *Le globe terrestre.* = Mappemonde, sphère. **2-** *Une partie du globe est dans l'ombre.* = Terre, monde. ■ **mettre sous globe** : = protéger, garder à l'abri. ≠ découvrir, mettre à l'air. ■ **global** : adj. (plur. globaux) = Total, entier. ≠ Partiel. ■ **globalement** : adv. = Entièrement, totalement, généralement. ≠ En détail.

globuleux : adj. *Des yeux globuleux.* = Rond et saillant. ≠ Enfoncé, rentrant.

gloire : n.f. = Honneur, renommée, célébrité, réputation, réussite. ≠ Échec, défaite, déshonneur. ■ **glorieux** : adj. (f. glorieuse) *Se sentir glorieux.* = Célèbre, illustre, éclatant, vaniteux, orgueilleux. ≠ Inconnu, modeste, simple. ■ **glorifier** : v. = Rendre honneur, honorer, rendre hommage. ■ **se glorifier (de)** : v. pron. = Se faire gloire, s'enorgueillir, se vanter.

glousser : v. fam. = Rire.

glouton : adj. et n. (f. gloutonne) = Goulu, goinfre, gourmand. ≠ Gourmet, fin palais. ■ **gloutonnement** : adv. D'une manière vorace, goulue. ■ **gloutonnerie** : n.f. = Avidité.

glu : n.f. = Colle. ■ **gluant** : adj. = Collant, visqueux.
gnome : n.m. = Nain, lutin.
goal : n.m. = Gardien de but.
gobelet : n.m. = Godet.
gober : v. **1-** = Avaler, aspirer. **2-** fam. = Croire, admettre. ≠ Se méfier, être sur ses gardes.
goguenard : adj. = Moqueur, narquois, railleur.
goélette : n.f. **1-** = Voilier. **2-** = Hirondelle des mers.
goémon : n.m. = Algue, varech.
goinfre : n.m. fam. = Goulu, glouton. ≠ Gourmet, fin palais. ■ **goinfrer (se)** : v. pron. fam. = Se gaver, se bourrer, engloutir. ≠ Chipoter.
golfe : n.m. = Anse, baie,calanque. ≠ Cap.
gommer : v. = Effacer, supprimer.
gond : n.m. = Charnière. ■ **sortir de ses gonds** : fam. = S'emporter, se mettre en colère. ≠ Se calmer, s'apaiser.
gondoler : v. **1-** *Une planche gondolée.* = Se courber, onduler, se bomber. ■ **se gondoler** : fam. = Se tordre de rire.
gonfler : v. **1-** *La levure fait gonfler la pâte .* = Enfler, se dilater. ≠ S'aplatir, se dégonfler, s'affaisser. **2-** *Gonfler un chiffre d'affaires.* = Exagérer, augmenter. ■ **gonflement** : n.m. = Enflure, boursouflure, ballonnement. ■ **gonflé** : adj. = Enflé, tuméfié, boursouflé. ≠ Désenflé, aplati. ■ **gonfleur** : n.m. = Pompe.
gorge : n.f. **1-** = Poitrine, seins, buste, décolleté. ■ **ça me reste en travers de la gorge** : = ne pas admettre. ■ **faire des gorges chaudes** : = se moquer. **2-** = Vallée, défilé, passage. **3-** ■ **gorger** : v. *La terre est gorgée d'eau.* = Remplir, bourrer, combler. ■ **se gorger** : v. pron. = Se gaver, se remplir, se bourrer.
gorille : n.m. = Singe.
gosier : n.m. = Gorge, voix.
gosse : n. fam. = = Gamin, gamine, môme, garnement.
gouache : n.f. **1-** = Peinture à l'eau. **2-** *Le peintre a exposé ses gouaches.* = Tableau.
goudron : n.m. = Bitume.
gouffre : n.m. **1-** = Précipice, abîme. **2-** fig. = Situation déplorable. ■ **être au bord du gouffre** : = dans une situation délicate, inquiétante. **3-** = Dépenses, somptuaires, pertes d'argent.
goujat : n.m. = Mufle, malotru, rustre. ≠ Galant. ■ **goujaterie** : n.f. = Indélicatesse, impolitesse, grossièreté. ≠ Délicatesse, galanterie, politesse.
goulet : n.m. = Passage étroit, étranglement. ■ **goulot** : n.m. *Boire au goulot.* = Col. ■ **goulu** : adj. = Glouton, goinfre. ≠ Gourmet, délicat, fin palais, gastronome. ■ **goulûment** : adv. = Avidement, avec gourmandise.
gourd : adj. *Des doigts gourds.* = Engourdi, transi. ≠ Agile.
gourde : n.f. fig. fam. = Sotte, niaise. ≠ Futée, maligne.
gourdin : n.m. = Bâton,matraque.
gourmand : adj. et n. = Friand, amateur. ■ **gourmandise** : n.f. **1-** = Avidité, gloutonnerie. **2-** = Friandises, sucreries, confiseries.
gourmet : n.m.= Gastronome. ≠ Glouton, goinfre.
gourmette : n.f. = Bracelet.
goût : n.m. **1-** = Saveur, bouquet. **2-** = Attirance, penchant, attrait, faible. ≠ Dégoût, inappétance, désintérêt. ■ **goûter** : **A-** v. **1-** = Déguster, essayer, tester. **2-** *J'ai goûté ton humour.* = Aimer, apprécier. **B-** n.m. = Collation.
gouvernail : n.m. = Barre.
gouverner : v. = Diriger, commander, gérer, administrer. ■ **gouvernement** : n.m. = Administration, direction, pouvoir. ■ **gouvernants** : n.m. plur. = Dirigeants, administrateurs. ≠ Gouvernés, administrés. ■ **gouvernante** : n.f. = Nurse.
grâce : n.f. **1-** = Bienfait, faveur, bienveillance. ■ **de bonne grâce** : = de bonne volonté, de bon coeur. ≠ de mauvaise grâce, à contre coeur. **2-** = Pardon, remise de peine, sursis, rémission. **3-** = Élégance, distinction, esthétique. ≠ Vulgarité, inélégance, grossièreté. ■ **grâce à** : avec l'aide de. ■ **grâce à Dieu** : = par bonheur, Dieu merci ! ■ **gracier** : v. = Pardonner, absoudre. ≠ Blâmer, condamner. ■ **gracieux** : adj. (f. gracieuse) **1-** = Charmant, élégant,souriant, agréable. **2-** = Gratuit, bénévole. ≠ Payant. ■ **gracieusement** : adv. **1-** Élégamment. **2-** Gratuitement.
grade : n.m. *Monter en grade.* = Échelon, promotion, rang. ■ **en prendre pour son grade** : = se faire gronder.
gradin : n.m. = Degré, marche.
graduation: n.f. *La graduation du thermomètre.* = Division. ■ **graduel** : adj. (f. graduelle) = Croissant, régulier. ■ **graduellement** : adv. = Progressivement, petit à petit. ≠ Brutalement, brusquement, d'un seul coup.
graffiti : n.m. = Tag.
grain : n.m. **1-** = Germe, noyau, pépin. **2-** = Averse, pluie, bourrasque. ■ **un grain de** : = un petit peu, un brin. ≠ une grande quantité, une abondance.■ **avoir un grain** : fam. = Être un peu fou. ■ **veiller au grain** : = faire très attention, être prudent. ■ **graine** : n.f. = Pousse, semence. ■ **mauvaise graine** : fam. = voyou, vaurien. ■ **en prendre de la graine** : fam. = prendre modèle, s'inspirer.
graisse : n.f. = Corps gras. ■ **graisser** : v. = Lubrifier, huiler. ■ **graisseux** : adj. (f. graisseuse) **1-** = Huileux, gras. **2-** *Un ventre graisseux.* = Adipeux, gras.

grand : **A-** adj. **1-** *Une grande ville.* = Vaste, étendu, important. ≠ Petit, réduit, peu important. **2-** = Haut, élevé. ≠ Petit. **3-** *Un grand jour.* = Exceptionnel, important. ≠ Habituel, ordinaire. **B-** n.m. = *Ce sont les grands de ce monde qui gouvernent.* = Personnage important, influent.

grandeur : [de **grand**] n.f. **1-** = Étendue, largeur, hauteur, dimension, taille. **2-** *La grandeur d'un artiste.* = Importance, renommée, valeur. ■ **folie des grandeurs :** = goût du luxe.

grandiose : [de **grand**] adj. = Important, impressionnant majestueux, magnifique. ≠ Médiocre, mesquin.

grandir : [de **grand**] v. **1-** = Devenir grand, pousser, croître. **2-** *La foule grandit.* = Augmenter, s'accroître, devenir plus important. ≠ Diminuer, décroître.

grand-mère : n.f. = Aïeule, mamie, bonne-maman, grand-maman.

grand-père : n.m. = Aïeul, papy, bon-papa, grand-papa.

grands-parents : n.m. plur. = Aïeuls.

granuleux : adj. (f. granuleuse) ≠ Lisse.

graphique : n.m. = Dessin, schéma, tableau, diagramme.

grappiller : v. **1-** *Grappiller des mûres.* = Ramasser, cueillir. **2-** *Grappiller des idées.* = Prendre au hasard. ■ **grappin :** n.m. = Crochet.

gras : adj. (f. grasse) **1-** *Un corps gras.* = Huileux. **2-** *Une personne un peu grasse.* = Dodu, charnu, potelé, adipeux. ≠ Maigre, décharné, émacié, fluet, sec. **3-** *Des mains grasses.* = Huileux, visqueux, glissant. **4- une toux grasse :** ≠ une toux sèche. **6-** *Une plante grasse.* = Épais, charnu. **7- faire la grasse matinée :** = se lever tard. ≠ se lever tôt, tomber du lit. ■ **grassement :** adv. *Payer grassement.* = Généreusement, excessivement. ≠ Chichement. ■ **grassouillet :** adj. (f. grassouillette) fam. = Rondelet, replet. ≠ Maigrelet, fluet.

gratin : [de **gratter**] n.m. fam. = Élite, dessus du panier, crème.

gratitude : n.f. = Reconnaissance. ≠ Ingratitude.

gratte-ciel : n.m. inv. = Immeuble, tour.

gratter : v. **1-** = Frotter, racler. **2-** fig. fam. = Économiser, grappiller, lésiner, faire un petit profit. ≠ Dépenser, gaspiller. ■ **gratte :** n.f. fam. **1-** = Guitare. **2-** = Petit profit.

gratuit : adj. **1-** = Gracieux, désintéressé. ≠ Payant. **2-** *Des affirmations gratuites.* = Sans raison, sans motif, sans preuve. ≠ Prouvé, justifié, avéré. ■ **gratuitement :** adv. **1-** = Gratis. **2-** = Sans raison, sans fondement.

gravats : n.m. plur.= Décombres.

grave : adj. **1-** *Avoir un air grave.* = Sombre, sérieux, inquiétant. ≠ Léger, superficiel. **2-** *Une affaire très grave.* = Important, sérieux, fondamental. ≠ Léger, futile, superficiel. **3-** *Une voix grave.* = Bas, profond. ≠ Aigu, haut perché. ■ **gravement :** adv. = Sérieusement, lourdement.

graver : v. = Inscrire, fixer, imprimer.

gravier : n.m. = Petits cailloux, gravillons.

gravir : v. = Grimper, escalader, monter.

gravité : [de **grave**] n.f. **1-** = Importance, sérieux, solennité. ≠ Légèreté, superficialité, futilité. **2-** = Attraction, pesanteur, gravitation.

gravure : [de **graver**] n.f. **1-** = Lithographie, eau-forte. **2-** = Reproduction, illustration, image.

gré : n.m. **1-** = Volonté, vouloir. **2-** *Agir à son gré.* = Caprice, fantaisie, humeur. ■ **bon gré, mal gré :** = qu'on le veuille ou non. ■ **de bon gré :** = volontairement. ■ **de mauvais gré :** = à contre coeur.

gredin : n. **1-** = Coquin, crapule. ≠ Honnête homme, honnête femme. **2-** fam. = Garnement, chenapan.

greffe : n.f. **1-** *La greffe d'un arbre.* = Bouture, ente. **2-** = Opération chirurgicale. ■ **greffer :** v. **1-** = Enter, bouturer. **2-** = Transplanter un organe. ■ **greffier :** n. (f. greffière) (argot) = Chat.

grêle : adj. = Maigre, frêle, fluet, fragile. ≠ Solide, costaud, fort, résistant.

grêle : n.f. = Glace, grésil, pluie congelée.

grelot : n.m. = Clochette. ■ **grelotter :** v. = Trembler, frissonner.

grenat : adj. inv. = Rouge foncé, incarnat, carmin.

grenier : n.m. = Comble, mansarde, grange.

grès : n.m. = Terre, argile.

grésil : n.m. = Grêlon.

grève : n.f. = Plage, rivage, côte.

grève : n.f. = Arrêt de travail, débrayage.

grever : v. *Grever un budget.* = Charger, alourdir. ≠ Alléger, diminuer.

gribouiller : v. = Barbouiller. ■ **gribouillis :** n.m. = Barbouillage, gribouillage.

grief : n.m. (souvent plur.) = Accusation, reproche, remontrance.■ **grièvement :** adv. = *Blesser grièvement.* = Gravement, sérieusement, lourdement. ≠ Légèrement, superficiellement.

griffer : v. = Égratigner, écorcher, érafler. ■ **griffe :** n.f. **1-** = Ongle, serre. **2-** fig. = *La griffe d'un couturier.* Marque, sigle, signature. ■ **montrer ses griffes :** = se défendre, être prêt à se battre. ■ **un coup de griffe :** = une remarque méchante, blessante. ■ **griffure :** n.f. = Coup de griffe, égratignure, éraflure.

grignoter : v. = Grappiller, chipoter, manger. ≠ Engloutir, avaler, se gaver.

gril : [de **grille**] n.m. = Barbecue. (mot anglais)

grille : n.f. **1-** = Clôture, barrière, grillage. **2-** = Mots croisés. ■ **griller** : v. **1-** = Rôtir, braiser. **2-** *Griller du café.* = Torréfier, brûler. **3-** = Avoir très chaud, brûler. ■ **griller un feu** : = ne pas s'arrêter.

grille-pain : n.m. inv. = Toaster. (mot anglais)

grimace : n.f. = Mimique, rictus, moue. ■ **grimer** : v. *Les clowns se griment.* = Maquiller, farder.

grimper : v. = Monter, escalader, gravir. ≠ Descendre.

grincer : v. = Crisser, couiner. ■ **grincement** : n.m. = Crissement, couinement, frottement. ■ **grincheux** : adj. ou n. (f. grincheuse) = Grognon, revêche. ≠ Aimable, souriant, plaisant, agréable.

gringalet : n.m. fam. = Petit homme maigre, freluquet.

gripper (se) : v. pron. = Se coincer, se bloquer, se rouiller. ■ **prendre en grippe** : = avoir de l'antipathie. ■ **grippé** : adj. = Rouillé, coincé, bloqué.

gris : **1-** adj. *Des cheveux gris.* = Argenté. **2-** *Le temps est gris.* = Brumeux, couvert, maussade. ≠ Dégagé, ensoleillé, clair. **4-** = Éméché, ivre. ■ **matière grise** : = intelligence. ■ **griser** : v. **1-** = Enivrer, rendre ivre, rendre gai. **2-** = Étourdir, exciter, enthousiasmer. ■ **griserie** : n.f. **1-** = Ivresse. **2-** = Exaltation, excitation. ≠ Calme, tempérance, modération. ■ **grisant** : adj. *Des compliments grisants.* = Exaltant, enivrant. ≠ Décourageant, démoralisant. ■ **grisaille** : n.f. *La grisaille de l'existence.* = Mélancolie, monotonie, tristesse. ≠ Gaieté, joie, entrain.

grogner : v. = Ronchonner, grommeler, bougonner. ■ **grogne** : n.f. fam. = Mécontentement, mauvaise humeur. ≠ Contentement, bonne humeur, approbation. ■ **grognon** : adj. ou n. (f. grognonne) = Bougon, grincheux. ≠ Aimable, souriant, agréable. ■ **grognement** : n.m. = Bougonnement, grommellement.

grommeler : v. = Protester, râler, bougonner, pester. ≠ Approuver, accepter.

gronder : v. **1-** *Le tonnerre gronde.* = Tonner. **2-** = Protester, ronchonner. **3-** = Réprimander, disputer, sermonner. ≠ Féliciter, complimenter, louer.

gros : **A-** adj. (f. grosse) **1-** = Volumineux, encombrant. **2-** = Corpulent, obèse, fort, empâté. ≠ Maigre, mince, fluet, élancé. **3-** *Un gros contrat.* = Important, considérable. ≠ Petit, sans importance. ■ **avoir le cœur gros** : = avoir du chagrin. **B-** adv. **1-** *Gagner gros.* = Beaucoup. ≠ Peu. **2-** = Grand, large. ≠ Petit, serré. **C-** n. = Obèse. ≠ Maigre.

grosseur : n.f. **1-** = Volume, dimension, taille. **2-** = Abcès, tuméfaction, oedème, gonflement, tumeur. ■ **grossier** : adj. (f. grossière) **1-** = Obscène, indélicat, vulgaire. **2-** = Fruste, ignorant. ≠ Cultivé, fin. ■ **grossièreté** : n.f. = Vulgarité, impolitesse, indélicatesse. ≠ Finesse, délicatesse, politesse.

grossir : [de **gros**] v. **1-** = Engraisser. ≠ Maigrir, mincir. **2-** *À la suite d'une foulure, sa cheville a grossi.* = Enfler, gonfler. ≠ Diminuer, dégonfler. **3-** *La foule grossit.* = Augmenter, affluer. ≠ Diminuer. ■ **grosso modo** : adv. = en gros, approximativement. fam. à vue de nez. ≠ Précisément, exactement.

grotesque : adj. = Ridicule, extravagant, burlesque. ≠ Sérieux, dramatique.

grotte : n.f. = Caverne, cavité, abri.

grouiller : v. *Grouiller de monde.* = Fourmiller, pulluler, s'agiter. ■ **se grouiller** : v. pron. fam. = Se dépêcher, se hâter. ≠ Traîner, lambiner.

groupe : n.m. **1-** = Ensemble, collectivité, groupement. **2-** *Un groupe de jazz.* = Bande, orchestre, troupe. ■ **grouper** : v. = Rassembler, réunir. ≠ Disperser, diviser, séparer. ■ **groupement** : n.m. = Rassemblement, réunion. ≠ Dispersion, division, éparpillement.

gruger : v. = Tromper, abuser.

gué : n.m. = Passage.

guenille : n.f. (souvent plur.) = Haillons, loques, oripeaux.

guêpier : n.m. = Piège, guet-apens.

guère : adv. = Peu, pas beaucoup. ≠ Beaucoup, abondamment.

guérir : v. **1-** = Soigner, sauver. **2-** = Aller mieux, se rétablir, se remettre. ≠ Décliner. ■ **guérison** : n.f. = Rétablissement, convalescence.

guerre : n.f. = Conflit, bataille, affrontement. ≠ Paix, entente.

guerrier : [de **guerre**] (f. guerrière) **1-** n.m. = Combattant, militaire, soldat. ≠ Civil. **2-** adj. = Combatif, belliqueux. ≠ Pacifique. ■ **guerroyer** : v. = Combattre.

guet : [de **guetter**] n.m. = Surveillance, veille. ■ **faire le guet** : = monter la garde. ■ **guet-apens** : n.m. (plur. guets-apens) = Piège.

guetter : v. = Surveiller, épier. ■ **guetteur** : adj. et n. (f. guetteuse) = Surveillant, veilleur.

gueule : n.f. **1-** *La gueule du crocodile.* = Bouche. ■ **se jeter dans la gueule du loup** : = tomber dans un piège. **2-** fam. = Bouche (de l'homme), figure. ■ **se casser la gueule** : = tomber, trébucher. ■ **faire la gueule** : = bouder, faire la tête. ≠ Sourire. ■ **gueuler** : v. fam. = Crier, brailler, hurler.

gueule-de-loup : n.f. (plur. gueules-de-loup) = Muflier.

guide : **1-** n. = Conseiller, pilote. **2-** n.m. *Un guide touristique.* = Livre, fascicule. **3-** n.f. (souvent plur.) = Rênes. ■ **guider** : v. **1-** = Accompagner, diriger, aider, orienter.

guigne : n.f. = Malchance, déveine, infortune. ≠ Chance, veine.

guilleret : adj. = Joyeux, gai, enjoué. ≠ Mécontent, triste, abattu.

guillotiner : [de **guillotine**] v. = Décapiter.

guinguette : n.f. = Bal, cabaret, dancing.

guise : n.f. = Gré, humeur, volonté, fantaisie. ■ **à sa guise :** selon son goût, sa volonté, à sa tête. ≠ contre sa volonté. ■ **en guise de :** = à la place de, comme.

guitare : n.f. fam. = Gratte.

gymnastique : n.f. = Exercice, sport.

H h H h H h H h H h H h h h

habile : adj. **1-** *Ce menuisier est habile de ses mains.* = Adroit, compétent, expert. ≠ Gauche, maladroit, malhabile. **2-** *C'est un ministre très habile.* = Diplomate, rusé, subtil. ≠ Malhabile, sot. ■ **habilement :** adv. = Adroitement, finement. ≠ Maladroitement. ■ **habileté :** n.f. **1-** *L'habileté manuelle.* = Adresse, dextérité. ≠ Gaucherie, maladresse. **2-** *Il a dénoué la situation avec habileté.* = Diplomatie, intelligence, perspicacité, savoir-faire, subtilité.

habiller : v. = Vêtir. ≠ Déshabiller, devêtir. ■ **s'habiller :** v. pron. **1-** *Le matin, il s'habille très vite.* = Se préparer. **2-** *Elle s'habille à la dernière mode.* = Se vêtir, se saper (fam.). ≠ Se désahabiller, se dévêtir. ■ **habillé :** adj. *Elle a mis une robe habillée.* = Chic, élégant. ≠ Négligé. ■ **habillement :** n.m. = Mise, tenue, vêtement.

habit : n.m. **1-** plur. *Je ne laisse pas traîner mes habits.* = Vêtements, fringues (fam.). **2-** *Un habit de soirée.* = Frac, tenue de soirée.

habiter : v. = Demeurer, loger, résider, vivre. ■ **habitant :** n. *À Besançon, il y a environ 122 000 habitants.* = Âme, citoyen, résident. ■ **habitat :** n.m. *L'habitat du lion est la savane.* = Milieu. ■ **habitable :** adj. *La maison est encore habitable.* = Vivable. ≠ Inhabitable. ■ **habitation :** n.f. Venez donc voir notre nouvelle habitation. = Appartement, demeure, domicile, logement, logis, maison.

habitude : n.f. **1-** *Julia a pris l'habitude de manger à midi pile.* = Manie, pli. ≠ Exception. ■ **d'habitude :** = Généralement, ordinairement. **2-** *Difficile de se faire aux habitudes de ce pays étranger !* = Coutume, manière, usage. **3-** *Je vais le faire, j'ai l'habitude.* = Accoutumance, routine. ≠ Nouveauté. **4-** *La danseuse a une longue habitude des exercices à la barre.*= Expérience, pratique. ≠ Inexpérience.

habituer : v. *Il habitue son petit chien à devenir propre.* = Accoutumer, dresser, éduquer, entraîner, exercer. ≠ désaccoutumer, déshabituer. ■ **s'habituer** (à) : v. pron. = S'accoutumer, s'adapter, se familiariser. ■ **habitué :** n. = Familier, pilier. ■ **habituel :** adj. **1-** *Il fait sans réfléchir les gestes habituels.* = Coutumier, familier, machinal. ≠ Inaccoutumé, inhabituel. **2-** *Ses retards sont habituels.* = Courant, fréquent, ordinaire. ≠ Exceptionnel, occasionnel, rare. ■ **habituellement :** adv. **1-** *Les élèves sont habituellement en vacances pour Noël.* = Ordinairement. ≠ Exceptionnellement. **2-** *Il sort habituellement de son travail à 18 heures.* = Généralement, normalement. ≠ Rarement.

hâbleur : n.ou adj. = Fanfaron, menteur, vantard. ■ **hâblerie :** n. f. = Fanfaronnade, mensonge, vantardise.

hache : n.f. *Il coupe le bois avec sa hache.* = Cognée. ■ **hacher :** v. *Elle hache de la viande pour faire un pâté.* = Couper, déchiqueter.

hagard : adj. *Réveillée en sursaut, elle a un air hagard.* = Effaré, égaré, fou.

haie : n.f. **1-** *Une haie de thuyas nous protège du vent.*= Clôture. **2-** *Le cheval n'a pas pu franchir la haie.*= Obstacle. **3-** fig. *Deux haies d'admirateurs attendaient le champion de football.*= File, rang.

haillon : n.m. (souvent plur.) *J'ai vu mendier un enfant vêtu de haillons.* = Guenilles, loques.

haïr : v. = Abominer, détester, exécrer. ≠ Adorer, aimer, chérir. ■ **haine :** n.f. *Son regard mauvais est chargé de haine.* = Férocité, hostilité, rancune, répulsion, ressentiment. ≠ Amour, amitié, passion. ■ **haineux :** adj. *Il tient des propos haineux.* = Malveillant, venimeux, vindicatif. ≠ Affectueux, bienveillant. ■ **haïssable :** adj. *La guerre est haïssable.* = Détestable, odieux.

haleine : n.f. = Souffle.

hâler : v. = Bronzer. ■ **hâlé :** adj. = Bruni, bronzé. ■ **hâle :** n.m. = Bronzage.

haleter : v. *Le chien halète après avoir couru.* = S'essoufler, souffler. ■ **haletant :** adj. *L'effort était si intense qu'elle est restée haletante un long moment.* = Essoufflé, pantelant.

hall : n.m. = Vestibule.

halle : n.f. = Marché.

hallebarde : n.f. = Lance. ■ **il pleut des hallebardes :** fam. = À verse.

halluciné : adj. et n. *Un air halluciné.* = Bizarre, dément, égaré, hagard, visionnaire. ■ **hallucinant :** adj. *C'est hallucinant comme Bébé apprend vite.* = Extraordinaire, frappant, saisissant. ■ **hallucination :** n.f. *Jeanne d'Arc avait-elle des hallucinations ?* = Apparition, délire, vision.

halte : **A-** n.f. **1-** *Fatigués, nous avons fait une halte pour respirer.* = Arrêt, pause. **2-** *Elle m'attend à la halte du bus.* = Station. **B-** interj. *Halte aux pollueurs !* = Stop !

hameau : n.m. = Bourg, lieudit.

hameçon : n.m. = Crochet. ■ **mordre à l'hameçon :** = Au piège.

handicap : n.m. *Sa mauvaise audition est un handicap.* = Désavantage, infériorité. ≠ Avantage, supériorité. ■ **handicaper :** v. *Léa n'a pas terminé la course, elle était handicapée par une entorse.* = Désavantager, défavoriser, gêner. ≠ Avantager, favoriser. ■ **handicapé :** adj. ou n. = Inadapté, infirme.

hangar : n.m. = Dépendances, remise.

hanter : v. **1-** *Gabriel passe son temps à hanter les magasins de jouets.* = Fréquenter, visiter. ≠ Fuir. **2-** *Elle est hantée à l'idée d'un échec.* = Obséder, tourmenter. ■ **hantise :** n.f. *Marc a la hantise des examens.* = Crainte, obsession.

happer : v. = Attraper, saisir. ≠ Lâcher, laisser.

harassant : adj. = Épuisant, exténuant, pénible. ≠ Délassant, reposant. ■ **harassé :** adj. = Épuisé, éreinté, exténué. ≠ Dispos, frais.

harceler : v. = Ennuyer, persécuter, poursuivre, relancer, tourmenter.

hardes : n.f. plur. *Le pauvre vieux n'était vêtu que de hardes.* = Guenilles, haillons.

hardi : adj. = Audacieux, brave, courageux, déterminé, intrépide, résolu, téméraire. ≠ Lâche, peureux, timide. ■ **hardiesse :** n.f. = Audace, bravoure, courage, détermination, intrépidité, témérité. ≠ Lâcheté, timidité.

hargne : n.f. *Pourquoi me réponds-tu avec autant de hargne ?* = Acidité, acrimonie. ■ **hargneux :** adj. = Acariâtre, acrimonieux, méchant, querelleur, rageur. ≠ Aimable, doux.

harmonie : n.f. **1-** *Des instruments de musique et des voix en harmonie.* = Accord. ≠ Désaccord, discordance. **2-** *L'harmonie municipale doit donner son concert.* = Orchestre, fanfare. **3-** *La couleur de son sac est en harmonie avec sa robe.* = Concordance, correspondance. ≠ Discordance. **4-** *Il y a beaucoup d'harmonie dans cette famille.* = Communion, entente, union. ≠ Discorde. ■ **harmonieux :** adj. **1-** *Un violon harmonieux.* = Doux, mélodieux. ≠ Criard, discordant. **2-** *Les formes harmonieuses d'un monument.* = Proportionné. ≠ Disproportionné. ■ **harmoniser :** v. *Le peintre a su harmoniser ses couleurs dans ce tableau.* = Accorder, associer, assortir, équilibrer. ≠ Désaccorder.

harnacher : v. *Te voilà drôlement harnaché !* = Accoutrer, ficeler, habiller, vêtir.

harpon : n.m. = Crochet, grappin. ■ **harponner :** v. fig. fam. *Je me suis fait harponner par ce bavard, je ne pouvais plus partir.* = Accrocher, arrêter, mettre le grappin dessus (fam.).

hasard : n.m. **1-** *Le hasard fait bien les choses.* = Destin, fatalité. ■ **au hasard :** = À l'aventure. **2-** *Tu as perdu, ce sont les hasards du jeu.* = Aléa, danger, risque. **3-** *Quel hasard, vous aussi vous êtes là !* = Coïncidence. ■ **par hasard :** = Accidentellement. ■ **hasarder :** v. **1-** *Il hasarde timidement une réponse.* = Avancer, risquer. **2-** *Il a hasardé une démarche auprès de son patron.* = Essayer, tenter. ■ **se hasarder :** v. pron. *Luc et ses amis se hasardent sur l'étang gelé.* = S'aventurer, se risquer. ■ **hasardeux :** adj. *Une entreprise hasardeuse.* = Aléatoire, aventuré, dangereux, hardi, imprudent, risqué. ≠ Sûr.

hâte : n.f. *L'enfant a hâte d'ouvrir ses cadeaux de Noël.* = Empressement, impatience, précipitation. ≠ Calme, lenteur. ■ **à la hâte :** = Précipitamment. ■ **hâter :** v. **1-** *Hâtez-vous, l'orage menace.* = Accélérer, presser. ≠ Attendre, ralentir. **2-** *Le temps se gâte, il faut hâter notre départ.* = Brusquer, précipiter. ≠ Différer, retarder. ■ **se hâter :** v. pron. = Se dépêcher, se presser. ≠ S'arrêter. ■ **hâtif :** adj. **1-** *Des légumes hâtifs.* = Précoce. ≠ Tardif. **2-** *C'est un travail hâtif, il n'est même pas relu.* = Bâclé (fam.), rapide. **3-** *Vous tirez des conclusions un peu hâtives.* = Prématuré. ≠ Retardé. ■ **hâtivement :** adv. = Précipitamment, rapidement. ≠ Lentement, tardivement.

hausser : v. **1-** *Ils vont faire hausser leur maison d'un étage.* = Surélever. ≠ Abaisser. **2-** *J'ai dû hausser le ton pour qu'on m'entende.* = Augmenter, élever, monter. ≠ Baisser, descendre. ■ **hausse :** n.f. = Augmentation, elévation, majoration, montée, poussée. ≠ Baisse, effondrement.

haut : **A-** adj. **1-** *Ces branches sont trop hautes pour que je puisse y grimper.* = Élevé. ≠ Bas. **2-** *Les hauts plateaux du Sahara.* = Dominant, culminant. **3-** *Les chalutiers vont pêcher en haute mer.* = Plein. **4-** *Camille parle en classe à voix haute.* = Tout fort, sonore, retentissant. ≠ Bas, faible. **5-** *C'est un haut personnage de l'État.* = Éminent, important. ≠ Modeste, petit. **B-** n.m. **1-** *La tour Eiffel mesure 320 m de haut.* = Hauteur. **2-** *Le haut de la montagne est enneigé.* = Sommet. ≠ Base, pied. **C-** adv. **1-** *Regarde plus haut dans cette page.* = Au-dessus. ≠ Bas. **2-** ■ **haut les mains ! :** = En l'air. **3-** *Il parle tout haut en dormant.* = Fort. **4-** *Je le dis bien haut: je ne suis pas d'accord.* = Franchement, tout net. **5-** *Il me regarde de haut.* = Mépriser. ■ **tomber de haut :** *Je n'aurais jamais cru ça de lui, je tombe de haut!* = Être surpris. ■ **hautain :** adj. Fier, orgueilleux, dédaigneux, arrogant. ≠ Modeste. ■ **hauteur :** n.f. **1-** *Je dois mesurer la hauteur de la maison.* = Dimension, taille. **2-** *L'avion vole à une grande hauteur.* = Altitude. **3-** *Il faut monter sur les hauteurs pour profiter du paysage.* = Colline, mont, monticule, tertre. **4-** *Il me parle avec hauteur.* = Arrogance, condescendance, dédain, mépris. ≠ Humilité, simplicité. **5-** ■ **à la hauteur de.** *Il passe à la hauteur de la mairie.* = Au niveau de.

haut-le-cœur : n.m. inv. = Dégoût, nausée.

hebdomadaire : adj. ou n. = Périodique.

héberger : v. = Accueillir, loger, recevoir. ■ **hébergement :** n.m. = Abri, logement.

hébéter : v. = Abêtir, abrutir. ≠ Dégourdir, éveiller.■ **hébété :** adj. *Un air hébété.* = Abasourdi, sidéré, stupide.

hébreu : adj. et n. = Juif. ■ **c'est de l'hébreu :** = Incompréhensible.

hécatombe : n.f. = Carnage, massacre, tuerie.

héler : v. = Appeler, interpeller.

hémorragie : n.f. 1- *Je saigne beaucoup du nez, il faut arrêter l'hémorragie.* = Saignement. ■ **hémorragie cérébrale.** = Congestion. 2- fig. *La guerre de 1914-1918 a été la cause d'une hémorragie de la population.* = Perte.

herbe : n.f. 1- = Plante. 2- *Il s'est allongé sur l'herbe.* = Gazon, prairie, pelouse. 3- ■ **mauvaise herbe :** fig. *C'est un vaurien, de la mauvaise herbe.* = Graine. 4- ■ **en herbe.** fig. *Cet enfant est un informaticien en herbe.* = Futur. ■ **herbage :** n.f. = Pacage, pâturage, prairie. ■ **herbicide :** n.m. = Désherbant.

hercule : n.m. *Cet haltérophile est un hercule.* = Colosse. ■ **herculéen :** adj. = Colossal.

héréditaire : adj. = Congénital, génétique. ■ **hérédité** : n.f. = Atavisme, héritage.

hérisser : v. 1- *À l'approche du chien, le chat hérisse ses poils.* = Ébouriffer. ≠ Aplatir, lisser. 2- *Cet individu me hérisse.* = Horripiler, irriter. ≠ Apaiser, calmer. ■ **se hérisser :** v. pron. 1- = Se dresser. 2- = S'irriter, se fâcher, se raidir.

hériter : v. *Leurs enfants ont hérité des dons artistiques de leur mère.* = Recevoir. ≠ Léguer. ■ **héritage :** n.m. = Biens, legs, succession.

hermétique : adj. 1- *Des boîtes hermétiques.* = Étanche, fermé. 2- *Un message hermétique.* = Incompréhensible, obscur, secret. ≠ Clair. ■ **visage hermétique :** = Fermé, impénétrable. ≠ Ouvert.

héroïne : n.f. 1- *Elle est la principale héroïne du film.* Personnage. 2- Drogue.

héroïque : adj. = Brave, courageux, intrépide, hardi, stoïque. ≠ Lâche. ■ **héroïsme :** n.m. = Bravoure, courage, hardiesse, vaillance. ≠ Lâcheté.

héros : n. 1- *Les combattants sont morts en héros sur le champ de bataille.* = Brave. ≠ Lâche. 2- *Quasimodo est des héros du livre de Victor Hugo* Notre-Dame de Paris. = Personnage.

hésiter : v. 1- *J'hésite entre la robe bleue et la robe blanche.* = Flotter, se tâter. ≠ Choisir, se décider. 2- *Il n'a pas hésité une seconde.* = Atermoyer, attendre, reculer, tergiverser. 3- *Nicolas hésite en récitant sa leçon.* = Balbutier, bégayer. ■ **hésitant :** adj. 1- *Quel chemin prendre ? Je suis hésitant.* = Indécis, perplexe. ≠ Certain, décidé, résolu. 2- *Malade, il se lève et fait quelques pas hésitants.* = Chancelant. ≠ Assuré, ferme. ■ **hésitation :** n.f. = Doute, flottement, incertitude, indécision, perplexité, tâtonnement, tergiversation. ≠ Assurance, décision, détermination, résolution.

heure : n.f. = Instant, moment, temps. ■ **être à l'heure :** = Exact, ponctuel. ■ **de bonne heure :** = Tôt. ■ **à toute heure :** = N'importe quand. ■ **à tout à l'heure :** = Bientôt. ■ **à la bonne heure :** = Tant mieux. ■ **dernière heure :** = Agonie, mort.

heureux : adj. 1- *Je suis heureux de vous voir.* = Content, enchanté, ravi, réjoui, satisfait. ≠ Fâché, malheureux, mécontent, triste. 2- *Il est heureux au jeu, il gagne souvent.* = Chanceux, veinard. ≠ Malchanceux. 3- *Un heureux concours de circonstances.*= Avantageux, bon, favorable. ≠ Défavorable, déplorable, mauvais, fâcheux. ■ **heureusement :** adv. *Heureusement que nous avons nos parapluies, l'orage éclate.*= Par bonheur, par chance.

heurter : v. 1- *Le cycliste a heurté une voiture.* = Accrocher, emboutir, percuter, tamponner. 2- *Sa vulgarité et sa méchanceté m'ont heurté.* = Choquer, froisser, offenser, scandaliser. ■ **se heurter :** v. pron. 1- *Les voiture se sont heurtées de plein fouet.* = S'emboutir, se percuter. 2- *Il s'est heurté le front contre la porte.* = Se cogner. 3- fig. *Il a demandé une augmentation de salaire, il s'est heurté à un refus.* = Rencontrer. 4- fig. *Marie et sa mère se heurtent continuellement.* = S'affronter, se disputer. ■ **heurté** : adj. *Des couleurs heurtées.*= Contrasté. ≠ Fondu, lié. ■ **heurt :** n.m. 1- *Le heurt entre ces deux voitures a fait un blessé.* = Choc,collision. 2- *Il y a eu des heurts entre les joueurs après le match.* = Affrontement, conflit,dispute.

hideux : adj. = Affreux, horrible, laid, monstrueux, repoussant. ≠ Beau.

hilare : adj. = Gai, réjoui. ≠ Maussade. ■ **hilarité :** n.f. = Gaieté, rire. ≠ Tristesse. ■ **hilarant :** adj.= Amusant, comique, désopilant, drôle. ≠ Triste.

hippodrome : n.m. = Champ de courses.

hirsute : adj. *Une barbe, des cheveux hirsutes.* = Ébouriffé, hérissé. ≠ Lisse.

hisser : v. *Le navigateur hisse les voiles du catamaran.*= Dresser, lever, monter. ≠ Baisser, descendre. ■ **se hisser :** v. pron. 1- *Il se hisse jusqu'au sommet de l'arbre.* = Grimper, monter. 2- fig. *Il s'est hissé jusqu'à ce poste important.* = S'élever, se hausser.

histoire : n.f. 1- *Histoire de France.* = Passé. 2- Récit imaginaire, conte. *Maud adore que cette histoire.*= Conte, légende, récit, roman. 3- *Tu ne m'as pas dit la vérité, tu me racontes des histoires.* = Mensonge. 4- *Il m'est arrivé une drôle d'histoire.*= Affaire, aventure, événement. **5-** fam. plur. *Il va s'attirer des histoires!* = Ennuis. ■ **historien :** n. = Annaliste, biographe, chercheur, chroniqueur, mémorialiste.

hocher : v. *Il hocha la tête pour dire oui.* = Balancer, remuer, secouer.

holà : 1- interj. *Holà, attends-moi !* = Doucement. **2-** n.m. inv. ■ **mettre le holà :** = Bon ordre.

hold-up : n.m. inv. = Vol.

holocauste : n.m. = Sacrifice.

homélie : n.f. = Sermon.

homérique : adj. = Épique, fabuleux. ■ **rire homérique :** = Fou rire.

homicide : n.m. **1-** = Assassin, meurtrier. **2-** = Assassinat, crime, meurtre.

hommage : n.m. **1-** ■ **rendre hommage.** *Nous rendons hommage à son dévouement.* = Saluer. **2-** *Cet auteur a fait hommage de son livre à la bibliothécaire.* = Don, offrande. **3-** plur. *Présentez mes hommages à madame votre mère.* = Respects, salutations.

homme : n.m. **1-** = Être humain, individu, personne. **2-** *C'est un homme bizarre.* = Individu, bonhomme (fam.), type (fam.). **3-** *" C'est mon homme, et je l'aime", dit-elle.* = Amant, mari, mec (fam.). **4-** *Un homme de lettres.* = Auteur. *Un homme de loi.* = Magistrat, avocat. *Un homme d'Église.* = Ecclésiastique. *Un homme de paille.* = Intermédiaire. ■ **comme un seul homme :** = Tous ensemble.

homosexuel : adj. ou n. = Homo, gay ; lesbienne. ≠ Hétérosexuel.

honnête : adj. **1-** *Un commerçant honnête.* = Loyal, probe, scrupuleux. *Un juge honnête.* = Incorruptible, intègre. ≠ Malhonnête. **2-** *Il a fourni un travail honnête.* = Acceptable, convenable, correct, honorable. ≠ Extraordinaire. ■ **honnêtement :** adv. **1-** *Il m'a honnêtement informé des difficultés.* = Loyalement. ≠ Malhonnêtement. **2-** *Il gagne honnêtement sa vie.* = Convenablement, correctement. ■ **honnêteté :** n.f. = Loyauté, probité, intégrité.

honneur : n.m. **1-** *Son honneur est en jeu dans cette affaire.* = Dignité, fierté; estime, respect de soi. ≠ Déshonneur, honte, infamie. **2-** *C'est à Pasteur que revient l'honneur de la découverte du vaccin contre la rage.*= Considération, gloire, réputation. **3-** *Ce chef d'État est reçu avec les honneurs dus à son rang.* = Égards. ≠ Humiliation. **4-** *Ces enfants ont écrit une chanson en l'honneur de leur grand-mère.* = À la louange de.

honorable : adj. **1-** *C'est un homme honorable qui mérite notre estime.* = Estimable, respectable. ≠ Déshonoré. **2-** *Le coureur est arrivé troisième, c'est une place honorable.* = Convenable, correct,honnête, satisfaisant.

honoraires : n.m. plur. = Appointement, rétribution, salaire.

honorer : v. **1-** *Le ministre a honoré la mémoire du savant.* = Célébrer, glorifier, saluer. ≠ Déshonorer. **2-** *Il m'honore de son amitié.* = Gratifier. **3-** *La bonté est une qualité que l'on honore.* = Estimer, respecter. ≠ Mépriser. **4-** *Il a m'a rendu l'argent qu'il me devait, il a honoré sa dette.* = Acquitter. ■ **s'honorer :** v. pron. *Nous nous honorons d'avoir le champion de France dans notre équipe de natation.* = Se flatter, s'enorgueillir.

honte : n.f. **1-** *Ce vaurien apporte la honte dans sa famille.* = Déshonneur, humiliation, infamie,scandale. ≠ Gloire, honneur. **2-** *La honte l'empêche de prendre la parole en public.* = Embarras, gêne, timidité. ≠ Assurance, audace. **3-** *On a découvert ses mensonges, il est rouge de honte.* = Confusion, humiliation, regret. **4-** *Il étale sans honte un luxe tapageur.* = Pudeur, scrupule, vergogne. ■ **honteux :** adj. **1-** *Une conduite honteuse.* = Abject, dégradant, déshonorant, ignoble, méprisable, scandaleux. **2-***La fillette est honteuse de sa mauvaise note.* = Confus, embarrassé, gêné. ■ **honteusement :** adv. = Ridiculement.

horaire : n.m. **1-** *J'ai consulté l'horaire des trains pour Paris.* = Indicateur. **2-** *Les infirmières ont reçu les horaires de la semaine.* = Emploi du temps, programme.

horde : n.f. *Des hordes de loups.* = Bande, troupe.

horizon : n.m. **1-** *Le bateau disparaît à l'horizon.* = Loin. **2-** *Il m'a ouvert de nouveaux horizons.* = Perspective. ■ **horizontal :** adj. = Plat. ≠ Vertical.

horloge : n.f. = Pendule.

hormis : prép. = Excepté, sauf.

horreur : n.f. **A-** sing. **1-** *Frémir d'horreur.* = Effroi, épouvante, peur, répulsion, terreur. ≠ Admiration. ■ **faire horreur :** = Horrifier. ■ **avoir horreur :** = Détester. **2-** *L'horreur d'un crime.* = Abjection, atrocité, igniminie, monstruosité. = Beauté. **B-** plur. **1-** *Les horreurs des massacres, de la guerre.* = Atrocité. **2-** *Arrête de dire des horreurs!* = Atrocités, grossièreté, obscénité. ■ **horrible :** adj. **1-** *J'ai assisté à un accident horrible.* = Effrayant, effroyable, épouvantable . **2-** *Tu es horrible avec cette coupe de cheveux.* = Laid. ≠ Beau. **3-** *J'ai une horrible rage de dents.* = Intolérable, terrible. ■ **horriblement :** adv. = Extrêmement. ■ **horrifier :** v. = Effrayer, épouvanter, terroriser; scandaliser.

horripiler : v. fam. = Énerver, exaspérer.

hors : prép. *Guy est un joueur de tennis hors série.* = Au delà de. ≠ Dans. ■ **hors de :** loc. prép. **1-** À l'extérieur de. *Le goujon saute hors de l'eau.* = À l'extérieur de. ■ **hors d'ici! :** = Dehors! **2-** fig. ■ **être hors de soi :** = Furieux. ■ **hors de question :** = Impensable. ■ **hors d'usage :** = Inutilisable.

hors-la-loi : n.m. inv. = Bandit, réprouvé..

hospice : n.m. = Hôpital long séjour.

hospitalier : adj. = Accueillant, convivial. ≠ Hostile. ■ **hospitalité :** n.f. *Lucie a égaré ses clés; son voisin lui a offert l'hospitalité.* = Accueil, asile, logement, refuge.

hostile : adj. **1-** *La foule hostile poursuit le voleur.*= Adverse, ennemi, inamical. ≠ Amical, bienveillant, cordial. **2-** *Christophe a voulu arrêter le jeu, mais ses camarades ont été hostiles à sa proposition.* = Défavorable, opposé. ≠ Favorable. **3-** *Son attitude hostile nous rebute.* = Glacial, inamical, malveillant. ≠ Chaleureux. ■ **hostilité :** n.f. **1-** *Les villageois manifestent leur hostilité envers le projet de construction de l'autoroute.* = Antipathie, aversion, haine, opposition. ≠ Bienveillance. **2-** plur. *Les deux pays ont cessé les hostilités et vont négocier.* = Conflit, guerre. ≠ Armistice, paix.

hôte : **1-** n. *J'ai remercié mon hôte pour cette charmante soirée.* = Maître de maison. **2-** *Il est trop tard pour rentrer chez vous, soyez mon hôte !* = Invité. **3-** *Ce studio porte les taces de ses hôtes.* = Locataire, occupant.

hôtel : n.m. = Auberge, hostellerie, motel, relais de campagne, palace. ■ **hôtel de ville :** = Mairie.

houe : n.f. = Pioche.

houle : n.f. = Roulis, vagues. ■ **houleux :** adj. **1-** *La mer est houleuse, André ne sort pas en barque.* = Agité. ≠ Calme. **2-** fig. *Les spectateurs sont mécontents lors du spectacle, l'ambiance est houleuse.* = Orageux, mouvementé. ≠ Calme, paisible.

houppe : n.f. **1-** *Une houppe à poudre de riz.* = Houppette, pompon. **2-** *« Riquet à la Houppe » est le héros d'un conte de Perrault.* = Touffe, toupet. **3-** *Certains oiseaux ont une houppe de plumes sur la tête.* = Aigrette, huppe.

hourra : interj. ou n.m. = Acclamation.

housse : n.f.= Enveloppe, étui, gaine.

hublot : n.m. = Fenêtre.

huche : n.f. = Coffre, maie.

huer : v. = Conspuer, malmener, siffler. ≠ Acclamer, applaudir. ■ **huée :** n.f. *L'arbitre est sorti sous les huées de la foule.* = Charivari, tollé. ≠ Acclamation, applaudissement, bravo, ovation.

huile : n.f. **1-** *De l'huile d'olive.* = Graisse. ■ **faire tache d'huile :** = Se propager. ■ **jeter de l'huile sur le feu :** = Attiser, envenimer, pousser à la dispute. **2-** *Une huile de Delacroix.* = Tableau. **3-** fam. *Le maire fait partie des huiles de la ville.* = Grosse légume (fam.). ■ **huiler :** v. = Graisser, lubrifier. ■ **huileux :** adj. = Graisseux, gras.

huissier : n.m. *Paul a donné à l'huissier son nom et les motifs de sa demande de rendez-vous.* = Appariteur.

humain : **A-** adj. = Altruiste, bon, charitable, compatissant, généreux, sensible. ≠ Impitoyable, inhumain, insensible. **B-** n.m. *Tous les humains devraient s'entendre.*= Homme, humanité. ■ **humainement :** adv. = Charitablement. ≠ Inhumainement. ■ **humaniser :** v. *On fait notre possible pour humaniser cet homme renfermé.* = Apprivoiser, civiliser, polir. ■ **humanité :** n.f. **1-** *Ces découvertes seront utiles à l'humanité.* = Genre humain, homme. **2-** *Elle a un geste d'humanité en venant en aide à ces gens dans le besoin.* = Bonté, charité, compassion, sensibilité. ≠ Inhumanité, insensibilité.

humble : adj. = Effacé, modeste, obscur, pauvre, simple. ≠ Arrogant, fier, orgueilleux. ■ **humblement :** adv. = Modestement.

humecter : v. = Humidifier, imprégner, mouiller. ≠ Sécher.

humer : v. = Flairer, respirer, sentir.

humeur : n.f. *C'est une personne d'humeur maussade.* = Caractère, tempérament. ■ **bonne humeur :** = Gaieté, entrain. ■ **mauvaise humeur :** Colère, mécontentement, mélancolie, tristesse. ■ **être d'humeur à :** *Il est toujours d'humeur à plaisanter.* = Enclin.

humide : adj. **1-** *Du linge humide.* = Mouillé. **2-** *Un temps humide* = Pluvieux. ≠ Sec. ■ **humidifier :** v. = Humecter. ≠ Assécher, sécher. ■ **humidité :** n.f. *L'humidité de l'air .* = Brouillard, bruine, brume. ≠ Sécheresse.

humilier : v. = Dégrader, mortifier, opprimer, rabaisser, vexer. ≠ Élever, exalter, glorifier. ■ **humiliant :** adj. = Dégradant, mortifiant, vexant. ≠ Flatteur, glorieux. ■ **humiliation :** n.f. = Affront, honte, vexation.

humilité : n.f. = Modestie. ≠ Orgueil, vanité.

humour : n.m. = Esprit, ironie, plaisanterie. ≠ Sérieux.

humus : n.m. = Terre.

huppe : n.f. *Le paon, la grue couronnée portent une huppe.* = Houppe. ■ **huppé :** adj. fig. fam. *Il est le fils d'une des familles les plus huppées de la région.*= Fortuné, opulent, riche. ≠ Pauvre.

hurler : v. **1-** Aboyer (pour le chien, le loup), brailler, crier. **2-**fig. *Ces deux couleurs hurlent.* = Détonner, jurer. ■ **hurlement :** n.m. = Cri.

hurluberlu : n. = Écervelé, étourdi, fantasque, farfelu. = Sage, sérieux.

hutte : n.f. = Cabane.

hybride : adj. et n.m. = Mélangé, métis.

hygiène : n.f. = Propreté, salubrité, soin. ■ **hygiénique :** adj. = Sain, salubre. ≠ Insalubre.

hymne : n.m. = Chant.

hypnose : n.m. = Sommeil; catalepsie, envoûtement, magnétisme, somnambulisme. ■ **hypnotiser :** v. = Endormir, fasciner, magnétiser. ■ **hypnotiseur :** n. = Magnétiseur.

hypocrisie : n.f. 1- *Il fait preuve d'hypocrisie.* = Dissimulation, fausseté, fourberie. ≠ Franchise, sincérité. 2- plur. *Cesse tes hypocrisies, parle franchement!* = Mensonge, tromperie. ■ **hypocrite :** adj. ou n.= Faux, fourbe, sournois. ≠ Franc, sincère.

hypothèse : n.f. = Cas, postulat, supposition. ■ **hypothétique :** adj. = Douteux, incertain, problématique. ≠ Certain, évident, indubitable, sûr.

hystérie : n.f. 1- = Névrose. 2- fig. *L'hystérie collective des supporters de football.* = Délire, folie. ■ **hystérique :** adj. ou n. 1- Névrosé. 2- fig. *Un rire hystérique.* = Délirant, fou, nerveux .

I i I i I i I i I i i i i

ici : adv. *Je ne vois rien ici.* = A cet endroit, là, là-bas. ■ **par ici :** = dans les environs.

idéal : (plur. idéaux) **A-** adj. *Un monde sans guerre serait idéal.* = Parfait, idyllique, rêvé. ≠ Imparfait. **B-** n.m. 1- *Les hommes ont pour idéaux la justice et la liberté.* = Valeur, absolu, modèle. 2- *L'idéal serait de vivre toujours heureux.* = le mieux, utopie ■ **idéalement :** adv. *Cette ferme est idéalement placée.* = Parfaitement. ■ **idéaliste :** adj. = Utopiste, chimérique, irréaliste. ■ **idéaliser :** v. = Magnifier, embellir.

idée : n.f. 1- *Partir en vacances est une bonne idée.* = Concept, notion, théorie. 2- *L'écrivain cherche de nouvelles idées pour son roman.* = Projet, plan, inspiration, thème. 3- *Galilée avait une idée juste de la forme de la Terre.* = Conception, opinion, théorie.
4- *Ce voyage m'a donné une petite idée de la culture de ce pays.* = Image, échantillon. ■ **une idée fixe :** = obsession. ■ **avoir les idées larges :** = être tolérant. ■ **se faire des idées :** = imaginer, rêver.

identifier : v. *Le témoin a pu identifier le voleur.* = Reconnaître, confondre, démasquer. ■ **s'identifier :** v. pron. ≠ Se distinguer, se différencier, se singulariser.

identique : adj. = Semblable, pareil, analogue, même. ≠ Différent.

idiot : adj. ou n. = Imbécile, stupide, abruti, sot, inepte. ≠ Intelligent. ■ **idiotie :** n.f. = Bêtise, stupidité, sottise, imbécillité.

idoine : adj. = Approprié, convenable, pertinent.

idole : n.f. = Divinité, dieu. ■ **idolâtre :** adj. et n. = Adorateur, fanatique. ■ **idolâtrer :** v. = Aimer, adorer, se passionner, chérir, vénérer.

idylle : n.f. = Flirt, amourette. ■ **idyllique :** adj. *Une île idyllique.* = Enchanteur, idéal, merveilleux, paradisiaque.

ignare : adj. ou n. = Ignorant, analphabète,illettré, inculte. ≠ Savant, lettré.

ignoble : adj. 1- *Un personnage ignoble.* = Bas, méprisable, abject. ≠ Beau, noble. 2- *Ce médicament a un goût ignoble, je ne peux pas l'avaler.* = Sale, dégoûtant, répugnant, immonde.

ignominie : n.f. = Honte, déshonneur, infamie.

ignorer : v. 1- *Pierre ignore où se trouve la Tasmanie.* = Méconnaître. 2- *Antonin et Julie s'ignorent depuis leur dispute.* = Mépriser. ■ **ignorance :** n.f. 1- *Par ignorance, il peut faire les pires erreurs.* = Incapacité, incompétence, naïveté. 2- *J'avoue mon ignorance dans le domaine du bricolage.* = Incompétence, inexpérience, insuffisance. ≠ Compétence, expérience, savoir-faire. ■ **ignorant :** adj. = Ignare, inculte, cancre, illettré. ≠ Instruit, cultivé.

illégal : [de **légal**] adj. (plur. illégaux) = Interdit, illicite, défendu, hors-la-loi. ≠ Légal, autorisé.

illégitime : [de **légitime**] adj. = Injustifié, déraisonnable. ≠ Légitime.

illettré : [de **lettre**] adj. ou n. = Analphabète, inculte. ≠ Cultivé, lettré, savant.

illicite : [de **licite**] adj. = Interdit, illégal, défendu, hors-la-loi. ≠ Légal, autorisé.

illimité : [de **limite**] adj. = Indéfini, indéterminé, démesuré, infini. ≠ Fini, limité.

illisible : [de **lire**] adj. = Indéchiffrable, incompréhensible.

illogique : [de **logique**] adj. = Incohérent, absurde, insensé. ≠ Logique, sensé.

illuminer : v. = Éclairer, étinceler, luire. ■ **illumination :** n.f. 1- *Les illuminations de Noël.* = Lumière, éclairage. 2- *« Eurêka! » Dans son bain, Archimède a eu une illumination.* = Inspiration, idée, révélation.

illusion : n.f. 1- *Les enfants voient parfois des fantômes dans le noir, mais ce n'est qu'une illusion.* = Mirage, vision. ≠ Réalité. 2- = Rêve, chimère, fantasme. 3- *Il se fait des illusions sur son avenir.* = Idée, utopie, rêve, espérance. ■ **s'illusionner :** v. pron. = Se leurrer, se tromper. ■ **illusionniste :** n. = Magicien, prestidigitateur. ■ **illusoire :** adj. = Vain. ≠ Réel, sûr.

illustration : [d'**illustrer**] n.f. 1- = Dessin, image, gravure, photographie. 2-*Des exemples bien choisis servent d'illustration à une définition.* = Explications, commentaires, légende.

illustre : adj. = Célèbre, connu, fameux, légendaire, renommé. ≠ Inconnu.

illustrer : v. = Orner, décorer. ■ **s'illustrer :** v. pron. = Se distinguer.

image : n.f. **1-** = Représentation, allégorie. **2-** = Reflet. **3-** *Les voyous donnent une mauvaise image de leur quartier.* = Idée, opinion. **4-** fig. *Alice est, trait pour trait, l'image de sa mère.* = Ressemblance. ■ **imaginer :** v. **1-** = Se représenter, se figurer. **2-** *Denis Papin a imaginé la machine à vapeur.* Inventer, concevoir, créer. ■ **s'imaginer :** v. pron. = Croire, se figurer. ■ **imagination :** n.f. = Pensée, conception, invention. ■ **imaginaire :** n.m. ou adj. = Irréel, fictif, illusoire. ≠ Vrai, réel.

imbattable : adj. = Invincible.

imbécile : adj. et n. = Sot, idiot, ridicule saugrenu.

imberbe : adj. = Glabre. ≠ Barbu.

imbiber : v. = Mouiller, humecter, tremper, humidifier. ■ **s'imbiber :** v. pron. *La terre s'imbibe d'eau de pluie.* S'imprégner, absorber, boire.

s'imbriquer : v. pron. *Ces arbres ont poussé au même endroit, ils se sont tellement imbriqués que l'on ne peut plus les distinguer.* = S'emboîter, s'entremêler, s'enchevêtrer.

imbroglio : n.m. = Confusion, mélange.

imbu : adj. *Il est imbu de préjugés tenaces.* = Rempli, pénétré de, plein.

imiter : v. **1-** *Dans sa coiffure, ses façons, il imite son idole.* = Singer, parodier. **2-** *La signature est impossible à imiter.* = Reproduire, copier, contrefaire. **3-** *Elle porte un manteau qui imite la panthère.*= Ressembler, plagier. ■ **imitation :** n.f. **1-** *Sébastien aime faire des imitations de chanteurs.* = Parodie, pastiche, caricature. **2-** *Ce tableau n'est qu'une imitation de l'original.*= Copie, reproduction. ■ **imitateur :** n. (f. imitatrice) = Plagiaire, pasticheur, faussaire, contrefacteur.

immaculé : adj. = Sans tache, propre, blanc. ≠ Sale, taché.

immanquable : [de **manquer**] adj. *Tu ne peux pas rater l'arrêt de bus, il est immanquable.* = Certain, inévitable, obligatoire. ■ **immanquablement :** adv. = Sûrement, infailliblement, inévitablement.

immatriculer : [de **matricule**] v. = Inscrire, enregistrer, numéroter.

immédiat : **A-** adj. **1-** *Un bien-être immédiat.* = Instantané, imminent. **2-** *J'habite aux alentours immédiats du parc.* =Très près, à côté. **B-** n.m. *Je ne souhaite pas te parler dans l'immédiat.* = Maintenant, tout de suite, au moment présent. ■ **immédiatement :** adv. *Pierre, viens ici immédiatement !* =Tout de suite, à l'instant, sans tarder, aussitôt, sur-le-champ.

immense : adj. **1-** *Le Sahara est un immense désert de sable.* = Etendu, vaste, illimité. ≠ Exigu. **2-** *Mon cousin a amassé une immense fortune.* = Colossal, considérable, énorme, monumental. ≠ Petit, minuscule, ridicule. ■ **immensément :** adv. = Extrêmement. ■ **immensité :** n.f. = Infini, multitude.

immerger : v. = Plonger, tremper. ≠ Émerger.

immérité : adj. = Injuste, injustifié.

immeuble : [de **meuble**] n.m. = Bâtiment, building, édifice.

immigration : n.f. = Déplacement, exode.

imminent : adj. *Il a plu sans arrêt, la crue de la rivière est imminente.* = Proche. ≠ Lointain.

immiscer (s') : v. pron. *Sa curiosité le pousse à s'immiscer dans ce qui ne le regarde pas.* = Se mêler, s'ingérer.

immobile : [de **mobile**] adj. = Figé, fixe, immuable, statique. ≠ Mobile. ■ **immobiliser :** v. = Arrêter, coincer, bloquer, paralyser, stopper. ≠ Agiter, remuer, bouger. ■ **immobilité :** n.f. = Inactivité, immobilisation. ≠ Mobilité, mouvement, déplacement.

immodéré : [de **modéré**] adj. *Ses dépenses immodérées l'ont amené à la ruine.* = Effréné, excessif, démesuré, outrancier. ≠ Modéré, raisonnable.

immonde : adj. **1-** *Il n'a pas de logement, il habite une cabane immonde.* = Sale, infâme, malpropre, sordide. **2-** fig. *Ce journal a publié un article immonde.*= Ignoble, répugnant, méprisable, vil. ■ **immondices :** n.f. plur. = Ordures, déchets.

immoral : [de **moral**] adj. (plur. immoraux) = Amoral, libertin, licencieux, pervers. ≠ Moral, vertueux. ■ **immoralité :** n.f. = Vice. ≠ Honnêteté, moralité.

immortel : [de **mort**] **A-** adj. = Eternel, indestructible, impérissable. ■ **immortaliser :** v. = Perpétuer, pérenniser.

immuable : [de **muer**] adj. = Constant, invariable, durable. ≠ Changeant, variable.

immunité : n.f. Protection, dispense, privilège. ■ **immuniser :** v. = Protéger , vacciner. ≠ Contaminer.

impact : n.m. **1-** *L'impact entre les véhicules a été violent.* = Collision, choc, heurt. **2-** *L'exclusion de l'élève a eu un impact sur ses camarades.* = Répercussion, effet.

impair : [de **pair**] *Pierre a commis un impair : il a oublié d'inviter son voisin pour la fête.* = Maladresse, bévue, gaffe.

impardonnable : [de **pardon**] adj. = Inexcusable, inadmissible, injustifiable.

imparfait : [de **parfaire**] **A-** adj. *Le peintre trouve son tableau imparfait, il n'est pas satisfait.* = Insuffisant, imprécis, incomplet. ≠ Parfait.

impartial : [de **partial**] adj. (plur. impartiaux) *Les arbitres sportifs sont impartiaux.* = Juste, équitable, sans parti pris. ≠ Injuste, partial. ■ **impartialité :** n.f. = Objectivité, neutralité. ≠ Partialité, parti pris.

impasse : [de **passer**] n.f. = Cul-de-sac.

impassible : [de **passible**] adj. *L'accusé impassible attend le verdict des juges.* = Imperturbable, impénétrable. ≠ Ému, troublé. ■ **impassibilité :** n.f. = Flegme, sang-froid. ≠ Agitation, trouble.

impatient : [de **patient**] adj. = Nerveux, pressé. ≠ Calme, patient. ■ **impatience :** n.f. = Hâte, précipitation, agacement. ■ **s'impatienter** : v. pron. = S'énerver, s'exaspérer, rager.

impeccable : adj. = Parfait, irréprochable, sans défaut, idéal.

impénétrable : [de **pénétrer**] adj. **1-** *Une jungle impénétrable.* = Inaccessible, hermétique, dense. **2-** fig. *C'est un homme impénétrable, on ne sait jamais ce qu'il pense.* = Secret, mystérieux, ténébreux. ≠ Ouvert, sociable.

impensable : [de **penser**] adj. = Inimaginable, incroyable, ahurissant.

impératif : **A-** adj. (f. impérative) = Impérieux, injonctif, autoritaire, essentiel. **B-** n.m. **1-** *Elle suit les impératifs de la mode.* = Nécessité absolue, obligation. **imperceptible :** [de **perception**] adj. *Une imperceptible odeur.* = Impalpable, léger, faible.

imperfection : [de **perfection**] n.f. = Défaut, tare, vice, malfaçon.

impérissable : [de **périr**] adj. *Un souvenir impérissable.* = Inoubliable, éternel. ≠ Ephémère, temporaire.

imperméable : [de **perméable**] adj. *Le plastique est une matière imperméable.* = Etanche, hermétique, impénétrable. ≠ Perméable, poreux.

impersonnel : [de **personne**] adj. *La voix impersonnelle de l'horloge parlante.* = Banal, sans originalité, neutre.

impertinent : [de **pertinent**] adj. et n. = Insolent, effronté, irrespectueux. ■ **impertinence :** n.f. = Impolitesse, insolence, effronterie. ≠ Correction, politesse.

imperturbable : [de **perturber**] adj. *Simon n'a pas eu peur du danger, il est resté imperturbable.* = Calme, impassible, froid, sérieux, stoïque.

impétuosité : n.f. = Ardeur, fougue, exaltation.

impie : adj. = Incroyant, agnostique.

impitoyable : [de **pitié**] adj. *Un ennemi impitoyable.* = Cruel, dur, implacable. ≠ Indulgent, compréhensif.

implacable : adj. **1-** *Les Huns étaient les ennemis implacables des Gaulois.* = Impitoyable, sévère. ≠ Indulgent. **2-** = *Un destin implacable.* = Inéluctable, inexorable.

implanter : v. *Il a implanté son entreprise à l'étranger.* = Etablir, fonder, fixer.

impliquer : v. *Il a été impliqué dans une affaire de faux billets.* = Engager, mettre en cause. ■ **implication :** n.f. *La fermeture d'une usine a pour implications le chômage.* = Conséquence, suite.

implorer : v. = Supplier, insister, prier, solliciter.

impoli : [de **polir**] adj. = Incorrect, insolent, grossier, discourtois, irrespectueux. ≠ Poli, courtois. ■ **impolitesse :** n.f. = Incorrection, grossièreté. ≠ Politesse, courtoisie, savoir vivre.

importance : n.f. **1-** *Il attache beaucoup d'importance à la politesse.* = Valeur, intérêt. **2-** *Des villes d'importance moyenne.* = Grandeur, puissance, étendue. ■ **important : A-** adj. **1-** *Il a pris une décision importante.* = Crucial, décisif, essentiel. ≠ Insignifiant, anodin. **2-** *Un homme important.* = Eminent, Influent, remarquable. ≠ Ordinaire, banal. **B-** n.m. *L'important, c'est d'être heureux.* = L'essentiel.

importer : v. = Acheminer, introduire, apporter. ≠ Exporter.

importun : adj. et n. *Une visite importune.* = Désagréable, gênant, ennuyeux, dérangeant. ≠ Agréable, opportun. ■ **importuner :** v. = Déranger, ennuyer.

imposer : v. **1-** *Lucie impose le silence à l'auditoire.* = Obliger, forcer, commander. **2-** *Il ne travaille pas, il n'est donc pas imposé.* = Taxer. ■ **en imposer :** = impressionner. ■ **imposition :** n.f. = Taxe, impôt, contribution. ■ **imposant :** adj. *Cyrano de Bergerac avait un nez imposant.* = Impressionnant, considérable, monumental. ≠ Ridicule, petit. ■ **imposition :** n.f. = Impôt, contribution.

impossible : [de **possible**] adj. **1-** *Il est impossible d'arrêter le temps.* = Irréalisable, infaisable, impensable. ≠ Possible. **2-** fam. *Ces divisions sont impossibles à résoudre!* = Impraticable, difficile, inapplicable. **3-** fam. *Ce petit chien n'obéit pas, il est vraiment impossible.* = Insupportable.

imposteur : n.m. *Il s'est fait passer pour moi au téléphone, c'est un imposteur!* = Charlatan, menteur, mystificateur. ■ **imposture :** n.f. = Tromperie, mystification, mensonge.

impôt : [d'**imposer**] n.m. = Taxe, contribution, fiscalité.

impotent : adj. ou n. *Ce vieux chien est devenu impotent, il ne bouge presque plus.* = Invalide, infirme, handicapé.

impraticable : [de **pratiquer**] adj. *Après la tempête, le chemin est devenu impraticable.* = Inaccessible, difficile, infranchissable, malaisé. ≠ Praticable.

imprécis : [de **précis**] adj. *Une date imprécise.* = Flou, approximatif, incertain, vague. ≠ Net, précis.

imprégner : v. **1-** *Elle a imprégné ses vêtements de son parfum préféré.* = Humecter, imbiber. **2-** fig. *Robespierre était imprégné d'idées révolutionnaires.*= Etre influencé, remplir.

imprenable : [de **prendre**] adj. *Une ville fortifiée par Vauban était imprenable.= Inattaquable, inexpugnable.* ■ **une vue imprenable :** = Exceptionnel, magnifique.

impression : n.f. **1-** = Empreinte, trace. **2-** *L'impression des livres se fait chez l'imprimeur.* = Reproduction, tirage, édition. **3-** fig. *Il a l'impression qu'il va pleuvoir.* = Sensation, illusion, idée. **4-** fig. *Une bonne impression.* = Opinion, sentiment, pressentiment. ■ **impressionner :** v. *Un film violent impressionne les enfants.* = Bouleverser, émouvoir, toucher, troubler. ■ **impressionnable :** adj. = Sensible, émotif. ■ **impressionnant :** adj. *Les chutes du Niagara sont impressionnantes.* = Bouleversant, étonnant, extraordinaire, grandiose, prodigieux.

imprévisible : [de **prévoir**] adj. *Les réactions d'un chat sont souvent imprévisibles.* = Inattendu, soudain, déconcertant. ≠ Prévisible, prévu, calculé. ■ **imprévoyant :** adj. *La cigale de la fable de La Fontaine est imprévoyante.* = Frivole, insouciant, désinvolte, écervelé. ≠ Prévoyant, prudent, avisé. ■ **imprévu :** adj. *L'arrivée imprévue d'un chien sur le terrain a interrompu le match.* = Imprévisible, inattendu, inopiné. ≠ Prévu, organisé, calculé.

imprimer : v. **1-** *L'empreinte de nos pieds est imprimée sur le sable mouillé.* = Graver. **2-** *Les vagues impriment un balancement au bateau.*= Transmettre (un mouvement). **3-** *Nos cartes de visite sont imprimées sur du papier bleu.* = Reproduire. **4-** *L'éditeur a imprimé ce livre à mille exemplaires.* = Publier, éditer, tirer.

improbable : [de **probable**] adj. *Malgré ses efforts, son succès est encore improbable.* = Incertain, douteux, aléatoire, hypothétique. ≠ Probable, sûr, certain, vraisemblable.

impromptu : **1-** adj. *Nos amis sont arrivés à l'improviste, nous avons préparé un repas impromptu.* = Improvisé, imprévu, au pied levé, sur-le-champ, sans préparation.

impropre : [de **propre**] **1-** *Elle a utilisé des expressions impropres dans sa traduction d'anglais.* = Inadapté, inadéquat, incorrect. ≠ Approprié, adéquat, idoine. **2-** *Ces conserves trop anciennes sont impropres à la consommation.* = Inapproprié. ≠ Convenable, propre. ■ **impropriété :** n.f. = Incorrection.

improviser : v. *Mes amis se sont attardés et j'ai dû improviser un repas.* = Inventer (au dernier moment), imaginer. ≠ Préparer.

improviste (à l') : adv. = Subitement, sans prévenir.

imprudent : [de **prudent**] adj. *Un baigneur imprudent a failli se noyer.* = Téméraire, casse-cou, hasardeux, inconséquent. ≠ Prudent, raisonnable. ■ **imprudemment :** adv. = Etourdiment. ≠ Prudemment. ■ **imprudence :** n.f. *Cette avalanche est due à l'imprudence des skieurs hors piste.* = Témérité, inconséquence, imprévoyance, inconscience. ≠ Prudence, précaution.

impudent : adj. = Insolent, effronté, arrogant, cynique.

impudique : adj. = Indécent, licencieux, obscène. ≠ Pudique, chaste, prude.

impuissance : [de **pouvoir**] n.f. = Incapacité, inaptitude, faiblesse. ■ **impuissant :** adj. *Le nageur impuissant, lutte contre le courant.* = Incapable, désarmé, incompétent. ≠ Capable, compétent.

impulsion : n.f. **1-** *Une légère impulsion des jambes et tu sautes l'obstacle.* = Elan, essor. **2-** *C'est sous l'impulsion de la colère qu'il a cassé ses jouets.* = Influence, penchant, excitation. ■ **impulsif :** adj. (f. impulsive) = Irréfléchi, spontané, fougueux. ≠ Réfléchi, posé. ■ **impulsivement** : adv. = Spontanément.

imputer : v. = Attribuer, prêter.

inabordable : adj. *Un endroit inabordable.* = Inaccessible, impénétrable. **2-** *Un prix inabordable.* = Cher, excessif, prohitif.

inacceptable : adj. = Inadmissible, intolérable, scandaleux.

inactif : [de **actif**] adj. = Désœuvré, passif, oisif. ≠ Actif. ■ **inaction :** n.f. *Paul n'aime pas rester assis, il ne supporte pas l'inaction.* = Désœuvrement, oisiveté, inertie, passivité. ≠ Action.

inadapté : [d'**adapter**] adj. **1-** *Un marteau est inadapté pour réparer un moteur.*= Impropre, inadéquat, inapproprié. ≠ Approprié, idoine, adéquat. **2-** *Dans cette école, les élèves inadaptés sont aidés par un enseignant spécialisé.* = Handicapé. ≠ Adapté.

inadmissible : [d'**admettre**] adj. *Une conduite inadmissible.* = Intolérable, inacceptable, scandaleux. ≠ Admissible.

inaltérable : [d'**altérer**] adj. **1-** *L'or est un métal inaltérable.* = Inattaquable, imputrescible, inoxydable. **2-** fig. *Il garde un calme inaltérable dans toutes les circonstances.*= Constant, stable.

inamical : [d'**ami**] adj. = Malveillant, hostile. ≠ Amical.

inanimé : [d'**animer**] adj. = Immobile, inerte. ≠ Animé.

inappétence : n.f. **1-** = Anorexie. **2-** = Désaffection, désintérêt, indifférence. ≠ Ardeur, intérêt.

inapte : [d'**apte**] adj. = Incapable, inadapté, impropre, incompétent. ≠ Apte, capable, compétent.

inattaquable : [d'**attaquer**] adj. *Il s'est très bien comporté, sa conduite est inattaquable.* = Irréprochable, parfait. ≠ Attaquable, critiquable.

inattendu : [d'**attendre**] adj. *Une visite inattendue.* = Imprévu, impromptu, surprenant.

inattentif : [d'**attentif**] adj. (f. inattentive) = Étourdi, distrait. ≠ Attentif, appliqué. ■ **inattention :** n.f. = Distraction, étourderie, négligeance. ≠ Attention, application.

inauguration : n.f. = Ouverture, vernissage.

inavouable : [d'**avouer**] adj. = Honteux, embarrassant. ≠ Avouable.

incantation : n.f. = Sortilège, évocation, enchantement.

incapable : [de **capable**] **A-** adj. **1-** *Il est incapable de se relever seul.* = Hors d'état de, inapte à. ≠ Apte à. **2-** *Il est incapable de réparer sa voiture.* = Inapte, incompétent,impuissant. ≠ Capable, compétent. **B-** n. *Tu es un incapable !* = Médiocre, nullité, bon à rien.

incapacité : [de **capacité**] n.f. *Son incapacité à voler condamne l'autruche à courir.* = Impuissance, inaptitude, incompétence. ≠ Aptitude.

incarcérer : v. = Emprisonner, écrouer, interner. ≠ Libérer, élargir. ■ **incarcération :** n.f. = Emprisonnement, captivité, internement.

incarner : v. *Depardieu a incarné Cyrano de Bergerac au cinéma.*= Représenter, jouer, figurer.

incassable : [de **casser**] adj. = Indestructible, inaltérable, solide. ≠ Cassable, fragile.

incendie : n.m. = Brasier, feu, sinistre. ■ **incendier :** v. **1-** = Brûler, mettre le feu. **2-** fam. *Il est en retard, il va se faire incendier par ses parents.*= Gronder, disputer. ■ **incendiaire : A-** n. *Un incendiaire a mis le feu à la forêt.* = Pyromane. **B-** adj. *Il était furieux contre moi ; il m'a tenu des propos incendiaires.* = Agressif, violent, choquant.

incertain : [de **certain**] adj. **1-** *Mon admission dans l'équipe est encore incertaine.* = Douteux, éventuel, aléatoire. **2-** *Sa réponse est incertaine, il hésite encore.* = Vague, imprécis. **3-** *Le temps est incertain.* = Variable. ■ **incertitude :** n.f. = Doute, indécision, hésitation. ≠ Certitude.

incessant : [de **cesser**] adj. *Une pluie incessante nous empêche de sortir.* = Continuel, constant, continu, ininterrompu. ≠ Interrompu. ■ **incessamment :** adv. = Sans délai ; tout de suite ; d'un instant à l'autre.

incident : n.m. *Un incident imprévu a perturbé notre voyage.* = Accroc, anicroche, obstacle, péripétie. ■ **incidence :** n.f. *Une incidence dramatique.* = Conséquence, effet, répercution.

incinérer : v. = Brûler, calciner, réduire (en cendres).

inciser : v. *On incise les pins pour en recueillir la résine.* = Couper, tailler, trancher. ■ **incision :** n.f. = Coupure, entaille. ■ **incisif :** adj. (f. incisive) *Des critiques incisives.* = Acerbe, mordant, tranchant.

inciter : v. = Encourager, exhorter, pousser à, stimuler. ≠ Empêcher, décourager, démotiver.

incivilité : [de **civil**] n.f. = *Détériorer des portes d'immeuble, dessiner sur les murs, sont des incivilités.*= Vandalisme, inconvenance. ≠ Civilité, courtoisie.

inclinaison : n.f. Déclivité, pente. ■ **inclination :** n.f. *Il a une forte inclination à la paresse.* = Tendance, penchant, goût, disposition. ≠ Dégoût, répulsion. ■ **incliner :** v. *Marc incline la tête et regarde le sol par timidité.*= Baisser légèrement, courber. ≠ Lever. ■ **s'incliner :** v. pron. **1-** *La tour de Pise s'incline.* = Se pencher. **2-** *Vous avez raison donc je m'incline.* = Céder, abandonner, se soumettre. **3-** *Notre équipe s'est inclinée 3 à 2 lors de la dernière rencontre.* = Perdre. ≠ Gagner.

inclure : v. *J'ai inclus ton nom dans la liste des participants.* = Insérer, intégrer, introduire. ≠ Exclure. ■ **inclus :** adj. = Contenu, compris, joint. ≠ Exclus.

incognito : adv. = Inconnu, anonyme, secret.

incohérent : [de **cohérent**] adj. *Des paroles incohérentes.* = Incompréhensible, absurde, illogique, décousu. ≠ Cohérent, logique. ■ **incohérence :** n.f. = Absurdité.

incolore : adj. = Transparent, limpide. ≠ Coloré.

incommode : [de **commode**] adj. *Certaines tenues sont incommodes pour faire du sport.* = Embarrassant, inconfortable. ≠ Commode, pratique. ■ **incommodant :** adj. = Gênant. ≠ Agréable. ■ **incommoder :** v. *Les fortes chaleurs m'incommodent.*= Gêner, importuner, indisposer.

incomparable : [de **comparer**] adj. *Hercule était d'une force incomparable.* = Unique, exceptionnel, inégalable. ≠ Comparable.

incompatible : [de **compatible**] adj. *L'eau et le feu sont deux éléments incompatibles.* = Inconciliable, antinomique, opposé, contraire. ≠ Conciliable, compatible. ■ **incompatibilité :** n.f. = Désaccord, opposition, impossibilité. ≠ Accord, harmonie.

incompétent : [de **compétent**] adj. *Il est très sportif, mais incompétent en musique.* = Inapte, incapable, médiocre, ignorant. ≠ compétent, expert. ■ **incompétence :** n.f. = Incapacité, ignorance, inaptitude. ≠ Savoir-faire, compétence.

incomplet : [de **complet**] adj. (f. incomplète) *Ce jeu de dames est incomplet, il manque des pions.* = Partiel, inachevé, imparfait. ≠ Complet, entier.

incompréhensible : [de **comprendre**] adj. *Il y a trop de mots difficiles dans ce texte, il est incompréhensible.* = Indéchiffrable, abscons, inexplicable, inintelligible. ≠ Compréhensible, clair, intelligible. ■ **incompréhension :** n.f. = Ignorance, méconnaissance.

incompris : [de **comprendre**] adj. *Galilée a été un savant incompris.*= Ignoré, méconnu. ≠ Compris, reconnu.

inconcevable : [de **concevoir**] adj. = Impensable, incroyable, inimaginable, irréalisable. ≠ Concevable, compréhensible, réalisable.

inconduite : [de **conduire**] n.f. = Dévergondage, frasque, libertinage.

incongru : adj. = Déplacé, inconvenant, incorrect.

inconnu : [de **connaître**] **A-** adj. *C'est une plante rare, encore inconnue.*= Etranger, ignoré, méconnu, mystérieux, inédit. ≠ Connu, familier. **B-** n.m. *Il ne faut jamais suivre un inconnu dans la rue.*= Etranger, tiers.

inconscient : [de **conscience**] adj. **A-** *Il met les doigts dans son nez, c'est un geste inconscient.* = Machinal, automatique, irréfléchi, instinctif. ≠ Conscient. **B-** *Il est inconscient quand il fait du roller sur la chaussée.* = Irréfléchi, déraisonnable, irresponsable.

inconséquent : [de **conséquent**] adj. *Une conduite inconséquente.* = Irréfléchi, étourdi, frivole. ≠ Sérieux, réfléchi. ■ **inconséquence :** n.f. = Frivolité, inconscience, legèreté.

inconsidéré : [de **considérer**] adj. = Irréfléchi, inconséquent, imprudent.

inconstant : [de **constant**] adj. *Elle est inconstante, elle change tout le temps d'avis.*= Capricieux, changeant, lunatique, instable, frivole. ■ **inconstance :** n.f. = Instabilité, versatilité. ≠ Constance, opiniâtreté, ténacité.

incontestable : [de **contester**] adj. = Certain, sûr, vrai. ≠ Contestable, douteux, discutable.

incontournable : adj. *Une visite incontournable.* = Obligatoire, primordial, essentiel.

inconvenant : [de **convenir**] adj. *Il tient des propos inconvenants qui choquent son entourage.* = Déplacé, incorrect, choquant, osé. ≠ Convenable, poli.

inconvénient : n.m. **1-** *Si tu continues à faire ce que tu veux, tu en subiras les inconvénients.* = Désagrément, Conséquence, risque. **2-** *Ce vélo me plaît; l'inconvénient est qu'il est trop petit pour moi.* = Défaut, désavantage, aléa, problème. ≠ Avantage.

incorrect : [de **correct**] adj. **1-** *Cette phrase est incorrecte, il manque un verbe.* = Inexact, erroné, faux. **2-** *Il a été très incorrect avec moi.* = Impoli, grossier, inconvenant, indécent. ≠ Convenable, poli. ■ **incorrection :** n.f. **1-** = Faute, erreur. **2-** = Impolitesse, grossièreté, inconvenance. ≠ Courtoisie, politesse.

incorrigible : [de **corriger**] adj. *Il a encore dessiné sur les murs; il est incorrigible.* = Irrécupérable, impénitent.

incorruptible : [de **corrompre**] adj. **1-** *L'or est un métal incorruptible.* = Inaltérable, indestructible. **2-** fig. *On surnommait Robespierre « l'Incorruptible ».* = Honnête, intègre, probe. ≠ Malhonnête, escroc.

incrédule : [de **crédule**] adj. *C'est difficile de te convaincre, tu es tellement incrédule!* = Sceptique, dubitatif. ≠ Crédule, naïf.

incroyable : [de **croire**] adj. = Inouï, étonnant, inimaginable, impensable, inconcevable. ≠ Croyable, plausible, vraisemblable. ■ **incroyablement :** adv. = Excessivement, extrêmement.

incroyant : adj. = Athée, agnostique, mécréant, païen.

inculper : v. = Accuser, incriminer, déférer. ≠ Disculper. ■ **inculpé :** n. *L'inculpé a été jugé pour vol.*= Accusé, prévenu, suspect. ■ **inculpation :** n.f. = Mise en examen.

inculquer : v. = Enseigner, aprendre.

inculte : adj. **1-** *Ces terres sèches sont incultes.* = En friche, stérile, sauvage. ≠ Cultivé. **2-** *Le meilleur moyen pour ne pas rester inculte, c'est d'être curieux de tout.* = Ignorant, primitif, arriéré, fruste. ≠ Cultivé.

incurable : [de **curable**] adj. *Certaines maladies génétiques sont incurables.* = Inguérissable, irrémédiable. ≠ Guérissable.

incursion : n.f. **1-** *Les Gaulois redoutaient les incursions des Normands.*= Invasion, raid. **2-** = Entrée, irruption.

indéchiffrable : [de **chiffre**] adj. *Les hiéroglyphes égyptiens sont restés longtemps indéchiffrables.* = Illisible, incompréhensible, obscur, hermétique.

indécis : [de **décider**] adj. *Il se demande quelle direction prendre : il est indécis.* **1-** = Hésitant, confus. **2-** *Une forme indécise.* = Flou, vague, douteux, indéfini. ≠ Clair, net. ■ **indécision :** n.f. = Hésitation, incertitude, doute, irrésolution, perplexité. ≠ Certitude, détermination.

indéfini : [de **définir**] adj. *Les limites du ciel sont indéfinies* = Illimité, imprécis, indéterminé, infini. ≠ Limité, défini. ■ **indéfiniment :** adv. = Sans fin, éternellement.

indélébile : adj. *Une encre indélébile. Un souvenir indélébile.* = Ineffaçable, éternel, inoubliable, mémorable. ≠ Effaçable, éphémère.

indélicat : [de **délicat**] adj. = Grossier, malhonnête .≠ Honnête, probe. ■ **indélicatesse :** n.f. **1-** = Grossièreté, goujaterie. ≠ Délicatesse. **2-** = Malhonnêteté, escroquerie, vol.

indemne : adj. *Nous sommes sortis indemnes de cette mésaventure !* = Sain, sauf, intact. ≠ Blessé. ■ **indemniser :** v. = Dédommager. ■ **indemnisation, indemnité :** n.f. *Après les inondations, les sinistrés ont reçu une indemnisation.* = Réparation, dédommagement, compensation. ■ **indemnité** : = Salaire, émolument, prime.

indéniable : [de **dénier**] adj. = Certain, évident, incontestable. ≠ Douteux.

indépendance : [de **dépendre**] n.f. = Autonomie, liberté. ■ **indépendant :** adj. **1-** *Elle ne vit plus chez ses parents : elle est indépendante.* = Autonome, émancipé. **2-** *Il est trop indépendant pour accepter d'être dirigé ou influencé.* = Libre, insoumis. ≠ Dépendant, soumis. **3-** *Notre garage est situé au bout du chemin, il est indépendant de la maison.* = Séparé, distinct. ■ **indépendamment de :** loc. prép. *Indépendamment de son travail, il apprend l'anglais.* = En plus de, outre.

indescriptible : [de **décrire**] adj. *La chambre de Jules était dans un désordre indescriptible.* = Indicible, inexprimable.

indésirable : [de **désirer**] adj. et n. *Il n'est pas indésirable ; au contraire, tout le monde veut être son ami.* = Intrus, fâcheux, importun. ≠ Souhaité, désiré, admis.

indestructible : [de **détruire**] adj. *Une amitié indestructible.*= Eternel, inébranlable. ≠ Fragile.

indéterminé : [de **déterminer**] adj. *Une date indéterminée, un acte indéterminé* = Vague, flou, imprécis, indécis, hésitant. ≠ Défini, précis, clair, net, fixé.

index : n.m. = Liste (alphabétique), classement, table.

indicateur : [d'**indiquer**] n. *L'indicateur a informé la police sur le lieu du prochain cambriolage.* = Délateur, informateur, mouchard. ■ **indication :** n.f. *Il ne s'est pas trompé de chemin ; il a suivi les indications* = Renseignement, conseil, information, directive, piste, indice.

indice : n.m. **1-** *Les pirates ont découvert les indices qui leur permettront de trouver un trésor.* = Signe, piste, indication. **2-** *On a trouvé des indices sur Mars montrant la présence d'eau.*= Preuve, marque.

indifférent : adj. **1-** *Aller à la mer ou à la montagne m'est indifférent.*= Egal. **2-** *La conversation n'est pas passionnante, ils parlent de choses indifférentes.*= Insignifiant, banal. **3-** *Elle est indifférente aux chagrins des autres.* = Froid, insensible, blasé, résigné. ≠ Sensible. ■ **indifféremment :** adv. = Indistinctement. ■ **indifférence :** n.f. = Froideur, insensibilité, manque (d'attention).

indigène : adj. ou n. *En France, les indigènes sont les Français ; en Polynésie, les indigènes sont les Polynésiens.* = Autochtone, aborigène, natif.

indigeste : [de **digérer**] adj. **1-** *Certains plats gras sont indigestes.* = Lourd. ≠ Digeste. **2-** fig. *Un récit indigeste* = Confus, embrouillé, incompréhensible, ennuyeux.

indigne : [de **digne**] adj. *Le vol fait partie des actions indignes.* = Scandaleux, odieux, révoltant, méprisable. ≠ Digne, convenable, honorable. ■ **indignation :** n.f. = Révolte, colère, irritation. ■ **indigner :** v. = Révolter, scandaliser, outrer. ■ **s'indigner :** v. pron. *Chacun s'indigne contre les injustices.*= Se révolter, s'offenser, être scandalisé.

indiquer : **A-** v. **1-** *Une montre indique l'heure.*= Montrer, repérer. **2-** *Les nuages indiquent que la pluie n'est pas loin.* = Faire connaître, renseigner. **3-** *Ses sourcils froncés indiquent sa colère.*= Révéler, montrer, signaler.

indirect : [de **direct**] adj. **1-** = Détourné, allusif. ≠ Direct, franc.

indiscipline : [de **discipline**] n.f. = Désobéissance, dissipation, insoumission. ≠ Discipline, obéissance. ■ **indiscipliné :** adj. = Insoumis, désobéissant, rebelle, récalcitrant. ≠ Obéissant, docile.

indiscret : [de **discret**] adj. (f. indiscrète) **1-** *Notre voisine est indiscrète, elle veut toujours tout savoir sur notre famille.* = Curieux, fouineur. **2-** *Un journaliste indiscret.* = Bavard, importun, cancanier. ≠ Discret.

indiscutable : [de **discuter**] adj. = Evident, certain, irréfutable. ≠ Faux, douteux, discutable.

indispensable : [de **dispenser**] adj. = Nécessaire, obligatoire, essentiel. ≠ Inutile, superflu.

indistinct : [de **distinguer**] adj. = Confus, approximatif, imprécis, obscur. ≠ Distinct, net, clair.

individu : n.m. *On différencie chaque individu par ses empreintes digitales.*= Personne, être humain, homme. ■ **individuel :** adj. = Particulier, personnel ≠ Collectif. ■ **individuellement :** adv. = Séparément. ≠ Collectivement, ensemble.

indocile : [de **docile**] adj. = Désobéissant, récalcitrant, rétif, réfractaire, indiscipliné. ≠ Docile, obéissant. **indolore :** [de **douleur**] adj. = Insensible. ≠ Douloureux.

indomptable : [de **dompter**] adj. **1-** *Cet étalon est indomptable, personne n'a pu le monter.* = Indocile, récalcitrant, rétif, réfractaire. ≠ Docile, apprivoisé. **2-** fig. *Un caractère indomptable.*= Courageux, inflexible, fier, orgueilleux.

indulgent : adj. = Clément, charitable, conciliant, tolérent .≠ Intransigeant. ■ **indulgence :** n.f. = Bien-veillance, clémence, générosité. ≠ Sévérité, rigueur.

industrie : n.f. *Beaucoup d'industries sont implantées à Lyon.* = Entreprise, fabrique, usine.

inébranlable : [d'**ébranler**] adj. *Tout le monde a essayé de lui faire changer sa décision, mais il reste inébranlable.*= Ferme, inflexible, impassible, constant, obstiné. ≠ Changeant, influençable.

inédit : [d'**éditer**] adj. **1-** *On a retrouvé des œuvres inédites de ce musicien.* = Nouveau, neuf, inconnu. ≠ Édité, publié. **2-** *Le magicien a inventé un tour de magie inédit.* = Original. ≠ Banal, connu.

inefficace : [d'**efficace**] adj. = Inutile, inopérant, infructueux. ≠ Efficace, utile.

inégal : [d'**égal**] adj. **1-** *Un triangle quelconque a trois angles inégaux.* = Différent. ≠ Égal. **2-** *Une humeur inégale.* = Changeant, capricieux, lunatique, irrégulier. ■ **inégalable :** adj. *Ce pianiste est un virtuose inégalable.* = Incomparable, sans égal. ■ **inégalité :** n.f. **1-** *L'inégalité de taille des élèves d'une classe.* = Disparité, disproportion. **2-** *L'inégalité d'un chemin caillouteux.* = Variation, aspérité, dénivellation.

inélégant : [d'**élégance**] adj. = Indélicat, grossier. ≠ Élégant.

inepte : adj. *Il nous raconte une histoire inepte, sans queue ni tête.* = Sot, absurde, stupide. ≠ Intelligent, fin. ■ **ineptie :** n.f. = Absurdité, bêtise, sottise. ≠ Intelligence, bon sens.

inépuisable : [d'**épuiser**] adj. **1-** *Les ressources en pétrole ne sont pas inépuisables.* = Infini, illimité, intarissable.

inerte : adj. = Immobile, inactif, passif, inanimé. ≠ Remuant, entreprenant, actif. ■ **inertie :** n.f. *Le chat de la maison dort tout le temps, il se complaît dans l'inertie.* = Immobilité, paresse. ≠ Entrain, activité, ardeur.

inespéré : [d'**espérer**] adj. = Imprévu, inattendu. ≠ Espéré.

inévitable : [d'**éviter**] adj. *Avec le verglas, l'accident de voiture était inévitable.* = Fatal, immanquable, incontournable, obligatoire. ≠ Évitable, éventuel. ■ **inévitablement :** adv. = Forcément, fatalement.

inexact : [d'**exact**] adj. = Erroné, incorrect, *faux.* ≠ Juste, correct. ■ **inexactitude :** n.f. = Erreur, imprécision. ≠ Exactitude.

inexcusable : [d'**excuser**] adj. = Impardonnable. ≠ Excusable, pardonnable.

inexistant : [d'**exister**] adj. **1-** *Les preuves contre lui sont inexistantes.*= Absent. **2-** *Ses progrès sont inexistants.* = Nul. ≠ Existant, réel.

inexpérience : [d'**expérience**] n.f. = Ignorance, naïveté. ≠ Expérience. ■ **inexpérimenté :** adj. = Novice, profane. ≠ Expérimenté, averti.

inexplicable : [d'**expliquer**] adj. *Un comportement inexplicable.* = Bizarre, étrange, mystérieux, énigmatique. ≠ Clair, explicable. ■ **inexpliqué :** adj. = Mystérieux, obscur, indéchiffrable. ≠ Expliqué.

inexploré : [d'**explorer**] adj. *Mars est une planète inexplorée.*= Vierge, inconnu. ≠ Exploré.

inexpressif : [d'**exprimer**] adj. *Son regard inexpressif ne montre jamais d'émotion.* = Impassible, froid, éteint. ≠ Expressif. ■ **inexprimable :** adj. *Une joie inexprimable.* = Indicible, indescriptible.

in extremis : adv. = Au dernier moment, de justesse.

inextricable : adj. *Une affaire inextricable.* = Embrouillé, confus, obscur.

infaillible : [de **faillir**] adj. = Certain, indubitable, radical, sûr. ■ **infailliblement :** adv. = Immanquablement, inévitablement.

infantile : adj. *Un comportement infantile.* = Enfantin, puéril, immature. ≠ Mature.

infatigable : [de **fatiguer**] adj. *Ce sportif s'entraîne toute la journée, il est infatigable.* = Inlassable, robuste. ≠ Fatigable.

infect : adj. fam. **1-** = Dégoûtant, répugnant, repoussant, ignoble. ≠ Bon, agréable. ■ **infecter :** v. = Contaminer, corrompre, souiller. ■ **infection :** n.f. = Épidémie, contamination, contagion.

inférieur : adj. **1-** *Sur le bateau, notre cabine est située sur le pont inférieur.* = En bas, dessous. ≠ Supérieur. **2-** = Moindre, mineur. ■ **infériorité :** n.f. *C'est l'infériorité du nombre qui explique notre défaite.* = Désavantage, faiblesse, handicap. ≠ Supériorité.

infernal : adj. (plur. infernaux) **1-** *Une chaleur infernale.* = Pénible, insupportable, intolérable, terrible. **2-** fam. = Méchant, terrible, insupportable.

infester : v. *Les champs de blé sont infestés de mulots.* = Envahir, pulluler , proliférer.

infidèle : [de **fidèle**] adj. **1-** *Un mari infidèle.* = Adultère, volage. **2-** *Un coéquipier infidèle.* = Parjure, déloyal, irrespectueux. **3-** *Ce récit de voyage est infidèle, cela ne s'est pas passé comme ça.*= Inexact, erroné, partiel. ≠ Fidèle. ■ **infidélité :** n.f. **1-** = Trahison, traîtrise. **2-** = Inexactitude, erreur. ≠ Fidélité.

infiltrer (s') : [de **filtre**] v. pron. = Pénétrer (peu à peu), s'introduire, s'immiscer.

infime : adj. *Un infime morceau.* = Minuscule, modique. ≠ Immense.

infini : adj. **1-** *La suite des nombres est infinie.* = Illimité, immense, interminable. **2-** *La foule est si nombreuse qu'elle semble infinie.* = Incalculable, considérable, grand. ■ **à l'infini :** = sans borne, sans fin.

infirme : adj. ou n. = Mutilé, estropié, invalide, handicapé, impotent, grabataire. ■ **infirmité :** n.f. = Handicap, invalidité.

inflammation : n.f. *Une bronchite est une inflammation des bronches.* = Irritation.

inflexible : [de **fléchir**] adj. = Ferme, inébranlable, intransigeant. ≠ Faible, malléable, influençable.

infliger : v. *Le juge a infligé une peine de trois mois de prison au chauffard.* = Imposer.

influence : n.f. *Elle n'ose pas prendre une décision seule, elle agit toujours sous l'influence de sa sœur.* = Emprise, autorité, ascendant. ■ **influencer :** v. = Entraîner, diriger, influer. ■ **influençable :** adj. = Faible, malléable. ≠ Inflexible, têtu. ■ **influent :** adj. *Un homme influent.* = Puissant, important.

informe : [de **forme**] adj. **1-** *Une masse informe.* = Vague, grossier. ≠ Nette, précis. **2-** *Un brouillon informe.* = Ébauché, incomplet. **3-** péjor. *Une robe informe.* = Disgracieux, laid.

informer : v. = Avertir, renseigner. ■ **s'informer :** v. pron. = Se renseigner, se tenir au courant, se documenter. ■ **information :** n.f. **1-** *Il me manque des informations pour bien comprendre cette histoire.*= Renseignement, indication. **2-** plur. J'*écoute les informations à la radio.* Nouvelles, actualités.

infraction : n.f. = Faute, violation, manquement. ≠ Respect.

infusion : n.f. =Tisane. ■ **infuser :** v. = Laisser tremper, macérer.

infructueux : adj. = Vain, inefficace, inutile.

ingénieux : adj. = Malin, astucieux, intelligent, inventif. ≠ Bête, malhabile. ■ **ingéniosité :** n.f. = Habileté, adresse.

ingénu : adj. = Naïf, candide.

ingrat : adj. ou n. **1-** = Egoïste, oublieux. ≠ Reconnaissant. **2-** *C'est une terre ingrate, difficile à cultiver.* = Hostile, stérile, aride. **3-** *Un visage ingrat.* = Disgracieux, déplaisant. ≠ Charmant, gracieux. ■ **ingratitude :** n.f. = Indifférence, oubli. ≠ Gratitude, reconnaissance.

ingurgiter : v. = Avaler, engouffrer, engloutir, manger.

inhabité : [d'**habiter**] adj. *Aucun homme ne peut vivre sur cette île, elle reste inhabitée.* = Abandonné, désert, isolé, dépeuplé. ≠ Habité, peuplé.

inhaler : v. *Les ouvriers ont inhalé un gaz toxique.* = Inspirer, respirer, aspirer, absorber (par le nez). ≠ Exhaler.

inhumain : [d'**humain**] adj. *La torture est un acte inhumain.* = Cruel, barbare, féroce, impitoyable. ≠ Humain.

inimaginable : [d'**image**] adj. = Incroyable, extraordinaire, inconcevable. ≠ Imaginable, envisageable.

ininterrompu : [d'**interrompre**] adj. *Une file ininterrompue de visiteurs attend devant le cirque.* = Continu, incessant. ≠ Interrompu.

initial : adj. (plur. initiaux) *Le travail est la cause initiale de la réussite.*= A l'origine de, au commencement, premier. ≠ Final, terminal.

initier : v. *Il m'a initié au tennis.* = Former, révéler, apprendre. ■ **s'initier :** v. pron. *Les élèves s'initient à l'anglais.* = Apprendre, s'instruire. ■ **initiation :** n.f. = Enseignement, formation, éducation, instruction.

injure : n.f. = Insulte, invective. ■ **injurier :** v. = Insulter, blesser, invectiver, offenser.

injuste : adj. = Immérité, inique, inégal, inéquitable. ≠ Equitable, juste. ■ **injustice :** n.f. = Partialité, iniquité.

inlassable : [de **lasser**] adj. = Infatigable.

innocent : adj. ou n. **1-** *Sophie n'a rien à se reprocher, elle est innocente.* = Irresponsable, non coupable. **2-** *Il est innocent comme l'enfant qui vient de naître.* = Pur. **3-** *Il croit ces mensonges? Comme il est innocent!* = Naïf, candide, crédule. ■ **innocenter :** v. = Disculper, pardonner. ■ **innocence :** n.f. **1-** *L'avocat prouve l'innocence de son client.* ≠ Culpabilité. **2-** *L'innocence de l'agneau.* = Naïveté, candeur, crédulité.

innombrable : [de **nombre**] adj. *Une foule innombrable.* = Considérable, incalculable.

innover : v. *Les chercheurs des laboratoires pharmaceutiques innovent constamment.*= Inventer. ■ **innovation :** n.f. = Mutation, nouveauté, réforme, création.

inoccupé : adj. **1-** = Oisif, désœuvré. **2-** *Cette place est inoccupée.* = Vide, inhabité, désert. ≠ Occupé.

inoffensif : [d'**offense**] adj. *La couleuvre fait un peu peur, mais elle est inoffensive.* = Anodin, bénin. ≠ Dangereux, nuisible.

inonder : v. **1-** Noyer, recouvrir (d'eau) , tremper, mouiller, déborder. **2-** fig. *Les publicités inondent les pages des magazines.* = Envahir. ■ **inondation :** n.f. = Débordement, déluge. ≠ Assèchement, dessèchement.

inoubliable : [d'**oublier**] adj. *Ce magnifique coucher de soleil reste inoubliable.* = Mémorable, ineffaçable, indélébile.

inouï : adj. *Hercule était d'une force inouïe.*= Extraordinaire, incroyable, étonnant, prodigieux. ≠ Ordinaire, courant.

inqualifiable : [de **qualifier**] adj. = Innommable.

inquiet : adj. (f. inquiète) *Arnaud a de la fièvre, ses parents sont inquiets.* = Soucieux, anxieux. ≠ Tranquille, rassuré. ■ **inquiéter :** v. = Préoccuper, tracasser, troubler, angoisser. ■ **inquiétant :** adj. = Préoccupant. ≠ Rassurant. ■ **inquiétude :** n.f. = Peur, anxiété, crainte, angoisse, souci. ≠ Calme, tranquillité.

insaisissable : adj. *Un détail insaisissable.* = Imperceptible, indiscernable, invisible. ≠ Saisissable, manifeste.

insalubre : adj. *Ce vieil immeuble insalubre va être rénové.* = Malsain.

insatiable : adj. **1-** *Les poules, insatiables, picorent toute la journée.* = Vorace. ≠ Rassasié. **2-** *Léa est d'une curiosité insatiable, elle pose sans arrêt des questions.* = Dévorant, inextinguible, avide. ≠ Satisfait.

insatisfait : [de **satisfaire**] adj. = Mécontent, inassouvi, frustré.

inscrire : v. = Écrire, marquer, noter, mentionner. ■ **s'inscrire :** v. pron. = Faire enregistrer (son nom). ■ **inscription :** n.f. **1-** *Les amoureux ont gravé une inscription dans l'écorce de l'arbre.* = Graffiti, marque. **2-** *Pour participer au club de natation, elle doit remplir un dossier d'inscription.* = Enregistrement, immatriculation.

insécurité : [de **sécurité**] n.f. = Danger, crainte. ≠ Sécurité, tranquillité.

insensé : [de **sens**] adj. = Absurde, déraisonnable, farfelu, saugrenu. ≠ Raisonnable, sensé.

insensible : [de **sensible**] adj. **1-** *L'alpiniste a les doigts gelés, ils sont insensibles.* = Anesthésié, indolore. **2-** *Elle est insensible aux larmes de son amie.* = Indifférent, impitoyable, dur. ≠ Sensible, ému, touché. **3-** *La fonte insensible des glaciers.* = Imperceptible. ≠ Notable, perceptible. ■ **insensibiliser :** v. = Anesthésier, endormir. ■ **insensibilité :** n.f. *Son insensibilité aux malheurs des autres le rend antipathique.* = Indifférence, dureté, froideur. ≠ Compassion, sensibilité.

inséparable : [de **séparer**] adj. *Quand on voit Jean, on voit Pierre : ces deux-là sont inséparables.* = Uni, soudé, joint, indissociable.

insérer : v. *Il insère une pierre précieuse dans la monture de la bague.* = Ajouter, introduire, imbriquer, incruster. ≠ Oter, retirer.

insidieux : adj. **1-** *Une question insidieuse.* = Fourbe, sournois, trompeur. **2-** *Une maladie insidieuse.* = Dissimulé, non déclaré.

insignifiant : [de **signifier**] adj. *Un détail insignifiant!* = Dérisoire, minime, banal, négligeable. ≠ Important.

insinuer : v. = Suggérer, prétendre, sous-entendre. ■ **insinuation :** n.f. = Sous-entendu, allusion.

insipide : adj. **1-** *L'eau est insipide.* = Terne, fade, douceâtre. ≠ Savoureux. **2-** fig. *Un texte insipide.* = Ennuyeux, inintéressant. ≠ Captivant, passionnant.

insister : v. **1-** = S'obstiner, persévérer. **2-** *Le maître insiste sur l'importance de la lecture.* = Appuyer, souligner. ■ **insistance :** n.f. = Entêtement, obstination, acharnement.

insolent : adj. = Irrespectueux, effronté, impertinent, arrogant, impudent, impoli. ≠ Respectueux. ■ **insolence :** n.f. = Effronterie, irrespect, impertinence. ≠ Politesse, respect.

insolite : adj. = Etrange, bizarre, anormal, singulier.

insouciance : [de **soucier**] n.f. *La cigale de la fable n'a pas fait de provisions pour l'hiver. Quelle insouciance!* = Indifférence, détachement, imprévoyance. ≠ Inquiétude, souci. ■ **insouciant :** adj. = Désinvolte, frivole, inconséquent. ≠ Soucieux, inquiet.

insoutenable : [de **soutenir**] adj. **1-** *Cette théorie n'a aucun sens, elle est insoutenable.* ≠ Inadmissible, indéfendable. **2-** *Elle souffre beaucoup, sa douleur est insoutenable.* = Intolérable, insupportable.

inspecter : v. *Les gendarmes ont inspecté les moindres recoins pour trouver des indices.*= Contrôler, examiner , fouiller.

inspirer : v. *Elle inspire profondément l'air pur de la montagne.* = Aspirer, humer, inhaler, respirer. ≠ Expirer. **2-** *Sa bonté inspire le respect.* = Dicter, insinuer, suggérer, susciter. ■ **inspiré :** adj. et n. *Lamartine était un poète inspiré.* = Illuminé, visionnaire.

instable : [de **stable**] adj. **1-** *Cette armoire est instable, il faut la caler.* = Déséquilibré. ≠ Stable, fixe. **2-** *C'est un garçon instable, il passe du rire aux larmes.*= Capricieux, changeant, variable, versatile. ≠ Constant.

installer : v. **1-** *Il installe un autoradio dans sa voiture.*= Mettre, placer, poser. **2-** *Nous venons d'installer notre nouvel appartement.*= Aménager. **3-** *Simon a installé ses filles dans un trois pièces.*= Etablir. ■ **s'installer :** v. pron. = S'établir. ■ **installation :** n.f. **1-** Arrangement, aménagement.

instant : n.m. = Moment. ■ **par instant** : de temps en temps. ■ **instantané :** adj. = Immédiat, rapide, subit. ≠ Lent, long. ■ **instantanément :** adv. = immédiatement, sur-le-champ. ≠ Lentement.

instinct : n.m. **1-** *L'instinct maternel.*= Nature. **2-** *N'écoutant que son instinct, l'homme a sauvé la petite fille qui se noyait.* = Impulsion, intuition. ≠ Réflexion. ■ **d'instinct :** = Intuitivement, inconsciemment. ■ **instinctif :** adj. = Inconscient, intuitif, naturel, irréfléchi. ■ **instinctivement :** adv. = Spontanément, machinalement.

institut : n.m. **1-** = Etablissement, université.

instituteur : n. (f. institutrice) = Professeur des écoles, maître, précepteur, enseignant.

institution : [d'**instituer**] n.f. *Fabien n'est pas au collège public, il est à l'institution Notre-Dame.* = École, collège, établissement.

instruction : [d'**instruire**] n.f. **1-** *L'instruction était une des priorités de Jules Ferry.* = Enseignement, éducation, formation. **2-** *Camille est savante, elle a beaucoup d'instruction.* = Savoir, connaissance, culture. **3-** *Le chef de chantier donne ses instructions.* = Conseil, ordre, explication.

instruire : v. **1-** = Enseigner, former. **2-** *Le patron a été instruit de la démission de son employé par une lettre.* = Informer, apprendre. **3-** *C'est ce juge qui instruit le dossier de l'inculpé.* = Étudier (une affaire). ■ **s'instruire :** v. pron. = Apprendre, étudier, se cultiver.

instrument : n.m. *Le compas, l'équerre sont des instruments utilisés en géométrie.* = Outil, accessoire, ustensile, objet, machine, appareil. ■ **instrumentiste :** n. = Musicien.

insu (à l') : loc. prép. = Secrètement. ≠ Ouvertement.

insuffisant : adj. = Faible, maigre, médiocre. ≠ Suffisant, abondant. ■ **insuffisamment :** adv. = Peu, pas assez. ≠ Suffisamment. ■ **insuffisance :** n.f. *L'insuffisance de pluie entraîne la sécheresse.* **1-** = Manque, carence. ≠ Abondance. **2-** *Il reconnaît son insuffisance en mécanique.* = Incapacité, inaptitude, incompétence. ≠ Aptitude. **3-** *Une insuffisance respiratoire.* = Faiblesse, défaillance.

insulter : v. = Offenser, vexer, injurier. ≠ Respecter. ■ **insulte :** n.f. = Injure, offense, vexation.

insupportable : [de **supporter**] adj. *J'ai une douleur insupportable aux dents.* = Intolérable, insoutenable. ≠ Supportable. **2-** *Un enfant insupportable.* = Désobéissant, agité, turbulent, invivable. ≠ Agréable, sage.

intact : adj. = Sauf, entier, intégral, immaculé. ≠ Abîmé, endommagé, sali.

intarissable : [de **tarir**] adj. **1-** = Abondant, inépuisable. **2-** fig. *Paul est intarissable lorsqu'il parle de sa passion.* = Bavard, prolixe. ≠ Silencieux, muet.

intégral : adj. (plur. intégraux) *La somme intégrale.* =Total, complet. ≠ Partiel, incomplet. ■ **intégralement :** adv. = Totalement, entièrement, complètement. ≠ Partiellement. ■ **intégralité :** n.f. = Totalité. ■ **intégrer :** v. *Maxime a intégré des citations dans sa dissertation.* = Inclure, insérer. ≠ Supprimer, enlever, détacher. ■ **s'intégrer :** v. pron. *Sonia vient d'arriver, elle s'est intégrée très rapidement au groupe.* = S'assimiler, s'insérer. ■ **intégration :** n.f. = Assimilation. ≠ Séparation. ■ **intégriste :** adj. et n. = Traditionnaliste, conformiste.

intelligence : n.f. **1-** = Pensée, entendement, esprit. ≠ Bêtise, stupidité. **2-** *Ils s'entendent bien et vivent en bonne intelligence.*= Accord, harmonie. ■ **intelligent :** adj. = Perspicace, sagace, fin, sensé. ≠ Sot, stupide.

intenable : [de **tenir**] adj. *Dans le désert du Sahara, la chaleur est intenable.* = Insupportable, intolérable, insoutenable. ≠ Supportable, tolérable.

intense : adj. *Une joie intense. Un froid intense.*= Extrême, immense, vif. ≠ Faible. ■ **intensifier :** v. = Augmenter, accélérer, amplifier.

intention : n.f. *J'ai l'intention de visiter l'Égypte.* = Projet, volonté, désir. ■ **à l'intention de :** = Pour (quelqu'un), spécialement. ■ **intentionnel :** adj. *Un geste intentionnel.* = Prémédité, voulu. ≠ Involontaire.

intercaler : v. *Elle a intercalé des feuilles de dessin dans son classeur.* = Insérer, glisser, interposer, introduire.

intercepter : v. **1-** *Le joueur de rugby a intercepté le ballon.*= Prendre, attraper (au passage) **2-** *Le gendarme a pu intercepter le fugitif.* = Arrêter (quelqu'un)

interdire : v. = Défendre , prohiber, proscrire. ≠ Autoriser, permettre. ■ **interdit :** adj. **1-** *Il est interdit de fumer dans les lieux publics.* = Défendu, prohibé, illicite. **2-** *Sa colère subite m'a laissé interdit.* = Etonné, ébahi, surpris. ■ **interdiction :** n.f. = Défense, prohibition. ≠ Autorisation, permission.

intérêt : n.m. **1-** *C'est mon intérêt de finir vite le travail.* = Bénéfice, profit. **2-** *J'ai beaucoup d'intérêt pour la géographie.*= Curiosité, attention. **3-** *Il porte de l'intérêt à son voisin.* = Affection, bienveillance. **4-** *Il a un livret d'épargne qui lui rapporte des intérêts.* = Bénéfice, dividende, rente. ■ **intéresser :** v. **1-** *Dessiner m'intéresse énormément.* = Captiver, retenir l'attention, passionner. ≠ ennuyer. **2-** *Tous les employés de cette entreprise sont intéressés aux bénéfices.*= Partager. ■ **intéressé :** adj. **1-** Attentif, captivé. **2-** = Avide, cupide. ≠ Désintéressé. ■ **intéressant :** adj. **1-** *Cette histoire est très intéressante.* = Passionnant, captivant. ≠ Ennuyeux, inintéressant. **2-** *Un prix très intéressant.* = Avantageux, attractif.

intérieur : **A-** adj. = Interne, privé. ≠ Extérieur. **B-** n.m. *Notre intérieur est agréable et confortable.* = Appartement, maison, logement. ■ **intérieurement :** adv. = Au-dedans, intimement. ≠ Extérieurement.

interloquer : v. *J'ai été surprise et interloquée par sa réflexion.* = Embarrasser, démonter, décontenancer.

intermédiaire : [d'**intermède**] n. **A-** = Représentant, entremetteur. **B-** = Moyen, truchement, biais. ■ **par l'intermédiaire de :** *Le facteur a eu le renseignement par l'intermédiaire de la voisine.* = grâce à.

interminable : [de **terminer**] adj. = Infini, éternel, long. ≠ Court, bref.

intermittent : adj. *Un acteur a un travail intermittent.* = Irrégulier, épisodique, variable. ≠ Continu, régulier.

interne : A- adj. *Une douleur interne.* = Intérieur. **B-** n.m. *Mon père a été interne au lycée pendant trois ans.* = Pensionnaire. ≠ externe. ■ **interner :** v. = Enfermer, emprisonner, cloîtrer. ■ **interné :** adj. **1-** = Dément, fou. **2-** Captif, prisonnier, détenu.

interpeller : v. **1-** *J'ai interpellé un passant pour lui demander mon chemin.* = Appeler, héler. **2-** *La gendarmerie a interpellé le suspect.* = Arrêter.

interposer : v. **1-** = Poser, intercaler. **2-** fig. *On a interposé des soldats de la paix entre deux groupes rebelles.* = Faire intervenir. ■ **s'interposer :** v. pron. = Se poser, se placer (entre), intervenir.

interprète : n. **1-** = Traducteur. **2-** = Porte-parole, intermédiaire. **3-** *Pour ce rôle, c'est Nadine la meilleure interprète.* = Comédien, musicien, acteur. ■ **interpréter :** v. **1-** = Expliquer, traduire, comprendre. **2-** = Jouer (un rôle) , exécuter (une œuvre musicale). ■ **interprétation :** n.f. **1-** *Un même mot, suivant la phrase, peut avoir plusieurs interprétations.* = Explication, commentaire, sens. **2-** *Ce musicien donne une interprétation très originale de cet air.*= Exécution.

interroger : v. **1-** = Questionner. **2-** fig. *Jules a obtenu ces renseignements en interrogeant le Minitel.* = Consulter, examiner, étudier, enquêter.

interrompre : v. **1-** *À la suite d'un accident, la circulation a été interrompue.* = Arrêter, couper, suspendre. **2-** = Couper (la parole), déranger. ■ **s'interrompre :** v. pron. = Cesser, s'arrêter. ■ **interruption :** n.f. = Arrêt, coupure, pause. ≠ Reprise.

■ **intersection :** n.f. = Croisement, carrefour.

intervalle : n.m. = Espace, écart, interstice.

intervenir : v. = S'interposer, intercéder.

intervertir : v. = Modifier, changer (l'ordre), inverser, permuter.

interview : n.f. = Entretien, conversation. ■ **interviewer :** v. = S'entretenir, converser.

intime : adj. **1-** = Privé, secret, intérieur. **2-** *Pierre et Simon sont des amis intimes.* = Confident, familier.

intimider : [de **timide**] v. *La présence de Jules m'intimide.* = Impressionner, troubler, effrayer. ≠ Rassurer. ■ **intimidé :** adj. = Timide, gêné. ■ **intimidation :** n.f. = Menace.

intitulé : n.m. = Titre.

intolérable : [de **tolérer**] adj. = Douloureux, insupportable. ≠ Toléré, accepté, supporté.■ **intolérant :** adj. = Fanatique, sectaire, intransigeant. ≠ Tolérant, ouvert.

intoxiquer : v. **1-** *Certains champignons peuvent intoxiquer.*= Empoisonner , infecter. **2-** fig. *Elle est intoxiquée par la publicité.* = Influencer.

intraitable : [de **traiter**] adj. *Le malade doit se coucher à vingt heures, là-dessus l'infirmière est intraitable.* = Inflexible, intransigeant, impitoyable. ≠ Accommodant, arrangeant, tolérant.

intransigeant : adj. *Les parents sont intransigeants sur la politesse et le respect des autres.* = Intraitable, inflexible, impitoyable. ≠ Accommodant, arrangeant, tolérant. ■ **intransigeance :** n.f. = Inflexibilité. ≠ Souplesse.

intrépide : adj. = Audacieux, courageux, téméraire. ≠ Peureux, craintif. ■ **intrépidité :** n.f. = Courage, hardiesse, audace. ≠ Lâcheté.

intriguer : v. **1-** *Les va-et-vient de ce chat m'intriguent.* = Exciter la curiosité. **2-** *Il a dû intriguer pour obtenir le rôle principal de cette pièce.*= Ruser, comploter, manoeuvrer. ■ **intrigue :** n.f. **1-** *Les intrigues étaient courantes à la cour de Louis XIV.* = Machination, ruse, complot, manoeuvre, conspiration. **2-** *L'intrigue de ce film est trop compliquée.*= Histoire, déroulement, scénario. ■ **intrigant :** adj. et n. = Arriviste, parvenu.

introduire : v. **1-** *Camille introduit ses nouvelles pièces dans sa tirelire.*= Glisser, insérer, faire entrer. **2-** *On nous a introduits dans la salle d'attente.* = Conduire. **3-** fig. *Armand a introduit une nouvelle mode.* = Faire adopter. ■ **s'introduire :** v. pron. = Entrer, pénétrer, se glisser, s'insinuer. ■ **introduction :** n.f. **1-** *L'introduction et le trafic de drogue sont interdits en France.* = Entrée, importation. **2-** *Pour obtenir ce poste M. Martin m'a écrit une lettre d'introduction.* = Recommandation. **3-** *L'orchestre joue l'introduction d'*Aïda *de Verdi.*= Prélude, préambule, début.

intrus : n. = Importun, indésirable. ≠ Invité.

intuition : n.f. *Jules a l'intuition que Léa viendra le voir.* = Pressentiment, flair, instinct, sensation. ≠ Raisonnement.

inusable : [d'**user**] adj. = Solide. ■ **inusité :** adj. *Le mot « vélocipède » est devenu inusité, on l'a remplacé par « vélo ».* = Inutilisé, caduque, démodé, rare, désuet. ≠ Courant.

inutile : [d'**user**] adj. *Il est inutile de prendre un parapluie, il ne pleut pas.* = Superflu, vain, inefficace. ≠ Utile, nécessaire, indispensable. ■ **inutilement :** adv. = Sans résultat, sans succès, vainement.

invalide : [de **valide**] adj. et n. *Les mines antipersonnel font beaucoup d'invalides.* = Infirme, handicapé, impotent.

invariable : [de **varier**] adj. *Une humeur invariable*= Egal, constant. ≠ Variable, changeant. ■ **invariablement :** adv. *Il est invariablement en retard.* = Constamment, immanquablement, toujours.

invasion : n.f. = Attaque, incursion, irruption.

invective : n.f. = Injure, insulte.

inventeur : n. (f. inventrice) *Les frères Lumière sont les inventeurs du cinéma.* = Créateur, auteur, découvreur.

■ **inventif** : adj. = Ingénieux. ■ **inventer** : v. **1-** *C'est un Français, Cugnot, qui a inventé le premier véhicule à vapeur.* = Concevoir, trouver, créer. ≠ Copier, imiter. **2-** *Il ne sait pas quoi inventer pour se rendre intéressant.* = Imaginer. ■ **invention** : n.f. **1-** = Découverte, création, trouvaille. ≠ Imitation. **2-** *Cette histoire d'insecte carnivore n'est que pure invention!* = Mensonge, élucubration, affabulation. ≠ Réalité, vérité.

inverse : *Le sens inverse.* adj. = Opposé, contraire. ■ **inversement** : adv. = Vice versa. ■ **inverser** : v. = Changer, intervertir.

investir : v. **1-** *Les Huns ont investi de nombreuses villes.* = Assiéger, encercler, cerner. **2-** = Placer, engager (de l'argent).

invincible : [de **vaincre**] adj. = Imbattable, fort. ■ **invinciblement** : adv. = Irrésistiblement.

invisible : [de **voir**] adj. = Imperceptible. ≠ Visible.

inviter : v. **1-** *Ils sont invités à l'anniversaire de Julie.* = Convier, prier. **2-** *Je vous invite à faire silence!* = Ordonner, demander. **3-** *Le soleil et le ciel bleu invitent à flâner.*= Engager, inciter. ■ **invité** : n. = Convive, hôte. ≠ Intrus, pique-assiette. ■ **invitation** : n.f. = Prière, incitation.

invivable : [de **vivre**] adj. *Ernest n'arrête pas de faire des caprices, il devient invivable.* = Insupportable. ≠ Vivable.

involontaire : [de **volonté**] adj. *Je l'ai bousculé mais c'était involontaire.* = Instinctif, forcé, incontrôlé, accidentel, spontané. ≠ Volontaire, voulu, réfléchi.

invoquer : v. **1-** *Pour gagner une bataille, les guerriers indiens invoquaient leurs dieux.* = Prier, appeler, demander, citer. **2-** *Il a invoqué une panne de voiture pour expliquer son retard.* = Prétexter, prétendre.

invraisemblable : [de **vrai**] adj. **1-** *Cette histoire est invraisemblable.* = Incroyable, bizarre, étrange. **2-** *Cet enfant a un toupet invraisemblable, il vous regarde droit dans les yeux en faisant une bêtise.*= Extravagant, étonnant, inimaginable, inouï. ≠ Vraisemblable. ■ **invraisemblance** : n.f. = Énormités, bizarreries.

invulnérable : [de **vulnérable**] adj. *Les héros dans les films d'aventures sont souvent invulnérables.*= Résistant, imbattable, immortel, intouchable.

irascible : adj. = Coléreux, emporté, irritable, rageur.

irisé : adj. = Nacré.

ironie : n.f. = Raillerie, moquerie, sarcasme. ■ **ironiser** : v. = Se moquer, plaisanter. ■ **ironique** : adj. *Une réflexion ironique, un rire ironique.* = Railleur, moqueur, sardonique, narquois.

irradier : v. = Diffuser, émettre, propager, rayonner.

irrationnel : adj.= Insensé, aberrant, fou.

irréalisable : [**réalité**] adj. = Chimérique, utopique, impossible. ≠ Réalisable, possible. ■ **irréaliste** : adj. et n. *Il a des projets irréalistes.* = Idéaliste, utopiste, rêveur.

irréductible : [de **réduire**] adj. *Astérix et Obélix sont d'irréductibles Gaulois.* = Indomptable, intraitable, inébranlable. ≠ Accomodant, arrangeant.

irréel : [de **réel**] adj. *Les personnages de dessins animés se déplacent souvent dans un univers irréel.* = Imaginaire, fictif, virtuel. ≠ Réel.

irréfléchi : [de **réfléchir**] adj. = Inconsidéré, instinctif. ≠ Raisonnable, réfléchi.

irrégulier : [de **régulier**] adj. **1-** *Des résultats irréguliers.* = Inégal, discontinu, décousu. **2-** *Une situation irrégulière.* = Illégal, arbitraire.

irrémédiable : [de **remédier**] adj. *Un désastre irrémédiable.* = Irréparable, définitif. ≠ Réparable. ■ **irrémédiablement** : adv. = Définitivement, irréparablement.

irremplaçable : [de **remplacer**] adj. = Unique, rare.

irréparable : [de **réparer**] adj. = Irrémédiable. ≠ Réparable.

irréprochable : [de **reprocher**] adj. *Une conduite irréprochable.* = Parfait, impeccable, droit.

irrésistible : [de **résister**] adj. **1-** = Imbattable, fort. **2-** *Intelligente, belle et drôle, elle est irrésistible.*= Séduisant, attirant, tentant, persuasif. **3-** *Il nous a raconté une histoire irrésistible.* = Drôle, amusant.

irrespectueux : [de **respect**] adj. = Impertinent, effronté. ≠ Respectueux.

irrespirable : [de **respirer**] adj. *Les effluves d'essence sont irrespirables.* = Suffocant, infect, toxique.

irriguer : v. = Arroser, amener (l'eau)

irriter : v. *Son attitude commence à m'irriter.* = Enerver, agacer, exaspérer, hérisser. ≠ Calmer. ■ **irritation** : n.f. **1-** = Colère, énervement, agacement. **2-** *Le soleil peut causer de petites irritations de la peau.* = Inflammation, rougeur, brûlure. ■ **irritable** : adj. = Coléreux, irascible, ombrageux. ≠ Calme, serein.

irruption : n.f. *Dans les westerns, les bandits font irruption dans les banques.*
= Entrée (soudaine), incursion, attaque, invasion.

isolé : adj. *Un village de montagne isolé.* = Seul, solitaire, séparé, écarté, retiré, perdu. ≠ Fréquenté. ■ **isoler** : v. **1-** *Les inondations ont isolé plusieurs fermes.* = Séparer, écarter. **2-** *Ce malade est contagieux, il faut l'isoler.*= Mettre en quarantaine. ■ **s'isoler** : v. pron. *Astrid s'isole pour lire.* = Se mettre à l'écart. ■ **isolement** : n.m. = Solitude.

issu : adj. *Marie est issue d'une famille de quatre enfants.*= Né de, sorti de, originaire. ■ **issue :** n.f. **1-** *Les issues de secours.* = Ouverture, sortie, porte. ■ **voie sans issue :** = impasse. **2-** *Tout le monde est parti à l'issue de la cérémonie.* = Fin, aboutissement.

itinéraire : n.m. = Route, chemin, parcours, trajet, circuit. ■ **itinérant :** adj. et n. = Ambulant, nomade. ≠ Sédentaire.

ivre : adj. = Soûl, éméché, aviné. ≠ Sobre. ■ **ivresse : 1-** *L'ivresse au volant est sévèrement punie par la loi.* = Ébriété. ≠ Sobriété. **2-** *Il éprouve une certaine ivresse à skier.*= Excitation. ■ **ivrogne :** n. (f. ivrognesse) = Alcoolique, buveur.

J j J j J j J j J j J j J j

jacasser : v. = Bavarder.

jachère : n.f. *L'année prochaine, le champ de blé sera laissé en jachère.= Friche.≠ Culture.*

jadis : *Jadis, on habitait à la campagne.* = Autrefois, antan ≠ Maintenant, aujourd'hui, demain.

jaillir : v. *Le forage terminé, le pétrole a jailli.* SYN Bondir, se dresser, s'élever, fuser, gicler, sortir, surgir. ■ **jaillissement :** n.m. = Débordement, éruption, jet, projection.

jalouser : [de **jaloux**] v. 1-*Lise est heureuse de son sort, elle ne jalouse personne.*= Envier. ■ **jalousie :** n.f. *Mon nouveau vélo rendait mon frère malade de jalousie.* = Convoitise, désir, envie. ≠ Indifférence.

jalousie : n.f. SYN Persienne, store, volet.

jaloux : adj. et n. *Tom est toujours jaloux de mes résultats.* = Envieux. **2-** *À la naissance de son petit frère, Fabienne a été jalouse.* = Soupçonneux. ≠ Débonnaire, indifférent

jamais : adv. ■ **à jamais, à tout jamais :** *Il est parti à tout jamais* .= Toujours, définitivement .≠ Constamment, toujours, encore.

jambe : n.f. *Cécile a de grandes jambes.* = Membre inférieur, fam. Patte, guibole, gambette. ■ **prendre ses jambes à son cou :** = S'enfuir ■ **à toutes jambes :** = Vite. ■ **par-dessus la jambe :** = Avec mépris

japper : v. *Dès qu'il voit des enfants, le chiot jappe.* = Aboyer. ■ **jappement :** n.m. = Aboiement, glapissement.

jardin : n.m. **1-** *Grand-Père doit bêcher son jardin.* = Potager **2-**. *Au château de Versailles, les jardins ont été aménagés par Le Nôtre.* = Parc. ■ **jardin d'enfants :** *Cet après-midi, mon petit frère est au jardin d'enfants.* = École maternelle, garderie. ■ **jardinier :** n. = Arboriculteur, horticulteur, maraîcher, pépiniériste. ■ **jardinière :** n. f. *Cette année, la voisine a mis des géraniums dans ses jardinières.* = Bac à fleurs. ■ **jardiner :** v. *C'est agréable de jardiner et de voir pousser les fleurs que l'on a plantées.* = Cultiver. ■ **jardinage :** *Guillaume est passionné par le jardinage.* = Horticulture, arboriculture. ■ **jardinerie :** n.f. = Pépinière.

jargon : n.m. **1-** = Argot, Charabia. ■ **jargonner :** v. **1-** *Mon ami anglais jargonne le français.*fam. = Parler.

jaser : v. **1-** *Bébé jase dans son petit lit.* = Babiller, gazouiller. **2-** *Jules et Chloé s'embrassent, cela va faire jaser le voisinage.* = Cancaner, critiquer, médire.

jaune : adj., n. *Les jonquilles sauvages sont jaunes.* = Blond, doré, safran fauve, miel, citron. ■ **jaunisse :** n.f. = Ictère. ■ **en faire une jaunisse :** fig. et fam. Éprouver du dépit, désapointer. ■ **jaunir :** v. *Les blés jaunissent en été.* = Pâlir.

java : n.f. ■ **faire la java :** fam. Faire la fête.

javelot : n.m. *Le lancer du javelot est une discipline olympique.* = Pique, lance.

jérémiade : n.f. (souvent au plur.) *Ses jérémiades me fatiguent.* = Lamentation, plainte, gémissement.

jet : [de **jeter**] n.m. **1-** *Un jet de pierre a cassé la vitre.* = Lancer, projection, propulsion. ■ **premier jet :** Ébauche, esquisse. ■ **d'un seul jet :** ≠ Avec hésitation. **2-** *Un jet de vapeur a jailli du radiateur.* = *Éruption, jailllissement* ■ **jet d'eau :** = Gerbe d'eau.

jeter : v. **1-**= Lancer, envoyer, projeter,pousser, précipiter, abandonner. ■ **jeter l'ancre :** *Le navire a jeté l'ancre dans le port.* = Arrêter, stopper. ■ **jeter un coup d'œil :** .= Regarder. **2-** *Tes skis sont cassés, tu peux les jeter.* = Se débarrasser, balancer, se défaire **3-** *Peux-tu jeter cette lettre à la boîte en passant?* = Déposer, mettre. **4-** *Il jette un cri de surprise.* = *Pousser* **5-** *D'une bourrade, il a jeté ce petit à terre.* = Pousser, terrasser ■ **se jeter :** v. pron. **1-** *Laura se jette dans les bras de ses parents.*= Se lancer,se précipiter **2-** fig. *Il s'est jeté dans l'apprentissage du piano.*= S'engager **3-** *L'Eure se jette dans la Seine.* = Aboutir, affluer. ■ **jetée :** n.f. *Laurent aime se promener sur la jetée; de là, il voit arriver les bateaux.* = Digue. ■ **faux-jeton :** fam. = Hypocrite. ■ **avoir les jetons :** fam. = Avoir peur.

jeu : n.m. **A-** sing. **1-** *Zoé aime tous les jeux de société.* = Amusement, divertissement, jouet, passe-temps. ■ **c'est un jeu d'enfant :** = Etre facile. **2-** Plaisanterie. ■ **faire des jeux de mots :** *J'aime aller au bord de la mère (mer).* = Calembour. **3-** *Le jeu d'un acteur.* = Interprétation. **4-** *Dans sa mallette de bricolage, Paul a un jeu de clefs plates* . = Assortiment, ensemble, parure. ■ **cacher son jeu :** = Dissimuler ses intentions. ■ **tirer son épingle du jeu :**= Se dégager habilement d'une mauvaise affaire. **B-** plur. *Les Jeux Olympiques* = Compétition.

jeun (à) : [de **jeûner**] loc. adv. *Quand elle se lève tard, Louise part à jeun à l'école.* = Le ventre creux.≠ rassasié, repu, soûl

jeune : A- adj. **1-** *Thomas ne se rase pas, il est trop jeune.*= Petit, jeunet, jeunot. ≠ Agé, vieux. **2-** *Paul est le plus jeune de ses trois frères.* = Benjamin, cadet. **3-** *Malgré son âge, Mamie est restée très jeune de caractère.*=Juvénile **B-** n. *Cette nouvelle musique plaît beaucoup aux jeunes.* = Adolescents et jeunes adultes. ≠ Agé, doyen, vieux, vieillard, caduc, ancien.

jeûner : v. *Au moment du Ramadan, les musulmans jeûnent durant la journée et mangent à la tombée de la nuit.*= Se priver de nourriture. ■ **jeûne :** n.m. = Abstinence, Carême, Privation

jeunesse : [de **jeune**] n.f. **1-** *Il a passé toute sa jeunesse dans ce petit village.= Enfance* ≠ Vieillesse, sénilité. **2-** *C'est beau de voir la jeunesse faire du sport.* = Les jeunes, les enfants, les adolescents. **3-** *Mamie a gardé toute sa jeunesse d'esprit.* = Verdeur, vigueur.

jogging : n.m. **1-** = Course à pied **2-** = Survêtement.

joie : n.f. **1-** *Mes parents ont éprouvé une immense joie en apprenant ma réussite.* = Allégresse, bonheur, contentement, gaieté, plaisir, satisfaction. ≠ Chagrin, tristesse, peine, ennui. ■ **s'en donner à cœur joie :** fam. = En profiter. **3-** plur. *Les joies de la vie.* = Agrément, plaisir. ≠ Chagrin désenchantement, désespoir, douleur, ennui, peine tristesse.

joindre : v. **1-** *Il faut joindre les deux bouts de bois et les coller.* = Accoler, unir, lier, réunir. ≠ Séparer. **2-** *Je joins à ma lettre un petit cadeau.* = Ajouter, allier. ■ **joindre le geste à la parole :** = Associer **3-** *Je n'arrive pas à le joindre au téléphone.*= Atteindre, prendre contact.≠ Disjoindre, détacher, isoler, séparer, éloigner ■ **se joindre (à) :** v. pron. *Je me joindrai à la cérémonie.* = S'allier, s'associer, se mêler. ■ **joint(e) : A-** adj. *Les enfants sautent à pieds joints.*= Uni, lié. ■ **jointure :** n.f. *En tombant de vélo, Mélanie s'est éraflé les jointures des doigts.*SYN Articulation, attache,charnière.

joli(e) : A- adj. **1-** *Il a tout pour plaire : une jolie voix, un joli sourire, de jolis yeux.* = Beau, charmant, gracieux, mignon, plaisant, ravissant. ≠ Laid, vilain. **2-** *Il a gagné une jolie somme d'argent au Loto.*= Réussi, Important. ■ **c'est du joli ! :** fam. = Propre. ■ **joliment :** adv. *Les poètes disent joliment les choses.*= Agréablement, bien.

jonc : n.m. *Elle porte un jonc en or au poignet.*fig. = Bague ou bracelet ■ **joncher :** v. *Après la fête, les confettis jonchent la pelouse du jardin.*= Répandre.

jonction : n.f. *Hervé et Florence se rencontrent à la jonction des deux chemins.* = Croisée, Union. ≠ Disjonction, séparation.

jongler : v. - *L'artiste jonglait avec des cerceaux et des chapeaux.* = Jouer. **2-** fig. *En calcul mental, il jongle avec les chiffres.* = Manipuler avec habileté.

jongleur : n. *Au cirque, nous étions admiratifs devant l'adresse du jongleur.* = Ménestrel, saltimbanque,troubadour.

jonque : n.f. *Les jonques naviguent en Extrême-Orient et servent pour la pêche et le transport.* = Bateau.

joue : n.f. ■ **mettre en joue :** = Viser, épauler.

jouer : v. **1-** = S'amuser, se distraire, se divertir. **2-** *Antoni joue de la guitare.* = Se servir d'un instrument de musique. **3-** Les fumeurs jouent avec leur santé. = Risquer.**4-** *Dans cette pièce, Luc doit jouer le rôle d'un médecin.* = Incarner, interpréter, représenter. **5-** fig. *Cette rencontre a joué un grand rôle dans sa vie.* = Avoir une influence. **6-** *Elle joue la surprise alors qu'elle m'a vu arriver.* = Feindre, simuler ■ **se jouer (de) :** v. pron. *L'alpiniste se joue des difficultés.* = S'amuser, se moquer. ■ **joueur : 1-** n. m. *Mon frère est un excellent joueur de basket.*= Equipier. **2-** adj. Qui aime s'amuser. *Un enfant joueur.* ■ **jouet :** n.m. *Avant Noël, les vitrines sont remplies de jouets.*fam. = Joujou.

joufflu(e) : adj. *Émilie était joufflue quand elle était petite.*= Bouffi.

joug : n.m. fig.= Asservissement, domination, esclavage, oppression. ≠ Liberté, indépendance.

jouir : v. **1-** *Il ne se prive de rien, il jouit de la vie.* = Aimer, apprécier, goûter, profiter, savourer. ≠ Souffrir. **2-**. *Ce sportif jouit d'une excellente santé.* = Bénéficier. ≠ Pâtir, manquer de. ■ **jouissance :** n.f. **1-** *Chaque victoire procure une grande jouissance.* = Délice, plaisir, volupté. **2-** *La maison appartient à toute la famille mais mon oncle y habite toute l'année : il en a la jouissance.* = Usage.

joujou : [de **jouer**] n.m. (plur. joujoux) =Jouet ■ **faire joujou :** fam. = Jouer.

jour :n.m. **1-** Il y a 7 jours dans la semaine. = journée. **2-** *Dès que le soleil apparaît, le jour se lève.*= Lumière. ≠ Nuit, obscurité. ■ **vivre au jour le jour :** = fam. A la petite semaine. **3-** *De nos jours, on ne peut plus se passer de voiture.* = Actuellement. ■ **se mettre à jour :** = Actualiser **4-** *Mamie se met en plein jour pour coudre.* SYN, Clarté, éclairage, lumière. ■ **voir le jour :** = Commencer, enfanter, naître. ■ **faux jour :** = Mauvaise lumière ■ **percer à jour :** = Deviner.5- plur. *L'hiver est fini, voici les beaux jours.* = Belle saison.

journal : n.m. **1-** = Bulletin, gazette, hebdomadaire, mensuel, quotidien, revue, presse. Fam., canard. **2-** .*J'aime regarder le journal télévisé du soir.* = Informations, nouvelles. **3-** *Le capitaine du bateau note tous les détails du voyage dans son journal de bord.* = Carnet

journalier : [de **journal**] adj. = Quotidien. ■ **journaliste :** n. =Reporter, chroniqueur,commentateur, correspondant, pigiste.

■ **journée :** n.f. **1-** = Jour.

joute : n.f. *Pour se distraire, les seigneurs du Moyen Âge se mesuraient dans des joutes.* = Duel, lutte, combat, tournoi.

jovial(e) : adj. (plur. joviaux) *Un caractère jovial, un air jovial.* = Enjoué, gai, content, heureux, joyeux. ≠ Maussade, triste, sombre, chagrin. ■ **jovialité :** n.f. = Gaieté. ≠ Tristesse hargne . ■ **jovialement :** adv. = Joyeusement.

joyau : [de **jeu**] n.m. **1-** *La reine d'Angleterre porte les joyaux de la couronne lors des réunions officielles.* = Bijou, parure **2-** fig. *Le château de Chambord est un joyau de la Renaissance.* = Merveille.

joyeux : [de **joie**] adj. *Michel est toujours souriant et d'humeur joyeuse.* = allègre, enjoué, gai, jovial, réjoui. ≠ Triste, maussade, sombre, mauvais, triste, pénible. ■ **joyeusement :** adv. = Gaiement. ≠ Tristement.

jubiler : v. *Antoine jubile, il a 20 en math.* = Exulter, être fou de joie, se réjouir. .≠ S'affliger, enrager. ■ **jubilation :** n.f. = Joie, enthousiasme, allégresse, euphorie, entrain, satisfaction, gaieté. ≠ Affliction, chagrin, douleur.

jucher : v. *Un écureuil est juché sur la dernière branche de l'arbre* = Percher.≠ Descendre. ■ **se jucher :** v. pron. = Se percher.

judas : [de **judaïsme**] n.m. = Déloyal, traitre

judicieux : adj. *Élisabeth m'a fait des remarques judicieuses pour améliorer mon travail.* = Sensé, logique. ≠ Absurde, stupide. ■ **judicieusement :** adv. = Intelligemment, pertinent, sage. ≠ Bêtement.

juge : n.m. *Le juge de touche a signalé un hors-jeu.* = Arbitre.

juger : v. **1-***L'arbitre a jugé qu'il n'y avait pas faute.* = Trancher, arbitrer, statuer. **2-** *Bébé est malade. Maman juge bon d'appeler le médecin.* = Donner son avis, émettre une opinion. **3-** *Je l'avais très mal jugée : je la croyais méchante alors qu'elle est sympathique.* = Évaluer, apprécier, considérer. ■ **jugement :** n.m. **1-**. *Le jugement sera rendu après les délibérations.* = Verdict, décision. **2-** *Après la première représentation de la pièce de théâtre, le public a apporté un jugement favorable.* = Appréciation, opinion, conseil.■ **jugeote :** n.f. fam. *Cet écervelé n'a pas pour deux sous de jugeote !* = Bon sens.

juif : adj. et n. Personne pratiquant le judaïsme. = Israélite, hébreu.

jumeler : v. *On a jumelé des poutres pour rendre solide la toiture.* = Associer, joindre, lier, grouper, unir, raccorder. ■ **jumelage :** n.m. *Le jumelage de deux villes.* = Union

jument : n.f. *Une jument et son poulain gambadent dans la prairie.* = Pouliche.

junior : adj. = Cadet, jeune. ≠ Vieux.

jupe : n.f. ■ **être dans les jupes de sa mère :** = Ne pas s'éloigner d'elle. ■ **jupon :** n.m. = Cotillon. ■ **jupette :** n.f. = Mini-jupe.

jurer : v. **1-** *Je jure de dire la vérité, rien que la vérité.* = Affirmer, assurer. ≠ Abjurer. **2-** *Je jure que je ne le ferai plus.* = Promettre. **3-** *Mon voisin est un grossier personnage : la moindre contrariété le fait jurer.* = = Blasphémer, injurier, maudire **4-** *Ces deux meubles ne sont pas du même style, ils jurent ensemble.* = Détonner, contraster, détonner. ≠ S'accorder ■ **se jurer :** v. pron. *Les deux fiancés se jurent fidélité.* = Se promettre, se témoigner.

juron : [de **jurer**] n.m. = Blasphème, injure, grossièreté.

jus : n.m. **1-** = Suc, sauce. **3-** fam. . *Coupe le jus, je vais réparer la machine à laver.* = Courant électrique.

jusqu'au bout : = A fond.

justaucorps : [de **juste**] n.m. = Body.

juste : **A-** adj. **1-** *Maman est toujours juste, elle ne favorise aucun de ses enfants.* = Équitable, honnête, impartial. ≠ Injuste, arbitraire, abusif,déraisonnable. **2-** *Mes calculs étaient justes.*= Exact, précis. ≠ Faux, incorrect, inexact. **3-** *Il a un jugement et un coup d'œil très justes.*= Exact, précis,**4-** *Ma veste me serre, elle est trop juste.* = Etroit ≠ Large **5-** fig. *Ce gâteau est trop juste pour cinq personnes.* = Insuffisant. **B-** adv. *Ma maison est juste au coin de la rue.*= Précisément, exactement. **3-** *Nicolas a juste le temps de jouer dix minutes avant de partir.* =Seulement. ■ **justement :** adv. **1-** *Francis le mérite, il est très justement récompensé.* =Sans erreur, avec justesse. ≠ Injustement. **2-** *Je parlais justement de toi et te voilà !* =Précisément. ■ **justesse :** n.f. **1-**= Exactitude, précision. *Il a répondu avec justesse à mes questions.*= Exactitude, précision, vérité.**2-** *Il a pu prendre son train de justesse.*= fam. De peu.

justice : n.f. *Les élèves apprécient leur maître pour sa justice.* = Équité, impartialité, probité, droit. ≠ Crime, iniquité, injustice.

justifier : v. *Un mot de mes parents justifiera mon absence en classe.* = Prouver, disculper, innocenter, blanchir, couvrir, excuser. ≠ Accuser, blâmercondamner, incriminer. ■ **se justifier :** v. pron. = S'expliquer. ■ **justification :** n.f. *Papa demande au maçon de lui fournir une justification des travaux supplémentaires qu'il veut entreprendre.* = Explication, preuve, plaidoyer ■ **justificatif :** adj. et n. = Preuve.

juteux : [de **jus**] adj. ≠ *Sec, déshydraté*

juvénile : adj. = Jeune, adolescent,vif, plein d'entrain, d'ardeur. ≠ Vieux, sénile.

KkKkKkKkKkKkkk

kermesse : n.f. = Fête.

kidnapper : v. = Enlever, ravir, voler. ■ **kidnapping :** n.m. = Enlèvement, rapt.

kilt : n.m. = Jupe.

kinésithérapeute : n. = Kiné, soigneur.

kiosque : n.m. **1-** *La fanfare donne un concert sous le kiosque de la place.* = Abri, pavillon. **2-** *Sur les trottoirs des avenues, on trouve des kiosques à journaux.* = Édicule, point de vente.

klaxon : n.m. = Avertisseur. ■ **klaxonner :** v. = Avertir.

knock-out : **A-** n.m. inv. *Le boxeur a été battu par knock-out.* = K.-O (abrév.). **B-** adj. **1-** *Sa tête a heurté violemment le sol, il est resté knock-out.* = Assommé, groggy. **2-** *Il est knock-out après de gros efforts.* = Épuisé, vanné.

krach : n.m. *Un krach boursier.* = Effondrement, faillite.

kraft : adj. ■ **papier kraft :** = Papier d'emballage.

kyrielle : n.f. *Une kyrielle de mots à apprendre.* = Série, succession, suite.

kyste : n.m. = Tumeur.

LlLlLlLlLlLlLl

là : adv. *je suis là !* = Ici, céans. ■ **par là :** = Dans les environs. ■ **par-ci, par-là :** = D'un côté et de l'autre, de temps en temps.

label : n.m. = Étiquette, certificat, marque.

labeur : n.m. = Travail, activité, tâche. ■ **laborieux :** adj. *Un travail laborieux.* = Pénible, difficile, ardu. ≠ Facile, aisé.

labourer : v. = Retourner, creuser (la terre). ■ **laboureur :** n.m. = Cultivateur.

labyrinthe : n.m. = Dédale, lacis.

lac : n.m. = Étendue (d'eau), étang.

lacer : v. = Retenir, serrer, attacher (avec un lien). ≠ Délacer.

lacérer : v. = Déchirer, griffer, déchiqueter, mettre en pièces, en lambeaux.

lacet : n.m. **1-** = Cordon (pour attacher). **2-** *Une route en lacets.* = Virage.

lâcher : **A-** v. **1-** = Laisser (tomber) ≠ Tenir, retenir, maintenir. **2-** fam. *Le coureur lâche le peloton.* = Quitter, abandonner. **3-** *Les freins de la voiture ont lâché.* = Céder, casser, se rompre. **4-** *La montgolfière lâche du lest.* = Larguer. ■ **lâche :** **A-** adj. = *Un élastique trop lâche.* Détendu, desserré. ≠ Serré, tendu. **B-** adj. ou n. **1-** *Il fuit devant ses responsabilités, il est lâche.* = Poltron, peureux, couard. ≠ Brave, courageux. **2-** *Un lâche attentat à la voiture piégée.* = Méprisable. ■ **lâchement :** adv. = Honteusement, bassement. ≠ Bravement, courageusement. ■ **lâcheté :** n.f. Bassesse, veulerie. ≠ Courage.

laconique : adj. = Bref, concis, succint, lapidaire. ≠ Long.

lacune : n.f. = Manque, insuffisance.

laid : adj. **1-** = Vilain, repoussant, disgracieux, difforme. ≠ Joli, beau. **2-** *C'est laid de mentir.* = Honteux, malhonnête, ignoble. ■ **laideur :** = Horreur. ≠ Beauté.

laine : n.f. *Le mouton a une laine très épaisse.*= Toison.

laïque ou **laïc :** adj. et n. = Séculier, civique, républicain. ≠ Ecclésiastique, religieux.

laisser : v. **1-** *Laisse-moi parler !* = Autoriser, permettre. ≠ Empêcher. **2-** *Je vous laisse, à plus tard !* = Quitter, abandonner. **3-** *Julie a laissé sa veste à la maison.* = Oublier. ≠ Prendre. **5-** *Comme il déménage, il nous laisse ses meubles.*= Donner, céder. ≠ Garder, emporter. ■ **laisse :** n.f. = Lanière, corde (pour un animal) ■ **tenir quelqu'un en laisse :** = Diriger, imposer (sa volonté).

laisser-aller : n.m. inv. = Abandon, négligence, désinvolture. ≠ Retenue.

laissez-passer : n.m. inv. Permis, sauf-conduit.

laiteux : adj. = Blanc.

lambeau : n.m. = Morceau, bout.

lambin : adj. et n. fam. = Traînard. ≠ Rapide, vif. ■ **lambiner :** v. fam. = Lanterner, traîner.

lame : n.f. **1-** = Couteau, épée. **2-** = Vague, flot.

lamenter (se) : v. pron. = Se plaindre, gémir. ■ **lamentation :** n.f. = Plainte, jérémiade, gémissements. ■ **lamentable :** adj. **1-** *Des gémissements lamentables.* = Misérable, pitoyable. **2-** *Des résultats lamentables.* = Déplorable, catastrophique, affligeant. ≠ Excellent, formidable.

lance-pierre(s) : n.m. = Fronde.

lancer : **A-** v. **1-** = Jeter, envoyer. **2-** *C'est elle qui a lancé la mode des minijupes.*= Promouvoir, être à l'origine de. **3-** *Le bateau en panne lance un signal de détresse.* = Émettre, envoyer . ■ **se lancer :** v. pron. **1-** *Le parachutiste se lance dans le vide .* = Se précipiter, se jeter, s'élancer. **2-** *Elle se lance dans le jardinage.* = Entreprendre. **B-** n.m. *Le lancer du javelot.* = Jet. ■ **lancement :** n.m. **1-** *Le lancement d'une fusée.* = Envoi, projection. **2-** *Le lancement d'un nouveau produit.* = Publication, sortie.

lancinant : adj. = Obsédant.

lande : n.f. = Garrigue, maquis.

langage : [de **langue**] n.m. = Signes, code, langue, parler.

langue : n.f. = Dialecte, langage, jargon, idiome. ■ **avoir la langue bien pendue :** = être bavard. ■ **avoir une langue de vipère :** = être médisant.

lanière : n.f. = Courroie, bande.

lanterne : n.f. = Fanal, lampion, veilleuse. ■ **lanterner :** v. fam. = Traîner, lambiner. ≠ Se dépêcher.

lapalissade : n.f. = Evidence.

laper : v. = Lécher, boire.

lapidaire : adj. = Bref, court, laconique, succint.

laquais : n.m. = Valet, serviteur, domestique.

larcin : n.m. = Vol, cambriolage.

large : **A-** adj. **1-** *Le ruisseau n'est pas large.* = Grand, étendu. ≠ Étroit. **2-** = Ample. **3-** *De larges responsabilités.* = Considérable, important. **4-** fig. *Les idées larges.* = Ouvert, tolérant. ≠ Borné. **5-** = Généreux. ≠ Avare. **B-** n.m. *Le voilier vogue au large.* = Haute mer. ■ **largement :** adv. = Abondamment, copieusement, à profusion. ■ **largesse :** n.f. = Générosité, libéralité. ■ **largeur :** n.f. = Dimension, envergure, ampleur. ≠ Etroitesse.

larguer : v. **1-** = Détacher (les amarres). **2-** *Les Canadairs ont largué des tonnes d'eau.* = Laisser (tomber), déverser. **3-** fam. = Laisser tomber (quelqu'un), abandonner.

larme : n.f. = Pleurs, chagrin, goutte. ■ **larmoyer :** v. = Pleurer, pleurnicher, se lamenter.

larvé : adj. *Une colère larvée.* = Latent, souterrain, caché, rentré. ≠ Déclaré, ouvert.

las : adj. **1-** = Épuisé, fatigué, éreinté, fourbu. ≠ Reposé, dispos. **2-** *Je suis las d'entendre tes plaintes.* = Excédé, agacé. ■ **lasser :** v. *Le film trop long m'a lassé.* = Fatiguer, ennuyer, excéder. ≠ Intéresser, passionner. ■ **se lasser :** v. pron. = Se décourager, renoncer. ■ **lassant :** adj. = Fatigant, ennuyeux, répétitif, monotone. ≠ Varié. ■ **lassitude :** n.f. = Épuisement, ennui, découragement. ≠ Entrain, enthousiasme.

latent : adj. *Une maladie latente n'est pas déclarée.* = Larvé, caché, souterrain. ≠ Révélé, ouvert.

latitude : n.f. = Liberté, libre arbitre.

lavage : n.m. = Nettoyage, lessive, récurage.

laver : v. = Nettoyer, lessiver, récurer, toiletter.

leader : n.m. = Chef, dirigeant, meneur, tête.

lécher : v. **1-** = Laper, sucer. **2-** fig. fam. = Faire minutieusement, fignoler.

leçon : n.f. **1-** = Cours, enseignement, formation, précepte. **2-** *Mes remarques t'ont servi de leçon !* = Avertissement, réprimande.

lecture : n.f. = Déchiffrage, décodage.

légal(e) : adj. (plur. légaux) = Légitime, permis, autorisé. ≠ Illégal, interdit. ■ **légaliser :** v. = Authentifier, confirmer.

légende : n.f. *La légende d'Ulysse.* Mythe, conte. ■ **légendaire :** adj. **1-** *La licorne est un animal légendaire.* = Imaginaire, fabuleux, mythique. **2-** *Le légendaire panache blanc d'Henri IV.* = Très connu, célèbre.

léger : adj. **1-** = Aérien. ≠ Lourd. **2-** *Une brise légère.* = Faible, atténué. ≠ Fort. **3-** *Une légère couche de poussière.* = Fin, mince. ≠ Epais. **4-** *Un léger repas.* = Digeste. ≠ Lourd. **5-** *Un léger accident de voiture.* = Sans gravité. ≠ Important, grave. ■ **légèrement :** adv. *J'appuie légèrement sur le bouton.* = À peine, doucement. ≠ Lourdement. ■ **légèreté :** n.f. **1-** = Aisance, grâce, souplesse. ≠ Lourdeur. **2-** Agir avec légèreté. = Inconséquence, imprudence, ≠ Sérieux.

légion : n.f. *Une légion de sauterelles a attaqué le champ.* = Multitude, nuée.

législation : n.f. Loi, règlement. ■ **légiste :** n. = Avocat, juriste.

légitime : adj. **1-** *Son pouvoir est légitime.* = Légal, permis. ≠ Illégitime. **2-** *Son acte est légitime.* = Juste, équitable, normal. ■ **légitimité** : n.f. = Bien-fondé. ■ **légitimiser :** v. = Permettre, excuser, justifier.

léguer : v. = Donner, transmettre.

lendemain : [de **demain**] n.m. = Avenir, futur.

lent : adj. *L'escargot est lent.* = Indolent, lambin, nonchaland ≠ Rapide, prompt, véloce. ■ **lentement :** adv. = Doucement, mollement, progressivement. ≠ Rapidement.

léser : v. **1-** = Désavantager, faire du tort. ≠ Avantager, favoriser. **2-** = Blesser, meurtrir. ■ **lésion :** n.f. Contusion, plaie, tumeur.

lessive : n.f. = Détergent. ■ **lessiver :** v. = Nettoyer, laver, récurer. ■ **être lessivé :** fam. = être épuisé, vidé.

lest : n.m. *La montgolfière lâche du lest pour s'élever.* Poids. ■ **lester :** v. = Alourdir, charger. ≠ Délester.

leste : adj. *Le chat est un animal leste.* = Léger, agile, souple. ■ **lestement :** adv. *L'écureuil grimpe lestement à l'arbre.* = Légèrement, promptement. ≠ Lourdement, maladroitement.

lettre : n.f. = Billet, message, missive, pli.

leurrer : v. = Berner, duper, tromper.

levant : [de **lever**] n.m. = Est, orient. ≠ Couchant.

lever : **A-** n.m. *Le lever du jour.* = Aube. ≠ Coucher. **B-** v. **1-** = Élever, hausser, hisser. **2-** *Lever la séance.* = Achever, clore, terminer. **3-** *La pâte à pain lève.* = Gonfler. ■ **se lever :** v. pron. **1-** = Sortir (du lit), quitter. ≠ Se coucher, s'asseoir. **2-** *Le soleil se lève.* = Apparaître, naître. ■ **levée :** n.f. **1-** *La levée d'une* *séance.* = Arrêt, enlèvement, suppression. **2-** *La levée du courrier.* = Ramassage.

levure : [de **lever**] n.f. = Ferment.

lexique : n.m. **1-** *A Madrid, je vais utiliser un lexique franco-espagnol.* = Dictionnaire . **2-** = Vocabulaire. **3-** = Glossaire, index.

lézarde : n.f. = Crevasse, fente, fissure. ■ **lézarder :** v. fig. = Paresser.

liaison : [de **lier**] n.f. **1-** *Il est en liaison directe avec la police.* = Relation, lien, rapport, correspondance. **2-** *Une liaison amoureuse.* = Attachement, fréquentation, union.

liant : adj. = Affable, sociable.

liasse : [de **lier**] n.f. *Une liasse de billets.* = Paquet, tas.

libeller : v. = Écrire, rédiger

libéral : adj. = Généreux. ≠ Avare.

libéralité : n.f. = Générosité, largesse, prodigalité.

libérer : [de **libre**] v. **1-** = Relâcher, délivrer, relaxer. ≠ Emprisonner, détenir. **2-** = Délivrer (un pays) ≠ Envahir. **3-** *Le passage a enfin été libéré.* = Débarrasser, dégager, enlever. ≠ Obstruer, boucher. ■ **libération :** n.f. = Affranchissement, délivrance. ■ **libérateur :** adj. et n. = Sauveur.

liberté : [de **libre**] n.f. **1-** = Délivrance,élargissement, indépendance, relaxe. ≠ Captivité.

libre : adj. **1-** = Affranchi, indépendant. ≠ Captif, emprisonné, retenu. **2-** *Un siège libre.* = Disponible, vacant. **3-** *La voie est libre.* = Dégagé. ≠ Encombré, obstrué, bouché. **6-** *Entrée libre.* = Gratuit. ≠ Payant.

licence : n.f. **1-** = Autorisation, permis. **2-** = Débauche, libertinage, impudeur, indécence. ≠ Bienséance. ■ **licencier :** v. = Congédier, débaucher, renvoyer (un salarié). ≠ Embaucher.

lien : n.m. **1-** *Un lien pour retenir les cheveux.* = Attache, corde , fil, lacet, ligature. **2-** *Un lien d'amitié.* = Liaison, rapport, relation.

lier : v. **1-** *Elle a lié ses cheveux avec un ruban.* = Attacher, ficeler, nouer. ≠ Délier, séparer. **2-** *Les enfants apprennent à écrire en liant les lettres.* = Joindre, assembler. **3-** = Épaissir (une sauce). **4-** *C'est une longue amitié qui me lie à Léo.* = Unir, rapprocher.

lieu : n.m. = Endroit, place. ■ **lieu commun :** = banalité, cliché. ≠ Originalité, fantaisie. ■ **au lieu de :** = à la place de. ■ **tenir lieu :** *Ce couteau tiendra lieu de tournevis.* = remplacer. ■ **avoir lieu :** = se dérouler, se produire, se tenir. ■ **donner lieu :** *Cette affaire a donné lieu à de nombreux débats.* = avoir des conséquences.

ligature : n.f. = Lien.

ligne : n.f. **1-** = Trait, droite. **2-** *La ligne d'une voiture.* = Contour, forme. **3-** *Une ligne de conduite.* = Règle. **4-** *La ligne d'autobus.* = Axe, voie. **5-** *Une ligne de téléphone.* = Câble. **6-** *La ligne des arbres.* = File, rangée. ■ **sur toute la ligne :** *Il se trompe sur toute la ligne.* = complètement, totalement. ■ **lignée :** n.f. = Descendance, dynastie, famille.

ligoter : v. = Attacher

ligue : n.f. Alliance, association. ■ **se liguer :** v. pron. = Se coaliser, s'unir.

lilliputien : adj. = Minuscule.

limite : n.f. **1-** *La limite du jardin.* = Démarcation, frontière, lisière. **2-** *Une date limite.* = Restriction, terme. ■ **limité :** adj. **1-** *Une responsabilité limitée.* = Pauvre, réduit. ≠ Riche, étendu, vaste. **2-** *Une vitesse limitée.* = Restreint. **3-** fam. Borné. ≠ Brillant. ■ **limiter :** v. **1-** = Borner, cantonner,délimiter. ≠ Étendre. **2-** *Limiter la vitesse.* = Réduire, contenir. ■ **se limiter :** v. pron. = Se resteindre, se cantonner.

■ **limitrophe :** adj. = Frontalier, périphérique.

limoger : v. = Destituer, relever.

limpide : adj. **1-** = Clair, transparent. ≠ Trouble. **2-** *Un discours limpide.* fig. = Compréhensible, évident. ≠ Obscur. ■ **limpidité :** n.f. = Clarté.

linotte : [de **lin**] n.f. = Etourdi.

liquide : **1-** adj. ou n.m. = Fluide. **2-** n.m. *Je paierai en liquide et non par chèque.* Monnaie.

■ **liquider :** v. **1-** = Brader, solder, vendre. **2-** *Mon frère a vite liquidé ses exercices pour jouer avec ses amis.* = Se débarrasser. ■ **liquidation :** n.f. = Vente, faillite.

lire : v. = Déchiffrer, décrypter, parcourir, compulser. ■ **lire dans les pensées :** = Deviner. ■ **lisiblement :** adv. = Clairement.

lisière : n.f. = Bord, bordure, orée (d'un bois).

lisse : adj. = Uni, poli, doux . ≠ Rugueux.

liste : n.f. = Suite, énumération, inventaire.

lit : n.m. **1-** *Un lit de camp.* = Couche, couchette, divan. **2-** *Le lit d'un fleuve.* = Canal, cours .

litige : n.m. = Conflit, controverse, démêlé, différend, dispute, querelle. ≠ Entente, harmonie. ■ **litigieux :** adj. *Cet accord est litigieux.* = Ambigu, contesté, équivoque. ≠ Clair, net.

littoral : n.m. *Le littoral atlantique.* = Côtes, bord , grève, rivage.

livide : adj. = Pâle, blême, blafard.

livre : n.m. = Ouvrage, manuel, registre, bouquin, volume, album, tome . ■ **livret :** n. = Fascicule, carnet.

livrer : v. **1-** *Le coupable a été livré à la justice.*= Confier. **2-** *Livrer ses complices.* = Trahir, dénoncer. **3-** *Livrer un secret.* = Confier, fournir. ≠ Garder, taire. **4-** *Le meuble sera livré.* = Apporter,déposer, fournir.

■ **se livrer :** v. pron.1- = Se rendre, se constituer (prisonnier). 2- *Ben se livre facilement à son meilleur ami.* = Se confier, s'abandonner. 3- *Elle se livre à l'étude des langues anciennes.* = Se consacrer

local : A- n.m. = Logement, pièce, salle. **B-** adj. (plur. locaux) *Une enquête locale.* = Voisin, localisé. ■ **localiser :** v. = Situer, déterminer (un lieu), circonscrire. ■ **localisation :** n.f. = Positionnement. ■ **localité :** n.f. = Ville, village, bourg, agglomération.

location : n.f. = Bail, réservation (d'une place)

locution : n.f. = Expression, tournure.

loger : v. *Je loge dans un quartier calme.* = Demeurer, habiter, résider. 2- *Il a réussi à loger toutes ses affaires sa valise.* = Introduire, faire rentrer. 3- *Le maire fait loger les sinistrés dans le gymnase.* Installer, héberger, abriter. ■ **logement :** n.m. = Demeure, logis, maison, appartement.

logique : 1- adj. = Juste, sensé, raisonnable. ≠ Illogique. **2-** n.f. = Bon sens, cohérence.

logis : [de **loge**] n.m. = Demeure, logement, appartement, maison, toit.

loi : n.f. = Amendement, décret, principe, règle, règlement.

loin : adv. = Eloigné, distant, reculé. ≠ Près, proche. ■ **lointain :** adj. **A- 1-** *Un souvenir lointain.* = Immémorial. **2-** fig. *Un air lointain.* = Distant, distrait. **B-** n.m. *Je l'ai aperçu au lointain.* = Fond, horizon.

loisir : n.m; = **1-**Temps libre, liberté, vacances, distraction. **2-** *Jules a le loisir de choisir son cadeau.* = Possibilité, latitude.

long : A- adj. **1-** = Grand, étendu. ≠ Court. **2-** *Trouver le temps long.* = Allongé, interminable. ≠ Rapide. **B-** adv. *En savoir plus long.* = Davantage, plus. ■ **longer :** v. Marcher (le long), border, côtoyer.

longévité : n.f. *L'éléphant peut avoir une longévité de 80 ans.*= Durée, vie, résistance.

longtemps : adv. = Longuement. ≠ Brièvement. ■ **longueur :** n.f. **1-** *La longueur d'un véhicule.* = Dimension, mesure. **2-** *La longueur d'un film.* = Durée, étendue.

loque : n.f. = Guenille, haillon.

loquace : adj. = Bavard, éloquent.

lorgner : v. = Convoiter, désirer, regarder.

lorsque : conj. = Au moment où, quand.

lot : n.m. = **1-** *Les biscuits sont vendus par lot.* = Part, stock, assortiment. **2-** *Mona a remporté le gros lot à la kermesse.* = Gain, prime, cadeau, récompense.

louange : [de **louer**] n.f. = Compliment, éloge, félicitation.

louche : adj. *Un individu louche. Une histoire louche.* = Suspect, trouble, équivoque, incertain. ≠ Clair, franc, net.

louer : v. *Il ne cesse de louer ses qualités.* = Complimenter, féliciter. ≠ Critiquer. ■ **se louer (de) :** v. pron. = Être satisfait. ≠ Blâmer, critiquer.

louer : v. *Noé loue son studio.* = Prêter.

lourd : A- adj. **1-** Pesant. ≠ Léger. **2-** fig. *Un lourd travail à effectuer.* = Écrasant, pénible. **3-** *Ses plaisanteries sont plutôt lourdes.* = Indélicat. ≠ Fin, délicat. **4-** *Elle a commis une lourde faute.* = Grave, accablant, sévère. **5-** *Le temps est lourd.* = Orageux. **6-** U*n plat lourd.* = Indigeste, bourratif. ■ **lourdement :** adv. Pesamment, fortement. ≠ Légèrement, peu. **2-** *Se tromper lourdement.* = Grossièrement, maladroitement.

louvoyer : v. **1-** Naviguer. **2-** *Il a louvoyé longtemps avant d'avouer sa bêtise.* = Biaiser, temporiser, atermoyer.

lover (se) : v. *Un cobra se love dans le panier du charmeur de serpents.* = S'enrouler.

loyal : adj. (plur. loyaux) = Honnête, droit, sincère. ≠ Déloyal, malhonnête, fourbe. ■ **loyalement :** adv. *Il se comporte loyalement et ne triche jamais.*= Franchement, honnêtement. ■ **loyauté :** n.f. = Honnêteté, fidélité, droiture. ≠ Déloyauté, traîtrise.

lubie : n.f. *Éric a une nouvelle lubie, après le parapente, il veut sauter à l'élastique.*= Caprice, envie, fantaisie.

lubrifier : v. Graisser, huiler.

lucide : adj. *Julie est lucide, elle sait que si elle n'apprend pas ses leçons correctement, elle ne réussira pas son examen.* = Clairvoyant, conscient. ≠ Inconscient. ■ **lucidement :** adv. = Consciemment. ≠ Aveuglément. ■ **lucidité :** n.f. = Clairvoyance, perspicacité, sagacité. ≠ Aveuglement, égarement.

lucratif : adj. *Un travail lucratif.* = Payant, avantageux.

lueur : n.f. **1-** = Clarté, lumière. **2-** *Une lueur de joie.* = Éclair, éclat.

lugubre : adj. = Triste, funèbre, sinistre. ≠ Gai, souriant. ■ **lugubrement :** adv. = Tristement, sinistrement. ≠ Gaiement.

luire : v. = Briller, éclairer. *Toute la nature s'éveille dès que le soleil commence à luire.*

lumière : n.f. = Clarté, éclairage, lueur. ≠ Pénombre, obscurité. ■ **faire la lumière sur :** = réussir à résoudre une affaire. ■ **mettre en lumière :** = éclairer, mettre en évidence.

lumineux : [de **lumière**] adj. **1-** *Les aiguilles lumineuses du réveil donnent l'heure dans le noir.* = Brillant, phosphorescent. ≠ Terne, sombre. **2-** fig. *L'exposé de Jules est lumineux.* = Clair, compréhensible. ≠ Confus, obscur. ■ **luminosité :** n.f. *Cette pièce est un peu sombre et manque de luminosité.* = Clarté. ≠ Obscurité.

lunatique : adj. = Changeant, fantasque, capricieux, imprévisible. *enseigne l'histoire.*

lunette : n.f. plur. **1-** = Verres, lorgnon, binocle, bésicles.

lustre : n.m. **1-** *Le lustre d'un meuble ciré.* = Brillant, éclat. **2-** *Le lustre de la salle de bal est magnifique.* = Suspension. **3-** *Ce buffet de qualité donne du lustre à la soirée.* = Prestige, panache, splendeur. ■ **lustrer :** v. = Faire briller, cirer, polir.

lutter : v. **1-** = Combattre, batailler. **2-** *Jules ne veut pas aller au lit, il lutte contre le sommeil.* = Résister. ≠ Abandonner, céder. ■ **lutte :** n.f. Combat, guerre, conflit, affrontement. ≠ Accord, paix.

luxe : n.m. = Faste, splendeur, abondance, profusion. ≠ Simplicité. ■ **luxueux :** adj. *La pièce est luxueuse et vaste.* = Somptueux, splendide. ≠ Pauvre, simple.

luxure : n.f. = Débauche, lubricité, vice.

luxuriant : adj. *Une végétation luxuriante.* = Exubérant, foisonnant, surabondant. ≠ Clairsemé, pauvre.

lycée : n.m. = Établissement scolaire, institut. ■ **lycéen :** n. (f. lycéenne) = Élève, étudiant.

Mm Mm MmMmMmMmMm

macabre : adj. *Une découverte macabre.* = Funèbre, lugubre, sinistre.

machiavélique : adj. = Cynique, tortueux, fourbe, perfide.

macérer : v. *Les pétales de roses ont macéré dans l'alcool.* = Tremper, mariner.

mâcher : v. = Mastiquer, broyer, écraser, ruminer. ■ **mâcher le travail :** = Faciliter, simplifier.

machin : [de **machine**] n.m. fam. = Truc, bidule. ■ **machinal :** adj. (plur. machinaux) *Un geste machinal.* = Automatique, spontané, irréfléchi, instinctif. ≠ Volontaire, voulu, réfléchi. ■ **machinalement :** adv. = Automatiquement, mécaniquement. ■ **machination :** n.f. = Complot, conspiration, intrigue.

machine : n.f. = Appareil, engin, mécanique. ■ **machiner :** v. = Manigancer, tramer, ourdir.

mâchonner : [de **mâcher**] v. *Il mâchonne son crayon.* = Mâcher, mordiller, fam. machouiller.

maculer : v. = Salir, souiller, tacher. ≠ Nettoyer, laver.

maestro : n.m. = Maître, chef d'orchestre. ■ **maestria :** n.f. *Il a remporté le championnat avec maestria.* = Habileté, adresse, aisance, dextérité.

magasin : n.m. **1-** *Elle vient d'ouvrir un magasin d'articles de sport.* = Commerce, boutique, supermarché. **2-** *Les magasins d'un port.* = Entrepôt, réserve. ■ **en magasin :** = en stock.

magazine : n.m. **1-** *Clémence aime les magazines de mode.* = Revue, périodique. **2-** = Émission (de radio ou de télévision).

mage : n.m. = Astrologue, devin, magicien, sorcier. ■ **magicien :** n. (f. magicienne) = Illusionniste, prestidigitateur, sorcier. ■ **magie :** n.f. = Divination, maléfice, occultisme, sorcellerie, charme, enchantement. ■ **magique :** adj. **1-** *La baguette magique est l'accessoire indispensable du magicien.* = Merveilleux, surnaturel, enchanteur. **2-** *Ce feu d'artifice est magique.* = Féerique, étonnant, prodigieux.

magistral : adj. (plur. magistraux) *Les élèves écoutent le ton magistral du maître.* = Solennel, impérieux, péremptoire. ≠ Humble, simple. **2-** *Un tir magistral* = Remarquable, exceptionnel, brillant, sensationnel. ≠ Ordinaire, banal.

magistrat : n.m. = Fonctionnaire, juge, procureur.

magnanime : adj. = Charitable, bon, miséricordieux.

magnétiser : v. **1-** = Aimanter, attirer. **2-** *Le serpent magnétise sa proie.* = Fasciner, hypnotiser, attirer. ■ **magnétiseur :** n. (f. magnétiseuse) = Guérisseur. ■ **magnétisme :** n.m. = Fascination, hypnose, influence, emprise.

magnifier : v. = Idéaliser, encenser, glorifier. ■ **magnificence :** n.f. *Le château de Versailles m'a étonné par sa magnificence.* = Somptuosité, splendeur, éclat, faste.

magnifique : adj. *Un spectacle magnifique.* = Beau, admirable, superbe, splendide, grandiose. ≠ Affreux, horrible, laid.

magot : n.m. fam.= Trésor, pécule.

maigre : adj. **1-** = Mince, décharné, efflanqué, hâve, squelettique, maigrichon, maigrelet. ≠ Gros, gras. **2-** *Un maigre salaire.* = Médiocre, insuffisant. ≠ Important, conséquent. ■ **maigrir :** v. = Mincir, amincir. ≠ Grossir, engraisser. ■ **maigreur :** n.f. = Minceur. ≠ Grosseur, embonpoint.

maille : n.f. **1-** *Elle me tricote un pull et compte les mailles.*= Point. **2-** *Les mailles d'un collier.* = Chaînon, maillon.

main : ■ **donner un coup de main :** = aider, assister. ■ **avoir le cœur sur la main :** = être généreux. ■ **en venir aux mains :** = se battre. ■ **avoir la haute main :** = Commander, diriger. ■ **battre des mains :** = applaudir. ■ **se salir les mains :** = se compromettre. ■ **forcer la main de quelqu'un :** = obliger, contraindre. ■ **de la main à la main :** = directement, sans intermédiaire.

main-forte : [de **main** et de **fort**] n.f. sing. = Assistance, aide, soutien.

maint : adj. (souvent plur.) *On a vu cet homme à maints endroits.* = Beaucoup, plusieurs.

maintenant : [de **maintenir**] adv. = À l'instant, tout de suite, à présent, actuellement, de nos jours.

maintenir : v. **1-** *La terre est maintenue en place par les racines des arbres.* = Tenir (solidement), retenir. **2-** *Maintiens ta cadence !* = Persister, continuer, poursuivre. **3-** *Je maintiens ce que j'ai dit.* = Affirmer, confirmer, insister. ■ **se maintenir** : v. pron. *À 90 ans, il se maintient en bonne santé !* = Rester, durer, perdurer. ■ **maintien** : n.m. *Elle veut être mannequin et prend des leçons de maintien.* = Allure, attitude.

mairie : n.f. = Hôtel de ville.

mais : conj. de coordination. = Pourtant, cependant, par contre.

maison : n.f. **1-** = Habitation, domicile, chez-soi. **2-** *La maison est fermée pour cause d'inventaire.* = Commerce, boutique, entreprise.

maître : **A-** n. (f. maîtresse) **1-** *Mon cheval ne connaît que son maître.* = Propriétaire, possesseur. **2-** = Dirigeant, patron, souverain. **3-** *La maîtresse de CP.* = Professeur des écoles, enseignant, instituteur. **B-** adj. *L'idée maîtresse d'un texte.* = Principal, essentiel, majeur, capitale. ■ **maîtrise** : n.f. **1-** *Les pompiers ne perdent pas leur maîtrise dans les situations dangereuses.* = Domination , calme, sang-froid. **2-** *La maîtrise des mers.* = Contrôle. **3-** *Le pianiste a exécuté avec maîtrise ces sonates difficiles.* = Perfection, virtuosité. ■ **maîtriser** : v. = Retenir, contrôler, juguler, surmonter. ■ **se maîtriser** : v. pron. = Se dominer, se contrôler.

majesté : n.f. *La cantatrice s'avança, pleine de majesté.* = Grandeur, dignité, noblesse, beauté. ■ **majestueux** : adj. (f. majestueuse) = Digne, solennel, imposant, grandiose. ≠ Vulgaire, ridicule.

majeur : **A-** n.m. = Doigt, médius. **B-** adj. **1-** *La majeure partie.*= Le plus grand nombre. **2-** *Il faut être majeur pour voter.* ≠ Mineur. **3-** *Actuellement, son souci majeur est de trouver un emploi.* = Important, essentiel, prioritaire. ■ **majorer** : v. = Augmenter, hausser, accroître. ≠ Minorer, baisser. ■ **majorité** : n.f. **1-** *À sa majorité, il sera seul responsable de ses actes.* ≠ Minorité. **2-** *La majorité des Français vit dans les villes.* = La plus grande partie, le plus grand nombre. ≠ Minorité.

mal : **A-** adv. *Il parle mal. Il a mal agi.* = Fâcheusement, vilainement, incorrectement. ≠ Bien, correctement, convenablement, impeccablement. **B-** n.m. (plur. maux) **1-** *Faire le mal.* = Crime, péché, tort, préjudice. ≠ Bien. **2-** *Des maux de dents.* = Douleur, maladie, souffrance. **3-** *J'ai eu beaucoup de mal à terminer ce travail.* = Peine, difficulté. ≠ Facilité, aisance.

malade : adj. et n. **1-** *Il est malade depuis une semaine.*= Indisposé, souffrant. ≠ Bien portant, sain. **2-** fam. *Ce chauffard conduit comme un malade !* = Fou, dément. ■ **maladie** : n.f. = Trouble, affection, malaise. ≠ Santé. ■ **maladif** : adj. (f. maladive) **1-** = Faible, cacochyme, souffreteux ≠ Fort, robuste. **2-** *Une peur maladive.* = Excessif, anormal.

maladroit : [d'**adroit**] adj. ou n. **1-** *C'est un maladroit ; ne lui faites pas transporter la vaisselle fragile !* = Gauche, malhabile, empoté. ≠ Adroit, habile. **2-** *Il a souvent des paroles maladroites qui vexent.* = Malavisé, indélicat. ■ **maladroitement** : adv. = Gauchement. ≠ Habilement, adroitement, délicatement. ■ **maladresse** : n.f. **1-** = Gaucherie. ≠ Adresse, aisance. **2-** = Erreur, impair, indélicatesse, bévue.

malaise : [d'**aise**] n.m. **1-** *Je sens que je vais avoir un malaise.* = Trouble, étourdissement, indisposition. **2-** *J'ai ressenti un malaise en entrant dans cette salle.* = Inquiétude, gêne, tension, trouble, embarras.

malappris : [d'**apprendre**] n. *Il me bouscule sans demander pardon, quel malappris !* = Grossier, impoli, mal élevé. ≠ Galant.

malaxer : v. = Pétrir, mélanger, triturer.

malchance : [de **chance**] n.f. *J'ai eu la malchance de subir une panne de voiture.* = Mésaventure, infortune, malheur.≠ Chance, bonheur.

mâle : **A-** n.m. *Le sanglier est le mâle de la laie.* ≠ Femelle. **B-** adj. **1-** *Les étamines sont les organes mâles des fleurs.* = Masculin. ≠ Féminin. **2-** adj. *C'est d'une voix mâle qu'il a pris la parole.* = Puissant, viril.

malédiction : n.f. **1-** = Imprécation, exécration. ≠ Bénédiction. **2-** *Une invasion de sauterelles est une véritable malédiction pour une région agricole.* = Malheur, malchance. ≠ Chance.

maléfice : n.m. *Dans les contes, les sorcières inventent des maléfices.* = Sortilège, sort, ensorcellement, envoûtement. ■ **maléfique** : adj. = Malfaisant, malveillant, mauvais. ≠ Bénéfique.

malentendu : [d'**entendre**] n.m. = Méprise, confusion, équivoque, quiproquo.

malfaisant : [de **faire**] adj. = Nuisible, méchant, mauvais. ≠ Bon. ■ **malfaiteur** : n.m. *Les malfaiteurs finissent en prison.* = Bandit, brigand, voleur, escroc.

malformation : [de **former**] n.f. *Ce bébé vient d'être opéré d'une malformation des pieds.* = Défaut, difformité, déformation.

malgré : [de **gré**] prép. = En dépit de, nonobstant.

malhabile : [d'**habile**] adj. = Gauche, maladroit, emprunté, pataud. ≠ Habile.

malheur : n.m. **1-** *Un tremblement de terre est un grand malheur pour un pays.* = Catastrophe, calamité, fléau. **2-** *Aujourd'hui, je n'ai eu que des malheurs.*= Souci, ennui, contariété, mésaventure, malchance, tourment. **3-** *Depuis ce jour, sa vie a basculé dans le malheur.*= Malchance, infortune. ≠ Bonheur. ■ **malheureux :** (f. malheureuse) **A-** adj. **1-** = Triste, désespéré, pitoyable. ≠ Heureux. **2-** *Un geste malheureux.* = Maladroit, regrettable. **B-** n.m. *Il y a trop de malheureux qui n'ont pas de quoi vivre.*= Misérable, déshérité, pauvre. ≠ Nanti.

malhonnête : [d'**honnête**] adj. = Escroc, tricheur. ≠ Honnête, droit.

malice : n.f. = Moquerie, plaisanterie, taquinerie. ■ **malicieux :** adj. (f. malicieuse) *Il a une lueur malicieuse dans le regard.* = Coquin, taquin, espiègle.

malin : adj. ou n. (f. maligne) **1-** = Habile, rusé, ingénieux, débrouillard.

malingre : adj. *Cet enfant malingre tombe souvent malade.* = Chétif, délicat, fragile, frêle. ≠ Robuste, solide.

malle : n.f. = Coffre, cantine. ■ **mallette :** n.f. = Valise.

malléable : adj. **1-** *La pâte à modeler est une matière malléable.* = Flexible, souple. ≠ Cassant, rigide. **2-** = Influençable, souple, docile. ≠ Rétif.

malmener : [de **mener**] v. = Violenter, brutaliser, maltraiter, molester.

malodorant : [d'**odeur**] adj. *Des égouts malodorants empestent la rue.* = Fétide, méphitique, nauséabond, pestilentiel.

malotru : n. = Goujat, rustre, grossier.

malpropre : [de **propre**] adj. et n. = Sale, négligé. ≠ Propre, soigné.

malsain : [de **sain**] adj. *La fumée de cigarette rend l'atmosphère malsaine.* = Pollué, impur, vicié. ≠ Sain, pur.

maltraiter : [de **traiter**] v. *Cet animal est maltraité.* = Malmener, brutaliser, frapper. ≠ Choyer, dorloter.

malveillant : [de **vouloir**] adj. = Méchant, malfaisant, mauvais. ≠ Bon, charitable. ■ **malveillance :** n.f. = Animosité, hostilité. ≠ Bienveillance.

mamelle : n.f. = Pis. ■ **mamelon :** n.m. *Du sommet du mamelon, je pouvais voir la plaine.* = Hauteur, monticule.

mandater : v. = Confier, déléguer. ■ **mandataire** : n. = Agent, courtier, envoyé, représentant.

mander : v. = Convoquer, appeler, réclamer.

manette : [de **main**] n.f. = Commande, poignée.

manger : **A-** v. *Il aime manger des fruits.* **1-** = Absorber, avaler, consommer, se nourrir, ingérer, ingurgiter, dévorer. ≠ Jeûner. **2-** fig. ■ **manger ses mots :** = mal prononcer. ■ **manger des yeux :** = regarder (avec envie). ■ **manger le morceau :** = avouer, dénoncer. ■ **manger de l'argent :** = dépenser trop. ≠ Économiser. **B-** n.m. *Il est si préoccupé par son travail qu'il en perd le boire et le manger.* = Nourriture, repas. ■ **mangeable :** adj. = Comestible, consommable. ≠ Immangeable.

maniable : [de **manier**] adj. **1-** *Cette petite voiture est très maniable et facile à garer.* = Commode, ergonomique, pratique. **2-** fig. = Souple, docile, influençable.

maniaque : [de **manie**] adj. ou n. *C'est un maniaque de la propreté.* = Méticuleux, pointilleux, obsessionnel.

manie : n.f. = Obsession, idée fixe, lubie, habitude, tic.

manier : [de **main**] v. **1-** *Ces verres sont fragiles, il faut les manier avec précaution.* = Toucher, manipuler. **2-** *Il est dangereux de manier une arme.* = Utiliser, actionner, manipuler.

manière : n.f. **1-** *Il y a plusieurs manières de dire les choses.* = Façon, sorte, méthode, moyen. ■ **de manière à** : loc. prép. = Afin de, pour. ■ **à la manière de :** *Il peint à la manière de Van Gogh.* = comme. ■ **de toute manière :** loc. adv. = En tout cas. ■ **maniéré :** adj. = Précieux, poseur, mièvre. ≠ Naturel, simple.

manifestation : [de **manifeste**] n.f. **1-** *Une manifestation sportive.* = Cortège, défilé, rassemblement. **2-** *Une manifestation d'affection.* = Témoignage, démonstration.

manifeste : **1-** adj. *Une erreur manifeste .* = Évident, visible, certain. ≠ Imperceptible, discret. **2-** n.m. = proclamation, déclaration. ■ **manifester :** v. **1-** *Médor manifeste sa joie en remuant la queue.* = Exprimer, montrer, proclamer. **2-** *Les ouvriers ont manifesté pour sauvegarder leur emploi.* = Protester. ■ **se manifester :** v. pron. **1-** *C'est une maladie qui se manifeste par une grande fatigue.* = Apparaître, naître, se faire connaître. **2-** *J'espérais son aide, mais il ne s'est pas manifesté.*= Se montrer, se dévoiler, se révéler.

manigancer : v. = Comploter, conspirer, tramer.

manipulation : n.f. **1-** *Ce microscope demande une manipulation très douce.* = Maniement, manœuvre. **2-** *Nous avons fait des manipulations pour étudier les gaz qui composent l'eau.* = Expérience. **3-** fig. = Manœuvre, manigance. ■ **manipuler :** v. **1-** *Arrête de manipuler le caméscope dans tous les sens, tu finiras par le casser.* = Manoeuvrer, faire fonctionner, déplacer. **2-** *Les résultats de l'élection ont été manipulés.*= Falsifier.

manœuvre : **A-** n.f. **1-** *Une fausse manœuvre et la voiture est dans le fossé.* = Action, mouvement. **2-** = Manipulation, machination. **B-** n.m. *Ce sont des* *manœuvres qui ont creusé la tranchée.* = Ouvrier, travailleur. ■ **manœuvrer** : v. **1-** = Conduire, diriger, déplacer. **2-** = Manipuler, comploter, conspirer.

manquer : v. **1-** *L'eau manque dans le désert.* = Faire défaut. **2-** *Deux élèves manquent à l'appel.* = Être absent. **3-** *Manquer à sa parole.* = Se soustraire, se dérober. ≠ Respecter. **4-** *Il a manqué la cible.* = Échouer, avorter. ≠ Atteindre, aboutir. **5-** *Il a manqué son train.* = Rater, louper. **6-** *Ils ont manqué une occasion de voyage à bas prix.* = Laisser échapper. ■ **manquement** : n.m. = Désobéissance, infraction, faute. ■ **manque** : n.m. = Absence, insuffisance, carence, pénurie. ≠ Abondance, prolifération.

mansuétude : n.f. = Bonté, charité, indulgence, patience.

manteau : n.m. = Caban, cape, pardessus.

manuel : [de **main**] **A-** adj. (f. manuelle) *La maçonnerie, la menuiserie sont des professions manuelles.* ≠ Intellectuel. **B-** n.m. *Léo a un nouveau manuel de lecture.* = Livre, guide, méthode.

manuscrit : n.m. = Texte, livre, parchemin.

manutention : n.f. *Des appareils mécaniques facilitent la manutention des gros colis.* = Manipulation, chargement, déchargement, stockage.

mappemonde : n.f. = Carte, planisphère.

maquette : n.f. *Les élèves ont construit la maquette de l'école.* = Modèle, représentation.

maquiller : v. **1-** = Arranger, farder, grimer. **2-** *Le criminel essaie de maquiller son crime en accident.* = Transformer, camoufler, falsifier. ■ **se maquiller** : v. pron. = Se farder, se grimer.

marais : n.m. = Marécage.

marâtre : = Belle-mère.

marauder : v. *Le renard maraude dans le poulailler.* = Voler, chaparder. ■ **maraudeur** : n. (f. maraudeuse) = Voleur, chapardeur.

marbré : adj. = Veiné, taché.

marchand : n. *Une marchande s'est installée sur la place du village.* = Commerçant, négociant, camelot, vendeur. ■ **marchandise** : n.f. = Denrée, produit. ■ **marchander** : v. = Discuter (un prix).

marche : [de **marcher**] n.f. **1-** = Déplacement, avance, progression. **2-** = Promenade. **3-** = Fonctionnement (d'un appareil). ≠ Arrêt. ■ **mettre en marche** : faire marcher, démarrer. ≠ Arrêter, stopper. **4-** *Les marches du palais.* = Escalier, degré.

marché : n.m. **1-** = Halle, foire. **2-** *Ils ont conclu un marché pour l'achat de trois Airbus.* = Accord, contrat. ■ **par-dessus le marché** : en plus.

marcher : v. **1-** *Le dimanche, ils aiment bien marcher dans les bois.* = Se déplacer, avancer, se mouvoir, se promener, flâner. **2-** *Ma voiture est en panne, elle ne marche pas.* = Fonctionner. **3-** *Son commerce marche bien.* = Tourner, faire des progrès. **4-** fam. *Le patron marche, nous ferons le pont.* = Accepter, consentir. ■ **ça marche** : fam. = d'accord, entendu. ■ **faire marcher quelqu'un** : = tromper, taquiner.

mare : n.f. = Étang, flaque.

marécage : [de **marais**] n.m. = Marais, bourbier.

marée : [de **mer**] n.f. = Mouvement (de la mer) ■ **marée humaine** : fig. = Flot, nuée.

marge : n.f. **1-** *Vous écrirez la date dans la marge.* = Bord, bordure, lisière. **2-** fig. *Ne te presse pas, tu as encore de la marge.* = Délai, temps. **3-** *En marge de la société* = En dehors de, à côté de, à l'écart. ■ **marginal** : adj. et n. (plur. marginaux) = Asocial, original. ■ **marginaliser** : v. = Écarter, exclure, repousser, isoler.

mari : n.m. = Conjoint, époux. ■ **marier** : v. **1-** = Unir. **2-** *Le pâtissier a marié le chocolat avec des poires dans un gâteau.* = Harmoniser, assortir, combiner. ≠ Dépareiller. ■ **se marier** : v. pron. S'unir. ■ **mariage** : n.m. **1-** = Noce, union. ≠ Divorce, séparation. **2-** *Ce mariage de meubles anciens et modernes est élégant.* = Association, harmonie, combinaison.

marin : [de **mer**] **1-** n.m. *Surcouf était un marin célèbre.* = Navigateur. **2-** adj. (f. marine) *La brise marine. Le sel marin.* = Côtier, maritime.

mariner : [de **marin**] v. **1-** *On a fait mariner la viande de sanglier pendant une journée.* = Tremper, macérer. **2-** fam. *Le malade a mariné deux heures aux urgences de l'hôpital.* = Attendre, patienter. ■ **marinier** : n. (f. marinière) *Avec le développement des transports routiers, il y a de moins en moins de mariniers.* = Batelier.

marivauder : v. = Badiner, batifoler, folâtrer.

marmonner : v. *Il marmonnait je ne sais quoi.* = Bougonner, bredouiller, marmotter, grommeler.

marmot : n.m. fam. = Gamin, bambin.

marotte : n.f. *Il a une nouvelle marotte, il veut collectionner les pièces de monnaie.* = Manie, idée fixe, dada.

marquer : v. **1-** *Il a marqué d'une croix les mots à corriger.* = Indiquer, cocher, pointer, inscrire. **2-** *Les fauves marquent leur territoire.* = Baliser, jalonner. **3-** *C'est par des câlins que Grand-Mère marque sa tendresse à son petit-fils.* = Dire, exprimer, manifester. **4-** *Quand l'horloge marquera 14 h, nous partirons.* = Indiquer, annoncer. **5-** *C'est un professeur qui a marqué ses élèves.* = Influencer. ■ **marqué** : adj. *Il mange de tout, mais il a une préférence marquée pour les frites.* = Accentué, net, prononcé. ■ **visage marqué** : = Fatigué, ridé, creusé. ■ **marquant** : adj. *Les événements marquants d'un voyage.*

= Remarquable, mémorable, notable. ≠ Insignifiant, mineur. ■ **marque** : n.f. **1-** *Le bûcheron a fait des marques sur les arbres à abattre.* = Trace, empreinte, signe. **2-** *Quelle est la marque de ta montre ?* = Nom, griffe, label, sigle. **3-** *À la mi-temps, la marque était de trois buts à zéro.* = Score. **4-** *Il a encore les marques de sa dernière chute.* = Cicatrice, trace. **5-** plur. *Le champion de saut en longueur prend ses marques.* = Repères.

marteler : v. **1-** *Le maréchal-ferrant martèle son fer sur l'enclume.* = Frapper. **2-** *Les soldats qui défilent martèlent la chaussée.* = Ébranler. **3-** fig. *Le maître martèle une règle d'orthographe.* = Articuler, scander.

martyr : adj. et n. *Des enfants martyrs.*= Maltraité, souffre-douleur, torturé. ■ **martyre** : n.m. *Avec ce mal qui le ronge, il souffre le martyre.* = Douleur, souffrance, calvaire, supplice. ■ **martyriser** : v. = Maltraiter, torturer, brutaliser.

mascarade : n.f. = Tromperie, comédie.

mascotte : n.f. = Fétiche.

masculin : [de **mâle**] adj. = Mâle, viril. ≠ Féminin.

masquer : v. **1-** *L'immeuble neuf masque la vue sur la campagne.* = Cacher, dissimuler, boucher. **2-** *Masquer son ignorance.* = Déguiser, travestir, cacher, camoufler. ≠ Montrer.

massacrer : v. **1-** *Les braconniers massacrent les éléphants pour l'ivoire.* = Tuer, assassiner, exterminer. **2-** fig. *Il a massacré le gigot en le découpant.* = Saboter, détériorer, abîmer. ■ **massacre** : n.m. **1-** = Carnage, tuerie, extermination, hécatombe. **2-** fig. *Avec ces mauvais chanteurs, la comédie musicale était un massacre.* = Gâchis, saccage.

masse : n.f. **1-** *Une baleine contient une masse énorme de graisse et de viande.* = Quantité de, monceau. **2-** *Depuis l'autoroute, on aperçoit la masse de la cathédrale.* = Volume, bloc. **3-** *Je ne trouve plus ma voiture dans la masse des autres voitures.* = Foule, paquet, tas. ■ **massivement** : adv. = En très grand nombre. ■ **masser** : v. *Les soldats étaient massés à la frontière.* = Réunir, regrouper, rassembler. ■ **se masser** : v. pron. = Se rassembler, se grouper.

■ **massif** : adj. (f. massive) **1-** *L'hippopotame est un animal massif.* = Gros, épais, lourd, imposant. **2-** *Nous avons acheté une table en chêne massif.* = Compact, dense. **3-** *Les départs massifs des vacanciers.* = Innombrable. ■ **massivement** : adv. = En très grand nombre. ■ **massue** : n.f. = Bâton, gourdin. ■ **coup de massue** : fig. fam. = Catastrophe , bouleversement.

mastiquer : v. = Mâcher, broyer.

mastodonte : n.m. fam. *Certains lutteurs japonais sont de véritables mastodontes.* = Colosse, géant. ≠ Gringalet, freluquet.

masure : n.f. = Baraque, taudis, cabane.

mat : adj. **1-** = Terne. ≠ Brillant, éclatant. **2-** *Les gouttes tombent dans le lavabo avec un bruit mat.* = Sourd. ≠ Sonore, bruyant. **3-** *Un teint mat, une peau mate.* = Bronzé, halé, bistre, foncé. ≠ Clair.

match : n.m. *La France a gagné le dernier match de rugby.* = Compétition, rencontre, épreuve.

mater : v. **1-** *Il a maté son agresseur.* = Vaincre, terrasser, battre. **2-** *Il a maté un cheval sauvage.* = Dompter, discipliner, réprimer.

matérialiser : [de **matériel**] v. **1-** *Les Pyrénées matérialisent la frontière entre la France et l'Espagne.*= Indiquer, marquer, représenter **2-** *Les passages protégés pour les piétons sont matérialisés par des bandes blanches.* = Concrétiser, figurer. ■ **matérialiser (se)** : v. pron. *Son rêve va se matérialiser.* = Se concrétiser, se réaliser, s'accomplir. ■ **matériel** : **A-** adj. (f. matérielle) **1-** *Des dégâts matériels.* ≠ Humain. **2-** *Des preuves matérielles.* = Réel, existant, concret, palpable, tangible. ≠ Abstrait, intangible. **3-** *Une aide matérielle.* = Pécuniaire, financier. **B-** n.m. *Le peintre a oublié son matériel de peinture.* = Équipement, outils, outillage. ■ **matériellement** : adv. = Réellement, effectivement, concrètement.

mathématique : adj. = Précis, rigoureux, cartésien. ■ **c'est mathématique** : c'est logique. ■ **mathématiquement** : adv. = Rigoureusement, logiquement.

matière : n.f. **1-** *Le bois, le métal, le tissu, sont des matières.* = Substance, élément, matériau. **2-** *La géométrie est ma matière préférée.* = Discipline, domaine, thème. ■ **entrée en matière** : = Début, introduction.

matin : n.m. = Aube, aurore, matinée. ■ **en matinée** : = l'après-midi (au théâtre ou au cirque). ≠ Soirée. ■ **matinal** : adj. (plur. matinaux) = De bonne heure, tôt, avancé. ≠ Tardif.

matraquer : v. **1-** = Frapper. **2-** fam. *Ce commerçant matraque ses clients.* = Vendre (à un prix excessif), escroquer, abuser. **3-** *La publicité matraque avec des messages répétitifs.* = Répéter, insister, asséner.

matricule : n.f. = Numéro, immatriculation.

maturité : n.f. *Malgré sa jeunesse, elle a beaucoup de maturité.* = Sérieux, sagesse. ≠ Immaturité, puérilité.

maudire : v. **1-** *Maudire un ennemi.* = Détester, haïr, exécrer, abhorrer. **2-** *Le fermier maudit la pluie qui va gâter les récoltes.* = Pester contre. ≠ Bénir. ■ **maudit** : adj. **1-** *Maudite soient les guerres !* = Exécrable, effroyable, épouvantable. ≠ Béni. **2-** *Ce maudit téléviseur est en panne !* = Détestable, fichu.

maussade : adj. 1- *Un air maussade.* = Mécontent, désobligeant, grognon. ≠ Charmant, gai, agréable. 2- *Le temps est maussade.* = Triste,morose.

mauvais : A- adj. 1- *De mauvais produits.* = Médiocre, inférieur. ≠ Bon, délectable. 2- *C'est du mauvais travail, il est à refaire.* = Défectueux, incorrect. ≠ Excellent. 3- *Il est mauvais en calcul.* = Faible, nul. ≠ Brillant. 4- *Une mauvaise direction.* = Erroné, faux. 5- *Quelle mauvaise nouvelle! Le chocolat est mauvais pour lui.* = Néfaste, dangereux, désastreux, nocif. ≠ Heureux, bon. 6- *Mauvais temps, mauvaise humeur.*= Triste, désagréable, maussade. ≠ Gai, beau, bon. 7- = Méchant, odieux, malveillant. ≠ Gentil, agréable. ■ **sentir mauvais** : empester, puer.

maximum : n.m. = Le plus. ≠ Minimum. ■ **maximal** : adj. (plur. maximaux) *La crue a atteint sa hauteur maximale.* = Le plus grand, le plus élevé. ≠ Minimal.

méandre : n.m. 1- *Les méandres de la Seine.* = Courbe, boucle, sinuosité. 2- fam. *Les méandres d'une affaire.* = Détour, dédale.

mécanique : A- n.f. *La mécanique de l'horloge est entraînée par des poids.* = Mécanisme. B- adj. 1- *Des escaliers mécaniques.* = Électrique. 2- *Respirer est une action mécanique.* = Machinal, automatique. ■ **mécaniquement** : adv. = Automatiquement, machinalement. ≠ Intentionnellement, exprès.

mécène : n.m. = Bienfaiteur, donateur.

méchamment : [de **méchant**] adv. = Durement. ≠ Gentiment.

méchant : A- adj. 1- *Dans les contes, les sorcières sont méchantes.* = Mauvais, malfaisant. ≠ Bon, gentil. 2- *De méchante humeur.* = Mauvais, grognon, désagréable, exécrable. B- n.m. *Les méchants ne sont jamais récompensés.* = Mauvais, détestable, nuisible, malveillant. ≠ Gentil, bon. ■ **méchanceté** : n.f. 1- *C'est un garçon qui n'a aucune méchanceté.* = Malveillance, malice, perversité, cruauté. ≠ Bonté, gentillesse. 2- = Pique. ≠ Amabilité.

méconnaissable : [de **connaître**] adj. = Transformé, différent. ■ **méconnaître** : v. *On méconnaît souvent les travaux de certains chercheurs.* = Ignorer, mésestimer, dédaigner. ■ **méconnu** : adj. *Ce peintre est encore méconnu, mais un jour il deviendra célèbre.*= Ignoré, incompris, étranger, inconnu. ≠ Apprécié, reconnu, estimé.

mécontent : [de **content**] adj. ou n. *Cette pièce était mauvaise et j'ai fait partie des mécontents qui l'ont sifflée.* = Insatisfait, déçu, amer, dépité, irrité, fâché. ≠ Satisfait. ■ **mécontentement** : n.m. = Contrariété, déception, colère, exaspération, irritation. ≠ Satisfaction. ■ **mécontenter** : v. = Déplaire, fâcher, decevoir. ≠ Contenter, satisfaire.

mécréant : n. = Athée, impie, incroyant, irréligieux, libertin.

médecin : n. = Docteur, praticien, chirurgien, thérapeute.

média : n.m. = Journaux, presse, radio, télévision.

médiation : n.f. *Il a proposé sa médiation pour régler leur mésentente.* = Arbitrage, conciliation, truchement, intervention. ■ **médiateur** : n. (f. médiatrice) = Arbitre, intermédiaire, entremetteur, tampon.

médicament : n.m. = Remède, potion.

médiocre : adj. = Insuffisant, quelconque, faible, imparfait, pitoyable, piètre, modeste. ≠ Excellent, fameux, parfait. ■ **médiocrité** : n.f. = Insuffisance, imperfection, petitesse. ≠ Excellence, importance, génie.

médire : [de **dire**] v. = Critiquer, dénigrer, calomnier, décrier, diffamer. ≠ Louer, encenser, vanter. ■ **médisance** : n.f. = Calomnie, racontar.

méditer : v. *Il a longtemps médité son projet.* = Réfléchir, étudier, mûrir, spéculer. ■ **méditation** : n.f. *C'est un vrai poète, on le voit toujours plongé dans ses méditations.* = Concentration, introspection, recueillement, réflexion, rêverie.

médius : n.m. = Doigt, majeur.

médusé : adj. = Abasourdi, déconcerté, ébahi, éberlué, interloqué, sidéré. ■ **méduser** : v. = Stupéfier, abasourdir, ébahir, sidérer, surprendre, pétrifier.

meeting : n.m. = Réunion, rassemblement, manifestation.

méfait : [de **faire**] n.m. 1- *Il sera puni pour son méfait.* = Faute, délit, forfait. ≠ Bienfait. 2- *Les méfaits du tabac.* = Nuisance.

méfier (se) : [de **fier**] v. pron. = Se défier, douter, être sur ses gardes. ≠ Se fier. ■ **méfiance** : n.f. = Soupçon, suspicion, défiance, doute, scepticisme. ≠ Confiance. ■ **méfiant** : adj. = Circonspect, farouche, soupçonneux, timoré. ≠ Confiant.

mégarde (par) : [de **garder**] loc. adv. *C'est par mégarde que j'ai pris ton compas.* = Par erreur, distraction, inadvertance. ≠ Exprès, volontairement.

mégère : n.f. = Furie, harpie.

meilleur : A- adj. 1- *Cette soupe est mauvaise, celle d'hier était meilleure.* = Supérieur. 2- *Alexandre est le meilleur ami d'Adrien.* = Excellent, éminent, premier. B- n.m. = Excellence, élite. C- adv. ■ **il fait meilleur** : = Mieux. ≠ Pire.

mélancolie : n.f. = Tristesse, vague à l'âme, spleen, nostalgie, dépression. fam. Cafard. ≠ Gaieté. ■ **mélancolique** : adj. = Triste, désabusé, déprimé, morose, neurasthénique, sombre, ténébreux. ≠ Gai, joyeux.

mélange : [de **mêler**] n.m. = Alliage, amalgame, combinaison, coktail. ■ **sans mélange :** = pur, parfait. ■ **mélanger :** v. **1-** *Vous mélangez les ingrédients.* = Mêler, combiner, associer. ≠ Dissocier, séparer. **2-** *Son petit frère a mélangé toutes ses affaires !* = Brouiller, embrouiller. **3-** *Il m'arrive de mélanger vos noms.* = Confondre.

mêler : v. **1-** = Mélanger, fondre, fusionner, brasser, agréger. ≠ Isoler, séparer. **2-** *Le chat a mêlé toutes les pelotes de laine.* = Embrouiller, emmêler, mélanger. ≠ Démêler, trier. ■ **se mêler :** v. pron. **1-** = Se mélanger, s'introduire, se joindre. **2-** *Elle se mêle toujours des affaires des autres.*= S'ingérer, s'immiscer, intervenir. ■ **mêlée :** n.f. *Pour les séparer Henri s'est jeté dans la mêlée.* = Combat, cohue, lutte.

mélodie : n.f. = Air, harmonie, mélopée, chant. ■ **mélodieux :** adj. (f. mélodieuse) = Harmonieux, doux. ≠ Disharmonieux, discordant, dissonant.

membre : n.m. **1-** *Les membres supérieurs.*= Jambes, bras, ailes. **2-** = Adhérent, associé, équipier, sociétaire.

même : A- adj. **1-** *Le même nombre.* = Semblable, pareil, identique. **B-** pron. indéf. *Tu es toujours le même.* = Identique, pareil. **C-** adv. *Ils sont tous là, même Adrien.*= Aussi, également. ■ **de même :** = de la même façon. ■ **à même :** *Il porte son blouson à même la peau.* = directement. ■ **à même de :** = capable, en mesure de.

mémento : n.m. = Agenda, carnet.

mémoire : n.f. *J'ai un trou de mémoire, rappelez-moi votre nom !* = Souvenir, réminiscence, souvenance. ■ **Mémoires :** n.m.plur. = Autobiographie, souvenirs, journal. ■ **mémorable :** adj. = Inoubliable, illustre, immortel, ineffaçable. ■ **mémoriser :** v. = Enregistrer, retenir. ≠ Oublier.

menace : n.f. = Risque, péril. ■ **menacer :** v. = Intimider, braver, défier, provoquer. ■ **menaçant :** adj. *Un animal menaçant.* = Inquiétant, dangereux, effrayant, préoccupant. ■ **menacé :** adj. *Des espèces menacées.*= En danger.

ménage : n. (f. ménagère) = Couple, foyer, maison, maisonnée. ■ **ménager :** v. *Ménager ses forces.* = Économiser, épargner. **2-** *Elle est susceptible, il faut savoir la ménager.* = Traiter gentiment, avoir des attentions. ■ **se ménager :** v. pron. *Elle est très fatiguée par son travail, elle devrait se ménager.* = Se réserver, économiser (ses forces).

mendier : v. = Quémander, solliciter, réclamer.

mener : v. **1-** *Tous les matins, le bus nous mène à l'école.* = Conduire, accompagner, amener. **2-** *Cette impasse ne mène nulle part.* = Aboutir, conduire. **3-** *Les Esquimaux mènent leur attelage de chiens sur la banquise.*= Diriger, guider. **4-** *Le directeur mène le service avec fermeté.* = Être à la tête de, gérer. **5-** *Sherlock Holmes mène l'enquête.*= Diriger, conduire. **6-** *Notre équipe mène trois buts à zéro.* = Dominer. **7-** *C'est Julien qui mène la course.* = Être en tête. ■ **meneur :** n. (f. meneuse) *Cet ailier est un excellent meneur de jeu.* = Chef, dirigeant, leader, agitateur.

menhir : n.m. = Pierre levée.

méninges : n.f. fam. *Il ne se fatigue pas les méninges !* = Cerveau, esprit.

mensonge : [de **mentir**] n.m. = Invention, imposture, illusion, fable. ■ **mensonger :** adj. (f. mensongère) = Faux, trompeur. ≠ Vrai, sincère, véritable.

mental : adj. = Intellectuel, psychique, spirituel. ≠ Physique. ■ **mentalement :** adv. De tête. ■ **mentalité** : n.f. *Une bonne mentalité.* = Moralité, esprit.

menteur : [de **mentir**] **1-** n. (f. menteuse) = Hâbleur, imposteur, mythomane. **2-** adj. Faux, trompeur, fallacieux, mensonger. ≠ Franc, sincère, honnête.

mention : n.f. **1-** = Citation. **2-** *Barrer la mention inutile.* = Indication. **3-***Clémence a eu son bac avec mention bien.* = Appréciation. ■ **mentionner :** v. = Citer, nommer, signaler, indiquer.

mentir : v. = Tromper, mystifier.

mentor : n.m. = Conseiller, guide.

menu : adj. **1-** *Elle paraît toute menue dans sa grande robe.* = Frêle, fin, fluet, petit, mince .≠ Gros, corpulant. **2-** *De menus détails.* = Faible, négligeable, infime.

méphitique : adj. = Fétide, malodorant, nauséabond, pestilentiel.

méprendre (se) : v. pron. = Se tromper, confondre.

mépris : [de **mépriser**] n.m. = Dédain, arrogance, morgue, suffisance. ≠ Respect. ■ **méprisable :** adj. = Ignoble, indigne, infâme, répugnant. ≠ Estimable, respectable. ■ **méprisant :** adj. *Un air méprisant.* = Dédaigneux, hautain, condescendant. ≠ Déférent, respectueux.

méprise : [de **se méprendre**] n.f. = Confusion, erreur, quiproquo, malentendu.

mépriser : v. 1- *Il vit simplement et méprise les richesses.* = Dédaigner, négliger, repousser. / Estimer. **2-** *Ce casse-cou méprise le danger.* = Braver, narguer. ≠ Redouter.

merci : 1- n.m. ou interj. = Remerciement. **2-** n.f. inv. = Pitié, grâce. ■ **à la merci de** : *Le voilier est à la merci des vents.* = soumis à. ■ **sans merci :** sans pitié.

mérite : n.m. *La Croix-Rouge a le mérite d'intervenir dans les pays en guerre.* = Honneur, qualité, valeur, vertu. ■ **mériter :** v. **1-** = Être digne, valoir. **2-** *Ses insultes ne méritent pas de réponse.* = Exiger. ■ **méritoire :** adj. = Louable. ≠ Blâmable, condamnable.

merveille : n.f. = Chef-d'oeuvre, miracle, prodige. ■ **à merveille :** = très bien, parfaitement. ■ **merveilleux :** adj. (f. merveilleuse) **1-** *L'Opéra présente un spectacle merveilleux.*= Admirable, magnifique, extraordinaire, inouï. ≠ Médiocre, insignifiant, horrible. **2-** *Un monde merveilleux.* = Magique, féerique, étrange. ■ **merveilleusement :** adv. = Admirablement, parfaitement. ≠ Horriblement, mal.

mésaventure : [d'**aventure**] n.f. = Désagrément, déboire, incident, déconvenue, malheur.

mésentente : [d'**entente**] n.f. = Incompréhension, désaccord, dissension. ≠ Entente, harmonie.

mesquin : adj. = Avare, petit, médiocre. ≠ Généreux, noble, important. ■ **mesquinerie :** n.f. *Il est généreux et incapable de mesquinerie.* = Bassesse, étroitesse. ≠ Générosité, grandeur, largeur d'esprit.

message : n.m. = Lettre, missive, courrier, correspondance, information, communiqué, déclaration. ■ **messager :** n. (f. messagère) = Ambassadeur, courrier, émissaire, envoyé, estafette, facteur. ■ **messagerie :** n.f. Courrier (électronique) .

messe : n.f. Cérémonie, célébration, office.

mesure : n.f. **1-** Évaluation, mensuration, dimension. **2-** *C'est le métronome qui permet de suivre la mesure.* = Temps, cadence, tempo. **4-** *On a pris des mesures pour éviter les accidents.*= Précaution, disposition. **5-** *Elle parle et agit avec mesure.* = Modération, retenue. ■ **au fur et à mesure :** à la suite, progressivement.

mesurer : [de **mesure**] v. **1-** = Calculer, arpenter, toiser. **2-** *Il n'a pas mesuré la portée de ses actes.*= Apprécier, évaluer. ■ **se mesurer :** v. pron. *Veux-tu te mesurer avec moi à la course ?* = Lutter, rivaliser, affronter. ■ **mesuré :** adj. *Ses paroles sont mesurées.* = Calculé, réfléchi, modéré. ≠ Démesuré, excessif.

métamorphose : n.f. = Changement, transformation, modification. ■ **métamorphoser :** v. = Changer, transfigurer.

métaphore : n.f. = Allégorie, comparaison, image.

méthode : n.f. **1-***Le jeu d'échecs réclame beaucoup de méthode.* = Raisonnement, théorie, logique. ≠ Incohérence, désordre **2-** = Procédé, technique, recette. ■ **méthodique :** adj. = Cohérent, logique, ordonné, organisé, méticuleux. ≠ Désordonné. ■ **méthodiquement :** adv. = Rationnellement.

méticuleux : adj. (f. méticuleuse) = Minutieux, appliqué, consciencieux, scrupuleux, pointilleux. ■ **méticuleusement :** adv. = Minutieusement, soigneusement.

métier : n.m. = Profession, activité, fonction, emploi.

métis : n. ou adj. (f. métisse) = Mulâtre.

métropole : n.f. = Capitale.

mets : n.m. = Aliment, plat.

mettre : v. **1-** *Où ai-je mis mes clés ?* = Placer, poser, ranger. ≠ Retirer. **2-** *Il met un bonnet avant de sortir.* = Porter, s'habiller, se vêtir. ≠ Ôter, quitter. **3-** *Il met le linge dans la machine.* = Disposer, installer. ≠ Enlever, retirer. **4-** *J'ai oublié de mettre du sel dans la soupe.* = Ajouter. **5-** *Elle a mis du temps à faire ce tableau.* = Consacrer. **6-** *Mets le verrou.* = Placer, faire fonctionner. ■ **mettre de côté :** = garder, réserver. ■ **se mettre :** v. pron. **1-** *Se mettre au premier rang.* = Se placer, s'installer. **2-** *Se mettre en route.* = Commencer, démarrer. **3-** *Je n'ai rien à me mettre !* = Porter.

meuble : adj. *Une terre meuble.* = Friable. ≠ Dur. ■ **meubler :** v. **1-** = Équiper, garnir (un lieu). **2-** fig. *Il meuble ses loisirs en construisant des maquettes.* = Remplir, occuper.

meugler : v. = Beugler, mugir, crier.

meurtre : [de **meurtrir**] n.m. = Assassinat, crime, homicide.

meurtrir : v. **1-** = Contusionner, blesser, tuméfier. **2-** = Endommager, détériorer. ■ **meurtrier :** n. (f. meurtrière) = Assassin, homicide, tueur. ■ **meurtrissure :** n.f. = Contusion, marque, blessure, lésion, tuméfaction.

miasme : n.m. = Effluve, émanation, remugle.

microbe : n.m. **1-** = Germe, bacille, bactérie, virus. **2-** fam. = Petit, chétif.

microscopique : adj. = Petit, minuscule. ≠ Énorme.

midi : n.m. **1-** ≠ Minuit. ■ **chercher midi à quatorze heures :** = compliquer. **2-** = Sud, zénith. ≠ Nord.

mielleux : [de **miel**] adj. (f. mielleuse) *Un ton mielleux.* = Doucereux, hypocrite.

miette : [de **mie**] n.f. = Bribe, éclat, morceau, fragment, parcelle.

mieux : A- adv. **1-** *Il vaut mieux obéir. Il travaille de mieux en mieux.* = Préférable, plus. ≠ Pire. **2-** *Cette affiche est la mieux faite.* = Meilleur. ■ **au mieux :** *Il arrivera vers vingt heures au mieux.* = dans le meilleur des cas. ■ **pour le mieux :** = le mieux possible. **B-** n.m. *La fièvre est tombée, il y a un léger mieux.* = Amélioration, progrès.≠ Aggravation.

mignon : adj. (f. mignonne) **1-** *Lisa est mignonne dans sa robe blanche.* = Joli, charmant. ≠ Laid. **2-** fam. = Gentil, aimable, gracieux.

migration : n.f. **1-** *La migration des civils en cas de guerre.* = Déplacement, exode, dispersion, fuite, transhumance, émigration. **2-** *Les saumons font des migrations de plusieurs milliers de kilomètres.* = Voyage, déplacement. ■ **migrer** : v. = Émigrer.

mijaurée : n.f. = Bêcheuse, pimbêche, prétentieuse.

mijoter : v. **1-** = Mitonner, cuire, préparer. **2-** = Manigancer, tramer, intriguer.

milieu : n.m. **1-** *Le milieu d'un segment.* = Centre. **2-** *Le milieu urbain.* = Environnement, monde. **3-** *Il n'est jamais sorti de son milieu familial.* = Entourage. ■ **juste milieu** : = moyenne.

militaire : adj. = Soldat, combattant, appelé.

militant : n. = Partisan, combattant, sympathisant, actif.

mime : n. = Pantomime. ■ **mimer** : v. = Reproduire, imiter, singer, parodier. ■ **mimique** : n.f. = Gestes, expression, posture.

minable : [de **mine**] adj. et n. fam. = Médiocre, déplorable, lamentable, piteux, pitoyable.

minauder : [de **mine**] v. = Poser. ■ **minauderie** : n.f. (souvent plur.) = Mines, manières, simagrées, chichis.

mince : adj. **1-** *Une tranche mince.* = Fin, étroit, ténu. ≠ Épais. **2-** *Une femme mince.* = Élancé, svelte, maigre, menu. ≠ Gros.

mine : n.f. = Expression, allure, apparence, physionomie, manières. ■ **faire mine de** : faire semblant de, simuler. **3-** plur. Simagrées, chichis.

mine : n.f. = Gisement. ■ **miner** : v. **1-** *La mer mine les falaises, elles risquent de s'ébouler.* = Ronger, saper. **2-** fig. *Le chagrin la mine.*= Rendre triste, démoraliser, ronger. ■

mineur : adj. *Un problème mineur.* = Secondaire, minime, marginal. ≠ Majeur, capital, essentiel.

miniature : n.f. **1-** = Enluminure. **2-** = Reproduction, maquette, modèle réduit.

minimal : [de **minimum**] adj. (plur. minimaux) = Minimum. ≠ Maximal, maximum.

minime : adj. *Une somme minime.* = Petit, insignifiant, infime, dérisoire, modique, négligeable. ≠ Important, notable. ■ **minimiser** : v. = Réduire, affaiblir, atténuer. ≠ Amplifier, grossir.

minimum : n.m. = Moins. ≠ Maximum.

ministère : n.m. **1-** = Gouvernement. **2-** = Fonction, charge.

minois : [de **mine**] n.m. = Visage , frimousse.

minorité : [de l'adj. **mineur**] n.f. **1-** ≠ Majorité.

minuscule : **1-** adj. = Petit, infime, dérisoire. ≠ Énorme, grand. **2-** ≠ Majuscule.

minute : n.f. *Je reviens dans une minute.* = Instant. ■ **minuter** : v. = Chronométrer, mesurer.

minutie : n.f. = Soin, attention, exactitude. ≠ Négligence. ■ **minutieux** : adj. (f. minutieuse) = Méticuleux, appliqué, consciencieux, scrupuleux, pointilleux. ≠ Négligent, désordonné.

miracle : n.m. = Merveille, prodige. ■ **miraculeux** : adj. (f. miraculeuse) = Inexplicable, prodigieux. ≠ Normal, naturel, ordinaire.

mirage : [de **mirer**] n.m. = Illusion, chimère, vision. ≠ Réalité.

mirer (se) : v. pron. = Se regarder, se refléter. ■ **miroir** : n.m. = Glace, psyché. ■ **miroiter** : v. = Réfléchir (la lumière), chatoyer, scintiller. ■ **faire miroiter** : fig. = faire entrevoir, promettre.

mirifique : adj. = Admirable, extraordinaire, formidable, inouï, magnifique, merveilleux.

miser : [de **mettre**] v. = Jouer, parier, gager.

misère : n.f. **1-** = Pauvreté, dénuement. ≠ Richesse, opulence. **2-** *Il a eu ce jeu pour une misère.* = Bagatelle, rien. **3-** Ennui, tracas, malheur. ≠ Bonheur. ■ **misérable** : adj. et n. = Désolant, lamentable, minable, miteux, pitoyable, triste. ■ **miséreux** : adj. et n. = Déshérité, pauvre, mendiant, indigent, nécessiteux. ≠ Riche.

mission : n.f. **1-** *Sa mission consiste à accueillir les visiteurs.* = Travail, tâche, objectif. **2-** *Une mission diplomatique.* = Commission, délégation, ambassade.

missive : n.f. = Lettre, courrier, billet, message, pli.

miteux : [de **mite**] adj. (f. miteuse) = Misérable, pauvre, piteux.

mitigé : adj. = Flou, incertain, tiède.

mitonner : v. = Mijoter, cuisiner, cuire, préparer.

mixer : v. = Mélanger, mêler, brasser.

mixture : n.f. = Mélange, amalgame, cocktail, composition.

mobile : **A-** adj. **1-** = Ambulant, amovible, instable. ≠ Fixe, immobile, figé. **2-** = Nomade, mouvant. ≠ Sédentaire, fixé. **B-** n.m. *Le mobile du crime.* = Cause, motif, raison. ■ **mobiliser** : v. = Appeler, rappeler, lever, enrôler. ≠ Démobiliser.

mode : **A-** n.f. *Suivre la mode* = Vogue, engouement, tendance. **B-** n.m. **1-** *L'informatique change le mode de travail.* = Façon, genre, habitude. ■ **mode d'emploi** : = descriptif. **2-** *Quel mode de paiement utilisez-vous ?* = Moyen, formule.

modèle : **A-** n.m. *La couturière a besoin d'un modèle pour couper sa robe.* = Patron, étalon, échantillon, exemple, gabarit. ■ **modèle réduit** : = Reproduction, maquette. **B-** adj. *Une conduite modèle.* = Parfait, exemplaire. ■ **modeler** : v. **1-** *Le sculpteur modèle la glaise.* = Façonner, sculpter. **2-** fig. *Modeler sa conduite sur celle de quelqu'un.* = Former, régler, conformer.

modérer : v. *Il n'a pas su modérer sa colère.* = Adoucir, atténuer, tempérer, freiner, mesurer. ■ **se modérer :** v. pron. = Se limiter, se contenir. ■ **modéré :** adj. = Raisonnable, sage. ≠ Excessif, exagéré. ■ **modération :** n.f. = Mesure, réserve, retenue, sobriété, tempérance.

moderne : adj. = = Nouveau, récent, actuel, contemporain. ≠ Ancien, passé, traditionnel, désuet. ■ **moderniser :** v. = Rajeunir, rénover, actualiser.

modeste : adj. = Simple, discret, effacé, sans éclat. ≠ Orgueilleux, vaniteux. ■ **modestement :** adv. = Simplement, humblement. ■ **modestie :** n.f. = Retenue, pudeur, simplicité, mesure, réserve. ≠ Orgueil, vanité.

modifier : v. = Changer, transformer, corriger, rectifier. ■ **modification :** n.f. = Transformation, changement, correction, métamorphose, réforme, remaniement.

modique : adj. = Dérisoire, minime, modeste, négligeable. ≠ Exorbitant, considérable, important, élevé.

moelleux : adj. (f. moelleuse) = Douillet, confortable, doux, onctueux. ≠ Rêche, dur.

mœurs : n.f. plur. = Habitudes, coutumes, usages, us.

moindre : adj. *C'est un moindre mal.* = Inférieur, petit, dérisoire.

moins : adv. ≠ Plus. ■ **au moins :** *Ce melon n'est pas gros, au moins il est sucré.* = seulement, en tout cas. ■ **du moins :** = néanmoins.

moisir : v. **1-** = Pourrir, se détériorer. **2-** fam. = Attendre, croupir, languir. ■ **moisi :** adj. = Humide, ranci.

moisson : n.f. = **1-** Récolte. **2-** *Une moisson de médailles.* = Quantité, tas, masse. ■ **moissonner :** v. = Récolter, cueillir, faucher.

moite : adj. *Alain a souvent les mains moites.*= Humide. ≠ Sec.

moitié : n.f. = demi, 50%. ■ **à moitié :** en partie, à demi.

molester : v. = Tourmenter, maltraiter, brutaliser, rudoyer.

mollement : [de l'adj. **mou**] adv. **1-** *Le chat bâille et s'étire mollement.* = Paresseusement, nonchalamment, indolemment. **2-** *Elle se défend mollement.* = Faiblement, timidement. ≠ Énergiquement. ■ **mollesse :** n.f. = Faiblesse, apathie, nonchalence. ≠ Fermeté, énergie. ■ **mollir :** v. = Flageoler, faiblir. ≠ Durcir, raidir.

moment : n.m. = Date, époque, instant. ■ **en ce moment :** = pour l'instant, actuellement. ■ **momentané :** adj. = Court, passager, provisoire, temporaire. ≠ Durable. ■ **momentanément :** adv. = Temporairement.

monarchie : [de **monarque**] n.f. = Royauté. ■ **monarchiste :** n.m. = Royaliste.

monarque : n.m. = Roi, souverain.

monastère : [de **moine**] n.m. = Couvent, cloître.

monceau : n.m. = Amas, tas, amoncellement.

monde : n.m. **1-** = Globe, terre, univers. ■ **au bout du monde :** = très loin. ■ **mettre au monde :** = donner naissance. ■ **venir au monde :** = naître. **2-** = Entourage, milieu, société. ■ **mondial :** adj. (plur. mondiaux) = International, planétaire, cosmopolite. ■ **mondialement :** adv. = Universellement, internationalement.

moniteur : n. (f. monitrice) = Éducateur, entraîneur, instructeur.

monnaie : = Argent, espèces, pièces, liquidités, numéraires. ■ **rendre à quelqu'un la monnaie de sa pièce :** = se venger. ■ **monnayer :** v. = Vendre, faire payer.

monopole : n.m. = Prérogative. ■ **monopoliser :** v. *Monopoliser la parole.* = Garder, se réserver, accaparer, concentrer.

monotone : adj. *Un ton monotone.* = Lassant, uniforme, terne. ≠ Varié. ■ **monotonie :** n.f. = Uniformité, répétitivité. ≠ Variété.

monstre : n.m. = Créature, phénomène. ■ **monstrueux :** adj. (f. monstrueuse) = Laid, horrible, abominable, effrayant, effroyable, épouvantable, terrible. ≠ Beau. ■ **monstrueusement :** adv. = Excessivement. ■ **monstruosité :** n.f. = Atrocité, horreur, abomination.

mont : n.m. = Butte, colline, élévation, rocher, montagne, ballon, puy.

montage : [de **monter**] n.m. = Assemblage.

montagne : n.f. **1-** = Chaîne, massif, pic, sommet, aiguille, mont, crêt. **2-** fig. *Une montagne de papiers.* = Amoncellement, amas,

montant : **A-** adj. *Des bottes montantes.* ≠ Descendant. **B-** n.m. *Quel est le montant de vos achats?*= Prix, chiffre, coût, somme.

monte-charge : [de **monter** et de **charge**] n.m. inv. = Ascenseur.

montée : [de **monter**] n.f. **1-** = Pente, escarpement, raidillon. **2-** = Ascension, escalade. ≠ Descente. **3-** *La montée des prix.* = Hausse, augmentation. ≠ Baisse, chute.

monter : [de **mont**] v. **A- 1-** *Il est monté à l'arbre.* = Grimper, escalader, gravir, grimper, se jucher. ≠ Descendre. **2-** *Monter à cheval, en avion.* = Enfourcher, chevaucher, embarquer. **3-** *Il est monté en grade.* = Progresser, être promu. **B-** *L'eau a monté.* = S'élever. **C- 1-** *Monter les éléments d'une étagère.* = Assembler, réunir. ≠ Démonter. **2-** *Les prix montent.* = Augmenter. ≠ Diminuer, baisser.

monticule : n.m. = Mont, tas, butte, éminence.

montrer : v. **1-** *Elle m'a montré sa nouvelle chambre.* = Présenter, désigner. ≠ Cacher, dissimuler. **2-** *Montrer la route à suivre.* = Indiquer, désigner, préciser. **3-** *Montrez-moi comment il faut faire!* = Apprendre, enseigner, signaler. **4-** *Cette exposition nous montre l'œuvre d'un peintre.* = Décrire, exposer, exhiber. **5-** *Il veut nous montrer qu'il est le plus fort.* = Prouver, révéler. ■ **se montrer :** v. pron. **1-** *Le soleil se montre tôt.* = Paraître, poindre, se présenter, s'exhiber. ≠ Disparaître. **2-** *Il s'est montré courageux.* = Se révéler.

monument : n.m. = Construction, bâtiment, édifice. ■ **monumental :** adj. (plur. monumentaux) = Immense, colossal, gigantesque, grandiose, imposant.

moquer (se) : v. pron. **1-** = Railler, rire de, plaisanter, narguer, ridiculiser, persifler. **2-** *Il se moque de mon avis.* = Mépriser, dédaigner, se rire de. ≠ Respecter, s'intéresser, admirer. ■ **moquerie :** n.f. = Plaisanterie, raillerie, ironie, quolibet, sarcasme. ■ **moqueur :** adj. (f. moqueuse) = Goguenard, narquois, railleur.

moral : **A-** adj. (plur. moraux) *Un film moral.* = Conforme, moralisateur, honnête, convenable. ≠ Immoral, inconvenant, incorrect. **B-** n.m. sing. *Sa maladie est longue, mais il garde un bon moral.*= Mental. ■ **morale :** n.f. **1-** = Règles, déontologie, éthique. **2-** *Les fables de La Fontaine ont toujours une morale* = Conclusion, leçon. ■ **moralité :** n.f. **1-** = Conscience, mentalité, mérite. **2-** *Moralité : les méchants sont toujours punis.* = Morale, conclusion, dénouement, épilogue.

morceau : n.m. = Partie, portion, bout, fragment, lambeau, tranche. ■ **morceler :** v. = Diviser, lotir, partager. ■ **morcellement :** n.m. = Démembrement, division, partage.

mordre : v. **1-** = Croquer, déchiqueter. **2-** fig. *La lime mord le fer.* = Ronger, entamer. **3-** *La moto a mordu la ligne blanche.* = Franchir (une limite) ■ **mordre sur :** empiéter sur. ■ **s'en mordre les doigts :** fam. = Se repentir, regretter. ■ **mordu : 1-** adj. fam. = Amoureux. **2-** adj. et n. fam. *C'est un mordu de football.* = Passionné, fanatique. ■ **mordant : A-** adj. **1-** *Un froid mordant.* = Vif, piquant. **2-** *Des paroles mordantes.* = Blessant, incisif, acide. **B-** n.m. *Il réussira dans la vie, il a du mordant.* = Énergie, vivacité.

morfondre (se) : v. pron. = Languir, espérer.

morgue : n.f. = Arrogance, dédain, mépris, orgueil, suffisance.

moribond : adj. et n. = Agonisant, mourant.

morigéner : v. = Réprimander, gronder, chapitrer, blâmer.

morne : adj. = Triste, ennuyeux, maussade, lugubre, morose. ≠ Joyeux, gai.

morose : adj. = Morne, triste, renfrogné, chagrin, maussade, revêche. ≠ Gai, joyeux. ■ **morosité :** n.f. = Mélancolie, tristesse.

mort : **A-** n.f. **1-** = Fin, trépas, décès. **2-** fig. *La mort d'un empire.* = Ruine, effondrement, écroulement. **B-** n. = Défunt, disparu, cadavre. ■ **mortel :** adj. (f. mortelle) = Fatal, funeste.

mortifier : v. = Blesser, humilier, rabaisser, vexer.

mot : n.m. = Expression, locution, vocable, terme. ■ **gros mot :** = injure, terme grossier.■ **mot pour mot :** = textuellement. **2-** *Un mot d'absence.* = Message.

moteur : **A-** n.m. **1-** = Mécanisme, appareil. **2-** *Il est le moteur de la révolte.* = Instigateur.

motif : n.m. **1-** *Un motif d'absence.* = Raison, cause, explication, prétexte, fondement. **2-** = Ornementation, dessin.

motiver : [de **motif**] v. **1-** = Expliquer, justifier. **2-** *Le capitaine trouve les mots qui motivent ses équipiers.*= Stimuler, pousser. ■ **motivation :** n.f. = Motifs, justification.

mou ou **mol :** **A-** adj. (f. molle) **1-** = Souple, flasque, malléable, moelleux. ≠ Ferme, rigide, dur. **2-** = Nonchalant, indolent, apathique, endormi, languide, veule. ≠ Énergique, dynamique, résolu.

mouche : n.f. ■ **être fine mouche :** = astucieux, vif d'esprit. ■ **prendre la mouche :** = se fâcher, se vexer. ■ **faire mouche :** = atteindre la cible .

moudre : v. = Broyer, piler, pulvériser, réduire (en poudre).

mouiller : v. = Imbiber, humidifier, humecter, arroser, tremper.

mouliner : [de **moulin**] v. = Écraser, broyer.

moulu : [de **moudre**] adj. **1-** = Broyé, pilé. **2-** fam. = Éreinté, exténué, courbatu.

mourir : v. = Disparaître, s'éteindre, décéder, expirer, périr, succomber, trépasser. ■ **mourant :** adj. ou n. = Moribond, agonisant.

mouvant : [de **mouvoir**] adj. **1-** = Agité, remuant. ≠ Fixe, immobile. **2-** = Changeant, instable. ≠ Stable.

mouvement : [de **mouvoir**] n.m. **1-** *Les planètes sont en mouvement.* = Déplacement, course, animation. ≠ Arrêt, immobilité. **2-** *Il regrette son mouvement de colère* = Réaction, geste, élan. **3-** *Une scène pleine de mouvement.* = Agitation, effervescence, animation. **4-** *Les mouvements de la bourse.* = Fluctuation, variation. ≠ Stabilité. ■ **mouvementé :** adj. *Une poursuite mouvementée.* = Agité, animé, remuant, vivant.

mouvoir : v. = Actionner, animer, remuer, bouger. ■ **se mouvoir :** v. pron. = Se déplacer, bouger, marcher, avancer.

moyen : **A-** adj. (f. moyenne) **1-** *Une taille moyenne.*= Intermédiaire. **2-** = Médiocre, modéré, modeste, passable. ≠ Extraordinaire, exceptionnel, remarquable. **B-** n.m. *Par quel moyen as-tu obtenu un billet pour la finale?* = Procédé, manière, biais. ■ **au moyen de :** = grâce à, à l'aide de. **C-** n.m. plur. **1-** *Il faut des moyens physiques exceptionnels pour gagner le Tour de France.* = Capacité, ressource. **2-** *Avoir les moyens de partir en vacances.* = Argent, ressources, richesse.

muer : v. *Les serpents muent.* = Se transformer, changer. ■ **se muer :** v. pron. *Sa haine se transforme en ressentiment.* = Se changer, se transformer, devenir. ■ **mue :** n.f. **1-** = Changement, transformation, métamorphose. **2-** = Dépouille.

muet : adj. ou n. (f. muette) = Silencieux, coi, taciturne. ≠ Bavard, volubile, loquace.

mufle : n.m. **1-** = Museau. **2-** péjor. = Goujat, malotru, grossier, impoli. ≠ Galant.

mugir : v. **1-** = Beugler, meugler, crier. **2-** fig. *Le vent mugit dans les cheminées.* = Hurler.

multiplier : v. = Augmenter, amplifier, accroître, répéter. ≠ Diminuer, réduire, diviser. ■ **se multiplier :** v. pron. = Se répéter, se reproduire, pulluler.

multitude : n.f. = Abondance, affluence, foisonnement, foule, masse, nuée.

municipalité : n.f. = Commune, ville.

munir : v. = Procurer, pourvoir, équiper. ≠ Démunir, priver. ■ **se munir :** v. pron. *Pour partir à l'étranger, on doit se munir de papiers d'identité.*= S'équiper de, prendre.

mur : n.m. **1-** = Cloison, muraille, paroi, ■ **être au pied du mur :** être acculé. **2-** fig. *Se heurter à un mur d'incompréhension.* = Obstacle.

mûr : adj. **1-** = Adulte, posé, raisonnable, sérieux, réfléchi. ≠ Immature, puéril. **2-** *Un fruit mûr.* = Épanoui, fait, à point. ■ **mûrement :** adv. = Longuement.

muraille : n.f. = Mur, paroi, rempart.

murer : [de **mur**] v. **1-** *Les fenêtres de cet immeuble vétuste ont été murées.* = Boucher, condamner, obturer. **2-** = Emmurer, enfermer. ■ **se murer :** v. pron. **1-** = S'enfermer, se cloîtrer, s'isoler. **2-** fig. *L'accusé se mure dans son silence.* = Se renfermer.

mûrir : [de **mûr**] v. **1-** = Évoluer, grandir, vieillir, s'assagir, s'épanouir. **2-** *Mûrir un projet.* = Méditer, étudier, préparer, réfléchir.

murmurer : v. **1-** = Chuchoter, susurrer. ≠ Crier, hurler. **2-** *Il murmure entre ses dents.* = Grommeler, grogner, marmonner, ronchonner. ■ **murmure :** n.m. **1-** = Chuchotement. ≠ Vacarme. **2-** *Faites ce travail, sans un murmure!* = Protestation.

musarder : v. = Traîner, vagabonder, flâner, errer.

muse : n.f. = Inspiratrice, égérie.

museau : n.m. = Nez, mufle, groin.

musée :n.m. = Conservatoire, galerie, muséum, pinacothèque.

museler : [de **museau**] v. fig. = Bâillonner, réduire au silence.

musicien : [de **musique**] adj. ou n. (f. musicienne) = Compositeur, instrumentiste.

musique : n.f. **1-** = Œuvre, harmonie, mélodie. **2-** = Orchestre, fanfare.

mutation : [de **muter**] adj. et n. **1-** *Un monde en mutation.* = Changement, transformation, métamorphose. **2-** *Il a reçu sa mutation, il change de poste.* = Déplacement, promotion.

mutiler : v. **1-** = Estropier, amputer, blesser. **2-** *Les temples grecs sont mutilés par les ans.* = Détériorer, endommager. ■ **mutilation :** n.f. **1-** = Amputation, blessure. **2-** = Dégradation, saccage, vandalisme.

mutin : [de **meute**] **A-** n.m. = Rebelle, révolté, émeutier, insurgé. **B-** adj. = Espiègle, malicieux. ■ **mutiner (se) :** v. pron. = Se révolter, se rebeller, s'insurger. ■ **mutinerie :** n.f. = Révolte, émeute, insurrection, rébellion.

mutisme : [de **muet**] n.m. = Silence. ≠ Bavardage, loquacité.

mutuel : adj. (f. mutuelle) = Réciproque, partagé, échangé, commun. ■ **mutuellement :** adv. = Réciproquement.

mystère : n.m. = Énigme, secret. ≠ Clarté, évidence.■ **mystérieux :** adj. (f. mystérieuse) **1-** *Le monde mystérieux des profondeurs sous-marines.* = Incompréhensible, inexplicable , inconnu, sibyllin, obscur. ≠ Clair, évident, connu. **2-** *Un homme mystérieux.*= Secret, équivoque, insaisissable, discret.

mystifier : [de **mystère**] v. = Tromper, duper, leurrer, berner. ■ **mystificateur :** adj. ou n. (f. mystificatrice) = Farceur, plaisantin, trompeur, imposteur. ■ **mystification :** n.f. = Tromperie, canular, duperie, farce.

mystique : adj. = Croyant, religieux, dévot, illuminé, pieux.

mythe : n.m. **1-** *Les mythes de la Grèce ancienne.* = Récit, légende, histoire, conte, fable. **2-** *Elle souhaite ne jamais vieillir, mais c'est un mythe!* = Utopie, illusion. ■ **mythique :** adj. *La licorne est un animal mythique.* = Fabuleux, légendaire. ≠ éel.

mythomane : n. = Menteur, fabulateur.

N n N n N n N n N n N n N n

nager : v. **1-** = Se baigner. ■ **nager dans un vêtement** := Flotter. **2-**. *Le liège nage sur l'eau.* = Flotter **3-** fam. *Impossible de résoudre ce problème, je nage!* = Patauger. ■ **nage :** n.f. *Il s'entraîne à la nage sur le dos.* = Natation. ■ **être en nage :** fig. = En sueur.

naïade : n.f. Dans la mythologie grecque, divinité des sources, des rivières, des ruisseaux. = Nymphe.

naïf : adj. = Crédule, candide, ingénu, innocent, simple. ≠ Habile, méfiant, rusé, astucieux, artificieux.

nain(e) : adj. et n. *Blanche-Neige et les sept nains.* = Lutin, nabot, gnome. ≠ Colosse, géant.

naître : v. **1-** = Arriver, éclore, paraître. ≠ Mourir. ■ **faire naître :** = Provoquer, produire. **2-** *Depuis leur première rencontre, une profonde amitié est née entre eux.* = Commencer, s'éveiller. ≠ Finir. **3-** *La lune disparaît; le jour va naître.* = Apparaître. ■ **naissance :** n.f. **1-** *Il a assisté à la naissance de trois chatons.* = Arrivée, commencement, venue, éclosion, source. ■ **prendre naissance :** *La Loire prend naissance au mont Gerbier-de-Jonc.*= Commencer, apparaître . **2-** *La naissance de mon petit frère a été facile.* = Accouchement, enfantement. ≠ Mort, fin. **3-** fig. *Une lueur blanchâtre annonce la naissance du jour.* = Commencement. ≠ Mort, fin. ■ **naissant(e) :** adj. = Apparaissant. ≠ Finissant, mourant.

naïvement : [de **naïf**] adv. *Il raconte naïvement tout ce qui se passe chez lui, sans y voir aucun mal.* = Franchement, ingénument, simplement. ■ **naïveté :** n.f. *Des adultes malintentionnés profitent de la naïveté des enfants.*= Simplicité, crédulité, ingénuité. : Astuce, finesse, méfiance.

naja : n.m. = Cobra.

napperon : n.m.*Sous chaque vase, il y avait un napperon.* = Set. ■ **napper :** v. *J'adore le gâteau au chocolat nappé de crème.* = Couvrir, enrober.

narguer : v. *Il nargue le directeur qui lui fait une remarque sur sa mauvaise conduite.* = Braver, défier, menacer, provoquer, se moquer.

narrer : v. *Tartarin narre ses aventures.* = Raconter, décrire, relater, conter. ■ **narration** : n.f. = Récit, exposé, rédaction. ■ **narrateur :** n. (f. narratrice)= Conteur.

narval : n.m. Mammifère cétacé des mers arctiques. = Licorne de mer.

nasal(e) : adj.. *La pollution provoque souvent des affections nasales.*

natation : n.f.= Nage.

natif : adj. *Il est natif de Nantes.*= Originaire.≠ Etranger.

nation : n.f. *Le 1er janvier, le président de la République présente ses vœux à la nation.* = Pays, état, patrie, peuple, puissance, territoire. ■ **nationalité :** n.f.*Sur leur dossier d'entrée en 6e, les enfants doivent indiquer leur nationalité.* = Citoyenneté.

natte : n.f. **1-** = Tapis. **2-** = Tresse . ■ **natter :** v. = Tresser, tisser, entrelacer.

naturaliser : [de **naturel**] v. **1-** *Ibrahim travaille en France depuis longtemps, il a été naturalisé français.* = Accueillir, assimiler, intégrer. **2-** = Empailler, momifier. ■ **naturalisation :** n.f. = Empaillage, taxidermie.

nature : n.f.**1-** *Les écologistes sont des protecteurs de la nature.* = Monde, univers, biosphère. **2-** *Le botaniste étudie la nature des plantes.* = Essence, constitution. **3-** *Le dimanche, beaucoup de citadins quittent la ville pour profiter de la nature.* = La campagne, les paysages. **5-***Il peint d'après nature.* = Modèle.

naturel : **A-** adj. **1-** *Un orage est un phénomène naturel.* = Normal. ≠ Surnaturel. **2-** . *Un gisement de gaz naturel.* ≠ Artificiel. **3-** *Il est naturel de rire après une bonne plaisanterie.* = Logique. ■ **c'est tout naturel :** = C'est normal. ≠ Anormal; **4-** *Le sourire et la gentillesse de Marie sont tout à fait naturels.* = Spontané. ≠ Factice, forcé, maniéré. **B-** n.m. **1-** *Véronique est d'un naturel gai et généreux.* = Caractère, tempérament. **2-** *C'est la première fois que Simon faisait du théâtre et pourtant il a joué son rôle avec beaucoup de naturel.* , = Inné. ≠ Acquis, académique, emphatique, recherché. ■ **naturellement :** adv. **1-** *Ses cheveux sont naturellement frisés.* = Spontanémént. ≠ Artificiellement, faussement. **2-** *Elle n'est pas timide et tutoie tout le monde naturellement.* = Facilement. **3-** *Léo l'a attaqué, naturellement Karim s'est défendu.* = Evidemment, inévitablement.

naufrage : n.m. **1-** = Engloutissement, submersion. ■ **faire naufrage :** Le Titanic *a fait naufrage dès sa première traversée.* = Sombrer. **2-** fig. *Les ouvriers assistent au naufrage de leur entreprise.*= Ruine, faillite, chute. ≠ Sauvetage.

nausée : n.f. **1-** *Il a des nausées dès qu'il monte en bateau.* = Haut-le-cœur. **2-** fig. *Sa malhonnêteté me donne des nausées.* = Répugnance, dégoût, ecoeurement. ■ **nauséabond(e) :** adj. *Une odeur nauséabonde se dégage des égouts.* = Écœurant, dégoûtant, infect, désagréable, puant, répugnant.

navet : n.m. *Ne va pas voir ce film, c'est un navet!* fig. fam. Film, pièce de théâtre sans intérêt.

naviguer : v. **1-** *« Il était un petit navire, qui n'avait ja-ja-jamais navigué… »* = Voguer, caboter, bourlinguer, voyager. **2-** = Surfer (Sur Internet). ■ **navigation :** n.f *Les écueils rendent la navigation dangereuse.* = Cabotage, circulation. ■ **navigant(e) :** adj. et n. = Personnel volant. ≠ Personnel au sol. ■ **navigateur :** n. **1-** Marin, aviateur. **2-** Logiciel qui permet de visiter les sites sur Internet.

navire : n.m.= Bateau, batiment,cargo, vaisseau, paquebot, rafiot.

navrer : v. *La mauvaise conduite d'Alex navre ses parents.* = Affliger, consterner, désoler, attrister, contrarier. ≠ Consoler, réconforter. ■ **navrant(e) :** adj. Fâcheux, désolant, affligeant, lamentable, pitoyable, déplorable, consternant. ≠ Consolant, réconfortant.

nazi : adj. et n. = Nationalsozialist

néanmoins : [de **néant**] adv. *Ce matin, Cindy avait un peu de fièvre, elle est néanmoins allée travailler.* = Cependant, pourtant, toutefois, malgré cela.

néant : n.m. *Le prestidigitateur paraît tirer les colombes du néant.* = Rien, absence, vide.≠ Etre, existence.

nébuleux : adj. **1-** *Le ciel est nébuleux, on ne voit pas le soleil.* = Brumeux, nuageux, voilé . ≠ Clair. **2-** fig. = Flou, obscur, indistinct, incompréhensible, vague, abscons, compliqué. ≠ Précis, net. ■ **nébuliseur :** n.m. = Aérosol, vaporisateur, atomiseur.

nécessaire : **A-** adj. *Le soleil est nécessaire à la vie, mais n'est pas suffisant.* = Essentiel ,indispensable, obligatoire, primordial, utile, requis. ≠ Superflu, inutile, contingent, éventuel. **B-** n.m. **1-** *Cette famille n'a que le strict nécessaire et n'achète rien de superflu.* = Essentiel. **2-** *Un nécessaire de couture, un nécessaire à ongles.*= Boîte, étui, trousse. ■ **nécessairement :** adv. = Absolument, obligatoirement, fatalement. ≠ Accidentellement, fortuitement, par hasard.

nécessité : n.f. **1-** *Travailler est une nécessité pour gagner sa vie.* = Besoin, contrainte, exigence, obligation. ≠ Possibilité, évenatualité, contingence. **2-** = Pauvreté, misère, indigence, dénuement. ≠ Luxe. ■ **nécessiter :** v. *La réparation de la voiture va nécessiter deux jours de travail.*= Requérir, demander, occasionner, réclamer

nectar : n.m. *Cette grenadine est un véritable nectar.* Boisson, breuvage délicieux. ■ **nectarine :** n.f. = Pêche.

nef : n.f. *Une nef orne le blason de la ville de Paris.* Navire, vaisseau.

néfaste : adj. *L'été pluvieux a été néfaste pour la saison touristique, peu de visiteurs sont venus.* = Funeste, désastreux, mauvais, fatal, nuisible. ≠ Faste, propice, bénéfique.

négatif : adj. *Il a reçu une réponse négative à sa demande d'emploi.* = Nul .≠ Affirmatif, positif, constructif. n.f. = Refus. ■ **répondre par la négative :** = Refuser. ■ **négation :** n.f. **1-** *S'éclairer à la bougie est la négation du progrès.*= Rejet, refus, nullité, inexistence. ≠ Affirmation, assentiment.

négliger : v. **1-** *Xavier obtient des notes faibles car il néglige son travail.* = Délaisser, se désintéreser. ≠ S'occuper. **2-** *Elle a négligé de nous prévenir de l'annulation de la réunion.* = Oublier, omettre. **3-** *Il néglige ses amis.* = Laisser de côté. ■ **négligé :** n.m. **1-** *Ta tenue est d'un négligé !* = Laisser-aller, fam. débraillé. **2-** = Vêtement léger, déshabillé. ■ **traiter quelqu'un comme une quantité négligeable :** = Ignoré. ≠ Important. ■ **négligence :** n.f. *Sa négligence fait de lui un élève très moyen.* = Désinvolture, inattention, étourderie, incurie, paresse, laisser-aller. ≠ Application, conscience, minutie, zèle, soin, exactitude. ■ **négligent(e) :** adj. Qui fait preuve de négligence, inattentif. *Ne me parlez plus de ce négligent, toujours en retard dans son travail !* ≠ Appliqué, consciencieux, soigneux. ■ **négligemment :** adv. **1-** *Il remplit négligemment un questionnaire.* = Étourdi, distrait, léger. **2-** *Il écoute négligemment les remarques.*= Avec indifférence.

négoce : n.m. = Commerce, échange, traite, trafic. ■ **négocier :** v. **1-** *La fin de la Première Guerre mondiale a été négociée entre les Allemands et les Français.* = Discuter, débattre, parlementer. **2-** *Dans un rallye automobile en montagne, les pilotes négocient habilement les virages.* = Aborder. ■ **négociation :** n.f. *Les négociations pour la paix au Moyen-Orient sont en cours.* = Discussion, pourparler, tractation. ■ **négociateur :** n. *L' O.N.U.a un rôle de négociateur en cas de guerre.* = Émissaire, diplomate, ambassadeur, intermédiaire, messager. ■ **négociant(e) :** n. *Un négociant en vins.* = Commercant, grossiste, marchand, vendeur, exportateur, importateur.

nègre : **A-** n. **1-** = Africain, homme de couleur, noir **2-** = Esclave, forçat. ■ **travailler comme un nègre :** fam. = Travailler très dur. **B-** n.m. = correcteur, collaborateur. ■ **négrier :** adj, n. = Esclavagiste.

neiger : v.= Tomber. ■ **neige :** n.f. = Précipitation.

nerf : n.m. **1-** *Mon bifteck est plein de nerfs.* = Tendon. **2-** fam. *Allons, du nerf, courez un peu plus vite !* = Force, énergie, puissance, vigueur. ■ **taper sur les nerfs :** = Agacer. ■ **avoir les nerfs en boule :** = Etre irrité. ■ **être à bout de nerfs :** = Etre énervé. ■ **boule de nerf :** = Personne nerveuse.

nerveux : [de **nerf**] adj. **1-***Ne sois pas si nerveux, ça ne changera rien aux résultats !* = Agité, angoissé, impatient. ≠ Calme, flegmatique, languissant. **2-** *Les voitures de course accélèrent vite, elles ont des moteurs très nerveux.*= Vigoureux. ≠ Mou. ■ **nervosité :** n.f. *Il s'impatiente et donne des signes de nervosité.* = Inquiétude, angoisse, agitation, fébrilité, anxiété. ≠ Calme.

net : **A-** adj. **1-** *Le sol a été nettoyé; il est net.* = Propre, immaculé,impeccable,parfait. ≠ Sale, souillé. ■ **en avoir le cœur net :** =: Sans aucun doute . ■ **faire place nette :** = Nettoyer, vider les lieux. **2-** *Depuis quelques semaines, Yann fait de nets progrès à l'école.* = Réel, indiscutable, sensible. **3-** . *Quand les jumelles sont bien réglées, les objets lointains nous apparaissent nets.* = Précis,distinct. ≠ Flou, vague, confus, équivoque, évasif, indistinct, incertain. **B-** adv. *La corde s'est cassée net.* = Franchement, sur le coup. ■ **dire tout net :** = Dire carrément, franchement. ■ **netteté :** n.f. *La netteté d'un dessin.* = Propreté, précision. ≠ Confusion, imprécision, flou. ■ **nettement :** adv. **1-** *Le bruit de ses pas se distingue nettement dans la nuit.* = Distinctement. ≠ Confusément, vaguement. **2-** *Cette musique d'ambiance est nettement trop forte.* = Vraiment, beaucoup, franchement.

nettoyer : [de **net**] v. **1-** *Papa nettoie sa voiture.* = Récurer,laver, lessiver, décaper, décrasser, balayer. ≠ Salir, souiller, ternir. **2-** *J'ai nettoyé le grenier ; j'ai jeté toutes les affaires abîmées.*= Vider, débarrasser. ≠ Remplir. ■ **nettoyage :** n.m. *Elle porte ce vêtement fragile chez le teinturier pour un nettoyage à sec.* = Blanchissage, lavage, lessivage. ■ **nettoyage par le vide :** fam. = Coup de balai.

neuf : A- adj.**1-** *Aude est fière de sa robe neuve.* = Nouveau, récent. ≠ Ancien, usé, vieux, éculé. **2-** *L'amour n'est pas une idée neuve.* = Original. ≠ Banal. **3-** *Le bébé jette un regard neuf sur ce qui l'entoure.* ≠ Ancien. **B-** n.m. *Il n'aime pas les meubles anciens, il n'achète que du neuf.* = Nouveau. ■ **à neuf :** *Ce vieil appartement a été remis à neuf.* = Rénové, restauré.

neutre : adj. **1-** . *La Suisse est un pays neutre.* = Impartial, juste, équitable. **2-** *À la télévision, le journaliste fait un reportage d'une voix neutre.* = Froid, objectif. ≠ Cru, vif. **3-** *Le gris, le beige sont des couleurs neutres.* = Terne, discret. ≠ Éclatant. ■ **neutralité :** n.f., *La neutralité de l'arbitre est essentielle au cours d'un match.* = Objectivité. ≠ Belligérance, intervention. ■ **neutraliser :** v. *Il a neutralisé son adversaire.*= Arrêter, bloquer,étouffer, juguler enrayer, annihiler, briser.

nez : n.m. **1-** = Narine, appendice nasal. fam, Blaire, blase, pif. ■ **ne pas voir plus loin que le bout de son nez :** ≠ Clairvoyance. ■ **mener quelqu'un par le bout du nez :** = Diriger quelqu'un. **2-** Odoratflair, finesse,perspicacité, lucidité. **avoir le nez fin** : = Etre clairvoyant, prévoyant. ■ **se trouver nez à nez avec quelqu'un :** = Rencontrer brusquement. ■ **fermer la porte au nez de quelqu'un :** = Rebuter, ne pas recevoir. ■ **passer sous le nez de :** = Échapper à quelqu'un. ■ **tirer les vers du nez :** Fam. Forcer à avouer. ■ **comme le nez au milieu de la figure :** = Évident. ■ **mettre son nez partout :** = Etre indiscret. **3-** *La cabine de pilotage se situe dans le nez de l'avion.* = Avant

niais(e) : adj. et n. *Un sourire, un air niais.* = Nigaud, benêt, naïf, sot, stupide. ≠ Fin, habile, rusé, spirituel, malicieux, malin. ■ **niaiserie :** n.f. **1-** *Il est persuadé de la niaiserie de son camarade et cherche toujours à le tromper.* = Sottise, bêtise, enfantillage. ≠ Finesse, malice.

nicher : v. *Des hirondelles nichent sous le toit.* = Nidifier, habiter, loger. ■ **se nicher :** *Le petit enfant aime se nicher dans les bras de sa maman.* v. pron. = Se blottir, se cacher, se pelotonner. ■ **nichée :** n.f. = Couvée. ■ **nichoir :** n.m. = Cage.

nickel : .n.m. *Sa chambre est nickel!* fam. = Propre, impeccable.

nid : n.m. **1-** *Un nid d'alouettes, de mésanges.* = Abri, aire, logismaison, refuge, foyer. **2-** *Un nid de brigands.* = Repaire. ■ **nid de poule :** fig. Trou.

nier : v. **1-** *Jadis, les gens niaient que la Terre soit ronde.* = Contester, dénier, refuser, contredire, mettre en doute. ≠ Affirmer, assurer, croire, attester, certifier. **2-** *On a accusé Carine d'avoir volé de l'argent. Elle a toujours nié.* = Démentir. ≠ Confesser, reconnaître.

nigaud(e) : n. ou adj. ,*Allez, gros nigaud, viens faire un bisou!* = Niais, bêta, dadais,sot. ≠ Astucieux, fin, futé, malicieux, malin, rusé.

niveau : n.m. **1-** *Le niveau de l'eau baisse dans la citerne.* = Hauteur, échelle. **2-** *Le restaurant se trouve au troisième niveau.* = Étage. **3-** *Mathieu bat toujours son cousin aux échecs, il est d'un niveau bien supérieur.* = Force. ■ **niveau de langage :** = Degrés ■ **niveau de vie :** . *Son niveau de vie s'est amélioré avec ce travail mieux payé.* = Revenus

niveler : [de **niveau**] v. **1-** *Il faudra niveler le terrain avant d'entreprendre la construction de l'immeuble.* = Égaliser, araser, aplanir. **2-** fig. *Il dit que les connaissances de ses élèves sont nivelées par le bas.* = Unifier.

noble : adj. et n. **1-** *Le prince de Condé était un noble.* = Aristocrate, seigneur, majesté. ≠ Bourgeois, roturier, vilain. **2-** *L'abbé Pierre défend de nobles causes.* = Courageux, grand, généreux. **3-** *Sur un ton noble, l'avocat entame sa plaidoirie.* = Imposant, majestueux. **4-** *L'or, l'argent, le platine sont des métaux nobles.* = Sublime, raffiné. ■ **noblesse :** n.f. **1-** *Jusqu'à la Révolution française, les membres de la noblesse bénéficiaient de privilèges.* = Aristocratie. **2-** *Certaines personnes généreuses font preuve d'une grande noblesse de cœur.* = Distinction, grandeur, générosité. ≠ Bas, commun, mesquin. ■ **noblement :** adv. = Dignement, fièrement.

noce : n.f. **1-** = Mariage, épousailles, union, festin, orgie. ■ **faire la noce :** fam. = Faire la fête, la java. ■ **ne pas être à la noce :** fam. = Être dans une situation gênante.

nocif : adj. *L'excès d'alcool est nocif pour la santé.* = Dangereux, mauvais, nuisible, pernicieux, préjudiciable, nocif, toxique. ≠ Inoffensif, anodin, inocent.

nocturne : A- adj. *Le hibou est un oiseau nocturne.* ≠ Diurne.

Noël : *Les enfants attendent avec impatience le réveillon de Noël et l'arrivée du Père Noël.* = Nativité.

nœud : n.m. **1-** *Il a la paresse de faire un nœud à ses lacets.* = Boucle, lien, attache, laçage. ■ **sac de nœuds :** = Problème, cas.

noir(e) : **A-** adj. **1-** *Le corbeau a un plumage noir.* = Sombre, foncé, de jais. ≠ Blanc, blond, clair. **2-** *Nettoie tes ongles, ils sont noirs.* = Sale, crasseux. **3-** *Un cachot noir.* = Obscur, opaque. **4-** *Pourquoi avez-vous les idées aussi noires, vous n'êtes quand même pas malheureux!* = Triste, pessimiste.≠ Gai, optimiste. **5-** *Il veut se venger, il a de noirs desseins.* = Mauvais, méchant. ≠ Pur. ■ **regard noir :** = Regard méchant. ■ **film noir, roman noir :** = Récits à l'atmosphère très sombre, avec des crimes. ■ **marché noir :** *Pendant la dernière guerre, les riches se procuraient du beurre, des œufs, de la viande au marché noir.* = Illégal. ■ **travail au noir :** = Non déclaré. **B-** n. *Le célèbre trompettiste Louis Armstrong était un Noir américain.* = Nègre. **C-** n.m. *Ne reste pas dans le noir, allume la lumière.* = Obscurité. ■ **un petit noir :** = Café. ■ **broyer du noir :** = Etre triste. ■ **voir tout en noir :** = Etre pessimiste. ■ **noirceur :** n.f. *La noirceur d'une trahison, d'un crime.* = Perfidie.

noircir : v. **1-** *Le feu noircit le bois.* = Charbonner, salir, assombrir. ≠ Blanchir.■ **noircir du papier :** fam. Gratter. **2-** *En soulignant toutes les difficultés du projet, le présentateur noircit la situation.* = Calomnier, dénigrer, discréditer, diffamer, salir, médire. ≠ Innocenter, justifier .■ **se noircir :** v. pron. fam. = s'enivrer.

noix :n.f. Fam. Idiot. ■ **à la noix :** *Une histoire à la noix.* = Sans valeur. ■ **noix de beurre :** = Un peu.

nom : n.m. *Il a écrit son nom de famille en bas de la page.* = Signature, appellation, désignation, patronyme, pseudonyme, sobriquet, surnom ■ **sans nom :** *La chambre de Laura est dans un désordre sans nom!* = Inqualifiable. ■ **se faire un nom :** *Johnny Hallyday s'est fait un nom dans la chanson.* = Réputation, célébrité.

nomade : n. ou adj. *Les gens du voyage mènent une existence nomade.* = Vagabond, ambulant, errant. ≠ Sédentaire, fixe.

nombre : n.m. *Quel est le nombre d'élèves de ta classe?* = Quantité, chiffre, numéro, foule, masse. ■ **en nombre :** = Nombreux. ≠ Peu. ■ **le plus grand nombre :** *Parmi les enfants, le plus grand nombre fréquente un club de sport.* = La majorité. ≠ La minorité. ■ **nombreux :** adj. **1-** *Il a de nombreux livres sur les animaux.* = Beaucoup, abondant. ≠ Rare. **2-** *Une foule nombreuse a acclamé le vainqueur .* = Abondant, innombrable, considérable. ≠ Petit, rare.

nommer : [de **nom**] v. **1-** *Ses parents l'ont nommé Lucas.* = Appeler, prénommer. **2-** *Tu nommes dessert ce mélange dégoûtant?* = Désigner. **3-** *Cet homme politique a été nommé Premier ministre.* = Elire, commettre, choisir, affecter. ≠ Déposer, destituer. ■ **se nommer :** v. pron. *Je me nomme Henri Dupont.*= S'appeler.

non : **A-** adv. de négation. ≠ Oui ■ **non-stop :** = Sans interruption. ■ **non-voyant :** = Aveugle. ■ **B-** n.m. inv. *Il a opposé un non catégorique à ma demande.* = Refus, négation. ≠ Acceptation. ■ **pour un oui, pour un non :** *Elle se met en colère pour un oui, pour un non.* = Pour un rien.

nonchalant(e) : adj. *Il va à l'école d'un pas nonchalant.* = Indolent, mou. ≠ Actif, ardent, zélé, vif. ■ **nonchalance :** n.f. *Il fait son travail avec nonchalance.* = Apathie, impassibilité, indifférence, indolence, mollesse, paresse, torpeur. ≠ Ardeur, entrain, vivacité, zèle.

nord : **A-** n.m. inv. **1-** *Le soleil ne passe jamais au nord.* ≠ Sud. ■ **perdre le nord :** fig. fam. = Perdre la tête, s'affoler. **2-** (avec une majuscule) *Les Inuits vivent dans le Grand Nord.* ≠ Midi, Sud. **B-** adj. inv. *Le pôle Nord, l'hémisphère Nord.* = Septentrional. ≠ Sud.

normal(e) : [de **norme**] **1-** adj. (plur. normaux) *Guéri de ses blessures, il a repris une vie normale.* = Ordinaire, habituel, organisé, courant. ≠ Anormal, bizarre, particulier, étonnant, exceptionnel, extraordinaire. **2-** n.f. *Son intelligence est bien au-dessus de la normale.* = La moyenne. ■ **normalement :** adv. **1-** = Habituellement, généralement. **2-** *Nous devrions normalement arriver chez vous vers 17 h.* = Logiquement. ≠ Anormalement, accidentellement.

norme : n.f. = Règle, convention, modèle, principe. ≠ Exception, bizarrerie, difformité.

nostalgie : n.f. *J'ai la nostalgie de ces vacances heureuses avec mes cousins.* = Tristesse, mal du pays, regret, mélancolie. ■ **nostalgique :** adj. *Une chanson nostalgique.* = Mélancolique, triste, désabusé, maussade, ténébreux, morose, sombre.≠ Gai

notable : **1-** adj. *Louis a fait des progrès notables au cours du trimestre.* = Important, impressionnant, remarquable, estimable, considérable. : Insensible, négligeable. **2-** n.m. *Le maire, les maires adjoints sont des notables.* = Personnalité, notabilité, sommité. ■ **notablement :** adv. *La publicité a notablement contribué au succès de son disque.*= Sensiblement, beaucoup.

notamment : [de **note**] adv. *Mon lapin aime tous les légumes crus, notamment les carottes.* = Singulièrement, spécialement.

note : n.f. **1-** *Les élèves prennent des notes sur un carnet au cours de leur visite.*= Annotation, observation, aperçu. **2-** *Les mots difficiles sont expliqués dans une note au bas de la page.* = Commentaire, compte-rendu, notice. **3-** *Ce tableau met une note de couleur sur le mur* *blanc.* = Élément distinctif, touche. **4-** *J'ai eu une bonne note en dictée.* = Appréciation. **5-** *Quand nous allons au restaurant, Mamie veut toujours régler la note.* = Facture, addition, relevé. ■ **une fausse note :** *Elle est très élégante, mais son chapeau ridicule est une fausse note.* = Erreur. ■ **forcer la note :** *Elle force un peu la note en riant aussi bruyamment!* = Exagérer.

noter : [de **note**] v. **1-** *Pour préparer mon exposé sur les animaux, j'ai noté tous les passages concernant les félins.* = Relever, annoter, copier. **2-** *J'ai bien noté ton numéro de téléphone.* = Écrire, inscrire, consigner, marquer. **3-** *Note bien ce que je te dis, je ne le dirai pas deux fois!* = Remarquer, enregistrer, constater.

notice : n.f. *Avant de prendre un médicament, elle lit la notice contenue dans la boîte.*= Mode d'emploi, note, abrégé, aperçu.

notion : n.f. **1-** *Il fait du roller sur la chaussée, il n'a aucune notion du danger.* = Connaissance, idée, conscience. **2-** *Elle a des notions d'anglais, elle ne le parle pas couramment.* = Rudiment.

nouer : v. **1-***Nouer les lacets de ses chaussures.* = Attacher. ≠ Dénouer. **2-** *Depuis leurs vacances ensemble, Pierre et Alexandre ont noué des liens d'amitié très forts.* = Lier, engager.

noueux : [de **nouer**] adj. *À cause de ses rhumatismes, Papy a les mains noueuses.*= Déformé.

nouille : n.f. **1-** = Pâte **2-** fig. fam. *Elle n'arrive pas à monter sur le toboggan, quelle nouille!* = Sot, mou.

nourrice : n.f. **1-** = Bonne d'enfant, nurse, fam. : Nounou. **2-** *Une nourrice d'essence.* = Bidon.

nourrir : v. **1-** *Le lait nourrit les enfants.* = Alimenter, allaiter, sustenter. **2-** *Il faudra nourrir le feu régulièrement.* = Entretenir, approvisionner. ■ **se nourrir :** v. pron. *Les moutons sont herbivores : ils se nourrissent d'herbe.*= Manger, se repaître. ≠ Jeuner. ■ **nourri(e) :** adj. Une fusillade nourrie, un tir nourri. = Violent. ■ **nourrissant(e) :** adj.*La viande et le poisson sont des aliments nourrissants.*= Nutritif, riche, copieux, substanciel.

nourrisson : [de **nourrir**] n.m. = Bébé, nouveau-né.

nourriture : n.f. *Il faut essayer d'avoir une nourriture saine et équilibrée.* = Alimentation, vivre, denrée, pitance, fam. bouffe.

nouveau : A- adj. *Chaque semaine, de nouveaux films sortent.* = Récent, inédit, original. ≠ Ancien, vieux. **B-** adj. et n. *J'ai vu le nouveau ce matin; il a l'air gentil.* = fam. Jeune, bizuth, bleu. **C-** n.m. = Chose surprenante. ■ **à nouveau, de nouveau :** loc. adv. = Encore. ■ **nouveau-né(e) :** adj. et n. (plur. des nouveau-né(e)s) = Bébé. **nouveauté :** n.f. = Création, innovation, mode. ≠ Ancienneté, antiquité, archaïsme, banalité, cliché, coutume, vieillerie;

nouvelle : n.f. **A-** *Cette nouvelle va faire les titres des journaux.* = Rumeur, information, bruit, message, scoop. **B-** plur. **1-** *Recevez-vous des nouvelles de vos anciens voisins?* = Signe de vie. ■ **vous m'en direz des nouvelles :** = Faire des compliments. ■ **vous aurez de mes nouvelles :** = Se venger. **2-** *À son réveil, Papa écoute toujours les nouvelles du matin.*= Informations, journal, actualités.

nouvelle : n.f. En littérature.= Récit, conte, roman.

novice : adj. Il est novice dans le métier, c'est son 1er poste. = Débutant, néophyte, inexpérimenté, apprenti. ≠ Expérimenté, habile.

noyau : n.m. **1-** *Le noyau du globe terrestre, de la cellule, de l'atome.* fig. = Centre, point de départ.

noyer : v. fam. *Au lieu de nous aider à comprendre, ses explications nous ont noyés un peu plus.* = Embrouiller. ■ **se noyer :** v. pron. : **1-** = Mourir sous l'eau. **2-** fig. *Elle se noie dans tous les détails de ce dossier.*= Se perdre, être submergé. ■ **se noyer dans un verre d'eau :** = Etre incapable de surmonter une difficulté.

nu(e) : A- adj. **1-** *Adam et Ève vivaient nus au jardin d'Éden.* = Dévoilé, dévêtu, fam. à poil, vide. ≠ Couvert, vêtu, habillé, déguisé.

nuage : [du n.f. **nue**] n.m. **1-** *Cumulus, stratus, cirrus...* = Nuées, vapeur. ■ **être dans les nuages :** = Etre distrait. **2-** fig. *Ils vivent heureux, leur bonheur est sans nuages.* = Sans soucis, sans trouble. ■ **nuageux :** adj. (f. nuageuse) *Un ciel nuageux.* = Couvert. ≠ Clair, serein.

nuance : [du n.f. **nue**] n.f. **1-** *En se couchant, le soleil passe par différentes nuances de rouge.* = Couleur, gamme, teinte, ton, tonalité. **2-** = Différence, changement, variété, diversité. ■ **nuancer :** v. **1-** = Colorer, assortir, atténuer,dégrader. ≠ Contraster. **2-** *Il porte un jugement nuancé sur le comportement de cet élève.* = Modérer, moduler. ≠ Trancher, contraster, opposer.

nucléaire : adj. *La France est le pays au monde qui utilise le plus l'énergie nucléaire pour produire de l'électricité (75% du total).* = Atomique.

nudisme : [de **nu**] n.m. *Le nudisme est interdit sur la majorité des plages.* = Naturisme.

nue : n.f.= Nuages. ■ **porter quelqu'un aux nues :** = Admirer, louer. ■ **tomber des nues :** = Etre surpris. ■ **nuée :** n.f. **1-** = Nuage. **2-** fig. *Le ciel a soudain été envahi par une nuée de moustiques.*= Multitude.

nuire : v. *Boire trop d'alcool nuit beaucoup à la santé.* = Compromettre, défavoriser, discréditer, gêner,desservir. ■ **nuisance :** n.f. *La pollution, le bruit sont des nuisances.*= Gêne . ■ **nuisible :** adj. *Les sauterelles sont des insectes nuisibles aux cultures.* = Dangereux, nocif, néfaste, fatal, dommageable, mauvais.

nuit : n.f. *En hiver, les nuits sont plus longues qu'en été.*= Obscurité; nuitée. ≠ Jour, clarté, lumière. ■ **nuit blanche :** = Sans dormir. ■ **c'est le jour et le nuit :** = Différent. ≠ Semblable.

nul : (f. nulle) **A-** adj. **1-** *Cette décision est nulle car elle est illégale.* = Caduque, valable. **2-** *Le risque est nul, vous pouvez suivre ce chemin en toute sécurité.* = Inexistant. ≠ Important, réel. ■ **nulle part :** = Aucun lieu. **B-** adj. et n.*J'étais nul en orthographe, mais je fais des progrès.* = Ignorant, incapable,lamentable, minable. ≠ Fort.**C-** pron. indéfini. *Nul n'est censé ignorer la loi.* = Personne. ≠ Chacun, tout, tous. ■ **nullement :** adv. *Il n'est nullement envieux de ses camarades.* = Aucunement. ■ **nullité :** n.f. = Incapable, ignorant, caducité, inexistence, annulation. ≠ Validité, valeur, as crack, génie.

numéraire : n.m. *Je préfère payer en numéraire plutôt que par carte bancaire.*= Argent liquide, espèces, monnaie.

numéro : n.m. **1-** *Chaque porte de cet étage a un numéro différent.*= Chiffre, nombre. ■ **numéro un** : = Personnage le plus important. **2-** *Dans le numéro de cette semaine, il y a un reportage sur les ours.* = Exemplaire. **3-** *Après le numéro des jongleurs vient un numéro de clowns.* = Tour. ■ **faire son numéro :** fam. = Se faire remarquer, faire son cinéma, son cirque. **4-** *Un sacré numéro, celui-là!* fam.= Original ■ **numéroter :** v. *Il numérote les pages de son compte-rendu.* = Chiffrer, folioter, paginer.

nuque : n.f. *Certaines coupes de cheveux dégagent la nuque.*= Cou.

nursery : n.f. (plur. nurseries ou nurserys) = Pouponnière.

nutritif : adj. *Les aliments contiennent des éléments nutritifs et des déchets.*= Copieux, nourricier, nourrissant, substanciel. ■ **nutrition :** n.f. *Certains troubles de la santé sont dus à des problèmes de nutrition.* = Alimentation, assimilation, digestion. ≠ Dénutrition, malnutrition, carence.

nymphe : n.f. **1-** = Une jolie jeune fille. **2-**. = Chrysalide pour les insectes.

O o O o O o O o O o O o o o o

oasis : n.f. fig. *Ce jardin est une oasis calme en plein centre de la ville.* = Refuge, îlot.

obéir : v. **1-** *Éric obéit à ses parents.* = Ecouter, se plier, obtempérér, se soumettre. ≠ Commander, diriger, ordonner,désobéir, transgresser, violer. **2-** *Elle obéit à la mode et achète les dernières nouveautés.* = Suivre, se courber. ≠ Résister. ■ **obéissant(e) :** adj. *Médor est un chien obéissant.* = Docile, discipliné, malléable. ≠ Désobéissant, entêté,indocile, têtu, volontaire. ■ **obéissance :** n.f. = Allégeance, servilité, soumission,subordination. ≠ Désobéissance, indiscipline, résistance, commandement, insoummission.

obèse : n. ou adj. *À force de manger des sucreries et des frites, elle est devenue obèse.* = Gros, gras, adipeux, corpulent,empâté,ventripotent. ≠ Maigre. ■ **obésité :** n.f. = Grosseur. ≠ Maigreur.

objecter : v. *Paul a objecté qu'il était à l'infirmerie lorsque le tableau de la classe a été barbouillé de peinture.* = Désapprouver, prétexter, répliquer, rétorquer, répondre. ≠ Approuver.

objectif : **A-** adj. *Le juge doit être objectif et ne rien décider en fonction de ses propres sentiments.* = Impartial, juste, équitable, neutre. ≠ Subjectif, arbitraire, partial, tendancieux. **B-** n.m. *Cette équipe a pour objectif de finir première du championnat.* = But, dessein, finalité, visées, vues, aboutissement. ■ **objectivité :** n.f. *L'objectivité d'un juge, de son jugement.* = Équité, impartialité, justice. ≠ Subjectivité, partialité.

objection : [de **objecter**] n.f. *Au tribunal, celui qui n'est pas d'accord avec ce qui est dit crie : « Objection! ».*= Contestation, protestation, critique, réfutation. ≠ Approbation.

objet : n.m. **1-** *Sa chambre est pleine d'objets inutiles mais décoratifs.*= Chose, fam; bidule, machin, truc. ≠ Créature, sujet. **2-** *L'objet de la dispute.* = Cause, sujet. **3-** *L'objet de la réunion est de préparer ce dossier* .= But, objectif, thème.≠ Forme.

obligation : [de **obliger**] n.f. *Obéir à la loi est une obligation.* = Engagement, devoir, promesse, serment. ≠ Liberté, dispense, grâce. ■ **obligatoire :** adj. **1-** *L'instruction est obligatoire pour tous les enfants entre 6 et 16 ans.* = Exigé, nécessaire, de rigueur. ≠ Facultatif, libre, volontaire, fortuit. **2-** *Il dit trop de mensonges, on ne le croira plus, c'est obligatoire.* fam. = Inévitable, forcé. ■ **obligatoirement :** adv. **1-** = Nécessairement. **2-** *Tu courais comme un fou, tu es tombé, cela devait obligatoirement arriver!* fam. Forcément.

obliger : v. **1-** *Le mauvais temps nous a obligés à annuler la sortie en mer.* = Contraindre, astreindre, forcer, imposer, exiger. ≠ Dispenser, affranchir, exempter. **2-** *Vous m'obligeriez infiniment si vous pouviez m'héberger quelques jours.* = Aider. ≠ Désobliger. ■ **obligé(e) : 1-** adj. = Indispensable, nécessaire. ≠ Dispensé, exempt, quitte, facultatif. ■ **c'est obligé :** = C'est forcé, c'est obligatoire. **2-** n. *Je vous remercie de votre aide, je suis votre obligé.* = Reconnaissant, redevable. ■ **obligeant(e) :** adj. *Un vendeur obligeant nous a aidé à choisir un ordinateur.*= Complaisant. ≠ Désobligeant. ■ **obligeamment :** adv. *Paul aide* *obligeamment cette personne très âgée à traverser la rue.* = Aimablement. ■ **obligeance :** n.f. = Affabilité, amabilité, prévenance, bienveillance. ≠ Désobligeance, malveillance.

oblique : adj.= Courbe, incliné. ≠ Direct. ■ **obliquement :** adv. *Le cycliste a évité un chien qui traversait obliquement la route.* ≠ Droit, directement. ■ **obliquer :** v. *Tu vas toujours tout droit, et après une maison jaune, tu obliques à gauche.* = Dévier, tourner.

obscène : adj. *Certains automobilistes mécontents font des gestes obscènes.* = Indécent, ignoble, scandaleux, impudique, grossier, dégoutant, pornographique. ≠ Chaste, pudique, décent. ■ **obscénité :** n.f. *Cet enfant mal élevé dit facilement des obscénités.*= Grossièreté, bassesse, abjection, indignité. ≠ Decence, pudeur.

obscur(e) : adj. 1- *Paul ne veut pas aller à la cave car elle est obscure.* = Sombre, noir. ≠ Clair, lumineux, éblouissant, éclatant. 2- fig. *On ne comprend pas ce qu'il dit car ses pensées sont obscures.* = Vague, imprécis, flou, confus, abscons. ≠ Net,connu, distinct,précis. 3- *Van Gogh est resté toute sa vie un artiste obscur.* = Ignoré, inconnu. ≠ Connu, fameux, célèbre, illustre. ■ **obscurément :** adv. *Anthony sent obscurément que Pierre est jaloux de lui, mais il ne peut pas expliquer pourquoi.*= Vaguement, confusémént. ≠ Clairement, nettement, glorieusement. ■ **obscurcir :** v. 1- *Ce soir, d'épais nuages gris obscurcissent le ciel.* = Assombrir. ≠ Eclaircir, éclairer.2- fig. *Ses paroles étaient si confuses que chaque phrase obscurcissait un peu plus ses explications.* = Brouiller. ■ **obscurité :** n.f. 1- = Nuit, contre-jour, ténèbres, opacité. ≠ Clarté, lumière. 2- = Confusion, doute, ignorance. ≠ Netteté, évidence, précision. 3- *Un artiste resté dans l'obscurité.* = Inconnu. ≠ Célébrité, renom.

obséder :v. *La disparition de son chien l'obsède, elle n'arrive pas à penser à autre chose.* = Tourmenter, tracasser, hanter, harceler. ■ **obsédant(e) :** adj. *Elle chantonne machinalement une chanson obsédante.*= Lancinant.

obsèques : n.f. plur. *Il y avait des centaines de personnes aux obsèques du maire.*= Enterrement, funérailles, inhumation.

observateur : [de **observer**] (f. observatrice) **A-** n. *Observateur des oiseaux, il connaît parfaitement ceux de la région.* = Surveillant, témoin, spectateur. **B-** adj. *Il a l'esprit observateur, il remarque les moindres détails.* = Attentif. ■ **observation :** n.f. 1- *Marie est passionnée par l'observation des papillons.* = Examen. ■ **en observation :** *Depuis lundi, il est en observation à l'hôpital à la suite de son accident de voiture.* = Sous surveillance. 2- *Les observations de Jean à propos de la pièce de théâtre sont très fines.* = Appréciation, commentaire, remarque. 3- *Le directeur de l'école a fait des observations sévères aux élèves qui arrivent en retard.* = Reproche, critique, réprimande. ≠ Compliment. 4- *Il faudrait apprendre très tôt aux enfants l'observation du Code de la route.* = Respect, obéissance, soumission. ≠ Désobéissance, manquement, inobservation.

observer : v. 1- *Il observe des aigles à la jumelle.* = Examiner. 2- *Je crois que nous sommes observés.*= Contrôler, surveiller, épier, scruter. 3- *Le contrôleur lui fait observer qu'il est interdit de fumer dans le TGV.* = Remarquer, constater. 4- *L'arbitre veille à ce que tous les joueurs observent les règles du jeu.* = Respecter, suivre. ≠ Enfreindre, déroger, désobéir, mépriser, transgresser, violer. 5- *Dans toutes les écoles, on a observé une minute de silence en mémoire des victimes d'un attentat.* = Adopter un comportement.

obstacle :. *Le 400 mètres haies est une course d'obstacles.* = Barrage, barrière. 2- fig. *Les intempéries sont un obstacle à la poursuite des travaux.*= Difficulté, ennui, entrave, tracas, empêchement. ≠ Aide. ■ **faire obstacle à quelque chose :** = S'opposer à quelque chose.

obstination : n.f. *Son obstination lui a permis de faire de grands progrès.* = Persévérance, ténacité, acharnement, insistance, entêtement. ≠ Docilité, inconstance. ■ **obstiné(e) :** adj. *Un enfant obstiné.* = Tenace, résolu, opiniâtre, têtu.≠ Docile, inconstant. ■ **obstiner (s') :** v. pron. *Malgré plusieurs échecs,il s'obstine à passer son brevet de pilote d'avion.* = Persévérer, insister, s'entéter. ≠ Céder.

obstruer : v. *Les arbres renversés par la tempête obstruent la chaussée et empêchent les voitures de circuler.* = Boucher, encombrer. ≠ Déboucher, désobstruer.

obtenir : v. 1- *Il a fallu plusieurs heures d'attente pour obtenir une place pour le match de football.* = Recevoir, recueillir. 2- *Samuel a obtenu de bonnes notes à son examen grâce à son travail régulier.*= Décrocher, enlever,parvenir à.≠ Manquer, perdre.

obtus(e) : adj. *Il ne veut pas admettre qu'il a tort alors que tout le monde le lui dit; il est obtus.* = Borné, épais, balourd, bouché, lourdaud. ≠ Fin, pénétrant.

occasion : n.f. 1- = Chance, aubaine, possibilité, opportunité. ■ **à l'occasion de :** = Pour. ■ **à l'occasion :**= Lors de. 2- ■ **d'occasion :** ≠ Neuf. ■ **occasionnel :** adj. (f. occasionnelle) *Nous n'allons pas régulièrement dans ce restaurant, nous sommes des clients occasionnels.*= Inhabituel, accidentel,fortuit, passager, irrégulier. ≠ Habituel, efficient. ■ **occasionner :** v. *L'inondation de notre appartement a occasionné des dépenses imprévues.* = Causer, créer, déterminer, provoquer, entraîner, susciter.

occident : n.m. **1-** *L'occident est la direction du soleil couchant.*= Ouest, couchant, ponant. **2-** Avec une majuscule. *La France est en Occident.* ≠ Orient, est, levant.

occupation : [de **occuper**] n.f. **1-** *Elle a de nombreuses occupations et ne s'ennuie jamais.*= Activité, travail, fonction. ≠ Inaction, oisiveté, abandant. **2-** Avec une majuscule.= Envahissement. ≠ Evacuation. ■ **occupant(e) :** adj. et n. *Les occupants de la maison voisine sont nos amis.* = Hôte, squatteur, envahisseur.

occuper : v. **1-** *Ce nouveau canapé occupe plus de place que l'ancien.* = Remplir. **2-** *Connaissez-vous les personnes qui occupent l'appartement au-dessus du vôtre ?* = Habiter, résider, annexer, demeurer. **3-** *Mme Joseph occupe le poste de directrice de son école depuis trois ans.* =Exercer, remplir une fonction, employer, accaparer. **4-** *Les ouvriers en grève occupent l'usine.*= Conquérir, envahir s'installer. ≠ Libérer, quitter. **6-** *À quoi occupe-t-il ses journées quand il pleut et qu'il ne peut pas sortir?*= Passer le temps. ≠ Oublier. ■ **s'occuper :** v. pron. **1-***Depuis le début des vacances, mon frère s'occupe à classer ses timbres.* = Faire, s'employer, travailler, vaquer. **2-** *Lucie s'occupe de son jeune frère au moins une heure par jour.* = Consacrer du temps. ■ **occupé(e) :** adj. **1-** *Des territoires occupés.* = Habité. ≠ Libéré, vide. **2-** *La ligne téléphonique est occupée.* = Pris, indisponible. ≠ Libre. **3-** = *Occupé, il n'a pas le temps de me recevoir.* = Affairé. ≠ Désœuvré, inactif.

océan : n.m. **1-** *L'océan Atlantique sépare l'Europe de l'Amérique.* = Mer. **2-** fig. *Un océan de sable s'étend à perte de vue.*= Immensité.

ocellé : adj. *Le léopard a un pelage ocellé.*= Tacheté.

ocre : 1- n.f. = Brun jaune ou orangé.

octogénaire : n. et adj. = Vieux, âgé.

octroyer : v. *Il est fatigué, son patron lui octroie un jour de congé.*= Accorder, donner, allouer, attribuer, donner, consentir, concéder. ■ **s'octroyer :** v. pron. = S'accorder.

oculiste : : n. Spécialiste des troubles de la vision. = Ophtalmologiste.

odeur : n.f.

Ce sont les odeurs qui guident les animaux, la nuit. = Arôme, bouquet, effluve, émanation, relent, fragrance, puanteur. ■ **l'argent n'a pas d'odeur :** = D'où qu'il vienne, l'argent est bon à prendre.

odieux : adj. (f. odieuse) **1-** *Beaucoup de paroles odieuses ont été échangées pendant la dispute.* = Indigne, désagréable, abject, ignoble. **2-** *Depuis ce matin, cet enfant est odieux !* = Détestable, insolent, impoli, suffisant, impudent. ≠ Agréable, adorable, aimable, charmant.

odorant(e) : [de **odeur**] adj. *Les clochettes du muguet sont odorantes.* = Parfumé, aromatique, embaumé. ≠ Malodorant, inodore.

odorat : [de **odeur**] n.m. *Les chiens de chasse ont un odorat particulièrement développé.*= Flair, nez.

œil : n.m. (plur. yeux) **1-** = Globe, vue, vision, regard. ■ **ouvrir de grands yeux :** = Etre étonné. ■ **mon œil ! :** fam. = Incrédule. ■ **taper dans l'œil de quelqu'un :** fam. = Lui plaire. ■ **avoir l'œil à tout :** = Veiller à tout. ■ **à l'œil :** fam. = Sans payer. ■ **avoir quelqu'un à l'œil :** = Surveiller. ■ **ouvrir l'œil :** = Etre vigilant. ■ **fermer les yeux sur quelque chose :** = Tolérer. ■ **sortir par les yeux :** fam. Ne plus supporter.

œillère : [de **œil**] n.f. ■ **avoir des œillères :** = Borné.

œuf : n.m. **1-**= Cellule, germe, embryon. Fig. commencement, origine, source. ■ **marcher sur des œufs :** = Prendre des précautions. ■ **plein comme un œuf :** = Rempli.

œuvre : A- n.f. **1-** = Ouvrage, travail. ■ **mettre en œuvre :**= Réaliser. ■ **se mettre à l'œuvre :** = Se mettre au travail. **2-** *Mozart est mort jeune mais il a laissé un nombre d'œuvres musicales très important.* = Ouvrage, pièce. ■ **un chef-d'œuvre :** = Œuvre remarquable. **3-** *Mes parents font des dons à une œuvre de recherche médicale.* = Organisation, action. **B-** n.m. Dans le bâtiment = Ouvrage. ■ **gros œuvre :** = Murs d'une construction. ■ **être à pied d'œuvre :** fig. = Être prêt à débuter un travail.

œuvrer : v. *La Croix-Rouge œuvre pour l'amélioration de la santé dans le monde.*= Travailler, réaliser.

offense : n.f. *Autrefois, le seigneur victime d'une offense provoquait son offenseur en duel.* = Affront, injure, outrage, humiliation. ≠ Compliment, flatterie. ■ **offenser :** v. *En vous moquant de ses parents, vous l'avez offensé.* = Injurier, outrager, froisser, humilier, blesser. ≠ Plaire, complimenter, flatter. ■ **s'offenser :** v. pron. *Il est susceptible et s'offense d'un rien.* = Se vexer, se choquer, se formaliser. ■ **offensant(e) :** adj. = Blessant, injurieux. ≠ Flatteur. ■ **offensé(e) :** adj. et n. *Dans un duel, c'est l'offensé qui avait le choix des armes.*= Humilié, froissé. ■ **offensif :** adj. (f. offensive) *Des armes offensives.* = Brutal, violent, agressif, malveillant, rude. ≠ Inoffensif, défensif. ■ **offensive :** n.f. *L'offensive aura lieu de nuit pour mieux surprendre l'adversaire.*= Attaque, assaut, charge. ≠ Défense, défensive.

office : n.m. **1-** *L'alarme a parfaitement rempli son office car les cambrioleurs se sont enfuis.* = Fonction, devoir, emploi, mission, responsabilité. ■ **faire office de :** *Cette pièce fait office de bureau en attendant que les travaux soient finis.* = Tenir lieu de. **2-** *L'office du* *tourisme, l'office des forêts, l'office municipal des sports.* = Bureau, agence, établissement, administration, service. **3-** *Le prêtre célèbre plusieurs offices chaque dimanche.* = Culte, messe, prière, cérémonie religieuse.

officiel : adj. (f. officielle) *Le président de la République va faire une déclaration officielle.* = Confirmé, authentique, notoire, autorisé. ≠ Officieux. ■ **officiellement :** adv. ≠ Officieusement.

officieux : (officieuse) adj. **1-**= Obligeant, serviable. ≠ Égoïste. **2-** *Ne répands pas cette nouvelle, elle est encore officieuse.* ≠ Officiel. ■ **officieusement :** adv. ≠ Officiellement.

offrir : v. **1-** *À Noël, on offre des cadeaux.* = Apporter, donner. **2-** *Un monsieur a offert son aide à une vieille dame pour l'aider à porter sa valise.* = Présenter, proposer. ≠ Refuser. **3-** *Cette carte offre la possibilité de réserver ses billets de spectacle un mois à l'avance.* = Permettre. **4-** *On m'offre un bon prix pour acheter ma voiture.* = Proposer. ■ **s'offrir :** v. pron. **1-** *Il s'offre à porter la valise de cette vieille dame.* = Se proposer. **2-** *Il s'est offert des vacances aux Antilles.* = Se payer, acheter. **3-** *Accepte cette situation inespérée qui s'offre à toi!* = Se présenter à, se rencontrer. ■ **offre :** n.f. *Il lit les offres d'emplois dans différents journaux.* = Proposition, ouverture. ≠ Demande, refus.

offusquer : v. *Les comportements grossiers offusquent Mamie.* = Choquer, déplaire, blesser, offenser, scandaliserfroisser. ≠ Plaire. ■ **s'offusquer :** v. pron. *Elle s'offusque de la moindre critique.*= Se choquer, se froisser, s'offenser.

oie : n.f. **2-** fam. = Niais, sot.

oignon : n.m. = Bulbe. ■ **occupe-toi de tes oignons :** fam. = Occupe-toi de ce qui te regarde. ■ **en rang d'oignons :** fam. = Sur une seule ligne.

oiseau : n.m. **1-** = Volaille, volatile. ■ **à vol d'oiseau :** = En ligne droite. ■ **avoir une cervelle d'oiseau :** = Etre étourdi. ■ **un nom d'oiseau :** = Insulte, injure. **2-** fam. péjor. *Je ne lui fais pas confiance, c'est un drôle d'oiseau!* = Individu.

oisif : adj. et n. (f. oisive) *Jean déteste rester oisif sur la plage.* = Desoeuvré, inoccupé, inactif, paresseux, nonchalant. ≠ Occupé, actif, laborieux,travailleur. ■ **oisiveté :** n.f. *L'oisiveté est la mère de tous les vices* (proverbe). = Désœuvrement, inactivité. ≠ Occupation, étude, travail.

oléoduc : n.m. = Pipeline.

olibrius : n.m. fam. = Individu bizarre, qui se fait remarquer par sa conduite.

ombrage : [de **ombre**] n.m. ■ **porter ombrage :** = Inquiéter. ■ **prendre ombrage :** = S'offusquer, s'offenser. ■ **ombragé(e) :** adj. *Une allée ombragée.* = Ombreux. ■ **ombrageux :** adj. (f. ombrageuse) **1-** = Difficile. ≠ Paisible, tranquille. **2-** *Élodie est d'humeur ombrageuse, elle boude.*= Méfiant, inquiet, susceptible, soupçonneux.

ombre : n.f. **1-** *Elle s'installe à l'ombre du pommier.* = Pénombre, ombrage, couvert. ≠ Clarté, éclairage, réalité,lumière. ■ **mettre à l'ombre :** fam. Mettre en prison. **2-** fig.= Apparence, trace.

omettre : v. *L'enquêteur se demande si le témoin n'a pas omis des détails importants.*= Oublier, négliger ,passer sous silence taire. ≠ Penser à, mentionner. ■ **omission :** n.f. *Il a fait un mensonge par omission.* = Absence, oubli, lacune,manque, négligence.

onctueux : adj. (f. onctueuse) = Velouté, mielleux, patelin, moelleux. ≠ Bref, sec.

onde : n.f. **1-** *Je m'amuse à lancer des cailloux dans l'étang pour voir les ondes former des cercles.*= Vague, eau, flot. **2-** *La lumière, la radio sont des ondes qui se propagent dans le vide.*= Vibration, son. ■ **être sur la même longueur d'onde :** fam. = Se comprendre. ■ **ondée :** n.f. = Averse.

ondulation : [de **onde**] n.f. **1-** *Les ondulations des vagues.* = Ondoiement, remou. **2-** *Avec mon VTT, les ondulations du sol ne me font pas peur!* = Sinuosité.

onéreux : adj. (f. onéreuse) *L'entretien d'un bateau est onéreux.* = Coûteux, ruineux, inabordable, cher. ≠ Bénévole, gracieux, gratuit, avantageux, économique.

ongle : n.m. ■ **sur le bout des ongles :** *Il sait sa leçon sur le bout des ongles.*= Parfaitement.

opaque : adj. *Le brouillard épais devient opaque; on ne voit plus au-delà de cinquante mètres.* = Dense, épais, confus, imppénétrable, sombre, ténébreux. ≠ Clair, diaphame, hyalin, translucide, transparent. ■ **opacité :** n.f. = Nuit, ténèbre, obscurité. ≠ Translucidité, transparence.

opération : [de **opérer**] n.f. **1-** *Il a subi une opération à la suite de sa fracture.* = Intervention. **2-***Une opération de sauvetage en montagne est souvent difficile et dangereuse.* = Acte, entreprise, projet, tentative, action. **3-** *La multiplication est une opération.* = Calcul. **4-** = Combats, bataille, campagne.

opérer : v. - **1-** *Cette nouvelle crème amincissante opère des miracles, selon la publicité.* = Procéder, accomplir, agir, réaliser. **2-** = Calculer. **3-** fam = Charcuter. ■ **s'opérer :** v. pron. *À l'adolescence, des transformations s'opèrent de jour en jour.* = Se produire.

opérette :] n.f. = Comédie musicale.

ophtalmologiste : n.m. *L'ophtalmologiste a prescrit des lunettes à Aurélien.* abrév. Ophtalmo. = Oculiste.

opiner : v. = Approuver, acquiescer.

opiniâtre : adj. *C'est un élève opiniâtre qui fait des progrès.* = Tenace, entêté, obstiné, volontaire, acharné. ≠ Faible, versatile. ■ **opiniâtreté :** n.f. *Elle travaille régulièrement, avec opiniâtreté.* = Ténacité, obstination, acharnement. ≠ Faiblesse, versatilité, mollesse.

opinion : [de **opiner**] n.f. **1-** *Elle se range à l'opinion de sa meilleure amie.* = Avis, idée, jugement. ■ **avoir bonne (mauvaise) opinion de :** = Juger. **2-**plur. *Chacun est libre de ses opinions.* = Idée, croyance.

opposer : v. **1-** *On oppose le climat du nord de la France à celui des régions proches de la Méditerranée.* = Confronter, comparer. ≠ Accorder. **2-** *Quand le fleuve a quitté son lit, il n'y avait rien à opposer à ses eaux puissantes.* = Résister, élever contre. **3-** *Le directeur a opposé un refus à ma demande de sortie.* = Objecter, prétexter. ≠ Acquiescer, appuyer, céder. **4-** ≠ Coopérer, correspondre, ressembler. ■ **s'opposer :** v. pron. **1-** *L'avocat s'oppose à toutes les accusations du juge.* = Contredire, braver. **2-** = Interdire, empêcher. ≠ Concilier, rapprocher, réconcilier. ■ **opposé(e) : A-** adj. **1-** . *Je traverse la rue pour rejoindre mes amis sur le trottoir opposé.= Vis à vis.* ≠ Contigu.■ **en sens opposé :** = En sens contraire. **2-***Nous avons des goûts opposés, il adore le sport et je n'aime que la lecture.*= Contraire, contradictoire. ≠ Analogue, conforme, identique, semblable. **3-** *Gandhi était opposé à la violence.* = Hostile. **B-** n.m. *Axel est tout l'opposé de son frère.* = Inverse, contraire.

opposition : [de **opposer**] n.f. **1-** *Ils se disputent à cause de l'opposition de leurs goûts, de leurs caractères.* = Différence, contradiction, désaccord. ≠ Analogie, conformité, correspondance. **2-** *Une opposition de couleurs.* ≠ Harmonie, conjonction. = Contraste. **3-** *Cet enfant fait de l'opposition systématique à tout ce qu'on lui demande.* = Résistance, refus, réticence, contestation. ≠ Obéissance, adhésion, approbation, consentement, soumission.

oppresser : [de **opprimer**] v. **1-** *Une crise d'asthme l'oppresse.* = Etouffer.≠ Dilater.**2-** *Il pense à son petit chien disparu, et ce souvenir l'oppresse.*= Accabler, tourmenter. ≠ Soulager. ■ **oppression :** n.f. **1-** *Malade, il ressent une forte oppression dans la poitrine.*= Etouffement. **2-** *L'oppression du faible par le fort est inacceptable.* = Tyrannie, oppression, dictature, domination. ≠ Liberté. **oppressant(e) :** adj. = Etouffant, angoissant, suffocant.

opprimer : v. *Après une guerre, les vaincus sont souvent opprimés par les vainqueurs.* = Tyranniser, écraser, asservir, assujétir, soumettre. ≠ Libérer, délivrer, soulager.

opter : v. Choisir, adopter, élire, jeter son dévolu sur, préferer, choisir.

optimisme : n.m. *Sans emploi, elle envisage pourtant l'avenir avec optimisme.* = Désinvolture, gaieté, insouciance, nobnchalance; ≠ Pessimisme. ■ **optimiste :** adj. et n. = Encourageant, lénifiant, rassurant. ≠ Pessimiste.

option : [de **opter**] n.f. **1-** *L'entraîneur présente à ses joueurs plusieurs options de jeu, chacune ayant ses avantages et ses inconvénients.* = Choix, décision. **2-** *Cette voiture coûte très cher si l'on achète toutes les options proposées.* = Supplément.

optique : A- adj. = Visuel. **B-** n.f. fig.*Tous les membres d'une même famille n'ont pas toujours la même optique sur les événements de la vie.* = Manière de voir, point de vue.

opulent(e) : adj. **1-** = Riche, luxuriant, fructueux, généreux . ≠ Misérable. **2-** *Cet homme opulent a du mal à s'asseoir dans l'avion.* = Fort, gros, plantureux, ample. ■ **opulence :** n.f. **1-** *Il vit dans l'opulence.* = Richesse, aisance, fortune. ≠ Misère, pauvreté, besoin.

or : n.m. = Fortune, magot, monnaie, richesse.. ■ **rouler sur l'or :** = Etre riche. ■ **une affaire en or :** = Affaire avantageuse. ■ **cœur d'or :** = Générosité. ■ **livre d'or :** = Registre . ■ **or noir :** pétrole.

or : conj. de coordination. *Vous croyez qu'il dit la vérité, or il vous ment.*= Cependant.

orage : n.m. **1-** *Pendant un orage, il ne faut jamais s'abriter sous les arbres, c'est dangereux.* = Grain, tourmente, ouragan, tempête, rafale. ≠ Calme. **2-** fig. ■ **il y a de l'orage dans l'air :** = Dispute. ■ **orageux :** adj. **1-** *Un temps orageux; une région orageuse.* = Tempêtueux, tumultueux. **2-** fig. *Mon frère a fait des bêtises, la soirée a été orageuse.* = Agité, mouvementé, troublé, violent. ≠ Calme.

oral(e) : (plur. oraux) adj. = Parlé, buccal, verbal. ≠ Ecrit, graphique. ■ **oralement :** adv. verbalement

orateur : n. (f. oratrice) = Conférencier, prédicateur, tribun, rhéteur.

orbite : n.f. **1-** *La Terre parcourt son orbite autour du Soleil en 365 j. 6 h. 9 min.* = Courbe. **2-** fig. *Maria est dans l'orbite de son amie Jade qui a une forte personnalité.* = Influence.

orchestre :n.m. **1-** = Ensemble, formation. ■ **orchestrer :** v. **1-** = Arranger, composer, harmoniser. **2-** fig. = Organiser.

ordinaire : A- adj. **1-** *Pour Sylvain, le 6 avril ne sera pas un jour ordinaire : il fêtera ses 40 ans.* = Habituel, normal, commun. ≠ Exceptionnel, extraordinaire, anormal, étrange. **2-** *Ce vêtement semble bien ordinaire pour son prix.*= Courant, commun, quelconque, classique, moyen. ≠ Distingué, excentrique.. **B-** n.m. *Il est d'une intelligence au-dessus de l'ordinaire.* = Habituel, courant, banal. ≠ Original, rare, remarquable. ■ **d'ordinaire :** = D'habitude. ■ **ordinairement :** adv. = Habituellement.

ordonner : [de **ordre**] v. **1-** *Il doit ordonner des grands nombres en ordre croissant.* = Organiser, classer, ranger, agencer, arrangé. ≠ Déranger, dérégler, embrouiller. **2-** *Le policier ordonne au voleur de s'approcher, les bras en l'air.* = Commander, donner un ordre, enjoindre, sommer, exiger. ≠ Obéir, interdire. **3-** = Prescrire des médicaments. ■ **ordonné(e) :** adj.**1-** *Elsa est une enfant ordonnée.* = Ordonné, agencé, arangé, classé. ≠ Confus, désordonné, brouillon. ■ **ordonnance :** n.f. **1-** *L'ordonnance des mots dans une phrase permet d'en comprendre le sens d.* = Disposition, arrangement. **2-** = Prescription d'un médecin. **3-** *Une ordonnance ministérielle.* = Directive, arrêt, décision, jugement, règlement. ■ **ordonnancier :** n.m. = Registre

ordre : n.m. **1-** *Rangez-vous par ordre alphabétique.* = Alignement, classement, plan, rang, disposition. ≠ Anarchie, chaos, confusion, désordre. **2-** *L'ordre règne dans la chambre de Carine.* = Discipline, hiérarchie, tranquilité. ■ **mettre de l'ordre :** = Ranger. ■ **en ordre :** = Rangé. **3-** ■ **forces de l'ordre :** = Policiers . **4-** *Pendant les croisades, des chevaliers ont fondé l'ordre des Templiers pour protéger les pèlerins.* = Catégorie, groupe, corporation, secte. ■ **entrer dans les ordres :** = Entrer en religion. **5-** *Alban est un tireur à l'arc de premier ordre.* **6-** *Le soldat doit obéir aux ordres de ses officiers.* = Commandement, consigne, instruction, directive. ≠ Défense, interdiction. ■ **donner des ordres :** = Commander.

ordure : n.f. **A-** plur. Déchets, détritus, immondice, saleté. **B-** singulier, fig. **1-** *Il a trop bu et hurle des ordures aux passants.* = Grossièreté, bassesse, ignominie, infamie, obscénité. **2-** *Ce type est une ordure, il a escroqué des personnes âgées.* = Personne abjecte, ignoble. ■ **ordurier :** adj. (f. ordurière) *Il tient des propos orduriers.* = Grossier, dégoûtant, graveleux, indécent, obscène, sordide, ignoble.

orée : n.f. = Bord. ≠ Fond, cœur.

oreille : n.f. *On entend avec ses oreilles. On entend les bruits, mais on écoute un concert.* = fam. Esgourde, portugaise. ■ **se faire tirer l'oreille :** = Prier. ■ **prêter l'oreille :** = Ecouter, croire. ■ **faire la sourde oreille :** Ne pas entendre.

oreiller : [de **oreille**] n.m. = Coussin

orfèvre : n. = Bijoutier. ■ **orfèvre en la matière :** = Habile.

organe : n.m. *Le cerveau, le cœur, le foie sont des organes vitaux, indispensables à la vie.* = Partie. ■ **organiser :** v. Préparer, arranger, agencer, planifier,orchestrer, aménager. ≠ Désorganiser, dérégler, détruire, déranger. ■ **s'organiser :** v. pron. = Agir avec ordre. ■ **organisé(e) :** adj. **1-** *Mes grands-parents vont visiter Venise avec un voyage organisé.* = Préparé. **2-** *C'est un enfant méthodique et organisé, il a toujours son matériel.* = Méthodique. ≠ Inorganisé, confus, anarchique, désordonné, inorganique. ■ **organisation :** n.f. **1-** *Mes parents participent à l'organisation de la fête de l'école.* = Ordre, planning, aménagement, arrangement.≠ Anarchie, chaos, dérèglement, désordre, désorganisation. **2-** *L'UNICEF est une organisation qui défend les droits des enfants de tous les pays du monde.* = Organisme, structure. ■ **organisateur :** adj. et n. (f. organisatrice) = Voyagiste.

orgueil : n.m. **1-** *Son orgueil lui fait mépriser ses collègues.* = Estime, vanité, ostentation, outrecuidance, superbe, prétention, suffisance. ≠ Modestie, simplicité, humilité. **2-** *Par orgueil, elle cache sa grande pauvreté.* = Fierté, amour-propre, dignité. **3-** *Adèle est une pianiste brillante, elle est l'orgueil de ses parents.*= Objet de fierté. ≠ Honte. ■ **orgueilleux :** adj. (f. orgueilleuse) *Denis ne supporte pas de ne pas être premier en tout, il est trop orgueilleux.* = Fier, vaniteux, présomptueux, prétentieux. ≠ Modeste, humble.

orient :n.m. **1-** Est, levant. ≠ Occident, couchant. **2-** Avec une majuscule : les pays à l'est de l'Europe. ■ **Proche-Orient :** Turquie, Jordanie, Israël, Palestine, Liban, Syrie, Égypte. ■ **Moyen-Orient :** Irak, Iran, Arabie Saoudite, Émirats, Afghanistan. ■ **Extrême-Orient :** Chine, Japon, Corée, Asie du Sud-est. ■ **orienter :** v. **1-** *La chambre est orientée à l'Est.* = Disposer. .**2-** *Nous étions perdus; heureusement, un habitant nous a orientés vers notre hôtel.* = Guider, diriger, mener, piloter, conduire. ≠ Égarer. ■ **s'orienter :** v. pron. **1-** *En forêt, il est difficile de s'orienter sans boussole.* = Se repérer. ≠ S'égarer. **2-** fig. *Il a abandonné ses études de médecine et s'est orienté vers le journalisme.* = Se tourner.■ **orientation :** n.f. **1-** = Direction, aiguillage, chemin. **2-** *Ma chambre est orientée au sud.* = Exposition, situation. **3-** fig. *Avec ce nouveau témoignage, l'enquête a pris une orientation différente.* = Direction.

orifice : n.m. = Ouverture, trou, méat. *L'orifice du puits est caché sous de hautes herbes.*

origine : n.f. **1-***On ne connaît pas la date exacte de l'origine de l'Univers.* = Commencement, création, début. ≠ Fin. ■ **à l'origine :** = Au début. **2-** *Il a gagné au Loto, c'est l'origine de sa fortune.* = Départ, naissance, cause. **3-** *Cet acteur célèbre est d'origine modeste.* = Ascendance, extraction. **4-** *Beaucoup de mots du vocabulaire français ont une origine latine.* = Départ, provenance. ≠ Destination. ■ **originaire :** adj.*Les parents de Salim sont originaires du Maroc.* = Indigène, issu de, naturel, natif. ≠ Étranger. ■ **originel :** adj. (f. originelle) = Premier, initial, primitif, original. ≠ Postérieur, subséquent, ultérieur. ■ **originellement :** adv. *Cette chanteuse est une jeune femme blonde, mais originellement, elle était brune.* = Initialement, primitivement. ≠ Banal.

■ **original(e) :** (plur. originaux) **A-** adj. **1-** *Ce tableau est une œuvre originale, ce n'est pas une copie.* ≠ Copié, imité. **2-** *Picasso est un peintre original.* = Fantasque, singulier, excentrique, extravagant, amusant, baroque. **3-** *Cette idée de cadeaux est très originale et je crois qu'elle lui plaira.* = Inédit, singulier. ≠ Banal, classique, commun, ordinaire. **B-** n.m. **1-** *Gardez l'original et donnez-moi une photocopie.* = Modèle. ≠ Réplique, reproduction, double. **2-** n. Personne dont le comportement paraît bizarre. *C'est un original, il se promène toute l'année pieds nus.* ≠ Conformiste. ■ **originalité :** n.f. **1-** *Molière était un auteur d'une grande originalité.* = Drôlerie, fraîcheur,nouveauté, personnalité, pittoresque. **2-** *Elle se fait remarquer par l'originalité de ses vêtements.* = Bizarre, excentrique. ≠ Banalité, conformisme, imitation, impersonnalité.

orner : v. *De petits bouquets de fleurs ornaient les tables du restaurant.*= Décorer, embellir, agrémenter, enjoliver, parer. ■ **ornement :** n.m. = Accessoire, décoration, garniture, parement, parure, fanfreluches. ■ **plantes d'ornement :** = Plantes décoratives. ■ **ornementer :** v. = Enrichir, embellir, décorer. ■ **ornemental(e) :** adj. (plur. ornementaux) *La salle de réception est décorée d'arbustes ornementaux.*= Décoratif. ■ **ornementation :** n.f. = Décoration.

ornière : n.f. *Les tracteurs creusent de profondes ornières dans le chemin de terre.*= Trou.

orque : n.m. = Épaulard .

orteil : n.m. *Le gros orteil.*= Pouce

orthodoxe : adj. = Conformiste, traditionnel. ≠ Hérétique, hétérodoxe, dissident, déviationniste, nonconformiste. ■ **Églises orthodoxes :** Églises chrétiennes de l'Orient.

orthographier : v. Écrire.

orvet : n.m. = Serpent de verre.

os : n.m. = Ossements, restes, squelette. ■ **en chair et en os :** = En personne. ■ **être trempé jusqu'aux os :** = Etre complètement mouillé. ■ **se rompre les os :** = Faire une chute dangereuse. ■ **n'avoir que la peau sur les os :** = Etre maigre. ■ **ne pas faire de vieux os :** = Ne pas vivre vieux. ■ **il y a un os :** fam. = Il y a un problème, une difficulté.

osciller : v. **1-** *Le balancier de la pendule oscille imperturbablement.* = Se balancer, dodeliner. **3-** fig. *Elle oscille entre la sévérité et l'indulgence envers son enfant.* Hésiter, tâtonner,chanceler, varier. ■ **oscillation :** n.f. = Balancement, battement, fluctuation, tangage, vibration.

oseille : n.f. fam. *Il a piqué de l'oseille dans le sac de sa mère.* = Argent.

oser : v. **1-** *Malgré la température glaciale, trois alpinistes osent entreprendre l'ascension du mont Blanc.* = Risquer, entreprendre, se lancer, tenter. ≠ Craindre, hésiter. **2-** *Il a osé me traiter de menteur!* = Se permettre. ■ **osé :** **1-** *Une démarche osée.* = Audacieux, brave, courageux, entreprenant, intrépide, téméraire. ≠ Timide. **2-** *Dans ce film, il y a des scènes osées.* = Erotique, libertin, impudique, grivois. ≠ Convenable.

ossature : [de **os**] n.f. **1-** *Il a une forte ossature, sa carrure est impressionnante.* = Squelette, carcasse. **2-** *L'ossature en béton d'un immeuble.* = Charpente, armature, structure.

ossements : [de **os**] n.m. plur. *Des paléontologues ont trouvé les ossements d'un dinosaure.* = Cendres, os, reliques, restes, squelette.

otage : n. *L'intervention de la police a permis de libérer les otages sans que la rançon soit payée.* = Caution, prisonnier, gage.

ôter : v. **1-** *Alexandre ôte son blouson en entrant.*= Enlever, retirer. ≠ Mettre. **2-** *Si on ôte deux de cinq, il reste trois.* = Retrancher, soustraire, déduire, supprimer. ≠ Ajouter, donner. ■ **s'ôter :** v. pron. fam. *Tu me gênes, ôte-toi de là!* = S'écarter, se retirer.

oto-rhino-laryngologiste : n.abrév. Otorhino, ORL.

ou : **1-** *Veux-tu une glace ou un gâteau?* = Soit, tantôt. **2-** *Donne-moi ce livre ou tu vas le regretter!* = Sinon.

où : **1-** adv. *Où es-tu né?* = En quel endroit? **2-** adv. *Le chien nous suit où nous allons.* = Là.

ouate : n.f. *La plaie au genou de Dimitri a été désinfectée avec de la ouate imbibée d'eau oxygénée.* = Coton. ■ **ouaté(e) :** adj. *On a plaisir à retrouver l'atmosphère ouatée de notre logement.* = Douillet, confortable.

oublier : v. **1-** *Il a oublié la date de l'anniversaire de sa grand-mère.* = Manquer à, négliger. ≠ Se rappeler, se souvenir, retenir. **2-** *Il a certainement oublié ses clés sur la table.* = Abandonner, laisser. ≠ Songer à, penser à. **3-** *De nombreux détails importants ont été oubliés dans le compte rendu de l'accident.* = Passer sous silence, omettre. **4-** *Depuis qu'il est amoureux, il oublie ses amis.* = Négliger, délaisser. ≠ S'occuper de. ■ **s'oublier :** v. pron. **1-** *Ce petit malheur s'oubliera vite.* = Sortir de la mémoire. **2-** *Il faut s'oublier pour pouvoir penser aux autres.* = Ne pas penser à soi. ■ **ne pas s'oublier :** = Penser à ses intérêts. **3-** *Dans sa colère, l'élève s'est oublié à injurier le professeur.* = Se laisser aller et manquer aux convenances. **4-** fam. *Le chien s'est oublié sur la moquette du salon.* = Faire ses besoins. ■ **oubli :** n.m. **1-** *Cette chanteuse, célèbre autrefois, est tombée dans l'oubli.* = Anonymat, indifférence, ingratitude. ≠ Souvenir, actualité, célébrité. **2-** *Je n'ai pas pris d'argent pour faire les courses, c'est un oubli.* = Amnésie, absence, distraction, lacune, étourderie. ≠ Mémoire. **3-** = Pardon. ≠ Ressentiment, reconnaissance. ■ **oubliette :** n.f. (souvent au plur.) = Cachot, cellule, basse-fosse. ■ **mettre aux oubliettes :** fig. fam. *Le projet de transformer la cantine a été mis aux oubliettes.* = Ne plus s'occuper de quelque chose.

ouest : n.m. inv. = Occident, ponant, couchant.≠ Est, levant.

oui : 1- adv. = Assurément, sûrement. ≠ Non.

ouï-dire : [de v. **ouïr**] n.m. inv. = On-dit. ■ **par ouï-dire :** = Pour l'avoir entendu dire. ■ **ouïr :** v. = Ecouter, entendre, percevoir.

ouragan : n.m.= Bourrasque, cyclone, tempête, tourmente.

ours : n. (f. ourse) fam. *Si tu l'invites, il ne viendra pas, c'est un ours!* = Sauvage. ■

outil :n.m. *Range le marteau dans la boîte à outils!* = Appareil, instrument, ustensile. ■ **outiller :** v. *Cet atelier est outillé de matériel très moderne.* = Équiper, armer, installer, munir, pourvoir.

outrage :n.m. *Gravement insulté, il voudrait se venger de cet outrage.* = Offense, affront, camouflet, insulte, vexation. ■ **outrager :** v. *Il se sent outragé dès qu'on se moque un peu de lui.* = Offenser, injurier, insulter. ■ **outrageant(e) :** adj. = Insultant, grossier, injurieux, offensant, vexant. ■ **outrageusement :** adv. *Cette dame est toujours outrageusement maquillée.* = Excessivement.

outre : prép. *Outre leurs numéros de téléphone, ils ont échangé leurs adresses.* = En plus de. ■ **passer outre :** adv. *Il passe outre nos interdictions.* = Désobéir, braver, mépriser. ■ **en outre :** loc. adv. *Pour Noël, elle eu un ordinateur et, en outre, plusieurs jeux vidéo.* = De plus. ■ **outrepasser** v. = Déborder, dépasser, excéder, surpasser. ■ **outrer :** v. **1-** *L'acteur outre son accent anglais pour faire rire le public.* = Exagérer, grossir, amplifier, charger, forcer. **2-** *Les paroles grossières de cette personne m'ont outré.* = Indigner, scandaliser. ■ **outré(e) :** adj. *Je suis outré de cette injustice.* = Indigné, scandalisé, ecœuré, révolté. ■ **outrance :** n.f. = Démesure, exagération, excès. ■ **outrancier :** adj. = Excessif, outré. ≠ Mesuré, pondéré.

outre : n.f. = Sac en peau. ■ **être plein comme une outre** : fam. Avoir trop bu.

ouvert(e) : adj. **1-** *Elle a laissé toutes les fenêtres ouvertes.* = Béant, évasé, large. ≠ Étroit, serré. **2-** *Ce magasin d'ameublement ouvert tous les jours a beaucoup de clients le dimanche.* ≠ Fermé. ■ **tenir table ouverte :** = Recevoir des invités à sa table, tous les jours **3 -** *Un air, un regard, un visage ouverts.* = Franc, confiant, cordial, expansif, loyal, vrai, sincère. ■ **à cœur ouvert :** = Franchement. ■ **à bras ouverts :** = Cordialement. ≠ Faux, hypocrite, renfermé. **4-** *Un esprit ouvert.* = Intelligent, vif ≠ Borné, étroit. **5-** *Ils se sont fâchés, c'est la guerre ouverte entre eux.* ≠ Secret, intime. ■ **ouvertement :** adv. *Tous ont dit ouvertement ce qu'ils pensaient de la situation.* = Librement, franchement.

ouverture : n.f. **1-** = Entrée, issue, passage, porte, embrasure. .≠ Fermeture, clôture. **2-** *L'ouverture de ce tronçon d'autoroute se fera avant l'été.* = Inauguration. **3-** *À quelle date est l'ouverture de la pêche cette année?* = Début, commencement, prélude. ≠ Fin, final. **4-** *Il a une grande ouverture d'esprit, il s'intéresse à tout ce qui se passe dans le monde.* = Curiosité.

ouvrable : adj. *En France, les jours ouvrables réguliers de la semaine vont du lundi au vendredi.* ≠ Férié.

ouvrage : n.m. **1-** = Travail, tâche. ≠ Divertissement, récréation, repos. **2-** *Une nappe brodée est un ouvrage de couture.* = Œuvre, production. ■ **ouvrage d'art :** = Construction (pont, tunnel,...). **3-** *Un dictionnaire est un ouvrage de référence.* = Écrit, texte, livre. ■ **ouvragé(e) :** adj. *La broderie ouvragée d'une nappe.* = Travaillé, décoré, embelli, agrémenté. ≠ Brut, grossier.

ouvre-bouteille : [de **ouvrir**] n.m. = Décapsuleur.

ouvrier : (f. ouvrière) n. *L'usine emploie plus de mille ouvriers qui fabriquent des moteurs électriques.* = Artisan, manœuvre, travailleur, salarié.≠ Employeur, maître, patron, bourgeois.

ouvrir :v. **1-** *Ouvrez la barrière pour laisser passer la voiture.* = Ecarter. ≠ Fermer, boucher, boucler, clore, plier, serrer, resserrer. **2-** *Un coup de poing violent ouvre l'arcade sourcilière du boxeur.*= Faire une ouverture, entamer, évaser. **3-** *Ouvrir les yeux, la bouche.* = Séparer. ■ **ouvrir l'œil :** = Faire attention. **4-** *Ouvrir un robinet, la radio, la télévision.* = Faire marcher, allumer. **5-** *Ouvrir un tunnel, une route.* = Percer, trouer. ≠ Barrer. **6-** *Ouvrir la chasse, une piste de ski.* = Commencer, attaquer, débuter, inaugurer. ≠ Finir, terminer. ■ **ouvrir la voie :** = Montrer le chemin. **7-** *Ma sœur voudrait ouvrir un salon de coiffure.* = Créer, fonder, entreprendre. **8-** *Cette fenêtre ouvre sur la rue.* = Donner accès. **9-** *Le musée ouvre à 9 h 30 du lundi au samedi.* = Ouvrir au public. ■ **s'ouvrir :** v. pron. **1-** *L'exposition s'est ouverte lundi dernier.* = Commencer. **2-** *Les fleurs du pommier s'ouvrent au printemps.* = S'épanouir. **3-** *Il s'est ouvert le front en tombant.* = Se couper. **4-** *Pauline s'est ouverte à Marie; elle lui a raconté ses secrets.* = Se confier, révéler.

ovation : n.f. *Dès son arrivée sur scène, le chanteur a reçu une ovation de son public d'admirateurs.* = Applaudissements, acclamations, clameur, cris. ≠ Tollé. ■ **ovationner :** v. *Le public l'a ovationné.* = Acclamer. ≠ Huer, conspuer, siffler.

ovipare : adj. et n. *La poule est un animal ovipare, le serpent aussi.* ≠ Vivipare.

ovni : n.m. = Soucoupe.

s'oxygéner : v. pron. fam. *Les enfants ont vraiment besoin de ce séjour à la mer pour s'oxygéner*. = Respirer un air pur.

P p P p P p P p P p P p P p

pacifier : v. = Calmer, apaiser. ≠ Agiter, troubler. ■ **pacifique** : adj. = Calme, paisible, débonnaire, flegmatique, doux, serein, tranquille. ≠ Belliqueux, querelleur.

pacotille : [de **paquet**] n.f. = Camelote, verroterie.

pacte : n.m. = Convention, accord, alliance, entente, marché.

pagaille : n.f. fam. = Désordre, confusion, fouillis, incohérence. ≠ Ordre. ■ **en pagaille** : fam. = Beaucoup.

page : n.f. **1-** = Feuille, feuillet, recto, verso. **2-** *Une page de l'histoire.* = Époque, période, moment.

paginer : [de **page**] v. = Numéroter, folioter, classer.

paie ou **paye :** [de **payer**] n.f. = Salaire, rémunération, rétribution, acquittement, émoluement.

païen : adj. et n. (f. païenne) = Athée, idolâtre, impie, incroyant, irréligieux, mécréant, libre penseur. ≠ Croyant.

paillard : n.et adj. = Égrillard, gaillard, gaulois, grivois, osé.

pair : **A-** adj. ≠ Impair. **B-** n.m. = Égal, équivalent. ■ **hors pair** : = sans égal, exceptionnel.

paire : n.f. = Deux, duo, tandem, couple.

paisible : [de **paix**] adj. = Calme, tranquille, pacifique, doux, débonnaire, placide, serein. ≠ Agressif, agité, bruyant. ■**paisiblement** : adv. = Calmement. ■**paix :** n.f. **1-** = Accord, entente, trêve. ≠ Guerre, conflit, dispute, hostilités. ■**faire la paix** : = se réconcilier. **2-** = Calme, tranquillité, repos, quiétude. ≠ Agitation, tourment.

palabre : n.f. = Débat, discussion, délibération, polémique, querelle. ■ **palabrer** : = Débattre, discourir, pérorer, polémiquer.

palais : n.m. **1-** = Château, palace. **2-** *Le Palais de justice.* = Édifice (public), monument.

pâle : adj. **1-** *Un teint pâle.* = Blême, blafard, livide, clair, cadavérique, cireux, hâve. ≠ Vif, coloré, empourpré. **2-** *Un pâle rayon de soleil.* = Voilé, faible. ≠ Brillant, éclatant, lumineux. **3-** *Une pâle imitation.* = Fade, terne. ≠ Splendide, radieux.

palette : n.f. *Une palette de bleus.* = Gamme, éventail, panoplie.

pâleur : [de **pâle**] n.f. = Blancheur, lividité.

palier : n.m. **1-** = Plate-forme, niveau, étage. **2-** = Degré, échelon, phase, stade. ■**par paliers** : Progressivement.

pâlir : [de **pâle**] v. **1-** = Blêmir, blanchir. **2-** = Passer, se faner, se décolorer.

pallier : v. = Remédier, pourvoir à.

palper : v. = Presser, tâter, examiner, toucher. ■**palpable** : adj. *Des preuves palpables.* = Vérifiable, clair, évident, manifeste, tangible. ≠ Douteux, hypothétique, supposé, éventuel.

palpiter : v. = Battre, frémir, trembler, vaciller. ■**palpitant** : adj. *Son récit est palpitant.* = Passionnant, fascinant, captivant. ≠ Ennuyeux, inintéressant.

pan : n.m. *Un pan de chemise.* = Morceau, partie.

panache : n.m. fig. = Éclat, allure, gloire. ■**panacher** : v. = Mélanger, combiner, brasser, mêler. ■**pancarte :** n.f. = Écriteau, panneau, plaque.

panégyrique : n.m. = Apologie, compliment, éloge, louange, glorification.

panier : n.m. = cabas, hotte, corbeille. ■**le dessus du panier** : le meilleur, élite.

panique : n.f. = Affolement, effroi, angoisse, frayeur, terreur, épouvante. ≠ Calme. ■**se paniquer** : v. pron. fam. = S'affoler, s'effrayer.

panneau : n.m. = Pancarte, écriteau, plaque.

panoplie : n.f. = Collection, série, palette.

panorama : n.m. = Vue, paysage, site, perspective.

panse : n.f. fam. = Ventre, estomac, bedaine. ■**pansu** : adj. = Empâté, bedonnant, gras, gros, ventripotent, ventru.

pantelant : adj. = Essoufflé, haletant, suffoqué.

panser : v. **1-** = Bander. **2-** = Nettoyer, toiletter, étriller (un cheval). ■ **pansement** : n.m. = Compresse, bandage.

pantin : n.m. **1-** = Marionnette, guignol, polichinelle. **2-** fig. = Girouette, fantoche.

pantois : adj. = Consterné, déconcerté, déconfit, interdit, ébahi, surpris.

pantoufle : n.f. = Chausson, mule. ■ **pantouflard** : adj. et n. fam. = Casanier, paisible, sédentaire, tranquille. ≠ Bohême, fêtard, noceur.

pape : n.m. = Souverain pontife.

papelard : n. ou adj. = Mielleux, doucereux, hypocrite, obséquieux, patelin. ≠ Franc, sincère.

paperasse : [de **papier**] n.f. = Papier, liasse, feuille.

papier : n.m. **1-** = Feuille, feuillet, page. **2-** = Article, éditorial, chronique, reportage.

papillonner : v. = Zapper, batifoler, folâtrer, s'ébattre, se disperser, s'éparpiller.

papilloter : [de **papillon**] v. **1-** *La paupière papillote.* = Bouger, cligner, tressauter. **2-** *Le soleil fait papilloter la surface de l'eau.* = Refléter, scintiller.

paquebot : n.m. = Bateau , bâtiment, navire.

paquet : n.m. **1-** = Colis, liasse, ballot. **2-** = Pile, tas, monceau.

par : prép. *Il passe par Lyon.* = Via. ■**de par :** = à travers, à cause de, en raison de.

parabole : n.f. = Allégorie, fable, légende.

parachuter : [de **chute**] v. = Lâcher, larguer.

parade : [de **parer**] n.f. **1-** = Exhibition, étalage, ostentation, cabotinage, comédie. **2-** = Défilé. ■**parader :** v. = S'exhiber, se pavaner, s'afficher, se montrer.

parade : [de **parer**] n.f. **1-** = Évitement, esquive. **2-** *La parade à un problème.* = Réplique, riposte, solution.

paradis : n.m. inv. = Ciel, éden. ≠ Enfer. ■**paradisiaque :** adj. = Enchanteur, merveilleux.

parages : n.m. plur. = Environs, alentours, voisinage.

paradoxe : n.m. = Contradiction, contresens, singularité, bizarrerie. ■**paradoxal :** adj. = Contradictoire, bizarre, étrange.

paragraphe : n.m. = Alinéa, subdivision.

paraître : v. **1-** = Se montrer, apparaître, se présenter, arriver, se manifester, survenir. **2-** = Être édité, sortir. **3-** = Avoir l'air, sembler, s'avérer.

parallèle: adj. = Simultané, analogue, semblable. ≠ Contraire, divergent.

paralyser : v. = Immobiliser, bloquer, figer, neutraliser, pétrifier, méduser.

parasite : n.m. = Pique-assiette, importun, profiteur. ■**parasiter :** v. = Perturber, brouiller (une communication).

parc : n.m. **1-** *Le parc de loisirs.* = Terrain, jardin, square. **2-** = Enclos, pâturage, champ. **3-** *Un parc à huîtres.* = Bassin. **4-** *Un parc de stationnement.* = Parking, garage.

parcelle : n.f. = Morceau, fragment, portion, bout, miette.

parce que : loc. conj. = Car, en effet.

parchemin : n.m. **1-** = Papyrus, peau, velin. **2-** fam. = Diplôme, document, certificat.

parcimonie : n.f. = Épargne, économie, avarice, lésine. ≠ Prodigalité. ■**parcimonieux :** adj. **1-** = Économe, avare, chiche, mesquin, pingre. ≠ Généreux, dépensier. **2-** Frugal. ≠ Copieux.

parcourir : v. **1-** *Parcourir les allées du parc.* = Traverser, visiter, sillonner. **2-** *Parcourir une distance.*= Effectuer, couvrir, franchir. **3-** fig. = Lire, consulter, compulser, feuilleter, survoler. ■**parcours :** n.m. **1-** = Trajet, chemin, itinéraire. **2-** *Un parcours chronométré.* = Distance.

pardonner : [de **donner**] v. = Absoudre, acquitter, amnistier, excuser, oublier. ≠ Accuser, condamner, punir. ■**pardon :** n.m. **1-** = Absolution, amnistie, grâce, indulgence, miséricorde. **2-** = Pèlerinage, procession. ■**pardonnable :** adj. = Excusable. ≠ Impardonnable, inexcusable, injustifiable.

pareil : (f. pareille) **A-** adj. **1-** = Identique, semblable, similaire, même. ≠ Différent, dissemblable. **2-** *Une pareille joie.* = De cette sorte, tel. **B-** n. *Son pareil.* = Semblable. ■**sans pareil :** = incomparable. ■ **pareillement :** adv. = De la même façon, identiquement, également, aussi. ≠ Autrement, différemment, au contraire.

parent : n. = Aïeul, ascendant, descendant, famille, frère, père, mère, soeur, proche. ■**parenté :** n.f. **1-** = ascendance, cousinage, descendance, lignage. **2-** fig. = Ressemblance, analogie, similitude.

parer : v. = Orner, embellir, agrémenter, égayer, enjoliver. ■**parer (se) :** v. pron. = Se revêtir, se pomponner.

parer : v. *Parer les coups.* = Se défendre, se protéger, se préserver, éviter, esquiver, détourner.

paresse : n.f. **1-** = Fainéantise. ≠ Activité, application, effort. **2-** = Indolence, nonchalance. ≠ Énergie. ■ **paresser :** v. = Fainéanter, flemmarder. ■**paresseux :** adj. et n. (f. paresseuse) = Fainéant, inactif, mou, indolent, nonchalant, flemmard. ≠ Dynamique, actif, énergique, travailleur, vif.

■**parfaire :** v. = Fignoler, parachever, revoir, perfectionner. ■ **parfait :** adj. **1-** *La copie est parfaite.* = Sans défaut, idéal, impeccable, remarquable. ≠ Imparfait, exécrable. **2-** *Un parfait imbécile !*= Véritable, complet, fieffé. ■ **parfaitement :** adv. **1-** = À la perfection. ≠ Imparfaitement, mal. **2-** *C'est parfaitement exact.* = Complètement, absolument, tout à fait.

parfois : adj. = De temps en temps, quelquefois. ≠ Jamais.

parfumer : v. = Imprégner, aromatiser, embaumer. ≠ Empuantir. ■**parfum :** n.m. **1-** = Odeur, arôme, bouquet, fumet, fragance, effluve, émanation, miasmes, remugle, relent, senteur.

paria : n.m. = Intouchable, exclu, miséreux, réprouvé.

parier : v. = Jouer, miser, engager (de l'argent). ■ **pari :** n.m. = Enjeu, mise.

parité : n.f. = Égalité, concordance, comparaison, similitude. ≠ Disparité, inégalité.

parking : n.m. = Stationnement, parc, garage.

parlant : [de **parler**] adj. *Un regard parlant* = Expressif, significatif, explicite, éloquent.

parlementer : [de **parlement**] v. = Discuter, débattre, négocier, délibérer.

parler : **A-** v. **1-** = S'exprimer, communiquer, monologuer, palabrer, causer, converser, deviser, discourir, s'entretenir, bavarder, papoter. **2-** = Prononcer, articuler, émettre. **3-** = Avouer, révéler. **B-** n.m. = Langage, langue, dialecte, idiome, patois. ■**beau-parleur :** n. = Phraseur.

parmi : prép. **1-** = Au milieu de, entre. **2-** = Chez.

parodie : n.f. = Caricature, imitation, copie, pastiche. ■**parodier :** v. = Caricaturer, contrefaire, imiter, pasticher, singer.

paroi : n.f. **1-** = Cloison, mur. **2-** *Les parois d'un récipient.* = Bord. **3-** = Face (d'une roche).

paroisse : n.f. = Commune, église, village.

parole : n.f. **1-** = Diction, débit, élocution, expression, langage, mot. **2-** = Promesse, serment, engagement. ■**prendre la parole :** = s'exprimer. ■ **donner sa parole :** = promettre, garantir, certifier, s'engager.

paroxysme : n.m. = Maximum, sommet, summum.

parquer : [de **parc**] v. **1-** = Enfermer, entourer, cerner. **2-** = Garer, stationner. ■**parquet :** n.m. **1-** = Plancher. **2-** = Tribunal.

parrainage : n.m. **1-** = Patronage, protection. **2-** = Appui (financier), sponsoring, mécénat. ■**parrainer :** v. = Sponsoriser, aider. ■

parsemer : [de **semer**] v. = Couvrir, recouvrir, disperser, saupoudrer, répandre, semer.

part : n.f. **1-** = Morceau, portion, bout, fragment, parcelle. **2-** *La meilleure part de l'héritage.* = Division, lot, partage, pièce. ■**prendre part :** = participer. ■ **faire part de quelque chose :** = informer. **3-** *Chacun a payé sa part.* = Collaboration, participation, quote-part, écot. ■**à part :** = séparément, isolément, à l'exception de. ■**d'autre part :** = en outre, de plus, d'ailleurs. ■

partage : n.m. = Division, distribution, attribution, répartition. ■ **partager :** v. **1-** = Couper, diviser, découper, fragmenter, morceler, répartir. **2-** *Nous partageons votre chagrin.* = S'associer à, prendre part.

partenaire : n. = Associé, allié, compère, coéquipier, collègue. ≠ Adversaire, concurrent.

parti : n.m. **1-** *Un parti politique.* = Organisation, association, rassemblement, camp, faction. **2-** *Hésiter entre deux partis.* = Décision, solution. ■**prendre parti :** = choisir. ■**tirer parti :** = Profiter, utiliser, bénéficier. ■**prendre son parti :** = accepter.

partial : [de **parti**] adj. (plur. partiaux) = Injuste, inique. ≠ Impartial, juste. ■**partialité :** n.f. = Parti pris. ≠ Objectivité, équité, impartialité, justice.

participation : [de **participer**] n.f. **1-** = Concours, collaboration, connivence. **2-** *Une participation aux frais.* = Contribution, don.

participer : v. = Prendre part, collaborer, coopérer, se joindre, partager, contribuer.

particularité : [de **particulier**] n.f. = Caractéristique, singularité, spécificité, originalité. ≠ Généralité.

particulier : adj. (f. particulière) **1-** *Une chambre particulière.* = Individuel, personnel, intime, privé. ≠ Commun, collectif, général. **2-** *Un signe particulier.* = Original, distinctif, caractéristique, singulier, remarquable, spécial. ≠ Quelconque, courant, banal. ■**en particulier :** loc. adv. **1-** = Surtout. **2-** = Seul à seul, en tête à tête. ■**particulièrement :** adv. **1-** = Spécialement, surtout. **2-** *Il est particulièrement joyeux.* = Très, extrêmement.

partie : n.f. **1-** = Morceau, fraction, bout, fragment, parcelle, part, portion, segment. ≠ Tout, totalité. ■**en partie :** = Partiellement. ≠ Totalement. **2-** = Jeu, compétition. **3-** *Une partie de pêche.*= Divertissement, loisir. **4-** *Il est très fort dans sa partie.* = Profession, spécialité, métier, domaine.

partir : v. **1-** *Vous partez déjà ?* = Quitter, s'en aller, déguerpir, se retirer, filer. ≠ Arriver, rentrer, rester. **2-** *Le rayon part du centre du cercle.* = Commencer, débuter, avoir pour origine. ■**à partir de :** = dès, à dater de. **3-** *Le moteur part.* = Se déclencher, démarrer. **4-** *La tache part au lavage.* = Disparaître.

partisan : n.m. **1-** = Adepte, adhérant, défenseur, fidèle, supporter, suppôt. ≠ Adversaire. **2-** adj. ■**être partisan de : 1-** = être favorable. **2-** = être de parti pris.

partout : adv. = En tout lieu, n'importe où. ≠ Nulle part.

parution : [de **paraître**] n.f. = Publication, sortie.

parvenir : v. **1-** *Il est parvenu à le rattraper.* = Réussir, arriver. **2-** *Parvenir à ses fins.* = Arriver, atteindre, accéder. ■**parvenu :** n. péjor. = Arriviste, nouveau riche, ambitieux.

pas : n.m. **1-** = Allure, démarche, enjambée, foulée, train.■**à pas de loup :** = silencieusement. ■**à deux pas :** = tout près, à côté. **2-** = Empreintes. **3-** *Le pas de Calais.* = Détroit, isthme, défilé, passage. **4-** *Un grand pas pour la science.* = Progrès, bond, avancée. ■**faux pas :** fig. = Erreur, écart, faute, impair.

passable : [de **passer**] adj. = Moyen, médiocre, ordinaire, acceptable, piètre, potable. ≠ Excellent, notable. ■**passablement :** adv. **1-** = Moyennement. **2-** *Une conversation passablement ennuyeuse.* = Plutôt, assez.

passage : [de **passer**] n.m. **1-** = Franchissement, traversée. **2-** *Le passage est étroit.* = Espace, couloir, corridor, accès, chemin, chenal, passe. **3-** *Les boutiques du passage.* = Galerie, rue. **4-** *Un passage du film.* = Extrait, morceau, moment. **5-** *Passage d'un état à l'autre.* = Changement, mutation, transition. ■ **passager** : (f. passagère) **1-** adj. = Provisoire, momentané, bref, court, éphémère, fugace, fugitif, temporaire, transitoire. ≠ Durable, permanent. **2-** n. = Voyageur, usager. ■ **passant** : **A-** n. = Piéton, promeneur. **B-** adj. *Une rue passante.* = Fréquenté, animé. ≠ Désert.

passe : [de **passer**] n.f. = Chenal, passage, goulet. ■ **être en passe de** : = être sur le point de. ■ **mot de passe** : = sésame. ■ **passé** : **A-** n.m. **1-** = Postériorité, antiquité, histoire. **2-** = Hier, jadis, autrefois, naguère. **B-** adj. *Des rideaux passés.* = Fané, défraîchi, délavé, flétri, fatigué, usé. **C-** prép. *Passé une certaine heure.* = Après. ≠ Avant.

passer : v. **1-** = Aller et venir, se déplacer, circuler. **2-** *Passer par la forêt.* = Traverser, franchir. **3-** *Quelle idée lui est passée par la tête ?* = Survenir. **4-** *Passer chez le boulanger.* = Se rendre, aller. ■ **en passant** : = rapidement. **5-** *Elle est passée en sixième.* = Être admis. **6-** *Il a passé le bac.* = Se présenter à, subir. **7-** *Passer un film.*= Projeter. **8-** *Je ne vois pas le temps passer.* = Se dérouler, s'écouler, filer. **9-** *Passer la balle.* = Donner, envoyer, transmettre, remettre. **10-** = S'éteindre, mourir. **11-** *Passer une robe.* = Enfiler. **12-** *Le soleil a passé le bleu des rideaux.* = Ternir, défraîchir, faner, décolorer. **13-** *Passer la farine.* = Tamiser, filtrer, sasser. **14-** *Un rai de lumière passe sous la porte.* = Pénétrer, entrer, s'infiltrer, percer. ■ **passer pour** : = être considéré comme. ■ **se passer** : v. pron. **1-** = Se produire, avoir lieu. **2-** *Le voyage s'est bien passé.* = Se dérouler. **3-** *Une semaine s'est passée depuis son départ.* = S'écouler.

passerelle : [de **passer**] n.f. = Pont, plateforme.

passe-temps : [de **passer** et de **temps**] n.m. inv. = Occupation, loisir, hobby.

passif : adj. (f. passive) = Indifférent, inerte, inactif, absent, atone. ≠ Actif.

passion : n.f. **1-** Inclination, engouement, violon d'Ingres, dada. **2-** Amour, adoration, affection, émotion, flamme, frénésie. ■ **passionner** : v. =Enthousiasmer, captiver, intéresser. ≠ Ennuyer. ■ **passionné** : adj. = Enthousiaste, fervent, inconditionnel, fanatique, ardent, fou de, féru. ≠ Réfléchi, posé. ■ **passionnant** : adj. = Intéressant, captivant, fascinant, exaltant. ≠ Inintéressant.

passité : [de **passif**] n.f. = Apathie, inertie, torpeur, immobilisme. ≠ Activité, dynamisme, énergie.

pasteur : n.m. **1-** = Prêtre (protestant). **2-** = Gardien, berger, pâtre.

pasteurisation : [de **Pasteur**] n.f. = Stérilisation.

pasticher : v. = Imiter, copier, caricaturer, plagier, parodier, singer. ■ **pastiche** : n.m. = Imitation, caricature, parodie, plagiat.

pataud : [de **patte**] adj. et n. = Maladroit, balourd, emprunté, malhabile, gauche.

patelin : adj. = Mielleux, obséquieux, doucereux, hypocrite, sournois.

patent : adj. = Évident, clair, incontestable, indéniable, manifeste, visible.

paternel : adj. (f. paternelle) = Indulgent, bienveillant.

pâteux : [de **pâte**] adj. (f. pâteuse) = Épais, dense, visqueux. ≠ Fluide.

pathétique : adj. = Dramatique, déchirant, bouleversant, poignant, émouvant, attendrissant, touchant.

patibulaire : adj. = Effrayant, inquiétant, angoissant, sinistre.

patience : n.f. = Persévérance, ténacité, constance, résignation. ≠ Impatience, hâte, précipitation. ■ **patient** : **1-** adj. = Persévérant, conciliant, indulgent, endurant, flegmatique, assidu. ≠ Nerveux, impatient, pressé, impétueux. **2-** n. = Malade, client. ■ **patienter** : v. = Attendre.

pâtir : v. = Subir, souffrir, endurer. ≠ Profiter.

patois : n.m. = Parler, idiome, dialecte.

patriarche : n.m. fig. = Ancêtre, aïeul, ancien, vieillard.

patrie : n.f. = Pays, nation, état, peuple, territoire.

patrimoine : n.m. = Propriété, avoir, bien, héritage, succession.

patriote : [de **patrie**] n. = Nationaliste, chauvin, cocardier.

patron : n. (f. patronne) **1-** = Chef, directeur, supérieur, employeur. **2-** n.m. = Modèle, dessin, forme.

patronage : n.m. = Parrainage, auspices, protection, appui, soutien, égide.

pâture : n.f. **1-** = Pâturage, herbage, pacage. **2-** = Nourriture, pâtée. ■ **pâturage** : n.m. = Pâture, herbage, pacage.

pause : n.f. = Interruption, arrêt, repos, suspension, récréation, halte.

pauvre : adj. **1-** = Miséreux, malheureux, indigent, nécessiteux, démuni. ≠ Aisé, riche, fortuné. **2-** *Le pauvre homme.* = Malheureux, pitoyable, infortuné. **3-** *Une région pauvre.* = Improductif, stérile, misérable, aride, ingrat. ≠ Riche, fertile. ■ **pauvrement :** adv. = Misérablement. ≠ Richement. ■ **pauvreté :** n.f. **1-** = Dénuement, gêne, besoin, indigence, misère. ≠ Aisance, richesse. **2-** = Insuffisance, stérilité. ≠ Fertilité, prospérité.

pavaner (se) : v. pron. = Parader, s'exhiber, s'afficher, se montrer.

pavé : n.m. **1-** = Pavage, pavement. **2-** = Parallélépipède rectangle, cube. ■ **pavage :** n.m. = Pavement, dallage. ■

pavillon : n.m. **1-** = Maison, villa. **2-** *Hisser le pavillon.* = Drapeau. ■ **baisser pavillon :** Renoncer, céder. ■

payer : v. **1-** = Acquitter, financer, indemniser, régler, rétribuer, rémunérer, solder, verser, rembourser. **2-** *Il est payé de ses efforts.* = Récompenser, reconnaître. **3-** *Payer son crime.* = Expier, racheter. ■ **faire payer :** = punir, se venger. ■ **se payer :** v. pron. fam. = S'offrir, acquérir. ■ **payant :** adj. **1-** = Lucratif, rémunérateur. ≠ Gratuit. **2-** fam. *Ses efforts ont été payants.* = Rentable, profitable. ≠ Vain.

pays : n.m. inv. **1-** = Territoire, nation, puissance, état, patrie. **2-** = Contrée. **3-** *Les spécialités du pays.* = Région, terroir, province. **4-** *Tout le pays a voté.* = Peuple, population.

paysage : [de **pays**] n.m. = Vue, panorama, site.

paysan : [de **pays**] (f. paysanne) **1-** n. = Agriculteur, cultivateur, éleveur, fermier, métayer. **2-** adj. = Agricole, campagnard, rustique, rural. ≠ Urbain, citadin.

peau : n.f. **1-** = Épiderme, cuir. **2-** *La peau du fruit.* = Pelure.

péché : n.m. = Désobéissance, manquement, sacrilège, offense, faute, vice.

pécher : v. = Faillir, enfreindre, manquer à.

pécule : n.m. = Économies, épargne, bas de laine.

pécuniaire : adj. = Financier, matériel.

pédagogie : n.f. = Enseignement, formation, éducation, didactique. ■ **pédagogue :** n. = Enseignant, professeur, instituteur, maître, précepteur, répétiteur, éducateur.

pédant : adj. = Vaniteux, fat, suffisant, prétentieux. ≠ Modeste, humble. ■

peigner : v. = Démêler, coiffer, brosser.

peindre : v. **1-** = Badigeonner, barbouiller, colorer, dessiner, représenter, tracer, laquer, vernir, ripoliner. **2-** *Peindre une situation.* = Décrire, détailler, conter, narrer, raconter, dépeindre, représenter. ■ **se peindre :** v. pron. *La colère se peint sur son visage.* = Se manifester.

peine : n.f. **1-** = Chagrin, tristesse, affliction, désolation, malheur, souffrance. **2-** = Inquiétude, tourment. **3-** *Se donner de la peine.* = Effort, fatigue. **4-** *Une peine de six mois de prison.* = Sanction, condamnation, sentence, punition. ■ **à peine :** loc. adv. = Tout juste, presque pas, pas tout à fait, peu. ■ **peiner :** v. **1-** = Attrister, chagriner, contrarier, désoler. **2-** *Le cycliste peine pour monter la côte.* = Avoir du mal, se fatiguer, souffrir, se démener.

peinture : [de **peindre**] n.f. **1-** = Aquarelle, huile. **2-** = Tableau, toile, portrait.

péjoratif : adj. (f. péjorative) = Défavorable, désavantageux, méprisant.

pelage : [de **poil**] n.m. = Poils, robe, fourrure.

pêle-mêle : adv. = En vrac, mêlé, mélangé, enchevêtré, emmêlé.

peler : [de **poil**] v. **1-** = Éplucher, décortiquer. **2-** = Desquamer. ■ **pelé :** adj. **1-** *Le chien est malade, il est tout pelé.* = Tondu, chauve, dégarni, épilé. ≠ Poilu, velu. **2-** *Un paysage pelé.* = Nu, désertique. ≠ Luxuriant.

pèlerinage : n.m. = Voyage,visite.

pelisse : n.f. = Manteau.

pellicule : n.f. **1-** *La pellicule sera développée en une heure.* = Film, bande. **2-** *Une pellicule de sable.* = Couche, enveloppe.

pénaliser : [de **peine**] v. gr. **1-** = Sanctionner, punir. **2-** = Désavantager, léser. ≠ Avantager. ■ **pénalité :** n.f. Sanction, punition, peine.

penaud : [de **peine**] adj. = Confus, embarrassé, honteux.

pencher : v. = Courber, incliner, fléchir, plier. ■ **pencher pour, vers :** = préférer. ■ **se pencher :** v. **1-** = S'incliner, se courber, se baisser. **2-** *Se pencher sur la question.* = Examiner, étudier. ■ **penchant :** n.m. = Goût, inclination, attirance, faible, préférence, sympathie, propension.

pendant : prép. = Durant, au cours de. ■ **pendant ce temps :** = en même temps, simultanément. ■ **pendant que :** loc. conj. *Ils s'amusent pendant que nous travaillons.*

= Tandis que, lorsque.

pendentif : [de **pendre**] n.m. = Pendeloque, médaillon, sautoir.

pendre : v. **1-** *Pendre du linge.* = Suspendre, fixer, accrocher, attacher. **2-** = Étrangler, stranguler. **3-** *Ses boucles d'oreilles pendent.* = Tomber, traîner, retomber. ■ **se pendre :** v. pron. **1-** = S'accrocher, se suspendre. **2-** = Se suicider.

pénétrer : v. **1-** = Entrer , s'introduire. **2-** *Le froid nous pénètre.* = Transpercer, percer. ■ **pénétrant :** adj. **1-** *Une pluie pénétrante.* = Transperçant, perçant. **2-** *Un regard pénétrant.* = Clairvoyant, perspicace, acéré, aigu, intelligent, sagace. ■ **pénétration :** n.f. **1-** *La pénétration d'un virus dans le corps.*=

Infiltration, invasion. **2-** = Clairvoyance, perspicacité, intelligence, finesse, acuité.

pénible : [**peine**] adj. **1-** = Difficile, ardu, laborieux, rude, fatigant, épuisant. ≠ Agréable, aisé, facile. **2-** *De pénibles nouvelles.* = Triste, douloureux. ≠ Joyeux, heureux. **3-** fam. = Insupportable, désagréable. ≠ Charmant. ■ **péniblement :** adv. = Difficilement. ≠ Aisément, facilement.

péninsule : n.f. = Presqu'île.

pénitence : n.f. **1-** = Contrition, expiation, repentir. **2-** = Punition, châtiment, sanction.

pénombre : n.f. = Demi-jour, clair-obscur, ombre. ≠ Clarté.

pensée : [de **penser**] n.f. **1-** = Esprit, raison, intelligence, réflexion. **2-** = Point de vue, opinion, devise, maxime, proverbe. **3-** = Idée, spéculation, imagination. **4-** plur. *Il est perdu dans ses pensées.* = Réflexions, méditations, souvenirs, rêveries.

penser : v. **1-** *Pour penser, il a besoin de calme.* = Réfléchir, raisonner, comprendre, méditer. **2-** *Il pense avoir raison.* = Croire, considérer, estimer. **3-** *Je pense aller en vacances bientôt.* = Projeter, envisager. **4-** *Il pense avoir son bac.* = Espérer. **5-** *Elle dit ce qu'elle pense.* = Avoir en tête. **6-** *Pense à venir me chercher.* = Se souvenir. ≠ Oublier, omettre. **7-** *Je pense à lui.*= Songer, rêver. **8-** *Je n'ai pas pensé à la peine qu'elle pourrait avoir.*= Envisager, imaginer. ■ **pensif :** adj. (f. pensive) = Songeur, préoccupé, soucieux, rêveur.

pension : n.f. **1-** = Internat, pensionnat. **2-** = Retraite, allocation, rente.

pente : n.f. **1-** = Inclinaison, déclivité, descente, côte. **2-** fig. = Penchant, inclination, propension.

pénurie : n.f. = Manque, épuisement, disette, famine. ≠ Abondance, profusion.

perçant : [de **percer**] adj. **1-** *Une vue perçante.* = Pénétrant, vif, acéré, perspicace, lucide. **2-** *Un cri perçant.* = Aigu, déchirant, strident, fort. ■ **percée :** n.f. = Ouverture, brêche, passage, trou.

perception : [de **percevoir**] n.f. **1-** = Encaissement, recouvrement, rentrée, collecte. **2-** = Sens, sensation, impression, image.

percer : v. **1-** = Trouer, perforer, crever, forer. ≠ Boucher, fermer, obstruer. **2-** *Le soleil perce les nuages.* = Transpercer, déchirer, poindre. **4-** fig. *Percer un mystère.*= Découvrir, saisir, pénétrer, déceler. **5-** fig. *Ce chanteur a percé.* = Réussir, s'imposer. ■

percevoir : v. **1-** *Percevoir un son, une odeur.* = Connaître, reconnaître, saisir, discerner, distinguer, entendre, entrevoir. **2-** *On perçoit la tristesse dans son regard.* = Deviner, se rendre compte de, sentir. **3-** *L'État perçoit des impôts.* = Encaisser, recevoir, empocher, toucher.

percussion : [de **percuter**] n.f. = Choc, collision, heurt.

percuter : v. = Heurter, frapper, cogner, tamponner.

perdant : [de **perdre**] adj. et n. = Vaincu, dominé, battu. ≠ Vainqueur, gagnant.

perdre : v. **1-** = Égarer, oublier. ≠ Garder. **2-** *Perdre la partie.* = Échouer. ≠ Gagner. **3-** *Perdre son temps.* = Gaspiller, gâcher. ■ **se perdre :** v. pron. = S'égarer.

perdu : [de **perdre**] adj. **1-** = Égaré. ≠ Trouvé. **2-** *Un village perdu.* = Isolé, éloigné, désert. **3-** *Perdu dans ses pensées.* = Absorbé, plongé. **4-** = Irrécupérable, condamné.

pérégrination : n.f. = Voyage, aventure, errance.

péremptoire : n.f. = Définitif, sec, tranchant, catégorique, cassant.

pérenniser : v. = Perpétuer, immortaliser. ■ **pérennité :** n.f. = Immortalité, éternité.

perfection : n.f. = Idéal, summum, absolu. ≠ Imperfection, défaut, médiocrité. ■ **à la perfection :** = parfaitement. ■ **perfectionner :** v. = Améliorer, bonifier, arranger, embellir.

perforer : v. = Trouer, percer, crever, forer, transpercer, piquer, poinçonner. ≠ Boucher, fermer, obstruer. ■ **perforation :** n.f. = Trou, ouverture.

performance : n.f. = Exploit, prouesse, record, réussite. ■ **performant :** adj. = Compétitif.

péricliter : v. = Décliner, décroître, dépérir, baisser, diminuer. ≠ Prospérer.

péril : n.m. = Danger, risque, menace. ■ **périlleux :** adj. (f. périlleuse) Dangereux, redoutable, risqué, hasardeux, difficile. ≠ Sûr.

périmé : adj. = Dépassé, désuet, démodé. ≠ Moderne, actuel.

période : n.f. = Époque, ère, phase, durée, cycle. ■ **périodique :** n.m. = Journal, magazine. ■ **périodiquement :** adv. = Régulièrement.

péripétie : n.f. = Rebondissement, imprévu, incident, aventure, événement.

périphérie : n.f. = Ceinture, environs, banlieue, faubourg, périmètre, tour. ■ **périphérique :** adj. = Périurbain, excentrique. ≠ Central.

périple : n.m. = Voyage, circuit, tour.

périr : v. = Mourir, disparaître, expirer, rendre l'âme, succomber, trépasser. ≠ Survivre.

permanent : adj. **1-** = Durable, éternel, perpétuel, immortel, indélébile. ≠ Passager, provisoire. **2-** *Un cinéma permanent.* = Constant, continu, incessant. ≠ Fugace.

perméable : adj. **1-** = Poreux. ≠ Étanche, imperméable. **2-** Influençable, accessible, réceptif. ≠ Réfractaire.

permettre : v. = Autoriser, accepter, approuver, consentir, tolérer. ≠Défendre, interdire, s'opposer à. ■ **permis** : adj. = Admis, accepté, autorisé, légal, licite, réglementaire. ≠ Défendu.

permission : n.f. = Autorisation, accord, approbation, consentement, tolérance, licence, permis. ≠ Interdiction, défense.

permuter : v. = Intervertir, échanger, remplacer.

pernicieux : adj. = Malfaisant, dissimulé, nuisible, pervers. ≠ Bienfaisant, salutaire.

pérorer : v. = Parler, discourir, palabrer, pontifier. ■ **péroraison** : n.f. **1-** = Dénouement, conclusion, épilogue, fin, morale. **2-** péjor. = Bavardage, verbiage.

perpendiculaire : *Deux des côtés d'une équerre sont perpendiculaires.* = Orthogonal.

perpétuel : adj. (f. perpétuelle) **1-** *Les marées d'un océan sont un mouvement perpétuel.* = Continuel, incessant, permanent, sempiternel, persistant, infini . ≠ Momentané, passager, court, éphémère, temporaire ,discontinu, sporadique, changeant. ■ **perpétuellement** : adv. = Constamment. ■ **perpétuité (à)** : n.f. = Toujours, continuité, pérennité, étenité.

perquisition : n.f. = Fouille, inquisition, investigation. ■ **perquisitionner** : v. Faire = Fouiller, enquêter, rechercher. *Deux policiers ont perquisitionné l'appartement dans les moindres recoins.*

perruque : n.f. *Louis XIV portait une perruque.* = Chevelure , cheveux, fam. moumoute.

persécuter : v. **1-** Infliger des traitements cruels afin de faire souffrir. *Les Romains ont persécuté les chrétiens.* = Martyriser, opprimer, torturer, tourmenter, supplicier. ≠ Favoriser, protéger. **2-** *Arrête de le persécuter avec tes questions!* = Harceler. ■ **persécution** : n.f. ≠ Protection

persévérer : v. *Le navigateur persévère dans sa tentative de traverser l'océan Atlantique.* = Persister, s'acharner, continuer, s'obstiner, durer. ≠ Abandonner, renoncer. ■ **persévérant(e)** : adj. = Obstiné, tenace, courageux, constant, opiniâtre, têtu, tenace. ≠ Capricieux, changeant, inconstant, versatile. ■ **persévérance** : n.f. = Obstination, ténacité.≠ Abandon, abjuration, caprice, changement, inconstance, versatilité.

persienne : n.f. *On devine la lumière du jour à travers les persiennes.*= Volet, contrevent, jalousie.

persister : v. **1-** *Elle persiste à penser qu'elle a raison.* = Persévérer, **s**'obstiner. ≠ Renoncer, flancher. **2-** *La fièvre persiste malgré les médicaments.* = Continuer, se prolonger, subsister, durer. ≠ Cesser, faiblir. ■ **persistant(e)** : adj. = Constant, durable, continu, tenace. ■ **feuilles persistantes** : ≠ Caduc (f. caduque) ■ **persistance** : n.f. **1-** = Obstination,opiniâtreté, ténacité. **2-** = Continuation, durée, survivance. ≠ Abandon, cessation, changement.

personnage : [de **personne**] n.m. **1-** *Le personnage dont tu me parles n'apparaît qu'au milieu du roman.* = Héros, rôle. **2-** *Napoléon est un personnage qui a laissé son nom dans l'Histoire.* = Dignitaire, notable, personnalité. **3-** *C'est un odieux personnage!* = Individu.

personnaliser : [de **personnel**] v. = Individualiser. ≠ Dépersonnaliser. ■ **personnalité** : n.f. **1-** *Ces deux sœurs ont des personnalités différentes.* = Caractère , individualité, tempérament. ≠ Dépersonnalité. **2-** *Une tribune est réservée aux personnalités qui assistent au défilé du 14 Juillet.* = Personnage, figure, sommité.

personne : **A-** n.f. *L'ascenseur peut accueillir six personnes.* = Individu, être, créature, personnage, quidam. ■ **une grande personne** : = Adulte. ■ **en personne** : *Le président de la République est venu en personne sur les lieux de la catastrophe.* = Soi-même. **B-** pronom indéfini, m. sing. *Personne n'a téléphoné chez moi ce matin.* = Nul, aucun, quiconque. ≠ Quelqu'un, tout le monde.

personnel : **A-** adj. (f. personnelle) **1-** *Ses affaires personnelles.* = Particulier, individuel, privé, propre. **2-** *Il a des idées très personnelles.* = Original. **3-** *Un joueur trop personnel.* = Égocentrique, individualiste, égoïste. **B-** n.m. *Le personnel d'une usine, d'une école.* = Domesticité, gens, main d'oeuvre, service. ■ **personnellement** : adv. **1-** *Parler personnellement à quelqu'un.* = En personne. **2-** *Personnelle-ment, je ne suis pas d'accord.*= Quant à moi, en ce qui me concerne.

perspective : n.f. **1-** *La représentation en perspective donne l'impression de la profondeur et du relief.* = Point de vue, vision, panorama. **2-** *La perspective de changer de travail.* = Éventualité, apparence, chance, probabilité, hypothèse. ■ **en perspective** : = Dans l'avenir.

persuader : v. *Persuader quelqu'un de.* = Convaincre, démontrer, expliquer, inspirer, prouver, suggérer. ≠ Dissuader. ■ **persuasion** : n.f. **1-** *Parler avec persuasion* = Conviction, croyance, assurance, certitude. ■ **persuasif** : adj. (f. persuasive) = Éloquent, convaincant. ≠ Dissuasif.

perte : [de **perdre**] n.f. **1-** *La perte de ses clefs.*= Privation, anéantissement, dommage, préjudice, sinistre. ≠ Accroisement, avantage, bénéfice, conquête, conservation, gain, profit. **2-** *La perte de son père.* = Décès, mort, malheur. **3-** *La perte de temps.* = Gaspillage. **4-** plur. *Les pertes au combat.* = Victimes. ■ **en pure perte** := Inutilement. ■ **avec**

perte et fracas : fam. *Il l'a mis à la porte avec perte et fracas.* = Sans ménagement.

perturber : v. *L'accident a perturbé la circulation pendant une heure.* = Gêner, déranger, troubler, bouleverser. ■**perturbateur :** adj. et n. (f. perturbatrice) = Agitateur, trublion. ■**perturbation :** n.f. **1-** *La perturbation dans les transports.* = Dérangement, dérèglement, déséquilibre, désordre, crise. ≠ Calme. **2-** *Une perturbation atmosphérique.* = Agitation.

pesant(e) : [de **peser**] **A-** adj. **1-** *Un colis pesant.* = Dense, encombrant. ≠ Léger. **2-**. *L'éléphant marche d'un pas pesant.* = Lent et lourd. ≠ Gracieux, agile, prompt, vif. **3-** fig. *Une atmosphère pesante.* = Pénible, étouffant, écrasant. ≠ Agréable. **B-** n.m. = Poids. ■**valoir son pesant d'or :** = Avoir de la valeur. ■**pesamment :** adv. = Lourdement. ■**pesanteur :** n.f. **1-** = Attraction exercée par la Terre. **2-** = Malaise, lourdeur. ≠ Légèrete, vivacité. **3-** fig. = Manque de finesse.

peser : v. **1-** *Il faut peser la lettre avant de l'affranchir.* = Soupeser. **2-** *Il pèse le pour et le contre.* = Jauger, juger, estimer, comparer, considérer. ■**peser ses paroles, ses mots :** = Faire attention à ce que l'on dit. **3-** *Ce gâteau me pèse sur l'estomac.* = Appuyer, presser. **4-** *Cela me pèse.* = Gêner, accabler, importuner, ennuyer. ■**pèse-personne :** n.m. (plur. pèse-personne(s)) = Balance.

pessimisme : n.m. = Défaitisme, catastrophisme, sinistrose, abattement, hypocondrie, morosité. ≠ Optimisme. ■**pessimiste :** adj. et n. = Alarmiste, amer, défaitiste, désabusé, maussade, mélancolique. ≠ Optimiste.

peste : n.f. **1-** *La Peste noire s'est répandue en Europe.* = Gale, choléra. **2-** fam. Enfant malicieux, turbulent, plaie, teigne, poison. *Quelle petite peste!* ■**pester :** v. *Il peste contre le bruit qui l'empêche de dormir.* = fulminer, jurer, maudire, grogner, invectiver, injurier, insulter, fam. râler, rouspéter. ■**pesticide :** n.m. = Insecticide, fongicide, désherbant.

péter : v. **1-** (vulgaire) = Faire un pet. **2-** fam. = Se casser. ■**péter le feu :** fam. = Être dynamique. ■**pétiller :** v. **1-** *Une boisson qui pétille.* = Crépiter. **2-** = Éclater. **3-** *Ses yeux pétillent de malice.* = Briller, étinceler, scintiller ■**pétillant(e) :** adj. = Gazeux, brillant.

pétiole : n.m. Queue de la feuille.

petit(e) : **A-** adj. **1-** *Il est petit pour son âge.* = Minuscule, nain, lilliputien. ≠ Grand, collossal, géant, gigantesque, immense. **2-** = Etroit, étriqué. ≠ Large, long, ample, grandiose. **3-** = Jeune. ≠ Âgé, adulte. **4-** *Un petit problème* = Infime, dérisoire .≠ Important, considérable. **5-** = Mesquin, étroit d'esprit. ≠ Digne, généreux. **B-** n. **1-** = Bébé, bambin, enfant, jeune. **C-** adv. ■**en petit :** = Réduit. ■**petit à petit :** = Peu à peu, progressivement.

petits-enfants : n.m. plur. = Petit fils ou petite fille.

pétrifier : v. **1-** *Les fossiles sont souvent des coquilles, des animaux, des branches pétrifiés.* = Figer, fossiliser. **2-** *Il est resté pétrifié.* = Paralyser, méduser, transir, glacer. ■**pétrifiant(e) :** adj. = Effrayant, horrible, terrifiant, paralysant, effroyable, angoissant.

pétrin : n.m. **1-** = Huche, maie, coffre. **2-** fam. *Il est dans le pétrin.* = Embarras.

pétrir : v. **1-** *On pétrit la pâte à pain, mais aussi l'argile pour la poterie.*= Malaxer, façonner, mélanger, travailler, modeler. **2-** = Palper, presser, tripoter.

pétrole : n.m. = Or noir.

peu : adv. **1-** *Il dort peu.*= À peine, brièvement. **2-** *Elle mange peu.* = En faible quantité, miette, brin, chouïa. ≠ Beaucoup, trop. **3-** *Il voyage peu.* = Rarement. **4-** = Pas longtemps. ■**peu à peu :** = Progressivement. ■**sous peu :** = Dans peu de temps. ■**pour peu que :** *Pour peu qu'on élève la voix, il se met à pleurer.*= Il suffit de. ■**pour un peu :** *Pour un peu, ils se seraient battus.*

peuplade : [de **peuple**] n.f. = Horde, peuple, tribu.

peuple : n.m. **1-***Le peuple français.* = Citoyens, ethnie, société, habitants, population, nation. **2-** *Le peuple s'est révolté contre la noblesse.* = Masse, plèbe, couches populaires, fam. populace. ■**peupler :** v. *Les Indiens peuplaient l'Amérique avant l'arrivée des Européens.*= Occuper, habiter. ≠ Dépeupler, vider, déserter. ■**peuplement :** n.m. *En France, il y a certaines régions où le peuplement est faible.* ≠ Dépeuplement.

peur : n.f. **1-** *Il a peur de l'eau.* = Inquiétude, angoisse, frayeur, effroi, effarement, épouvante, phobie, terreur, crainte, fam. trouille, frousse. ≠ Audace, bravoure, courage, intrépidité. ■**de peur de :** = Par crainte de. ■peureux : adj. (f. peureuse) = Angoissé, inquiet, effarouché, pusillanime, craintif, fam. trouillard, pétochard. ≠ Audacieux, brave, courageux, déterminé. ■**peureusement :** adv. = Craintivement. ≠ Bravement, courageusement.

peut-être : adv. *Il pleuvra peut-être demain.* = Probablement, sans doute. ≠ Assurément, forcément.

pharmacie : n.f. = Officine.

phénomène : n.m. **1-** *L'éruption volcanique est un phénomène naturel très impressionnant.* = Fait, apparence, manifestation. 2- Merveille, monstre, prodige. ■**phénoménal(e) :** adj. (plur. phénoménaux) *Il est d'une intelligence phénoménale.*= Extraordinaire, monstrueux, surprenant, étonnant, incroyable, inouï, énorme, prodigieux.

phobie : n.f. = Crainte, angoisse, appréhension, peur, terreur.

phosphorescent : adj. *Les aiguilles de ma montre sont phosphorescentes et me permettent de lire l'heure la nuit.* = Lumineux.

photocopie : n.f. = Copie.

photographie : n.f. = Cliché, épreuve, abrév. photo.

phrase : n.f. **1-** = Discours, texte, mots.

physionomie : n.f. **1-** = Figure, visage, mine, face. *Elle a une physionomie renfrognée.* **2-** *La physionomie d'une ville.* = Aspect, apparence, caractère, air, allure.

physique : adj. **1-** .= Charnel, corporel, sexuel. ≠ Mental, moral. **2-** *Nous observons les propriétés physiques des aimants.* = Matériel, réel.

pianoter : [de **piano**] v. *Il pianote sur son bureau.* = Tapoter.

pic : n.m. **1-** = Pivert. **2-** = Pioche, piolet.

pic : n.m. **1-** *Le pic du Midi.* = Montagne, sommet, aiguille, dent. **2-** fig. *Un pic de pollution.* = Grande intensité. ■**pic (à) :** loc. adv. **1-** *Il a coulé à pic au fond de la rivière.* = Verticalement. **2-** fam. *Tu arrives à pic.* = Au bon moment.

pichet : n.m. = Broc, cruche.

pickpocket : n.m. = Voleur.

picorer : v. **1-** *Les pigeons picorent les miettes de pain.* = Becqueter, picoter. **2-** = Grignoter.

picoter : [de **piquer**] v. = Piquer.

pie : n.f. = Agace.

pièce : n.f. **1-** *La maison compte six pièces.* = Partie d'un bâtiment. **2-** *Il collectionne des pièces de tous les pays.* = Monnaie, espèce. **3-** *Une pièce de théâtre, une pièce musicale.* = Œuvre. **4-** *Une pièce d'identité.* = Document, acte, certificat. **5-** *Un puzzle de 120 pièces.* = Morceau, parcelle, part, portion, fragment. ≠ Ensemble, tout. **6-** Objet rare ou de qualité. *Une pièce de collection, une belle pièce.* **7-** *On peut acheter ces fruits à la pièce.* = Unité.

pied : n.m. **1-** Peton, patte. **2-** *Le pied d'une lampe, un verre à pied.* = Base, socle. ≠ Sommet, tête. **3-** *Un pied de vigne, de salade.* = Plant de certains végétaux. ■ ■**au pied levé :** = Sans préparation. ■**se lever du pied gauche :** fam. = Être de mauvaise humeur. ■**mettre sur pied :** = Organiser. ■**lâcher pied :** = Céder. ■ **avoir les pieds sur terre :** = Avoir conscience des réalités. ■**être à pied d'œuvre :** = Etre prêt.

piège : n.m. **1-** *Le renard n'a pas vu le piège et s'est fait capturer.* = Collet, lacet, appât, nasse, filet, trappe. **2-** *La dictée était remplie de pièges.* = Embûche, écueil, danger. **3-** = Traquenard, embuscade, feinte, leurre, ruse.

pierre : n.f. **1-** Roc, rocher, caillou, galet. **2-** Pierre précieuse. ■**jeter la pierre à quelqu'un :** = L'accuser, lui faire des reproches. ■**avoir un cœur de pierre :**= Etre insensible.

pierreux : [de **pierre**] adj. (f. pierreuse) *Un sentier pierreux.* = Caillouteux, rocailleux.

piété : n.f. = Adulation, culte, ferveur, dévotion, vénération.

piétiner : [de **pied**] v. **1-** *Elle fait un caprice et piétine de rage.* = Trépigner, s'énerver, s'impatienter, piaffer, rager. **2-** *Les manifestants piétinent.* = Stagner. ≠ Avancer, progresser. **3-** fig. *Dans ce conflit, les négociations piétinent.* = Traîner en longueur, patiner.

piéton : [de **pied**] n. ou adj. (f. piétonne) = Piétonnier (adj).

pieu : n.m. (plur. pieux) = Piquet, poteau, pilotis.

pieux : adj. (f. pieuse) = Croyant, dévot, mystique, religieux. ≠ Impie. ■**pieusement :** adv. = Dévotement.

pigeon : n.m. = Colombe, palombe, ramier, tourterelle. **pigeonnier :** n.m. = Colombier.

pile : n.f. **1-** *La pile de livres est très haute.* = Tas, amoncellement, entassement, amas. **2-** *Les piles de mon poste de radio sont usées.*= Générateur, accumulateur. **3-** ≠ Face

piler : v. = Broyer, concasser, moudre, pulvériser, écraser.

pilier : n.m. = Appui, soutien, colonne.

piller : v. *Après avoir conquis la ville, les ennemis ont pillé les maisons.* = Dévaster, détruire, ravager, saccager, voler. ■**pillage :** n.m. = Exaction, rapine, ravage, dévastation, sac, saccage. ■**pillard(e) :** adj. et n. = Brigand, voleur, maraudeur, pirate.

pilon : [de **piler**] n.m. **1-** *Elle utilise un pilon pour écraser de l'ail dans un bol.*= Broyeur. ■**pilonner :** v. **1-** Écraser. **2-** *L'armée pilonne les positions ennemies.* = Bombarder, canonner.

pilote : n. **1-** = Chef, guide, meneur. **2-** = Aviateur, conducteur, ■ **piloter :** v. = Conduire, diriger, mener, orienter, guider.

pilotis : [de **pile**] n.m. *Le village est constitué de maisons construites sur pilotis.* = Pieu.

pilule : n.f. = Comprimé, granulé.

piment : n.m. = Poivron. ■**pimenter :** v. ≠ Affadir

pinceau : n.m. = Brosse.

pincer : v. = Serrer, coincer, mordre, piquer. ■**il n'est pas à prendre avec des pincettes :** fam. = sale; de mauvaise humeur. **pincement :** n.m. = Serrement. ■**pincement au cœur :** = Angoisse.

piocher : [de **pic**] v. **1-** *Il a pioché la terre.* = Creuser, travailler. **2-** *Les joueurs piochent une carte à tour de rôle.* = Puiser, se servir.

pion : n.m. *Dans un jeu de dames, il y a des pions.* = Pièce.

piper : v. **1-** = Parler. ■**ne pas piper mot :** fam. = Se taire. **2-** fig. = Truquer. ■**pipe :** n.f. = Bouffarde, calumet, narguilé, brûle-gueule. ■**pipeau :** n.m. = Flûte.

piquant(e) : [de **piquer**] **1-** n.m. *Les piquants du hérisson.* = Épine, aiguillon. **2-** adj. *Une barbe piquante. Une sauce piquante.* = Acéré, pointu, acide, aigre, incisif, mordant, caustique.

piquer : [de **pic**] v. **1-** *Il s'est piqué le doigt.* = Percer, enfoncer, éperonner. **2-** *Mon chat a été piqué contre la rage.* = Vacciner. **3-** *Les moustiques m'ont piqué.* = Mordre. **4-** *Une épaisse fumée pique les yeux.* = Brûler, cuire. **5-** *Elle pique un ourlet à la machine.* = Coudre. ■**se piquer** : v. pron. fam. = Se droguer. ■**piqûre :** n.f. **1-** = Morsure. **2-** *Des piqûres d'ortie.* = Démangeaison. **3-** = Couture. *Découdre une piqûre.* ■**piquet :** n.m. *Des piquets de tente.* = Pieu.

pirate : n.m. = Corsaire, forban, flibustier, boucanier. Escroc, voleur, bandit. ■**pirater :** v. = Contrefaire, copier, imiter, reproduire, spolier. ■

pire : **1-** adj. = Plus mauvais, plus mal. **2-** n.m. ≠ Mieux, meilleur.

pirouette : n.f. **1-** *La gymnaste fait des pirouettes.* = Cabriole. **2-** fig. = Changement d'opinion, revirement. ■**pirouetter :** v. = Pivoter, virevolter.

pis : n.m. = Mamelle.

pis : adv. ■**tant pis :** = Cela ne fait rien ; c'est dommage.

pisciculture : n.f. = Alevinage, aquaculture.

piscine : n.f. = Bassin.

pissenlit : [de **pisser**] n.m. *Une salade de pissenlits.* = Dent-de-lion.

piste : n.f. **1-** *Il suit la piste du sanglier.* = Trace, voie. **2-** = Indications, indices. *Les policiers sont sur la piste des malfaiteurs.* **3-** = Chemin, sente, sentier. ■ **pister :** v. = Épier, filer, suivre, surveiller.

pistil : n.m. = Gynécée.

pistolet : n.m. **1-** = Mitraillette, revolver.

piteux : adj. (f. piteuse) *Un air piteux.* = Attristant, désolant, lamentable, minable, miteux, piètre, pitoyable. ≠ Triomphant, heureux. ■**en piteux état :** = En mauvais état. ■**piteusement :** adv. = Lamentablement. /

pitié : n.f. *Le mendiant fait pitié aux promeneurs, qui lui donnent de l'argent.* = Compassion, apitoiement, bonté, charité, commisération, mansuétude, miséricorde. ≠ Cruauté, inhumanité.

piton : n.m. **1-** = Clou, crochet, pointe, vis. **2-** *Les alpinistes escaladent un piton rocheux.* = Sommet, cime, pic.

pitoyable : [de **pitié**] adj. **1-** *Ce vêtement lui donne un air pitoyable.* = Affligeant, misérable, attristant, désolant. ≠ Enviable. **2-** Qui est calamiteux, très mauvais. = Médiocre, lamentable, piètre, minable. ≠ Excellent.

pitre : [de **piètre**] n.m. *Il fait le pitre.* = Clown, amuseur, comique, bouffon. ■**pitrerie :** n.f. = Clownerie, facétie.

pittoresque : adj. **1-** *Une tenue pittoresque.* = Bizarre, cocasse. **2-** *Un personnage pittoresque.* = Original, singulier, truculent, fantasque. ≠ Banal, plat.

pivert : n.m. = Pic-vert.

pivot : n.m. **1-** = Axe, base, centre. *L'aiguille d'une boussole est posée sur un pivot.* ■**pivoter :** v. **1-** = Tourner. **2-** = Faire demi-tour sur soi, pirouetter, virer.

■**placard :** [de **plaquer**] n.m. **1-** *Un placard publicitaire.* = Affiche, écriteau, pancarte. **2-** = Rangement, armoire. ■ **placarder :** v. = Afficher.

place : n.f. **1-** *La place du village.* = Esplanade, rond-point. **2-** = Emplacement, endroit, position. **3-** *Il a une place au troisième rang.* = Siège, fauteuil. **4-** *Elle s'est trouvé une place de secrétaire médicale.* = Emploi, attribution, poste, fonction. ■**être à sa place :** = Convenir, être fait pour. ■ **se mettre à la place de quelqu'un :** imaginer ce que l'on ferait si l'on était dans la même situation que lui. ■**sur place :** = À cet endroit. ■**ne pas rester en place :** = S'agiter. ■**placer :** v. **1-** = Disposer, poser, installer, caser, mettre. **2-** = Ranger. **3-** *Il a placé de l'argent sur un livret de caisse d'épargne.* = Déposer, investir. ■**se placer :** v. pron. **1-** = S'installer, s'insérer. **2-** *Le cheval s'est placé deuxième au Prix de l'Arc de Triomphe.* = Se classer.

plafond : [de **fond**] n.m. = Maximum.

plage : n.f. **1-** = Rive, rivage, côte, grève. **2-** *L'émission va changer de plage horaire dans la grille des programmes.* = Tranche.

plaie : n.f. **1-** = Coupure, blessure, lésion, balafre, entaille, déchirure, meurtrissure, traumatisme. **2-** fig. fam. *C'est une vraie plaie !* = Peste.

plaindre : v. *Tout le monde plaint les victimes du tremblement de terre.* = Compatir, s'apitoyer, s'attendrir. ≠ Envier. ■**se plaindre :** v. pron. **1-** *Le bébé s'est plaint toute la nuit par des gémissements.* = Gémir, pleurer, couiner. **2-** = Se lamenter, fam. râler, rouspéter. ≠ Se contenter, se satisfaire.

plainte : [de **plaindre**] n.f. **1-** = Cri, gémissement, pleurs, sanglot. **2-** *Ses plaintes ne sont pas justifiées.* = Réclamation, revendication, doléance, jérémiade. **3-** *Il porte plainte pour vol.* = Accuser.

plaire : v. *Ce film nous a plu.* = Convenir, agréer, séduire, combler, satisfaire. ≠ Déplaire, ennuyer, fâcher, mécontenter, offusquer. ■**se plaire :** v. pron.

1- *Je me plais beaucoup dans ma nouvelle maison.* = Apprécier, se délecter, se complaire, s'intéresser, aimer. 2- *Ils se sont plu au premier regard.* = S'apprécier, s'aimer. ■**plaisant(e)** : adj. 1-= Agréable, attrayant, délicieux, séduisant. ≠ *Antipathique, déplaisant, désagréable, fastidieux.* 2-= Gai, drôle, comique, divertissant. ≠ Grave, sévère. ■ **plaisanter** : v. = Blaguer, badinner, s'amuser, rigoler, se moquer, railler. ■ **plaisanterie** : n.f. 1- = Boutade, calembour, moquerie, ironie, humour, pitrerie, bouffonnerie, blague, bêtise, farce, lazzi. ■**plaisantin** : n.m. 1- = Blagueur, farceur, bouffon. 2- péjor. = Fumiste, rigolo.

plaisir : n.m. = Contentement, satisfaction, délectation, jouissance, bonheur, joie ≠ Affliction, déplaisir, désagrément, ennui. ■**avec plaisir** : = Volontiers. ■ **faire plaisir à quelqu'un** : = Lui être agréable.

plan(e) : A- adj. *Les polygones sont des figures planes.* = Egal, plat, uni. B- n.m. 1- *Le plan d'une maison.* = Esquisse, croquis, intention, schéma, dessin, ébauche. 2- *Pour les vacances, mes parents ont fait le plan d'un voyage lointain.* = Projet, dessein, programme, objectif. ■**laisser en plan** : = Abandonner. ■**premier plan** : *Mes parents sont au premier plan de la photo.* ≠ Arrière-plan.

planche : n.f. 1- = Latte, ais, chanlatte. ■**faire la planche** : = Flotter sur le dos. 2- *Ce dictionnaire contient des planches sur les animaux.* = Illustrations, feuillet. ■**monter sur les planches** : = Faire du théâtre. ■**plancher** : n.m. = Parquet.

planer : v. 1- *Un aigle plane au-dessus de sa proie.* = Voler. 2- = Rêver.

planétaire : [de **planète**] adj. *Le premier voyage sur la Lune a été un événement planétaire.*= Mondial.

planète : n.f. = Astre, étoile.

planisphère : [de **sphère**] n.m. = Mappemonde, carte.

plantation : [de **planter**] n.f. 1- = Culture. 2- *En Guadeloupe, on trouve des plantations de bananiers.* = Exploitation.

plante : n.f. = Végétal, flore, végétation.

planter : v. 1- *Il a planté un arbre.* = Ensemencer, enfouir, semer, repiquer, élever. ≠ Arracher, déraciner. 2- *Planter des piquets, des clous...* = Enfoncer, ficher. 4- *Planter un décor, une tente.* = Installer, poser. 5- fam. *Il est parti brusquement et m'a planté là.* = Abandonner. ■**se planter** : v. pron. = Se poster, fam. se tromper. ■**planton** : n.m. *Un planton immobile garde la porte du ministère.* = Sentinelle.■**faire le planton** : fam. = Attendre debout.

plantureux : adj. (f. plantureuse). = Abondant, copieux, fertile, généreux, opulent, luxuriant. ≠ Frugal,maigre.

plaquer : v. 1- *Son tee-shirt trempé est plaqué à son corps.* = Coller. 2- *Il plaque ses cheveux en arrière.* = Aplatir. 3- = Faite tomber au rugby. 4- = Recouvrir d'or ou d'argent. 5- fam. *Elle a brutalement plaqué son fiancé.*= Abandonner. ■**plaque** : n.f. 1- = Panneau. 2- *Son corps est couvert de plaques rouges.* = Tache. ■**plaquette** : = Brochure, livre.

plastique : adj. = Malléable, flexible. ≠ Rigide.■ **arts plastiques** : = Sculpture, peinture.

plat(e) : A- adj. 1- *La surface de jeu du terrain de sport est parfaitement plate.* = Horizontal, plan, étal, lisse.≠ Accidenté montagneux, bombé, gonflé, saillant. 2- = Insipide, anodin, ennuyeux, insignifiant, quelconque, terne, fade, insipide. ≠ Remarquable.

plateau : [de **plat**] n.m. 1- = Plate-forme, estrade, plancher. 2- *Du plateau, la vue est magnifique.* = Causse. 3- = Planche, scène, tréteau.

plate-forme : n.f. (plur. plates-formes) 1- = Terrasse, plateau, estrades, planches. 2- = base, programme, plan, projet.

platine : [de **plat**] n.f. = Tourne-disque.

platiné(e) : adj. *Des cheveux platinés.* = Presque blanc.

plâtre : n.m. = Staff, stuc.

plein(e) : A- 1- adj. *Ma valise est pleine, je ne peux plus rien mettre dedans.* = Rempli, débordant, gros, bondé. ≠ Vide, creux. 2- *Elle a pleine confiance en nous.* = Entier, total. 3- *Elle travaille à plein temps.* = Complet. ≠ Incomplet. ■**en plein air** : = À l'extérieur. B- adv. *Il y a plein de monde.* = Beaucoup. ■ **tout plein** : *Ton dessin est joli tout plein.* = Très. ■ **pleinement** : adv. = Entièrement, totalement.

pleurer : v. *Ce film m'a fait pleurer de rire.* = S'apitoyer, s'attendrir, larmoyer, sangloter, fam. chouiner, chialer, pleurnicher. ≠ Rire, se réjouir. ■**pleur** : n.m. (surtout plur.) *La petite est en pleurs.* = Larmes, gémissement, lamentation, plainte, sanglot. ■**pleurnicher** : v. = Geindre, larmoyer. ■**pleurnichement** : n.m. ou **pleurnicherie** : n.f. = Jérémiades, larmoiement.

pleuvoir : v. *Dans cette région, il pleut souvent.* = Flotter, pleuvasser, bruiner, pleuvoter, crachiner.

plier : [de la famille de **ployer**] v. 1- *Il plie les genoux.* = Replier, corner. ≠ Déplier, déployer, étaler, étendre, ouvrir. 2- *Il a plié sa tente.* = Ranger. 3- = Courber, fléchir. 4- *Il a fini par plier devant l'autorité de son père.* = Céder, se soumettre. ■**pli** : n.m. 1- *Les plis d'un éventail de papier.* = Plissement, fronce, pliure. 2- = Lettre, envoi, courrier, message. 3- *Les plis du front.* = Ride. ■**prendre le pli de** : = Prendre l'habitude.

plinthe : n.f. *Les fils électriques passent derrière la plinthe.*= Plate-bande, antibois.

plisser : [de **plier**, **ployer**] v. **1.** = Chiffonner, froisser, froncer. ≠ Lisser. **2-** *Le soleil l'oblige à plisser les yeux.* = Rider.

plomb : n.m. ■**de plomb :** *Il dort d'un sommeil de plomb.*= Lourd, écrasant. ■**soleil de plomb :** = Intense. ■**à plomb :** = Verticalement. ■**plomber :** v. = Sceller.

plonger : v. **1-** *Il plonge dans la rivière.* = Piquer, s'enfoncer. **2-** *Il faut plonger les pâtes dans l'eau bouillante.* = Enfoncer, immerger, tremper, précipiter, noyer. ■**se plonger :** v. pron. *Elle se plonge dans la lecture.* = S'absorber, s'abîmer. ■**plongeur :** n. (f. plongeuse) = Scaphandrier, homme-grenouille. ■ **plongeon :** n.m. = Saut. ■ **plongeoir :** n.m. = Tremplin.

ployer : v. **1-** *Le vent souffle si fort que l'on voit ployer la cime des arbres.* = Plier, courber, tordre, voûter, couder. ≠ Déployer, détendre. **2-** *Il ploie sous le fardeau.* = Fléchir, s'affaisser. ≠ Résister.

pluie : n.f. **1-** = Averse, giboulée, ondée, bruine, crachin, grain, flotte. ■**parler de la pluie et du beau temps :** parler de choses sans intérêt. **2-** *Une pluie de confettis.* = Avalanche, déluge, abondance.

plume : n.f. **1-** = Plumage, panache, aigrette, plumet. **2-** = écriture, style, talent, écrivain. ■**plumer :** v. = Arracher, déposséder, dépouiller, spolier, voler, priver.

plupart (la) : n.f. = La majorité, le plus grand nombre. *La plupart des enfants aiment les bonbons.* ■ **la plupart du temps :** = Ordinairement, le plus souvent.

pluriel : n.m. ≠ Singulier.

plus : adv. = Davantage, plusieurs. ■**tout au plus :** = Au maximum. ■**en plus :** = Par-dessus le marché. ■**plus ou moins :** = À peu près. ≠ Moins.

plusieurs : adj. et pron. indéfini plur. = Un certain nombre, quelques, beaucoup, pas mal, certains, maints, d'aucuns. ≠ *Un.*

plutôt : [de **plus** et de **tôt**] adv. **1-** *Je vais lui offrir un livre plutôt qu'un disque.* = De préférence. **2-** *Après la course, j'étais plutôt fatigué.* = Assez, un peu. ■**ou plutôt :** *Elle dort, ou plutôt elle fait semblant de dormir.* = En fait, en réalité.

pluvieux : adj. ≠*Sec.*

pneu : [abrév. de pneumatique] n.m. (plur. pneus) ■ **pneumatique :** adj. *Un canot pneumatique, un matelas pneumatique.* = Gonfable.

poche : n.f. = Gousset. ■**ne pas avoir sa langue dans sa poche :** = Parler beaucoup, sans timidité. ■ **pochette :** n.f. = Emballage, pochon.

podium : [du lat.] n.m. *L'artiste est sur le podium, face au public.*= Plate-forme, scène, estrade.

poêle : n.m. *Un poêle à bois.*= Fourneau, insert, salamandre.

poêle : n.f. = Poêllon. ■**poêler :** v. *Des côtelettes poêlées.* = Cuire.

poème : n.m. *Un poème d'Apollinaire.* = Poésie, ballade, élégie, épigramme, ode, lai, madrigal, sonnet, fable, stance. ■**poète :** n. (f. poétesse) **1-** *Lamartine est un poète romantique.* = Aède, barde, chantre, ménestrel, troubadour, rimeur, versificateur. ≠ Prosateur. **2-** = Rêveur. ≠ Réaliste. ■**poésie :** n.f. **1-** ≠ Prose. **2-** *La poésie d'un tableau, d'un paysage.* = Beauté, lyrisme, muse, charme. **3-** = Poème. ■**poétique :** adj. **1-** ≠ Prosaïque. **2-** = Romantique, rêveur. ≠ Antipoétique.

poids : n.m. **1-** *Son poids est de cinquante kilos.* = Masse, charge, fardeau, gravité, pesanteur. ■**poids lourd :** = Camion , semi-remorque. **2-** fig. *Il ressent un poids sur la poitrine.* ≠ Futilité, légèreté.

poignant(e) : adj. = Aigu, douloureux, déchirant, bouleversant, pathétique. *Il m'a raconté une histoire poignante, j'en avais les larmes aux yeux.*

poignard : n.m. = Baïonnette, couteau, dague, lame, stylet.

poigne : [de **poing**] n.f. fig. fam. *Un homme à poigne.* = Énergie, autorité, dynamisme, fermeté, force, résolution, volonté. ≠ Faiblesse. ■**poignée :** n.f. **1-** *La poignée de la porte.* = Bouton, manette. **2-** *Pour le dessert, j'ai pris une poignée de cerises.* = Peu de. ■**poignet :** n.m. = Articulation, attache.

poil : n.m. = Barbe, cheveux, chevelure, pelage, robe, toison, fourrure, laine, crin. ■ **poilu(e) : 1-** adj. = Velu, barbu, chevelu, moustachu, hirsute. ≠ Glabre.

poinçon : n.m. **1-** = Pointeau, alène. **2-** = Marque, estampille. ■**poinçonner :** v. **1-** *La bague en or est poinçonnée.* = Estampiller. **2-** = Composter.

poing : n.m. ■**dormir à poings fermés :** = Dormir profondément.

point : n.m. **1-** = Ponctuation. **2-** = Article, partie, question, propos. **3-** = Maille, nœud. ■**point de suture :** = Fil passé pour fermer une plaie. **4-** = Jonction, sommet, source. ■**point de départ :** endroit d'où l'on part. ■**points cardinaux :** nord, sud, est, ouest. ■**point du jour :** = Aube. ■**à point :** = Au bon moment. **5-** *Nous allons mettre le spectacle au point.* = Elaborer. ■**se trouver au même point :** Dans la même situation qu'au départ. ■**être mal en point :** = Être fatigué, malade.

point : adv. *Merci de me proposer ton aide, mais je n'en veux point.* = Pas, nullement.

point de vue : [du n.m. **point** et de **vue**] n.m. (plur. points de vue) **1-** = Panorama, vue. **2-** *Il a son point de vue, tu as le tien.*= Opinion, avis, aspect, côté, optique, perspective.

pointe : n.f. **1-** = Extrémité. **2-** *Un coq se dresse à la pointe du clocher.* = Cap, cime, pic, sommet. **3-** *Le cordonnier enfonce des pointes dans la semelle à réparer.* = Piton, clou, poinçon. **4-** = Châle, fichu, foulard. ■ **5-** *Une pointe de sel.* = Petite quantité, un soupçon de. **6-** *Aux heures de pointe, le métro est bondé.* = Maximum. **7-** = Raillerie, ironie, humour.

pointer : [du n.m. **point**] v. **1-** *Le professeur pointe les élèves présents et les absents.* = Cocher, relever, noter. **2-** *Il pointe à l'usine.* = Contrôler, signaler. **3-** *Il pointe son doigt vers quelqu'un.* = Diriger, braquer, viser.

pointer : [de **pointe**] v. **1-** = Appointer. **2-** *Le soleil pointe à l'horizon.* = Paraître.

pointillé : [du n.m. **point**] n.m. ≠ Trait continu. *Cette feuille est à découper suivant le pointillé.*

pointilleux : adj. (f. pointilleuse) = Minutieux, exigeant, pinailleur, sourcilleux, vétilleux, maniaque, tatillon.

pointu(e) : [de **pointe**] adj. **1-** = Acéré, piquant, effilé. ≠ Arrondi. **2-** Elle parle d'une voix pointue. = Aigu.

pointure : n.f. *Le 38 est une pointure moyenne pour une femme.*= Dimension, taille.

poire : n.f. Fig = Naïf, imbécile, sot.

poireauter : v. = Attendre, fam. moisir.

poison : n.m.= Venin, toxine, intoxication. ≠ Antidote, contrepoison.

poisseux : [de la famille de **poix**] adj. (f. poisseuse) = Gluant, gras, collant, pâteux, visqueux.

poitrine : n.f. **1-** = Torse, buste, poitrail, thorax, fam. caisse, coffre. **2-** Seins de la femme.

poivre : n.m. ■**Des cheveux poivre et sel** = Gris. ■**poivron :** n.m. = Piment doux.

poix : n.f. = Colle.

pôle : n.m. = Borne d'une pile ou d'une batterie. ■ **polaire :** adj. **1-** = Arctique ou Antarctique. **2-** *Il fait un froid polaire.* = Glacial.

policier : n.m. (f. policière) = Agent, gardien de la paix, détective, enquêteur, fam. flic, poulet. adj. ■ **roman policier :** = Roman noir.

poliment : [de **polir**] adv. *Il faut le demander poliment.*= Civilement, courtoisement, gentiment.

polir : v. = Lisser, astiquer, frotter, araser, poncer. ≠ Ternir, dépolir. ■**poli(e)** adj. **1-** *C'est un garçon très poli.* = Affable, complaisant, courtois, galant, gracieux, urbain, aimable. ≠ Impoli, grossier, impertinent, incivil, malotru, malpoli, malappris. **2-** *Un meuble poli par les ans.* = Lisse, brillant, lustré, éclatant. ≠ Rugueux, mat.

polisson : adj. et n. (polissonne) = Espiègle, chenapan, galopin, gamin, garnement, coquin. **2-** = Paillard, grivois, osé, gaillard.

politesse : n.f. = Education, civilité, courtoisie, affabilité, bienséance, urbanité, usage, savoir-vivre. ≠ Impolitesse, grossièreté, impertinence, incorrection.

politique :1- n.f. *Ce gouvernement mène une politique libérale.* = Façon de gouverner, stratégie. **2-** adj. = Diplomatique.

pollen : n. m. *Le pollen présent dans la nature peut être responsable de certaines maladies allergiques.*= Poussière.

polluer : v. = Infecter, infester, salir, souiller, corrompre. ≠ Décontaminer, dépolluer, épurer. ■**polluant(e) :** adj. et n.m. *Les produits chimiques rejetés dans les cours d'eau sont des polluants.* ≠ Propre. ■ **pollution :** n.f. *La pollution de l'eau* = Souillure, contamination. ≠ Dépollution, épuration.

polochon : n.m. fam. = Traversin.

polonais(e) : adj. et n. **1-** De la Pologne. **2-** Langue parlée en Pologne.

poltron : adj. et n. (f. poltronne). = Peureux, couard, lâche, pusillanime, pleutre. fam. Froussard, dégonflé. ≠ Brave, courageux.

polyculture : [de **poly-** et de **culture**] n.f. ≠ Monoculture.

polyester : [de **poly-** et d'**ester**] n.m. *Une chemise en polyester.* = Dacron, tergal.

pommade : n.f. **1-** *Une pommade antidouleur.* = Onguent, crème. **2-** = Flatterie.

pompe : n.f. **1-** Poste d'essence, station. **2-** =Apparat, éclat, gloire, majesté, splendeur. **3-** Fam. = Fatigue. **3-** *Il a des pompes neuves.* Fam. = Chaussure, godasse. **4-** *Il a fait cent pompes* = Traction, assouplissement. ■**pomper :** v. **1-** = Aspirer, absorber, puiser. **2-** = Consommer, boire. **3-** (argot d'école) *Elle pompe sur son voisin.* = Copier.

pompeux : adj. (f. pompeuse) **1-** *Ce bâtiment est pompeux.* = Imposant, majestueux. **2-** = Pédant, solennel, pontifiant, ampoulé, déclamatoire, amphatique. ≠ Simple.

pompier : [de **pompe**] n.m. = Sapeur-pompier.

poncer : v. *J'ai poncé le parquet, je vais maintenant pouvoir le cirer* = Frotter, décaper polir.

ponctuel : adj. (f. ponctuelle) **1-** *En principe, les trains sont ponctuels.* = Régulier, assidu. ≠ Inexact, négligent. **2-** *Cette autorisation de sortie est ponctuelle.* = Sporadique. ≠ Chronique. ■ **ponctuellement :** adv. = Assidûment, régulièrement. ≠ **ponctualité :** n.f.= Exactitude, régularité, assiduité, justesse, précision. ≠ Inexactitude, négligence.

ponctuer : v. *Il ponctue son histoire de grands gestes.* = Souligner. ■**ponctuation :** n.f. = Pause.

pont : n.m. *Pour se rendre de l'autre côté de la rivière, il faut passer le pont.* = Viaduc, passerelle.

■ **faire le pont :** = Ne pas travailler un jour compris entre deux jours fériés.

populaire : adj. **1-** *Le 14 juillet, traditionnellement, des bals populaires sont organisés dans tous les villages.* = Peuple, plébéien, populeux, prolétarien. ≠ Impopulaire. **2-** *Ce livre est très populaire, il a un énorme succès.*= Vulgaire. ≠ Savant. ■ **popularité :** n.f. *Les sondages d'opinion indiquent la popularité du Premier ministre.* = Faveur, réputation, renommée, célébrité, gloire, vogue. ≠ Impopularité.

population : n.f. *La France a une population d'environ soixante millions d'habitants.* = Peuple, habitants, citoyens. ■ **la population active :** = Personnes qui ont un emploi.

porc : [du lat. *porcus*] n. m. = Cochon, pourceau, truie, verrat, porcelet, goret.

porcelaine : n.f. *J'ai une collection d'assiettes en porcelaine décorée.* = Céramique.

porcelet : [de **porc**] n.m. = Cochonnet, goret.

porche : n.m. *Il s'est mis à pleuvoir, les gens se sont réfugiés sous le porche.* = Portique, péristyle, porte.

porcherie : [de **porc**] n.f. = Soue.

poreux : adj. (f. poreuse) *Une terre poreuse retient l'eau comme une éponge.* = Perméable ≠ Imperméable.

port : n.m. **1-** *Beaucoup de bateaux sont arrivés au port ce matin.* = Rade, refuge, havre.

port : [de **porter**] n.m. *Elle a un beau port de tête : elle marche de façon élégante, en se tenant droite.* = Allure, attitude, prestance, posture, tenue, maintien.

portable : [de la famille de **porter**] **A-** adj. *Mon pantalon est un peu usé, mais il est encore portable.* = Mettable. **B-** n.m. = Appareil portable (téléphone, micro-ordinateur…).

portail : [de **porte**] n.m. (plur. portails) *J'ouvre le portail pour faire entrer la voiture.* = Porte, poterne, portique.

portatif : [de **porter**] adj. (f. portative) *Un ordinateur portatif.* = Portable, transportable.

porte : n.f. **1-** = Portail, portière. ■ **prendre la porte :** = Sortir. ■ **mettre quelqu'un à la porte :** = Chasser, renvoyer. **2-** = Échappatoire, issue. ■ **frapper à la bonne porte :** = S'adresser à la bonne personne.

porte-bonheur : [de **porter** et de **bonheur**] n.m. inv. *Je porte toujours cette chaîne : pour moi, c'est un porte-bonheur.* = Amulette, mascotte, talisman, fétiche. ≠ Porte-malheur.

porte-documents : [de **porter** et de **documents**] n.m. inv. = Attaché-case.

portée : [de **porter**] n.f. **1-** = Effet, impact. ■ **être à portée de voix :** *Les enfants jouent dans le jardin, ils sont à portée de voix.* = Qui peut être entendu. **2-** = Niveau. ■ **être à la portée de quelqu'un :** *C'est un exercice facile, il est à la portée de tout le monde.* = Être accessible.

porte-fenêtre : [de **porte** et de **fenêtre**] n.f. (plur. portes-fenêtres). *Dans ce palais, des portes-fenêtres donnent sur le grand salon.* = Fenêtre.

portefeuille : [de **porter** et de **feuille**] n.m. = Porte-billets, porte-cartes.

portemanteau : [de **porter** et de **manteau**] n.m. (plur. portemanteaux) *Il y a un portemanteau dans l'entrée pour accrocher sa veste.* = Cintre

porte-monnaie : [de **porter** et de **monnaie**] n.m. inv. = Bourse, finance.

porter : v. **1-** *Il porte un lourd fardeau.* = Soutenir, tenir, coltiner, trimbaler. ≠ Déposer, poser. **2-** *Pour le mariage de mon frère, je porterai une robe neuve.* = Mettre. ≠ Enlever, retirer. **3-** *La chatte porte des petits qui vont bientôt naître.* = Engendrer. **4-** *Ce poirier porte beaucoup de poires.* = Produire, donner. **5-** = Emporter, apporter, charrier, transporter. **6 -** *Ses observations ont porté.* = Toucher un objectif. **7-** *Sa tête a porté contre le poteau.* = Heurter. ■ **se porter :** v. pron. **1-** *Se porter bien ou mal.* = Aller. **2-** *Il s'est porté candidat aux élections.* = Se présenter.

porteur : [de la famille de **porter**] n.m. **1-** *Un porteur m'a accompagné et a mis mes valises dans le train.*= Coursier, livreur, sherpa. **2-** *Cette lettre est arrivée par porteur.* = Messager, commissionnaire, facteur. **3-** *Les policiers ont découvert qu'il était porteur d'une arme .*= Détenteur.

portier : [de la famille de **porte**] n.m. = Concierge, gardien. ■ **portière :** n.f. **1-** *Attention aux doigts en claquant la portière !* = Porte. **2-** = Rideau.

■ **portion :** n.f. **1-** *Nous circulons sur une portion de route non goudronnée.* = Segment, tronçon bout, partage, partie, morceau, parcelle. **2-** = Part, ration, tranche.

portique : n.m. *Les colonnes du portique sont surmontées de chapiteaux sculptés.* = Porche, nartex, péristyle.

portrait : n.m. **1-** = Dessin, photographie, tableau, effigie, caricature, image, peinture. **2-** *C'est tout le portrait de son père.* = Ressemblance. **3-** *Le professeur nous a demandé de tracer un portrait de notre famille : de décrire notre famille en racontant son histoire.* = Description.

pose : [de **poser**] n.f. **1-** *Ce matin, je dois être là, pour la pose de la moquette.* = Installation, montage, mise en place. ≠ Dépose. **2-** *Le photographe m'a demandé de garder la pose très longtemps.* = Attitude, allure, maintien, posture, contenance.≠ Simplicité, instantanné ■ **posé(e) :** adj. = Calme, sérieux, réfléchi. ≠ Brusque, étourdi, fougueux. ■ **posément :** adv. = Calmement, doucement, lentement. ≠ Brusquement, étourdiment, précipitamment.

poser : v. **1-** *En arrivant, j'ai posé mes paquets dans l'entrée.* = Mettre, déposer, placer, étaler. ≠ Lever, ôter. **2-** *Nous faisons poser une nouvelle serrure.* = Installer, adapter, monter. ≠ Déposer, enlever. **3-** *Il pose trop de questions.* = Interroger, questionner. **4-** *Elle pose pour le photographe.* = Se pavaner, plastronner. ■ **se poser :** v. pron. **1-** *L'oiseau se pose sur une branche.* = Atterrir. ≠ S'envoler. **2-** *Tous les yeux se posent sur lui.* = Fixer. **3-** *La question se pose.* = Exister.

positif : adj. (f. positive) *Le fait positif de la journée.* = Certain, évident,réel, sûr, incontestable, affirmatif. ≠ Chimérique, douteux, équivoque, évasif. ■ **un caractère positif :** = De sens pratique. ≠ Négatif. ■ **positivement :** adv. = Vraiment, réellement, complètement.≠ Négativement.

position : n.f. **1-** *Les livres sont rangés en position horizontale.* = Place, emplacement, disposition. **2-** *Pour qu'on sache où il est, le bateau indique sa position.* = Endroit, lieu, situation. **3-** *Elle écrit dans une position inconfortable.* = Attitude, posture. **4 -** fig. *Il a pris position en faveur d'un projet.* = Opinion, point de vue, conception, parti. ■ **rester sur ses positions :** = Ne pas changer d'avis.

posséder : v. **1-** *Ils possèdent une belle maison.* = Avoir à soi, être propriétaire, jouir de, détenir. **2-** *L'Irak possède d'importantes réserves de pétrole.* = Contenir, disposer de, abonder, renfermer. **3-** *Elle possède bien son sujet.* = Connaître, savoir. ■ **possédé(e) :** adj. et n. = Énergumène, furieux, excité, déraisonné, fou, furibond, démoniaque. ■ **possesseur :** n.m. = Dépositaire, détenteur, propriétaire. ■ **possessif :** adj. (f. possessive) *La mère possessive empêche son fils de s'exprimer librement.* = Aimant, exclusif. ■ **possession :** n.f. **1-** *Il a un trésor en sa possession.* = Jouissance, usufruit, propriété, bien, avoir, détention. ≠ Dépossession, privation. **2-** Connaissance, maîtrise.

possible : **A-** adj. **1-** *Tu peux trouver la solution à ce problème, c'est possible.* = Accessible, concevable, réalisable, faisable, facile, licite, permis. ≠ Impossible, infaisable. **2-** *Un retard du train est toujours possible.* = Éventuel, probable, envisageable, imaginable, vraisemblable. ≠ Effectif, invraisemblable. **B-** n.m. ■ **faire tout son possible :** = Faire ce que l'on peut. ■ **possibilité :** n.f. *Il semblerait qu'il n'y ait aucune possibilité de les réconcilier.* = Cas, espoir, chance, éventualité. **1-** = Capacité, faculté de faire quelque chose. **2-** *J'aimerais que tu viennes me voir si tu en as la possibilité.* = Moyen, occasion. ≠ Impossibilité, nécessité.

poster : v. *J'ai un colis à poster.* = Expédier, envoyer, adresser.

poste : n.m. **1-** = Place. ■ **poste de secours :** = Office du personnel médical. ■ **poste de police :** = Commissariat de police. **2-** *De mon poste, je vois tout ce que vous faites.* = Observatoire. **3-** *Il a un poste important au sein de l'entreprise.* = Emploi, attribution, fonction .**4-** *Un poste de radio, de télévision.* = Appareil, récepteur. ■ **poster :** v. *Il a posté un homme devant la banque.* = Placer, établir. ■ **se poster :** v. pron. *Elle s'est postée derrière la fenêtre pour surveiller les voisins.* = Se planter.

postiche : **1-** n.m. *Pour jouer ce rôle, il lui fallait des cheveux longs, elle porte donc un postiche.* = Perruque. **2-** adj. *Les cambrioleurs ont mis des barbes postiches.* = Artificiel, factice, faux, rapporté.

pot : n.m. *Un pot de yaourt, un pot de colle, un pot de confiture.* = Broc, bocal, cruche, pichet, chope.

potable : adj. **1-** *Cette eau est-elle potable ?* = Buvable. **2-** fam. *Son discours d'investiture est tout juste potable.* = Passable, acceptable.

potage : [de la famille de **pot**] n.m. = Soupe. ■ **potager :** adj. (f. potagère) *Les poireaux et les carottes sont des plantes potagères.* = Légume. ■ **un jardin potager :** = Potager, jardin.

poteau : n.m. *Un poteau électrique. Un poteau indicateur.* = Pieu.

potelé(e) : adj. *Un bébé potelé.* = Grassouillet, gras, charnu, enveloppé, moelleux, plein, dodu.

poterie : [de la famille de **pot**] n.f. = Terre, grès, argile, céramique..

potion : n.f. *C'est la potion idéale pour aider un patient à dormir.* = Médicament, drogue, médication, remède.

poubelle : n.f. *Dans notre immeuble, il y a des poubelles différentes pour jeter séparément les journaux et les bouteilles.* = Récipient, boîte.

pouce : **1-** n.m. = Gros orteil. ■ **se tourner les pouces :** = Paresser. **2-** Interj. *Pouce! Je ne joue plus!*= Stop.

poudre : n.f. **1-** *La lessive en poudre, le sucre en poudre.* = Poussière. **2-** *La poudre à canon.* = Explosif. ■ **poudreux :** adj. (f. poudreuse) = Poussiéreux. ■ **poudrer :** v. = Saupoudrer.

poulailler : [de **poule**] n.m. *Le renard est dans le poulailler.* = Basse-cour.

poule : n.f. = Poularde, fam. cocotte. ■ **poulet :** n.m. **1-** = Coquelet, chapon. **2-** = fam. Poulot, poussin, pousssinet. **3-** = Policier, fam. flic.

pouliche : n.f. *Dans le pré, on peut voir des poulains et des pouliches ensemble.* = Jument.

poulpe : n.m. = Pieuvre.

poupe : n.f. ≠ Proue.

poupée : n.f. **1-** *Elle joue souvent avec sa poupée.* = Baigneur, poupon. **2-** = Femme, pépée. ■**poupon :** n.m.= **1-** Bébé. **2-** Poupard.

pour : **A-** prép. **1-** *Dire un mot pour un autre.* = À la place de. **2-** *À son mariage, il a choisi son meilleur ami pour témoin.* = Comme. **3-** *Ils partent pour la campagne. Je travaille pour réussir.* = En direction de, avec le but de, afin de, destiné à, dans l'intention de, en vue de. **4-** *Elle est grande pour son âge.* = Par rapport à. **5-** *Cet amateur a les qualités d'un professionnel.* = Selon. **6-** *Il a été puni pour son insolence.* = À cause de. **7-** *Il est en prison pour dix ans.* = Pendant. **8-** *Votre voiture sera prête pour jeudi.* = Limite d'une durée. **9-** *Je te pardonne pour cette fois.* = Dans le cas présent. **B-** loc. conj. *Il lui offre un vélo pour qu'il se promène.* = Afin que. **C-** n.m. inv. ■**le pour et le contre :** *Avant de faire un choix, il pèse le pour et le contre.* = Les avantages et les inconvénients.

pourboire : [de **pour** et **boire**] n.m. *On donne un pourboire au restaurant, chez le coiffeur, pour exprimer sa satisfaction.* = Service, don, gratification, prime, rétribution, bakchich.

pourcentage : [de **pour cent**] n.m. *Il y a 60% de filles dans cette école.* = Coefficient, taux.

pourchasser : [de **pour** et de **chasser**] v. *Il pourchasse les injustices.* = Poursuivre, cerner, traquer.

pourpre : adj. = Rouge, écarlate, rubicond, vermeil, cramoisi.

pourquoi : [de **pour** et de **quoi**] **1-** adv. *Pourquoi as-tu fait cela ? Dis-moi pourquoi tu ne veux pas parler.* = Pour quelle raison, dans quel but. **2-** n.m. inv. *Il est curieux, il veut toujours savoir le pourquoi et le comment des choses.* = Cause, raison, motif.

pourrir : v. **1-** *Si l'on garde des fruits ou des légumes trop longtemps, ils pourrissent.* = Moisir, se putréfier, se corrompre, se décomposer, tourner, se gâter. **2-** *La pluie pourrit les cerises sur l'arbre.* = Abîmer, corrompre, décomposer, détériorer. **3-** fig. *Cette mère ne gâte pas son enfant, elle le pourrit !* = Gâter. ■**pourriture :** n.f. = Putréfaction, corruption.

poursuivre : [de **pour** et de **suivre**] v. **1-** *Le chasseur poursuit un cerf.* = Cerner, pourchasser, traquer, harceler. **2-** *Devenir danseuse étoile, c'est le but qu'elle poursuit depuis son plus jeune âge.* = Rechercher, persévérer. **3-** *Je dois poursuivre la mission.* = Continuer, maintenir. **4-** *Le chauffard est poursuivi pour délit de fuite après l'accident.* = Aller en justice. **5-** *Il ne sait pas quoi faire, l'ennui le poursuit.* = Obséder, harceler, tourmenter. ■**poursuite :** n.f. **1-** *Le chien s'élance à la poursuite du chat.* = Recherche. ≠ Arrêt, cessation. **2-** *Les mauvais payeurs sont susceptibles de poursuites en justice.* = Action en justice.

pourtant : [de **pour tant**] adv. *Tu as du mal à croire cette histoire, elle est pourtant vraie.* = En attendant, cependant, mais, néanmoins, toutefois.

pourvu que : loc. conj. **1-** *Pourvu qu'elle soit là demain !* = Espérons que. **2-** *Il peut jouer de la guitare autant qu'il veut pourvu que je ne l'entende pas.* = À condition que, du moment que, dès lors que.

pousser : v. **1-** *Viens m'aider à pousser cette table.* = Déplacer, charrier. ≠ Haler, immobiliser, tirer. **2-** *Ne poussez pas derrière !* = Écarter, chasser, repousser. **3-** *Les chiens de berger poussent les moutons vers la bergerie.* = Diriger, aiguillonner, exhorter. **4-** *Elle le pousse à reprendre ses études.*= Inciter, stimuler, soutenir, encourager. ≠ Dissuader, détourner, empêcher. ■**pousser un cri :** = Hurler. **5-** *Les chanterelles poussent en juillet.* = Grandir, apparaître, pointer, sortir. **6-** *En vacances à Venise, nous avons poussé jusqu'à Rome.* = Prolonger, continuer. ■**se pousser :** v. pron. *Les spectateurs se poussent devant la porte du cinéma.* = Se bousculer, se presser, se déplacer. ■**pousse :** n.f. *La pousse des feuilles.* = Bourgeon. ■**poussée :** n.f. **1-** *La poussée de l'eau sur un barrage.* = Pression, bourrade. **2-** *Une poussée de fièvre.*= Augmentation, hausse.

poussière : n.f. *Il y a de la poussière sur les meubles.* = Poussier, poudre, cendre, débris. ■**poussiéreux :** adj. (f. poussiéreuse) = Poudreux, sale.

poutre : n.f. *Les poutres qui constituent la charpente d'une maison soutiennent le toit.* = Madrier, longeron, poutrelle, bastaing, chevron, solive.

pouvoir : **A-** v. **1-** *Il peut encore gagner son match.* = Avoir la possibilité de, être apte à, être capable de, être en état de, avoir la force. **2-** *Pouvons-nous aller au cinéma ?* = Avoir le droit, l'autorisation, la permission. **B-** n.m. **1-** *J'ai le pouvoir de signer à sa place.* = Capacité, faculté, possibilité, don, mandat, mission, crédit. ≠ Impossibilité. **2-** *Un dictateur abuse de son pouvoir.* = Autorité, tyrannie, puissance, domination, emprise, ascendance. ≠ Impuissance.

prairie : n.f. *L'été, on peut voir les vaches et les moutons dans les prairies.* = Pré, pacage, herbage, pâturage.

praticable : [de **pratique**] adj. **1-** *Un chemin praticable.* = Carrossable. **2-** *Un projet praticable.* = Réalisable, applicable, possible. ≠ Impraticable.

pratique : **A-** adj. **1-** *Les travaux pratiques.* = Expérimental, empirique, pragmatique. ≠ Théorique. **2-** *Ces outils sont très pratiques.* = = Commode, ingénieux, aisé, facile, simple, utile. **B-** n.f. = Connaissance, expérience, habitude, coutume, tradition. ■**pratiquement :** adv. **1-** *On le pensait maladroit, mais pratiquement, il se débrouille très bien.* = Concrètement, en fait. **2-** *Il sait pratiquement nager.* =

Presque, à peu près, quasiment. ■**pratiquer :** v. *Elle pratique la danse une fois par semaine.* = Exercer, jouer à, s'adonner, se livrer à. ≠ S'abstenir, ignorer. ■ **se pratiquer :** v. pron. *Le ski se pratique été comme hiver.* = S'exercer, se faire.

pré : n.m. *Nous avons cueilli des fleurs dans le pré.* = Prairie, herbage, pacage, pâturage.

précaution : n.f. *Cet objet d'art est à manier avec précaution.* = Garantie, prévention, protection, mesure, prévoyance. ■**prendre ses précautions :** = S'entourer de garanties. ■**précautionneux :** adj. (f. précautionneuse) = Avisé, circonspect, mesuré, prévoyant, prudent, réfléchi, sage. ≠ Imprudent, étourdi, irréfléchi, malavisé. ■**précautionneusement :** adv. ≠ Imprudemment.

précédent(e) : 1- adj. = Antérieur, antécédent, précurseur. ■**jour précédent :** = Veille, hier. ≠ Suivant, subséquent. 2- n.m. *Cette décision de justice est un précédent.* = Exemple, référence, analogie. ■ **sans précédent :** *Ce qui m'arrive est sans précédent.* = Unique, inouï, extraordinaire. ■**précédemment :** adv. *Comme je vous l'ai dit précédemment...* = Auparavant, avant. ■**précéder :** v. 1- *Je te précède pour te montrer le chemin.* = Devancer, dépasser. ≠ Suivre. 2- *Une grosse chaleur a précédé l'orage.* = Se produire avant.

précieux : adj. (f. précieuse) 1- *Le saphir est une pierre précieuse.* = De grande valeur, inestimable, rare. ≠ Commun, naturel, simple. 2- *Cette amie m'est précieuse.* = Inestimable, irremplaçable, adulé, aimé, apprécié. ■**précieusement :** adv. *Elle garde précieusement les photos de son enfance.* = Jalousement, pieusement, soigneusement. ≠ Simplement.

précipice : n.m. *Il a pris une route qui longeait un précipice.* = Abîme, abysse, cavité, crevasse, gouffre.

précipiter : [de **précipice**] v. 1- *Un éboulement a précipité des rochers dans la vallée.* = Tomber, plonger. 2- *À l'annonce d'une mauvaise nouvelle, il a précipité son départ.* = Accélérer, activer, hâter, brusquer. ≠ Retarder, ralentir, différer, attendre. ■**se précipiter :** v. pron. 1- *Le parachutiste se précipite dans le vide.* = Se jeter, se fondre, s'abattre. 2-*Les secouristes se précipitent vers un blessé.* = S'élancer, se ruer, s'empresser. 3- *Pendant la course, les battements du cœur des coureurs se précipitent.* = S'accélérer.■**précipitamment :** adv. = Rapidement. ≠ Lentement, posément. ■**précipitation :** n.f. 1- *Dans la précipitation, il a oublié toutes ses affaires.* = Hâte, irréflexion. ≠ Lenteur. 2- n.f. plur. = Chutes d'eau, pluie, grêle, neige...

précis(e) : adj. 1- Il sait *de façon précise ce qu'il a à faire.* = Clair, net, détaillé, explicite. ≠ Imprécis, flou, diffus, fumeux, obscur, vague. 2- *Prenons rendez-vous pour une date et une heure précises.* = Exact, juste, pile, sonnant, rigoureux. ≠ Approximatif, approchant. 3- *Le train sera là à 8 heures précises.* = À l'heure, ponctuel. ■**précisément :** adv. *Voilà précisément ce que je recherche !* = Exactement, justement. ≠ Vaguement, approximativement, environ, ambigument, confusément. ■**préciser :** v. = Déterminer, établir, fixer,spécifier. ≠ Estomper. ■**précision :** n.f. 1- *Il indique l'endroit avec précision.* = Netteté, clarté, régularité. ≠ Ambiguïté, confusion, imprécision, incertitude, indécision. 2- *La gymnaste exécute son exercice avec précision.* = Exactitude, justesse, soin, rigueur. ≠ Approximation. 3- *Donne-moi davantage de précisions sur ce projet.*= Information, renseignement, communication, détail. ≠ Généralité.

précoce : adj. 1- *Cet enfant est précoce, à quatre ans il sait déjà lire.* = Avancé, prématuré. ≠ Arriéré, attardé, retardé. 2- *L'hiver est précoce, il gèle déjà en novembre !* = Hâtif, précipité. ≠ Tardif. ■**précocement :** adv. ≠ Tardivement. ■**précocité :** n.f. Caractère d'une personne ou d'une chose précoce.

prédécesseur : n.m *Le prédécesseur de Charles X était Louis XVIII.* = Devancier, ancêtre, précurseur. ≠ Successeur.

prédire : v. *Elle prétend prédire l'avenir, mais se trompe souvent.* = Annoncer, entrevoir, pronostiquer, prophétiser. ■**prédicateur :** n.m. Orateur, prêcheur. ■ **prédiction :** n.f. *Ses prédictions étaient fausses, rien de ce qu'il a dit n'est arrivé.* = Prophétie, pronostic.

prédominer : [de **dominer**] v. = Emporter, prévaloir, primer, dominer, régner.

préface : n.f. = Avant-propos, préambule, commencement, prologue, prélude, introduction, préliminaire. ≠ Conclusion.

préfecture : [de **préfet**] n.f. 1- = Chef-lieu.

préférer : v. 1- *Ce soir, je ne sors pas, je préfère rester chez moi.* = Avantager, choisir, incliner, privilégier, pencher pour, aimer mieux ≠ Haïr, rejeter. ■**préféré(e) :** adj. et n. Que l'on préfère. *Une élève préférée. Son fils aîné est son préféré.* = Favori, chouchou. ■**préférence :** n.f. *Quelle est ta préférence, l'aile ou la cuisse de poulet ?* = Prédilection, affinité, attirance, sympathie, goût, inclinaison, tendresse, faible, faiblesse. ■**préférable :** adj. = Meilleur, mieux. ■**il est préférable :** Il vaut mieux.

préfixe : n.m. *Déplacer. Sous-estimer. « Dé » et « sous » sont des préfixes.* ≠ Suffixe.

préhistoire : [d'**histoire**] n.f. = Anthropologie, archéologie, ethnologie.≠ Histoire.

prélasser (se) : v. pron. *Cyril s'est prélassé tout l'après-midi au bord de la piscine.* = S'abandonner, se reposer, paresser, s'allonger, se laisser aller.

prélever : [de **lever**] v. = Retirer, enlever, extraire, retenir. ■**prélever de l'argent :** *Il a prélevé une partie de l'argent que je lui avais confié pour les courses.* = Retrancher. ■**prélèvement :** n.m. = Prise.

prélude : n.m. *Les regards furieux qu'ils échangent sont le prélude à une dispute.*= Annonce, commencement, préliminaire, préambule, prologue, introduction, début. ≠ Conclusion.

prématuré(e) : adj. = Hâtif, précoce, précipité, avancé. ≠ Tardif. ■**c'est prématuré :** c'est trop tôt. ■ **prématurément :** adv. *Mon petit frère est né prématurément.* = Avant terme.

préméditer : v. *Le meurtrier avait prémédité son crime.* = Envisager, prévoir, imaginer, projeter, calculer. ■**prémédité(e) :** adj. = Calculé, mûri, préparé, intentionnel. ■**préméditation :** n.f. *L'accusé est coupable de tentative de meurtre avec préméditation.* = Dessein.

premier : (f. première) **A-** adj. = Initial, originel, primitif, meilleur, dominant, primordial, principal. ≠ Dernier, extrême, suprême, ultime. ■**en premier :** en tête, au premier rang. **B-** n.m. Meilleur. ≠ Inférieur. **C-** n. ■**jeune premier (première) :** = Acteur (actrice) qui joue les rôles d'amoureux, de séducteur ■**premièrement :** adv. = D'abord, en premier lieu. ≠ Ensuite.

prendre : v. **1-** *Je prends mon manteau et j'arrive.* = Attraper, saisir, emporter, mettre. ≠ Lacher, jeter, abandonner, écarter, laisser, quitter, perdre. **2-** *Si tu vas à la boulangerie, sois gentil de me prendre un gâteau.* = Acheter, se servir. **3-***Je te prendrai à midi rue Charles-Baudelaire.* = Emmener. **4-** *Je prends le train à 8 heures.* = Emprunter. **5-** *Je prends un raccourci pour rentrer chez moi.* = Suivre. **6-** *Elle est en train de prendre son petit déjeuner.* = Avaler, manger, boire, consommer. **7-** *Il prend des gants pour lui parler* = Utiliser un moyen. **8-** ■ **prendre son temps :** *Elle prend son temps pour se maquiller.* = Ne pas se dépêcher. **9-** *Le taxi m'a pris 20 euros pour venir jusque-là.* = Demander une somme d'argent. **10-** *Le gendarme a pris le voleur.* = Arrêter. **11-** *Repeindre l'appartement prendra quinze jours.* = Utiliser du temps. **12-** *Je peux prendre un message pour lui?* = Transmettre. **13-** *Prends ce cadeau, c'est pour toi.* = Accepter. ≠ Donner, offrir. **14-** *Il prend des leçons de latin.* = Se faire donner. **15-** *Il est vite fatigué, il prend de l'âge.* = Changer d'aspect. **16-** *Tu n'obtiendras rien de lui si tu ne le prends pas par la douceur.* = Traiter, utiliser, procéder. **17-** *J'ai failli me noyer, depuis ce jour j'ai pris l'eau en horreur.* = Avoir un sentiment. **18-** *Il prend très mal la disparition de son chien.* = Recevoir bien ou mal des paroles, un événement. **19-** *La bouture de géranium prend bien.* = Réussir. **20-** *La mayonnaise prend.* = Épaissir. **21-** *Le feu a pris dans la cheminée.* = Commencer. ■**se prendre :** v. pron. ■**se prendre pour :** *Il se prend pour Napoléon.* = Se croire. ■**s'en prendre à :** *Il s'en prend à quelqu'un.* = Attaquer, incriminer. ■**s'y prendre (bien ou mal) :** = Procéder.

prénom : [de **nom**] n.m. fam. = Petit nom. ■**prénommer :** v. = Appeler, nommer.

préoccuper : [d'**occuper**] v. *Ses problèmes de santé le préoccupent.* = Absorber, contrarier, ennuyer, hanter, harceler, tourmenter, poursuivre, obséder, penser, soucier, tracasser. ≠ Se désintéresser, se moquer. ■ **préoccupé :** = adj. anxieux, ennuyé, soucieux, tourmenté, tracassé, absorbé. ■**se préoccuper :** v. pron. *Elle se préoccupe de sa santé.* S'inquiéter, se soucier. ■**préoccupant(e) :** adj. *La ville est encerclée par les soldats, la situation est préoccupante.* = Inquiétant, alarmant. ■**préoccupation :** n.f. *Sa principale préoccupation est l'éducation de ses enfants.* = Inquiétude, souci, contrariété, mécontentement, tourment, tracas, obsession.

préparer : [de **parer**] v. **1-** *Ils préparent leurs valises pour les vacances.* = Organiser, faire, dresser, disposer, concevoir, placer, élaborer. ≠ Accomplir, improviser, réaliser. **2-** *Elle arrive demain, alors je prépare sa chambre.* = Arranger, apprêter. **3-** *Préparer un examen.* = Étudier, travailler à. ■**se préparer :** v. pron. **1-** *Il se prépare à partir.* = Se disposer à, s'apprêter à. **2-** *Un orage se prépare, je vois des éclairs.*= S'annoncer, arriver. ■**préparatifs :** n.m. plur. *Toutes les valises sont là, car nous sommes dans les préparatifs du départ.* = Apprêts. ■**préparation :** n.f. *La préparation de ce plat m'a demandé beaucoup de temps.* = Action de rendre prêt. ≠ Accomplissement.

près : **A-** adv. *Elle habite tout près, c'est notre voisine.* = À côté, à petite distance, proche, voisin, à deux pas. ≠ Loin. ■**regarder de près :** *J'ai regardé de près comment le jardinier plante un rosier.* = Attentivement. ■**à peu près :** *Il a quarante ans à peu près.* = Environ, presque, sensiblement, autour de. **B- près de :** loc. prép. **1-** *J'habite près de Paris.* = À faible distance, à côté de, proche de, à proximité, à deux doigts de. **2-** *Il est près de 8 h., dépêche-toi!* = Imminent, bientôt.

prescrire : [d'**écrire**] v. *Le médecin prescrit des médicaments à prendre trois fois par jour.* = Ordonner, recommander, imposer.

présent(e) : **A-** adj. **1-** *Le maire était présent à la fête de l'école.* = Témoin, spectateur. ≠ Absent. **2-** *Il voudrait surmonter ses difficultés présentes et progresser.* = Actuel, en vigueur. ≠ Ancien, abstrait, absent. **B-** n.m. **1-** *Il ne s'occupe ni du passé ni de l'avenir, il vit dans le présent.* = Actualité, aujourd'hui, maintenant. ≠ Avenir, futur, passé. ■**à présent :** = Maintenant. ■ **présence :** n.f. Existence. ≠ Absence, carence, faute, manque. ■**en présence de quelqu'un :** *Je ne répondrai qu'en présence de mon avocat*.= À la vue de. ■**en présence :** *Les adversaires en présence s'apprêtent à la bagarre.* = Face à face. **2-** = Aumône, don, cadeau, bienfait,gratification.

présenter : v. **1-** *Nous devons présenter nos billets avant d'entrer au musée.* = Montrer, apporter, donner, étaler, proposer. **2-** *La bibliothécaire présente un nouveau livre.* = Exposer, exhiber. ■**présenter une émission :** = Être l'animateur. ■**présenter des excuses :** = S'excuser. ■**se présenter :** v. pron. **1-** *Des difficultés se présentent, nous devons annuler notre projet.*= Survenir. **2-** *Il doit se présenter à 9 h pour passer une radio.* = Comparaître, apparaître, passer. **3-** *Le nouveau maître se présente à ses élèves.* = Se faire connaître. **4-** *Il se présente au bac cette année.* = Se porter candidat. ■**présentation :** n.f. **1-** *Elle rêve d'assister à une présentation de mode.* = Exhibition, exposition.

préserver : v. *Trouvons un abri pour nous préserver du froid.* = Protéger, aider, défendre, épargner, garder, couvrir, immuniser, secourir, soutenir. ≠ Contaminer, gâter. ■**préservation :** n.f. *Il s'occupe de la préservation des espèces en voie de disparition.* = Sauvegarde, protection.

président(e) : n. **1-** = Chef de l'État, chef du gouvernement. **2-** *Un président-directeur général (PDG).* ■**présidence :** n.f. *Le directeur assure la présidence du conseil.* = Autorité, direction, gestion, tutelle. ■**présider :** v. **1-** *Il préside l'assemblée des copropriétaires de l'immeuble.* = Régner sur, diriger, organiser.

presque : [de **près** et **que**] adv. *J'y suis presque parvenu.* = À peu près, quasiment. ≠ Absolument, complètement, tout.

presqu'île : [de **presque** et d'**île**] n.f. *La presqu'île du Cap-Ferret.*= Péninsule.

pressant(e) : [de **presser**] adj. **1-** *Elle a un besoin pressant de prendre l'air.* = Urgent, contraignant, impérieux, impératif, pressé. **2-** *Elle trouve cet homme un peu trop pressant.* = Insistant. **pressé(e) :** adj. **1-** = Urgent, impatient, prompt, rapide,vif.

pressentiment : [de **pressentir**] n.m. *J'avais le pressentiment qu'il se passerait quelque chose.* = Intuition, appréhension, instinct, flair, prémonition, sens.

presser : v. **1-** *Tous les matins, je presse une orange pour mon petit déjeuner.* = Serrer, extraire, broyer, écraser. **2-** *Pour faire du vin, on presse le raisin.* = Pressurer. **3-** *Si tu presses le bouton, l'ascenseur va monter.* = Appuyer, comprimer. ≠ Effleurer, écarter. **4-** *Il s'est pressé de quitter la maison.* = Hâter, accélérer, précipiter, stimuler, pousser à, encourager à, exhorter à, harceler. ≠ Attendre, atermoyer. ■ **se presser :** v. pron. **1-** = Se dépêcher, se hâter, fam. se grouiller, se manier. ≠ Prendre son temps. **2-** *Une foule de gens se pressait pour voir les acteurs.* = Se tasser, se bousculer, s'entasser. ■**pression :** n.f. **1-** *Une pression des doigts, une pression de la main.* = Force, compression. **2-** ■**pression atmosphérique :** = Anticyclone, dépression, poussée. **3-** *Il subit la pression de ses parents pour le choix d'un métier.* = Influence, contrainte, chantage, exigence. ■**être sous pression :** = Être énervé.

prestidigitateur : n.m. (f. prestidigitatrice) *À l'anniversaire d'Élodie, il y avait un prestidigitateur qui a fait apparaître des colombes.* = Magicien, manipulateur, illusionniste. ■**prestidigitation :** n.f. = Magie.

prestige : n.m. *Les vins français jouissent d'un grand prestige à l'étranger.* = Éclat, attrait, renommée, ascendant, importance, séduction. ■**prestigieux :** adj. (f. prestigieuse) *La Callas est une artiste prestigieuse.* = Admirable, étonnant, fascinant, extraordinaire, prodigieux.

prêt : [de **prêter**] n.m. = Avance, crédit, emprunt, subvention.

prêt(e) : [de **prêter**] adj. **1-** *Elle a fait ses valises, elle est prête à partir.* = Disposé, décidé, paré. **2-** *Passez à table, le dîner est prêt.* = Achevé, fini.

prétendre : v. **1-** *Il prétend que son retard est dû à une panne de voiture.* = Soutenir, affirmer, insinuer, assurer, avancer. **2-** *Je ne prétends pas être sans défauts, mais je suis honnête.* = Être sûr, avoir la prétention de, ambitionner, revendiquer, paraître. ■**prétendu(e) :** adj. *Ce prétendu prince étranger, en réalité c'est un escroc.* = Supposé, soi-disant, faux. ■**prétention :** n.f. **1-** *Il a la prétention d'être un homme très cultivé.* = Fatuité, présomption, pédantisme, vanité, désir, outrecuidance, suffisance, arrogance. ≠ Modestie, simplicité. **2-** *Il voudrait devenir général des armées, il a de grandes prétentions !* = Ambition, exigence. ■**prétentieux :** n. ou adj. (f. prétentieuse) = Vaniteux, présomptueux, vantard, fam. crâneur, bêcheur, m'as-tu vu. ≠ Humble, modeste.

prêter : v. **1-** *Il m'a prêté sa voiture.*= Confier, allouer, affecter, attribuer. ≠ Emprunter, rendre, restituer. ■**prêter l'oreille :** = Écouter avec attention. ■ **prêter attention :** = Faire attention. ■**prêter serment :** = Jurer. ■**prêter main-forte :** = Aider. **2-** *On me prête des paroles que je n'ai jamais dites.*= Supposer, attribuer. ■**se prêter :** v. pron. Elle se prête à tous mes caprices. = Consentir. ■**prêteur :** adj. et n. (f. prêteuse) ≠ Emprunteur.

prétexte : n.m. *Il n'a pas travaillé sous prétexte qu'il est malade.* = Argument, excuse, subterfuge, motif, alibi, raison, mobile, cause. ■**prétexter :** v. *Elle a prétexté un rendez-vous pour m'éviter.* = Alléguer, objecter, arguer, avancer, invoquer, opposer.

prêtre : n.m. = Curé, aumônier, ecclesiastique, abbé, vicaire, pasteur. ■ **prêtresse :** n.f. Bacchante, pythie, vestale.

preuve : [de **prouver**] n.f. **1-** *Il a fourni la preuve de sa culpabilité.* = Argument, évidence, illustration, conviction, assurance, gage, témoignage. ■ **faire preuve de :** *Il a fait preuve de courage.* = Montrer. ■ **faire ses preuves :** = Montrer de quoi on est capable.

prévenir : v. *Il faut prévenir le médecin.*= Avertir, alerter, anticiper, informer, aviser, devancer, détourner, éviter. ≠ Tarder, exciter, provoquer, se taire. ■ **prévenu(e) :** n. *« Faites entrer le prévenu », demande le juge.* = Accusé, inculpé. ■ **prévenant(e) :** adj. Il *est prévenant, toujours prêt à aider son prochain.* = Aimable, attentionné, complaisant, dévoué. ≠ Désagréable, hostile, indifférent. ■ **prévenance :** n.f. *Il entoure ses amis de prévenances.* = Attention, délicatesse, gentillesse, amabilité, complaisance. ■ **préventif :** adj. (f. préventive) *Il se fait vacciner contre la grippe à titre préventif.* = Prophylactique. ■ **prévention :** n.f. = Mesure préventive.

prévisible : [de **prévoir**] adj. *Un accident prévisible.* ≠ Imprévisible. ■ **prévision :** n.f. = Prospective, calcul, estimation, pronostic, hypothèse, probabilité, anticipation, projection, programmation. ≠ Imprévision.

prévoir : [de **voir**] v. **1-** = Imaginer, pressentir, prophétiser, pronostiquer, envisager, imaginer, s'attendre à. *J'avais prévu qu'il pleuverait.* **2-** *Vous avez tout prévu.* = Organiser, préparer. ■ **prévoyant(e) :** adj. = Prudent, avisé, circonspect, réfléchi, sage, précautionneux. ≠ Insouciant, imprévoyant.

prier : v. **1-** *Les fidèles prient Dieu avec recueillement.* = Invoquer, se recueillir. **2-** *Je vous prie d'être poli.* = Demander, supplier, conjurer, implorer, adjurer, solliciter, inviter à. ■ **se faire prier :** = Finir par accepter. ■ **prière :** n.f. **1-** = Litanie, méditation, invocation. *Le muezzin appelle à la prière.* **2-** *Prière de laisser cet endroit aussi propre en sortant que vous l'avez trouvé en entrant.* = Demande, appel, requête, supplication, sollicitation, adjuration, supplique.

primaire : adj. ≠ Secondaire.

primeur : n.f. = Prémices. ■ **avoir la primeur de la nouvelle :** = Connaître la nouvelle le premier.

primitif : adj. (f. primitive) **1-** *L'homme primitif vivait de chasse et de cueillette.* = Originel, initial, premier, rustique, archaïque, sauvage. ≠ Moderne, récent, civilisé, évolué. **2-** = Frustre, grossier, inculte. ■ **primitivement :** adj. = Originellement, initialement, originairement.

primordial(e) : adj. (plur. primordiaux) Ce chiffre est primordial dans le bilan. = Capital, essentiel, important, indispensable, fondamental, obligatoire, principal.

prince : n.m. (f. princesse) *Un prince charmant.* = Souverain, altesse, chef, monarque, roi, seigneur. ■ **princier :** adj. (f. princière) *Ils vivent dans une résidence princière.* = Somptueux, luxueux. ■ **princièrement :** adv. *Nous avons été reçus princièrement chez nos amis.* = Somptueusement, royalement, magnifiquement.

principal(e) : (plur. principaux) **A-** adj. **1-** *La mauvaise ambiance est la raison principale de son départ.* = Capital, essentiel, fondamental, indispensable, nécessaire, obligatoire, primordial, vital. ≠ Secondaire, accessoire. ■ **proposition principale :** ≠ Subordonnée. **B-** n. *Dans ce métier, le principal est d'être prudent.* = Essentiel, important. ■ **principalement :** adv. *Il se dispute avec tout le monde, principalement avec son frère.*= Avant tout, surtout, particulièrement, spécialement.

principe : n.m. **1-** *Vous devez respecter ce principe.* = Doctrine, dogme, postulat, hypothèse, origine, théorie. ≠ Conséquence, fin. ■ **en principe :** = Théoriquement. **2-** (souvent plur.) *Il est grossier et ne respecte pas les principes élémentaires de la politesse.*= Règle de conduite, loi, rudiments. ≠ Exception.

printemps : n.m. ≠ Automne, arrière-saison.

priorité : n.f. **1-** ■ **en priorité :** = En premier, avant toute chose.

prise : [de **prendre**] n.f. **1-** *C'est une bonne prise.* = Butin, capture, enlèvement. ■ **être aux prises avec :** = Se battre, lutter contre. **2-** = *L'alpiniste cherche une prise pour s'agripper à la paroi.* = Préhension. **3-** *La prise de la Bastille a eu lieu le 14 juillet 1789.* = Conquête. **4-** *Le pêcheur a fait une belle prise, une énorme carpe.* = Proie. ■ **prise de sang :** = Prélèvement. ■ **prises de vues :** = Tournage d'un film. ■ **prise de son :** = Enregistrement.

prison : n.f. **1-** *Ce délinquant est en prison depuis trois mois.* = Cachot, cellule, geôle, pénitencier, maison d'arrêt. **2-** *Il est condamné à dix ans de prison.* = Emprisonnement, incarcération, détention. ≠ Liberté. ■ **prisonnier :** (f. prisonnière) n. et adj. *Des soldats ennemis sont enfermés dans un camp de prisonniers.* = Captif, détenu, interné, fam. taulard, bagnard≠ Libre, évadé.

privé(e) : **A-** adj. *Il ne saura rien sur ma vie privée.* = Personnel, individuel, particulier, intime. ≠ Public.

priver : v. Elle a été privée de sortie = Déposséder, frustrer, enlever, démunir, dépouiller, déshériter, spolier, sevrer. ≠ Donner, fournir, gratifier, nantir. ■ **se priver :** v. pron. *Il est au régime, il se prive de chocolat.* = Se refuser, se passer, s'empêcher de, se retenir de. ■ **privation :** n.f. *Il supporte mal la privation de liberté.* = Manque, dépouillement, pénurie, restriction, suppression, abstinence. ≠ Jouissance.

privilège : n.m. *Le 4 août 1789, la noblesse renonce à ses privilèges.* = Avantage, bénéfice, monopole, passe-droit, prérogative, supériorité, honneur. ■ **privilégier :** v. *Il privilégie le sport et néglige ses études.* = Favoriser, avantager. ≠ Désavantager, défavoriser. ■ **privilégié(e) :** adj. et n. *Ils font partie des privilégiés qui s'offrent souvent de longs voyages.* = Avantagé, favorisé. ≠ Défavorisé, déshérité.

prix : n.m. **1-** *Le prix de ce livre est de 18 euros.* = Montant, somme, addition, taux, facture, tarif. ■ **hors de prix :** = Très cher. **2-** *Elle attache beaucoup de prix à la réussite de ses enfants.* = Importance, valeur ■ **à tout prix :** *Il veut partir à tout prix.*= Coûte que coûte, absolument. **3-** *Il a obtenu le prix Goncourt.* = Récompense, mise, rétribution.

probable : adj. *Il est probable qu'il réussisse ses examens.* = Vraisemblable, possible, plausible. ≠ Improbable, certain, douteux, invraisemblable. ■ **probablement :** adv. *J'irai probablement chez mes cousins aux prochaines vacances.* = Vraisemblablement, sans doute, peut-être. ■ **probabilité :** n.f. *La probabilité que je gagne est faible.*= Vraisemblance, conjecture, chances, éventualité, perspectives. ≠ Certitude, improbabilité, impossibilité.

problèmatique : adj = Hasardeux, douteux, aléatoire, hypothétique, équivoque.

problème : n.m. *Il est retardé par des problèmes de circulation sur la route.* = Difficulté, ennui, cassetête, énigme.

prochain(e) : **A-** adj. **1-** *Je descends au prochain arrêt. À mercredi prochain !*= Suivant, voisin, imminent, proche. ≠ Lointain, dernier. **2-** *Nous nous reverrons dans les jours prochains.* = À venir. ≠ Passé. **B-** n.f. fam. *Tu descends à la prochaine ?* = Station suivante. **C-** n.m. *Dire du mal de son prochain.* = Semblable, autrui. ■ **prochainement :** adv. = Bientôt, incessamment. ■ **proche : A-** adj. **1-** *Notre maison est proche de l'église. L'heure de l'apéritif est proche.* = Attenant, avoisinant, environnant. ≠ Éloigné. **2-** *Ce sont des amis très proches. Mes cousins sont de proches parents.* = Rapproché, intime. ≠ Lointain, éloigné. **3-** fig. *Ton devoir est proche de la perfection.* = Approchant. ≠ Différent, loin. **B-** n. *Elle vit seule à l'étranger, loin de ses proches.* = Parents, entourage, famille, amis.

proclamer : v. *Le boxeur a été proclamé vainqueur à la fin du troisième round.* = Annoncer, déclarer, divulguer, révéler, publier. ≠ Céler, taire. ■ **proclamation :** n.f. **1-** *La proclamation de la République a eu lieu le 22 septembre 1792.* = Publication, déclaration, appel, annonce, avis, communiqué.

procurer : v. **1-** = Donner, fournir, pourvoir, approvisionner, pourvoir, nantir. **2-** *La fête foraine nous procure beaucoup de plaisir.* = Occasionner, causer, apporter. ■ **se procurer :** v. pron. *Il se procure de l'argent par n'importe quel moyen.*= Trouver, acheter, acquérir.

produire : v. **1-** *Le Koweït est un pays qui produit du pétrole.* = Rapporter, fabriquer, fructifier. ≠ Détruire, consommer. **2-** *Ce spectacle a produit une forte impression sur le public.* = Provoquer, causer, faire naître, procurer, créer. ≠ Cacher. ■ **se produire :** v. pron. **1-** *En août 1999 s'est produite une éclipse totale du Soleil.* = Arriver, se passer, survenir, s'accomplir. **2-** *Elvis Presley ne s'est jamais produit à Paris.* = S'exhiber, se montrer, s'exposer. ■ **production :** n.f. *La production agricole d'un pays.* = Fabrication, rendement, ouvrage, produit, travail, œuvre. ≠ Destruction, consommation, distribution. ■ **producteur :** adj. et n. (f. productrice) = Entrepreneur, prestataire. ≠ Destructeur, consommateur, intermédiaire. *L'Espagne est un pays producteur de primeurs.* ■ **produit :** n.m. **1-** *Le maïs est un produit de la terre.* = Denrée, marchandise, récolte. **2-** = Substance. **3-** = Bénéfice, gain, résultat, recette, profit, rapport.

professeur : n.m. **1-** = Enseignant , précepteur, maître, pédagogue, abrév. Prof. ■ **professorat :** n.m. *Il est étudiant en histoire et envisage le professorat.* = Enseignement.

profession : n.f. **1-** *Il exerce la profession d'architecte.* = Métier, carrière, état, emploi, fonction, situation, tâche. **2-** *La profession médicale : l'ensemble des médecins.* = Corporation. ■ **professionnel :** (f. professionnelle) **A-** adj. **1-** = Corporatif. **2-** *Un footballeur professionnel.* = Qualifié. **B-** n. *Un professionnel de la mode.* = Spécialiste, fam. pro. ≠ Amateur, dilettante.

profil : n.m. = Ligne, silhouette, contour. ■ **de profil :** *Je l'ai vu de profil.* = De côté. ■ **se profiler :** v. pron. *La tour Eiffel se profile sur le ciel de Paris.* = Se découper, se dessiner, se détacher.

profit : n.m. **1-** *Ces vacances lui ont été d'un grand profit.* = Intérêt. ■ **au profit de quelqu'un :** = Au bénéfice de quelqu'un. ■ **tirer profit d'une situation :** = En tirer avantage. **2-** = Bénéfice, avantage, bénéfice, enrichissement, gain. ≠ Perte, désavantage, détriment, dommage, préjudice. ■ **profiter :** v. *Nous avons profité de ce jour férié pour partir trois jours à Londres.* = Bénéficier, profiter, jouir de, exploiter, se servir de, utiliser. ≠ Gâcher, négliger, perdre, rater. ■ **profitable :** adj. *Mes cours de français ont été profitables.* = Utile, payant, productif, salutaire, avantageux, intéressant, enrichissant, rémunérateur. ≠ Dommageable, néfaste.

profond(e) : adj. **1-** *Au large, la mer est profonde, on ne distingue pas le fond.* = Enfoui, encaissé, enfoncé. ≠ Plat, surface. **2-** *Une plaie profonde, des rides profondes.* = Creux. ≠ superficiel. **3-** *Un profond sommeil, une joie profonde.* = Absolu, complet, extrême, total. ≠ Faible, léger. **4-** *Des réflexions profondes, un livre profond.* = Réfléchi, pénétrant, obscur. ■ **profondément :** adv. **1-** *Il creuse profondément le sol desséché pour trouver de l'eau.* ≠ Superficiellement, à peine. **2-** *Elle s'ennuie profondément.* = Extrêmement. ≠ Légèrement, peu. ■ **profondeur :** n.f. **1-** *La profondeur d'un fossé.* = Epaisseur, abysse, fond, fosse.≠ Superficie, surface. **2-** Intelligence, force, pénétration, intensité, intelligence. ≠ Facilité, légèreté.

profusion : n.f. *Sous le sapin de Noël, il y avait une profusion de cadeaux.* = Démesure, opulence, prodigalité, richesse, abondance. ≠ Dénuement, rareté, avarice, économie, parcimonie. ■ **à profusion :** = Abondamment.

programme : n.m. **1-** *Une course en sac est au programme de la kermesse.* = Emploi du temps. **2-** *Le programme de télévision.* = Emission. **3-** *Quel programme as-tu prévu pour ce soir?* = Projet, plan, objectif.

progrès : n.m. **1-** *Grâce à moi, ila fait beaucoup de progrès.* = Amélioration, perfectionnement, progression. ≠ Arrêt, immobilité, recul. **2-** *Au XXe siècle, les techniques ont fait d'énormes progrès.*= Développement, évolution, essor, transformation, avancement. ≠ *Régression, décadence.* ■ **progresser :** v. **1-** = S'améliorer. **2-** *L'épidémie de gastro-entérite progresse.* = Avancer, se développer. ■ **progression :** n.f. *Vous êtes en nette progression.* = Évolution, croissance, avance, avancement, mutation, transformation. ≠ Recul, rétrogration, régression, interruption. ■ **progressif :** adj. (f. progressive) Qui se développe petit à petit, régulièrement. *L'évolution progressive d'une maladie.* = Graduel, progressiste. ≠ Dégressif, rétrograde, stationnaire. ■ **progressivement :** adv. *La pluie est arrivée progressivement.* = Graduellement, peu à peu, petit à petit. ≠ Brusquement.

proie : n.f. **1-** ■ **oiseau de proie :** = Rapace. **2-** = Victime. ■ **être la proie de :** *Le vent augmentait le brasier et, en un instant, la garrigue fut la proie des flammes.* = Être la victime. ■ **être en proie à :** *Depuis qu'il était revenu d'Afrique, il était en proie à des fièvres étranges.* = **Ê**tre tourmenté par.

projection : n.f. **1-** *Le volcan envoie des projections de lave brûlante.* = Jet ■ **projectile :** n.m. *Pendant le carnaval d'Iuréa, en Italie, les projectiles lancés sont des oranges.* = Balle, bombe, pierre. ■ **projecteur :** n.m. **1-** *Deux rangées de projecteurs éclairaient la scène.* = Spot. **2-** *Une projection de diapositives.* = Passe-vue.

projeter : v. **1-** *Il roule exprès dans les flaques pour projeter de l'eau sur les piétons.* = Éjecter, expulser, envoyer, cracher, catapulter, lancer, pousser. **2-** *On projette un dessin animé au cinéma.* = Passer, se profiler. **3-** *Nous projetons de partir en vacances.* = Avoir l'intention de, envisager, imaginer, préméditer, prévoir, ambitionner, songer, échafauder. ■ **projet :** n.m. *Il fait toujours des projets sur la comète.* = Intention, plan, programme, but, préméditation, étude. ≠ Exécution, réalisation.

prolonger : v. **1-** *Nous avons pu prolonger nos vacances d'une semaine.* = Faire durer. **2-** *Le sentier qui partait de la maison se prolongeait dans les bois.* = Rallonger. ≠ diminuer. ■ **prolongement :** n.m. **1-** = Continuation, allongement, augmentation, extension. ≠ Contraction, raccourcissement. **2-** plur. *Les prolongements d'une affaire, d'un conflit.* = Conséquences, répercussion suites. ■ **prolongation :** n.f. *Les deux équipes étant à égalité, elles ont joué les prolongations.* = Allongement, augmentation. ≠ Raccourcissement, diminution, cessation.

promener : [de **mener**] v. *Il promène son chien.* = Sortir, passer, déambuler, voyager, marcher. ■ **se promener :** v. pron. *Elle adore se promener dans la forêt à l'automne.* = Sortir, se balader, se déplacer. ■ **promenade :** n.f. **1-** *Nous partons en promenade dans la campagne.* = Balade, vadrouille. **2-** *La promenade des Anglais, à Nice, est très fréquentée.* = Avenue, cours, mail. ■ **promeneur :** n. (f. promeneuse) = Flâneur, passant.

promettre : v. *Il promet d'être sage.* = S'engager, assurer, garantir, jurer. ■ **se promettre :** v. pron. *Il s'est promis de retourner à Venise l'année prochaine.* = Décider de, faire le projet de, espérer. ■ **prometteur** : adj. (f. prometteuse) *Brillant dans ses études, il a un avenir prometteur.* = Plein de promesses. ■ **promesse :** n.f. = Engagement, serment, parole.

promontoire : n.m. Cap.

prôner : v. *Le professeur de musique prône une méthode ludique d'apprentissage du solfège.* = Préconiser, vanter, louer. ≠ Décrier, dénigrer, déprécier.

prononcer : v. **1-** *Il prononce bizarrement les «r».* = Articuler, proférer. **2-** *Le président du Comité olympique prononce le discours d'ouverture des Jeux.* = Dire, exprimer. ■ **se prononcer** : v. *La cour se prononcera après avoir délibéré.* = Rendre un jugement, prendre une décision. ■ **prononcé(e) :** adj. *Il a des rides prononcées sur le front.* = Profondément marqué, très visible. ≠ Imperceptible, indécis, insensible, faible. ■ **prononciation :** n.f. *Sa prononciation de l'anglais est désastreuse!* = Articulation, accent.

pronostic : n.m. **1-** *Les pronostics de courses hippiques.* = Prévision, prédiction. ■ **pronostiquer :** v. = Prévoir.

prophète : n. (f. prophétesse) *Nostradamus était médecin et prophète à la cour de Catherine de Médicis.* = Devin, augure. ■**prophétie :** n.f. Prédiction. ■**prophétiser :** v. Prédire.

propice : adj. *Demain, si le temps est propice, nous irons nous baigner dans le lac.* = Convenable, favorable. ≠ Adverse, contraire, défavorable, néfgaste, désastreux, fâcheux.

proportion : n.f. **1-** *Il connaît les proportions du gâteau marbré.* = Rapport, taux, pourcentage. **2-** *Les proportions harmonieuses de Notre-Dame de Paris.*= Équilibre, harmonie. **3-** plur. *Les inondations prennent des proportions considérables.* = Importance de quelque chose. ≠ Discordance, disproportion. ■**hors de proportion :** = Excessif. ■**proportionné(e) :** adj. *Son corps est bien proportionné, c'est une belle fille!* = Équilibré, harmonieux, beau. ≠ Disproportionné.

proposer : v. *On m'a proposé une partie de pêche.* = Soumettre, présenter, donner, offrir. ■**se proposer :** v. pron. *Notre voisine s'est proposée de nous accompagner en voiture.* = Avoir l'intention de, projeter. ■**propos :** n.m. (souvent plur.) *Ils échangent des propos banals sur la pluie et le beau temps.* = Discours, parole, dire, boniment. Dessein, intention, résolution. ■**à propos :** *À propos, as-tu de ses nouvelles?* = Au fait. ■**à tout propos :** *Il interrompt à tout propos la conversation du conférencier.* = Sans arrêt, à tout bout de champ. ■**hors de propos, mal à propos :** *Elle intervient toujours mal à propos.* = Sans raison sérieuse, au mauvais moment. ■**proposition :** n.f. **1-** *Une proposition malhonnête.* = Offre, suggestion, ouverture.

propre : **A-** adj. **1-** *Mon père et ma mère ont chacun leur propre voiture.* = Personnel, exclusif. ≠ Collectif, commun. ■**noms propres :** n ≠ Nom commun. ■**sens propre :** ≠ Sens figuré. **2-** *La camionnette n'est pas propre à transporter des chevaux, il faut un véhicule adapté.* = Convenable, propice, approprié. ≠ Impropre, incapable. **3-** *Sa robe est toute propre, elle vient d'être lavée.* = Blanc, immaculé, impeccable, net. ≠ Malpropre, crasseux. **4-** *Son travail est très propre.* = Appliqué, soigné. ≠ Négligé, sale, sali, taché. **B-** n.m. **1-** *Le rire est le propre de l'homme.* = Apanage, particularité. **2-** *Après un grand ménage, la maison sent le propre!* = Propreté. ■**mettre au propre :** = Recopier. ■**proprement :** adv. = Exactement, précisément, véritablement. ≠ Mal, malproprement, salement. ■**à proprement parler :** *À proprement parler, je ne m'attendais pas à cette nouvelle.* = À vrai dire. ■**proprement dit :** *Je n'habite pas Paris proprement dit, mais dans la banlieue.* = Exactement. ■**propreté :** n.f. = Soin, netteté, hygiène. ≠ Crasse, saleté, malpropreté.

propriété : n.f. **1-** *Mes parents ont acheté une maison, elle est leur propriété.* = Bien, jouissance, possesion, usage. ≠ Impropriété. **2-** *Un mur fait le tour de la propriété.* = Domaine, fonds, immeuble. **3-** *Les propriétés d'une plante.* Caractère, faculté, particularité, possibilité, pouvoir, qualité. ■**propriétaire :** n. *Le propriétaire du bar offre une tournée.* = Capitaliste, logeur, possesseur, bailleur, titulaire. Fam. proprio.

prospecter : v. = Explorer, examiner, étudier.

prospectus : n.m. *Il y a trop de prospectus dans ma boîte aux lettres.*= Brochure, feuille, programme, publicité, tract.

prospère : adj. *Son commerce est prospère.* = Heureux, florissant, abondant, fructueux, opulent, riche. ≠ Malheureux, misérable, pauvre. ■**prospérité :** n.f. *Je souhaite que sa prospérité dure toujours!* = Richesse, succès, fortune, bonheur, félicité, bien-être. ≠ Malheur, pauvreté, infortune, crise, dépresion marasme, ruine. ■**prospérer :** v. = Grossir, grandir, avancer, réussir, se développer, croître, s'étendre. ≠ Dépérir, échouer, péricliter.

prosterner (se) : v. pron. *Même les enfants du roi de Siam se prosternaient devant lui.* = Se courber, s'agenouiller, s'incliner. ■**prosternation :** n.f. = Prosternement.

protection : [de **protéger**] n.f. **1-** *Des gardes du corps assurent la protection du chef de l'État.* = Action de protéger. **2-** *Une porte blindée est une protection contre le vol.* = Ce qui protège d'un danger. **3-** = Mesures qui protègent. ■**protection sociale :** assurance-maladie, allocations familiales, Sécurité sociale… ■**protecteur :** (f. protectrice) **1-** n. *Il est le protecteur de tous les pauvres.* = Défenseur, mécène. **2-** adj. *Il enfile une combinaison protectrice avant une plongée sous-marine.* = Isolant.

protéger : v. **1-** *Au soleil, il faut protéger sa peau avec des crèmes solaires.* = Préserver, couvrir, garantir. ≠ Découvrir. **2-** *Une mère louve est prête à mourir pour protéger ses petits.* = Aider, défendre, secourir, sauvegarder, préserver, fortifier, blinder. ≠ Assaillir, attaquer, menacer, persécuter, tyranniser. **3-** *Il protège les arts contemporains.* = Aider, encourager, favoriser, soutenir. ≠ Disgracier. ■**se protéger :** v. pron. *Agressé, il n'a pas pu se protéger des coups.* = Se défendre, se préserver. ■**protégé(e) :** n. *Ce petit garçon craintif est le protégé des plus grands.* = Favori.

protester : v. **1-** *Les manifestants sont descendus dans la rue pour protester contre le dernier projet de loi.* = Déclarer son opposition, s'élever contre, nier, se rebeller, réclamer, se récrier, refuser, résister. ≠ Admettre, approuver, accepter, acquiescer, consentir, soutenir, croire. **2-** *Elle proteste de son innocence.* = Affirmer, assurer. ≠ Reconnaître. ■ **protestant(e) :** adj. et n. = Calviniste, huguenot, luthérien, parpaillot, réformé. ■ **protestantisme :** n.m. Religion chrétienne, issue de la Réforme (chrétiens qui refusaient l'autorité du pape). ■ **protestation :** n.f. *En dépit de ses protestations, je le crois coupable.* = Levée de bouclier, dénégation. ≠ Approbation, assentiment, approbation.

prototype : n.m. *Au Salon de l'auto, j'ai vu des prototypes de voitures.* = Modèle, étalon, original.

proue : n.f. *Une sirène ornait la proue du galion.* = Avant. ≠ Poupe, arrière.

prouesse : n.f. *Escalader le Mont-Blanc est une prouesse.* = Exploit, performance, record, haut fait.

prouver : v. *Le suspect a été relâché, son avocat a pu prouver qu'il était à l'étranger le jour du crime.* = Démontrer, établir, justifier, montrer, révéler, témoigner.

provenir : v. *La panne provient d'une fuite d'huile.* = Résulter, venir de, émaner. dériver, découler. ■ **provenance :** n.f. Lieu d'où vient quelque chose. *Le train en provenance de Marseille entre en gare.*

proverbe : n.m. *« L'appétit vient en mangeant », « L'habit ne fait pas le moine » sont des proverbes.* = Adage, aphorisme, dicton, maxime, sentence, pensée, parémiologie. ■ **proverbial(e) :** adj. (plur. proverbiaux) *Sa générosité est proverbiale.* = Célèbre, connu.

province : n.f. **1-** *La Bretagne, la Provence, la Normandie… sont des provinces françaises.* = Territoire. **2-** *Les loyers sont moins chers en province que dans la capitale.* ≠ Capitale.

proviseur : n. = Directeur.

provision : n.f. **1-** *Avant la traversée du désert, nous avons fait une grande provision d'eau.* = Réserve, stock, victuailles, approvisionnement, nourriture, vivres, aliment. **2-** = Avance, dépôt, acompte. **3-** plur. *Elle va tous les mardis au marché faire ses provisions.* = Commissions, courses, ravitaillement.

provisoire : 1- adj. *Après les inondations, il a fallu construire des abris provisoires pour loger les sinistrés.* = Bref, court, éphémère, passager, fugace, transitoire, intérimaire, temporaire. ≠ Définitif, durable, permanent. ■ **provisoirement :** adv. = Momentanément. ≠ Définitivement.

provocant(e) : adj. *Une attitude provocante.* = Agressif, aguichant, hardi. ≠ Apaisant, calmant, froid, réservé. ■ **provocation :** n.f. **1-** *Une provocation en duel.* = Défi, appel, incitation. ≠ Apaisement, défense. ■ **provocateur :** adj. ou n. (f. provocatrice) *C'est un provocateur, il aime à faire naître des conflits.* = Agitateur, agresseur, meneur.

provoquer : v. **1-** *Le marquis provoqua le baron en duel.* = Inciter, pousser, amener, défier. **2-** *Son insolence provoque la colère de son père.* = Occasionner, susciter, donner lieu à, faire naître, soulever, produire. **3-** *La chute d'une pierre provoqua une avalanche.* = Causer, entraîner. ≠ Amortir, apaiser, prévenir, essuyer, subir.

proximité : n.f. = Alentours, environs, contiguïté, imminence, voisinage. ■ **à proximité de :** *Il y a un distributeur d'argent à proximité de la Poste.* = Près de. ■ **de proximité :** *Loin du centre de la ville, nous avons la chance d'avoir des commerces de proximité.* = Très proche.

prudent(e) : adj. *Il faut être prudent quand on traverse la rue.* = Réfléchi, avisé, circonspect, prévoyant,mesuré, sage. ≠ Étourdi, insouciant, aventureux, imprévoyant, intrépide, imprudent. ■ **prudemment :** adv. Sagement, pas à pas. ≠ Imprudemment. ■ **prudence :** n.f. *On donne des conseils de prudence aux conducteurs de moto.* = Prévoyance, circonspection, pondération, précaution, mesure. ≠ Imprudence, égarement, imprévoyance, légèreté, timidité.

psychologie : n.f. = *Il manque de psychologie.* = Compréhension, intuition, mentalité, pénétration.

puant(e) : [de **puer**] adj. **1-** *Il a jeté des boules puantes dans la classe.* = Malodorant, fétide, nauséabond, pestilentiel, écœurant. ≠ Odoriférant, parfumé. **2-** fig. fam. *Parce que ses parents sont riches, Édouard est puant!* = Vaniteux, prétentieux. ■ **puanteur :** n.f. *La puanteur d'ordures en décomposition.* = Infection, pestilence, fétidité. ≠ Arôme.

puberté : n.f. = Adolescence, nubilité.

public : A- adj. (f. publique) **1-** *L'opinion publique est favorable à la politique de ce ministre.* = Populaire, collectif. **2-** *L'enseignement public, les services publics, le Trésor public.* = National, laïque. **3-** *Un jardin public, la voie publique.* ≠ Privé, individuel, particulier, domestique. **4-** *Un bruit public, la rumeur publique.* = Notoire, célébré, patent, reconnu, évident, manifeste. ≠ Intime, secret. **B-** n.m. **1-** *Le chantier est interdit au public.* = Foule, masse. **2-** *Ce chanteur se donne au public.* = Spectateurs, assistance, auditoire. ■ **publication :** n.f. *Dès sa publication, ce roman a eu un grand succès.* = Annonce, divulgation, tirage, édition, lancement, parution, sortie, promulgation.

publicité : [de **public**] n.f. *La publicité pour l'alcool est interdite à la télévision.* = Battage, bruit, propagande, réclame, fam. pub.

publier : [de **public**] v. **1-** *Il a publié un recueil de poèmes.* = Écrire, faire paraître, sortir, éditer, lancer, accoucher. **2-** *Les nouvelles lois sont publiées au* Journal officiel.= Annoncer, divulguer, promulguer.

puce : n.f. ■ **avoir, mettre la puce à l'oreille :** fam. = Être intrigué, avoir des soupçons.

pudeur : n.f. **1-** *À la piscine, sa pudeur l'empêche d'enlever ses vêtements devant les autres.* = Honte, chasteté, pruderie, vertu, décence, pudibonderie, gêne. ≠ Impudeur, indécence. **2-** *En certaines circonstances, elle a la pudeur de se taire.* = Retenue, réserve, modestie, discretion, délicatesse. ≠ Cynisme. ■ **pudique :** adj. = Discret, décent, chaste. ≠ Impudique, indécent, cru, cynique. ■ **pudiquement :** adv. ≠ Crûment.

puer : v. *Il pue l'alcool.* = Empester, empoisonner, fam. cocoter. ≠ Embaumer.

puis : adv. *Nous avons mangé au restaurant puis nous sommes allés au cinéma.* = Ensuite, alors, après. ■ **et puis :** = *Et puis s'il n'est pas content, c'est pareil !* = D'ailleurs, en outre, du reste.

puisque : [de **puis** et **que**] conj. *Puisque tu ne peux pas sortir, c'est moi qui viendrai chez toi.* = Étant donné que, dans la mesure où, comme, parce que.

puissant(e) : [de **pouvoir**] adj. **1-** *Le président des États-Unis d'Amérique est un homme puissant.* = Influent, considérable. **2-** *On lui donne un remède puissant pour lutter contre la douleur.* = Efficace, actif. **3-** *Il soulève des haltères de ses bras puissants.* = Fort, vigoureux, athlétique, musclé, viril. ≠ Faible, petit. ■ **puissance :** n.f. **1-** *La toute-puissance des lois.* = Pouvoir, autorité, influence, crédit. ≠ Impuissance, faiblesse. **2-** *Les grandes puissances économiques décident pour les pays pauvres.* = État, nation, pays. **3-** *La puissance d'un cyclone, d'une tempête, de la foudre.* = Énergie, force. **4-** *Le son du spectacle est d'une grande puissance.* = Intensité.

puits : n.m. *Il Il va chercher de l'eau au puits.* = Aven, gouffre, puisard. ■ **un puits de science :** = Savant, érudit.

pull-over ou **pull :** n.m. (plur. pull-overs, pulls) = Chandail.

pulluler : v. **1-** *L'humidité fait pulluler les champignons dans la forêt.* = Se multiplier, proliférer, foisonner, abonder. **2-** *Les moustiques pullulent près de l'étang.* = Fourmiller, grouiller, remuer.

pulpe : n.f. *J'adore la pulpe du jus d'orange fraîchement pressé.* = Chair, tissu.

pulsation : n.f. *À cause de sa fièvre, ses pulsations s'étaient accélérées.* = Pouls.

pulvériser : v. **1-** *Il s'amuse à pulvériser de la craie avec son talon.* = Concasser, écraser, moudre, piler, broyer. ≠ Agglomérer. **2** *Le brumisateur d'eau pulvérise de très fines gouttelettes.* = Vaporiser. **3-** fig. *Les bombes ont pulvérisé un village entier.* = Anéantir, détruire, écraser. ■ **pulvériser un record :** = Dépasser un record de beaucoup. ■ **pulvérisateur :** n.m. = Vaporisateur, atomiseur. ■ **pulvérisation :** n.f. = Vaporisation.

punir : v. **1-** *Il a été puni pour vol avec violences.* = Condamner, expier, châtier, sanctionner. ≠ Épargner, récompenser. ■ **punissable :** adj. *Les crimes et les délits sont punissables par la loi.* = Condamnable, répréhensible. ■ **punition :** n.f. *Les punitions corporelles sont interdites à l'école.* = Châtiment, sanction, correction, pénalité, pénitence, peine. ≠ Récompense.

pupille : **1-** n. *Les orphelins qui n'ont pas de tuteur sont les pupilles de l'État.* = Orphelin. **2-** n.f. *Les chats voient bien dans le noir parce que leurs pupilles sont totalement dilatées.* = Prunelle.

pupitre : n.m. *Les pupitres des musiciens de l'orchestre.* = Lutrin.

pur(e) : adj. **1-** *Le sirop de grenadine ne se boit pas pur, il faut y mettre de l'eau.* = Sans mélange, parfait. ≠ Impur, altéré, composite. **2-** *De l'eau pure, de l'air pur.* = Inaltéré, intact. ≠ Mauvais, vicié. **3-** *Quand il m'a proposé de m'aider, ses intentions étaient pures.* = Chaste, désintéressé, vertueux. **4-** (placé avant le nom) *Ce garçon est un pur génie !* = Unique, complet. ■ **purement :** adv. *Il rend service purement par intérêt.* = Totalement, uniquement, simplement. ≠ Imparfaitement, incorrectement. ■ **purement et simplement :** = Sans aucun doute possible. ■ **pureté :** n.f. *La pureté d'un diamant.* = Blancheur, virginité, limpidité. ≠ Impureté, corruption, mélange, imperfection.

purée : n.f. **1-** *Elle adore la purée de carottes.* = Mousseline, coulis. **2-** Pauvreté, misère, fam. mouise.

purgatif : [de **purger**] adj. et n.m. *Il prend une tisane purgative parce qu'il est constipé.* = Laxatif, purge.

purger : v. **1-** *Purger l'eau d'un radiateur.* = Vider. **2-** *Il purgeait une peine de cinq ans à la prison du comté.* = Effectuer. **3-** *Les chats mangent de l'herbe pour se purger.* Prendre un purgatif. ■ **purge :** n.f. **1-** fam. = Purgatif. **2-** = Vidange. ■ **purgeur :** n.m. Dispositif de purge d'une machine, d'une tuyauterie.

purifier : [de **pur**] v. Rendre pur. *En Afrique, on met des comprimés dans l'eau pour la purifier.* = *Clarifier, filtrer, assainir, désinfecter, épurer.* ≠ *Corrompre, polluer, souiller.* ■ **purificateur :** adj. et n.m. Qui purifie.

pur-sang : [de **pur** et de **sang**] n.m. inv. = Yearling.

pus : n.m. = Humeur, sécrétion.

puzzle : n.m. *Un puzzle de 1 000 pièces.* = Casse-tête.

pylône : n.m. *La tempête a fait tomber plusieurs pylônes électriques.* = Poteau, pilier, support, mât.

pyramide : n.f. = Tétraèdre.

Q q Q q Q q Q q Q q Q q Q q

quai : n.m. = Débarcadère, trottoir.

qualificatif : [de **qualifier**] adj. *Je cherhe un qualificatif original pour décrire cet individu.* = Appellation, dénomination.

qualifier : v. **1-** = Appeler, dénommer. **2-** fam. = Traiter. ■ **qualifié(e)** : adj. **1-** *Medhi a été qualifié pour courir la finale du 200 m.* = Sélectionné, choisi. ≠ Disqualifié. **2-** *Un ouvrier qualifié a une bonne connaissance de son métier.* = Expérimenté, capable, compétent. ■**qualification** : n.f. = Appellation, dénomination.

qualité : n.f. **1-** *La qualité de ce tissu se reconnaît au toucher.* = Propriété, nature, spécificité. **2-** *Ses qualités de journaliste sont reconnues par l'ensemble de la profession.* = Vertu, valeur. ≠ Défaut.

quand: conj. = Lorsque, au moment où.

quant à : *Quant à moi, je rentre me coucher.* = En ce qui concerne, pour ce qui est de. ■ **quant-à-soi :** n.m. inv. *Rester sur son quant-à-soi.* = Retenue, réserve, prudence.

quantité : n.f. **1-** *Quelle quantité de sucre doit-on mettre dans cette recette ?* = Nombre, proportion. **2-** *Avec une telle quantité de fraises, elle fera des confitures.* = Abondance, affluence, multitude, kyrielle.

quarantaine : [de **quarante**] n.f. *On a imposé une quarantaine aux animaux qui pouvaient être contagieux.* = Isolement, mise à l'écart.

quartier : [de **quart**] n.m. **1-** *Un quartier d'orange.* = Portion, morceau, partie. **2-** *Flora habite le quartier depuis qu'elle est née.* = Arrondissement, faubourg, voisinage. **3-** *Les jeunes recrues sont cantonnées dans leur quartier.* = Camp, caserne.

quasi, quasiment : : adv. fam. = Presque.

quelconque : [de **quel**] **1-** adj. indéfini. *Donne-moi une quelconque raison de partir.* = N'importe quel. **2-** adj. fam. *Cette robe est quelconque.* = Banal, ordinaire, insignifiant, sans valeur. ≠ Particulier, rare, exceptionnel.

quelquefois : [de **quel**] adv. = De temps en temps, parfois, à certains moments.

quelques : [de **quel**] = Plusieurs.

quémander : v. *Il n'a jamais ses affaires, il ne cesse d'en quémander auprès de ses camarades* = Réclamer, mendier, solliciter.

qu'en-dira-t-on : n.m. inv. fam. *Adrien fait ce qui lui plaît sans faire attention au qu'en-dira-t-on.* = Racontar, rumeur.

querelle : n.f. = Dispute, altercation, différend. ≠ Accord, entente. ■**querelleur** : adj. = Belliqueux, hargneux. ≠ Pacifique, calme.

question : n.f. **1-** *Le concours comporte plusieurs questions sur le cinéma.* = Demande, interrogation. **2-** *La question des transports va être posée.* = Affaire, problème, sujet. ■ **mettre à la question** : = Torturer, interroger. ■ **hors de question** : = Complètement exclus. ■ **questionnaire** : n.m. *Théo a bien voulu répondre au questionnaire de l'enquêteur.* = Formulaire. ■ **questionnement** : n.m. = Interrogation. ■ **questionner** : v. = Interroger, enquêter.

quête : n.f. **1-** *La quête des chevaliers de la Table ronde.* = Recherche. **2-** = Collecte. ■**quêter** : v. = Collecter, mendier,solliciter.

queue : n.f. **1-** = Extrémité. **2-** *La queue de la casserole. Un piano à queue.* = Manche, prolongement. ■ **sans queue ni tête** : fam. = incohérent, sans aucun sens. **3-** *Une queue de cerise.* = Pédoncule, tige. **4-** *Il fait la queue au guichet.* = File d'attente. ■ **à la queue leu leu** : = en file indienne. ■ **en queue** : = à l'arrière, à la fin.

quiconque : [de **qui**] pron. indéfini. = Toute personne qui… n'importe qui.

quidam : n.m. = Individu, personne inconnue.

quiet : adj. = Paisible, calme. ≠ Agité, tourmenté. ■ **quiétude** : n.f. *Il dort en toute quiétude.* = Paix, calme, tranquillité, bien-être. ≠ Agitation, inquiétude.

quignon : [de **coin**] n.m. *Cosette n'était nourrie que d'un quignon de pain dur avec un peu d'eau.* = Croûton, morceau.

quiproquo : n.m. = Méprise, erreur, malentendu.

quittance : [de **quitte**] n.f. = Reçu, récépissé.

quitte : = Libéré, dispensé, débarrassé (d'une dette). ■ **quitter :** v. **1-** *Fabrice quitte son travail à la fin du mois.* = Partir, abandonner, démissionner, rompre. **2-** *Quand je l'ai quittée, Lou finissait ses devoirs.* = Se séparer, laisser.

qui-vive (sur le) : loc. inv. = Attentif, concentré, en alerte, sur ses gardes. ≠ Inattentif.

quoi : adv. exclamatif *Quoi ! Tes devoirs ne sont pas faits ?* = Comment. ■**il n'y a pas de quoi** : = il n'y a aucune raison. ■**quoi que** : *Quoi que tu dises, je pense que tu mens.*= Quelle que soit la chose. ■**sans quoi :** = sinon. ■**quoique** : conj. = Bien que, encore que.

quolibet : n.m. = Sarcasme, raillerie, moquerie.

quota : n.m. = Contingent, proportion.

quotidien : **A-** adj. *Une sortie quotidienne.* = Habituel, banal, journalier. ≠ Exceptionnel, aléatoire. **B-** n.m. **1-** *Promener le chien tous les matins est mon quotidien.* = Routine, habitude. **2-** *Je reçois mon quotidien par la poste.* = Périodique (pour un journal) ■**quotidiennement** : adv. = Journellement, périodiquement.

R r R r R r R r R r R r R r

rabâcher : v. *Il rabâche le même discours depuis vingt ans.* = Ressasser, répéter, radoter. ■ **rabâchage :** n.m. = Radotage, rengaine. ■ **rabâcheur :** adj. et n. (f. rabâcheuse) = Radoteur, ressasseur.

rabaisser : [d'**abaisser**] v. **1-** = Déprécier, dévaluer, diminuer, chuter. ≠ Rehausser. ≠ Relever **2-** *Il rabaisse toujours les autres.* = Humilier, dévaloriser, diminuer, critiquer, réduire, rabattre, ravaler à. ≠ Exalter, honorer. ■ **se rabaisser :** v. pron. = Se dévaloriser. ■ **rabais :** n.m. = Réduction, diminution, ristourne, remise. ≠ Augmentation. ■ **au rabais :** = À un prix dérisoire. ■ **rabaissant(e) :** adj. = Humiliant.

rabattre : [d'**abattre**] v. **1-** *Il faut rabattre la tablette du siège avant l'atterrissage.* = Rabaisser, refermer. ≠ Relever. **2-** *Je rabats les draps sur mes couvertures.* = Aplatir, coucher. **5-** Il est trop ambitieux, il va devoir rabattre ses prétentions. = Diminuer, rabaisser, réduire. ■ **se rabattre :** v. pron. *La voiture s'est rabattue soudainement sur la droite.* ≠ S'éloigner. ■ **rabat-joie :** n. et adj. = Trouble-fête. ≠ Boute-en-train. ■ **rabattable :** adj. = Escamotable.

rabibocher : v. fam. **1-** = Rafistoler. **2-** = Réconcilier. ■ **se rabibocher :** v. pron. *Elles se sont rabibochées juste après leur dispute.* = Se réconcilier.

rabique : [de **rage**] adj. ≠ Antirabique.

râble : n.m. = Dos. ■ **râblé(e) :** adj. = Trapu, court, ramassé.

rabot : n.m. = Bouvet, gorget, doucine. ■ **raboter :** v. *Il rabote ses planches avant de les vernir.* = dégauchir, varloper. ■ **raboteux :** adj. (f. raboteuse) *L'écorce de cet arbre est raboteuse.* = Inégal, rugueux, irrégulier. ≠ Lisse.

rabougrir : v. *La sécheresse de cet été a rabougri les arbres.* = Atrophier. ■ **se rabougrir :** v. pron. *Ce vieillard se rabougrit au fil des années.* = S'étioler, se tasser, se recroqueviller. ■ **rabougri(e) :** adj. = Chétif, rachitique, malingre, ratatiné. ≠ Fort, sain.

rabrouer : v. *Il s'est fait rabrouer pour ses mauvais résultats.* = Gronder, rebuter, rembarer, repousser. ≠ Choyer.

racaille : n. f. péjor. = Voyou, canaille.

raccommoder : [d'**accommoder**] v. = Repriser, rapiécer, stopper, recoudre. ■ **se raccommoder :** v. pron. fam. = Se réconcilier, se rabibocher, se réunir. ≠ Détériorer, brouiller. ■ **raccommodage :** n.m. = Réparation, Rapiéçage, ravaudage, reprise. ■ **raccommodeur :** n. (f. raccommodeuse) = Ravaudeur.

raccompagner : [d'**accompagner**] v. *Elle raccompagne le visiteur jusqu'à la porte.* = Reconduire, ramener.

raccorder : [d'**accorder**] v. = *L'île de Noirmoutier est raccordée au continent par un pont.* Relier, réunir, rattacher, joindre. ≠ Séparer. ■ **raccord :** n. m. **1-** = Assemblage, liaison, transition. ≠ Coupure. **2-** = Coude, manchon. ■ **raccordement :** n.m. *Le technicien a effectué le raccordement du magnétoscope à la télévision.* = Connexion, branchement.

raccourcir : [de **court**] v. *L'été dernier, les jupes ont encore raccourci.* = Abréger, condenser, diminuer, rapetisser, écourter, réduire, résumer. ≠ Rallonger. ■ **raccourci :** n.m. = Abrége, résumé, diminué, sommaire, succinct, concis. ■ **en raccourci :** = En bref, en abrégé, en résumé. ■ **raccourcissement :** n.m. = Réduction, diminution. ≠ Allongement.

raccrocher : [d'**accrocher**] v. **1-** = Suspendre. **2-** ■ **se raccrocher :** v. pron. **1-** *Il se raccroche à la rampe pour ne pas tomber.* = Se rattraper. **2-** *Elle se raccroche à l'idée qu'elle était Miss France en 1973.* = Se rattacher, se raccorder.

race : n.f. **1-** *La race des Bourbons.* = Dynastie, famille, lignée, souche, sang, filiation, ascendance, origine. **2-** *Quelle sale race !* = Engeance. **3-** *Ce chien est de la race des épagneuls.* = Espèce. **4-** = Ethnie. ■ **racé(e) :** adj. = Élégant, distingué. ■ **racial(e) :** adj. = Ethnique. ■ **racisme :** n.m. = Antisémitisme, apartheid, sexisme. ■ **raciste :** adj. ou n. = Antisémite, xénophobe. ≠ Antiraciste. *Nelson Mandela a consacré sa vie à lutter contre le racisme.*

racheter : [d'**acheter**] v. **1-** = Affranchir. **2-** Compenser. **3-** = Expier, sauver. ■ **se racheter :** v. pron. = Se réhabiliter. ■ **rachat :** n. m. **1-** = Pardon, rédemption, salut. **2-** =. Perception, recouvrement, remboursement.

rachis : n.m.= Échine ■ **rachitique :** adj. *Si elle ne mange pas plus, elle va devenir rachitique.* = maigre, chétif, malingre, faible, fragile, décalcifié.

racine : n.f. **1-** *Les racines de cet arbre poussent sous la maison.* = Radicelle, bulbe, oignon, rhizome, souche, tubercule. **2-** *La racine des cheveux.* = Commencement, début, embryon, naissance, origine, source. **3-** = Ascendance, origine, source, race. ■ **prendre racine :** fam. = S'installer, s'incrustrer. ■ **manger les pissenlits par la racine :** fam. = Mourir.

racketter : v. = Rançonner.

racler : v. *Il a raclé la neige devant le garage.* = Gratter, frotter, ratisse, sarcler. ■ **raclure :** n. f. fam. plur. = Déchets. ■ **racloir :** n. m. Outil servant à racler. ■ **raclette :** n.f. *Il utilise une raclette pour éliminer le givre de son pare-brise.* = Grattoir. ■ **raclée :** n. f. fam. Fessée, correction, fam. volée, trempe, déculottée.

racoler : [de **col**] : v. = Engager, recruter, aborder. ■**racolage :** n. m. = fam.= Retape. ■**racoleur :** adj. et n. (f. racoleuse) = Raccrocheur.

raconter : [de **conter**] v. = Conter, narrer, dire, expliquer, peindre, rappoter, relater, rendre compte. ■ **racontable :** adj. ≠ Inracontable. ■**racontage :** n.m. Commérage. ■**racontar :** n.m. (souvent plur.) = Ragot, médisance, cancan, on-dit.

racornir : [de **corne**] v. *Cette plante est racornie à cause de la chaleur.* = Sécher, rabougrir, rapetisser.

rade : n.f. = Port. ■**être en rade :** fam. = Être en panne.

radiation : n.f. = Rayonnement, radioactivité, irradiation. ■**radier :** v. *Ce candidat à l'élection a été radié de la liste.* = Rayer, supprimer. ■**radiant(e) :** adj. = Rayonnant. ■**radiateur :** n.m. *Un radiateur électrique.* = Convecteur.

radical : [de **racine**] (plur. radicaux) *Un changement radical de temps.* = Complet, absolu, profond, fondamental, infaillible, absolu, drastique. ■**radicalement :** adv. = Complètement, absolument, fondamentalement, totalement. ■**radicaliser :** v. = Renforcer. ■ **se radicaliser :** v. pron. = Se durcir, devenir intransigeant.

radieux : [de **rai**] adj. (f. radieuse) **1-** *Le temps est radieux aujourd'hui.* = Éclatant, lumineux. ≠ Couvert. **2-** *Cet enfant a un visage radieux.* = Épanoui, joyeux, heureux.

radio : n.f. **1-** = Transistor, tuner, autoradio, TSF. ■ **radioguider :** = Téléguider. ■**radiotéléphone :** n.m. Talkie-walkie. ■**radiologie :** n.f. = Radiographie, radioscopie, radiothérapie.

radoter : v. *Tu m'as déjà raconté cent fois cette histoire, tu commences à radoter.* = Rabâcher, répéter, déraisonner. ■**radoteur :** n. (f. radoteuse) = Prêcheur. ■**radotage :** n.m. = Rabâchage.

radoucir : [de **doux**] v. = Adoucir, calmer, réchauffer. ■**se radoucir :** v. pron. **1-** *Dès avril, le temps se radoucit.* = Se réchauffer. **2-** *Il s'est radouci après avoir obtenu des excuses.* = S'apaiser, se calmer. ■**radoucissement :** n. m. = Redoux.

rafale : n.f. **1-** *Une rafale de vent a emporté son chapeau.* = Bourrasque, risée, tourbillon, trombe. **2-** *Une rafale de mitraillette.* = Salve, décharge, fusillade, tir.

raffermir : [de **ferme**] v. **1-** *La course à pied raffermit les muscles.* = Durcir. ≠ Ramollir, affaiblir, ébranler. **2-** = Consolider, fortifier, renforcer. ■**se raffermir :** v. pron. Devenir plus ferme. ■**raffermissement :** n.m. = Consolidation, durcissement. ≠ Ramollissement, affaiblissement.

raffiner : [de **fin**] v. **1-** *Le pétrole doit être raffiné avant de devenir de l'essence.* = Purifier, épurer. **2-** = Soigner. ■**raffiné(e) :** adj. *Ce restaurant sert des plats raffinés.* = Sophistiqué, recherché, délicat, subtil. ■ **raffinement :** n.m. = Finesse, sensibilité, subtilité, délicatesse. ≠ Grossièreté. ■**raffinage :** n.m. = Affinage, épuration.

raffoler (de) : [de **fou**] v. *Elle raffole des bonbons à la violette.* = Adorer, aimer, être fou de, apprécier, goûter.

raffut : n.m. fam. *Avez-vous bientôt fini ce raffut?* = Tapage, chahut, vacarme, potin, boucan, ramdam, bruit.

rafiot : n.m. fam. = Bateau.

rafistoler : v. fam. *Sylvain a rafistolé son vieux vélo avec du fil de fer.* = Arranger, recoudre, bricoler, retaper, réparer.

rafle : n.f. **1-** = Pillage, razzia. **2-** *Le suspect s'est fait prendre lors d'une rafle dans le quartier.* Arrestation, descente. ■**rafler :** v. = Dérober, accaparer, s'emparer de, enlever,voler, s'approprier.

rafraîchir : [de **frais**] v. **1-** *La bouteille est à rafraîchir dans le torrent.* = Refroidir, frapper. ≠ Réchauffer, tiédir. **2-** *Nous allons rafraîchir ce papier peint.* = Raviver, réveiller, ranimer.

rage : n.f. = Colère, ire, emportement, violence, fureur. ■**être fou de rage :** fam. Entrer dans une grande colère. ■**faire rage :** = Se déchaîner. ■**rage de... :** *Cet homme a la rage de réussir ce qu'il a entrepris.* = Passion. ■**rager :** v. = Fulminer, tempêter, bisquer, râler. ■**rageur :** adj. (f. rageuse) = Hargneux. ■**rageusement :** adv. Avec rage.

ragot : n.m. fam. = Racontar, médisance, potin, on-dit, commérage.

ragoûtant(e) : adj. *Ce fromage n'est pas très ragoûtant.* = Appétissant.

rai : n.m. *Un rai de soleil est passé entre les volets entrouverts.* = Rayon.

raid : n.m.= Assaut, incursion, commando.

raide : **A-** adj. **1-** = Rigide, austère, dur, tendu. ≠ Élastique, flexible, mou, souple. **2-** Abrupt, escarpé, pentu. ≠ Courbé. **3- raidement :** adv. = Violemment, fort. ■**raideur :** n.f. **1-** Rigidité, raideur, ankylose. ≠ Souplesse. **2-** Sévérité d'une personne. = Rudesse. ■ **raidillon :** n.m. = Côte, montée. ■**raidir :** v. Rendre raide. = Tendre. ■**se raidir :** v. pron. *Il sent ses jambes se raidir sous l'effort.* = Se rigidifier, bander, se contracter, se durcir. ≠ Assouplir, déraidir, se détendre. ■**raidissement :** n.m. ≠ Assouplissement.

raie : n.f. = Ligne, bande, trait, rayure, zébrure, sillon.

rail : n.m. (plur. rails) = **C**hemin de fer.

railler : v. = Se moquer, persifler, satiriser, brocarder, ironiser, rire de, plaisanter, ridiculiser, humilier. ≠ Louer.

■ **railleur :** **1-** n. (f. railleuse) et adj. *Il s'est adressé à moi sur un ton railleur.* = Gouailleur, moqueur, malicieux, narquois, persifleur, ironique. ■ **raillerie :** n. f. = Moquerie, ironie, malice, persiflage, lazzi, quolibet, sarcasme, impertinence.

rainure : n.f. *Les rainures antipluie sur la route sont dangereuses pour les motos.* = Cannelure, feuillure, jable, sillon.

raisin : n.m. **1-** = Grain, cépage. ■ **être mi-figue mi-raisin :** = Être indécis.

raison : n.f. **1-** *On dit que l'homme est un animal doué de raison.* = Esprit, raisonnement, logique, sagesse, bon sens. ≠ Déraison, folie, instinct, sentiment. **2-** *Quelles sont les raisons de son appel?* = Cause, fondement, mobile, prétexte, origine, motif. ■ **avoir toujours raison :** = Avoir le dernier mot. ■ **avoir raison de quelqu'un ou de quelque chose :** = En venir à bout. ■ **en raison de :** = À cause de, vu, eu égard à. ■ **perdre la raison :** = Devenir fou. ■ **âge de raison :** = 7 ans. ■ **raisonnable :** adj. **1-** = Sage, réfléchi, judicieux, posé, sensé. ≠ Déraisonnable, extravagant, fou, insensé, passionné, léger. **2-** *Ce restaurant pratique des prix raisonnables.* = Modéré, acceptable, équitable, convenable. ≠ Aberrant, injuste, excessif, exorbitant. ■ **raisonnablement :** adv. *Il a mangé raisonnablement.* = Convenablement, bien, modérément, sainement. ≠ Exagérément, excessivement, follement, déraisonnablement. ■ **raisonner :** v. *Ils raisonnaient pendant des heures et ne prenaient aucune décision.* = Discuter, argumenter, calculer, échafauder, penser, philosopher. ≠ Déraisonner. ■ **raisonnement :** n.m. = Logique, argumentation, conclusion, analyse, démonstration. ≠ Intuition, sentiment.

raja ou **rajah** ou **radjah :** n.m. = Maharajah.

rajeunir : [de **jeune**] v. *Cette coupe de cheveux te rajeunit de dix ans.* = Ranimer, revigorer, rafraîchir. ■ **rajeunissement :** n.m. = Jouvence, actualisation, renouvellement. ≠ Vieillissement.

rajouter : [d'**ajouter**] v. = Ajouter, enjoliver, remettre. ≠ Enlever, supprimer. ■ **rajout :** n. m. = Addition, ajout.

rajuster ou **réajuster :** [de **juste**] v. *La couturière rajuste le costume de scène.* = Arranger.

ralentir : [de **lent**] v. *Le train ralentit, puis s'arrêta en rase campagne.* = Décélérer, modérer, diminuer, freiner. ≠ Accélérer, activer, hâter. ■ **au ralenti :** ≠ En accéléré. ■ **ralentissement :** n.m. = Décélération, freinage. ≠ Accélération. ■ **ralentisseur :** n.m. = Modérateur ≠ Accélérateur.

râler : v. = Se fâcher, rager, enrager, se plaindre, grogner. ■ **râle :** n.m. *Le dernier râle.* = Cri, gémissement, plainte. ■ **râleur :** n. fam. (f. râleuse) = Roupéteur, insatisfait, mécontent, bougon

rallier : [d'**allier**] v. **1-** *« Ralliez-vous à mon panache blanc! » criait Henri IV à ses troupes.* = Rassembler, regrouper, réunir, adhérer. ≠ Disperser, disséminer. **2-** *Les candidats à la course rallient le point de contrôle.* = Atteindre, rejoindre, regagner, parvenir à. ■ **se rallier :** v. pron. = Approuver, adhérer, se ranger à. ■ **ralliement :** n. m. = Adhésion, approbation.

rallonger : [d'**allonger**] v. **1-** *Il faut rallonger ton pantalon.* = Allonger, acroître, augmenter, développer, étendre, étirer. ≠ Raccourcir, diminuer. **rallonge :** n.f. = Augmentation, supplément. ■ **rallongement :** n.m. Allongement. ≠ Raccourcissement.

rallye : n.m. **1-** *Le rallye de Corse fait passer les concurrents sur des routes très sinueuses.* = Course.

ramage : [de **rameau**] n.m. = Gazouillement.

ramasser : [de **masse**] v. *Ramassez vos affaires et quittez l'entreprise!* = Récupérer, collecter, recueillir, récolter, cueillir, prendre, glâner. ≠ Étaler, répandre, disperser. ■ **ramassé :** adj. **1-** = Condensé, court, trapu, courtaud, massif. ≠ Allongé, élancé. **2-** *Le bandit était ramassé derrière un arbre.* = Recroquevillé, replié, resserré, tapi. ■ **se ramasser :** v. pron. = Se recroqueviller. ■ **ramassage :** n.m. = Collecte. ■ **ramassis :** n.m. *Dans le grenier se trouve un ramassis de vieilles affaires.* = Amas, fatras, tas.

rambarde : n.f. = Balustrade.

rame : n.f. **1-** = Aviron, pagaie, godille. **2-** *Il y a trop de monde, je prendrai la prochaine rame de métro.* = Convoi, train. ■ **ramer :** v. = Godiller, pagayer.

rameau : n.m. (plur. rameaux) = Branche. ■ **ramification :** n. f. **1-** *Les ramifications d'un arbre.* = Division, branche, élément, partie, pièce, rameau, secteur. ■ **se ramifier :** v. pron. = Se diviser, se partager. ■ **ramille :** n. f. (Souvent utilisé au plur.) = Rameau.

ramener : [de **mener**] v. **1-** *Il faut ramener le chat chez le vétérinaire dans un mois.* = Racompagner, amener, apporter, reconduire. ≠ Écarter. **2-** fig. *La menace d'une punition ramène le calme dans la classe.* = Rétablir, restaurer.

ramollir : [de **mou**] v. *La chaleur va ramollir le beurre une fois sorti du réfrigérateur.* ≠ Rigidifier, raffermir, durcir. ■ **ramollissant(e) :** adj. *Elle utilise une lotion ramollissante pour manucurer ses ongles.* = Émollient. ≠ Astringent. ■ **ramolli(e) :** adj. = Amorphe, mou, avachi, endormi, prostré, déliquescent, fam. mollasson, ramollo. ≠ Durci, raffermi.

ramper : v. = Se traîner. ■ **rampant(e) :** n. et adj. **1-** = Reptile. **2-** = Bas, obséquieux, sournois, complaisant, flagorneur, servile. ■ **rampe :** n.f. **1-** = Inclinaison, pente. **2-** Balustrade. ■ **être sous la rampe des projecteurs :** = Être connu du grand public.

rance : adj. *Du beurre rance.* ≠ Frais.

rancœur : n.f. *Il garde une certaine rancœur à l'gard de son ex-femme.* = Ressentiment, rancune.

rançon :n.f. *Les ravisseurs demandent une rançon et un avion pour s'enfuir.*= Prix, contrepartie. ■ **rançonner :** v. = Racketter, exploiter, voler.

rancune : n.f. *Sa rancune est tenace, elle a soif de vengeance.* = Ressentiment, amertume, vindicte, rancœur, amertume, vindicte. ■ **rancunier :** adj et n. (f. rancunière) = Haineux, hostile, malveillant, vindicatif. ≠ Indulgent.

randonnée : n.f. = Promenade, tour, voyage, équipée, marche, course, trekking.

rang : n.m. **1-***Il restait des places au 3e rang.* = File, rangée, ligne. **2-** *Ce skieur devrait se placer dans les premiers rangs du classement.* = Caste, catégorie, condition, ordre. ■ **ranger :** v. **1-** = Aligner, classer. **2-** *Ranger sa chambre.* = Ordonner, organiser, arranger. ≠ Déranger, dérégler, mélanger. ■ **se ranger :** v. pron. **1-** *Les touristes se rangèrent derrière leur guide.* = S'aligner. **2-** = Se rallier. **3-** = S'assagir, se calmer. ■ **rangée :** n.f. Alignement, ligne. ■ **rangé(e) :** adj. *C'est un homme rangé.* = Sérieux. ≠ Bohème, irrégulier. ■ **rangement :** n.m. **1-** = Classement. ≠ Dérangement, désordre.

ranimer : [d'**animer**] v. **1-** = Réanimer. **2-** *Il a ranimé son courage en lui parlant.* = Raffermir, raviver, vivifier, revigorer. ≠ Assoupir, attiédir. **3-** *Il ranime le feu de la cheminée.* = Attiser, rallumer. ≠ Étouffer, éteindre.

rap : n.m. = Break, smurf.

rapace : n.m. fig. = Avide, cupide. ■ **rapacité :** n. f. Avidité, cupidité.

rapatrier : [de **patrie**] v *En cas d'accident, vous serez rapatriés sous 48 heures.* .= Faire revenir.≠ Déporter, exiler.

râper : v. = Élimer. ■ **râpe :** n.f. *Une râpe à bois.* = Lime. ■ **râpé(e) :** adj. Élimé, usé. *Les genoux du pantalon de Tom sont tout râpés.* ■ **râpeux :** adj. (f. râpeuse) **1-** =Rugueux, raboteux, rude, rèche. *La langue du chaton est râpeuse.* **2-**= Âpre.

rapetisser : [de **petit**] v. = Diminuer, amenuiser, raccourcir, réduire, écourter.≠ Agrandir, allonger, amplifier, étendre, grandir.

rapide : **A-** adj. **1- 2-** *Il doit prendre une décision rapide au sujet des fuites d'eau dans le toit.* = Prompt, véloce, vite, hâtif, expéditif, pressé, accéléré, , soudain,vif, zélé. ≠ Lent. **B-** n.m. **1-** Cours d'eau où le courant est très fort. *Faire du rafting dans les rapides.* **2-** Train à grande vitesse. *Le rapide Paris-Bordeaux entre en gare.* ■ **rapidement :** adv. = Prestement, promptement, vivement, hâtivement, vite. ≠ lentement. ■ **rapidité :** n.f. = Hâte, promptitude, célérité, promptitude, précipitation,vélocité, diligence, vivacité, vitesse.≠ Lenteur, paresse, pesanteur

rapiécer : [de **pièce**] v. *Julien a troué son pantalon, sa mère a dû le rapiécer.* = Raccommoder, réparer.

rappeler : [d'**appeler**] v. **1-**= Redire, évoquer, remémorrer, commémorer, retracer. ≠ Bannir, chaser, oubolier, exiler. **2-**= Bisser. ■ **se rappeler :** v. pron. = Se souvenir, se remémorer, reconnaître, revivre. ■ **rappel :** n.m. **1-** = Commémoration, anniveraire, évocation, souvenir, mention. **2-** = Acclamaton, ovation, applaudissement. ≠ bannissement, exil, renvoi, oubli. ■ **rappelé(e) :** adj. n.m. **1-** *En 1914, les hommes qui avaient fait leur service militaire ont été rappelés sous les drapeaux.* = Mobilisé. **2-** Appelé encore une fois. *Matthias se tient encore mal, il est rappelé à l'ordre par son maître.*

rapporter : [d'**apporter**] v. **1-** =Rendre, remettre, ramener. ≠ Emporter, enlever, renvoyer, garder.**2-** = Fructifier, profiter, valoir. *Rémy a vendu sa collection de timbres qui lui a rapporté une belle somme.* **3-** *Ces propos seront rapportés.* = Répéter, retanscrire, citer, dénoncer, raconter. ≠ Taire. ■ **se rapporter :** v. pron. = S'appliquer, correspondre. *Les exercices se rapportent aux cours.* ■ **rapport :** n. m. **1-** *Le policier a fait son rapport au commissaire après l'arrestation du prévenu.* = Témoignage, compte-rendu, analyse, résumé, procès-verbal. **2-** *C'est un immeuble de bon rapport pour son propriétaire.* = Rendement, bénéfice, produit. **3-** *Il est en rapport avec moi tous les jours, pour m'aider sur ce projet.* = Relation, communication, correspondance, liaison. **4-** = *Je ne vois pas le rapport avec ce que tu viens de dire.* = Corrélation, lien. **5-** En maths, = Fraction, ratio, échelle. ■ **rapports :** n.m. plur. **1-** *Les rapports humains.*= Fréquentations, relations. **2-** Sexualité = Accouple-ment. ■ **rapporteur :** n. (f. rapporteuse) **1-** = Délateur, mouchard. ≠ Discret. **2-** = Secrétaire. ■ **par rapport à :**= En comparaison, en fonction de.

rapprocher : [d'**approcher**] v.*À force d'en discuter nos idées vont se rapprocher.* = Faire coïncider, comparer, raccommoder, réconcilier, mettre en rapport. ≠ Disjoindre, diviser, dissocier, écarter, éloigner, séparer, opposer. ■ **se rapprocher :** v. pron. *En déménageant, Élodie se rapprochera de son travail.* = Venir vers, se réconcilier avec. ≠ S'éloigner, s'espacer, se raréfier, diverger. ■ **rapproché(e) :** adj. **1-** = Imminent. **2-** *Le garde du corps effectue une garde rapprochée.* = Proche, voisin. ■ **rapprochement :** n.m. **1-** *Le rapprochement de la France et de l'Allemagne.* = Convergence. ≠ Divergence, séparation, éloignement, dissociation.

2- *Je ne savais pas que vous étiez de la même famille, je viens seulement de faire le rapprochement.*= Lien, rapport.

rapt : n.m. *Le rapt d'enfants est sévèrement puni par la loi.* = Enlèvement, kidnapping.

rare : adj. **1-** *Les bouquinistes vendent des livres rares.* = Exceptionnel, rarissime, inhabituel, unique. ≠ Courant, abondant, nombreux, fréquent, dense, ordinaire. ■**rarement :** adv. = Peu. ≠ Communément, couramment, fréquemment, souvent. ■**raréfaction :** n. f. = Disparition. ■**se raréfier :** v. pron. = S'apauvrir, s'épuiser, se réduire, diminuer. ■**rareté :** n.f. = Absence, manque. ≠ Abondance, profusion, fréquence. ■**rarissime :** adj. ≠ Fréquent.

ras(e) : adj. = Court, égal, plat, rasé. ■**rase campagne :** = Paysage plat et dégagé. ■**raser :** v. **1-** *Le barbier rase mon père.* = Tondre, tonsurer, peler. **2-** *Les bulldozers rasent la vieille bâtisse.* = Détruire, abattre, anéantir, démanteler, démolir. ≠ Elever. **3-** *Raser les murs.* = longer, frôler, serrer. ■ **raseur** n. (f. raseuse) fam. = Ennuyeux, prêcheur. ■**faire table rase :** = Éliminer. ■ **rasoir :** adj. fam. Ennuyeux.

rassasier : v. *Pour ceux qui ne sont pas rassasiés, il reste de la tarte.* = Combler, contenter, assouvir. ≠ Affamer ■**rassasié(e) :** adj. = Repu, assouvi, comblé, saturé, gavé, plein.

rassembler : [d'**assembler**] v. **1-** *Le directeur nous a rassemblés pour nous parler.* = Assembler, grouper, masser. **2-** *Rassemblez vos affaires, nous allons partir.* = Réunir, accumuler. ≠ Disloquer, disperser, disséminer, éparpiller, fragmenter. ■**se rassembler :** v. pron. = Se regrouper, se réunir. ■**rassemblement :** n.m. = Attroupement, concentration, réunion, regroupement.≠ Dispersion.

rassir : v. = Défraîchir. ■**rassis(e) :** adj. = Dur, sec. ≠ Frais.

rassurer : [d'**assurer**] v. *Pour rassurer ses parents, Il a promis de leur téléphoner tous les jours.* = Rasséréner, apaiser, calmer, détendre, soulager, tranquilliser ≠ Alarmer, effrayer, inquiéter, menacer, terrifier. ■**rassurant(e) :** adj. = Sécurisant, tranquillisant. ≠ Alarmant, effrayant, menaçant.

rasta : n. et adj. = Rastaquouère.

ratatiner : v. = Rabougrir, flétrir. ■**se ratatiner :** v. pron. = Se recroqueviller, se tasser, se rider. ■**ratatiné(e) :** adj. = Rabougri, desséché, racorni, tassé. .≠ Élancé, épanoui.

rater : v. **1-** *Vous allez rater votre train.* = Manquer, louper, échouer. ≠ Atteindre, obtenir, réussir. ■**raté :** **A-** n.m. = Échec. ≠ Réussite. **B-** adj. et n. péjor. = Loser. ■**ratage :** n.m. = Loupage. ≠ Succès.

ratifier : v. *La Déclaration des droits de l'enfant a été ratifiée par de nombreux pays.* = Entériner, approuver, confirmer, garantir. ■**ratification :** n. f. = Assentiment, confirmation, homologation. ≠ Annulation.

ration : n.f. *Mon chien n'a le droit qu'à une ration de viande par jour.* = Part, portion, mesure, dose, morceau, tranche.

rationnel : n. et adj. (f. rationnelle) **1-** *Cette idée est rationnelle.* = Cartésien, cohérent, sensé, judicieux, raisonnable. **2-** *De manière rationnelle.* = Pratique, fonctionnel, logique, organisé. ■**rationnellement :** adv. = Raisonnablement.

ratisser : v. *Le jardinier a ratissé le gazon fraîchement tondu.* = Râteler. 2- *Les enquêteurs ratissent le terrain à la recherche d'un indice.* = Fouiller.

rattacher : [d'**attacher**] v. **1-** *Il rattache ses lacets.* = Raccorder, raccrocher, annexer, joindre, renouer, réunir. ≠ Détacher. **2-** *L'assistante sociale est rattachée au service d'aide à l'enfance.* = Dépendre.

rattraper : [d'**attraper**] v. **1-** *C'est au dernier tour de piste que l'Américain a rattrapé son concurrent.* = Atteindre, regagner, ralier, rejoindre. **2-** *Il l'a rattrapée avant qu'elle ne tombe.* = Saisir, récupérer, reprendre. ■**se rattraper :** v. pron. **1-** = Se retenir. **2-** *Il allait faire une erreur, mais il s'est rattrapé à temps.* = Se ressaisir, se reprendre. ■**rattrapage :** n.m. *Des cours de rattrapage scolaire.* = Soutien, réajustement, repêchage, remise à niveau.

rature : n.f. = Correction, biffure, suppression. ■ **raturer :** v. = Biffer, barrer, rayer.

rauque : adj. = Éraillé, voilé, guttural, rocailleux, voilé. ≠ Clair.

ravage : [de **ravir**] n.m. *Le cyclone a créé des ravages irréparables sur toute l'île.* = Dommage, destruction, dévastation, dégâts, dégradation, sinistre, saccage. ■**ravager :** v. *Une invasion de sauterelles a ravagé les récoltes.* = Dévaster, anéantir, endommager, saccager, abîmer, piller, ruiner, détruire. ≠ Épargner. ■**ravageur :** adj. et n. (f. ravageuse) = Dévastateur, saccageur, destructeur. ■**ravagé(e) :** adj. **1-** = Creusé, raviné, ridé, tourmenté, torturé, abîmé. **2-** fam. Fou, cinglé.

ravaler : v. **1-** *À Paris, les bâtiments doivent être ravalés périodiquement.* = Restaurer, curer, lessiver, nettoyer, repeindre. **2-** Avilir, rabaisser. ≠ Exalter, Élever. **3-** *Elle a ravalé ses larmes.* = Retenir. ■**ravalement :** n.m. = blanchiment, recrépissage.

rave : n.f. = Rave-party.

ravin : n.m. *Ce sont les torrents qui creusent les ravins.* = Précipice, ravine. ■**ravinement :** n.m. = Afouillement, érosion. ■**raviné(e) :** adj. = Ridé. ■**raviner :** v. = Éroder.

ravir : v. **1-** *Ce coucher de soleil me ravit.* = Enchanter, charmer, plaire, enthousiasmer, séduire. ≠ Affliger, attrister, excéder. **2-** *Les bandits ont ravi la princesse.* = Enlever, s'approprier, prendre, subtiliser, voler. ■**ravisseur :** n. (f. ravisseuse) = Kidnappeur. ■ **ravi(e) :** adj. = Enchanté, heureux. ■**ravissement :** n.m = Enchantement, extase, délice, ivresse. ≠ Affliction. ■**ravissant(e) :** adj. = Charmant, beau, joli, attrayant, séduisant, gracieux, enchanteur.

raviser (se) : [d'**avis**] v. pron. *Il s'est ravisé et a rebroussé chemin.* = Se dédire.

ravitailler : v. *Le trajet comporte une escale pour ravitailler l'avion en carburant.* = Approvisionner, alimenter, pourvoir, subvenir, se fournir. ■**ravitaillement :** n.m. = Approvisionnement, provisions.

raviver : [de **vif**] v. *Cette musique ravive de douloureux souvenirs en elle.* = ranimer, réchauffer, réveiller, revigorer. ≠ Atténuer, effacer, endormir, estomper, éteindre.

rayer : [de **raie**] v. **1-** = Raturer, barrer, effacer, détruire. **2-** *Rayer un disque.* = Détériorer, abîmer, érafler, griffer, raturer. **3-** *Ton nom a été rayé de la liste.* = Radier, éliminer, exclure. ■**rayé(e) :** adj. = Tigré, zébré. Barré. ■**rayure :** n.f. **1-** *Une rayure sur la portière.* = Accroc, entaille. **2-** = Zébrure, strie.

rayon : [de **rai**] n.m. **1-** *Les rayons du soleil entrent dans la maison.* = Rai, clarté, éclat, lueur, lumière. **2-** En médecine = Radiothérapie. **3-** *L'électricité, c'est son rayon.* = Domaine, corde, partie. **4-** En géométrie = Demi-diamètre. **5-** *Les rayons de la bibliothèque.* = Étagère, planche, tablette. ■**rayonnage :** n.m. = Étagères. ■**rayonnant(e) :** adj. = Éblouisant, éclatant, illuminé, radieux. ■**rayonner :** v. **1-** *Son visage rayonnait de joie.* = Briller, éclater, étinceler, resplendir rutiler, flamboyer, irradier. **2-** fam. *Nous avons rayonné autour de Toulouse en car.* = Se déplacer, se propager, se diffuser.

raz de marée : n.m. *Après le passage d'un cyclone, il peut y avoir un raz de marée.* = Tsunami, lame.

razzia : [de l'ar.] n.f. *Les envahisseurs ont effectué une razzia sur le village.* = Raid, incursion. ■**faire une razzia :** fam. Tout emporter.

réaction : [de **réagir**] n.f. *Il a une bonne réaction, en rattrapant l'assiette qui allait tomber.* = Réflexe, automatisme, sursaut. ■**réactionnaire :** n.m. *Il est contre le progrès, c'est un réactionnaire.* = Conservateur, rétrogarde, extrémiste.

réagir : [d'**agir**] v. **1-** *Ariane réagit vivement à cette insulte.* = Se secouer, s'opposer, répondre à, résister, lutter contre. ≠ Se laisser abattre, se laisser aller. **2-** *Le malade réagit au nouveau médicament.* = Se comporter.

réaliser : [de **réel**] v. **1-** *En nageant parmi les dauphins, il a réalisé son rêve.* = Concrétiser, atteindre, accomplir, exécuter, accomplir. Effectuer. **2-** *Il n'a toujours pas réalisé que nous partons demain.* = Se rendre compte, comprendre, prendre conscience, saisir, trouver. ■**se réaliser :** v. pron. = S'épanouir, se concrétiser, s'accomplir. ■**réalisable :** adj. = Possible, exécutable, faisable. ≠ Irréalisable, impossible, inexécutable. ■**réalisateur :** n. (f. réalisatrice). = Cinéaste, vidéaste. ■**réalisation :** n.f. = Production, accomplissement, exécution, effet. ≠ Projet, ébauche. ■ **réalisme :** n.m. **1-** = Naturalisme, positivisme, vérisme. **2-** = Pragmatisme, pratique, pertinence. ≠ Idéalisme, irréalisme. ■**réaliste :** adj. = Sensé, concret, pragmatique, objectif. ≠ Irréaliste, utopique, rêveur, chimérique, idéaliste. ■**réalité :** n.f. = authenticité, certitude, exactitude, vérité. ≠ Irréalité, apparence, illusion, rêve, vision chimère, fiction.

réanimer : v. = Ranimer

rébarbatif : adj. *Le travail à la chaîne est rébarbatif.* = Désagréable, rebutant, repoussant, revêche, aigre, acrimonieux, ennuyeux. ≠ Agréable, affable, engageant, attirant, attrayant, séduisant.

rebelle : adj. et n. = Insoumis, indocile, dissident, factieux, désobéissant, récalcitrant, rétif, fermé, réfractaire. ≠ disciplinable, docile, souple, soumis. ■ **se rebeller :** v. pron. = S'insurger, se mutiner, se révolter, se rebiffer, se soulever, désobéir. ■**rébellion :** n.f. = Émeute, révolte, jacquerie, soulèvement, sédition, mutinerie. ≠ Soumission, docilité, obéissance.

reboisement : [de **bois**] n.m. = Reforestation. ≠ Déboisement.

rebondir : [de **bondir**] v. **1-** *Au tennis, la balle ne peut rebondir qu'une fois avant d'être frappée.* = Ricocher. **2-** *L'enquête rebondit après la découverte de l'arme.*= Repartir. ■**rebondi(e) :** adj. = Dodu, adipeux, grassouillet, pansu, replet, ventru, joufflu, plein. ≠ Aplati, maigre, plat. ■**rebondissement :** n.m.= Rebond.

rebord : [de **bord**] n.m. = Bord, bordure, margelle.

rebours (à) :loc. adv. *Compter à rebours.* = Contresens, contraire. ■**rebrousser :** v. = Revenir sur ses pas.

rebuter : [de **but**] v. *Il attendait dehors, la saleté du lieu le rebutait.* = Décourager, dégoûter. ■**rebutant(e) :** adj. = Rébarbatif, dégoutant, repoussant. ≠ Attrayant, encourageant, séduisant. ■**rebut :** n.m. = Résidus, déchet, lie, ordure. ■**mettre au rebut :**= Mettre de côté.

récalcitrant(e) : adj. *Le cheval récalcitrant ne voulait pas entrer dans l'enclos.* = Insoumis, rebelle, réfractaire, désobéissant, indiscipliné, indocile, rétif. ≠ Docile, soumis, souple.

recaler : [de **cale**] v. *Louis s'est fait recaler à son examen du Code de la route.* = Coller, ajourner, éliminer, refuser. ≠ Admettre, recevoir. ■ **recalé(e) :** adj. ≠ Reçu, admissible.

récapitulation : [de **chapitre**] n.f. Résumé, synthèse, abrégé, sommaire. ■ **récapituler :** v. = Condenser, écourter, faire la synthèse, réduire, résumer, paser en revue, reprendre. *Récapitulons ce qu'il reste à faire avant le départ.*

receler ou recéler : [de**celer**] v. *Le faussaire recèle de faux papiers d'identité chez lui.* = Cacher, camoufler, dissimuler, renfermer, détenir, contenir. ■ **recel :** n. m. = Dissimulation. ■ **receleur ou recéleur :** n. (f. receleuse) = Détenteur.

récemment : [de **récent**] adv. *Elle a fait sa connaissance récemment.*= Depuis peu, dernièrement, naguère. ≠ Anciennement, autrefois, jadis.

recenser : v. *Il est difficile de recenser les populations nomades.* = Évaluer, dénombrer, compter. ■ **recensement :** n.m. = Dénombrement, inventaire, statistique.

récent(e) : adj. *Cette construction est récente, elle n'est même pas terminée.* = Moderne, jeune, original, neuf, frais. ≠ Démodé, ancien, vieux.

récépissé : [de **recevoir**] n.m. = Reçu, accusé de réception.

réception : [de **recevoir**] n. f. **1-** = Accueil, admission, affiliation,initiation,intronisation. **2-** *Les parents de la mariée ont organisé une magnifique réception.* = Cocktail, soirée, fête, gala, cérémonie. **3-** = Récepissé. ≠ Envoi, expédition, emmission. **4-** = Accueil, entrée, hall. ■ **réceptionner :** v. **1-** = Recevoir. ■ **réceptionniste :** n. = Hôtesse. ■ **récepteur :** n.m. ≠ Emetteur, générateur. ■ **réceptif :** adj. (f. réceptive) Sensible. ≠ Réfractaire, résistant. ■ **réceptivité :** n. f.= Sensibilité.

récession : [de **céder**] n.f. *L'effondrement des valeurs de la Bourse peut entraîner une forte récession.*= Crise, dépression,recul. ≠ Avance, progrès, expansion.

recette : [de **recevoir**] n.f. **1-** *La recette provient des ventes.*= Fruit, gain, produit, profit, rentrée, bénéfice, revenu. ≠ Débours, dépense. **2-** *Les recettes de cuisine.* = Méthode, façon,technique, procédé.

recevoir : v. **1-** *Elle a reçu de nombreux cadeaux.*= Accepter,réceptionner, empochern, encaisser, percevoir. ≠ Donnr, émettre, envoyer, offrir.**2-** *Il a reçu une fessée.*= Subir. **3-** *Il reçoit des invités ce soir.* = Accueillir, héberger, loger. **4-** *Nicolas a été reçu 3e à Polytechnique.* = Admettre. ≠ Recaler, Éliminer, refuser, exclure. ■ **receveur :** n. (f. receveuse) **1-** = Percepteur. **2-** En sport. ≠ Lanceur. ■ **recevable :** adj. *Une excuse recevable.* = V ■ **reçu(e) :** adj.= Admialable, acceptable, admissible. ≠ Irrecevable, inacceptable, inadmissible. ■ **reçu :** n. m. *Lorsque l'on verse de l'argent sur un compte en banque, on nous délivre un reçu.* = Récépissé, quittance.

rechanger : [de **changer**] v. ■ **de rechange :** loc. adv. = De secours

recharge : [de **charger**] n.f. *Une recharge pour un stylo plume.* = Cartouche.

réchauffer : [de **chauffer**] v. *Maman réchauffe le biberon d'Anaïs.* = Ragaillardir, raviver, réconforter, revigorer. ≠ Refroidir. ■ **réchaud :** n. m. = Fourneau, camping-gaz. ■ **réchauffage :** n.m. Action de réchauffer. ■ **réchauffement :** n.m. ≠ Attiédissement, refroidissement.

rêche : adj. *Les vieux draps de grosse toile sont rêches.* = Râpeux, raboteux, rugueux. ≠ Doux.

rechercher : [de **chercher**] v. *La police recherche les coupables.* = S'enquérir, enquêter, fouiller, perquisitionner. ≠ Éviter, fuir. ■ **recherche :** n.f. **1-** *Le commissaire a mené les recherches.* = Enquête, fouille, quête, perquisition, étude, investigation. **2-** *Il met de la recherche dans sa tenue.* = Affectation, raffinement, singularité. ≠ Abandon, laisser-aller. ■ **recherché(e) :** adj. **1-** *Un style recherché.* = Affecté, ampoulé, apprêté, maniéré, raffiné, soigné.≠ Négligé, simple, vulgaire. **2-** *Une pièce recherchée.* = Rare. ≠ Banal, commun. **3-** *Un style de vêtements recherché.*= Compliqué, tortueux.

rechute : [de **choir**] n.f. = Répétition, recommencement, récidive, reprise. *Il a fait une rechute après sa grippe.*

récidive : n.f. **1-***L'automobiliste a commis une récidive en brûlant de nouveau le feu rouge.* = Répétition. ■ **récidiver :** v. *Bertrand a encore tiré la queue du chat : il a récidivé.* = Réitérer, recommencer, renouveler, reprendre.

récif : n.m. = Écueil,rocher, brisant. *Les voiliers font attention aux récifs qui se trouvent le long de certaines côtes.*

récipient : [de **recevoir**] n.m. = Boîte, bouteille,réceptacle, pot, vase.

réciproque : adj. *Un échange réciproque.* = Mutuel, bilatéral, partagé, inverse. ■ **réciproquement :** adv. = Vice versa, inversement, mutuellement.

réciter : [de **citer**] v. Dire à haute voix, de mémoire. *Léa a reçu des félicitations après avoir récité parfaitement son poème.* ■ **récit :** n.m. Texte oral ou écrit qui raconte une histoire. *Marianne nous a fait le récit de ses aventures en Birmanie.* = Exposé, histoire, rapport, chronique. ■ **récital :** n.m. (plur. récitals) Représentation donnée par un seul interprète. *La cantatrice donnera un récital à Paris.* ■ **récitant(e) :** n. En musique, personne qui récite. ■ **récitatif :** n.m. En musique, chant parlé. ■**récitation :** n.f. Texte appris par cœur que l'on récite. *Louise adore les récitations que la maîtresse lui fait apprendre.*

réclamer : [de **clamer**] v. *Le chien hurle à la mort, il réclame ses maîtres.* = Implorer, exiger, prier, requérir, se plaindre, protester, revendiquer, solliciter, demander. ■**réclame :** n.f. = Publicité. ■**en réclame :** = En promotion, en solde. ■**réclamation :** n.f. = Contestation, exigence, requête, revendication, doléance, plainte.

reclassement : [de **classe**] n. m. = Reconversion.

reclus(e) : [de **clore**] n. ou adj. *Certains religieux ont choisi de vivre reclus dans des monastères.* = Enfermé, isolé. ■**réclusion :** n. f. *L'assassin est condamné à la réclusion à perpétuité.* = Internement, détention,emprisonnement, incarcération.

recoin : [de **coin**] n.m. *Les enfants passent des heures au grenier pour explorer tous les recoins.* = Coin, repli.

récolte : [de **recueillir**] n.f. **1-** *La récolte des champignons.*= Cueillette , moison, fenaison, arrachage. ■**récolter :** v. = Recueillir, moissonner, glaner, grapiller, cueillir, vendanger, collecter, arracher, ramasser.

recoller : [de **coller**] v. ≠ Décoller.

recommander : [de **commander**] v. **1-** *Il part à bicyclette, on lui recommande la prudence.* = Conseiller, préconiser, inviter. ≠ Déconseiller. **2-**. *Cette femme a été recommandée pour la place de secrétaire.* = Patronner, pistonner, parrainer, préconiser.≠ Condamner, dénigrer. ■**recommandable :** adj. = Estimable. ≠ Condamnable, indésirable. ■**recommandation :** n.f. **1-** *Les recommandations du médecin.* = Avis, conseil, ordre, commandement, piston. **2-** *Une lettre de recommandation.* = Appui, soutien tutelle, protection, parrainage. ■**recommandé :** n.m. Document qui atteste de la remise au destinataire de la lettre ou du colis envoyés.

récompenser : [de **compenser**] v.*On la récompense lorsqu'elle a une bonne note.* = Couronner, distinguer, citer, féliciter, primer, payer. ≠ Châtier, punir. ■**récompense :** n.f. = Prix, rétribution, décoration, gratification, accessit.≠ Châtiment, punition, sanction.

recomposer : [de **composer**] v. *La fleuriste va recomposer le bouquet avec les fleurs choisies par la cliente.* = Reconstruire, reformer, restructurer.≠ Analyser, décomposer. ■**recomposition :** n. f. = Restructuration.

réconcilier : [de **concilier**] v. = Accorder, concilier, rapprocher, réunir, Fam. rabibocher, raccomoder. ≠ Brouiller, désunir, diviser. ■**se réconcilier :** v. pron. Se rapprocher, renouer, se pardonner, revenir. ≠ Se fâcher. ■**réconciliateur :** n. (f. réconciliatrice) = Médiateur. ■**réconciliation :** n.f. = Rapprochement, Fam. raccomodement.

reconduction : [de **conduire**] n.f. *La reconduction d'un contrat.* = Renouvellement, confirmation, continuation. ■**reconduire :** v. **1-** Raccompagner, ramener. **2-**. *Le bail de l'appartement est reconduit.* Renouveler, prolonger. ■**reconductible :** adj. = Renouvelable.

réconforter : [de **confort**] v. *Ton amitié me réconforte .* = Soutenir, consoler, ragaillardir, remonter, revigorer, réchauffer, réveiller. ≠ Abattre, acabler, décourager, déprimer, affaiblir.■**réconfortant(e) :** adj. = Stimulant, fortifiant, cordial, remontant, constituant. ≠ Décourageant, accablant, désespérant.

reconnaître : [de **connaître**] v. **1-** *Le suspect a été reconnu par un témoin.* = Identifier, distinguer, retrouver. **2-** *Je reconnais m'être trompée.* = Convenir, avouer, accepter, se soumettre, admettre. **3-** *L'éclaireur partait reconnaître les lieux avant le reste de la troupe.* = Examiner explorer. ■**reconnaître un enfant :** Se déclarer père ou mère de l'enfant. ■**se reconnaître :** v. pron. = Se retrouver. ■**reconnaissance :** n.f. **1-** = Identification. ≠ Oubli, desavœu. **2-** = Gratitude. ≠ Ingratitude. **3-** = Examen, exploration, recherche, prospection. ■ **reconnaissable :** adj. ≠ Méconnaissable. ■ **reconnaissant(e) :** adj. = Obligé. ≠ Ingrat, oublieux. ■**reconnu(e) :** adj. = Public, notoire. ≠ Contestable, discuté, inconnu.

reconquérir : [de **conquérir**] v = Recouvrer, regagner, se réapproprier. ≠ Reperdre. *Il veut reconquérir le cœur de sa bien-aimée.*

reconsidérer : [de **considérer**] v. *Après une explication, il a reconsidéré sa position et a changé d'avis.* = Corriger, étudier, rectifier, réviser, revoir.

reconstituer : [de **constituer**] v. *Reconstituer un puzzle, une énigme.*= Restaurer, reconstruire, réparer, rétablir, recréer. ■**reconstitution :** n. f. = Restitution. ■**reconstituant :** n.m. et adj. = Fortifiant, tonique.

reconstruction : [de **construire**] n.f. = Rénovation. ■**reconstruire :** v. = Rebâtir. ■**reconstruit(e) :** adj. Construit une nouvelle fois.

record : n.m.*Le record du monde de saut en longueur.* = Exploit, performance, prouesse, haut fait. ■ **recordman :** n. (f. recordwoman) = Champion.

recouper : [de **coup**] v. *Les policiers vont recouper leurs indices.*= Accorder, concorder, coïncider. ■ **se recouper :** v. pron. **1-** En géométrie = Se rencontrer, se recouper. **2-** *Des idées qui se recoupent.*= S'accorder, concorder, correspondre.

recourber : [de **courbe**] v. t = Fléchir, plier. ≠ Redresser ■**recourbé(e) :** adj. = Crochu,busqué.

recourir : [de **courir**] v. = S'adreser à, avoir recours à, se référer. ■**recourir à :** = Disposer de, utiliser, user. *Il a perdu ses clés et a dû recourir à un serrurier.* ■**recours :** n. m. = Soutien, aide, ressource. ■ **recours à :** recherche d'aide auprès de quelqu'un ou de quelque chose. *J'ai eu recours à un plombier pour déboucher l'évier.* ■**en dernier recours :** À la dernière limite.

recouvrer : [de **récupérer**] v. **1**- *IL a recouvré la santé après son séjour à la montagne.* = Récupérer, reprendre, retrouver, regagner, reconquérir. **2**- = Encaisser, percevoir, recevoirtoucher. ■**recouvrement :** n.m. = Perception.

recouvrir : [de **couvrir**] v. *La neige recouvre les sapins.* = Joncher, enduire, ensevelir, parsemer, tapisser. ≠ Découvrir, dévoiler. ■**recouvert(e) :** adj. = Vêtu, habillé, gainé, garni.

recréer : [de **créer**] v. *L'auteur de romans recrée un univers* .= Reconstituer.

récréer : v. *Le clown vient récréer le public du cirque entre chaque numéro.* = Amuser, distraire, divertir. ≠ Ennuyer. ■**se récréer** := S'amuser. ■ **récréation :** n.f. **1**- = Halte, pause, répit, repos. **2**- *La cour de récréation.* = Amusement, distraction, divertissement, jeu, passe-temps. ■**récréatif :** adj. (f. récréative) ≠ Ennuyeux, fastidieux, sérieux.

récrier (se) : [de **crier**] v. pron. *Elle s'est récriée devant tant d'injustice.* = Protester, s'élever contre, refuser, nier, s'indigner.

récriminer : [de **crime**] v. = Protester, râler. = grief, observation,, remontrance, réprimande, reproche. ■**récrimination :** n. f. = Reproche, grief, observation,, remontrance, réprimande, réclamation, protestation, reproche.

recroqueviller (se) : v. pron. *Le papier se recroquevillait sous l'effet de la chaleur.* = Se ramasser, se resserrer, se tasser. ■**recroquevillé(e) :** adj. *Les feuilles sont recroquevilléesà cause de la sécheresse.*= Ratatiné, rabougri, ramassé, replié, tapi.

recrudescence : [de **cru**] n. f. *Une recrudescence de grippe.* Augmentation, accroissement, exacerbation, regain, renouveau, reprise. ≠ Diminution, accalmie.

recruter : [de **croître**] v. *Les entreprises de nouvelles technologies recrutent.* = Embaucher, engager, incorporer, enrôler. ■**recrue :** n.f. *Le commandant accueille les jeunes recrues.* = Adhérent, membre, engagé, soldat.■**recrutement :** n.m. = Appel, conscription, racollage. ■**recruteur :** n. (f. recruteuse) Personne chargée de recruter.

rectal(e) : (pl. rectaux) adj. = Anal.

rectifier : [de **faire**] v. *L'avion rectifie sa trajectoire en vue de l'atterrissage.* = Améliorer, corriger, modifier, redresser. ≠ Altérer;■**rectification :** n.f. = Correction, amélioration. ■**rectificatif :** n.m. = Correctif.

rectiligne : [de **ligne**] adj.≠ Angulaire, courbe, sinueux, curviligne.

recto : n.m. *Le nom de l'entreprise se trouve au recto du dépliant.* ≠ Verso.

recueillir : [de **cueillir**] v. **1**- *La Croix-Rouge recueille des fonds.*= Réunir, collecter, rassembler, obtenir. ≠ Éparpiller, disperser. **2**- *Il a recueilli un chiot abandonné.= Accueillir.* **3**- = Ramasser, récolter, prendre, récupérer, cueillir, moissonner. ■**se recueillir :** v. pron. = Méditer, réfléchir, se concentrer, prier. ≠ Se dissiper. ■**recueil :** n.m. *Un recueil de poèmes.* = Anthologie, florilège, annales. ■**recueillement :** = Méditation.≠ Dissipation, divertissement.

reculer : [de **cul**] v. **1**- *Recule de trois pas et prends ton élan.* = Refluer, se replie, battre en retraite. ≠ Avancer, progresser. **2**- *Ils ont reculé le programme à cause de l'actualité.* = Reporter, remettre, ajourner, différer. **3**- *Il ne recule devant rien.* = Renoncer, flancher, craquer.≠ Se déterminer. **4**- *Certaines maladies reculent.* = Régresser, être en recul.■**recul :** n.m. = Récession, régression, repli, retrait. ≠ Progression, avance, progrès. ■**reculé(e) :** adj. **1**- . *Certaines tribus d'Afrique vivent dans des territoires reculés.* = Isolé, éloigné, écarté, lointain. **2**- *La préhistoire est une époque reculée.* = Ancien.

récupérer : v. **1**- *Elle a récupéré son portefeuille au commissariat.* = Retrouver, reprendre, reconquérir, recouvrer. ≠ Perdre. **2**- *Il s'assoit, le temps de récupérer*= Se remettre, se ressaisir, se rétablir. . ■**récupération :** n.f. = Recyclage. / ■**récupérable :** adj. = recyclable, ≠ Irrécupérable.

récurer : [de **curer**] v. Nettoyer.

récuser : [de **cause**] v. **1**- *Un membre du jury a été récusé par l'avocat de la défense.* = Exclure, écarter, repousser. **2**- *Le témoin récuse toutes les affirmations du coupable.* = Refuser, rejeter, nier, contester. ≠ Accepter, agréer.

recycler : [de **cycle**] v. *Le carton est recyclé sous forme de pâte à papier.* = Récupérer. ■**se recycler :** v. pron. = Se requalifier, se reconvertir. ■**recyclage :** n.m. = Éducation, récupération,reconversion.

rédaction : [de **rédiger**] n.f. **1**- = Texte, écriture, libellé. **2**- *Les élèves doivent rendre leur rédaction.* = Composition, dissertation. ■**rédacteur :** n. (f. rédactrice) = Auteur, chroniqueur.

reddition : [de **rendre**] n.f.*La reddition du fort a eu lieu à l'aube.*= Abdication,capitulation, renonciation.

redéployer : [de **ployer**] v. *La société de nettoyage a redéployé son personnel.* = Réorganiser. ■ **redéploiement :** n.m. = Réorganisation.

redevance : [de **devoir**] n.f. *La redevance pour la télévision.* = Contribution, charge, dette,impôt. ■ **redevable :** adj. *Il se sent redevable envers celui qui l'a aidé .* = Débiteur, obligé, tributaire.

rédiger : v. *Le journaliste a rédigé un article.* = Disserter, écrire.

redite : [de **dire**] n.f. = Répétition, redondance.

redoubler : [de **doubler**] v. **1-** *Redoubler d'attention.*= Augmenter, croître, doubler, s'exacerber. ≠ Cesser, diminuer. **2-** *Il a redoublé sa 6e.* = Recommencer, reprendre. ■ **redoublement :** n.m.Le *redoublement de la pluie.* = Augmentaion, accroissement, exacerbation. ≠Diminution.

redouter : [de **douter**] v. *Elle redoute les piqûres.* = Appréhender, avoir peur, s'effrayer, craindre.≠ Souhaiter. ■ **redoutable :** adj. = Dangereux, rude, puissant, effrayant. ≠ Inoffensif.

redoux : [de **doux**] n.m. *La météorologie annonce une période de redoux* .= Radoucissement.

redresser : [de **dresser**] v. **1-** *Il redresse le guidon de son vélo.* = Rectifier. ≠ Abattre, incliner, renverser.**2-** *Redresser les comptes d'une société.* = Rétablir, relever, améliorer.≠ S'affaisser, s'écrouler. ■ **se redresser :** v. pron. Se tenir droit. *Le roseau se redresse après la tempête.* ■ **redressement :** n. m. = Relèvement. ≠ Apurement, déformation ■ **redresseur de torts :** fam. = Justicier.

réduction : [de **conduire**] n.m. *Le commerçant nous a fait une réduction .* = Abaissement, diminution, baisse, remise, ristourne, rabais. ≠ Augmentation, accroissement, agrandissement. ■ **réduire :** v.**1-** *Le manque de personnel l'avait contraint à réduire ses activités.* = Restreindre, diminuer, minimiser, amoindrir, abréger, écourter. ≠ Agrandir, augmenter, développer. **2-** *La peur avait réduit Paul au silence.* = Contraindre, obliger, aculer. **3-** *Réduire des pommes de terre en purée.* = Écraser. ■ **réduit(e) :** adj. = Raccourci, résumé, laconique, lapidaire, succinct, concis, bref. ≠ Grand, important, plein.■ **réduit :** n.m. = Cabine, placard, mansarde, sous pente.

réel : **1-** adj. (f. réelle) *Ces faits sont réels.* = Authentique, véritable, établi, effectif, tangible. ≠ Imaginaire, irréel, apparent, chimérique, fictif, inexistant, virtuel. **2-** n. m. = Réalité. ≠ Imaginaire. ■ **réellement :** adv. *Roméo est réellement amoureux de Juliette.* = Effectivement, vraiment, en fait.≠ Apparemment, faussement, fictivement.

refaire : [de **faire**] v. **1-** *Michel a refait un tour de piste.* = Réitérer, recommencer, rééditer, redoubler, reprendre, repartir, récidiver. **2-** *Les maçons refont le mur.* = Reconstruire, rétablir.≠ Défaire.

réfection : [de **faire**] n. f. *Le conseil général a voté la réfection des bâtiments.* = Réparation, restauration.

réfectoire : n.m. . *Tous les demi-pensionnaires se retrouvent au réfectoire pour déjeuner.* = Cantine, salle à manger, restaurant, mess.

référendum : n.m. *Le président de la République peut consulter les citoyens par référendum.*= Consultation , plébiscite, vote.

référer (se) : v. pron. *Jean s'est référé à ses souvenirs pour retrouver son chemin.* = Recourir, se rapporter, se reporter, consulter. ■ **référence :** n.f. **1-** *Un système de référence.* = Modèle, repère. **2-** *Une lettre de références.*= Attestation, certificat, garantie.

réfléchir : [de **fléchir**] v. **1-** *Le miroir réfléchit la lumière du Soleil.* = Renvoyer , refléter, répercuter. **2-** *Il faut toujours réfléchir avant d'agir.* = Penser, raisonner, méditer, se concentrer, songer. ■ **se réfléchir :** *Mon image se réfléchit dans la flaque d'eau.* = Se refléter.■ **réfléchi(e) :** adj. = Sérieux, posé, calme, pondéré, raisonnable.

reflet : [de **réfléchir**] n.m. **1-** = Lueur, reflexion, miroitement, chatoétincellement. *Il observe son reflet dans la glace.* **2-** = Image, imitation, portrait, représentation. ■ **refléter :** v. **1-** = Réfléchir, renvoyer, répercuter. **2-** *Cette lettre ne reflétait pas sa personnalité.* = Montrer, représenter, reproduire, symboliser. ■ **réflexe :** n.m. = Automatisme, sang froid. ■ **réflexion :** n.f. **1-** *La lumière subit un phénomène de réflexion lorsqu'elle rencontre la neige.* = Réverbération, reflet, diffusion, rayonnement, étincellement. **2-** *Après une nuit de réflexion, il savait ce qu'il devait faire.* = Méditation, ,pensée, raisonnement. ≠ Étourderie, irréflexion, légèreté. **3-** *La maîtresse a fait une réflexion à Marc parce qu'il discutait en classe.* = Remontrance, remarque..

refluer : [de **flux**] v. *La foule, prise de panique, reflue vers la sortie.* = Reculer, faire marche arrière, céder, se replier, se retirer, plier. ≠ Affluer. ■ **reflux :** n.m. = Marée basse, jusant, flot. ≠ Flux, afflux.

réformer : [de **former**] v. *Réformer une loi.* = Changer, corriger, modifier, innover, amender, remanier, transformer. ■ **réforme :** n.f. *La réforme des collèges.* = remaniement, refonte, amélioration, changement, modification,r évolution. ■ **réformable :** adj. ≠ Irréformable. ■ **réformé(e) :** n. ou adj. = Protestant.

refouler : [de **fouler**] v. **1-** *Des odeurs d'égout sont refoulées par le trou d'évacuation du caniveau.* = Refluer, chasser, expulser, pousser hors de. **2-** *Elle refoule ses larmes et ne veut pas pleurer.*=

Retenir, contenir. **3-** *Célia a refoulé dans son inconscient un souvenir qui n'était pas agréable.*= Enfouir, étouffer, réprimer. ■**refoulement :** n.m. = Censure.≠ Assouvissement, défoulement.

réfractaire :n. et adj. *Il est rtéfractaire à toute autorité.*= Désobéissant, indiscipliné, indocile, rebelle, récalcitrant, rétif.≠ Docile, obéissant.

réfraction : [de **fraction**] n. f. Décomposition ou déviation d'un rayon lumineux passé à travers une matière transparente. *L'arc-en-ciel est formé par la réfraction de la lumière à travers les gouttes d'eau.*

refrain : n.m. *Reprenons le refrain tous en chœur.*= Ritournelle, rengaine, chanson, scie, leitmotiv.

réfréner : [de **frein**] *Laurent réfrène son envie de manger en dehors des repas.*= Contenir, maîtriseré-touffer, réprimer.

réfrigérer : [de **froid**] v. *Il faut réfrigérer le poisson pour le conserver.* = Refroidir, congeler, frigorifier, surgeler, glacer. ≠ Chauffer. ■**réfrigérant(e) :** adj. = Glacial. ≠ Calorifique, chaleureux. ■**réfrigérateur :** n.m. = Frigidaire, frigo. ■**réfrigération :** n.f. = Congélation. ≠ Chauffage.

refroidir : [de **froid**] v. **1-** *Nous avons refroidi la salade de fruits avant de la servir.* = Congeler,glacer, réfrigérer, rafraîchir, frigorifier. ≠ Chauffer, réchauffer. **2-** fig. *Le mauvais temps refroidit l'enthousiasme des skieurs.* = Calmer, décourager, démoraliser, rebuter, tranquilliser.≠ Enthousiasmer, exalter. ■**se refroidir :** v. pron. Se rafraîchir. ■**refroidissement :** n.m. **1-** ≠ Echauffement, réchauffement. **2-** *Assise dans un courant d'air, elle a eu un refroidissement.* = Rhume.

refuge : [de **fuir**] n.m. *Les alpinistes dorment dans un refuge différent.* = Abri, asile, protection, gite, havre, sécurité, sureté,toit. ■**se réfugier :** v. pron. *L'opposant politique s'est réfugié en France.* **1-**= Émigrer, s'enfuir, , s'expartrier, se sauver, fuir. **2-** Se mettre à l'abri, s'abriter, se blottir, se retirer.

refuser : v. **1-** *Je refuse de l'aider.* = Défendre, consigner, se priver, contester, dénier, ≠ Accepter, approuver, consentir à, .**2-** *Il refuse mon offre.* ≠ Décliner rejeter, renvoyer, repousser. ≠ Accorder, donner, offrir, fournir, reconnaître. ■**refus :** n.m. *Elle lui a fait connaître son refus de participer.* = Rejet, négation, rebuffade, renvo, véto. ≠ Consentement, acceptation. ■**ce n'est pas de refus :** = C'est accepté .

réfuter : v. *Le présumé innocent réfute toutes les accusations portées contre lui.*= Contester, contredire, nier, démentir. ≠ Approuver, confirmer.

regagner : [de **gagner**] v. **1-** *L'équipe de basket a regagné la première place du classement.* = Récupérer, recouvrer, reconquérir.≠ Reperdre. **2-** = Rattraper. **3-** *Il regagna son domicile sans encombre.* = Revenir, retourner, rallier. ■**regain :** n. m. *Il connaît un regain d'intérêt pour son travail.*= Recrudescence, renouveau, reprise.

régal : n. m. (pl. régals) *Ce dessert est un vrai régal.* = Délice, plaisir, agrément, jouissance, délectation, festin, volupté. ■**régaler :** v. Faire plaisir. *Il a régalé ses amis avec une nouvelle boisson.* ■**régaler (se) :** v. pron. **1-** *Ils se sont régalés avec la tarte.* = Se délecter.

regarder : [de **garder**] v. **1-** . *Regarder la télévision.* = Consulter, observer, contempler, surveiller, viser, fixer, épier, admirer, voir . **2-** *Ma vie privée ne regarde que moi.*= Concerner, se rpporter à, toucher. **3-** *Regarde les différentes possibilités qui s'offrent à toi !* = Considérer, examiner, inspecter. ■**regard :** n.m. **1-**= Vue, coup d'œilœillade, yeux. **2-** *Grâce au regard installé dans la trappe, le technicien peut relever le compteur.* = Soupirail, trou. ■**au regard de :** D'après, par rapport à. ■**regardant(e) :** adj. fam. **1-** . = Économe, avare, chiche. ≠ Dépensier, prodigue. **2-** *Il est très regardant sur la qualité de ce qu'il achète.*= Exigeant.

régate : n.f. Course de bateaux.

régénérer : [de**générer**] v. Les *cellules du corps humain se régénèrent très vite.* = Réparer, reconstruire, reconstituerréactiver. ≠ Détruire. ■**régénérateur :** n. et adj. (f. régénératrice) = Réparateur. ■**régénération :** n. f. *Au printemps, on assiste à la régénération des plantes vivaces.*≠ Dégénérescence, décadence.

régenter : [de **régir**] v. *Il veut tout régenter chez lui.*= Gouverner, administrer, conduire, diriger ,commander.

régicide : [de **roi**] n. et adj. *Ravaillac, qui assassina Henri IV, est un régicide.*= Assassin ou assassinat d'un roi.

regimber : **1-***L'âne regimbe quand il est mécontent.* = Ruer, se cabrer, se rebiffer. **2-** *Elle regimbe devant la difficulté du travail.*= S'indigner, protester. ≠ Céder, consentir.

régime : [de **régir**] n.m. **1-** *Le régime monarchique est gouverné par un roi.* = Administration, conduite, direction, gouvernement, institution, constitution, système. **2-** *Le régime des retraites.*= Règlementation **3-** *Suivre un régime alimentaire.*= Diététique, abstinence, cure, diète, jeûne. **4-***Tourner à plein régime.* = Marche. **régiment :** n.m. **1-**= Armée, bataillon, légion troupe. **2-** = Multitude, nuée, ribambelle, foule.

région : n.f. **1-** *Elle passe ses vacances dans la région de Nantes.* = Étendue, pays, province, terroir, terre, zone, contrée. **2-** *La Région Alsace.* = Circonscription. ■**régional(e) :** adj. (pl. régionaux) = Local, folklorique. ■**régionalisme :** n.m. Fait de vouloir rendre autonome ou de favoriser une région particulière dans un pays. ■**régionalisation :** n.f. Décentralisation, délocalisation .

régir : v. **1-** *Le conseil régional régie les affaires de la Région.* = Administrer, gérer, diriger, gouverner. **2-** *La République est régie par des lois.* = Réglementer, régenter. ■**régie :** n.f. = Société. . ■ **régisseur :** n. (f. régisseuse) *Le château est dirigé par un régisseur lors de l'absence des propriétaires.* = Intendant, administrateur, gérant.

registre : n.m. *Le registre des naissances à la mairie.*= Carnet, livre, écriture, répertoire.

réglable : [de **règle**] adj. *Réglable en trois fois.* = Payable.

règle : [de **régir**] n.f. **1- 2-** *Il connaît les règles de la vie en société.* = Lois, normes, principes, docte, règlement, système. ≠ Exception. ■**en règle :** = Conforme à. ■**réglé(e) :** adj. **1-** *Elle a des habitudes bien réglées.* = Méthodique, ordonné, régulier.casanier, exact, ponctuel, précis, régulier, systématrique, périodique. **2-** *Le problème est réglé.* = Terminé, résolu. ■**règlement :** n.m. **1-***Le règlement de la pension n'autorise pas les animaux.* = Arrêté, code, décret, statut, loi, règle, réglementation. ≠ Dérèglement, dérangement; **2-** = Paiement, acquitement, liquidation, solde, remboursement. *Le règlement par chèque est accepté.* **3-** *Les chefs d'État s'étaient réunis pour trouver une solution au règlement du conflit.* = Arrangement, arbitage, procès. ■**réglementaire :** adj. Q= Régulier, valable, *Le militaire doit porter une tenue réglementaire.* ■**réglementation :** n.f. *Les normes de sécurité doivent obéir à la réglementation européenne.* = Fixation, taxation. ≠ Déréglementation, liberté. ■**réglementer :** v. *Le port du casque en deux-roues est réglementé.* = Régir, légiférer. ■**régler :** v. *Réglons notre conduite.* **1-** = Accorder, conformer, suivre, dicter, arrêter, établir. ≠ Dérégler, déranger. **3-** *Elle règle sa note chez l'épicier à la fin du mois.* = Acquitter, payer, rembourser.

règne : [de **roi**] n. m.*Le règne de François Ier est le symbole de la Renaissance.* = Domination, prédominance, primauté, dynastie, époque, souveraineté. ■ **régner :** v. **1-** *Ce roi régnait sur un tout petit pays.* = Gouverner, régenter, dominer, prédominer. **2-** = Exister, durer. *Le jour de la lessive, une odeur de frais régnait dans la maison.*

regorger : [de **gorge**] v. *Le lac regorgeait de truites.*= Abonder.≠ Manquer.

régresser : [de **grade**] v. *Depuis qu'il existe un vaccin, la rougeole a régressé.* = Reculer, diminuer..≠ Développer, progresser.■**régression :** n.f. *L'épidémie de grippe entre dans une période de régression.*= Diminution, récession, involution, repli, recul, marche arrière. ≠ Progression, développement, progrès. ■ **régressif :** adj. (f. régressive) = Progressif.

regretter : v. **1-** = *Elle regrettait que son frère n'ait pas pu venir à son mariage.* Déplorer, se plaindre, se repentir, être navré, être au regret. ≠ Se féliciter, se réjouir, désirer, souhaiter. **2-** *Je regrette de ne pas t'avoir écrit avant.* = S'excuser. ■**regret :** n.m. **1-** *Le regret de son pays.*= Tristesse, amertume, mélancolie, nostalgie. **2-** *Le regret d'une parole.* = Remords, repentir, excuse, pardon. ■**regrettable :** adj. *C'est un incident regrettable.* = Ennuyeux, fâcheux, désagréable, gênant, déplorable, déplaisant, malencontreux.≠ Désirable, souhaitable.

regrouper : [de **groupe**] v. *On a regroupé toutes les vaches dans l'étable.*= Rassembler, associer, concentrer, grouper. ≠ Disperser, disséminer, morceler. ■**se regrouper :** v. pron. = Se rassembler, se réunir. ■**regroupement :** n. m. = Rassemblement, concentration.

régulariser : [de **règle**] v.**1-** *Il faut régulariser son coursde cette rivière .* = Réguler, normaliser. **2-** *Elle doit régulariser son absence.* = Légaliser. ■ **régularisation :** n.f. = Normalisation. ■**régularité :** n.f. *La pendule suisse sonne toutes les heures avec régularité.* = Exactitude, justesse, légalité, ponctualité, assiduité, précision. ≠ Irrégularité, inégalité.■**réguler :** v. = Régulariser. ■**régulier :** adj. (f. régulière) **1-** *Un horaire régulier.* = Exact, juste, assidu, ponctuel, précis, réglé, systématique, habituel. ≠ Accidentel, exceptionnel,intermittent. **2-** *Tu peux lui faire confiance, il est régulier.* = Fiable, honnête, correct, loyal. **3-** = Légal. ≠ Aberrant, anormal, illégal. **4-** *Un hexagone régulier a six côtés de même longueur.* = Uniforme, égal,constant.≠ Diforme, inégal, asymétrique, irrégulier. ■**régulièrement :** adv. **1-** *Elle va régulièrement chez le dentiste.*= Uniformément, assidûment, rituellement. ≠ Irrégulièrement, accidentelement. **2-** = Normalement, en principe, théoriquement, habituellement, d'ordinaire.

régurgiter : [de **gorge**] v. *Le bébé régurgite son lait.* = Vomir, dégorger.

réhabiliter : [d'**habiliter**] v. **1-** *Les villageois ont réhabilité le lavoir.* = Restaurer, réparer, rénover. ≠ Flétrir.**2-** *C'est une erreur judiciaire, le condamné a été réhabilité.* = Blanchir, innocenter. ≠ Condamner. ■ **réhabilitation :** n.f. **1-** = Réfection, rénovation restauration.≠ dégradation. **2-** = Dédouanement.

rehausser : [de **hausser**] v. **1**- *Les ouvriers ont rehaussé le toit de la maison.* = Remonter, élever, surélever, relever. ≠ Descendre, abaisser, **2**- Mettre en valeur.≠ Ternir, déprécier. **3**-*On a rehaussé la taxe sur l'essence.* = Augmenter.

rein :n.m. *On dit qu'on a mal aux reins quand on a des douleurs dans le bas du dos.*= Lombes.

reine : [de **roi**] n.f. *La reine Élisabeth II est la reine de Grande-Bretagne.* Souveraine.

réinsérer : [d'**insérer**] v. **1**- *L'imprimeur réinsère de nouvelles pages dans le magazine.* = Introduire. **2**- *Des associations aident les anciens détenus à se réinsérer dans la société.* = Réadapter. ■**réinsertion :** n. f. *Il faut aider la réinsertion des personnes handicapées.*= Réadaptation

réintégrer : [d'**intégrer**] v. *Après la décrue, les habitants ont pu réintégrer leur pavillon.* = Retrouver, rétablir, retourner.

réitérer : v. *Il réitère sa demande.* = Récidiver , répéter,recommencer.

rejeter : [de **jeter**] v. **1**- *La mer rejetait les ordures sur la plage.* = Relancer, renvoyer, rendre. ≠ Garder, conserver, prendre. **2**- *Sa candidature au poste a été rejetée.* = Repousser, refuser, ne pas admettre, écarter, bannir, exclure, décliner. ≠ Admettre, agréer, adopter, approuver. ■**rejet :** n.m. **1**- *Le rejet des eaux usées vers les égouts.* = Éjection, évacuation. ≠ Réception. **2**-*Le rejet par le corps d'un organe greffé.* = Refus, abandon. Adoption, admission. **3**- = Rejeton, bourgeon. ■ **rejeton :** n.m. **1**- = Rejet. **2**- fam. Fils.

rejoindre : [de **joindre**] v. **1**- *Il faut rejoindre les deux extrémités du cordon.* = Réunir, rallier. ≠ Disjoindre, séparer. **2**- *Elle nous rejoindra au parc.* = Se retrouver.≠ Distancer.**3**- *Par cette route, on peut rejoindre la nationale.* = Aboutir à, allier. **4**- *Le coureur a été rejoint par son adversaire.* = Atteindre, rattraper.≠ Diverger, bifurquer.

réjouir : [de **jouir**] v. *La naissance du petit dernier réjouissait toute la famille.* = Faire plaisir, enchanter, remplir de joie, divertir, égayer. ≠ Affliger, attrister, chagriner, déplorer, regretter. ■ **se réjouir :** v. pron. *Elle se réjouissait de partir en vacances.* = Exulter, se féliciter, jubiler. ■ **réjoui :** adj; = content, épanoui, radieux, gai, joyeux, rieur, plaisant, satisfait. ■**réjouissance :** n.f. *Le mariage a donné lieu à de nombreuses réjouissances.* = Fête, distraction, agapes, amusement, liesse, divertissement. ≠ tristesse, deuil. ■ **réjouissant(e) :** adj.= Amusant, drôle, divertissant, jovial, plaisant, joyeux, content, allègre, agréable.≠ Attristant, désolant, lugubre.

relâcher : [de **lâcher**] v. **1**- *La police a relâché le suspect.* = Relaxer, libérer, élargir, acquitter. ≠ Capturer, incarcérer, détenir, retenir. **2**- *La ficelle qui entourait le colis s'est relâchée et le paquet s'est ouvert.* = Desserrer, détendre, lâcher. ≠ Raidir, resserrer, renforcer. ■**se relâcher :** v. pron. *Après cette période difficile, Denis s'est relâché complètement.* = Se relaxer, se détendre, s'abandonner. ≠ Se crisper. ■ **relâche :** n.f. **1**- = Ralentissement, pause, repos. ≠ Continuité, reprise.*Le théâtre fait relâche tous les mardis.* ■**sans relâche :** = Continuellement, toujours. ■**relâché(e) :** adj. **1**- *On a relâché le renard qui était blessé.* = Délivré. **2**- *Il a pris une pose relâchée.* = Décontracté, détendu. ≠ Strict, rigoureux, sévère. ■ **relâchement :** n.m.*On assiste à un relâchement de la discipline.* = Décontraction, laisser-aller, légèreté, repos.≠ Contraction, tension.

relais : [de **relayer**] n.m. **1**-*Elle fera le relais entre le départ de la baby-sitter et le retour des parents.* = Intermédiaire. **2**- *Le prochain relais est à quelques lieues d'ici.* = Hôtel. **3**- = Course.

relater : [de **référer**] v. *Il nous a relaté son altercation .* = Raconter, exposer, transcrire, consigner, narrer. ■**relatif :** n. et adj. (f. relative) **1**- *J'ai une confiance relative en cette personne.* = Partiel. ≠ Absolu, total, idéal, parfait. **2**- *La douleur est relative à chaque individu.* = Proportionnel. ≠ Subjectif, personnel. ■**relation :** n.f. **1**- *Il n'y a pas de relation entre mon retard et sa mauvaise humeur.* = Rapport, liaison, lien. **2**- *Elle a beaucoup de relations dans son travail.* = Ami, connaissance, fréquentation, flirt. **3**- = Compte-rendu, exposé, rapport, version. ■**relativement :** adv. **1**- = À peu près, proportionnellement, passablement, plutôt. **2**- = Concernant, quant à. ■ **relativiser :** v. *Il faut relativiser les conséquences de ton erreur.*= Dédramatiser, prendre du recul.

relaxer : [de **lâcher, laisser**] v. **1**- *Le kinésithérapeute réussit à relaxer son patient.* = Détendre. ≠ Contracter. **2**- *Le détenu a été relaxé.* = Libérer, relâcher. ≠ Écrouer.■**relaxer (se) :** v. pron. *Elle pratique le yoga pour se relaxer.* = Se détendre, se délasser, se reposer. ■**relaxation :** n.f. *Des séances de relaxation.* = Délassement, détente. ■**relaxant(e) :** adj. *Un bain relaxant.* = Reposant, calmant. ■**relaxe :** n.f. *Le juge a signé la relaxe du présumé innocent.*= Libération. ≠ Condamnation.

relayer : v. Ils *se relayaient auprès du feu pour qu'il ne s'éteigne pas.* = Remplacer, alterner.

reléguer : [de **loi**] v. **1**- *Les vêtements d'hiver étaient relégués au grenier.*= Mettre à l'écart,confiner, rejeter, isoler. **2**- *L'équipe est reléguée à la dernière place du classement.*= = Déclasser. **3**-=Bannir, exiler. ■ **relégation :** n.f. **1**- En sport = classement à un niveau inférieur. **2**- = Exil.

relent : n.m.1-*Les relents de friture empestent la cuisine.* = Effluve, arôme, bouffée, émanation, remugle, miasme. **2-** *Il a un relent de courage.*= Reste.

relever : [de **lever**] v. **1-** *Relever une chaise par terre.*= Ramasser. ≠ Tomber, renverser. **2-** *Il faudra quelques années pour relever ce pays de la guerre.* = Redresser, reconstruire. ≠ Accabler, affaiblir, avilir.**3-** *L'avocat a relevé dans le dossier une irrégularité.* = Noter, remarquer, souligner. **4-** *Les bons résultats relèvent le niveau général.* = Augmenter, majorer, hausser, rehausser.≠ Déprécier, diminuer, rabaisser. **5-** *La cuisine antillaise est relevée.* = Épicé. **6-** *La garde montante relève la garde descendante.*= Remplacer, relayer, suppléer. ■**se relever :** v. pron. *Après l'orage, les fleurs se relèvent en séchant.* = Se redresser. ■**relevé : A-** n.m. *Un relevé de compte en banque.*= Pris par écrit. **B-** adj. **1-**= Épicé . ≠ Fade, insipide. **2-** *Une manche relevée.* = Retroussé. ≠ Abattu, **3-** *Une personne relevée.* = Noble. ≠ Commun, vulgaire. ■**relève :** n.f. = Remplacement. ■ **prendre la relève :** = Remplacer. ■**relèvement :** n.m. *Le relèvement de la taxe d'habitation.*= Redressement, hausse, augmentation. ≠ Abaissement, chute, diminution, réduction, rabattement.

relief : [de **relever**] n.m. **1-** *La fermière jette les reliefs du repas à ses chiens.* = Reste de nourriture. **2-** *Le braille, écriture en relief, permet aux aveugles de lire.* = Saillie, bosse, proéminence, inégalités. ≠ Creux. **3-** *Le relief de la Terre.* = Topographie, geomorphologie. ■ **mettre en relief :** *Cette coiffure met en relief son visage.* = Souligner, faire valoir, faire ressortir.

relier : [de **lier**] v. **1-** *Relier un livre.* = Brocher, lier ensemble, grouper, attacher, assembler.≠ délier, éparpiller, séparer. **2-** . *Le nouveau pont reliait les deux rives du fleuve.* = Connecter, établir un lien,joindre, unir, raccorder. ≠ Déconnecter. ■**relieur :** n. (f. relieuse) = Brocheur. ■**reliure :** n.f. Ensemble qui compose la couverture d'un livre.

religion : [de **lier**] n.f. *Il existe trois religions monothéistes.* = Croyances , culte, dévotion, mysticisme, spiritualité, confession, dévotion, piété. ≠ Doute, irréligion. ■**religieux :** n. ou adj. (f. religieuse) **1-** = Claustral, conventuel, monacal, monastique. = Mondain, profane, civil, laïc**2-** = Abbé, aumônier, chanoine, frère, moine, père, révérend fem. Abbesse, bonns sœur, nonne, novice, mère. **3-** = Croyant, dévot, mystique, ppieux, pratiquant. ≠ Agnostique, antireligieux, athée, irréligieux.■**religieusement :** adv. **1-** = Pieusement. **2-** *Manon suit religieusement les indications du médecin.* = Scrupuleusement, minutieusement, exactement, attentivement.

reliquat : n. m. *Le reliquat d'un compte.* = Reste. ■**relique :** n.f.*De nombreuses reliques sont conservées dans les églises.* = Corps, fragment, châsse, reliquaire. ■**reliquaire :** n. m. Coffre qui contient une relique.

reluire : [de **luire**] v. *Elle brossait ses chaussures pour les faire reluire.* =Briller .■**reluisant(e) :** adj. = Brillant, éblouissant, éclatant, étincelant, rutilant, scintillant, rayonnant.

remanier : [de **manier**] v. *Fabrice remanie son histoire, il change la fin.*= Modifier, changer, revoir, retoucher, réformer, reprendre, corriger. ■**remaniement :** n.m. *Un remaniement ministériel.*= Réorganisation, remodelage, correction.

remarquer : [de **marquer**] v. **1-** *As-tu remarqué qu'il a neigé ce matin ?* = Faire attention, observer. **2-** *Remarquer quelqu'un dans la foule.* = Distinguer. ■**se faire remarquer :** = Ne pas être discret. ■**remarque :** n.f. *La grand-mère de Thomas lui fait toujours des remarques sur sa coupe de cheveux.* = Remontrance., objection, critique, réflexion, reproche, observation, annotation, commentaire ■ **remarquable :** adj. *Il a des résultats remarquables.* = Extraordinaire, étonnant, magnifique, considérable, épatant, notable, énorme, impressionnant, titanesque, grandiose. ≠ Banal, insignifiant, négligeable, médiocre, piètre.■**remarquablement :** adv. = Extraordinairement. ≠ Peu, mal.

remblai : [de **blé**] n.m.*La maison est construite sur un remblai pour échapper aux inondations.* = Ballast, talus. ≠ Déblai. ■**remblayer :** v. = Reboucher.≠ Déblayer.

rembourrer : [de **bourre**] v. *Il va falloir rembourrer ce vieux fauteuil inconfortable.* = Matelasser, capitonner, garnir.

rembourser : [de **bourse**] v.*Peux-tu me prêter 50 euros, je te rembourserai demain.* = Payer, s'acquiter, indemniser, rendre, reverser. ≠ Débourser, emprunter. ■**remboursement :** n.m. = Désendettement, acquitement, défraiement.

remède : n.m. *Un remède de grand-mère.* = Médicament, antidote, contrepoison, drogue, onguent, panacée, soins, pommade, potion. ■ **remédier :** v. = Pallier, obvier à, arranger, soulager, réparer. ■**rémission :** n.f. **1-** *La rémission des péchés.* = Grâce, pardon, absolution. **2-** *Le médecin a pu constaté une rémission entre deux crises allergiques.* = Accalmie, calme, répit, sursis.≠ Aggravation, crise.

remembrement : [de **membre**] n. m. *Le remembrement permet aux agriculteurs de cultiver de plus grandes parcelles de terrain.*= Regroupement. ≠ ndémembrement, morcellement.

remémorer (se) : [de **commémorer**] v. pron. *Quand il retrouve ses amis d'enfance, ils se remémorent leurs souvenirs.* = Se souvenir, revoir, evoquer, se rappeler.

remercier : [de **merci**] v. **1-=** Rendre grâce, louer, bénir, dédommager. **2-** *L'entreprise en faillite a remercié son personnel.* = Renvoyer, congédier, exclure, révoquer, destituer. ≠ Engager. ■**remerciement :** n.m. *Mille remerciements pour votre gentille carte.*= Gratitude, merci.

remettre : [de **mettre**] v. **1-** *Tu remettras ce livre dans la bibliothèque.* = Replacer, rapporter. ≠ Confisquer, enlever, garder. **2-** *Cette lettre est à remettre en mains propres.* = Donner, confier, délivrer, laisser, livrer. **3-** *Mon goûter d'anniversaire a été remis à la semaine prochaine.* = Reporterdifférer, renvoyer, ajourner. ■**se remettre :** v. pron. **1-***Il s'est remis à pleuvoir.* = Recommencer à. **2-** *Je ne me remets pas son visage.*= Se souvenir de, reconnaître, se rappeler. **3-***Elle se remet doucement de la grippe.* = Se rétablir, guérir, se relever. ■**s'en remettre à quelqu'un :** = Faire confiance à. ■ **remise :** n.f. **1-***La remise des prix.* = Délivrance, livraison, versement. **2-** . *Le vendeur m'a fait ue remise sur mes chaussures.* = Réduction, rabais, ristourne. ≠ Addition, supplément. **3-***Il range ses outils de jardin dans la remise.* = Resserre, débarras, entrepôt. ■**remiser :** v. *Mon père remise ses outils dans son atelier.* = Ranger, garer.

remonter : [de **monter**] v. **1-** ≠ Démonter, disloquer. **2-** *Après avoir descendu la pente, le skieur doit remonter au sommet.* = Retourner. ≠ Redescendre, descendre., dévaler. **3-** *Les bulles de gaz remontaient à la surface.* = Rejoindre, rattraper. **4-** *Le prix des appartements remonte.* = Hausser, relever. **5-** fig. Elle *est passée la voir pour lui remonter le moral.* = Réconforter, ragaillardir, consoler, soutenir, réchauffer, revigorer, réveiller. ≠ déprimer, affaiblir.■ **remonter à :** = Découler, être issu de, venir de. ■**remontant :** n.m.et adj. *Le médecin propose un remontant.* = Fortifiant, stimulant, reconstituant. ≠ Déprimant, fatigant. ■**remontée :** n.f. = Remonte-pente, téléski, télésiège. ■**remontage :** n.m. ≠ Démontage..

remontrer (en) : [de **montrer**] v. *Il lui a relmontré ses fautes.* = Admonester, critiquer. ■**remontrance :** n.f.. *Le directeur lui a fait des remontrances.* = Blâme, observation, réprmande, reproche, admonestation, récrimination critique.

remords : [de **mordre**] n.m. *Elle a menti, maintenant elle a des remords.* = Repentir, regret

remorquer : v. *La dépanneuse a dû remorquer la voiture accidentée jusqu'au garage.* = Tracter, tirer.■ **remorquage :** n.m. = Dépannage, touage. ■ **remorqueur :** n.m. = Haleur, toueur.

remous : n.m. **1-** =Tourbillon, sillage, houle, vibration, frisson. **2-** *Cette affaire crée de nombreux remous.* = Désordre, agitation, trouble, crise.

rempart : n.m. *Les remparts protégeaient la ville des invasions.*= Muraille, enceinte, fortification, bastion,mur.

remplacer : [de **placer**] v. *Il s'est acheté un nouveau canapé pour remplacer l'ancien.* = Mettre à la place de, changer, renouveler, substituer, suppléer, tenir lieu de, relever. . ■**se remplacer :** v. pron. *Les infirmières se remplacent au chevet du blessé.* = Se relayer , permuter, se succéder, alterner. ■**remplaçable :** adj. ≠ Irremplaçable. ■**remplaçant(e) :** n. *Les élèves ont accueilli le remplaçant du professeur principal.* = Intérimaire, substtitut, suppléant. ■**remplacement :** n.m. = Relève, intérim, suppléance.

remplir : [d'**emplir**] v. **1-** *Il faut remplir les bouteilles d'eau à la fontaine.* = Charger, emplir, garnir. ≠ Vider, évider, nettoyer, évacuer. **2-** *Vous devez remplir un questionnaire.* = Compléter. **3-** *Cette nouvelle me remplit de bonheur.* = Enthousiasmer, réjouir. **4-** *Remplir une tâche.* = Effectuer, exercer. ■**rempli :** adj. = Plein, couvert, peuplé, gonflé.

remporter : [d'**emporter**] v. **1-** = Reprendre. **2-** = Emporter, rapporter. **3-** *Elle a remporté le concours de corde à sauter.* = Gagner, rafler, récolter.

remuer : [de **muer**] v. **1-** *Il faut remuer la sauce dans la casserole pour qu'elle n'attache pas.* = Mélanger, touiller, agiter, bouger. 2- *Pour remuer cette table, il faut être trois personnes.* = Déplacer, bouger. ≠ Fixer, immobiliser. **3-** *Il remue dans son sommeil.* = Gesticuler, s'agiter. ■**se remuer :** v. pron. fam. = Bouger, se démener. ■**remuant (e) :** adj. *Des enfants remuants.* = Turbulent, actif, dynamique. ≠ Calme, inerte. ■**remue-ménage :** n.m. inv. *Le chat et le chien, en se courant après, font un incroyable remue-ménage.* = Tapage, branlebas, confusion.

rémunérer : v. *Paul m'a rémunéré pour avoir gardé son chien.* = Payer, rétribuer. ■**rémunération :** n.f. = Paye, salaire, paiement, rétribution. ■**rémunérateur :** adj. (f. rémunératrice) *Son nouveau travail est rémunérateur.* = Avantageux, lucratif.

renaître : [de **naître**] v. *Le phénix renaît de ses cendres.* = Reapparaître, ressuciter, revivre. ≠ Disparaître, s'effacer, mourir. ■**renaissance :** n.f. *Le printemps est la saison de la renaissance des fleurs.* = Renouveau. ≠ Agonie, mort.

renard(e) : n. = Fennec, isatis, roussette.

rencontrer : [d'**encontrer**] v. **1-** *Elle a rencontré son cousin au cinéma.* = Croiser, apercevoir, tomber sur, contacter, toucher, trouver, joindre. ≠ Éviter, manquer. **2-** *L'équipe de basket rencontre ses adversaires.* = Affronter. ■ **se rencontrer :** v. pron. = Se heurter, se connaître. ■ **rencontre :** n.f. **1-** *Faire de mauvaises rencontres.* = Coïncidence, conjoncture, occasion, occurence, hasard. **2-** = Entrevue, rendez-vous, réunion. **3-** En sport, partie ou match.

rendement : [de **rendre**] n.m. **1-** *Cette année, les rendements agricoles sont bons.* = Production, productivité, récolte. **2-** *Les nouvelles machines automatisées ont un rendement élevé.*= Efficacité, effet, rentabilité.

rendez-vous : [de **se rendre**] n.m. Rencontre , fam. rancart.

rendre : v. **1-** *Elle me rend le livre qu'elle m'avait emprunté.* = Restituer, redistribuer, redonner. ≠ Emprunter, prêter, , confisquer, garder. **2-** Rembourser. **3-** Vomir, évacuer, rejeter.≠ Absorber, digérer. ■ **se rendre :** v. pron. **1-** *Il se rend à Marseille.* = *Aller, se diriger vers, partir à.* **2-** *L'armée ennemie s'est rendue à l'issue de sa défaite.* = Capituler, se livrer, abandonner, abdiquer. ■ **rendre visite :** aller voir quelqu'un. ■ **rendre des comptes :** justifier une action. ■ **rendre service :** aider, assister.

rêne : [de **retenir**] n.f.*Le cavalier tire sur les rênes.* = Bride, guide.

renfermer : [d'**enfermer**] v. *Cette malle renferme des déguisements.* = Contenir, receler, retenir, confiner, calfeutrer, séquestrer, cloîtrer. ≠ Libérer, exclure, montrer. ■ **se renfermer :** v.pron. *Aurélie se renfermait dès que l'on parlait de sport* = Se replier, se murer. ■ **renfermé : 1-** adj. *Elle a peu d'amies, elle est renfermée sur elle-même.*= Discret, obscur, taciturne, ténébreux, énigmatique. ≠ Extériorisé, démonstratif, expansif, ouvert. **2-** n.m. *La maison de campagne sent le renfermé.*= Remugle.

renflouer : [de **flot**] v. *Le paquebot sera renfloué dès que les réparations seront terminées.* = Remettre à flot. ■ **renflouement :** n.m. *Le renflouement des caisses, d'un bateau.* = Renflouage.

renforcer : [de **force**] v. *Il a renforcé la clôture qui était cassée.* = Consolider, étayer, fortifier, solidifier.≠ Afaiblir, détruire, saper. ■ **renforcement :** n.m. *Les villageois procèdent au renforcement des murailles.* = Durcissement.≠ Adoucissement, affaiblissement, diminution. ■ **renfort :** n.m. **1-** *Le cordonnier a mis un renfort à ma chaussure.* = Soutien, fortification. **2-** *Amener des hommes en renfort.* =Secours.

rengaine : [de **refus**] n. f. **1-** = Rabâchage. **2-** *Tu nous chantes toujours la même rengaine démodée.* = Refrain, ritournelle, couplet, chanson, scie.

renier : [de **nier**] v. **1-** *La tribu a renié le voleur.* = Répudier, désavouer. ≠ Reconnaître. **2-** *Henri IV a renié sa foi pour devenir roi de France.* = Abandonner, abjurer, renoncer à, se rétracter. ■ **reniement :** n.m. = Abandon, désavœu, apostasie, répudiation, abjuration.

renifler : v. **1-** *Elle renifle en pleurant.* = Aspirer. **2-** *Le chien de chasse renifle la trace du gibier.* = Flairer, sentir.

renne : n.m. = Caribou.

renommer : [de **nommer**] v. = Réélire. ■ **renommé(e) : 1-** adj. *Le champagne est une boisson renommée dans le monde entier.* = Réputé, illustre, auguste, brillant, glorieux, légendaire, fameux. **2-** n.f. = *La renommée internationale d'une vedette.* = Célébrité, popularité, notoriété, renom, considération, réputation.

renoncer : [de **nonce**] v. *Suite à une blessure grave, il a renoncé au rugby.* = Abandonner, se priver de, abdiquer, se déclarer forfait, se départir, capituler, abdiquer. ≠ S'attacher, conserver, garder, persévérer,persister. ■ **renoncement :** n.m. = Désistement, abstinence, détachement, sacrifice, abnégation. ≠ Attachement, avidité. ■ **renonciation :** n.f. = Abandon, démission. ≠ Appropriation, acceptation.

renouveler : [de **nouveau**] v. **1-** *Le médecin a renouvelé l'ordonnance du malade.* = Recommencer, refaire, réitérer . **2-** *L'entreprise a renouvelé tout son matériel.* = Changer, modifier, rajeunir, moderniser, améliorer, rénover.≠ Garder, maintenir. **3-** *Il fait renouveler son passeport qui est périmé.*= Réactualiser, reconduire, proroger. ■ **renouveau :** n.m. *Le renouveau de la végétation au printemps.* = Retour, regain, recrudescence, reprise, renaissance. ■ **renouvellement :** n.m. *Le renouvellement de la carte d'identité est obligatoire tous les dix ans.* = Réactualisation, reconduction, prorogation, rénovation. ■ **renouvelable :** adj. = Reconductible.

rénover : [de **neuf**] v. *Ce vieux mas, a été rénové dans le style provençal.* = Réparer, restaurer. ■ **rénovation :** n.f. = Réparation, restauration, amélioration, modernisation, transformation, reconstruction. ≠ Décadence. ■ **rénovateur :** n. ou adj. (f. rénovatrice) = Réformateur. ≠ Réactionnaire.

renseigner : [d'**enseigner**] v. *À la gare, des écrans renseignent les voyageurs.* = Informer, apprendre, expliquer, révéler. fam. tuyauter, rancarder. ■ **renseignement :** n.m. = Indication, précision, informations, donnée, révélation, communication.

rentable : [de **rendre**] adj. **1-** *Une affaire rentable.* = Avantageux, fructueux, payant, valable. **2-** = Efficace, productif. ■ **rente :** n.f. *Il perçoit une rente tous les mois.* = Arrérages, intérêt.

rentrer : [d'**entrer**] v. **1-** *Il pleuvait, nous sommes rentrés à la maison.* = Entrer, retourner, revenir.≠ Ressortir, sortir. **2-** *Il est rentré dans le mur.* = Percuter, heurter. **3-** *L'eau rentre dans la maison.* = Pénétrer, s'infiltrer, se glisser. ≠ Échapper. ■ **rentrant(e) :** adj. *Un angle rentrant.* ≠ ≠ Saillant. ■ **rentrée :** n.f. **1-** *La rentrée des classes.* = Reprise. **2-** = Encaissement, perception, recette.

renverser : [d'**envers**] v. **1-** *On a renversé le gouvernement.* = Détruire, démolir, abattre, briser, bouleverser, ruiner, saccager, ruiner . ≠ Relever, édifier, fonder, instaurer, couronner. **2-** *Lorsque le temps s'est écoulé, on renverse le sablier.* = Retourner, inverser, invertir. ≠ Redresser, rétablir. **3-** = Chavirer, dessaler, pour un bateau. ■ **renversé :** adj. = Stupéfait, retourné, surpris, ému. ■ **à la renverse :** loc. adv. = À l'envers, sur le dos. ■ **renversement :** n.m. *On croyait le match gagné mais on a assisté à un renversement de situation.* = Retournement, bouleversement. ■ **renversant(e) :** adj. *Une déclaration renversante.* = Déconcertant, stupéfiant, étonnant, ahurissant.

renvoyer : [d'**envoyer**] v. **1-** *J'ai renvoyé le courrier à l'adresse indiquée.* = Réexpédier. **2-** *On l'a renvoyé pour faute.* = Licencier, remercier, rejeter, repousser, exclure. ≠ Appeler, introduire, engager, employer, recruter, garder, prendre.**3-** *Le miroir renvoyait à la reine son image.* = Réfléchir, refléter, répercuter, reproduire. ■ **renvoi :** n.m. **1-** = Astérisque, avertissement, note, précision. **2-** *Le conseil de discipline décide du renvoi d'un élève.* = Expulsion, congé, destitution, révocation, licenciement. **3-** *L'assemblée a décidé du renvoi de l'étude du projet de loi à la session prochaine.* = Report, sursis, ajournement, annulation. **4-** = Rot.

repaire : [de **patrie**] n.m. **1-** = Antre, abri, tanière, gîte, asile. **2-** *La police a découvert le repaire des gangsters.* = Protection, nid, cache.

repaître (se) : [de **paître**] v. pron. *Après avoir chassé, les lions se repaissent de leurs proies.* = Se rassasier, se délecter, se nourrir, fam. se goinfrer. ■ **repu(e) :** adj. = Rassasié.

répandre : [d'**épandre**] v. **1-** *Le jardinier répand de l'engrais sur les rosiers.* = Verser, semer, éparpiller, joncher. ≠ Amasserr, ramasser. =**2-** *L'odeur se répand dans toute la maison.* = Diffuser, distribuer. **3-** *Il répand le bonheur autour de lui.* = Dispenser, prodiguer. **4-** *On répand une bonne nouvelle.* = Propager, populariser. ■ **se répandre :** v. pron. **1-** *La tache de feutre se répand sur le buvard.* = S'étaler.**2-** *La mode des cheveux longs se répand.*= Se propager. ■ **répandu(e) :** adj. **1-** *Des vêtements répandus dans toute la pièce.* = Étalé, épars. **2-** *Une idée répandue .* = Courant, connu.

réparer : [de **parer**] v. **1-** *Il faudra plusieurs mois pour réparer les dégâts causés par la tempête.* = Remettre en état, refaire, arranger, restaurer. relever, retaper. ≠ Abîmer, casser, détériorer. **2-** *Il veut réparer sa faute.* = Expier, effacer, racheter, payer. ■ **réparable :** adj. ≠ Irréparable. ■ **réparateur :** n. ou adj. (f. réparatrice) *Un sommeil réparateur permet de se sentir plein d'énergie au réveil.* ■ **réparation :** n.f. **1-** = Réfection, restauration. **2-** *Il demande réparation du préjudice subit.* = Dédommagement, expiation, rachat. ≠ Dégât, dommage.

repartie : [de **partir**] n. f. *Elle a de la repartie.* = Réplique, riposte.

répartir : [de**partir**] v. *Nous allons répartir le travail en fonction des capacités et des goûts de chacun.* = Distribuer, partager, donner, octroyer, attribuer. ≠ Regrouper, réunir ■ **répartition :** n.f. *La répartition de la population africaine est inégale sur tout le territoire.* = Distribution, partage, ventilation dispatching.

repas : [de **paître**] n.m. **1-** *Ils prennent leurs repas en famille.* = Collation, déjeuner, dîner, en-cas, pique-nique. **2-** *Le repas de noces.* = Banquet, bombance, festin.

repasser : [de **passer**] v. **1-** *Le livreur doit repasser demain.* = Revenir. **2-** *Il a dû repasser son examen du Code de la route.* = Apprendre, potasser, initier à. **3-** *Il repasse ses chemises.* = Défriper. ≠ Chiffonner, froisser.

repêcher : [de **pêcher**] v. *Le cargo a repêché les naufragés.* =Sauver.

repentir (se) : [de **peine**] v. *Il se repent d'avoir fait du mal à son voisin.* = Regretter, s'en vouloir, se reprocher. ■ **repentir :** n.m. *Renier ses amis amène souvent à avoir du repentir.* = Regret, remords, repentance, attrition, componction. ■ **repenti(e) :** adj. ≠ Impénitent. ■ **repentant(e) :** adj. = Contrit, pénitent.

répercuter : [de **percuter**] v. **1-** *Le bruit de l'avalanche s'est répercuté dans toute la vallée.* = Transmettre, réfléchir, se propager. **2-** *Répercuter une information.* = Reproduire, transmettre. ■ **répercussion :** n.f. **1-** *La répercussion du son.* = Écho. **2-** *La répercussion de l'augmentation des salaires sur la consommation des familles.* = Retentissement, choc, incidence, contrecoup, conséquence, résultat.

repérer : [de **repaire**] v. **1-** *J'ai repéré un coin tranquille pour pique-niquer.* = Remarquer, découvrir, s'orienter, localiser. **2-** *La victime a repéré son agresseur.* = Reconnaître, trouver, apercevoir, discerner, distinguer. ■ **repère :** n.m. *Un repère sur la carte.* ■ **repérage :** n.m. *Procéder à des repérages pour trouver le lieu idéal au tournage du film.* =

répertoire : [de **trouver**] n.m. **1-** *Répertoire d'adresses, téléphonique, alphabétique.* = Carnet, agenda, catalogue, index, lexique, memento. **2-** *Répertoire de chansons.* = Recueil. ■ **répertorier :** v. *Les archéologues ont répertorié tous les éléments de leur fouille.* = Enregistrer, lister.

répéter : [de **pétition**] v. **1-** *Ma grand-mère répète toujours les mêmes conseils.* = Rabâcher, redire, rapporter, seriner, ressasser. **2-** *Ils répètent une pièce de théâtre.* = S'exercer, apprendre, repasser, réciter. ■ **se répéter :** v. pron. = Réitérer, récidiver, radoter. ■ **répétitif :** adj. (f. répétitive) *L'ouvrier reproduit un mouvement répétitif sur la chaîne de montage.* = ■ **répétition :** n.f. **1-** = Rabâchage, radotage, refrain. **2-** = Recommencement, réitération, rechute, récidive, retour. **3-** La *répétition d'une pièce.* = Couturière, générale.

répit : [de **regard en arrière**] n.m. *Les randonneurs s'accordent quelques instants de répit avant la montée.* = Pause, repos, rémission, sursis, relâche, délai.

replet : [de **complet**] adj. (f. replète) = Dodu, grassouillet, adipeux, potelé, ventru, rebondi.≠ Maigre, maigrichon.

repli : [de **plier**] n.m.**1-** *Le repli d'un pantalon.* = Ourlet. **2-** *Le repli des exportations.*= Recul, diminution. ≠ Augmentation. **3-** fig. *Nous avons cherché notre chat dans tous les replis du terrain.* = Recoin. **4-***Le général donne l'ordre de repli.* = Retraite. ≠ Avance, avancée. ■ **replier :** v. *Je plie cette feuille en deux puis je la replie.* = Retrousser, rouler. ■ **se replier :** v. pron. **1-** *Devant les assaillants nombreux, le général ordonne de se replier.* = Reculer, battre en retraite, abandonner, évacuer, se retirer, faire demi-tour. **2-** *Il se replie sur lui-même.* = Se recroqueviller, se ramasser, se blottir.

répliquer : [de **plier**] v. *Accusée injustement, elle réplique que c'est une erreur.* = Répondre, rétorquer, riposter, objecter, répartir. ■ **réplique :** n.f. **1-** Réponse, riposte, protestation, objection, repartie. **2-** *La réplique dun tableau.* = Copie, imitation, reproduction, double. **3-** Une réplique du comédien. = Déclamation, tirade, développement.

répondre : v. = Affirmer, objecter, répliquer, répartir, rétorquer, réfuter. ■ **se répondre :** v.= S'accorder, concorder, correspondre.■ **répondre de :** v. = Couvrir, garantir, assumer. ■ **réponse :** n.f. *Sa lettre mérite une réponse.* = Réplique, répartie, riposte, objection.

reporter : [de **porter**] v. *En raison du mauvais temps, le pique-nique a été reporté.* = Remettre, déplacer, transférer. ■ **se reporter à :** v. pron. = Se référer. ■ **report :** n.m. **1-** *Le militaire a obtenu le report de son intégration.* = Renvoi, sursis. **2-** *Le report de dessins sur du tissu.* = Transfert, transcription.

reporteur ou reporter : n. (f. reportrice) = Journaliste, photographe, cameraman.

reposer : [de **pause**] v. *Laissons-le repose en paix.* = Dormir. ≠ Fatiguer, lasser, travailler, agiter. ■ **se reposer :** v. pron. *Il se repose à l'ombre d'un arbre.* = Se délasser, se détendre, se calmer. ■ **repos :** n.m. *La sieste est un moment de repos.* = Pause, farniente, halte, trêve, détente, répit, arrêt, congé, vacance, loisir. ≠ Travail, effort, agitation, mouvement, trouble. ■ **reposant(e) :** adj. *Cette musique est reposante.* = Apaisant, délassant, distrayant, relaxant. ≠ Fatigant. ■ **à tête reposée :** = Calmement, sans précipitation.

reposer : [de **poser**] v.Ces calculs reposent sur des données inexactes. = Etre fondé, s'appuyer sur, dépendre de.

repousser : [de **pousser**] v. **1-** *Tout en lui me repousse.* = Dégouter, déplaire. ≠ Attirer. **2-** *Les agents de la sécurité repoussent les spectateurs impatients.* = Écarter, éconduire, rejeter, refouler, chasser. ≠ Accueillir, admettre, céder. **3-** *Au printemps, les fleurs repoussent.* = Renaître. **4-** *J'ai dû repousser mon rendez-vous à cause d'un imprévu.* = Reporter. ■ **repoussant(e) :** adj. *D'une saleté repoussante.* = Désagréable, rebutant, effrayant, horrible, laid, répugnant. ≠ Attirantaffriolant, alléchant, appétissant, engageant, attirant.

répréhensible : [de **critiquer**] adj. *La conduite en état d'ivresse est un acte répréhensible.* = Blâmable, critiquable, condamnable. ≠ Irrépréhensible, irréprochable.

reprendre : [de **prendre**] v. **1-** *Il reprend ses notes pour préparer son exposé.* = Analyser, condenser, préciser, ramasser, faire la synthèse, récapituler, résumer. **2-** *Reprendre ses études.* = Recommencer, recouvrer, renouveler, redoubler, continuer, persévérer. ≠ Quitter, cesser. **3-** *Reprendre une part de gâteau.* = Se resservir. ≠ Redonner, laisser.**4-** = Blâmer, condamner, censurer≠ Approuver. ■ **reprendre ses esprits :** = Revenir à soi. ■ **se reprendre :** v. pron. *Le funambule se reprend juste à temps.* = Se ressaisir, se remettre. ■ **repris de justice :** n. m. = Récidiviste, condamné. ■ **représailles :** n.f. pl. *Le témoin n'a pas dénoncé son agresseur par peur des représailles.* = Vengeance, riposte, répression.≠ Pardon.

représentant(e) : [de **présenter**] n. **1-** *Un représentant en électroménager.* = Voyageur de commerce. **2-** *Le représentant des employés participe au conseil.* = Délégué, porte-parole, mandataire, correspondant. ≠ Commettant, mandant. ■**représentation :** n.f. **1-** *Le peintre a bien réussi la représentation du mont Blanc.* = Reproduction, image, portrait, reflet, peinture. **2-** *Une représentation de théâtre.* = Spectacle, attraction, séance.

représenter : [de **présenter**] v. **1-** *Sur ce tableau, la colombe représente la paix.* = Reproduire, dessiner, montrer, refléter, figurer. **2-** *Un ambassadeur représente son pays à l'étranger.* = Incarner, personnifier, symboliser. ■**se représenter :** v. pron. **1-** *Ce candidat se représente aux élections pour la quatrième fois.* = Postuler. **2-** *Elle se représente son avenir dans un nouveau pays.* = Imaginer, voir, se figurer. ■**représentatif :** adj. (f. représentative) = Typique.

répression : [de **réprimer**] n.f. *Les répressions ne sont pas des actes démocratiques.* = Châtiment, expiation,punition, sanction.

réprimer : v. **1-** *À l'annonce de sa réussite à l'examen, il n'a pu réprimer sa joie.* = Retenir, étouffer, maîtriser, punir réfréner, contenir, garder. **2-** *La révolte a été durement réprimée.* = Châtier, punir, mater, sanctionner,sévir. ≠ Encourager, permettre, tolérer.■ **réprimande :** n. f. = Reproche, critique, observaiton, rédrimination, remontrance. ■ **réprimander :** v. une personne. *Il n'avait pas fait ses devoirs, ses parents l'ont réprimandé.* = Gronder, disputer, blâmer, fustiger, houspiller, sermonner, morigéner, chapitrer. ≠ Féliciter, complimenter, louer.

reprise : [de **reprendre**] n.f. **1-** *La reprise du championnat de football.* = Recommencement, relance, redémarrage. ≠ Arrêt, interruption. **2-** *Il a été déclaré vainqueur de ce match de boxe dès la troisième reprise.* = Round. **3-** = Couture. **4-** = Échange, rachat, remboursement. ≠ Don. ■**repriser :** v. = Raccommoder, stopper, ravauder.

réprobation : [de **réprouver**] n.f. *Face à cet acte, la réprobation a été générale.* = Condamnation, désapprobation, malédiction, anathème, refus. ≠ Approbation, salut, justification, apologie, accord. ■ **réprobateur :** adj. (f. réprobatrice) = Désapprobateur, improbateur.≠ Approbateur, approbatif.

reprocher : v. *On reproche souvent à cet homme d'agir sans réfléchir.* = Critiquer, désapprouver, blâmer, accuser de, taxer. ≠ Excuser, complimenter, féliciter. ■**reproche :** n.m. *Cet homme est parfait, on n'a aucun reproche à lui faire.* = Critique, réprimande, admonestation,, obsérvztion, remontrance, réprimande, blâme.≠ Compliment.

reproduire : [de **produire**] v. *Ces artistes reproduisent des tableaux des grands maîtres de la peinture.* = Copier, dupliquer, représenter, imiter. ■**se reproduire :** v. pron. = Engendrer, se multiplier, se perpétuer, se propager, proliférer. ■**reproduction :** n.f. **1-** = Accouplement, fécondation, multiplication, prolifération, propagation. **2-** *La reproduction des cellules du corps humain.* = Régénération. **3-** *Elle achète une reproduction d'un tableau célèbre.* = Imitation, copie, double, image, réplique. **4-** *La photocopie est une reproduction.* = Duplication. ■**reproducteur :** adj. ou n. (f. reproductrice) *Le pistil est l'organe reproducteur femelle d'une fleur.* = Génital, sexuel. Étalon, géniteur.

réprouver : [de **prouver**] v. *Cette décision manque totalement d'humanité, je la réprouve.* = Condamner, désapprouver, maudire, critiquer, détester. ≠ Approuver.

reptile : [de **ramper**] n. f. n.m. *Le serpent est un reptile.* = Rampant.

repu(e) : [de **paître**] adj. *Les lions repus laissent les restes de leur repas aux hyènes.* = Rassasié, comblé, plein, saturé. ≠ Affamé, inassouvi.

républicain(e) : [de **république**] **1-** adj. *Les principes républicains.* = ≠ Aristocratique, monarchique, autocratique. **2-** n. ≠ monarchiste, royaliste.

république : n. f.*Nous sommes gouvernés sous le régime de la république.* .≠ Despotisme, monarchie.

répudier : v. *Certains rois répudient leur reine quand celle-ci ne peut avoir d'enfants.* = Renvoyer, renier, abandonner, renoncer. ≠ Epouser, accepter.

répugner : v. *Certaines images de violence à la télévision répugnent les téléspectateurs.* = Faire honte, déplaire, degoûter, écœurer, repousser. . ■ **répugner à :** v. = S'opposer à, rechigner à, renâcler, repousser, détester. ■**répugnance :** n.f. *Elle a une grande répugnance envers les serpents.* = Dégoût, répulsion, antipathie. ≠ Attirance, goût. ■ **répugnant(e) :** adj. = Affreux, dégoûtant écœurant, fétide, infect, abject, détestable. ≠ Alléchant, désirable, séduisant.

répulsion : [de **pousser**] n.f. Elle éprouve une forte répulsion pour cet homme. ≠ Attirance, attraction, désir, envie, goût. = Dégoût, répugnance, antipathie, aversion, phobie. ■**répulsif :** adj. (f. répulsive) *Elle vaporise un produit répulsif pour faire fuir les chiens.* = Repoussant, répugnant. ≠ Attirant, attractif.

réputé(e) : [de **putatif**] adj. *Cette région est réputée pour ses vins.* = Célèbre, renommé. ■**réputation :** n.f. *Ce cours de dessin a une excellente réputation, il est difficile de s'y inscrire.* = Renom, considération, gloire, popularité, renommée, célébrité.≠ Décri, obscurité.

requérir : [de **quérir**] v. **1-** *Ce travail requiert beaucoup d'attention.* = Demander, nécessiter, exiger. **2-** *Le procureur a requis un an de prison contre* *l'accusé.* = Réclamer.■ **requête :** n.f. = Demande, pétition, prière, sollicitation, supplique. ■ **requis(e) :** adj. *Elle a les compétences requises pour diriger un ministère.* = Demandé, exigé, nécessaire. ■ **réquisitionner :** v. *Pendant la Première Guerre mondiale, les taxis parisiens ont été réquisitionnés pour transporter les soldats sur le front.* = Utiliser, mobiliser, requérir. ■ **réquisitoire :** n.m. **1-** *Les défenseurs de la nature ont dressé un véritable réquisitoire contre cette entreprise de produits chimiques.* = Discours.≠ Plaidoirie, dithyrambe, plaidoyer.

requin : n.m. = Squale.

rescapé(e) : [d'**échapper**] adj. et n. *Les rescapés de l'avalanche ont trouvé refuge dans un chalet.* = Survivant, réchapé, miraculé.

rescousse (à la) : loc. adv. = Au secours, aide, appui, assistance, main-forte, soutien. ■ **venir à la rescousse :** = Aider.

réseau : [de **rets**] n.m. **1-** *Réseau de voies de chemin de fer, câbles électriques ou téléphoniques.* = Entrelacement, entrelas, circuit. **2-** *Des Français, durant la Seconde Guerre mondiale ont organisé des réseaux de résistance.* = Groupe **3-** *Les ordinateurs mis en réseau communiquent par le biais d'un ordinateur central.* = Lien, connexion.

réserver : v. *Ne prenez pas ces livres, ils sont réservés.* = Retenir, conserver, vouer, destiner. ■ **se réserver :** v. pron. **1-** *Elle se réserve pour le dessert.* = Attendre. **2-** *Il se réserve les lourdes tâches.* = Se charger de. ■ **réservation :** n. f. *Il a signé une réservation pour les vacances.* = Location. ■ **réserve :** n.f. **1-** *Il émet des réserves.* = Restriction. **2-** *Il fait froid dans la réserve du supermarché.* = Magasin, stock, provision, dépot, réservoir. **3-** = Timidité, discretion, modestie, retenue. ≠ Audace, familiarité, hardiesse, impudence. **4-** *Les éléphants d'Afrique sont protégés dans des réserves naturelles.* = Territoire, parc. ■ **sous toutes réserves :** = Acondition de, sauf.■ **réservé(e) :** adj. = Discret, timide.

résidence : [de **résident**] n.f. *Un lieu de résidence.* = Demeure, habitation, séjour, villégia-ture. ■ **résident(e) ou résidant(e) :** n. = Habitant. ■ **résider :** v. **1-**= Habiter, demeurer, loger. **2-** Consister, se situer.

résidu : n.m. *Après avoir coupé les bûches, il ramasse quelques résidus de bois qui restent sur le sol.* = Détritus, ordure, reste, scorie, sédiment.

résigner (se) : [de **signe**] v. pron. *Elle s'est résignée à partir en vacances sans son mari.* = Consentir à, accepter, se soumettre, se résoudre à, céder, s'incliner. ≠ S'opposer, s'insurger, se révolter. ■ **résignation :** n.f. *Après la défaite, la résignation se lisait sur le visage de l'entraîneur, l'équipe n'irait pas en finale.* = Renonciation, capitulation, abandon abdication, démission. ≠ Révolte, lutte, protestation. ■ **résigné(e) :** adj. = Soumis. ≠ Révolté.

résilier : v. *La loi fixe à sept jours le délai pour résilier ce contrat.* = Se rétracter, abolir, abroger, rompre, annuler, supprimer, invalider, abandonner. ■ **résiliation :** n.f. = Annulation, résolution, rupture.

résister : v. **1-** *Cette planche très épaisse peut résister à une charge de cent kilogrammes.* = Supporter, soutenir. ≠ Fléchir;**2-** *L'hiver, il faut rentrer les orangers et les citronniers à l'abri car ils résistent mal au froid.* = Endurer. **3-** *Leur courage leur a permis de résister jusqu'à l'arrivée des renforts.* = S'opposer, faire face, se débattre, se défendre. ≠ Céder, se rendre, capituler. **4-** *Malgré son régime, elle ne peut résister à la mousse au chocolat.* = Lutter. ≠Succomber. ■ **résistance :** n.f. **1-** *La résistance de cette matière est forte. Elle ne cassera pas.* = Dureté, force, solidité, ténacité, vigueur. ≠ Fragilité, faiblesse. **2-** *La Résistance française a lutté contre l'occupation allemande.* = Entêtement, inertie, opposition, refus, réticence.≠ Soumission, abdication, assentiment, attaque, collaboration. ■ **résistant(e) :** n. ou adj. **1-**= Robuste, solide, fort, rustique, vigoureux.≠ Fragile. **2-**= Rebelle, maquisard. ≠ Capitulard, collaborateur.

résolution : [de **résoudre**] n.f. **1-** *Le 1er Janvier,on prend souvent de bonnes résolutions .* = Décision, choix, détermination, fermeté, volonté. **2-** *La résolution de problèmes.* = Solution, resorption, résiliation, annulation. ■ **résolu(e) :** adj. **1-** *Elle est résolue à suivre des cours de piano.* = Déterminé, assuré, décidé, opiniâtre, volontaire. ≠ Indécis, irrésolu. **2-** *L'affaire est résolue.* = Conclu, réglé, tranché. ■ **résolument :** adv. *Elle est résolument décidée à faire du sport.* = Fermement, délibérément, franchement.

résonner : [de **sonner**] v. *La salle des fêtes a été insonorisée car elle résonnait trop.* = Retentir, éclater, exploser, sonner, tinter. ■ **résonance :** n.f. =Sonorité, retentissement, écho.

résorber : v. *On a très vite résorbé l'épanchement.* = Absorber, éliminer, éponger, supprimer. ■ **se résorber :** v. pron. *La tache de feutre s'est résorbée après plusieurs lavages.* = Disparaître s'effacer, se dissiper.

résoudre : v. *Résoudre une énigme, une opération.* = Élucider, solutionner, trancher, résilier, terminer, clore, achever. ■ **se résoudre (à) :** v. pron. *Il se résout à faire son travail.* = Se résigner à.

respect : n.m. **1-** *Il a beaucoup de respect pour ses parents.* = Estime, considération, hommage, culte, vénération. ≠ Mépris, insolence, irrévérence. **2-** *Le juge veille au respect de la loi.* = Loyauté. ≠Infraction. ■ **manquer de respect :** = Politesse, coutoisie, égard. ■ **respectable :** adj. *Une personne respectable.* = Estimable, honorable, digne, comme il faut. ■ **respecter :** v. **1-** *Respecter le Code de la route, les règles d'un jeu, de sécurité.* = Obéir, observer, suivre. ≠ Enfreindre, compromettre, déroger. **2-** *Il repecte ses parents.*= Admirer, vénérer, adorer, encenser, honorer. ■ **respectueusement :** adv. = Irrespectueusement. ■ **respectueux :** adj. (f. respectueuse) *Il est respectueux des règles de vie du groupe.* = Révérencieux, poli. ≠ Irrespectueux, irrévérencieux, meprisant.

respectif : adj. (f. respective) *Les choix respectifs de tous les membres de l'association seront respectés.* = Individuel, personnel.

respirer : v. **1-** *Le médecin me demande de respirer pour mieux ausculter mes poumons.* = Aspirer, exhaler, haleter, souffler. **2-** *J'aime respirer l'odeur des bois.* = Humer, inhaler, sentir. ■ **respiration :** n. f. *Elle a appris à pratiquer la respiration artificielle pendant un cours de secourisme.* = Expiration, inspiration, souffle, ventilation.

resplendir : [de **splendeur**] v. **1-** *Le soleil resplendit dans la vallée.* = Briller, éblouir, éclater, flamboyer, luire, irradier, illuminer. **2-** fig. *Le visage des nouveaux mariés resplendit de bonheur.* = Rayonner. ■ **resplendissant(e) :** adj. = Brillant, éclatant, étincelant. ≠ Pâle, terne.

responsable : [**répondre**] adj. ou n. **1-** *Chaque hiver, le verglas est responsable de nombreux accidents de la route.* =Blamâble, coupable, fautif. **2-** *Les parents sont responsables de leurs enfants.* = Garant, parrain, tuteur. **3-** *Il est responsable de l'ouverture du cinéma.* = **4-** *C'est un garçon responsable qui sait prendre des initiatives.* = Sérieux, réfléchi, autonome, mûr. ≠ Irresponsable.

resquiller : v. *Resquiller dans le métro peut entraîner une amende.* = Frauder. ■ **resquilleur :** n. (f. resquilleus) = Écornifleur, fraudeur.

ressaisir : [de **saisir**] v. *Après son erreur, il doit ressaisir le code de sa carte bleue.* = Raccrocher, rattraper, reprendre. ≠ Abandonner. ■ **se ressaisir :** v. pron. *Il s'est bien ressaisi dans la seconde manche puisqu'il est arrivé premier.* = Se rattraper, se dresser, se reprendre, se maîtriser.

ressasser : [de **sas**] v. *Elle aime l'entendre ressasser le moment de leur première rencontre.* = Rabâcher, remâcher, ruminer.

ressembler : [de **sembler**] v. = Correspondre. ≠ Contraster, diverger, s'opposer. ■ **se ressembler :** v. pron. *Ils se ressemblent comme deux frères.* = Avoir un air de famille. ■ **ressemblance :** n.f. = Analogie, copie, similitude, identité. ≠ Différence, disparité, dissemblance, dissimilitude, variété. ■ **ressemblant(e) :** adj. = Semblable, voisin, proche, approchant. ≠ Différent.

ressemeler : [de **semelle**] v. *Je ressemelle, nous ressemelons.* = Réparer. ■ **ressemelage :** n. m. = Réparation.

ressentir : [de **sentir**] v. **1-** *Nous avons ressenti une immense joie, en apprenant ta réussite à l'examen.* = Éprouver, connaître, sentir. **2-** *J'ai ressenti une vive douleur dans l'épaule.* = Percevoir. ■ **ressentiment :** n.m. *Il éprouve du ressentiment envers la personne qui l'a injustement puni.* = Rancune, colère, amertume, haine, vindicte, hostilité, animosité .

resserrer : [de **serrer**] v. *Les fibres du tissu se resserrent après un lavage.* = Réduire, rétrécir, condenser, contracter, crisper, ramasser. ■ **se resserrer :** v. pron. *La foule se resserre à l'entrée de la salle.* = Se rétrécir, s'étrangler. ≠ S'élargir, s'évaser. ■ **resserré(e) :** adj. = Coincé, encaissé. ■ **resserre :** n. f. = Remise, réserve.

resservir : [de **servir**] v. **1-** *Au restaurant, les plats ne sont généralement pas resservis.* = Représenter, reprendre, réutiliser.

ressort : [de **sortir**] n.m. **1**-=Cette affaire n'est pas de notreressort. = Autorité, compétence, domaine, pouvoir. **2**- Ce sportif ne manque pas de ressort.= Hardeur, courage, énergie, force, vaillance, volonté. ■ **ressortir :** v. **1**- *Il ressort de cette enquête qu'il est coupable.* = Apparaître, s'avérer, résulter, se révéler..**2**- *Le rocher ressort nettement de l'eau à marée basse.* = Saillir, dépasser, pointer. ■ **ressortissant(e) :** n. *Celui qui travaille en Afrique dans une compagnie pétrolière française est un ressortissant français.* = Citoyen.

ressource : n.f. **1-** *Je n'ai pas eu d'autre ressource que de t'appeler.* = Moyen, possibilité, recours. **2-** plur. *Cette association a de nombreuses ressources pour fonctionner.* = Revenus, pension, salaire, fortune, fonds. **3-** *Le pétrole, les minerais, les produits de la pêche sont des ressources naturelles.* = Richesses. **4-** fig. *C'est un homme sur lequel on peut compter, il est plein de ressources.* = Possibilités, potentiel, moyen, recours.

ressusciter : v. *Selon l'Évangile, Jésus serait ressuscité trois jours après sa mort sur la croix.* = Renaître, réveiller, revivre. ■ **résurrection :** n.f. = Renaissance, renouveau.

restaurer : v.**1-** *Seul un ébéniste pourra restaurer cette armoire du XVIIIe siècle.* = Rénover, refaire, réhabiliter, réparer. ≠ Dégrader. **2-** *Après le* *règne de Napoléon, les Français ont restauré la monarchie en 1814.* = Ramener.≠ Renverser, destituer. **3-** *Elle aime restaurer toute la famille.* = Nourrir. ■ **se restaurer :** v. pron. *Après cette longue marche, les randonneurs se sont restaurés dans une auberge.* = S'alimenter, se sustenter, manger. ■ **restaurant :** n.m. = Auberge, brasserie, café. ■ **restaurateur :** n. (f. restauratrice) **1-** *Le musée du Louvre fait appel à des restaurateurs pour garder ses œuvres d'art en bon état.* = **2-** = Hôtelier, aubergiste. ■ **restauration :** n.f. = Rénovation, amélioration, réfection.

rester : [d'**état**] v.**1-** *Il est resté chez lui tout l'après-midi.* = Demeurer, habiter, résidr, vivre. ≠ Quitter. **2-** = S'attarder, demeurer, se fixer, persister, subsister. ■ **rester bouche bée :** = Stupéfait. ■ **reste :** n.m. **1-** *Avec les restes de la semaine, j'ai fait du hachis parmentier.* = Reliquat, relief, solde, restant.**2-** *Les archéologues ont retrouvé les restes d'une ancienne cité romaine.* = Vestiges, ruines, débris, décombres.

restituer : [de **statuer**] v.**1-** *L'argent du vol a été restitué à la banque.* = Redonner, rendre, rétablir, rembourser. ≠ Garder. **2-** *Ce cinéaste veille au moindre décor pour bien restituer l'époque dans laquelle se déroule l'histoire.* = Reproduire. ■ **restitution :** n.f. *La restitution d'une scène historique.* = Rétablissemnt, reconstitution.≠ Confiscation.

restreindre : [de **strict**] v. *Il va falloir restreindre nos dépenses car nous n'avons plus beaucoup d'argent.* = Diminuer, réduire, limiter, raccourcir. ≠ Augmenter, étendre. ■ **se restreindre :** v. pron. **1-** = **2-** *Elle se restreint sur la nourriture pour perdre quelques kilos superflus.* = ■ **restrictif :** adj. (f. restrictive) Limitatif.■ **restriction :** n.f. = Rationnement, diminution, restriction, limitation.

résulter : v. *De sa paresse, il en est résulté de mauvaises notes.* = Découler, s'ensuivre, naître, procéder, provenir. ■ **résultat :** n.m. **1-** = *Les mesures prises par le gouvernement n'ont pas eu le résultat escompté.* = Conséquence, effet, aboutissement, but, issue, solution, succès, réussite. **2-** *Le résultat de la division.* = Quotient. **3-** *Résultat du match, des courses.* = Classement, score.

résumer : v. un texte, un discours pour n'en garder que l'essentiel. *Je lui ai résumé toute l'histoire en deux minutes.* = Réduire, abréger, diminuer, raccourcir, simplifier, écourter, faire la synthèse, condenser. ■ **résumé :** n.m. *Elle lit toujours les résumés des romans avant de faire son choix.* = Abrégé, condensé, aide-mémoire, précis.

rétablir : [d'**établir**] v. *La communication téléphonique a été coupée puis rétablie presque aussitôt.* = Réinstaller, remettre, restaurer, restituer, réintégrer. ≠ Détruire, renverser, altérer, fausser, couper, interrompre. ■ **se rétablir :** v. pron. *Le médecin lui a dit qu'il lui faudrait deux semaines pour se rétablir.* = Guérir, se relever, se remettre. ■ **rétablissement :** n.m. **1-** *Les pompiers ont exigé le rétablissement des règles de sécurité.* = ≠ Restitution. ≠ Anéantissement, interuption. **2-** *Il attend son rétablissement complet avant de remarcher.* = Guérison, convalescence.≠ Aggravation.

retaper : [de **taper**] v. fam. = Restaurer, remonter, réparer, arranger.

retarder : [de **tarder**] v. *Le départ du vol Paris-Bordeaux est retardé de quelques minutes.* = Différer, ajourner, repousser, remettre, renvoyer. ≠ Avancer, accélerer, activer, anticiper, hâter. ■ **retard :** n.m. *Le réveil n'a pas sonné, il est arrivé avec du retard au travail.* = Ajournement, délai, ralentissement, temporisation. ≠ Avance, accélération, avancement, empressement, hâte. ■ **retardateur :** n.m. *Les démineurs ont désamorcé la bombe en coupant les fils du retardateur.* = ≠ Accélérateur. ■ **retardataire :** n. ou adj. = Désuet, attardé, conservateur, archaïque. ≠ Avancé. ■ **retardement :** n.m. = Délai.

retenir : [de **tenir**] v. **1-** *Les barrages sont conçus pour retenir des millions de litres d'eau.* = Arrêter, brider, conserver, emprisonner, modérer, ralentir. ≠ Libérer, abandonner, céder, lâcher, laisser, libérer. **2-** *Il n'arrive pas à retenir son texte.* = Mémoriser, apprendre, savoir. **3-** *Elle a retenu les places de train pour partir en vacances.* = Réserver. ■ **se retenir :** v. pron. **1-** *En voyant sa tête, elle n'a pu se retenir de rire.* = Se contenir, se maîtriser. **2-** *Il s'est retenu à la branche pour ne pas tomber dans la rivière.* = S'accrocher, s'agripper, se cramponner. ≠ Lâcher. ■ **retenue :** n. f. **1-** = Punition, colle. **2-** *Cette personne interrompt les autres à chaque instant. Elle manque de retenue.* = Décence, mesure, modestie, réserve, discrétion, pondération,n sobriété.≠ Audace, désinvolture, impudence, indiscrétion, laiser-aller, licence.

retentir : [de **tinter**] v. *La cloche retentit dans le lointain.* = Résonner, faire écho, éclater, vibrer, exploser, éclater,tinter, bruire. ■ **retentissant(e) :** adj. **1-** *Un cri retentissant.* = Bruyant, éclatant, tonitruant, sonore. ≠ Discret, étouffé, sourd, infime. **2-** *Une nouvelle retentissante.* = Éclatant. ■ **retentissement :** n.m. **1-** *Le retentissement de l'écho a duré plus d'une minute.* = Bruit, éclat, contre-coup, répercussion. **2-** *La sortie de ce livre a eu un retentissement mondial.* = Succés.

réticence : [de **taire**] n.f. *Il éprouve une grande réticence à laisser sa fille sortir seule le soir.* = Hésitation, refus, résistance, incompatibilité, ommission, silence, opposition. ≠ Assurance. ■ **réticent(e) :** adj. *Je l'ai senti plutôt réticent à l'idée de rester seul.* = Hésitant, réservé, froid. ≠ Enthousiasmé.

rétif : [de **s'arrêter**] adj. (f. rétive) *Les ânes sont des animaux réputés pour être rétifs.* = Têtu, difficile, indocile, désobéissant, rebelle, réfractaire, récalcitrant. ≠ Discipliné, docile, doux, facile, maniable.

retirer : [de **tirer**] v. **1-** *Retirer sa veste, de l'argent.* = Ôter, dépouiller, enlever, reprendre. ≠ Mettre, ajouter, déposer, donner, rendre. **2-** *Je vais faire retirer quelques-unes de nos photos de vacances.* = Reproduire. ■ **se retirer :** v. pron. *Je me retire dans ma chambre pour me reposer.* = S'éloigner, partir, s'en aller, disparaître, s'éclipser, fuir, décamper. ≠ S'avancer, entrer, envahir. ■ **retiré(e) :** adj. *Une île déserte est un endroit retiré.* = Éloigné, isolé, écarté, solitaire.

retomber : [de **tomber**] v. = Se recevoir, tomber. ■ **retombée :** n. f. (souvent plur.) *Les recherches de Pasteur ont eu de nombreuses retombées.* = Conséquence, suite.

rétorquer : [de **tordre**] v. *Je lui ai rétorqué qu'il n'a pas été plus malin que moi pour régler cette affaire.* = Répondre, objecter, répartir, répliquer, riposter.

retoucher : [de **toucher**] v. *Il existe des logiciels qui permettent de retoucher les photos.* = Réparer, corriger, remanier, arranger, améliorer. ■ **retouche :** n.f. *Cette veste est trop grande, il faut la retoucher.* = Réparation, modification.

retourner : [de **tourner**] v. **1-** *Nous retournerons passer nos vacances en Ardèche.* = Revenir, regagner, rentrer, repartir. **2-** *Le magicien retourne les cartes une à une.* = Renverser, brasser, remuer, tourner. **3-** *Ce paquet ne nous était pas adressé, il faut le retourner à la poste.* = Réexpédier, ramener, rendre, renvoyer. ■ **se retourner :** v. pron. *La voiture s'est retournée pendant l'accident.* = Capoter, se renverser. ■ **retour :** n. m. **1-** *Le retour de l'hiver s'annonce.* = Réapparition, recommencement, répétition, renaissance, renouvellement, rentrée, réveil. ≠ Départ. **2-** *Le retour d'une balle de tennis.* = Renvoi. ≠ Aller. ■ **retournement :** n.m. fig. *La mariée a dit non, c'est un retournement de situation.* = Changement, renversement.

retracer : [de **tracer**] v. *Cet historien retrace la vie des grands personnages de l'histoire.* = Relater, rapporter, dépeindre, narrer, raconter, rappeler.

rétracter (se) : v. pron. **1-** *Il s'est rétracté au dernier moment pour une parole de trop.* = Se dédire, se désavouer, nier, se raviser, revenir sur. **2-** *Les muscles se rétractent.* = Se blottir, se ramasser, se recroqueviller, se resserrer.

retrait : [de **retraire**] n.m. **1-** *Le retrait des troupes est attendu.* = Départ, désengagement. **2-** *Les cartes bancaires permettent de faire des retraits.* ≠ Dépôt, avance. ■ **retraite :** n.f. **1-** = Refuge, lieu isolé. **2-** *L'armée bat en retraite.* = Repli, abandon, recul, retrait. **3-** *Il s'isole dans une grotte qui lui sert de retraite pour méditer.* = Désert, ermitage, solitude. **4-** *L'âge légal moyen de la retraite en France est de 60 ans.* = Pension, rente, revenu. ■ **retraité(e) :** n.m. = Pensionné.

retrancher : [de **trancher**] v. *Dans les soustractions on retranche un nombre d'un autre.* = Soustraire, ôter, déduire, décalquer, enlever, prélever, couper, supprimer, prendre, retirer. ≠ Rajouter, incorporer, insérer, additionner. ■ **se retrancher :** v. pron. *Les révolutionnaires se sont retranchés derrière les barricades.* = Se retirer, se mettre à l'abri, se fortifier, se barricader. ■ **retranchement :** n.m. **1-**= Diminution, soustraction. **2-** = Défense, fortification.

retransmettre : [de **transmettre**] v. *Le match est retransmis ce soir à la télévision.* = Diffuser, relayer. ■ **retransmission :** n.f. *Une retransmission télévisée.* = Diffusion.

rétrécir : [d'**étrécir**] v. *Au fur et à mesure que nous grimpions la colline, le sentier rétrécissait.* = Resserrer, réduire, raccourcir, contracter, étrangler, résumer, rapetisser. ≠ Élargir, alonger, dilater, étirer, gonfler. ■ **rétréci(e) :** adj. *Mon pull en laine est rétréci après son passage en machine.* = Réduit, resserré. ■ **rétrécissement :** n.m. *Un rétrécissement de chaussée oblige les automobilistes à rouler moins vite.* = Étranglement, resserrement. ≠ Élargissement, évasement, agrandissement, evasement, amplification, développement.

rétribuer : [de **tribu**] v. *Il rétribue son fils pour avoir tondu la pelouse.* = Rémunérer, payer, appointer. ■ **rétribution :** n. f. = Salaire, paye, rémunération, cachet, émoluments, gage, solde, gain, indemnité, traitement.

rétrograde : [de **grade**] adj. = Réactionnaire, arriéré, conservateur. ≠ Novateur, progressiste. ■ **rétrograder :** v. **1-** *Ce coureur, hier en tête, a rétrogradé à la huitième place.* = Reculer, baisser, déchoir, descendre,régresser. ≠ Progresser, avancer.

rétrospective : [de **spectacle**] *Des rétrospectives de l'œuvre de Picasso ont lieu régulièrement.* = Flash-back.

retrousser : [de **trousser**] v. *Elle a retroussé ses manches avant de plonger les mains dans l'eau.* = Relever, rouler, replier. ≠ Baisser, rabattre.

retrouver : [de **trouver**] v. **1-** *Retrouver un objet perdu.* = Rattraper, recouvrer, reconquérir, récupérer, rejoindre, reprendre. ≠ Égarer, perdre, dérouter, oublier. ■ **se retrouver :** v. pron. *Ces deux amies d'enfance se sont retrouvées par hasard.* = Se rencontrer, se revoir, se reconnaître.

rétroviseur : [de **viseur**] n.m. abrév. = Rétro.

rets : n.m. *Ce lion fut pris dans des rets.* = Filet, embûche, piège.

réunir : [d'**unir**] v. **1-** *Les conditions météorologiques sont réunies pour que ce pique-nique soit réussi.* = Rassembler, regrouper, relier, associer, collectionner, unir, convoquer, rassembler ≠ Couper, désunir, disjoindre, disperser, dissocier, diviser, éparpiller, fragmenter, partager. **2-** *Il réunit les deux pans de tissu avec une épingle.* = Ajuster, assembler, coller, lier, méler, souder. ■ **se réunir :** v. pron. *Les conseillers se sont réunis pour parler d'un nouveau projet.* = Se rassembler, se retouver. ■ **réunion :** n.f. **1-** *Ce mot provient de la réunion d'un préfixe et d'un radical.* = Lien, jonction, assemblage, synthèse. ≠ Désunion, dispersion, dissociation, fractionnement, partage, séparation. **2-** la réunion des copropiétaires. = Assemblée, congrès, meeting, rassemblement, séance, rencontre. ■ **réunifier :** v. *L'Allemagne de l'Ouest et l'Allemagne de l'Est ont été réunifiées en 1990.* = Rassembler.

réussir : [d'**issue**] v. **1-** *Nous avons réussi à construire ce pont en peu de temps.* = Réaliser, atteindre un but, aboutir, arriver à, gagner, parvenir, percer, prospérer ≠ Échouer. **2-** *En voyant sa maison, on peut dire qu'il a réussi dans la vie.* = Arriver, percer, faire son chemin, s'en tirer, parvenir, arriver. ■ **réussite :** n.f. **1-** *Cette fête d'anniversaire est une véritable réussite.* = Bonheur, gloire, succès, triomphe, victoire, apothéose. ≠ Échec, insuccès. **2-** *Jeu.*= Patience.

revanche : [de **venger**] n.f. *Un jour, il prendra sa revanche, et rendra le mal qu'on lui a fait.* = Représailles, rétorsion, riposte, vengeance, vindicte.

revêche : adj. = Acariâtre, bougon, grincheux, renfrogné, rigide, rogue, rude, rébarbatif, bourru. ≠ Aimable, avenant, doux.

réveiller : [d'**éveiller**] v. *Réveiller une douleur, des souvenirs.* = Ragaillardir, ranimer, raviver, réchauffer, évoquer, rappeler, réconforter, revigorer. ≠ Endormir, assoupir, apaiser, engourdir. ■ **se réveiller :** v. pron. = Revenir, se secouer. ■ **réveil :** n.m. **1-** *Au printemps, le réveil de la nature est un spectacle merveilleux.* = Recommencement, regain, renaissance, résurrection. ≠ Endormissement, évanouissement, sommeil. **2-** *Je suis en retard car je n'ai pas entendu le réveil.* = Horloge, montre, réveil le matin. ■ **réveillon :** n.m. *Cette année, pour le réveillon de Noël, toute la famille était réunie.* = Repas.

révéler : [de **voile**] v. *Ce n'est qu'à la fin du roman que le comte de Monte-Cristo révèle son identité.* = Dévoiler, rendre public, divulguer, indiquer, vendre la mèche. ≠ Cacher, garder, taire. ■ **se révéler :** v. pron. *Il s'est révélé extrêmement courageux devant cette situation difficile.* = Se dévoiler, s'avérer, se manifester, se montrer, paraître. ■ **révélation :** n. f. *La révélation d'un secret.* = Divulgation. ≠ Duperie, tromperie, secret, obscurité. ■ **révélateur :** adj. (f. révélatrice) = Significatif, symptomatique, éloquent. ≠ Secret, trompeur.

revendication : [de **venger**] n.f. *Le directeur note les revendications de ses employés.* = Réclamation, plainte, demande, désidérata, doléance, prétention. ■ **revendiquer :** v. **1-** *Nous revendiquons le droit d'assister à cette réunion.* = Demander, exiger, insister, protester, requérir, réclamer, solliciter, sommer, vouloir. **2-** *Les attentats sont revendiqués par un groupe terroriste.* = S'attribuer.

revendre : [de **vendre**] v. *Je vais bientôt revendre ma voiture.* = Distribuer, dealer. ≠ Racheter

revenir : [de **venir**] v. **1-** *L'automne revient avec ses couleurs d'ocre et de rouge.* = Réapparaître, recommencer. **2-** *Revenir chez soi.* = Retourner, repasser, refluer, réintégrer, rentrer, regagner. **3-** *Chaque année, ma voiture me revient environ à 3000 euros, emprunt et assurance compris.* = Coûter. ■ **revenant :** n.m. = Fantôme, spectre, esprit, apparition. ■ **revenu :** n.m. = Ressources, salaire, pension, bénéfice, rémunération, traitement, rente.

rêver : v. **1-** *Cette nuit, j'ai rêvé que je volais.* = Songer, penser, divaguer, imaginer. **2-** *Elle rêve de pouvoir traverser l'océan en solitaire.* = Désirer, convoiter, souhaiter. ■ **rêve :** n. m. **1-** = Songe, imagination, vision. ≠ Action, réalité, réel. **2-** *Son rêve est de devenir pompier.* = Désir, ambition, chimère, utopie. ■ **rêverie :** n. f. = Méditation, pensée, réflexion, imagination;. ■ **rêveur :** n. (f. rêveuse) = Songeur, pensif, poète, utopiste, romanesque, imaginatif, méditatif. ■ **rêveusement :** adv. = Pensivement.

réverbérer : v. *Le soleil se réverbère sur la glace.* = Réfléchir, renvoyer, refléter. ■ **réverbère :** n.m. *Les réverbères s'allument à la tombée de la nuit.* = Lampadaire.

révérer : v. *Les Romains révéraient de nombreux dieux.* = Respecter, adorer, vénérer, honorer. ■ **révérence :** n.f. = Salut, salutation, vénération. ■ **tirer sa révérence :** fam. = Se retirer.

revers : n.m. **1-** *Le revers d'un document.* = Derrière, dos, verso, doublure, pile. ≠ envers, endroit, face, recto. **2-** *Revers d'un col, d'une veste, d'une manche.* = Dos, envers. **3-** *Un revers à deux mains au tennis.* ≠ Coup droit. **4-** *Les armées ont essuyé un sérieux revers.* = Défaite, échec, faillite, fiasco, insuccès, infortune, malheur. ≠ Réussite, succès, victoire. ■ **revers de la médaille :** = Inconvénients. ■**réversible :** adj. **1-** = Double, biface. ≠ Irréversible.

revêtir : [**vêtir**] v. **1-** *Les ingénieurs ont revêtu une combinaison spéciale pour entrer dans la centrale nucléaire.* = Se couvrir, endosser, mettre, habiller, parer, se vêtir. ≠ Dénuder, dévêtir, dépouiller. **2-** *Les murs de la maison ont été revêtus d'un papier contre l'humidité.* = Recouvrir. **3-** *Dans la mythologie grecque, Zeus revêt bien des apparences qui sont toutes trompeuses.* = Donner l'air. ■ **revêtement :** n.m. *Les routes sont maintenant couvertes de revêtements qui absorbent la pluie.* = Enveloppe, habillage, enduit.

revigorer : [de **vigueur**] v. *Ces enfants sont transis de froid, un chocolat chaud les revigorera.* = Ragaillardir, ranimer, raviver, réchauffer, réconforter, remonter, réveiller. ≠ Abattre, affaiblir, déprimer, endormir, épuiser. ■**revigorant(e) :** adj. = Remontant, tonique.

revirement : [de **virer**] n.m. *La découverte d'un nouvel indice provoque un revirement de situation .* = Retournement, palinodie, pirouette, volte-face..

réviser : [de **voir**] v. **1-** *Il va réviser sa leçon d'histoire.* = Revoir, apprendre, repasser. **2-** *Avant de partir en vacances, il fait toujours réviser sa voiture.* = Vérifier, contrôler, modifier, corriger, améliorer. ■**révision :** n.f. = Vérification, contrôle, modification, amélioration.

revivre : [de **vivre**] v.**1-** *Quand l'été revient, on se sent revivre.* = Renaître, réapparaître, ressusciter. **2-** *On revit les vacances en regardant les photos.* = Évoquer, se rappeler, se remémorer, revoir, se souvenir.

revoir : [de **voir**] v. **1-** *Je l'ai revu à la piscine.* = Retrouver. **2-** *Ce texte est intéressant mais il faudra en revoir la conclusion.* = Réexaminer, relire, rectifier, reconsidérer, réviser.

révolter (se) : v. pron. *Les esclaves qui se révoltaient contre leur maître étaient sévèrement punis.* = S'opposer, se rebeller, s'insurger, se dresser, se soulever, s'indigner. ■**révoltant(e) :** adj. *La façon dont certains maîtres traitent leurs animaux est révoltante.* = Inacceptable, inadmissible, indigne, choquant, odieux, intolérable. ■**révolte :** n.f. Soulèvement, rébellion, mutinerie, insurrection, émeute, sédition, jacquerie. ≠ Résignation, soumission

révolu(e) : adj. *Le Moyen Âge est une période révolue.* = Terminé, achevé, disparu, passé, sonné, accompli.

révolution : n.f. **1-** *La Terre a une révolution de 365 jours et six heures.* = Rotation, circuit, cycle, tour. **2-** *La Révolution française de 1789.* = Lutte, renversement, révolte, soulèvement, insurrection. **3-** *Au XIXe siècle a lieu la révolution industrielle.* = Changement, tourmente, mutation, bouleversement. ■**révolutionnaire :** adj. ou n.m. = Républicain, novateur. ≠ Conservateur, réactionnaire, conformiste, traditionnaliste. **2-** = ■**révolutionner :** v. = Changer, bouleverser.

revolver : n.m. = Pistolet, colt.

revue : [de **revoir**] n.f. **1-** *Revue sportive, scientifique.* = Magazine, périodique, gazette, bulletin, brochure, journal. **2-** *La revue du 14 juillet.* = Spectacle, défilé, examen, inventaire, parade. **3-** Une revue d'armement. = Contrôle, examen, inspection;

rhum : n.m. *Le rhum est une boisson typique des Antilles.* = Alcool.

rhumatisme : n.m. = Douleurs, arthrite, arthrose, goutte, lunbago.

rhume : n.m. = Refroidissement, rhinite, rhinopharyngite, grippe.

ribambelle : n.f. *À la fête de l'école, une ribambelle d'enfants danse dans la cour.* = Cortège, flopée, kyrielle, quantité.

ricaner : v. = Rire. ■**ricanement :** n.m. = Moquerie.

riche : adj. **1-** *Un homme riche.* = Fortuné, argenté, aisé, huppé, nanti, magnifique, somptueux, coûteux, fastueux. ≠ Pauvre. **2-** *Une terre riche permet de bonnes récoltes.* = Fertile, généreux, fructueux, luxuriant, fécond. ■ **richesse :** n.f. **1-** *La richesse d'Ali Baba provient d'un trésor découvert.* = Fortune, aisance, opulence, abondance, magnificence, éclat, biens, enrichissement, trésor. ■ **richement :** adv. Abondamment, luxueusement, somptueusement. ≠ Pauvrement.

ricochet : n.m. = Rebond. ■**ricocher :** v. *La balle a ricoché sur l'étoile du shérif, ce qui lui a sauvé la vie.* = Rebondir, renvoyer.

rictus : n.m. *Sur son visage, on pouvait voir un rictus tant sa douleur était aiguë.* = Grimace.

rider : v. *La vieillesse ride le visage.* = Flétrir. ■**se rider :** v. pron. *Sous la brise, l'eau du lac se ride.* = Se plisser. ■**ride :** n.f. *Les premières rides apparaissent généralement sur le front.* = Sillon, pli, plissement, patte d'oie. ■**ridé(e) :** adj. = Plissé, raviné, frippé, froissé. ■**rideau :** n.m. = Voilage, tenture, baldaquin, courtine, portière, tablier, store.

ridicule : [de **rire**] **A-** adj. *Cette idée est vraiment ridicule.* Absurde, insensé, farfelu, grotesque, burlesque, bête, sot, aberrant, saugrenu, comique, risible. ≠ Sensé. **B-** n. m. *Le ridicule d'une situation.*

■ **ridiculiser** : v. = Bafouer, caricaturer, moquer, railler. ■ **ridiculement** : adv.= Grotesquement, exagérément.

rien : **1-** pron. indéf. *Rien n'est parfait.* = Néant, nul, zéro. ≠ Tout, beaucoup. **2-** n.m. *Un rien l'amuse.* = Babiole, bagatelle, broutille, colifichet, fantaisie, vétille, niaiserie, futilité. ≠ Chose.

rigide : adj. **1-** *De nos jours, de nombreux récipients sont en plastique rigide.* = Raide, dur, solide. ≠ Souple, mou. **2-** *Ce père est rigide dans son éducation.* = Inflexible, austère, exigeant, strict, rigoureux, sévère. ≠ Accomodant, doux, flexible. ■ **rigidité** : n.f. **1-**= Austérité, rigorisme, sévérité, inflexibilité, psychorigidité. ≠ Douceur, abandon. **2-** = Raideur, dureté. ≠ Élasticité, flexibilité, souplesse.

rigole : n. f. = Caniveau, fossé, ruisseau, tranchée, saignée.

rigueur : [de **rigide**] n.f. **1-** *Nous supportons difficilement la rigueur de l'hiver.* = Dureté, rudesse, âpreté, austérité, sévérité, sobriété. ≠ Douceur, indulgence. **2-** *Ton raisonnement manque de rigueur, c'est un peu confus.* = Logique, précision, justesse, clarté, application, concision, exactitude. ≠ Approximation, incertitude. ■ **rigoureux** : adj. (f. rigoureuse) **1**- *Un maître rigoureux.* = Sévère, draconien, dur, implacable, austère, inflexible, rigide, rigoriste. **2**- *Un hiver rigoureux.* = Extrême, rude. **3**- *La restauration d'une œuvre d'art exige un travail rigoureux.* = Méticuleux, strict, précis, exact. ≠ Approximatif. ■ **rigoureusement** : adv. *C'est rigoureusement interdit.* = Formellement, scrupuleusement, strictement, exactement.

rimer : v. *Aquarelle rime avec ritournelle.* = Versifier.

rincer : v. *J'ai bien rincé l'aquarium avant de remettre les poissons.* = Nettoyer, laver, mouiller, tremper.

ring : n.m. *Le champion en titre monte sur le ring pour affronter son challenger.* = Piste.

riposte : [de **répondre**] n.f. **1-** *Après l'attaque injurieuse, sa riposte a été immédiate.* = Réponse, répartie. **2-** = fig. *Après l'attaque du quartier général, la riposte aérienne a été lancée.* = Représailles, contre-attaque, vengeance. ■ **riposter** : v. *Devant ces paroles mensongères, nous sommes obligés de riposter.* = Répondre, contre-attaquer, se défendre, objecter, répartir, rétorquer.

rire : n. m. *L'arrivée des clowns a déclenché le rire des enfants.* = Hilarité, éclat, ricanement, sourire, fou rire. ≠ Pleurs. ■ **rire jaune** : = Rire forcé. ■ **rire** : v. = S'esclaffer, pouffer, ricaner, exulter, jubiler, rigoler, fam. se marrer, se bidonner. ≠ Pleurer. ■ **riant(e)** : adj. **1**- = Gai, agréable, enjoué, rieur. ≠ Chagrin, morose, triste, sombre, douloureux. **2-** *Un paysage riant.* = Beau, agréable. ≠ Désertique, sauvage, morne. ■ **risée** : n.f. *Il est la risée de tous.* = Moquerie. ■ **risible** : adj. *La chute d'une personne est souvent une situation risible.* = Amusant, comique, plaisant, drôle, grotesque, ridicule, cocasse. ≠ Sérieux, respectable.

risée : n. f. = Brise, vent, rafale.

risque : n.m. *Les sauveteurs en montagne prennent des risques pour sauver les alpinistes.* = Danger, hasard, péril, aléa, menace. ■ **risquer** : v. *Il n'a pas hésité à risquer sa vie pour sauver cet enfant de la noyade.* = Oser, tenter, entreprendre, hasarder, s'aventurer, se lancer. ■ **se risquer** : v. pron. *Il se risque à sortir malgré les bombardements.* = S'aventurer, se hasarder, oser. ■ **risqué(e)** : adj. *Une situation risquée.* = Dangereux, audacieux, inquiétant, périlleux, redoutable, scabreux, hasardeux.

rissoler : [de **roux**] v. *On fait rissoler les pommes de terre dans une poêle.* = Cuire, faire sauter.

ristourne : [de **tourner**] n. f. *Ils ont obtenu une ristourne sur l'achat du bateau.* = Réduction, rabais, diminution, abattement, remise

rite : n.m. *Rite funéraire, nuptial, religieux.* = Cérémonie, liturgie, office, protocole, pratique, rituel, usage. ■ **rituel** : adj. (f. rituelle) = Habituel, accoutumé. ■ **rituellement** : adv. = Invariablement.

ritournelle : n.f. **1-** . = Refrain, chanson, rengaine, scie.

rivage : [de **ru**] n.m. *Les vagues viennent mourir sur le rivage.* = Littoral, plage, grève, côte, bordure, rive. ■ **rive** : n.f. *La péniche longe la rive de la Seine.* = Berge, bord, bordure.

rival(e) : [de **ru**] n. (plur. rivaux) *Le chevalier rencontre son rival lors des joutes du tournoi.* = Concurrent, opposant, antagoniste, émule, ennemi, adversaire. ≠ Allié, associé, partenaire. ■ **rivaliser** : v. *Les vendeurs rivalisent d'ingéniosité pour attirer les clients.* = Concurrencer, lutter, faire assaut de, ■ **rivalité** : n.f. = Compétition, antagonisme, concurrence, émulation, jalousie, lutte, opposition. ≠ Coopération.

rivière : [de **rive**] n.f.= Affluent, gave, oued, torrent ■ **rivière de diamants** : = Collier serti de diamants. ■ **riverain(e)** : adj. et n. = Bordier.

rixe : n.f. = Querelle, bagarre, bataille, échauffourée, mêlée, pugilat.

robe : n.f. **1-** = Fourreau, soutane, aube, toge, déshabillé, peignoir, tunique. **2-** *La robe d'un cheval.* = Pelage. **3-** *Ce grand vin avait une robe écarlate.* = Couleur.

robinet : n.m. *Avant de partir, n'oublie pas de fermer le robinet du gaz.* = Vanne. ■ **robinetterie** : n.f. = Tuyauterie.

robot : n.m. *Dans les films de science-fiction, des robots humanoïdes accompagnent les héros.* = Androïde, humanoïde, automate. ■ **robotiser :** v. *Les chaînes de montage vont peu à peu être entièrement robotisées.* = Automatiser.

robuste : adj. Un homme robuste. = Solide, athlétique, costaud, fort, puissant, résistant, vigoureux, sain. ≠ Fragile, chétif, délicat, malingre. ■ **robustesse :** n.f. = Force, vigueur, résistance, solidité. ≠ Fragilité.

roc : [de **roche**] n.m. *Cette forteresse a été construite sur du roc.* = Pierre, rocher. ■ **dur comme du roc :** = Indestructible. ■ **rocaille :** n.f. = Pierraille, caillasse. ■ **rocailleux :** adj. (f. rocailleuse) = Pierreux, caillouteux.

rocade : [de **roquer**] n.f. = Périphérique.

rocambolesque : adj. *Cette aventure est rocambolesque.* = Incroyable, invraisemblable, extravagant, étonnant, extraordinaire, inimaginable, inouï, merveilleux, prodigieux.

roche : n f. *Le granit, le calcaire, le quartz sont des roches.* = Pierre, galet, minéral, roc. ■ **rocher :** n. m. = Brisant, écueil, récif, étoc,bloc, pierre.

rocking-chair : n.m. = Fauteuil à bascule, berceuse .

roder : v. *Il rode le moteur de sa nouvelle voiture.* = Parachever, parfaire, perfectionner, raboter, polir.

rôder : [de **roue**] v. *Un voleur rôde autour de la maison.* = Traîner, vagabonder, divaguer, errer, aller au hasard. fam. traînailler, traînasser. ■ **rôdeur :** n. (f. rôdeuse) = Vagabond.

rogner : [de **rond**] v *Il faut rogner les planches pour les ajuster.* = Tailler, limer, massicoter, diminuer. ≠ Allonger. ■ **en rogne :** fam. = De mauvaise humeur. ■ **rognure :** n.f. = Déchet.

rognon : [de **rein**] n.m. *Rognons de veau.* = Rein.

roi : n. (f. reine) *Clovis est considéré comme le premier roi de France.* = Monarque, souverain, empereur, gouvernant, prince, seigneur, chef d'État. ■ **royal(e) :** adj. (plur. royaux) = Grandiose, somptueux, magnifique, superbe, souverain. ■ **royalement :** adv. = Magnifiquement, superbement, richement. ■ **royaliste :** adj ou n. = Monarchiste. ■ **royaume :** n. m. **1-** *La guerre de Cent Ans opposa le royaume de France à celui d'Angleterre.* = Territoire, pays, État. **2-** *Il est passionné d'informatique, c'est son royaume.* = Domaine. ■ **royauté :** n. f. = Couronne, sceptre, trône, monarchie.

rôle : [de **rouleau**] n.m. **1-** *Le rôle des parents est d'élever leurs enfants.* = Fonction, mission, vocation, devoir, charge. **2-** *Dans la pièce de théâtre, je joue le rôle d'un serviteur.* = Personnage, distribution, emploi, figuration.

roller : n.m. = Patin à roulettes.

roman : n.m. *Roman d'aventures, de science-fiction, policier…* = Récit, chronique, histoire, invention, nouvelle, conte, fable, feuilleton, saga. ■ **romance :** n.f. = Chanson, cantilène, ballade. ■ **romancier :** n. (f. romancière) = Auteur. ■ **romanesque :** adj. **1-** *Les récits de chevaliers qui délivrent des princesses après avoir déjoué des complots sont très romanesques.* = Extraordinaire, aventureux, fantastique, inventé, irréel, fictif, imaginaire. ≠ plat, prosaïque, réaliste. **2-** *Un esprit romanesque.* = Rêveur, sentimental, passionné, romantique, sensible, tendre. ≠ Banal. ■ **romantique :** adj. **1-** *Les belles histoires d'amour sont souvent romantiques* = Sentimental, rêveur, ardent, fervent, passionné, romanesque, intense. ≠ Classique, réaliste.

rompre : v. **1-** *La glace s'est rompue sous le poids des chevaux.* = Briser, casser, broyer, disloquer, fracasser, fracturer. **2-** *Le contrat a été rompu.* = Stopper, annuler, abandonner, laisser, se libérer, quitter, interrompre, résilier, divorcer. ■ **se rompre :** v. pron. *Le lapin s'est rompu le cou dans un collet.* = Se casser, se fracturer, céder, lâcher, craquer, se déchirer, se fêler, se fendre.. ■ **rompu(e) :** adj. **1-** Cassé, brisé. **2-** *Le petit garçon s'endort, rompu de fatigue.* = Épuisé, exténué, fatigué, moulu. **3-** *L'athlète est rompu aux exercices physiques difficiles.* = Entraîné, habitué, expert.

ronce : n.f. *Je me suis égratigné avec les ronces.* = Épine, roncier.

rond(e) : **A-** adj. **1-** = Circulaire, sphérique, cylindrique. ≠ Anguleux, carré, pointu. **2-** *Un chiffre rond.* = Arrondi. **3-** *Un bébé bien rond.* = Dodu, rondouillard, gros, replet, rebondi. **B-** n.m. = Cercle, circonférence, orbite. ■ **ronde :** n.f. = Cercle. ■ **à la ronde :** = Autour, alentour, voisinage. ■ **rondeur :** n. f. *Les rondeurs d'une femme.* **1-** = Embonpoint, grosseur, rotondité. **2-** Bonhomie, gentillesse, simplicité, naturel. ≠ Fausseté, hypocrisie. ■ **rondelle :** n.f. = Tranche, rouelle. ■ **rondin :** n.m. = Bûche. ■ **rond-point :** n.m. = Carrefour, place.

ronfler : v. **1-** *Il a ronflé toute la nuit.* = Ronronner. **2-** *Les pilotes automobiles font ronfler leur moteur.* = Vrombir. ■ **ronflement :** n. m. = Vrombissement. ■ **ronflant(e) :** adj. **1-** *La chaudière produit un bruit ronflant.* = Bruyant, sonore, retentissant, tonitruant. **2-** fig. Une phrase ronflante. = Pompeux, grandiloquent, ampoulé, emphatique.

ronger : v. **1-** *Les chiens adorent ronger les os.* = Grignoter, attaquer, racler. **2-** *Pour se protéger de l'acide qui ronge les doigts, on utilise des gants.* = User, corroder. **3-** *Les remords le rongent.* = Angoisser, inquiéter, oppresser, tourmenter.

ronron : [mot onomatopéique] n.m. fam. *Le ronron quotidien.* = Routine.

roquefort : n.m. = Bleu.

roquette : n.f. *Un tir de roquettes.* = Obus, fusée. ■ **lance-roquettes :** n.f = Bazooka, lance-fusées.

rosace : [de **rose**] n.f. *Les vitraux de certaines cathédrales sont des rosaces.* = Rose.

rosbif : n.m. = Rôti de bœuf.

rose : n.f. **1-**= Églantine, ellébore. **2-** adj. *Elle aime les fleurs roses.* = Saumon, fuchsia, lilas. ■ **rose des vents :** = Étoile. ■ **rose des sables :** = Pierre. ■ **rosé :** n.m. = Vin. ■ **rosir :** v. *Pascale rosit devant les compliments.* = Roser. ■ **rosier :** n.m. = Églantier. ■ **rosette :** n.f. **1-** = Nœud. **2-** = Décoration.

rossignol : [de **roux**] n.m. **1-** = Passereau. **2-** = Crochet, passe-partout.

rotation : [de **rouer**] n.f. **1-** *La rotation de la Terre sur elle-même dure 24 heures.* = Tour, giration. **2-** *Nous porterons nos bagages en effectuant une rotation.* = Roulement.

rôtir :v. *Tous les dimanches, elle fait rôtir un poulet.* = Griller, brûler, rissoler, torréfier. ■ **rôti :** n.m. = Rôt, rosbif, méchoui. ■ **rôtissoire :** n.f. = Four.

rotondité : [de **rond**] n.f. = Rondeur, sphéricité, embonpoint.

roucouler : v. **1-** *À la saison des amours, les tourterelles roucoulent.* = Chanter. **2-** fam. *Dans le jardin public, sur un banc, deux amoureux roucoulent.* ■ **roucoulement :** n.m. = Roucoulade.

roue : n.f. *La roue aurait été inventée par les Chinois.* = Disque. ■ **deux-roues :** n.m. = Bicyclette, motocyclette.

rouer : [de **roue**] v. = Frapper, battre, passer à tabac. ■ **roué(e) :** adj. **1-** Circulaire. **2-** *Il a été roué de coups.* = Battu, frappé. **3-** = Rusé, malhonnête, finaud, combinard, futé, malicieux. ≠ Ingénu, droit. ■ **rouerie :** n.f. = Ruse, intrigue.

rouge : **1-** adj. = Grenat, pourpre, vermillon, écarlate, garance, rubicond. ■ **rouge de honte ou d'émotion :** = Cramoisi. ■ **marquer au fer rouge :** = **2-** adv. ■ **voir rouge :** = S'emporter. **3-** n.m. *Le rouge de cette chemise me plaît beaucoup.* = Gueules en héraldique. ■ **rougeoyer :** v. *Le soir, le soleil rougeoie à l'horizon.* = Flamboyer. ■ **rougeur :** n.f. *Les bébés peuvent avoir des rougeurs sur les fesses.* = Érythème, couperose. ■ **rougir :** v. = S'empourprer, avoir honte, fam. piquer un fard. ≠ Blêmir, pâlir. ■ **rouge-gorge :** n.m. (plur. rouges-gorges) Passereau. ■ **rouget :** n.m. = Grondin, surmulet.

rouille : [de **rouge**] **A-** n.f. **1-** = Corrosion, oxydation. **2-** = Assaisonnement. **B-** adj. inv. = Roux. ■ **rouiller :** v = Oxyder. ■ **rouillé(e) :** adj. **1-** = Oxydé. **2-** = Engourdi.

rouleau : [de **rôle**] n.m. **1-** *Rouleau de peintre, à pâtisserie, agricole.* = Cylindre. **2-** = Bobine. **3-** = Vague, déferlante.

rouler : [de **roue**] v. **1-** *Dans le cellier, le vigneron fait rouler les tonneaux.* = Déplacer, enrouler, glisser, pivoter sur, tourner. **2-** = Abuser, leurrer, tromper, vaincre. ■ **se faire rouler :** fam. = Être trompé, se faire avoir. ■ **roulade :** n.f. = Galipette, roulé-boulé. ■ **roulement :** n.m. **1-** *Roulement de tambour.* = Battement. **2-** *Pour faire la vaisselle, ils ont décidé de faire un roulement.* = Alternance, rotation. ■ **roulotte :** n.f. = Caravane, mobil-home, camping-car.

round : n.m. *L'arbitre a déclaré un des lutteurs champion au troisième round.* = Reprise.

rouquin(e) : n. fam. = Roux.

route : n.f. **1-** *Les routes vicinales, communales, départementales ou nationales.* = Chemin, chaussée, voie. **2-** *Nous n'avons pas pris la meilleure route pour arriver jusqu'ici.* = Itinéraire, parcours, trajet. ■ **routier :** adj. ou n. (f. routière) *Un chauffeur routier.* = Camionneur, tractionnaire. ■ **routine :** n.f. *Au travail, c'est devenu la routine, il accomplit toujours les mêmes gestes.* = Habitude, expérience, ordinaire, tradition. ■ **routinier :** adj. (f. routinière) = Monotone, coutumier, rituel, traditionnel.

roux : [de **rouge**] n. et adj. (f. rousse) *Ses cheveux sont roux, presque orange.* = Rouquin, auburn, rouille, rouge, brique. ■ **rousseur :** n.f. = Rougeur. ■ **taches de rousseur :** = Éphélide. ■ **roussir :** v. = Brûler.

ru : n.m. = Ruisseau, ruisselet.

ruban : n.m. *Nous avons ficelé les cadeaux du ruban argenté.* = Galon, bolduc, faveur, catogan, décoration, rosette.

rubrique : [de **rouge**] n.f. *La rubrique des sports, des faits divers.* = Article, chronique. ■ **sous la rubrique :** *À la bibliothèque, j'ai trouvé mon livre sous la rubrique « nature ».* = Catégorie.

rude : adj. **1-** *Le contact de l'écorce est rude au toucher.* = Rugueux, raboteux, rêche, râpeux. ≠ Délicat, rafiné. **2-** *Le métier de bûcheron est rude.* = Difficile, pénible. **3-** *Cet homme est rude avec son entourage.* = Dur, brutal, frustre, rustique, sévère, maussade, bourru, revêche, austère. ≠ Doux. ■ **rudement :** adv. **1-** = Brutalement, durement, sévèrement, terriblement. **2-** fam. *Ce plat est rudement bon.* = Très, fameux. ■ **rudesse :** n.f. = Brusquerie, brutalité, aigreur, aménité, rigueur. ■ **rudiment :** n.m. *Le moniteur nous a donné quelques rudiments de ski.* = Base, notion, essentiel, principe. ■ **rudimentaire :** adj. *Dans les pays pauvres, le travail de la terre est resté rudimentaire.* =

Basique, rustique, simple, primaire, grossier, élémentaire. ≠ Élaboré, complexe, développé, perfectionné. ■ **rudoyer :** v. = Maltraiter, brutaliser, brimer, houspiller, molester, secouer. ≠ Cajoler, câliner, dorloter.

rue : n.f.= Allée, avenue, boulevard, cours, ruelle, mail, venelle, impasse, cul-de -sac.

ruer : v. **1-** = S'élancer, foncer, fondre, tomber. **2-** = Protester, renacler, se rebiffer, se rebeller. ■ **se ruer :** v. pron. *Le jour des soldes, les clients se ruent sur les articles.* = Se lancer, se jeter.

rugir : v. *Dans la jungle, les lions rugissent pour montrer leur force.* = Crier, hurler, tonner, vociférer. ■ **rugissement :** n.m. = Cri, vrombissement, mugissement.

rugueux : adj. (f. rugueuse) *L'écorce de ce chêne est rugueuse.* = Râpeux, rude, raboteux. ≠ Doux, lisse, moelleux, poli, uni. ■ **rugosité :** n.f. = Aspérité.

ruine : [de **ruer**] n.f. **1-** *Après la guerre, certaines villes étaient en ruines.* = Reste, vestige, anéantissement, destruction, fiasco, décombres, éboulement. **2-** Cet homme n'est plus qu'une ruine. = Épave, loque, misérable. **3-** *Les ruines romaines.*= Cendres, décombres, restes, vestiges. **4-** *C'est la ruine de l'entreprise.* = Banqueroute, débâcle, faillite. ■ **ruiner :** v. = Déposséder, anéantir, abattre, briser, détruire, raser, dépouiller. ■ **ruiner les espoirs de quelqu'un :** = Désillusionner. ■ **ruineux :** adj. (f. ruineuse) = Coûteux, onéreux.

ruisseau : [de **ru**] n.m. *Il enjambe le ruisseau d'un bond.* = Ruisselet, ru. ■ **ruisseler :** v. *La pluie ruisselle sur les toits.* = Couler, courir. ■ **ruissellement :** n.m. *Le ruissellement de la lumière.* = Chatoiement.

rumeur : n.f. **1-** *On perçoit une rumeur de protestation.* = Tumulte, brouhaha, bourdonnement. **2-** *La rumeur dit qu'il serait de retour chez lui.* = Médisance, ragot, potin, calomnie, bouche-à-oreille.

ruminer : v. **1-** *La vache rumine dans le pré.* = Remâcher, régurgiter, retourner. **2-** fig. = Ressasser.

rupestre : [de **rompre**] adj. *La grotte de Lascaux est riche en peintures rupestres.* = Pariétal.

rupture : [de **rompre**] n.f. **1-** *La rupture du barrage a provoqué l'inondation de toute la vallée.* = Cassure, brisement, fracture. **2-** *Il y a une profonde rupture entre les deux témoignages.* = Différend, divergence, décalage. **3-** *Ils ne vivent plus ensemble, leur rupture remonte à deux ans.* = Séparation, brouille, désaccord, divorce. **4-** *Ces chaussures sont en rupture de stock, elles ont toutes été vendues.* = Fin.

rural(e) : adj. ou n.m. (plur. ruraux) *L'exode rural a fait émigrer les gens de la campagne vers les villes.* = Campagnard, champêtre, paysan. ≠ Urbain.

ruse : n.f. *Il nous faudra beaucoup de ruse pour piéger cet animal.* = Astuce, habileté, artifice, fourberie, fraude, machination, malice, perfidie, stratagème. ≠ Candeur, droiture. ■ **rusé(e) :** adj. *Le renard est un animal rusé.* = Malin, astucieux, adroit, fourbe, perfide, roublard, subtil, malicieux, roué. ≠ Candide, droit, niais. ■ **ruser :** v. = Manœuvrer, finasser.

rustaud(e) : [de **rustre**] adj. = Grossier, balourd, frustre. ≠ Raffiné.

rustique : [de **rural**] adj. **1-** *Le mobilier de ce gîte est rustique mais suffisamment confortable.* = Rudimentaire, dépouillé, primaire, simple, sobre, naïf, campagnard. **2-** *Ces plantes sont rustiques, elles demandent peu de soin.* = Résistant.

rustre : n.m. *Cet homme a bousculé des gens sans même s'excuser. Quel rustre !* = Goujat, brute, butor, gougnafier, malotru, mufle. ≠ Délicat.

rutilant(e) : adj. *Cette voiture de sport est rutilante.* = Étincelant, brillant, éclatant, flamboyant. ■ **rutiler :** v. = Briller, flamboyer.

rythme : n.m. *Il faut jouer en rythme.* = Cadence, mesure, mouvement, balancement, allure, tempo. ■ **rythmer :** v. = Cadencer. ■ **rythmique :** adj. = Alternatif, régulier, mesuré, cadencé, balancé.

S s S s S s S s S s S s s s

sable : n.m. *Le sable transporté par le vent forme des dunes sur le bord de mer.* = Gravier, falun, limon. ■ **sabler :** v. *Les nuits de gel, les cantonniers sablent les routes.* = Répandre. ■ **sablonneux :** adj. (f. sablonneuse) *Un terrain sablonneux permet la culture des endives.* = Sableux.

sabord : [de **bord**] n.m. *Le capitaine Haddock crie « Mille sabords ! »* = Hublot. ■ **saborder :** v. *Le bateau a été sabordé.* = Percer, détruire, couler, envoyer par le fond. ■ **sabordage :** n.m. = Sabordement.

sabot : n.m. **1-** = Galoche. **2-** *Les sabots des chevaux.* = Ongle. ■ **sabotage :** n.m. *Pendant la guerre, le sabotage des voies ferrées était fréquent.* = Saccage, dommage, gâchage. ■ **saboter :** v. = Abîmer, endommager, gâcher, saccager, dégrader.

sabre : n.m. *Les cavaliers chargent l'ennemi sabre au clair.* = Glaive, épée, bravache, cimeterre. ■ **sabrer:** v. = Biffer, raccourcir.

sac : n.m. *Un sac en papier, un sac de sport.* = Cabas, panier, sachet, poche, emballage, bagage, sacoche, gibecière, bourse. ■ **sac de couchage :** n.m. = Duvet. ■ **vider son sac :** fam. = Confier, avouer. ■ **être pris la main dans le sac :** fam. = Être surpris en flagrant délit. ■ **mettre dans le même**

sac : fam. = Regrouper. ■ **sachet** : n.m. *Sachet de levure, de thé.* = Paquet.

sac : n.m. = *Pendant la Révolution, on a pu assister au sac des maisons appartenant à la noblesse.* = Pillage, dégradation, saccage, déprédation. ■ **saccager** : v. *Les vergers ont été saccagés par les oiseaux.* = Dévaster, piller, vandaliser, abîmer, casser, ravager, ruiner, saboter.

saccade : n.f. = Secousse, à-coups, soubresaut, tressautement, spasme, trépidation. ■ **saccadé(e)** : adj. *Le rap est une musique saccadée.* = Trépidant, rythmé, convulsif, haché, intermittant, sautillant, spasmodique, irrégulier, syncopé.

saccharine : [de **sucre**] n.f. = Sucre, édulcorant.

sacerdoce : n.m. *Le sacerdoce de l'enseignant, du médecin.* = Vocation, apostolat, charge, mission, ministère, prêtrise.

sacrer : v. **1-** *On sacrait les rois de France dans la cathédrale de Reims.* = Bénir, couronner, oindre, introniser. **2-** = Blasphémer, jurer, injurier, maudire. ■ **sacre** : n.m. *Le sacre de Napoléon Ier a eu lieu à l'église Notre-Dame de Paris.* = Couronnement, bénédiction, onction, concécration, intronisation. ■ **sacré(e)** : adj. **1-** *Le Coran, la Bible, la Torah sont des livres sacrés.* = Saint, divin. ≠ Profane. **2-** *Le fauteuil est sacré car il appartenait à ma grand-mère.* = Respectable, béni, vénérable. ■ **sacrilège** : n.m. *Saccager une église est un sacrilège.* = Profanation, blasphème, crime, hérésie. ■ **sacripant** : n.m. = Coquin, chenapan, vaurien.

sacrifice : n.m. **1-** *Certains peuples auraient fait des sacrifices humains.* = Immolation, libation, oblation, offrande. **2-** *Nous faisons des sacrifices.* = Privation, dévouement, renoncement, résignation. ■ **sacrifier** : v. = Immoler, mettre à mort, offrir. ■ **se sacrifier** : v. pron. = Se dévouer, abandonner, renoncer.

sacristain : n.m. *À la fin de la messe, le sacristain sonne la cloche, range l'autel, ferme l'église.* = Bedeau, marguillier.

sadique : [de **Sade**] adj. *Faire souffrir les animaux, pour son simple plaisir, est sadique.* = Cruel, pervers, diabolique. ■ **sadisme** : n.m. = Cruauté, barbarie, lubricité, perversité, vice.

safari : n.m. *Ils ont fait un safari-photo au Kenya.* = Chasse.

safran : n.m. **1-** = Colchique, curcuma. **2-** = Jaune. **3-** *Le safran de la planche à voile.* = Gouvernail.

saga : n.f. *Une saga familiale.* = Récit, histoire, aventure.

sagace : adj. *Son esprit sagace.* = Perspicace, fin, clairvoyant, subtil. ≠ Naïf, obtus. ■ **sagacité** : n.f. = Intuition, finesse, pénétration, perspicacité.

sagaie : n.f. = Lance, javelot, pique.

sage : adj. ou n. **1-** *Le chef du village est un sage.* = Savant, penseur, philosophe. ≠ Fou, insensé. **2-** *Il serait sage d'attendre.* = Prudent, réfléchi, circonspect, équilibré, mesuré, modéré, raisonnable. Audacieux, excentrique. **3-** *Soyez sages, je reviens dans vingt minutes.* = Discipliné, docile, gentil, obéissant, tranquille. ≠ Déraisonnable, désordonné, désobéissant, turbulent, insupportable. ■ **sagement** : adv.= Raisonnablement, calmement, tranquillement, prudemment. ≠ Follement, absurdement. ■ **sagesse** : n.f. = Bon sens, modération, prudence, sérénité, circonspection, philosophie, tranquillité. = ■ **sage-femme** : n.f. (plur. sages-femmes) = Accoucheuse.

saigner : [de **sang**] v. **1-** *Il s'est coupé en arrachant une herbe, sa main saigne.* = Avoir une hémorragie. **2-** *Les porcs, les moutons sont saignés dans les abattoirs.* = Égorger, tuer, vider de son sang. ■ **saignant(e)** : adj. = Ensanglanté, sanglant, sanguinolent, souillé. ■ **saignement** : n.m. *Un saignement de nez.* = Hémorragie.

saillir :v. **1-** *Les veines gonflées par l'effort saillent sous sa peau.* = Dépasser, avancer, déborder. **2-** = S'accoupler, monter. ■ **saillant(e)** : adj. = Proéminent, globuleux. ≠ Caché, creux, rentrant, insignifiant. ■ **angle saillant** : ≠ Angle rentrant. ■ **saillie** : n.f. **1-** = Relief, aspérité, protubérance, proéminence. ≠ Alignement, cavité, creux. **2-** = Accouplement.

sain(e) : adj. **1-** *Cette personne est saine.* = Valide, en bonne santé, tonique. ≠ Malade, fou, dépravé, dangereux, nuisible. ■ **être sain d'esprit** : = Équilibré. ■ **être sain et sauf** : = Indemne. **2-** *Le climat de cette région est sain.* = Hygiénique, pur, salubre. ≠ Malsain. **3-** *Cette maison est saine, elle est habitable.* = Salubre, hygiénique. ■ **sainement** : adv. *Il faut manger sainement.* = Raisonnablement, judicieusement.

saindoux : n.m. *On trouve du saindoux dans les pots de rillettes.* = Graisse, axonge.

saint(e) : **1-** adj. *Un lieu saint, une personne sainte.* = Sacré, vénérable, vertueux. **2-** n.m. fam. = Élu.

saisir : v. **1-** *Il me saisit le bras.* = Attraper, prendre, capturer, s'emparer, empoigner, confisquer, happer. ≠ Lâcher, laisser, déssaisir. **2-** *Si j'ai bien saisi, vous êtes son père.* = Comprendre, deviner, entendre, percevoir. ■ **saisir sa chance** : = Profiter. **3-** *Il faut saisir les beefsteaks.* = Cuire. ■ **se saisir de** : v. pron. = S'emparer de. ■ **saisie** : n.f. *Les douaniers ont effectué la saisie d'objets de* *contrebande.* = Confiscation. ■ **saisissant(e) :** adj. **1-** *À haute altitude, le froid est saisissant.* = Étonnant, frappant. **2-** *Cette histoire est saisissante.* = Surprenant, palpitant, criant, émouvant.

saison : [de **semer**] n.f. **1-** *Les quatre saisons.* = Hiver, printemps, été, automne. **2-** *L'automne est la saison des champignons.* = Période, époque, temps. **3-** *Le footballeur est engagé pour une saison.* = Année.

salade : n.f. **1-** *La laitue, la romaine, la scarole sont des salades.* **2-** *Salade niçoise, de fruits.* = Mélange, cocktail. ■ **saladier :** n.m. = Jatte.

salaire : [de **sel**] n.m. *Le SMIC est le salaire le plus bas qu'on verse à un employé.* = Paye, rétribution, appointement, gain, gage, honoraires, indemnité, revenu, rétribution, émoluments, rémunération. ■ **salarier :** v. = Rémunérer, gager, appointer, payer, rétribuer. ■ **salarié(e) :** n. et adj. = Personnel, employé, ouvrier.

sale : adj. **1-** = Malpropre, crasseux, dégoutant, négligé, répugnant, immonde, repoussant. ≠ Propre, net. **2-** = Obscène, graveleux, impudique, ordurier, vicieux. **3-** fam. *Un sale chien.* = Méchant, vilain, mauvais. ■ **salir :** v. = Souiller, tacher, maculer, barbouiller, polluer, encrasser. ≠ Laver, nettoyer. ■ **saleté :** n.f. **1-** *D'une saleté repoussante.* = Malpropreté, crasse, impureté, ordure, rebut, salissuresouillure. **2-** *Il raconte des saletés.* = Abjection, bassesse, grossièreté, ignominie, infamie, obscénité.

salive : n.f. = Bave, écume, crachat, postillon. ■ **saliver :** v. *Le chien salive devant sa pâtée.* = Baver, avoir l'eau à la bouche.

salle : n.f. **1-** *Salle à manger, de jeux.* = Pièce. **2-** *Toute la salle applaudit les artistes.* = Auditoire, auditorium, théâtre. ■ **salon :** n.m. **1-** *Les invités ont pris l'apéritif au salon.* = Boudoir, fumoir, living-room. **2-** = Exposition, festival, présentation.

salopette : n.f. = Bleu, combinaison, cotte.

saltimbanque : n. *Les saltimbanques étaient nombreux au Moyen Âge.* = Acrobate, bateleur, équilibriste, funambule, baladin.

salto : n.m. *Le gymnaste effectue plusieurs saltos.* = Saut périlleux.

salubre : [de **salut**] adj. *Un appartement salubre.* = Sain, hygiénique, pur, tonique. ≠ Insalubre, malsain, nuisible. ■ **salubrité :** n.f. = Hygiène, sanitaire.

salut : [de **sauf**] n.m. **1-** *Le naufragé doit son salut à un bateau qui l'a recueilli.* = Sauvetage. ≠ Perdition. **2-** = Rédemption, félicité, rachat. ≠ Damnation. **3-** fam. *Salut et à demain.* = Bonjour, au revoir, adieu, révérence, salutation. ■ **saluer :** v. **1-** = Dire bonjour, au revoir, adieu. **2-** *Les comédiens saluent le public à la fin de la représentation.* = Honorer, rendre hommage. ■ **salutaire :** adj. *Les vacances lui ont été salutaires, il s'est reposé.* = Profitable, enrichissant, fructueux, instructif, sain, utile.

salve : [de **sauf**] n.f. **1-** *Les canons tirèrent une salve de bienvenue.* = Coups de feu, décharge.

samouraï : n.m. *Les samouraïs formaient une caste avec des règles de vie très strictes.* = Guerrier.

sanatorium : [de **sain**] n.m. *Les sanatoriums sont souvent en montagne où l'air est sain.* = Préventorium.

sanction : [de **saint**] n.f. **1-** *Des sanctions prises envers les mauvais conducteurs.* = Punition, châtiment, condamnation, amende, peine, pénalité, pénitence. **2-** *La sanction d'un projet.* = Confirmation, approbation, consécration, entérinement, validation. ≠ Démenti, refus, désapprobation. ■ **sanctionner :** v. **1-** = Punir. ≠ Récompenser. **2-** *La loi est sanctionnée par les députés.* = Confirmer, entériner, adopter, consacrer, ratifier. ≠ Refuser, condamner, se dédire, démentir. ■ **sanctuaire :** n.m. **1-** *De nombreux tombeaux d'hommes saints deviennent des sanctuaires.* = Lieu sacré, église, temple. **2-** fig. *Cette forêt est le sanctuaire des papillons.* = Territoire.

sandale : n.f. *Les sandales étaient portées autrefois par les Romains.* = Claquette, nu-pied, tong, spartiate.

sandwich : n.m. (plur. sandwichs) = Casse-croûte, encas.

sang : n.m. = Hémoglobine, plasma, sérum. ■ **prince de sang :** = Noble. ■ **sang-froid :** n.m. inv. *Les rescapés de cette catastrophe sont ceux qui ont su garder leur sang-froid.* = Maîtrise, calme, flegme, fermeté, impassibilité, aplomb, assurance. ≠ Angoisse, émotion, exaltation. ■ **se faire du mauvais sang :** = Souci. ■ **pur sang :** = Cheval. ■ **sanglant(e)** adj. **1-** *La Saint-Barthélemy est un épisode sanglant de l'histoire de France.* = Ensanglanté, sanguinaire, meurtrier, sanguinolent. **2-** *Des reproches sanglants.* = Offensant. ■ **sanguinaire :** adj. = Barbare, féroce, bestial, sauvage, inhumain, méchant, cruel.

sangle : n.f. *Nous avons resserré les sangles qui maintiennent les valises sur le toit de la voiture.* = Bande, courroie. ■ **sangler :** v. = Attacher, ligoter.

sanglier : n.m. *Au temps des Gaulois, les sangliers étaient nombreux dans les forêts françaises.* = Porc ou cochon sauvage, laie, marcassin.

sanglot : [de **déglutir**] n.m. *Elle ne peut retenir ses sanglots.* = Pleurs, larme, gémissement, hoquet, plainte, spasme, soupir. ■ **sangloter :** v. = Pleurer.

sangsue : n.f. *fam.* = Collant, pot de colle.

sans : prép. *Il apprend sans problème.* = Dépourvu de, manquer de, faute de, privé de. ≠ Avec. ■ **sans-abri :** n.m. inv. = Sans-logis, sans domicile fixe. abrév. SDF. ■ **sans-culotte :** n.m. (plur. sans-culottes) = Révolutionnaire. ■ **sans-gêne :** adj. ou n.m. inv. = Malpoli, désinvolte, inconvenant.

santé : [de **sain**] n.f. *Cet enfant a une bonne santé.* = Équilibre, tempérament, vitalité. ≠ Maladie. ■ **sanitaire :** adj. *Les services sanitaires contrôlent les collectivités.* = Hygiénique.

saoul(e) : voir soûl.

saper : v. *À force d'être sapée par la mer, la falaise s'est écroulée.* = Détruire, attaquer, ronger, creuser. ■ **saper le moral :** fam. = Démoraliser. ■ **se saper :** v. pron. fam. = S'habiller.

saphir : n.m. ou adj. inv. = Bleu.

sarabande : n.f. = Farandole, sérénade. ■ **faire la sarabande :** = Faire du tapage.

sarcasme : [de **chair**] n.m. = Moquerie, impertinence, ironie, persiflage, plaisanterie, raillerie. ■ **sarcastique :** adj. *Il parle sur un ton sarcastique.* = Railleur, sardonique, moqueur, caustique, démoniaque, satanique, ironique.

sarcler : v. *Elle a sarclé les salades plantées le mois dernier.* = Biner, désherber. ■ **sarcloir :** n.m. = Binette, sarclette.

sarcophage : n.m. *Le sarcophage de Toutankhamon.* = Tombe, cercueil, bière, tombeau.

sardine : n.f. = Pilchard.

sardonique : adj. *Un rire sardonique.* = Sarcastique, moqueur, railleur, sarcastique, satanique, démoniaque.

sarment : [de **serpe**] n.m. *Les viticulteurs taillent les sarments de vigne.* = Arçon, crossette.

sarrasin(e) : **1-** n. ou adj. = Musulman, arabe, maure. **2-** n.m. *Des galettes de sarrasin.* = Blé noir.

sarrau : n.m. (plur. sarraus) *Les sarraus des écoliers étaient, autrefois, gris ou noirs.* = Blouse.

sas : [de **soie**] n.m. **1-** *Pour éviter les grumeaux, on passe la farine dans un sas.* = Tamis. **2-** *Les plongeurs pénètrent dans le sas.* = Pièce étanche. **3-** *La péniche s'amarre dans le sas en attendant l'ouverture des portes.* = Écluse.

satan : n.m. = Démon, diable. ■ **satanique :** adj. Démoniaque, diabolique, infernal, sardonique, pervers. ≠ Divin, angélique. ■ **satané(e) :** adj. **1-** *Un satané menteur.* = Méchant, mauvais, fichu. **2-** fam. *C'est une satanée aventure que tu me racontes.* = Extraordinaire, damné.

satellite : n.m. *Le satellite gravite sur une orbite elliptique.* = Orbiteur.

satiété (à) : n.f. *Elle a mangé jusqu'à satiété.* = Saturation. ≠ Besoin, désir, envie.

satiné(e) : adj. *La peau des bébés est satinée.* = Doux, lisse, lustré, soyeux, velouté.

satire : n.f. *Les humoristes utilisent beaucoup la satire.* = Caricature, dérision, pamphlet, critique, diatribe, raillerie, épigramme. ≠ Apologie, éloge. ■ **satirique :** adj. *On trouve des dessins satiriques dans certains journaux.* = Piquant, acéré, acide, caustique, incisif, ironique, mordant. ≠ Apologétique, approbatif, louangeur.

satisfaire : [de **faire**] v. **1-** *Un rien peut le satisfaire.* = Contenter, convenir, combler, exaucer, complaire. ≠ Déplaire, frustrer, priver, mécontenter. **2-** *Après une longue marche, l'eau de la fontaine satisfait la soif des randonneurs.* = Calmer, apaiser, rassasier, assouvir, étancher, combler. ■ **se satisfaire :** v. pron. = Se contenter, s'accomoder, de. ■ **satisfait(e) :** adj. = Content, heureux, béat, exaucé, comblé. ≠ Insatisfait, mécontent, inassouvi. ■ **satisfaisant(e) :** adj. *Les résultats sont satisfaisants.* = Convenable, bon, honnête, acceptable, correct, suffisant, honorable. ≠ Déplorable, insatisfaisant, insuffisant, mauvais. ■ **satisfaction :** n.f. *Devant la réussite de la soirée, la satisfaction se lisait sur son visage.* = Bonheur, joie, contentement, plaisir, assouvissement. ≠ Déception, insatisfaction, peine, frustration, inassouvissement. ■ **obtenir satisfaction :** = Gain de cause.

saturer : [de **rassasier**] v. *L'atmosphère est saturée en vapeur d'eau.* = Remplir, engorger. ■ **saturé(e) :** adj. *Le vendredi soir, les autoroutes sont saturées.* = Encombré, comblé, gavé, plein, rassasié. ≠ Insaturé. ■ **saturation :** n.f. *Le mélange arrivé à saturation.* = Engorgement.

satyre : n.m. **1-** = Faune, silène, chèvre-pied. **2-** fam. Exhibitionniste, voyeur.

sauce : [de **sel**] n.f. *Elle trempe son pain dans la sauce.* = Liaison. ■ **saucée :** n.f. fam. = Averse, pluie. ■ **se faire saucer :** v. = Se prendre une douche, se mouiller, se faire tremper.

saucisse : [de **salé**] n.f. *À la charcuterie, des chapelets de saucisses sont suspendus à des crochets.* = Chipolata, crépinette, saucisson, merguez, chorizo, andouille. ■ **saucisson :** n.m. = Cervelas, salami, jésus. ■ **saucissonner :** v. fam. **1-** = Piqueniquer. **2-** *Le voleur saucissonne ses victimes.* = Attacher, ligoter.

sauf : **1-** prép. *Il aime tous les fruits sauf les kiwis.* = Excepté, à l'exception de, hormis, à part, à moins de, si ce n'est que. **2-** adj. (f. sauve) *Grâce aux secours, tous les alpinistes bloqués par l'avalanche sont saufs.* = Indemne, épargné, sauvé, intact. ≠

Blessé, endommagé. ■ **être sain et sauf :** = Être indemne. ■ **sauf-conduit :** n.m. (plur. sauf-conduits) = Laissez-passer.

saugrenu(e) : adj. *Des idées saugrenues.* = Inattendu, absurde, ridicule, aberrant, insensé, grotesque, imbécile.

saumâtre : adj. *De l'eau saumâtre.* = Amer, désagréable.

saumon : 1- n.m. *Le saumon remonte le courant.* = Tacond, bécard. **2-** adj. inv. *Un pull saumon.* = Rose orangé.

sauna : n.m. *Les établissements de soins et de relaxation proposent des saunas.* = Hammam, bain de vapeur.

saupoudrer : [de **sel**] v. *Je saupoudre le gâteau de sucre glace.* = Poudrer, fariner.

saurien : n.m. *Les lézards, les iguanes, les varans constituent les principaux sauriens.* = Squamé.

saut : [de **saillir**] n.m. *L'épreuve de saut en hauteur.* = Bond, cabriole, culbute, sautillement, soubresaut, sursaut. ■ **faire un saut :** Passer rapidement. ■ **au saut du lit :** Au réveil. ■ **saute d'humeur :** = Changement d'état d'esprit. ■ **sauter :** v. **1-** *Les filles sautent à la corde pendant la récréation.* = Bondir, s'élancer, franchir, sautiller. **2-** *Sauter en parachute.* = Se jeter. **3-** *Au son du réveil, elle saute de son lit.* = Se lever. **4-***La bombe a sauté à minuit.* = Exploser, se désintégrer, éclater. **5-** *Ma chaîne de vélo n'arrête pas de sauter.* = Se décrocher. ■ **faire sauter :** = Faire revenir. ■ **sauter de joie :** = Exulter. **6-** *L'athlète saute les haies.* = Franchir. **7-** *Sauter un repas.* = Manquer, omettre, oublier, laisser, passer à. ■ **sauterelle :** n.f. = Locuste, criquet. ■ **sauteur :** n. (f. sauteuse) = Perchiste. ■ **sauteuse :** n.f. = Casserole. ■ **sautoir :** n.m. = Collier.

sauvage : adj. ou n. **1-** *Les animaux sauvages fuient les hommes.* ≠ Inapprivoisé, indomptable. ≠ Apprivoisé, domestique, familier. **2-** *Des tribus sauvages.* = Primitif. ≠ Civilisé, policé, évolué. **3-** *C'est un vrai sauvage.* = Craintif, timide, ours, sauvageon, misanthrope. ≠ Sociable. **4-** *Quel sauvage !* = Grossier, brutal, frustre, méchant. ≠ Délicat, poli, raffiné. **5-** *Les ravisseurs se sont conduits comme des sauvages.* = Cruel, barbare, bestial, féroce, violent. ■ **sauvagement :** adv. *Elle a été sauvagement agressée par un chien.* = Cruellement, brutalement. ■ **sauvagerie :** n.f. = Barbarie, brutalité, cruauté, férocité, violence. ≠ Sociabilité, civilisation, délicatesse.

sauvegarder : [de **sauf** et de **garder**] v. **1-** *Grâce au travail des amis de la nature, de nombreuses espèces d'animaux ont été sauvegardées.* = Protéger, préserver, conserver, défendre. **2-** *N'oubliez pas de sauvegarder votre travail.* = Copier, enregistrer. ■ **sauvegarde :** n.f. *La sauvegarde des animaux.* = Protection.

sauver : [de **sauf**] v. *Ces randonneurs en péril ont été sauvés.* = Secourir, préserver, soustraire à, arracher, mettre en sureté. ≠ Perdre. ■ **se sauver :** v. pron. *Le voleur s'est sauvé avant que la police n'arrive.* = S'enfuir, s'évader. ≠ Rester. ■ **sauve-qui-peut :** n.m. inv. = Panique. ■ **sauvetage :** n.m. = Aide, secours. ■ **à la sauvette :** = Précipitamment, rapidement. ■ **sauveteur :** n.m. = Secouriste. ■ **sauveur :** n.m. *Jésus-Christ est, pour les chrétiens, le sauveur de l'humanité.* = Rédempteur, Messie, bienfaiteur, libérateur.

savant(e) : [de **savoir**] adj. et n. **1-** = Instruit, érudit, lettré, cultivé, docte, éclairé, intelligent, sage, réfléchi. ≠ Ignorant, inculte, simple, facile. **2-** *Les archéologues sont des savants passionnés par les civilisations anciennes.* = Chercheur, expert, spécialiste, érudit, sage, cerveau. ■ **savamment :** adv. = Ingénieusement, sciemment, habilement. ≠ Maladroitement, simplement.

savate : n.f. *Le soir, à la maison, mon père porte des savates.* = Chausson.

saveur : [de **savoir**] n.f. *La saveur d'un aliment.* = Goût, fumet, bouquet, parfum. ≠ Fadeur. ■ **savourer :** v. **1-** *Elle savoure sa glace.* = Déguster, goûter, se régaler de. **2-** *Le vainqueur savoure sa victoire.* = Jouir, se délecter de, ■ **savoureux :** adj. (f. savoureuse) = Excellent, délicieux, agréable, succulent.

savoir : v. **1-** *Je sais que la séance de théâtre est à vingt et une heures.* = Être informé de, être au courant de, ≠ Ignorer. **2-** *Je ne sais pas très bien ma leçon.* = Mémoriser, apprendre, connaître. **3-** *Tout le monde sait nager.* = Être capable . ■ **savoir-vivre :** n.m. inv. = Courtoisie, éducation, politesse, tact. = Éducation, courtoisie. ≠ Impolitesse, irrespect, inconvenance. ■ **savoir-faire :** n.m. = Art, habileté, maîtrise. ■ **savoir :** n.m. *Il a un immense savoir sur les dinosaures.* = Culture, science, acquis, bagage, compétence, connaissance, instruction, érudition, connaissances. ≠ Ignorance.

savon : n.m. **1-** = Savonette. **2-** *Il lui a pasé un savon.* = Engueulade. ■ **savonner :** v. **1-** = Laver. **2-** = Engueuler. ■ **se savonner :** v. pron. Se laver.

saxophone : n.m.fam. = Sax, saxo.

saynète : n.f. *Pour la fête scolaire, les élèves ont préparé des saynètes.* = Sketch.

sbire : n.m. = Policier.

scabreux : adj. (f. scabreuse) **1-** *Un projet scabreux.* = Ardu, compliqué, difficile, dangereux, périlleux, délicat, osé, risqué. **2-** *Certaines histoires comiques sont scabreuses.* = Vulgaire, choquant, grossier, indécent. ≠ Décent, correct.

scalp : [de **calotte**] n.m. = Trophée, dépouille.

scalpel : n.m. = Bistouri.

scander : v. *Le rap est une musique sur laquelle les paroles sont scandées.* = Rythmer, ponctuer. ■ **scandale :** n.m. *C'est un scandale, ce voleur a été acquitté.* **1-** = Honte, colère, infamie, indignation. **2-** Un scandale sur la voie publique. fam.= Désordre, éclat, barouf, foin, esclandre, tapage. ≠ Édification. ■ **scandaliser :** v. = Choquer, blesser, indigner, offenser, offusquer. ≠ Édifier. ■ **scandaleux :** adj. (f. scandaleuse) . = Honteux, choquant, révoltant, déplorable.

scarabée : n.m. = Bousier.

scarole : n.f. *La scarole est une salade.* = Cornette.

sceau : n.m. (plur. sceaux) *Le sceau du roi.* = Cachet, signature, symbole, marque, empreinte. ■ **garde des Sceaux :** n.m. Ministre de la Justice française. ■ **sceller :** v.**1-** = Signer. **2-** *Sceller les pierres du mur.* = Fixer, affermir, cimenter, consolider, souder, unir. ≠ Desceller. **3-** *Sceller une lettre.* = Cacheter, plomber. ■ **sceller un pacte :** = Conclure un accord, confirmer, marquer. ■ **scellés :** n.m. plur. *Les policiers posent des scellés à certains endroits sur la scène du crime.* = Marque de cire.

scélérat(e) : n. *Un homme scélérat.* = Criminel, coquin, méchant, bandit.

scène : n.f. **1-** La scène du théâtre. = Plateau, planches, tréteau. **2-** = Saynète, sketch. **3-** Ce que l'on voit au théâtre, les décors, les personnages. *La scène représente un salon bourgeois du XIXᵉ siècle.* **4-** *J'ai assisté à la scène entre le client et le vendeur, dans le magasin.* = Algarade, esclandre. ■ **faire une scène à quelqu'un :** = Caprice. ■ **scène de ménage :** = Dispute. ■ **mise en scène :** = Réalisation. ■ **metteur en scène :** = Réalisateur. ■ **scénario :** n.m. *Le scénario d'un film.* = Script.

sceptique : adj. *Je reste sceptique, ce que tu viens de m'annoncer me semble trop beau pour être vrai.* = Incrédule, dubitatif, perplexe, soupçonneux, incroyant. ≠ Certain, convaincu, croyant, dogmatique, sûr. ≠ Confiant, rassuré. ■ **scepticisme :** n.m. = Doute, incrédulité. ≠ Certitude, crédulité, conviction, croyance, dogmatisme, enthousiasme, foi.

sceptre : n.m. *Les rois sont souvent représentés une couronne sur la tête et un sceptre à la main.* = Bâton.

schéma : n.m.**1-** *Un schéma de montage.*= Canevas, ébauche, esquisse, projet. **2-** = Plan, diagramme. ■ **schématiser :** v. *Il schématise son montage électrique.* = Simplifier.

schisme : n.m. *En 1054, un schisme a éclaté entre le pape de Rome et le patriarche de Constantinople.* = Séparation, scission. ≠ Unification.

science : n.f. **1-** = Culture, savoir, érudition, acquis, bagage, compétence, instruction. ≠ Ignorance. **2-** *La science du sculpteur.* = Expérience, art, habilité, technique, compétence, savoir-faire. ≠ Maladresse. ■ **scientifique :** **1-** adj.= Didactique. ≠ Empirique. **2-** n. = Savant. ■ **sciemment :** adv. *Une décision prise sciemment.* = Volontairement, exprès. ■ **science-fiction :** n.f. *Jules Verne a écrit des récits de science-fiction.* = Fantastique, anticipation.

scier : v. = Couper, tronçonner. ■ **scie :** n.f. **1-** *Pour couper du bois pour la cheminée, il utilise une scie.* = Égoïne, tronçonneuse. **2-** = Rengaine, chanson. ■ **sciure :** n.f. = Résidu, débris, bran.

scinder : [de **schisme**] v. *Il a scindé ses vacances en deux.* = Séparer, diviser. ■ **scission :** n.f. *En politique, il est fréquent qu'il y ait des scissions au sein des partis.* = Division, séparation, dissidence, partage, schisme, sécession. ≠ Associer, unir.

scintiller : [de **étincelle**] v. *La nuit, les étoiles scintillent.* = Clignoter, étinceler, luire, briller. ■ **scintillant(e) :** adj. *À force de les brosser, ses cheveux sont scintillants.* = Brillant, étincelant. ■ **scintillement :** n.m. = Clignotement.

scolopendre : n.f. **1-** = Fougère. **2-** = Mille-pattes.

scoop : n.m. *Ce journaliste a recueilli des informations qui devaient rester secrètes, c'est un scoop.* = Nouvelle.

score : n.m. *Le score final de cette partie de basket a été de 78 à 72.* = Résultat, marque, décompte.

scotch : n.m. **1-** (plur. scotches) = Whisky écossais. **2-** = Adhésif. ■ **scotcher :** v. = Fixer, coller.

scout(e) : n. = Boy-scout, louveteau, éclaireur, guide, jeannette.

scribe : n.m. = Copiste.

script : n.m. **1-** = Caractère d'imprimerie. **2-** = Scénario.

scrupule : n.m. *Il a des scrupules à utiliser sa force avec les plus petits que lui.* = Mauvaise conscience, doute. ■ **scrupuleux :** adj. (f. scrupuleuse) = Consciencieux, honnête. ■ **scrupuleusement :** adv. *Elle suit scrupuleusement l'ordonnance du médecin.* = Fidèlement, exactement.

scruter : v. *Les marins scrutent l'horizon.* = Examiner, regarder.

scrutin : n.m. *Le dépouillement du scrutin permet de connaître le candidat élu.* = Vote, suffrage.

sculpter : v. *Le berger sculpte des objets dans des morceaux de bois.* = Ciseler, tailler, façonner, former, buriner. ■ **sculpture :** n.f. **1-** = Bas-relief, haut-relief, statue, statuette, figurine. **2-** Le penseur *de Rodin est une sculpture très connue.* = Pièce, œuvre.

séance : [de **seoir**] n.f. **1-** *Les séances du Parlement.* = Session, assises, débat, délibération, réunion, audience. **2-** *La séance de cinéma débute à 21 h 30.* = Projection, représentation, spectacle.

seau : n.m. = *Seau d'eau, de sable, de peinture.* = Récipient.

sec : adj. (f. sèche) **1-** *Il serait temps qu'il pleuve, les terrains sont secs.* = Aride, sec, désert, desséché, déshydraté. ≠ Mouillé, humide. **2-** *Cet homme est sec.* = Maigre, osseux, décharné. **3-** fig. *Il nous a répondu d'un ton sec.* = Dur, sévère. ≠ Chaleureux, aimable. ■ **sécheresse :** n.f. **1-** *La sécheresse d'un corps.* = Maigreur. **2-** *En période de sécheresse, il est interdit de laver les voitures.* = Aridité, chaleur, canicule. ≠ Fraîcheur, humidité, fertilité, luxuriance. **3-** fig. *La sécheresse d'un ton.* = Sévérité, froideur, dureté. ≠ Attendrissement. ■ **sèchement :** adv. = Brutalement, rudement, brusquement. ■ **sécher :** v. *Le vent chaud sèche le linge.* = Assécher, dessécher, drainer, éponger, tarir, essuyer. Arroser, détremper, humecter, imbiber, inonder, mouiller. ■ **séchage :** n.m. = ■ **séchoir :** n.m. = Sèche-cheveux, sèche-linge.

sécante : [de **sécable**] n.f. ou adj. f. *Deux droites sécantes .* = Intersection. ■ **sécateur :** n.m. *Le jardinier a taillé les rosiers avec un sécateur.* = Cisaille.

sécession : [de **céder** et **cesser**] n.f. *La guerre de Sécession aux États-Unis d'Amérique* = Séparation, dissidence, révolte, autonomie, indépendance.

second(e) : [de **suivre**] **1-** adj. = Deuxième. ≠ Premier, primitif. **2-** n.m. *Je dois m'absenter, voyez avec mon second.* = Adjoint, assistant, bras droit. ■ **seconder :** v. *L'apprenti seconde bien son patron.* = Assister, aider, épauler. ≠ Contrarier, desservir. ■ **secondaire :** adj. *Ton avis sur la question est secondaire.* = Accessoire, épisodique, marginal, mineur, subalterne. ≠ Primordial, capital, dominant, essentiel, fondamental, primaire, primitif. ■ **seconde :** n.f. = Instant, moment.

secouer : v. = Remuer, agiter, balloter, malmener, houspiller, rudoyer, mollester, cahoter. ■ **secousse :** n.f. *Les secousses d'un tremblement de terre.* = Tremblement, à-coup, ébranlement, choc, cahot, convulsion, saccade, trépidation, spasme.

secourir : v. *Les pompiers secourent les personnes en danger.* = Sauver, aider, défendre, protéger. ■ **secouriste :** n. *En cas d'accident, on appelle les secouristes de la Croix-rouge.* = Sauveteur. ■ **secourisme :** n.m. *Le massage cardiaque est une méthode enseignée au cours de secourisme.* = Sauvetage. ■ **secours :** n.m. **1-** *Nous devons attendre l'arrivée des secours.* = Aide, assistance, protection, rescousse, soutien. **2-** Les secours publics. = Charité, bienfaisance, subside, subvention, allocation, aumône.

secret : **1-** n.m. *Secret bancaire, d'alcôve, de famille.* = Confidence, dessous, énigme, mystère. ≠ Révélation. **2-** adj. (f. secrète) *Cette découverte devra être tenue secrète.* = Confidentiel, dissimulé, ignoré, inconnu, invisible, mystérieux. ≠ Connu, apparent, visible, ouvert, public. ■ **secrètement :** adv. = Clandestinement, furtivement, subrepticement. ■ **secrétaire : 1-** n. *Secrétaire de direction.* = Dactylo, employé, rédacteur. **2-** n.m. *Les secrétaires style Louis XV.* = Bureau, bahut, écritoire, scriban, bonheur-du-jour. ■ **secrétariat :** n.m. *Déposez vos papiers d'inscription au secrétariat.* = Bureau, services, administration.

sécrétion : n.f. *La bile est la sécrétion de la vésicule biliaire.* = Écoulement. ■ **sécréter :** v. **1-** *Certaines personnes sécrètent l'ennui.* = Distiller.

secte : [de **suivre**] n.f. = Groupe, cabale, clan, école, faction, société secrète. ■ **sectaire :** adj. *Il se montre sectaire.* = Intolérant, doctrinaire, inconditionnel, fanatique. ≠ Tolérant, ouvert, éclectique, libéral.

secteur : [de **section**] n.m. **1-** *La ville a été fouillée secteur par secteur.* = Territoire, zone, emplacement. **2-** *Je ne connais rien en électronique, ce n'est pas mon secteur.* = Domaine, partie, branche.

section : n.f. **1-** = Coupe, profil. **2-** *Une section scientifique.* = Division, cellule, groupe. **3-** *Une section d'autoroute.* = Portion. ■ **sectionner :** v. *Les scies électriques peuvent sectionner les doigts.* = Couper, diviser, fractionner, morceler, segmenter.

sécurité : [de **sûr**] n.f. **1** *Il se promène en toute sécurité.* = Tranquillité, confiance, sérénité, sûreté, assurance, confiance, protection. ≠ Insécurité. ■ **Sécurité sociale :** n.f. (fam. Sécu.) = Assurance maladie. ■ **sécuriser :** v. = Rassurer, apaiser. ■ **sécurisant(e) :** adj. *La présence d'un guide est sécurisante.* = Rassurant, apaisant. ≠ Angoissant.

sédatif : [de **calmer**] n.m. *Ce malade qui vient d'être opéré a besoin d'un sédatif.* = Calmant.

sédentaire : [de **seoir**] adj. ou n. = Casanier, fixe, permanent, stable, fam. pantouflard, popote, pot-au-feu. ≠ Nomade, ambulant, errant. ■ **sédentariser :** v. *On veut sédentariser les peuples tziganes.* = Fixer.

séduire : v. **1-** *L'idée d'aller en Bavière avec toi m'a séduit.* = Attirer, conquérir, appâter, plaire, convaincre, emballer. ≠ Choquer, déplaire. **2-** *Il veut la séduire.* = Corrompre, débaucher, lever, tomber, déshonorer, suborner, charmer, abuser de . ■ **séducteur :** n. (f. séductrice) = Charmeur, don Juan, lovelace, enjôleur, suborneur, tombeur, sirène, vamp. ■ **séduisant(e) :** adj.**1-** *Une personne séduisante.* = Charmant, plaisant. **2-** *C'est une idée séduisante.* = Tentant, désirable, beau, attirant. ■ **séduction :** n.f. = Charme, agrément, fascination, tentation. ≠ Répugnance.

sédiment : [de **seoir**] n.m. *Les sédiments déposés par les crues enrichissent le sol.* = Alluvion, dépôt.

segment : [de **section**] n.m. = Morceau, tronçon, portion. ■ **segmenter :** v. = Diviser, fractionner, sectionner, partager. ■ **segmentation :** n.f. = Fragmentation, division, fractionnement.

ségrégation : n.f. *Nelson Mandela a lutté de nombreuses années contre la ségrégation.* = Apartheid, discrimination, sexisme.

seiche : n.f. *Les oiseaux adorent picorer les os de seiche.* = Calmar, encornet.

seigle : n.m. *Le pain noir est fabriqué avec de la farine de seigle.* = Glui, champart, méteil.

seigneur : n.m. = Suzerain, châtelain, hobereau, prince, roi, messire, noble. ■ **seigneurial(e) :** adj. (plur. seigneuriaux) *Un droit seigneurial, un logis seigneurial.* = Princier, magnifique, noble, fief, seigneurie

sein : n.m. **1-** *Certaines femmes choisissent l'allaitement au sein.* = Poitrine, mamelle, buste, giron, gorge, fam. néné, robert. **2-** *Au sein de la famille.* = Centre, cœur, foyer, noyau.

séisme : n.m. = Tremblement de terre, bouleversement, catastrophe, cataclysme, ébranlement, secousse.

séjourner : v. *Cet été, nous avons séjourné chez des amis.* = Demeurer, habiter, rester, loger, résider. ≠ Passer. ■ **séjour :** n.m. *Notre séjour à la montagne a été reposant.* = Villégiature. ■ **salle de séjour :** = Salle à manger.

sel : n.m. fig. *Cette histoire pleine de sel est vraiment drôle.* = Piment, finesse, esprit, piquant, saveur.

sélection : n.f. *L'entraîneur a fait une sélection des meilleurs joueurs.* = Choix, assortiment, collection, tri. ■ **sélectionner :** v. *La production sélectionne les candidats pour un jeu télévisé.* = Choisir, adopter, opter pour, trier.

self-service : n.m. (plur. self-services) *La pompe à essence est un self-service.* = Libre-service, abrév. Self.

selle : n.f. *Monter un cheval avec une selle.* ≠ À cru. **3-** Au pluriel : Excréments.

selon : [de **sous** et de **long**] prép. *Elle fait les crêpes selon une recette ancestrale.* = Conformément, d'après, suivant.

semaine : n.f. = Hebdomadaire.

sémaphore : n.m. = Phare, télégraphe.

sembler : v *Il ne semble pas surpris par cette nouvelle.* = Avoir l'air, paraître, donner l'impression, passer pour, apparaître. ■ **il semble que :** *Il me semble qu'il va pleuvoir.* = À mon avis. ■ **comme bon me semble :** = Comme il me plaira. ■ **semblable : 1-** adj.et n. *Ces deux statuettes sont semblables.* = Identique, analogue, conforme, pareil, resemblant, similaire, égal. ≠ Autre, différent, dissemblable, opposé. **3-** *Ce sont nos semblables.* = Congénère, frère, prochain autrui. ■ **semblable à :** = Pareil, similaire. ■ **semblant :** n.m. *Un semblant de travail.* = Approximation, ombre, soupçon. ■ **faire semblant :** = Feindre, faire comme si, prétendre, simuler. ■ **faux-semblant :** n.m. = Hypocrisie.

semer : v. **1-** *On peut semer les graines à la volée ou en paquets.* ≠ Planter, ensemencer. **2-** *Le Petit Poucet semait des cailloux sur son chemin.* = Disséminer, jeter, joncher. **3-** fam. *Ce joueur a semé la pagaille dans son équipe.* = Répandre le désordre. **4-** *Il a semé ses poursuivants.* = Distancer. ■ **semailles :** n.f. plur. = Semis, ensemencement. ■ **semence :** n.f. **1-** *Les semences sont sélectionnées afin d'améliorer les rendements.* = Graine. **2-** = Sperme. ■ **semis :** n.m. = Plantation.

semestre : [de **six** et de **mois**] n.m. = Période. ■ **semestriel :** adj. (f. semestrielle) *Une revue semestrielle paraît tous les six mois.*

séminaire : n.m. **1-** *Un séminaire sur les dernières découvertes en génétique.* = Congrès, réunion, table ronde, colloque. **2-** = Communauté, école, pépinière. ■ **séminariste :** n.= Scolastique.

semonce : n.f. **1-** *En raison de son attitude insolente, il a reçu une semonce du maître.* = Avertissement, sommation, admonestation, remontrance, réprimande.

sempiternel : adj. (f. sempiternelle) *Arrête avec tes sempiternels conseils et laisse-nous agir à notre guise.* = Perpétuel, constant, continuel, éternel, incessant. ■ **sempiternellement :** adv. Continuellement, éternellement.

sénat : n. m. **1-** = Parlement, chambre haute. ■ **sénateur :** n. (f. sénatrice) *Les sénateurs sont élus au suffrage universel indirect.* = Parlementaire, représentant.

sénile : [de **vieux**] adj. *Des personnes séniles.* = Agé, décrépit, gâteux, impotent, usé, vieux. ≠ Enfantin, infantile, juvénile. ■ **sénilité :** n.f. = Vieillesse.

sens : n.m. *Sur les autoroutes, les automobilistes doivent rouler dans le même sens.* = Direction, orientaion, destination. ■ **sens dessus dessous : 1-** = À l'envers. **2-** fig. *Dans sa chambre, tout est sens dessus dessous.* = En désordre.

sens : [de **sentir**] n.m. **1-** *Les cinq sens.* = Ouïe, odorat, toucher, goût, vue. **2-** *Un homme de bon sens.* = Instinct, intuition, avis, jugement, raison, sagesse. ≠ Absurdité, déraison, non-sens. **3-** *Les plaisirs des sens.* = Amour, chair, jouissance, plaisir, sensualité, volupté. ■ **avoir du bon sens :** = Logique, avoir de la jugeote. ■ **en dépit du bon sens :** = De façon insensée, absurde. ■ **aller dans le sens de quelqu'un :** = Avoir la même opinion. ■ **sixième sens :** = Intuition, instinct. ■ **sensé(e) :** adj. = Raisonnable. ≠ Insensé. ■ **sensation :** n.f. *J'ai la sensation que quelqu'un me surveille.* = Impression, perception, sentiment. ■ **faire sensation :** = Se faire remarquer. ■ **sensationnel :** adj. (f. sensationnelle) *L'annonce de l'arrivée des premiers hommes sur la Lune a été sensationnelle.* = Extraordinaire, remarquable, époustouflant, étonnant, impressionnant, prodigieux, fantastique, incroyable, saisissant, surprenant, inouï, super. ■ **sensible :** adj. **1-** *Un enfant sensible.*= Émotif, fragile, intuitif, sensitif, tendre, vulnérable, romanesque. ≠ Insensible, dur, froid. **2-** *Le monde sensible.* = Apparent, clair, distinct, évident, notable, palpable, perceptible, tangible, visible. **3-** *Cette balance est très sensible.*= Précis. ■ **sensiblement :** adv. **1-** *Le prix du pain a sensiblement augmenté.* = Notablement, nettement. ≠ Insensiblement. **2-** *Il chausse sensiblement la même pointure que moi.* = Presque, à peu près. ■ **sensibiliser :** v. *Les écologistes veulent nous sensibiliser aux différentes pollutions qui menacent notre planète.* = Intéresser. ■ **sensibilité :** n.f. = Affectivité, émotivité, sensiblerie, sentimentalité. ≠ Insensibilité, froideur, dureté. ■ **sensuel :** adj. (f. sensuelle) lascif, lubrique, voluptueux, charnel, érotique, épicurien. ≠ Frigide, froid. ■ **sensualité :** n.f. = Concupiscence, lascivité, lubricité, jouissance, libertinage, plaisir, désir, chair, érotisme. ≠ Froideur.

sente : n.f. = Chemin. ■ **sentier :** n.m. *Pour aller à la plage, nous empruntons un sentier qui traverse la forêt de pins.* = Laie, layon.

sentence : n.f. **1-** *La sentence est toujours trop lourde pour l'accusé.* = Décision, jugement, arrêt, condamnation, verdict. **2-** = Adage, aphorisme, maxime, proverbe.

sentinelle : n.f. *Le camp est gardé par deux sentinelles.* = Factionnaire, guetteur, planton.

sentir : v. **1-** *J'ai senti une odeur de gaz dans la cuisine.* = Flairer, humer, renifler, percevoir. **2-** *En lui parlant, on sentait bien sa détresse.* = Se rendre compte, deviner, pressentir, discerner. **3-** *Il ne sent pas la rose.* = Embaumer, empester, empuantir, exhaler. ■ **sentiment :** n.m. *La haine, l'amour, la jalousie sont parmis le sentiments les plus forts.* = Émotion, ressenti, affection, attachement, perception, sensation, sensibilité, passion. ■ **sentimental(e) :** (plur. sentimentaux) **1-** adj. ou n. = Affectif, émotif, romantique, sensible, sensitif, tendre, amoureux, romanesque, galant. ≠ Insensible, pratique.

seoir : v. **1-** = S'asseoir. **2-** *Ta robe te sied à merveille.* = Convenir, aller. ■ **seyant(e) :** adj. *Une coiffure seyante qui met un visage en valeur.* = Adapté, avantageux.

séparer : v. **1-** *Séparer le bon grain de l'ivraie.* = Couper, détacher, dissocier, diviser, partager, rompre. **2-** *Tout les sépare.* = Éloigner, désunir, brouiller. **3-** *Les Pyrénées séparent la France de l'Espagne.* = Délimiter. ■ **se séparer :** v. pron. = Divorcer, abandonner, laisser, quitter, se replier, se retirer. ■ **séparément :** adv. = Individuellement. ■ **séparation : 1-** *La séparation de la matière grasse et du petit lait donne du beurre.* = Désunion, décollement. **2-** *La séparation fut brûtale.* = Rupture, divorce. **3-** *Une séparation entre deux pièces.* = Frontière, barrière, cloison, fossé, mur. **4-** fig. *Un paravent peut servir de séparation.* = Cloison.

sept : adj. num. = Hepta. ■ **le septième art :** = Cinéma.

septique : adj. ≠ Antiseptique, aseptique.

sépulcre : [d'**ensevelir**] n.m. *Le Saint-Sépulcre est le tombeau où fut placé le corps du Christ.* = Tombeau, caveau, tombe.

sépulture : n.f. *La découverte de très vieilles sépultures, ont permis de connaître les pratiques funéraires de nos ancêtres.* = Tombe.

séquelle : [de **suivre**] n.f. *Il n'a gardé aucune séquelle de sa chute.* = Trouble, conséquence, reste, effet, répercussion, retombée.

séquestrer : v. = Retenir, enfermer, cloîtrer, emprisonner. ■ **séquestration :** n.f. = Enfermement, emprisonnement, kidnapping.

serein(e) : adj. *Il a travaillé sérieusement, le jour de l'examen il a l'esprit serein.* = Confiant, calme, doux, modéré, pondéré, raisonnable, sage, tranquille, quiet, paisible. ≠ Anxieux, tourmenté, troublé, inquiet. ■ **sereinement :** adv. = Calmement, tranquillement. ■ **sérénité :** n.f. = Paix, tranquillité, bon sens, calme, douceur, philosophie, modération, quiétude, sagesse, raison. ≠ Anxiété, énervement, agitation, émotion.

serf : n. (f. serve) = Esclave.

sergent : [de **servir**] n.m. = Sous-officiers, agent, policier, caporal-chef.

série : n.f. **1-** *Le maître a donné à ses élèves une série de mots à apprendre.* = Suite, continuité, cortège, chapelet, cascade, énumération, liste. **2-** *Série de timbres, de casseroles.* = Jeu. ■ **en série :** = À la chaîne. ■ **série télévisée :** = Feuilleton.

sérieux : adj. (f. sérieuse) **1-** *Ce comptable est sérieux, son travail est fait régulièrement.* = Consciencieux, compétent, réfléchi, sûr, appliqué. **2-** *C'est un sérieux revers pour le Premier ministre.* = Important, inquiétant, critique, inquiétant, réel, vrai, grave. **3-** *C'est quelqu'un de trop sérieux.* = Austère, sévère, posé, solennel. ≠ Dérisoire, frivole, futile, amusant, comique, distrayant, puéril, enjoué, gai. ■ **garder son sérieux :** = ■ **sérieusement :** adv. = Consciencieusement, effectivement, vraiment.

serin : [de **sirène**] n.m. = Canari. ■ **seriner :** v. fam. *Il m'a seriné cet air toute la soirée, je n'en peux plus.* = Répéter, ressasser.

serment : n.m. *Avant d'entrer en fonction, les médecins prononcent le serment d'Hippocrate.* = Discours, vœu, promesse, engagement, parole.

sermon : n.m. **1-** = Discours, prêche, homélie, morale. **2-** = Réprobation, remontrance.

serpent : n.m. *Les vipères, les crotales sont des serpents venimeux.* = Reptile, ophidien. ■ **serpenter :** v. *Un étroit sentier serpente à flanc de colline.* = Tourner, virer, zigzaguer, sinuer. ■ **serpentin :** n.m. **1-** *À minuit, les invités se lancèrent des serpentins.* = Ruban. **2-** *Les distillateurs utilisent des serpentins en cuivre pour recueillir l'eau-de-vie.* = Tube.

serpillière : n.f. *Passer la serpillière.* = Toile à laver, panosse, wassinge.

serrer : v. **1-** *Le jeune enfant effrayé par le feu d'artifice serre la main de son père.* = Étreindre, empoigner, enlacer, étrangler, tenir, crisper, contracter. ≠ Lâcher. **2-** *Le photographe demande aux membres de la famille de se serrer.* = Resserrer. ≠ Écarter, éclaircir, espacer. **3-** *Je serre la selle de mon vélo.* = Bloquer. ≠ Desserrer, ouvrir. **4-** *Mes chaussures sont trop petites, elles me serrent les pieds.* = Presser, comprimer, gêner. ■ **serrer le cœur :** = Peiner. ■ **se serrer la ceinture :** = Se priver. ■ **se serrer :** v. pron. = Se rapprocher, se blottir, se tasser, s'agglutiner, se pelotonner, se masser. ■ **serre :** n.f. **1-** *Les géraniums fleurissent sous des serres.* = Abri. **2-** *L'aigle transporte des proies très lourdes dans ses serres.* = Griffe. ■ **serrement :** n.m. = Pincement, contraction. ■ **serrure :** n.f. *J'ai mis la clef dans la serrure.* = Fermeture, gâche, mortaise, pêne. ■ **serrurerie :** n.f. = Ferronnerie.

sérum : n.m. **1-** = Plasma. ■ **séronégatif :** adj. ou n. (f. séronégative) = Sain. ≠ Séropositif.

servage : [de **serf**] n.m. = Esclavage. ■ **servile :** = Soumis, obéissant, obséquieux, bas, rampant.

service : [de **serf**] n.m. **1-** *Service gratuit.* = Concours, aide, amitié, assistance, faveur, grâce, secours, soutien. **2-** *Le service clientèle.* = Secteur, administration, organisation, secrétariat, organisme. **3-***Un service religieux* = Cérémonie, culte, office, messe. **4-** *Un service en porcelaine de Limoges.* = Vaisselle. **5-** *Un service gagnant.* = Engagement. ■ **rendre service :** = Aider, appuyer, soutenir. ■ **service public :** *La SNCF est un service public.* = Administration. ≠ Service privé. ■ **servir :** v. **1-** *N'oublie pas de servir d'abord les invités.* = Offrir, donner, verser, distribuer. ≠ Desservir. **2-***Servir des amis.* = Aider, secourir, se dévouer, appuyer. ≠ Gêner, nuire.**3-** *Le dictionnaire sert à trouver les différents sens des mots.* = Être utile à, remplir la fonction, aider, assister, favoriser. **4-** = Engager une partie au tennis. ■ **se servir :** v. = Employer, prendre, utiliser. ■ **chevalier servant :** = Dévoué. ■ **servante :** n.f. = Bonne, soubrette. ■ **serviable :** adj. *C'est un garçon très serviable.* = Aimable, complaisant, obligeant. ≠ Égoïste. ■ **serveur :** n. (f. serveuse) *Il est serveur au café du village.* = Barmaid, garçon. ■ **serviette :** n.f. **1-** *De table, de toilette, de bain.* = Essuie-mains. **2-** = Porte-documents, attaché-case, cartable. ■ **serviteur :** n.m. *Dans les familles riches, les serviteurs portaient des livrées.* = Employé, domestique, valet, seide. ■ **servitude :** n.f. **1-** *C'est une servitude de traire les bêtes chaque jour.* = Obligation, contrainte, lien. **2-** *De nombreux peuples vivent encore dans la servitude.* = Dépendance, soumission, esclavage, subordination, asservissement. ≠ Affranchissement, liberté, émancipation.

sésame : n.m. **1-** = Halva. **2-** *Ali Baba prononça « Sésame ouvre-toi » et la porte s'ouvrit.* = Formule magique, mot de passe.

session : [de **seoir**] n.f. = Période, réunion, assise, débat, délibération, séance, séminaire.

set : n.m. **1-** *Il a gagné son match de tennis 3 sets à 2.* = Manche. **2-** *Set de table.*= Napperon.

seuil : n.m. **1-** *Le seuil de la maison.* = Entrée, pas de la porte. **2-** *Au seuil de l'hiver, les premières neiges étaient là.* = Commencement, début. **3-** *Le seuil de réussite de l'examen a été fixé à 12 sur 20.* = Limite.

seul(e) : adj. **1-** *Ce vieil homme vit seul avec son chien.* = Solitaire, délaissé, indépendant, singulier. **2-** *C'est la seule fois que nous avons vu ce spectacle.* = Unique. **3-** *J'aimerais rester seule un instant pour me reposer.* = Isolé, tranquille. ≠ Ensemble. ■ **seulement** : adv. = Uniquement, exclusivement, simplement.

sève : n.f. **1-** *La sève monte au printemps.* = Liquide nourricier, **2-** = Énergie, vie, vigueur, énergie.

sévère : adj. **1-** *Elle a des parents sévères.* = Exigeant, autoritaire, ferme, inexorable, inébranlable, rigide, strict, dur. ≠ Indulgent, débonnaire, enjoué, plaisant. **2-** *C'est une accusation sévère.* = Grave, important, sérieux. ≠ Bénin, léger. ■ **sévèrement** : adv. = Gravement, durement. ≠ Légèrement. ■ **sévérité** : n.f. = Rigueur, austérité, dureté, intransigeance, sécheresse, froideur, gravité. ≠ Douceur, indulgence.

sévir : v. *Le ministre de l'Intérieur veut sévir contre les incivilités.* = Punir, châtier, sanctionner, réprimer. ■ **sévices** : n.m. plur. *Le tribunal a condamné cet homme pour les sévices qu'il commettait sur ses enfants.* = Violences, tortures, brutalité, maltraitance.

sevrer : [de **séparer**] v. *Le chaton est sevré.* = Priver.

sexe : n.m. **1-** = Organe, pénis, verge, membre, pubis, vagin, utérus, vagin, vulve. **2-** = Mâle, femelle. **3-** *Une émission télévisée sur le sexe.* = Relation, sexualité. ■ **sexuel** : adj. (f. sexuelle) = Charnel, érotique, génital. ■ **sexualité** : n.f. = Libido. ■ **sexiste** : n. ou adj. *Cet homme ne peut supporter d'obéir à une femme dans le cadre de son travail.* = Machiste, mysogine, phalocrate. ■ **sexy** : adj. = Charmant, sensuel, érotique, affriolant.

shampoing ou **shampooing** : n.m. **1-** *Elle s'est fait un shampoing.* = Lavage. **2-** *Shampoing pour voiture, canapés.* = Produit de lavage. ■ **shampouiner** : v. = Nettoyer.

shérif : n.m. *Dans les westerns, les shérifs recherchent des desperados.* = Officier de police.

shoot : n.m. = Tir. ■ **shooter** : v. = Tirer, taper. ■ **se shooter** : v = Se droguer.

short : n.m. = Culotte courte, bermuda.

show : n.m. *Le show de cette chanteuse a fait salle comble.* = Spectacle, attraction. ■ **show-business** : n.m. = Métiers du spectacle.

si : **A-** conj. *Si tu veux, nous irons à la piscine.* = Au cas où , à supposer que, à condition de. **B-** adv. **1-** *Si, viens jouer avec nous!* = Oui. ≠ Non. **2-** *Elle est si gentille qu'on a toujours envie de lui faire plaisir.* = Tellement, aussi, tant.

siamois(e) : [de **Siam**] adj. **1-** = Jumeaux. **2-** n. ou adj. *Les chats siamois.* = Originaire du Siam.

sibyllin(e) : adj. = Mystérieux, ambigu, obscur, énigmatique.

sida : [de *Syndrome Immuno-Déficience Acquise*] n.m. *Les chercheurs espèrent trouver un vaccin pour stopper le sida.* = Virus.

sidéral(e) : adj. (plur. sidéraux) = Astral, cosmique. ■ **sidérer** : v. *Je n'aurai jamais pensé voir cela, ça me sidère.* = Étonner, suprendre, méduser, stupéfier, étourdir, abasourdir, choquer.

sidérurgie : n.f. *La sidérurgie est très présente en Alsace-Lorraine.* = Métallurgie, aciérie.

siècle : n.m. *L'année 2001 a marqué le début du vingt-et-unième siècle* = Cent ans.

siège : [de **seoir**] n.m. **1-** *Prenez un siège!* = Chaise, fauteuil, tabouret, banquette. **2-** *Le siège d'une société.* = Maison mère, direction, centre, secrétarait général. ≠ Succursale. **3-** *Dans la nouvelle assemblée trois sièges à pourvoir.* = Place, poste. **4-** *Jules César fit le siège d'Alésia.* = Blocus, encerclement, isolement. ■ **siéger** : v. *Les sénateurs siègent au palais du Luxembourg.* = Tenir séance.

sien (le) : pron. poss. (f. la sienne, plur. les siens, les siennes) ■ **mettre du sien** : fam Bonne volonté. ■ **faire des siennes** : fam. = Faire des bêtises. ■ **les siens** : n.m. plur *Elle n'est heureuse que parmi les siens.* = Famille, parents, proches, partisans.

sieste : [de **six**] n.f. *Après ce délicieux repas, je ferais bien une petite sieste.* = Repos, méridienne, sommeil.

siffler : v. **1-** *J'aime siffler des airs.* = Siffloter. **2-** *J'entends un merle siffler au fond du jardin.* = Chanter, pépier. ■ **siffler une personne** : *L'arbitre s'est fait siffler.* = Conspuer, huer, villipender. ≠ Acclamer, applaudir. ■ **sifflant(e)** : adj. *Les personnes asthmatiques ont parfois une respiration sifflante.* = Sibilant. ■ **sifflement** : n.m. = Chant, stridulation.

sigle : [de **singulier**] n.m. *Le sigle « SNCF » signifie Société Nationale des Chemins de Fer français.* = Initiales, abréviation.

signe : n.m. **1-** *Il nous a fait un signe de la main.* = Geste. **2-** *Les hirondelles sont de retour, c'est un signe que le printemps est là.* = Indice, preuve, annonce, message, prédiction, présage, signal. **3-** *Le signe < signifie est inférieur à.* = Symbole, chiffre, emblème, image, insigne. ■ **signal** : n.m. (plur. signaux) *Les Indiens d'Amérique émettaient des signaux de fumée pour communiquer.* = Signe. ■ **signaler** : v. **1-** *Il a signalé l'accident à la police.* = Alerter, avertir. **2-** *Ce virage dangereux est signalé.* = Indiquer, désigner, mentionner, montrer, souligner, dire. ■ **se signaler** : v. pron. *Elle s'est* *signalée en arrivant première au concours.* = Se distinguer, s'illustrer, se montrer, paraître. ■ **signalement :** n.m. *La victime a donné le signalement du voleur aux gendarmes.* = Description. ■ **signalisation :** n.f. *La signalisation routière.* = Balisage. ■ **signer :** v. *Signer un contrat.* = Certifier, attester, émarger, parapher. ■ **se signer :** v. pron. = Faire un signe de croix. ■ **signature :** n.f. *La signature d'un contrat n'engage que les parties intéressées.* = Émargement, endos, griffe, paraphe.

signifier : [de **signe** et de **faire**] v. *« Se mettre au vert », signifie se reposer à la campagne.* = Avoir le sens de, vouloir dire, dénoter, indiquer, annoncer. ■ **signification :** n.f. *Je cherche la signification des mots dans le dictionnaire.* = Sens. ■ **significatif :** adj. (f. significative) *Son attitude agressive est significative de son mal-être.* = Révélateur, caractéristique, incontestable, notoire, éloquent.

silence : n.m. **1-** *J'aime le silence de la nature.* = Calme, pause, repos, interruption. ≠ Bruit, tapage, vacarme. **2-** *Le silence de cet enfant m'inquiète.* = Mutisme, mystère, secret. ≠ Parole, aveu. ■ **silencieux :** adj. (f. silencieuse) = Aphone, calme, discret, placide, secret, taciturne, tranquille, feutré. ≠ Bavard, volubile, bruyant, sonore. ■ **silencieusement :** adv. = À pas feutrés. ≠ Bruyamment.

silex : n.m. *En frottant des silex, les hommes préhistoriques parvenaient à allumer du feu.* = Pierre.

silhouette : n.f. *Les ombres des objets représentent leurs silhouettes.* = Forme, ligne, allure, profil, aspect, ombre, contour.

sillon : n.m. *Le paysan creuse un sillon dans le champ.* = Rainure, ride. ■ **sillonner :** v. **1-** = Labourer. **2-** = Parcourir, traverser, écumer. ■ **sillage :** n.m. *Le sillage de l'avion.* = Trace.

silo : n.m. *Des silos pour stocker le blé.* = Réservoir.

simagrées : n.f. plur. *Arrête tes simagrées !* = Manières, chichi, façon, grimaces, minauderie.

similaire : adj. *Les couteaux, les cutters et tous les objets similaires sont interdits dans l'avion.* = Équivalent, analogue, conforme, équivalent, pareil, identique, semblable, tel. ■ **similitude :** n.f. *On trouve des similitudes physiques entre les membres d'une même famille.* = Ressemblance, équivalence, parenté, analogie. ≠ Différence, dissimilitude.

simple : adj. **1-** *C'est simple comme bonjour.* = Facile, évident, primaire. ≠ Compliqué. **2-** *Malgré sa fortune il est resté simple.* = Modeste, naturel, humble. ≠ Vaniteux, affecté, orgueilleux. **3-** *Un repas simple.* = Ordinaire, classique, facile, sans façon, fam. à la bonne franquette. ≠ Luxueux, raffiné, complexe, compliqué, composé. **4-** *Un décor simple.* = Classique, dépouillé, sommaire, élémentaire, uni. ≠ Apprêté, étudié, recherché, sophistiqué. **5-** *Une personne simple.* = Crédule, naïf, niais, simplet. ≠ Fin, rusé. ■ **simplement :** adv. = Naturellement, franchement, ouvertement, sans ambage, sans cérémonie. ■ **simplet :** adj. (f. simplette) = Idiot, naïf, niais. ■ **simpliste :** adj. *Un argument simpliste.* = Réducteur, primaire, schématique, scolaire. ≠ Profond. ■ **simplicité :** n.f. *Il nous a reçus en toute simplicité.* = Modestie, candeur, ingénuité, harmonie, naïveté, innocence. ≠ Difficulté, complexité, complication, raffinement, prétention. ■ **simplifier :** v. *Vous ne me simplifiez pas la tâche.* = Réduire, faciliter, abréger, raccourcir, résumer, schématiser.

simuler : [de **similaire**] v. *Au football, certains joueurs simulent une faute pour obtenir un coup franc.* = Faire semblant, tromper, jouer, parodier, singer, feindre. ≠ Éprouver. ■ **simulacre :** n.m. *Un simulacre de procès.* = Truquage, illusion, parodie, tromperie. ■ **simulation :** n.f. **1-** = Comédie, feinte, faux-semblant, trompe-l'œil. **2-** *Les techniciens font des simulations d'accident.* = Test, modèle.

simultané(e) : adj. *Les attentats ont été simultanés.* = Synchrone, concordant. ■ **simultanément :** adv. = Ensemble, à l'unisson, en même temps.

sincère : adj. *Soyez sincère, dites-moi ce que vous pensez de mon discours.* = Franc, droit, fidèle, authentique, loyal, vrai, honnête. ≠ Hypocrite. ■ **sincèrement :** adv. = Franchement, loyalement, carrément. ■ **sincérité :** n.f. = Honnêteté, franchise, spontanéité.

sinécure : n.f. = Facilité fam. fromage, planque.

singe : n.m. *Le gorille et le chimpanzé sont les singes les plus connus.* = Primate. ■ **faire le singe :** = Grimacer, singer, imiter. ■ **on n'apprend pas à un vieux singe à faire la grimace :** = On ne peut pas tromper ceux qui ont l'expérience. ■ **singerie :** n.f. = Geste, grimace.

singulier : **1-** adj ou n.m. = Seul. ≠ Pluriel. **2-** adj. (f. singulière) *Une idée singulière.* = Original, atypique, curieux, étonnant, pittoresque, particulier, rare, étrange, insolite, extraordinaire. ≠ Banal, commun, général, ordinaire, normal, fréquent, régulier. ■ **singulièrement :** adv. Étrangement, particulièrement, curieusement. ■ **singularité :** n.f. *La singularité d'un projet.* = Particularité, excentricité, bizarrerie, originalité. ≠ Pluralité, banalité. ■ **se singulariser :** v. pron. *Il faut toujours qu'il se singularise !* = Se distinguer, se faire remarquer. ≠ Calquer, imiter.

sinistre : **1-** adj. *Une rue sinistre, une voix, un château.* = Effrayant, lugubre, angoissant, funeste, inquiétant, oppressant, mauvais. **2-** n. ou adj. *Deux personnes ont été blessées lors du sinistre.* =

Catastrophe, dégâts, dommage, préjudice, ravage, inondation, perte, incendie. ■ **sinistré(e) :** n. ou adj. = Dévasté, sans-abri.

sinon : [de **si** et de **non**] conj. **1-** *Il ne fait rien sinon embêter les autres.* = Sauf, excepté, si ce n'est. **2-** *Mange tes courgettes sinon tu n'auras pas de dessert.* = Autrement, sans cela, ou bien.

sinueux : adj. (f. sinueuse) *La Seine est un fleuve au tracé sinueux.* = Tortueux, courbe, ondoyant, tourmenté. ≠ Rectiligne, direct, droit. ■ **sinuosité :** n.f. *À marée basse, les crabes se cachent dans les sinuosités des rochers.* = Courbe, anfractuosité, détour, ondulation, méandre.

siphon : n.m. = Tuyau d'évacuation. ■ **siphoner :** v. = transvaser.

sire : [de **seigneur**] n.m. **1-** *Sire Godefroy est parti à la chasse au faucon.* = Seigneur. **2-** *Sire, votre cheval est prêt.* = Majesté.

sirène : n.f. *La sirène des pompiers indique qu'il faut leur laisser la priorité.* = Klaxon.

sirocco : n.m. = Vent.

sirop : n.m. **1-** *Pour parfumer et humecter son gâteau, elle a fait un sirop.* = Mélange, jus. **2-** *Sirop de menthe, de grenadine.* = Concentré. **3-** *Le médecin m'a prescrit du sirop pour calmer ma toux.* = Médicament. ■ **siroter :** v. *Aux terrasses des cafés, les touristes sirotent des jus de fruits.* = Boire, déguster. ■ **sirupeux :** adj. *Les liqueurs sont des boissons sirupeuses.* = Épais, doucereux, pâteux, visqueux, collant.

sismique : [de **séisme**] adj. *Les ondes sismiques.* = Tellurique.

site : n.m. **1-** *Les touristes aiment visiter les sites pittoresques.* = Paysage, panorama. **2-** *Les architectes se sont rendus sur le site pour étudier leur projet.* = Endroit, zone, emplacement, position, lieu. ■ **situer :** v. *Strasbourg se situe au nord-est de la France.* = Mettre, placer, disposer, fixer, localiser. ■ **situation :** n.f. **1-** *Les pilotes indiquent leur situation à la tour de contrôle.* = Endroit, lieu, place, position. **2-** *Le choix de la situation pour construire un bâtiment.* = Emplacement. **3-** *Je vais vous expliquer la situation qui a entraîné l'accident.* = Circonstance. **4-** *Il s'est mis dans une mauvaise situation.* = État. **5-** *Il a une bonne situation.* = Position, place, emploi, fonction, poste.

Skaï : n.m. *Un canapé en Skaï.* = Similicuir, synthétique.

skateboard : n.m. = Planche à roulettes.

sketch : n.m. *Son sketch nous a fait hurler de rire.* = Saynète.

ski : n.m. **1-** = Lattes, planche. **2-** *Le ski alpin et le ski de fond attirent chaque hiver de nombreux touristes.* = Glisse. ■ **skier :** v. = Glisser.

skipper : n.m. *Le travail des skippers est capital lors des régates.* = Barreur.

slalom : n.m. *Les skieurs de compétition rêvent de remporter le slalom géant.* = Virage, zigzag. ■ **slalomer :** v. = Virer, zigzaguer.

slip : n.m. *Les hommes préfèrent parfois porter des caleçons plutôt que des slips.* = Culotte.

slogan : n.m. *Pendant la grève, les manifestants scandent leurs slogans avec des haut-parleurs.* = Message, devise, formule, mot d'ordre.

smash : n.m. = Coup violent au tennis.

smoking : n.m. *Dans certaines réceptions, le smoking est exigé.* = Costume.

snack-bar : n.m. *Pour ne pas perdre de temps, nous irons manger au snack-bar.* = Bar, café.

snob : n. ou adj. *Il est tellement snob qu'il skie dans le désert.* = Hautain, affecté, précieux, raffiné, mondain, sophistiqué, prétentieux. ≠ Simple. ■ **snobisme :** n.m. = Prétention. ■ **snober :** v. = Mépriser, dédaigner, dénigrer.

snowboard : n.m. = Planche, surf des neiges.

sobre : adj. **1-** *Il mène une vie sobre, ni tabac, ni alcool, ni nuit blanche.* = Modéré, pondéré, frugal, austère. ≠ Goinfre, intempérant, ivrogne, agité, excessif. **2-** *Pour la cérémonie du 11 Novembre, les gens portent des tenues sobres.* = Simple, dépouillé, sommaire, classique. ≠ Extravagant, orné, surchargé, excentrique, tapageur, luxueux. ■ **sobriété :** n.f. = Simplicité, rigueur, austérité, frugalité. ≠ Gloutonnerie, intempérance, excès, ivrognerie, excentricité.

sobriquet : n.m. *Mon chat a un pelage roux, je lui donne le sobriquet de « Poil-de-carotte ».* = Surnom.

soc : n.m. = Herse.

société : n.f. **1-** *La société française. La société de consommation.* = Civilisation, collectivité, communauté, peuplade, tribu. **2-** *Cette société est installée dans la région parisienne.* = Entreprise, compagnie, affaire, association, club, parti, syndicat. ■ **sociétaire :** n. ou adj. *Les sociétaires de la Comédie-Française sont des comédiens.* = Membre. ■ **social(e) :** adj. (f. sociaux) *Des pratiques sociales.* = Sociable. ≠ Antisocial, individuel. ■ **socialisme :** n. *Le socialisme prônent le progrès social.* = Collectivisme, progressisme. ■ **sociable :** adj. **-** *Mon voisin n'est guère sociable.* = Poli, courtois, aimable, accommodant, civil, liant, ouvert.

socle : n.m. *Le socle de la statuette est en pierre.* = Base, pied, piédestal, soubassement, acrotère.

socquette : n.f. = Chaussette.

soda : [de **soude**] n.m. = Limonade, tonic.

sœur : n.f. *Il a trois sœurs.* = Religieuse, nonne.

sofa : n.m. *Je vais m'allonger sur le sofa.* = Divan, canapé.

soi : ≠ Autrui. ■ **soi-disant :** adv. inv. *Ce médecin est soi-disant capable de guérir ce type de maladie.* = Prétendu, présumé, apparent.

soif : n.f. **1-** *Après leur longue chevauchée, cavaliers et chevaux eurent soif.* = Potomanie, dipsomanie, altération, pépie. **2-** *Une soif d'apprendre.* = Appétit, besoin, avidité, impatience, volonté, convoitise, recherche, envie. ■ **avoir soif de :** *Elle a soif de travail.* = Désirer.

soigner : v. **1-** *Cet établissement soigne les malades dépressifs.* = Guérir, traiter. ≠ Maltraiter. **2-** *Je vais soigner ta blessure au genou.* = Panser. **3-** *Ils aiment bien soigner leurs plantes.* = S'occuper, choyer, nourrir, cultiver, entretenir. fam. Bichonner. **4-** *Il soigne son travail.* = Bien présenter, s'appliquer. ≠ Négliger, bâcler. ■ **soigné(e) :** adj. **1-** = Net, propre, élégant, tiré à quatre épingles. **2-** = Appliqué, consciencieux, minutieux. ■ **soignant(e) :** n. ou adj. ■ **soignant(e) :** n. ou adj. *Le personnel soignant d'un hôpital.* = Aide, médical. ■ **soigneux :** adj. (f. soigneuse) Précautionneux, appliqué, méticuleux, minutieux, ordonné, scrupuleux. ≠ Désordonné, négligent, sale, indifférent, sommaire. ■ **soigneusement :** adv. = Précautionneusement. ■ **soigneur :** n. (f. soigneuse) *Le soigneur des cyclistes, des chevaux.* = Docteur, masseur, vétérinaire. ■ **soin :** n.m. **1-** *Le professeur félicite l'élève pour le soin qu'il apporte à ses devoirs.* = Propreté, attention, sollicitude, minutie, soucis. **2-** plur. *Les pompiers ont apporté les premiers soins aux blessés.* = Égards, hygiène, traitement, prévenance, ménagement. ■ **être aux petits soins pour quelqu'un :** = Dorloter, choyer.

soir : n.m. *Qu'il est doux de songer assis au bord du soir.* = Veillée, soirée, crépuscule. ≠ Matin. ■ **soirée :** n.f. **1-** ≠ Matinée. **2-** *Elle est invitée à une soirée karaoké.* = Fête, réception, spectacle. **3-** *La pièce de théâtre ne se joue qu'en soirée.* = Événement nocturne. ≠ Matinée.

soja : n.m. *Une salade, du lait de soja.* = Tofu.

sol : n.m. *Terres agricoles .* = Surface, terre.

soldat(e) : n. *Les soldats de l'ONU sont appelés « Casques bleus ».* = Militaire, guerrier, mercenaire, reître, combattant. ■ **solde :** n.f. *Les soldats attendent la fin du mois pour toucher leur solde.* = Paye, salaire, indemnité, rétribution. ■ **être à la solde de quelqu'un :** = Obéir.

solder : v. **1-** *Solder un compte.* = Fermer, acquitter, payer, liquider. **2-** *Solder des produits.* = Brader, écouler, sacrifier, vendre. ■ **soldes :** n.f. plur. *La période des soldes.* = Baisse des prix, fin de série, liquidation, rabais.

soleil : n.m. ≠ Ombre. ■ **coup de soleil :** = Insolation, brûlure. ■ **empire du Soleil Levant :** = Japon.

solennel : adj. (f. solennelle) *Lors de sa prise de fonction, le président de la République fait un discours solennel.* = Officiel, grandiose, important, impressionnant, pompeux, sérieux, pontifiant, sentencieux, emphatique. ≠ Intime, privé, familier. ■ **solennellement :** adv. Officiellement, gravement.

solidaire : [de **solide**] adj. **1-** *Dans une grève, les travailleurs sont solidaires.* = Uni, engagé. ≠ Indifférent, opposé. **2-** *Dans un engrenage, les roues dentées sont solidaires les unes des autres.* = Interdépendant, lié, joint. ≠ Indépendant. ■ **solidarité :** n.f. *Lors de grandes catastrophes, la solidarité s'organise.* = Entraide, association, fraternité, camaraderie, coopération. ≠ Indépendance, individualisme.

solide : **A-** adj. **1-** *Le pont ne semble pas solide.* = Robuste, résistant, incassable. ≠ Fragile, labile. **2-** *Une constitution solide.* = Vigoureux, musclé, athlétique, vaillant, vigoureux. ≠ Maladif, fragile. **3-** *Un état de la matière.* = Corps, matière. ≠ Liquide, gaz. **4-** *Une amitié solide.* = Sérieux. ≠ Chimérique, creux, frivole, incertain, instable, précaire. **B-** n.m. *La sphère, le cube, la pyramide sont des solides.* = Polyèdre, objet. ■ **solidement :** adv. = Fermement. ■ **solidification :** n.f. = ■ **solidifier :** v. *Les ingénieurs ont solidifié les digues.* = Renforcer. ■ **se solidifier :** v. pron. *La pâte à modeler se solidifie au froid.* = Durcir, coaguler, congeler, figer. ≠ Fluidifier, fondre, gazéifier, liquéfier, vaporiser. ■ **solidité :** n.f. **1-** = Résistance, consistance, stabilité, fermeté, robustesse. **2-** = Courage, assurance, caractère, vigueur, sérieux. ≠ Vulnérabilité, faiblesse, fragilité.

solitaire : [de **seul**] **A-** n. **1-** *Certains marins ont traversé les océans en solitaire.* = Anachorète, ascète, ermite, misanthrope. ≠ Mondain, sociable. **2-** = Diamant. **B-** adj. **1-** *Un homme solitaire.* = Délaissé, esseulé, isolé, seul, singulier, unique. **2-** *Un endroit solitaire.* = Abandonné, désert, désolé, lointain, sauvage, vide. ≠ Fréquenté. ■ **solitude :** n.f. *La solitude de certains lieux inspire le poète.* = Isolement, retraite, claustration, quarantaine, retraite, tranquillité. ≠ Compagnie, société.

solive : n.f. *Nous laisserons les solives apparentes dans la salle à manger.* = Poutre.

solliciter : v. **1-** *Toutes les familles ont été sollicitées pour préparer la fête scolaire.* = Convier, inciter, inviter. **2-** *Il a sollicité une entrevue avec le directeur.* = Désirer, supplier, requérir, tenter, postuler, mendier, revendiquer, demander, adresser une requête. ≠ Obtenir. ■ **sollicitude :** n.f. = Égards, intérêt, soin, attention, ménagement, précaution, prévenance, scrupule, souci. ■ **sollicitation :** n.f. *Le maire reçoit de nombreuses sollicitations de ses administrés.* = Requête, demande.

solo : n.m. *Le solo à la flûte, au piano ou au violon.* ≠ Chœur.

solution : n.f. **1-** *Trouver une solution.* = Remède, moyen, aboutissement, épilogue, fin, issue, résultat, clef. **2-** = Liquide. ■ **soluble :** adj. ≠ Insoluble. ■ **être solvable :** adj. = Pouvoir payer. ≠ Insolvable.

sombre : [d'**ombre**] adj. **1-** *Allume la lumière, il fait sombre.* = Obscur, noir. ≠ Lumineux. **2-** *Le ciel est sombre, il va pleuvoir.* = Gris, couvert, foncé, sinistre, ténébreux. ≠ Clair, éclatant, éblouissant, illuminé. **3-** *Un visage sombre.* = Triste, inquiétant, amer, chagrin, morose, mélancolique, renfrogné, pessimiste. ≠ Gai, enjoué, jovial, joyeux. ■ **sombrement :** adv. = Tristement.

sombrer : v. **1-** *Le Titanic a sombré.* = Couler, chavirer, s'engloutir, s'enfoncer, faire naufrage. **2-** *Sombrer dans l'alcoolisme.* = S'abandonner, s'adonner à, succomber, , s'enfoncer dans.

sommaire : [de **somme**] **A-** adj. *Un exposé sommaire.* = Bref, insuffisant, simple, superficiel, concis, lapidaire, succinct, simplifié, court. ≠ Minutieux, détaillé, long, complexe, riche. **B-** n.m. = Liste, abrégé, abréviation, aperçu, extrait, résumé. ■ **sommairement :** adv. *Je vous raconte sommairement la situation.* = Partiellement, brièvement, succinctement, rapidement. ≠ En détail.

somme : n.f. *Quelle somme vous dois-je ?* = Total, addition, ensemble, montant, quantité. ■ **sommer :** v. *Je vous somme de me rendre mon argent.* = Ordonner, assigner, enjoindre, menacer, signifier, exiger. ■ **sommation :** n.f. *Les sentinelles ont reçu l'ordre de ne tirer qu'après avoir fait des sommations.* = Avertissement, commandement, demande.

somme : n.f. = Fardeau, charge. ■ **sommelier :** n. (f. sommelière) *Le sommelier nous a conseillé un Pomerol 1986.* = Œnologue.

sommeil : n.m. *Le sommeil est essentiel aux organismes pour maintenir une bonne santé.* = Assoupissement, léthargie, repos, sieste, torpeur, fam. roupillon. ≠ Éveil, réveil, vigilance, activité. ■ **somme :** n.m. *Il fait toujours un petit somme après le repas.* = Sieste, repos, somnolence. ■ **sommeiller :** v. *Pendant l'hiver, la nature sommeille.* = Dormir, s'assoupir, se reposer, somnoler.

sommet : [de **somme**] n.m. **1-** *Nous sommes montés au sommet de la montagne.* = Cime, faîte, crête. ≠ Bas, base, pied.**1-** *Au sommet d'une carrière.* = Apogée, summum, zénith. ■ **sommité :** n.f. *Des sommités se réunissent en congrès.* = Personnalité, lumière.

somnambulisme : [de **sommeil**] n. = Hypnose. ■ **somnifère :** n.m. *Il ne faut pas abuser des somnifères.* = Soporifique, calmant, hypnotique, narcotique. ■ **somnolence :** n.f. = Assoupissement, sieste, torpeur, sommeil, léthargie. ≠ Vigilance. ■ **somnoler :** v. *Chaque soir, il somnole devant la télévision.* = Dormir, sommeiller. ■ **somnolent(e) :** adj. = Assoupi, inactif, mou.

somptueux : adj. (f. somptueuse) *J'ai rarement vu une propriété aussi somptueuse.* = Splendide, éclatant, fastueux, opulent, riche, majestueux, superbe, luxueux, fastueux, princier. ≠ Pauvre, simple, frugal.

son : n.m. *Le bruit est un ensemble de sons qui déplaisent ou qui gênent.* = Accord, bruit, intonation, timbre, musique, tonalité, modulation, sonorité. ■ **sonore :** adj. *Son rire sonore s'entendit dans toute la salle.* = Retentissant, fort, vibrant, éclatant, tonitruant, bruyant. ≠ Sourd. ■ **sonoriser :** v. *Le technicien sonorise la scène du film.* = ■ **sonorisation :** n.f. **1-** = Fait de sonoriser. **2-** = Matériel. fam. Sono. ■ **sonorité :** n.f. *Les enceintes ont une bonne sonorité.* = Résonance, timbre, ampleur, harmonie. ■ **sonner :** v. *Les cloches sonnent à la sortie de la messe.* = Bourdonner, retentir, tintinnabuler, carillonner, resonner, tinter. ■ **sonnerie :** n.f. = Sonnette.

son : [de **sien**] adj. poss. *Son chapeau.* = Le sien.

son : n.m. *Du pain de son.* = Issue, mouture. ■ **tache de son :** = Tache de rousseur, éphélide.

sonar : n.m. = Radar, asdic.

sonde : n.f. **1-** *Une sonde de forage.* = Tarière, trépan. **2-** *Une sonde qui descend dans l'estomac.* = Tube, cathéter. ■ **sonder :** v. **1-** = Mesurer, prospecter, ausculter. **2-** *Régulièrement, on sonde les gens pour déterminer la cote de popularité des hommes politiques.* = Questionner, interroger, confesser. ■ **sondage :** n.m. = Étude, consultation, enquête, référendum.

songe : [de **sommeil**] n.m. = Rêve, chimère, illusion, mirage, utopie, vision. ≠ Réalité. ■ **songer :** v. *Il songe à son enfance et à son avenir.* = Penser, rêver, imaginer, méditer, envisager, projeter. ≠ Omettre, oublier.

sophistiqué(e) : [de **sophisme**] adj. **1-** *Je préfère la compagnie de gens simples à celle des gens* *sophistiqués.* = Précieux, artificiel, étudié, affecté, délicat, élégant, snob, précieux, recherché. ≠ Naturel, simple. **2-** *Ce lecteur de DVD est trop sophistiqué.* = Complexe. ≠ Simple.

soporifique : adj. ou n.m. **1-** = Somnifère. **2-** *Un discours soporifique.* = Ennuyeux.

sorbet : n.m. *Les sorbets sont préférés aux autres glaces pour leur légèreté en calories.* = Glace, granité.

sorcier : [de **sort**] n. (f. sorcière) **1-** *Les Indiens d'Amérique avaient des sorciers dont la magie pouvait guérir les malades.* = Envoûteur, chaman, magicien, devin, guérisseur. **2-** *La sorcière des contes pour enfants.* = Démon. ≠ Fée, génie. ■ **ce n'est pas sorcier :** = C'est facile. ■ **sorcellerie :** n.f. = Magie.

sordide : adj. **1-** *Les taudis sont des maisons sordides.* = Sale. ≠ Propre. **2-** *Les policiers ont découvert un crime sordide.* = Ignoble, répugnant, abject, indigne, infâme, méprisable, répugnant, vil. ≠ Désintéressé, généreux, noble.

sornette : n.f. (souvent plur.) *Tu es en train de nous raconter des sornettes.* = Bobard, baliverne, calembredaine, faribole, fadaise.

sort : n.m. **1-** *Le sort de cette femme dépendra de la clémence des juges.* = Situation, avenir, destin, fatalité, hasard, providence, existence. **2-** *Dans les contes, les sorcières jettent des sorts aux héros.* = Sortilège, enchantement, magie, sortilège, maléfice.

sortant(e) : [de **sortir!**] n. ou adj. *Le numéro sortant*. = Gagnant.

sorte : n.f. *Il y a toutes sortes de plantes dans ce jardin.* = Variété, catégorie, classe, division, espèce, forme, nature. ■ **en quelque sorte :** D'une certaine façon, approximativement. ■ **faire en sorte que :** = Mettre en œuvre.

sortilège : n. m. *La sorcière a lancé un sortilège sur le prince qui s'est transformé en crapaud.* = Charme, enchantement, maléfice, sortilège, sort.

sortir : v. **1-** = Partir, se retirer, apparaître, émerger, jaillir, percer, quitter, s'écclipser, s'esquiver. ≠ Entrer, rentrer, enfoncer, enfouir, introduire, enfermer. **2-** *Elle demande la permission de sortir avec des amis.* = Aller en ville, au spectacle, se divertir. **3-** = Éditer, lancer, publier. ■ **sortie :** n.f. **1-** *Faire une sortie .* = Escapade, balade, promenade, tour. **2-** *Sortie de secours.* = Issue, porte, évacuation. ≠ Accès, entrée. **3-** *Sortie d'un livre.* = Édition, lancement, publication. **4-** *Il nous a fait une de ces sorties!* = Algarade, querelle, reproche, scène.

sot : adj. ou n. (f. sotte) **1-** *Qu'il est sot !* = Idiot, bête, borné, niais, ignorant, impertinent, imbécile. ≠ Fin, habile, intelligent, spirituel, brillant, éveillé. **2-** *Ce que tu as fait est complètement sot.* = Insensé, stupide, absurde. ≠ Sensé, réfléchi, ingénieux, subtil. ■ **sottement :** adv. Bêtement, stupidement, étourdiment. ■ **sottise :** n.f. = Bêtise, idiotie, imbécilité, incapacité, incompréhension, inconséquence, niaiserie, suffisance. ≠ Finesse, intelligence, prouesse.

sou : n.m. **1-** plur. *Compter ses sous.* = Argent. **2-** *Au début du XXe siècle, un sou valait le vingtième de l'ancien franc.* = Pièce.

soubassement : [de **sous** et **bas**] n.m. *Les maçons ont achevé le soubassement de la maison.* = Fondations, base, assiette, assise, piédestal, podium, stylobate.

soubresaut : [de **saut**] n.m. *Les soubresauts des chevaux font peur aux jeunes cavaliers.* = Sursaut, saccade, trépidation, à-coup, spasme, convulsion, tressautement.

souche : n.f. **1-** *Les souches sont difficiles à arracher en raison des racines profondes.* = Bûche, cep. **2-** *L'homme et le singe viendraient d'une même souche.* = Origine, lignée. **3-** *Un carnet à souche.* = Talon.

souci : n.m. *Il a de gros soucis.* = Inquiétude, angoisse, contrariété, crainte, tracas, préoccupation, désagrément, difficulté. ≠ Agrément, joie, plaisir. ■ **se faire du souci :** *Je me fais du souci pour lui.* = S'inquiéter. ■ **se soucier :** v. pron. = S'inquiéter, se préoccuper, se tourmenter. ■ **soucieux :** adj. (f. soucieuse) = Inquiet, pensif, songeur, attentif à, contrarié, tracassé, préoccupé. ≠ Décontracté.

soucoupe : [de **coupe**] n.f. **1-** *Sors les tasses et les soucoupes, nous allons prendre un thé.* = Sous-tasse. **2-** *Des soucoupes volantes.* = Vaisseau spatial, Objet Volant Non Identifié (OVNI).

soudain(e) : adv. ou adj. *Soudain, on entendit un cri ; Une pluie soudaine s'abattit.* = Tout à coup, brusque, fulgurant, prompt, rapide, subit, foudroyant, imprévu, à brule-pourpoint, instantané. ≠ Lent, prévu, graduel, progressif. ■ **soudainement :** adv. Brusquement. ≠ Lentement, progressivement.

souder : [de **solide**] v. = Fixer, affermir, cimenter, sceller, unir. ≠ Diviser, rompre, séparer, dessouder. ■ **soudure :** n.f. = Assemblage, soudage.

soudoyer : v. *Un honnête homme ne se laisse jamais soudoyer.* = Corrompre, payer, stipendier, acheter.

souffler : v. **1-** *L'air chaud que l'on souffle sur une vitre froide se transforme en buée.* = Expirer, haleter, respirer, exhaler. ≠ Inspirer. **2-** *Il lui a soufflé sa place. = Dérober, enlever, voler.* **4-** *Les ventilateurs soufflent de l'air pour nous rafraîchir.* = Ventiler. **5-** *Nous avons marché assez longtemps, nous pourrions souffler un peu.* = Se reposer. **5-** *Il va lui en souffler un mot.* = Murmurer, suggérer, inspirer, insinuer. ■ **souffle :** n.m. **1-** *Le souffle du vent.* = Bouffée, courant, vent. **2-** = Expiration, haleine. ■ **soufflerie :** n.f. = ■ **soufflet :** n.m. = Gifle, affront, outrage, camouflet. ■ **souffleter :** v. = Gifler.

souffrir : v. **1-** *Je souffre d'un terrible mal de dents.* = Endurer, supporter, éprouver, sentir, subir, affliger, martyriser, torturer, tourmenter. ≠ Jouir, bénéficier. **2-** *Les orangers souffrent du froid.* = Pâtir. ■ **souffreteux :** adj. (f. souffreteuse) = Maladif, égrotant, malingre. ■ **souffrant(e) :** adj. *Si tu es souffrant, reste au lit.* = Malade, fatigué, fiévreux, indisposé. ■ **souffrance :** n.f. = Douleur, chagrin, désolation, blessure, mal, malheur, tristesse, difficulté, tourment. ■ **souffre-douleur :** n.m. inv. *C'est le souffre-douleur de la classe.* = Victime, martyr.

soufre : n.m. = Couleur jaune.

souhaiter : v. *Nous souhaitons qu'il soit qualifié pour la finale.* = Désirer, convoiter, espérer, vouloir, aspirer à. ≠ craindre, regretter. ■ **souhait :** n.m. *Aladdin a droit à trois souhaits.* = Désir, demande, attente, aspiration, vœu, caprice. ≠ Crainte. ■ **souhaitable :** adj. = Enviable, désirable.

souiller : v **1-** *Le pétrole échappé du pétrolier a souillé les plages avoisinantes.* = Salir, tacher, contaminer, polluer, infecter. ≠ Blanchir, laver, purifier, régénérer. **2-** *Salir son image.* = Avilir, entacher. ■ **souillé(e) :** adj. = Sali, pollué. ■ **souillon :** n. péjor. *Cendrillon est traitée de souillon par ses sœurs.* = Sale, négligé.

souk : n.m. **1-** *Les souks sont très appréciés des touristes pour leur caractère pittoresque.* = Marché, magasin, bazar. **2-** fam. = Désordre.

soûl(e) ou saoul(e) : adj. *Cet homme qui titube doit être soûl.* = Ivre, gai, gris, parti. ■ **soûler :** v. = Enivrer, noircir, griser, étourdir.

soulager : v. **1-** *Les bains de mer sont efficaces pour soulager les douleurs articulaires.* = Apaiser, adoucir, calmer, diminuer, faire du bien, secourir. ≠ Aggraver. **2-** *Soulager la mule de son fardeau.* = Alléger, décharger, délester. ≠ Accabler, gêner. ■ **soulagement :** n.m. = Apaisement, amélioration, consolation, secours, soutien, détente, aide, allègement. ≠ Aggravation, accablement.

soulever : [de **sous** et **lever**] v. **1-** *Le vent a soulevé ma robe !* = Dresser, hausser, hisser, monter, redresser, lever. ≠ Abaisser, affaisser. **2-** *Il soulève un problème.* = Ameuter, agiter, exciter, déclencher, entraîner, provoquer. ■ **soulèvement :** n.m. fig. *Le soulèvement des Parisiens en 1789 a donné lieu à une révolution.* = Révolte, insurrection, émeute, rébellion, mutinerie. ≠ Affaissement.

soulier : n.m. = Chaussure, brodequin, richelieu, fam. croquenot, godasse.

souligner : [de **ligne**] v. *On a souligné l'importance d'un peintre dans l'art contemporain.* = Insister, accentuer, appuyer, préciser, signaler.

soumettre : [de **mettre**] v. **1-** *Maintenant que nous avons perdu cette guerre, il faudra nous soumettre ou partir.* = Contraindre, accabler, asservir, assujettir, astreindre, conquérir, dompter, enchaîner, vaincre. ≠ Délivrer, exempter. **2-** *Avant de prendre une décision, nous vous soumettrons notre projet.* = Proposer, exposer, présenter, avancer, offrir. ■ **se soumettre :** v. pron. *Les gorilles se soumettent au mâle dominant.* = Accepter, abandonner, reconnaître, se résigner, céder, se livrer. ■ **soumis(e) :** adj. = Docile, obéissant, discipliné, résigné, souple, fidèle. ≠ Insoumis, indocile. ■ **soumission :** n.f. Obéissance, docilité, allégeance, résignation, dépendance. ≠ Commandement, désobéissance, insoumission, résistance.

soupape : n.f. *Les soupapes de sécurité permettent d'éviter des accidents dus à de trop fortes pressions.* = Clapet, valve.

soupçon : [de **suspicion**] n.m. *De gros soupçons pèsent contre lui.* = Crainte, méfiance, défiance, suspicion, doute. ≠ Certitude. ■ **au-dessus de tout soupçon :** = Insoupçonnable. ■ **un soupçon de :** = Un petit peu. ■ **soupçonner :** v. *Les médecins soupçonnent un début d'épidémie dans la région.* = Suspecter, se méfier, se douter, se défier. ■ **soupçonneux :** adj. (f. soupçonneuse) adj. = Méfiant, dubitatif, perplexe, incrédule, sceptique, jaloux, suspicieux, inquisiteur. ≠ Crédule.

soupe : n.f. *Les restaurants de bord de mer proposent souvent des soupes de poissons.* = Potage, bortsch, minestrone, panade, tourin, garbure, gaspacho. ■ **souper :** n.m. et v. *Un souper sera servi après le gala.* = Médianoche, réveillon, dîner.

soupente : [de **suspendre**] n.f. = Réduit.

soupeser : [de **peser**] v. *Au marché, les clients soupèsent les melons.* = Évaluer, peser.

soupir : [de **souffler**] n.m. **1-** *Aussitôt la catastrophe évitée, tout le monde a poussé un soupir de soulagement.* = Souffle, gémissement, lamentation, plainte. **2-** *Le soupir équivaut à une noire.* = Silence. ■ **rendre son dernier soupir :** = Mourir. ■ **soupirant :** n.m. *Ce soupirant est là tous les soirs à attendre sa bien-aimée.* = Prétendant, amoureux, amant.

souple : [de **plier**] adj. **1-** *Les cannes à pêche sont fabriquées avec des matériaux souples.* = Flexible, élastique, maniable, mou, ductible. ≠ Rigide, dur. **2-** *Les danseurs sont très souples.* = Leste, adroit, agile. ≠ Raide. **3-** fig. = Accommodant, diplomate, subtil, docile. ≠ Buté, indocile, têtu, intransigeant. ■ **souplement :** adv. Agilement. ■ **souplesse :** n.f. =

Agilité, élasticité, flexibilité, maniabilité, adresse, diplomatie. ≠ Raideur, intransigeance.

source : [de **sourdre**] n.f. **1-** *La source jaillit au creux de mes mains.* = Fontaine, puits, ruisselet. **2-** fig. *La source de ce conflit vient d'un stupide malentendu.* = Cause, départ, naissance, racine, origine.

sourcil : [de **cil**] n.m. *Quand il se met en colère, il fronce les sourcils.* = Poil. ■ **sourciller :** v. *C'est incroyable que tout le monde ait accepté sans sourciller.* = Discuter. ■ **sourcilleux :** adj.= Chatouilleux, irritable, pointilleux, ombrageux, susceptible.

sourd(e) : adj. **1-** *Les sourds communiquent par signes.* = Malentendant. **2-** *Bruit sourd, voix sourde.* = Étouffé, indistinct, amorti, assourdi, caverneux, voilé. ≠ Sonore, éclatant, vif, aigu. ■ **en sourdine :** n.f. = Discrètement, doucement.

sourire : [de **rire**] v. et n.m. **1-** *Elle sourit à tous ceux qui la regardent.* = Rire. **2-** *Cette histoire me fait sourire.* = Plaire, convenir, amuser. ■ **souriant(e) :** adj. = Gai, plaisant, agréable. ≠ Austère, triste, grave.

souris : n.f. *Les souris se reproduisent très rapidement.* = Rongeur. ■ **souricière :** n.f. = Piège.

sournois(e) : adj. *Dans les récits de chevalerie, les personnages sournois tendent des pièges.* = Déloyal, faux, perfide, dissimulé, menteur, trompeur, hypocrite. ≠ Loyal, franc. ■ **sournoisement :** adv. Perfidement, hypocritement.

sous : prép. **1-** *Le ballon est sous la table.* = En deçà, en dessous de, au pied de. ≠ Sur. **2-** *Il se trouve juste sous ses yeux.* = Devant. **3-** *Il a vécu sous la Révolution.* = Pendant.

sous-alimenté(e) : [d'**aliment**] adj. ≠ Suralimenter. ■ **sous-alimenter :** v. = Affamer. ■ **sous-alimentation :** n.f. *Dans les pays du tiers-monde, beaucoup d'enfants souffrent de sous-alimentation.* = Malnutrition, famine.

souscrire : [d'**écrire**] v. **1-** *Souscrire une assurance pour la voiture.* = Passer un contrat, contracter, acheter, payer, verser, régler. **2-** *Nous trouvons le projet intéressant et nous y souscrivons.* = Adhérer, acquiescer, se ranger à, consentir. ■ **souscription :** n.f. *Pour entrer dans cette association, il faut verser une souscription de 10 euros.* = Adhésion, participation.

sous-développé(e) : [de **développer**] adj. = En retard, sous équipé.

sous-entendu : [d'**entendre**] **1-** adj. *Il est sous-entendu que mes parents viennent avec nous en vacances.* = Évident, implicite. **2-** n.m. *Je n'aime pas vos sous-entendus, parlez franchement !* = Allusion, insinuation, réticence, restriction. ■ **sous-entendre :** v. = Suggérer, signifier.

sous-estimer : [d'**estimer**] v. *Nos adversaires nous avaient sous-estimés, nous les avons vaincus.* = Sous-évaluer, déprécier. ≠ Surestimer.

sous-marin : [de **sous** et **marin**] **1-** adj. *Les fonds sous-marins abritent une faune et une flore très riches.* = Immergé, subaquatique. **2-** n.m. *Le sous-marin longe les côtes.* = Bâtiment, nautile, bathyscaphe.

sous-titre : [de **sous** et **titre**] n.m. **1-** *On peut comprendre la teneur d'un article en lisant ses sous-titres.* = Intertitre. **2-** *Je lis les sous-titres des films américains.* = Traduction.

soustraire : v. **1-** *Je soustrais 8 de 15, il me reste 7.* = Retrancher, ôter, prélever, retirer. ≠ Ajouter, additionner. **2-** *On a réussi à lui soustraire ce document sans qu'il s'en aperçoive.* = Dérober, détourner, voler, subtiliser. ≠ Donner. ■ **se soustraire :** v. pron. = Fuir, échapper, manquer à, se dérober. ■ **soustraction :** n.f. **1-** = Diminution, réduction, retrait. **2-** ≠ Addition.

sous-vêtement : [de **sous** et **vêtement**] n.m. *Les slips, les maillots de corps, les soutiens-gorge sont des sous-vêtements.* = Dessous, lingerie.

soutane : [de **sous**] n.f. *La soutane du prêtre.* = Robe.

soute : [de **sous**] n.f. *Sur les bateaux à vapeur, la soute servait à stocker les réserves de charbon.* = Cale.

soutenir : [de **tenir**] v. **1-** *Les murs de la maison soutiennent la charpente.* = Porter, étayer, maintenir, tenir, supporter. **2-** *Nous te soutiendrons dans la traversée de cette difficile épreuve.* = Encourager, épauler, défendre, financer, parrainer, secourir, protéger, aider. ≠ Abandonner, contester. ■ **soutien :** n.m. **1-** = Aide, assistance, concours, patronage, concours. ≠ Abandon. **2-** *Cette branche va craquer si l'on n'y met un piquet en soutien.* = Tuteur, adossement, charpente, pilier, support, base. **3-** *Il est le soutien d'une cause noble.* Défenseur, partisan, garant, supporter, tuteur.

souterrain : [de **terre**] n.m. *Au Moyen Âge, les souterrains permettaient aux seigneurs de s'enfuir de leurs châteaux en cas de prise par l'ennemi.* = Passage, tunnel, galerie.

soutirer : [de **sous** et **tirer**] v. **1-** *Il leur soutirait de l'argent en leur faisant croire qu'il faisait partie de la Croix-Rouge.* = Escroquer, arracher, extorquer. **2-** *Il soutire le vin.* = Clarifier, transvaser.

souvenir (se) : [de **venir**] v. pron. *Il se souvient de son enfance.* = Se rappeler, se remémorer, évoquer, revivre. ≠ Oublier. ■ **souvenir :** n.m. **1-** *Elle a de beaux souvenirs de ses vacances au Maroc.* = Mémoire, pensée, témoignage. ≠ Oubli. **2-** *Des souvenirs du passé.* = Relique, reste, tombeau.

souvent : adv. *Il pleut souvent en Bretagne.* = Fréquemment, généralement. ≠ Rarement, jamais.

souverain(e) : 1- adj. *Dans une république démocratique, le peuple est souverain.* = Suprême, supérieur, absolu. **2-** *Un souverain mépris.* = Parfait, ultime, grand, final. **3-** n. *Les rois de France, avant la Révolution, étaient des souverains.* = Monarque, empereur.

soyeux : [de **soie**] adj. (f. soyeuse) *Les pelages des chats sont soyeux.* = Doux, lisse, velouté, satiné, moelleux, fin.

spacieux : [d'**espace**] adj. (f. spacieuse) *Voiture spacieuse, appartement spacieux.* = Vaste, étendu, immense, large, grand. ≠ Exigu, étroit, petit.

spaghetti : n.m. *Je préfère les spaghettis aux macaronis.* = Pâtes.

sparadrap : n.m. *Les pansements sont recouverts d'une petite bande de sparadrap.* = Adhésif.

spasme : [de **pâmer**] n.m. *Les spasmes sont souvent ressentis au niveau de l'estomac ou des intestins.* = Contraction, convulsion, crampe, saccade, crispassion, tremblement, soubresaut.

spatial(e) : [d'**espace**] (plur. spatiaux) adj. *La conquête spatiale, une navette spatiale.* = Cosmique.

spécial(e) : (plur. spéciaux) adj. **1-** *Il faut des feutres spéciaux pour écrire sur ce tableau.* = Particulier. ≠ Ordinaire. **2-** *Un goût spécial.* = Extraordinaire, remarquable, original, étrange. ≠ Général, régulier. ■ **spécialement :** adv. = Particulièrement, notamment, exprès. ■ **spécialiste :** n. ou adj. *Le pédiatre est un spécialiste des enfants.* = Expert, médecin, savant, professeur, technicien. ≠ Amateur. ■ **spécialité :** n.f. *La spécialité d'un chercheur.* = Branche, domaine, discipline, partie. ■ **spécifier :** v. *Il faut spécifier que vous avez déjà occupé de telles fonctions.* = Préciser, caractériser, indiquer. ■ **spécifique :** adj. = Particulier, unique, propre, typique, caractéristique, sui generis.

spécimen : [d'**espèce**] n.m. *Il collectionne des spécimens rares de papillons.* = Échantillon, modèle, prototype, exemple.

spectacle : n.m. **1-** *Le spectacle de la mer m'enchante.* = Tableau, vue. **2-** *Les enfants ont organisé un spectacle.* = Attraction, divertissement, scène, numéro, revue, représentation, one-man-show, gala. ■ **spectaculaire :** adj. *L'éruption spectaculaire d'un volcan.* = Impressionnant, sensationnel. ■ **spectateur :** n. (f. spectatrice) = Public, assistance, auditoire, témoin. ≠ Acteur.

spectre : n.m. **1-** *Les spectres de ses ancêtres venaient hanter le château.* = Fantôme, esprit, apparition, hallucination, revenant, vision. **2-** *Le spectre de la guerre se profilait à l'horizon.* = Menace. **3-** *Le spectre de la lumière blanche.* = Arc-en-ciel.

spéculer : v. *Spéculer en Bourse.* = Boursicoter, agioter, miser, jouer, trafiquer. ■ **speculation :** n.= Boursicotage, calcul, étude, opération financière, transaction.

sperme : n.m. = Semence.

sphère : n.f. **1-** *Une mappemonde est une sphère.* = Boule, globe. **2-** *Ce critique est renommé dans les sphères de l'art contemporain.* = Domaine, milieu, zone, compétence, cercle, univers. ■ **sphérique :** adj. = Rond.

spirale : n.f. *Un escalier en spirale.* = Colimaçon, vrille, hélice.

spirituel : adj. (f. spirituelle) **1-** *Des remarques spirituelles.* = Drôle, ingénieux, vif, amusant, brillant, fin, humoristique, léger. ≠ Plat, lourd. **2-** *Il s'est retiré dans un monastère, il avait besoin d'une vie spirituelle.* = Intellectuel, intérieur, mental, mystique. ≠ Charnel, temporel, corporel, matériel, palpable. ■ **spirituellement :** adv. Drôlement. ≠ Charnellement, corporellement, matériellement. ■ **spiritisme :** n.m. *Elle pratique le spiritisme pour converser avec son défunt mari.* = Occultisme.

spiritueux : [d'**esprit**] n.m. et adj. *Le repas se terminait, ils en étaient au café et aux spiritueux.* = Alcool, liqueur.

splendeur : n.f. *Le mobilier témoigne de la splendeur passée.* = Magnificence, apparat, éclat, luxe, lumière, panache, somptuosité. ■ **splendide :** adj. *Ils ont acheté une splendide maison au bord de la mer.* = Magnifique, clair, rayonnant, somptueux, fastueux, admirable, radieux, superbe. ≠ Terne, laid.

sponsor : n.m. et adj. *L'usine a accepté d'être le sponsor de l'équipe de foot locale.* = Parrain, commanditaire, mécène.

spontané(e) : adj. **1-** *Un réflexe spontané, une attitude spontanée.* = Naturel, instinctif, impulsif, involontaire, immédiat, irréfléchi. ≠ Forcé, imposé, provoqué, volontaire. **2-** *Une fille vive et spontanée.* = Sincère, naïf, franc, primesautier. ≠ Apprêté, étudié, calculateur. ■ **spontanément :** adv. *Il a spontanément aidé la vieille dame à traverser la route.* = Naturellement.

sporadique : adj. *Le lilas du jardin a une floraison sporadique.* = Irrégulier, clairsemé, discontinu, épars, intermittent, saccadé. ≠ Constant, régulier.

sport : n.m. *Le basket est un sport collectif.* = Culture ou éducation physique, gymnastique. ■ **sportif :** n. (f. sportive) ≠ Antisportif.

spot : n.m. **1-** *Il a installé des spots pour la boum.* = Projecteur. **2-** *On la voit dans un spot publicitaire vantant les mérites d'une lessive.* = Message publicitaire, fam. pub.

sprint : n.m. *L'Américain a devancé ses concurrents dans le sprint final.* = Accélération, course, rush.

squale : n.m. = Requin.

square : n.m. *Les enfants voulaient aller faire du toboggan au square.* = Jardin public.

squelette : n.m. *Les explorateurs ont découvert un squelette de dinosaure conservé dans les glaces.* = Ossements, carcasse, charpente, ossature. ■ **squelettique :** adj. = Maigre, décharné, émacié, sec.

stable : adj. **1-** *L'échelle a un pied qui s'enfonce dans la terre, elle n'est pas stable.* = Équilibré, fixe. ≠ Déséquilibré. **2-** *Si le temps est stable, nous irons faire un pique-nique.* = Durable, persistant, permanent, sûr. ≠ Instable, changeant. ■ **stabiliser :** v. *Les pilotes stabilisent l'avion à l'altitude indiquée.* = Attacher, immobiliser, fixer, retenir. ≠ Déséquilibrer, destabiliser.

stade : n.m. **1-** *Les gradins du stade étaient remplis de supporters de l'équipe de France.* = Terrain, gradins, piste, enceinte. **2-** *Passer au stade supérieur.* = Phase, période, niveau, étape, échelon.

stage : n.m. *Il doit faire un stage en entreprise pendant six mois.* = Formation.

stagner : v. **1-** *L'eau stagnait dans la cave et l'humidité provoquait des moisissures.* = Croupir, séjourner. **2-** *Le chiffre d'affaires stagne depuis deux ans.* = Végéter, languir. ■ **stagnation :** n. = Arrêt, immobilisation, inertie, langueur, paralysie. ■ **stagnant(e) :** adj. = Dormant.

stalactite : n.f. ≠ Stalacmite

stalle : n.f. *Il est possible de visiter les stalles des écuries de Chantilly.* = Box.

stand : n.m. *Il y a de nombreux stands à la Foire de Paris.* = Emplacement réservé. ■ **standard :** **1-** adj. *Pour sa nouvelle voiture, il a choisi le modèle standard, sans options.* = Conforme, habituel, normalisé, ordinaire, courant. **2-** n.m. Central téléphonique. ■ **standardiser :** v. = Normaliser, uniformiser. ■ **standing :** n.m. *Des immeubles de standing.* = Classe, position, prestige, rang, niveau de vie, luxe.

star : n.f. *Les paparazzis suivaient nuit et jour la star hollywoodienne.* = Vedette, personnalité, étoile, acteur.

station : n.f. **1-** *La station verticale n'est pas possible dans cette mezzanine.* = Attitude, posture. **2-** *Les promeneurs ont fait une station au belvédère.* = Pause, halte, arrêt. ■ **stationner :** v. = S'arrêter, s'installer, rester, se garer. ≠ Circuler. ■ **stationnement :** n.m. = Parking. ■ **station-service :** n.f. (plur. stations-service) = Poste. ■ **stationnaire :** adj. *Son état est stationnaire.* = Fixe, immobile, stable. ≠ Variable.

statuer : v. *Le conseil de discipline a statué.* = Ordonner, arrêter, établir, juger, décider. ■ **statue :** n.f. = Sculpture, bronze, marbre, monument. ■ **statut :** n.m. **1-** *Les statuts d'une association.* = Règles, règlement, arrêté, code, loi, ordonnance, prescription. **2-** *Le statut de la femme.* = Position.

stature : n.f. *Le basketteur était de haute stature.* = Taille, carrure.

steak : n.m. = Bifteck.

stèle : n.f. *Une stèle s'élevait à l'emplacement de l'ancienne église.* = Monument.

steppe : n.f. *Des loups vivent dans les steppes russes.* = Plaine, prairie, toundra, pampa.

stère : n.m. *Le bois est livré par stères.* = Mètre cube.

stéréophonie : n.f. *Une chaîne stéréo.* abrév. = Stéréo.

stéréotype : n.m. *Dire que tous les français mangent des cuisses de grenouilles est un stéréotype.* = Cliché, lieu commun.

stérile : adj. **1-** *Une chienne stérile, une terre stérile.* = Infécond, aride, improductif, sec, ingrat, maigre, pauvre. ≠ Généreux, fécond, fertile, prolifique. **2-** *Une discussion stérile.* = Inefficace, oiseux, improductif, creux, vain. ≠ Efficace, fructueux, utile. **3-** *Des pansements stériles.* = Aseptique, pasteurisé, stérilisé. ≠ Contaminé, pathogène. ■ **stériliser :** v. = Désinfecter, aseptiser, pasteuriser, étuver. ■ **stérilisation :** n.f. = Appertisation, pasteurisation, appauvrissement, castration. ■ **stérilité :** n.f. = Pauvreté, aridité. ≠ Conception, fécondité, fertilité, abondance.

stimuler : v. *Cette récompense m'a stimulé.* = Inciter, encourager, piquer, exciter, accélérer, animer, réveiller. ≠ Apaiser, calmer, endormir. ■ **stimulation :** n.f. Encouragement, excitation. ■ **stimulant(e) :** n. ou adj. = Encourageant, confortant, tonique, vivifiant. ≠ Décourageant, stérilisant.

stipuler : v. *Il est stipulé dans le contrat de location que l'on ne peut sous-louer l'appartement.* = Indiquer, préciser, spécifier, notifier, exposer, mentionner.

stock : n.m. *Je n'ai plus votre taille, il faut que je vérifie dans le stock.* = Réserve, provision, magasin, assortiment, approvisionnement, entrepôt. ■ **stocker :** v. = Entreposer, emmagasiner. ≠ Déstocker, écouler. ■ **stockage :** n.m. = Déstockage, écoulement.

stoïque : adj. *Il est resté stoïque malgré les bombardements.* = Courageux, dur, ferme, inébranlable, ascète, héroïque, résolu, imperturbable, impassible.

stop : **1-** interj. = Halte. **2-** n.m. *Il n'a pas respecté le stop.* = Panneau. **3-** = Feux arrière. ■ **stopper :** v. = Arrêter, bloquer, enrayer, s'interrompre. ≠ Partir, démarrer.

store : n.m. *Les stores protègent du soleil.* = Rideau, jalousie.

strangulation : [d'**étrangler**] n.f. *Un meurtre par strangulation.* = Étranglement.

strapontin : n.m. *Le théâtre était comble, même les strapontins étaient occupés.* = Siège, place.

stratagème : n.m. *Il a trouvé un stratagème pour entrer gratuitement au cinéma.* = Ruse, manœuvre, malice, perfidie, artifice.

strate : n.f. *Les strates de la roche indiquent qu'il y avait jadis une mer.* = Couche.

stratège : n.m. *Napoléon était un stratège réputé.* = Manœuvrier. ■ **stratégie :** n.f. **1-** *Le général ne dévoila sa stratégie aux soldats qu'une demi-heure avant l'attaque.* = Plan, tactique, manière, méthode, ruse. **2-** *Une stratégie de communication.* = Marketing, marchandisage, mercatique. ■ **stratégique :** adj. *C'est un endroit stratégique pour le commerce.* = Militaire, tactique.

stress : n.m. *Il ressent beaucoup de stress à l'approche des examens.* = Anxiété, angoisse, inquiétude, appréhension, souci, tension, agression, pression. ■ **stresser :** v. = Angoisser. ■ **stressant(e) :** adj. Crispant.

strict(e) : adj. **1-** *Des horaires stricts.* = Rigoureux. **2-** *Le professeur de chant est strict.* = Sévère, dur, ferme, impitoyable, implacable, autoritaire, intraitable. ≠ Laxiste, souple, fantaisie. **3-** *Sur un bateau, les bagages doivent être réduits au strict nécessaire.* = Minimal. ≠ Lâche, large, approximatif. ■ **strictement :** adv. *Il est strictement interdit de fumer dans la salle.* = Totalement, étroitement, rigoureusement.

strident(e) : adj. *Elle poussa un cri strident en apercevant la souris.* = Aigu, criard, perçant, sifflant.

strie : n.f. *Certains coquillages présentent des stries.* = Rayure, rainure, sillon.

strip-tease : n.m. = Effeuillage, déshabillage.

strophe : n.f. *Un sonnet compte quatre strophes.* = Couplets, quatrain, septain, sizain, tercet.

structure : n.f. *La structure de la charpente de la grange date du XVIIIe siècle.* = Composition, construction, disposition, organisation, ossature, charpente, constitution. ■ **structurer :** v. = Organiser, charpenter, construire. ≠ Déstructurer.

studieux : [d'**étude**] adj. (f. studieuse). *Un élève studieux.* = Appliqué, soigneux, travailleur.

studio : n.m. *L'étudiant loge dans un petit studio.* = Appartement.

stupeur : n.f. *La stupeur se voit sur son visage.* = Étonnement, stupéfaction. ■ **stupide :** adj. *Ce que tu dis est stupide.* = Idiot, imbécile, abruti, bête, crétin, niais, simple, sot, absurde, insensé, inepte, hébété. ≠ Intelligent, fin, judicieux. ■ **stupidité :** n.f. = Bêtise, aberration, absurdité, imbécilité, ineptie, niaiserie, erreur, sottise, ânerie, balourdise. ■ **stupidement :** adv. = Bêtement. ■ **stupéfier :** v. Étonner, accabler, consterner, atterrer, étourdir, effarer, sidérer, suffoquer. ≠ Stimuler. ■ **stupéfiant(e) :** **1-** n. et adj. *Cette nouvelle est stupéfiante.* = Incroyable, extraordinaire, étonnant, inouï, invraisemblable, sidérant, troublant. **2-** n.m. *La brigade des stupéfiants lutte contre le trafic de drogue.* = Drogue. ■ **stupéfait(e) :** adj. = Étonné, abasourdi, interdit, médusé, consterné, surpris. ■ **stupéfaction :** n.f. Stupeur, effarement, étonnement, surprise, saisissement.

style : n.m. **1-** *Le style de cet écrivain est ampoulé.* = Écriture, forme, genre, manière, langue, touche, phraséologieton. **2-** *Un fauteuil de style Louis XVI.* = Mode. **3-** *Insulter les gens, c'est bien son style.* = Genre, habitude. ■ **stylographe :** abrév. Stylo. n.m. = Porte-plume.

stylet : n.m. *Le mousquetaire avait un stylet caché dans sa botte.* = Poignard, couteau, dague, lame.

suave : adj. *À la tombée de la nuit, le parfum suave du chèvrefeuille nous enveloppait.* = Doux et agréable.

subalterne : adj. ou n. *Un officier subalterne.* = Employé, subordonné, inférieur, secondaire. ≠ Chef, maître, supérieur.

subdivision : [de **division**] n.f. = Case, compartiment.

subir : v. **1-** *Ils subissaient les assauts des pillards.* = Supporter, essuyer, endurer, souffrir, tolérer, éprouver, essuyer. ≠ Imposer, infliger, provoquer, agir. **2-** *Il a subi une opération.* = Passer, se soumettre. ≠ Faire.

subit(e) : adj. *Une grippe subite l'empêcha de se joindre à nous.* = Soudain, brusque, instantatné, fulgurant, foudroyant, immédiat. ≠ Graduel, progressif. ■ **subitement :** adv. = Soudainement, brusquement, instantanément. ≠ Graduellement, peu à peu, du jour au lendemain.

subjectif : adj. (f. subjective) *Une opinion subjective.* = Personnel, individuel, partial. ≠ Objectif.

subjuguer : [de **joug**] v. *Cette femme subjuguait les hommes par sa beauté.* = Séduire, fasciner, conquérir, charmer, envoûter.

sublime : adj. *Une fille sublime.* = Extraordinaire, admirable, élevé, parfait.

submerger : v. **1-** *À marée haute, les rochers étaient submergés par la mer.* = Inonder, couvrir, engloutir, inonder, noyer. **2-** *Ils sont submergés de travail.* = Être débordé, accabler.

subodorer : v. *Sa mère subodore qu'il a fait une bêtise.* = Soupçonner, deviner, sentir, se douter, soupçonner, flairer, pressentir.

subordonner : v. = Assujettir. ■ **subordination :** n.f. *La subordination de ce garçon à son tuteur durera jusqu'à sa majorité.* Assujettissement, tutelle, dépendance, servitude, soumission. ≠ Autorité, autonomie, insubordination. ■ **subordonné(e) :** adj. ou n.= Dépendant, employé, inférieur, subalterne, sujet, dépendant, sous-fifre, adjoint.

subrepticement : adv. *Il quitta subrepticement la pièce.* = Discrètement, clandestinement, secrètement, furtivement, silencieusement.

subside : n.m. *Le clochard vit de subsides des habitants du quartier.* = Don, aide, secours, allocation, subvention. ■ **subsidiaire :** adj. *Une question subsidiaire dans un concours sert à départager les gagnants.* = Accessoire, secondaire. ≠ Dominant, principal.

subsister : v. **1-** *Une petite lueur d'espoir subsistait en elle.* = Demeurer, persister, maintenir, durer, exister, rester. ≠ Changer, disparaître, périr, devenir. **2-** *Son maigre salaire permet tout juste à la famille de subsister.* = Survivre, pourvoir, exister, vivoter.

substance : n.f. *L'EPO est une substance illicite.* = Matière, produit, corps; élément, substrat, essence, fond. ≠ Forme. ■ **substantiel :** adj. (f. substantielle) **1-** *Un petit déjeuner substantiel.* = Nourrissant, copieux, riche, succulent. ≠ Faible, nul, maigre, pauvre. **2-** *Une augmentation substantielle des salaires.* = Important, considérable. ≠ Négligeable. ■ **substantif :** n.m. *Table, pomme, ordinateur sont des substantifs.* = Nom.

substituer : v. *Arsène Lupin avait substitué le collier contre un faux.* = Remplacer, subroger, commuer, changer. ■ **substitution :** n.f. = Échange, changement, commutation, remplacement.

subterfuge : n.m. *Utiliser un subterfuge.* = Fuite, artifice, échappatoire, ruse.

subtil(e) : adj. *Il est trop subtil pour tomber dans ce piège.* = Ingénieux, adroit, astucieux, délicat, habile, pénétrant, fin, perspicace, sagace. ≠ balourd, grossier, lourd, épais, évident, facile. ■ **subtilité :** n.f. = Délicatesse, finesse, raffinement. ≠ Bêtise, balourdise, épaisseur, lourdeur. ■ **subtilement :** adv. = Délicatement, imperceptiblement, finement. ■ **subtiliser :** v. *Le voleur a subtilisé le tableau au musée.* = Dérober, soustraire, voler.

subvenir : v *C'est le père qui subvient aux besoins de la famille..* = Pourvoir, satisfaire. ■ **subvention :** n.f. *Certains théâtres privés reçoivent une subvention de l'État.* = Don, aide, secours, subside. ■ **subventionner :** v. = Financer.

suc : n.m. *Le bourdon butine le suc des fleurs.* = Séve, jus, substance. ■ **suc gastrique :** = Chyle. ■ **succulent(e) :** adj. *Un succulent repas.* = Savoureux, bon, délectable, exquis, plaisant, savoureux, suave, délicieux. ≠ Mauvais.

succédané(e) : [de **succéder**] adj. ou n. *La saccharine est un succédané de sucre.* = Ersatz, substitut.

succéder : v. *Le prince Charles devrait en principe succéder à la reine d'Angleterre.* = Remplacer, suivre, continuer, relayer, hériter. ≠ Précéder, accompagner, coexister, devancer. ■ **se succéder :** v. pron. *Les événements de la journée se succèdent.* = Se suivre, alterner, défiler. ■ **succession :** n.f. **1-** = Enchaînement, déroulement, énumération, série, suite, défilé. ≠ Coexistence, simultanéité. **2-** *Les droits de succession.* = Héritage, legs, testament. ■ **successeur :** n.m. *Le successeur de François Mitterrand au poste de président de la République est Jacques Chirac.* = Continuateur, remplaçant, dauphin. ≠ Devancier, prédécesseur. ■ **successif :** adj. (f. successive) = Suivant, continu.≠ Simultané. ■ **successivement :** adv. = Alternativement. ≠ Simultanément, à la fois. ■ **succès :** n.m. **1-** *Le succès de l'attaque dépendra de l'effet de surprise.* = Réussite, apothéose, gloire, victoire, triomphe, performance, succcès. ≠ Échec, insuccès.

succinct(e) : adj. *Il a demandé un rapport succinct sur les activités de ses concurrents.* = Bref, lapidaire, réduit, résumé, sommaire, laconique, taciturne, schématique, concis. ≠ Abondant, prolixe, long, verbeux. ■ **succinctement :** adv. = Sommairement, brièvement. ≠ Longuement.

succomber : v. **1-** *Il a succombé à ses blessures.* = Mourir, décéder. **2-** *L'armée allemande a succombé aux attaques des troupes alliées.* = Capituler, céder. ≠ Résister. ■ **succomber à :** *Elle s'efforçait de ne pas succomber à la tentation de manger du chocolat.* = Céder à.

succursale : n.f. *La banque a des succursales en province.* = Filiale, agence, bureau, annexe, comptoir. ≠ Siège.

sucer : v. **1-** *Le bébé suce le sein de sa mère.* = Aspirer, téter, boire, absorber. **2-** *Il adore sucer des bonbons au miel.* = Manger.

sucre : n.m. *Veux-tu du sucre avec tes fraises ?* = Adoucir, édulcorer. ■ **sucré :** adj. = Doux, doucereux, mielleux, sirupeux. ≠ Aigre, amer, sec. ■ **sucrerie :** n.f. *Les sucreries sont responsables des caries dentaires.* = Friandises, bonbon, confiserie, douceur.

sud : n.m. inv. *Marseille est dans le Sud de la France.* = Midi, austral, méridionnal. ≠ Nord.

suer : v. **1-** *Suer à grosses gouttes.* = Transpirer, peiner, exsuder. **2-** fam. = S'ennuyer. ■ **sueur** : n.f. *Il est toujours en sueur après son jogging.* = Transpiration, sudation, suée. ■ **sueur froide** : = Peur. ■ **gagner son pain à la sueur de son front** : = Travailler durement.

suffire : v. *Mon salaire me suffit.* = Satisfaire. ■ **cela suffit** : = C'est assez, c'est un comble. ■ **il suffit de** : N'avoir qu'à. ■ **suffisant(e)** : adj. et n. **A-** *Cette quantité de farine est suffisante.* = Satisfaisant, convenable, correct, honorable, passable, assez. ≠ Insuffisant. **B-** *Un air suffisant.* = Prétentieux, pédant, arrogant, cassant, dédaigneux, fier, hautain, insolent, vaniteux. ≠ Modeste. ■ **suffisamment** : adv. *Il y a suffisamment de neige pour skier.* = Assez. ≠ Insuffisamment. ■ **suffisance** : n. = Arrogance, dédain, orgueil, insolence, vanité. ≠ Familiarité, modestie, insuffisance, bonhomie.

suffixe : n.m. *Jardin et le suffixe « et » forment jardinet.* = Terminaison.

suffoquer : v. **1-** *Les pompiers suffoquent à cause de la fumée.* = Étouffer, oppresser. **2-** *Elle suffoque d'indignation devant l'injustice subie.* = Étonner, souffler, stupéfier, couper le souffle. fam. Estomaquer. ■ **suffocant(e)** : adj. *La chaleur à la sortie de l'avion était suffocante.* = Étouffant, ahurissant, accablant, étonnant, époustouflant.

suffrage : n.m. **1-** *Élections à la majorité des suffrages.* = Vote, élection, scrutin, accord, voix. **2-** *Ce livre a rassemblé les suffrages du public.* = Approbation, adhésion, concours.

suggérer : v. *Je suggère de faire une promenade.* = Conseiller, dicter, persuader, souffler, inspirer, proposer. ■ **suggestion** : n.f. = Conseil, avertissement, influence, proposition.

suicide : n.m. *L'enquête va déterminer s'il s'agit d'un suicide ou d'un meurtre.* = ■ **se suicider** : v. pron. = Se tuer, se supprimer, se détruire, mettre fin à ses jours.

suie : n.f. *La cheminée est pleine de suie.* = Poussière.

suinter : [de **suer**] v. *Les murs de la cave suintent d'humidité.* = Transpirer, couler, dégoutter, perler, ruisseler, fam. dégouliner. ■ **suintement** : n.m. = Exsudation, suage.

suite : n.f. [de **suivre**] **1-** *Les suites d'une décision.* = Succession, conséquence, implication, résultat, retombée, séquelle. **2-** *Une suite d'évènements.* = Continuité, cours, énumération, liste, ordre, série. **3-** *Le Roi-Soleil ne se déplaçait jamais sans sa suite.* = Cortège, appareil, équipage, escorte, train. ■ **à la suite de** : = Après. ■ **tout de suite** : = Immédiatement. ■ **par la suite** : = Plus tard. ■ **par suite de** : = À cause de.

suivre : v. **1-** *Mon chien me suit partout.* = Accompagner, poursuivre, talonner, filer, emboîter le pas, fuir. ≠ Devancer, précéder. **2-** *Les bagages suivent notre arrivée.* = Venir après. **3-** *Pour aller à la guinguette, il faut suivre la Marne jusqu'à Joinville.* = Longer, parcourir, prendre. S'écarter, s'éloigner. **4-** *Il suit les recommandations de la sécurité routière à la lettre.* = Se conformer à, obéir à, obtempérer, se soumettre à, respecter. ≠ S'opposer. **6-** *Il suit régulièrement les matchs de foot à la télévision.* = Être attentif. **7-** *Je ne te suis plus dans tes raisonnements.* = Comprendre. ■ **suivre son cours** : *L'affaire suit son cours.* = Continuer. ■ **suivant(e)** : **A- 1-** n. *Le candidat suivant.* = Prochain, futur, prochain. ≠ Avant, précédent. **2-** n.f. *La reine et ses suivantes.* = Subalterne. **B-** prép. *Il faut avancer suivant les indications.* = Selon, d'après, conformément.

sujet : n.m. **1-** *À quel sujet vous disputez-vous ?* = Cause, motif, idée, objet, problème, raison. **2-** *Le sujet du jour porte sur la sexualité.* = Thème, question. **3-** *Dans cette classe, il n'y a que d'excellents sujets.* = Personne, homme, malade, patient. **4-** (f. sujette) *Le roi et ses sujets.* = Gouverné, inférieur. ≠ Maître, souverain, gouvernement.

sultan : n.m. *Le sultan de Perse avait le plus grand harem.* = Souverain, roi, padischah.

super : **1-** adj. inv. fam. *Un super film.* = Supérieur, formidable, fam. extra, géant, sensationnel, génial. **2-** n.m. *Cette voiture roule au super sans plomb.* = Essence.

superbe : adj. **1-** *Les mariés repartirent dans une superbe limousine.* = Magnifique, admirable, splendide, brillant, éblouissant, fastueux, glorieux, somptueux, splendide, beau. ≠ Affreux, laid. **2-** = Fier, impudent, impoli, arrogant, dédaigneux, fier, suffisant, vaniteux. **3- n.** *Il est plein de superbe.* = Fierté, gloire, vanité, ostentation, orgueil, prétention. ≠ Humble. ■ **superbement** : adv. = Magnifiquement, somptueusement, orgueilleusement.

supercherie : n.f. *La supercherie consistait à vendre de prétendus morceaux de la tour Eiffel.* = Tromperie, fraude.

superficie : n.f. *Un appartement d'une superficie de 50 m².* = Surface, aire. ≠ Fond, profondeur. ■ **superficiel** : adj. (f. superficielle) **1-** *Des blessures superficielles.* = Léger, épidermique, apparent. **2-** *Une personne superficielle.* = Écervelé, frivole, hasardeux, inconséquent, léger, insensé. ≠ Approfondi, profond. ■ **superficiellement** : adv. = Légèrement. ≠ Sérieusement.

superflu(e) : adj. ou n.m. *Une question superflue.* = Inutile, en trop, oiseux, superfétatoire, redondant, vain, excessif. ≠ Important, essentiel, indispensable, obligatoire, utile.

supérieur(e) : adj. **1-** *Il y a des chambres à l'étage supérieur.* = Au-dessus. ≠ Bas, dessous. **2-** *Les températures sont supérieures à la normale.* = Haut, dominant, élevé, prééminent. ≠ Inférieur, moindre. **3-** *Le poulet de Bresse est de qualité supérieure.* = Meilleur. **4-** Un ton supérieur. = Arrogant, dominateur, éminent, excellent, transcendant. Mineur, humble. **4- n.** *Vous n'avez de comptes à rendre qu'à vos supérieurs!* = Chef, responsable. ■ **supérieurement** : adv. = Excellemment, parfaitement, éminemment ■ **supériorité** : n.f. = Suprématie, prépondérance, prééminence, privilège, primauté. ≠ Infériorité, insuffisance.

supermarché : [de **super** et **marché**] n.m. *La surface d'un supermarché est inférieure à celle d'un hypermarché.* = Magasin, grande surface.

superposer : [de **poser**] v. *Superposer deux jupons permet de réduire l'effet de transparence.* = Accumuler, empiler, entasser, rajouter. ■ **superposition** : n.f. = Accumulation, chevauchement, stratification.

supersonique : adj. ou n.m. *Un avion supersonique.* ≠ Subsonique.

superstition : n.f. *Penser qu'être treize convives à table porte malheur est une superstition.* = Croyance.

superviser : [de **viser**] v. *Il supervise le travail de ses employés.* = Contrôler, coiffer.

supplanter : v. *Elle s'est fait supplanter par sa plus proche collaboratrice.* = Évincer.

suppléer : v. **1-** = Compenser. **2-** *Il supplée son père qui a pris sa retraite.* = Remplacer. ■ **suppléant(e)** : n. *Les délégués de classe sont deux titulaires et un suppléant.* = Remplaçant, adjoint, assesseur. ■ **supplément** : n.m. *Il faut payer un supplément de prix.* = Appoint, complément, surcroît, surplus. ■ **supplémentaire** : adj. *Un train supplémentaire.* = Complémentaire, auxiliaire, subsidiaire, additionnel, supplétif.

supplice : n.m. *Au Moyen Âge, l'un des plus cruels était le supplice de la roue.* = Souffrances, torture, calvaire, martyr, tourment. ■ **être au supplice** : = Souffrir. ■ **supplicier** : v. = Torturer, martyriser, exécuter.

supplier : v. *Il supplie ses parents de le laisser sortir avec ses copains.* = Implorer, appeler, solliciter, prier, réclamer. ■ **supplication** : n.f. *Ses parents le mirent au lit malgré ses supplications.* = Prière, adjuration, appel, prière, requête, supplique, imploration, demande.

supporter : v.**1-** *Les piquets supportent la tente.* = Soutenir, étayer, maintenir, soutenir, tenir. **2-** *Elle ne supporte plus son mari.* = Endurer, éprouver, ressentir, souffrir, subir. **3-** *Elle ne supporte pas les films d'horreur.* = Résister à, tolérer. ■ **supportable** : adj. = Tolérable, excusable. ≠ Insupportable, intolérable. ■ **support** : n.m. *Sans support, le mur s'écroule.* = Appui, soutien.

supporter : n.m. *L'OM a de fervents supporters.* = Tifosi, partisan, aficionado.

supposer : v. **1-** *Supposons que tu aies quarante ans, que ferais-tu ?* = Imaginer, admettre, imaginer, penser, présumer. **2-** *Repartir à zéro suppose du courage.* = Exiger, impliquer, réclamer. ■ **supposition** : n.f. = Hypothèse, condition, présomption.

supprimer : v. **1-** *Il a supprimé des jours de vacances.* = Faire disparaître, mettre un terme, abolir, anéantir, détruire, abroger, effacer, enlever, ôter. ≠ Instituer, maintenir, proroger, adjoindre, additionner, introduire. **2-** *Le chef de la mafia a fait supprimer tous ses opposants.* = Tuer. ■ **suppression** : n.f. *Ils annoncent des suppressions de postes à l'usine.* = Annulation, abolition, destruction, élimination, liquidation. ≠ Addition, adjonction, ajout, maintien.

supputer : v. *Il suppute les chances qu'il a de remporter le concours.* = Calculer, évaluer, examiner.

suprême : adj. **1-** *Le juge suprême décidera en dernier ressort.* = Souverain. **2-** *Au terme d'un suprême effort, il se hissa sur le toit.* = Ultime, dernier. ≠ Inférieur, infime. ■ **suprématie** : n.f. = Supériorité, avantage, dessus, ascendant, domination, prépondérance, primauté, privilège.

sur : prép. **1-** *Le livre est sur la table.* = Dessus, audessus de. ≠ Dessous. **2-***La liste des courses est sur le réfrigérateur.* = Contre, près. **3-** *Sur dix élèves, trois seulement viennent à pied au collège.* = Parmi, entre. **4-** *Il se renseigne sur les différentes possibilités de crédit.* = À propos.

sûr(e) : adj. **1-** *Un ami sûr.* = Infaillible, fiable, sérieux. ≠ Méfiant, sceptique, défiant, incertain. **2-** *Cette plage est sûre, elle est sous la surveillance d'un maître nageur.* = Sécurisé. ≠ Dangereux. **3-** *Une chose sûre.* = Certain, assuré, évident, indiscutable, confiant, assuré, vrai, réel, reconnu. ≠ Douteux, faux, inexact, incertain, trompeur, problématique. ■ **être sûr de son fait** : = Certain. ■ **être sûr de quelqu'un** : Confiant.

surabondance : [d'**abondant**] n.f. *Il y a une surabondance de plats sur la table.* = Profusion, prodigalité, excès, débauche.≠ Insuffisance, pénurie. ■ **surabondant(e)** : adj. *La récolte de pommes sera surabondante cette année.* = Luxuriant, excessif, pléthorique. Insuffisant.

suraigu : [d'**aigu**] (f. suraiguë) adj. *Elle poussait des cris suraigus qui me donnaient le frisson.* = Strident.

suranné(e) : [d'**an**] adj. *Une robe surannée.* = Démodé, périmé, ancien, archaïque, désuet, vieux, vieillot, antique.

surcharger : [de **charger**] v. *Elle surcharge sa mémoire de détails inutiles.* = Alourdir, encombrer, charger, encombrer, remplir, accabler. ≠ Alléger, décharger. ■ **surcharge :** n.f. *La remorque du tracteur s'est enlisée car elle était en surcharge.* = Surcroît, surplus, excédent.

surchauffer : [de **chauffer**] v. *Il ne faut pas surchauffer la chambre d'un nouveau-né.*

surclasser : [de **classer**] v. *Il surclasse tous ses adversaires.* = Surpasser, être supérieur à, dominer, dépasser, éclipser.

surcroît : [de **croître**] n.m. *Pendant la période des fêtes, les commerçants connaissent un surcroît de travail.* = Augmentation, accroissement, surplus, excédent, surcharge. ■ **de surcroît :** = En outre.

surdité : [de **sourd**] n.f. *À cause de sa surdité, mon grand-père n'entend pas toujours le téléphone.* = Hypoacousie, malentendant.

surélever : [de **lever**] v. *Il a décidé de surélever sa maison d'un étage.* = Augmenter.

sûrement : [de **sûre**] adv. = Certainement, absolument, évidemment, probablement, sans aucun doute.

surenchère : [de **cher**] n.f. = Suroffre, escalade.

surestimer : [d'**estimer**] v. *Il surestimé ses forces.* = Surévaluer, exagérer, gonfler, majorer. ≠ Sous-estimer.

sûreté : [de **sûre**] n.f. *Ici, nous serons en sûreté.* = Sécurité, assurance, confiance, fermeté, justesse, tranquilité. ≠ Danger, détresse, péril.

surexcité(e) : [d'**exciter**] adj. *Le 24 décembre, les enfants sont surexcités en attendant le Père Noël.* = Exalté, survolté. ≠ Calme.

surf : n.m. *Dans les environs de Biarritz, il y a les meilleures vagues pour faire du surf.* = Monoski. ■ **surfer :** v. = Glisser.

surface : [de **face**] n.f. **1-** *La fusée s'est posée sur la surface de la Lune.* = Aire, étendue, plan. ≠ Fond, profondeur. **2-** *La surface de la pièce s'exprime en mètres carrés.* = Superficie.

surgeler : [de **geler**] v. *Elle cuisine le week-end et surgèle pour la semaine.* = Congeler, réfrigérer. ■ **surgélation :** n.f. Congélation.

surgir : v. *Il a surgi de derrière le rideau et s'est enfui.* = Apparaître, sortir, jaillir, naître.

surhumain(e) : [d'**homme**] adj. *D'un effort surhumain, il enfonça la porte.* = Extraordinaire, titanesque.. ■ **surhomme :** n.m. = Héros, superman. ≠ Sous-homme.

surlendemain : [de **demain**] n.m. *Demain nous irons à la piscine, et le surlendemain aussi.* = Après-demain.

surmener : [de **mener**] v. *Les équipes de secours sont surmenées.* = Fatiguer, épuiser, déprimer, abrutir, stresser, user, lasser, éreinter. ■ **surmenage :** n.m. = Fatigue, abrutissement.

surmonter : [de **monter**] v. **1-** *Des boules de glace surmontaient le gâteau.* = Être au-dessus. **2-** *Elle a surmonté sa peur en acceptant de prendre l'avion.* = Vaincre, triompher, surpasser, dominer.

surnager : [de **nager**] v. *Longtemps après le naufrage, le pétrole surnage encore dans l'eau.* = Flotter. ≠ enfoncer, noyer, plonger.

surnaturel : [de **naturel**] adj. (f. surnaturelle) *Dans les contes vivent des êtres surnaturels.* = Extraordinaire, fantastique, merveilleux, féerique, magique, métaphysique, prodigieux. ≠ Naturel, commun.

surnom : [de **nom**] n.m. *Dans la famille, nous avons tous un surnom.* = Sobriquet, pseudonyme.

surpasser : [de **passer**] v. *La cuisinière s'est surpassée en improvisant un repas pour autant de monde.* = Devancer, triompher, dépasser, surclasser, dominer, éclipser.

surpeuplé(e) : [de **peuple**] adj. *Le Caire est une ville surpeuplée.* ≠ Dépeuplé, désert. ■ **surpeuplement :** n.m. *Le surpeuplement de cette région pose des problèmes de logement.* = Surpopulation.

surplomber : [de **plomb**] v. *Les alpinistes firent une pause sur un rocher qui surplombait la vallée.* = Faire saillie, dominer, avancer. ■ **surplomb :** n.m. *Le balcon du 5e étage est en surplomb.* = Encorbellement.

surplus : [de **plus**] n.m. **1-** *Les agriculteurs ont distribué les surplus des récoltes aux Restos du cœur.* = Excédent, reste, supplément. **2-** *Il s'est acheté un treillis dans un surplus.* = Magasin.

surprendre : [de **prendre**] v. **1-** *La pluie nous a surpris à découvert.* = Se laisser prendre. **2-** *L'annonce du mariage a surpris tous leurs amis.* = Étonner, ébahir, saisir, confondre, déconcerter, stupéfier. ■ **surpris(e) :** adj. **1-** *L'automobiliste a été surpris par les brusques chutes de neige.* = Pris au dépourvu, saisi. **2-** *Sa réponse m'a surpris.* = Étonné, ébahi, consterné, stupéfait. ■ **surprise :** n.f. *Quelle ne fut pas ma surprise en apprenant la nouvelle !* = Stupéfaction, étonnement, embarras. **3-** *Les enfants regardent les cadeaux avec surprise.* = Étonnement, ébahissement, stupéfaction, stupeur. ■ **surprenant(e)** : adj. **1-** *C'est surprenant!* = Étonnant, curieux, inopiné, saisissant, déconcertant, inattendu. **2-** *Cette histoire de fantôme est surprenante.* = Étrange, curieux, bizarre, incroyable.

sursauter : [de **saut**] v. = Tressaillir, bondir, frissonner, jaillir. ■ **sursaut** : n.m. *Il se réveilla en sursaut à la première sonnerie du téléphone.* = Frisson, haut-le-corps.

sursis : [de **seoir**] n.m. *Il a obtenu un sursis de dix jours pour payer son amende.* = Délai, ajournement, répit.

surtout : [de **sur** et **tout**] adv. *Les fleurs ont surtout besoin d'être arrosées.* = Principalement, en particulier, avant tout, particulièrement.

surveiller : [de **veiller**] v. **1-** *Surveiller son bébé.* = Veiller, contrôler. **2-** *La concierge surveille les allées et venues de tous les locataires.* = Épier, suivre, veiller sur, garder, espionner, observer. ■ **surveillance** : n.f. = Vigilance, attention, contrôle, guet, veille. ■ **surveillant(e)** : n. *Il y a toujours un surveillant dans la cour du collège.* = Pion.

survenir : [de **venir**] v. *Fort heureusement, ils étaient tous rentrés quand survint l'orage.* = Arriver, apparaître, se manifester, se déclarer, se présenter.

survêtement : n.m. = Jogging, training.

survivre : [de **vivre**] v. = Réchapper, subsister. ■ **survivre à** : = Résister, demeurer. ■ **survie** : n.f. = Immortalité. ■ **survivant(e)** : n. = Rescapé.

survolté(e) : [de **volt**] adj. **1-** fig. *Après l'attentat, les esprits étaient survoltés.* = Excité, exalté, surexcité. **2-** ≠ Dévoltage.

sus : adv. ■ **courir sus à l'ennemi** : = Attaquer. ■ **en sus de** : *Elle demanda au poissonnier de lui donner en sus des citrons.* = En plus de, en outre.

susceptible : adj. **1-** *Il est très susceptible, à la moindre remarque, il boude.* = Vexé, chatouilleux, irritable, jaloux, ombrageux, pointilleux, sourcilleux. **2-** *Ce livre est susceptible de t'intéresser.* = Être capable de, pouvoir. ■ **susceptibilité** : n.f. = Irrascibilité, prédisposition, réceptivité.

susciter : v. *Ses talents d'orateur suscitent l'admiration de tous.* = Provoquer, faire naître, attirer, causer, éveiller, produire, occasionner. ≠ Détruire.

suspect : n.m. et adj. (f. suspecte) *Un air suspect.* = Douteux, équivoque, hypothétique, louche, problématique, discutable. ≠ Certain, sûr. ■ **suspecter** : v. *Les médecins suspectent une épidémie de grippe.* = Soupçonner, mettre en cause, se méfier.

suspendre : [de **pendre**] v. **1-** *Pour le 14 Juillet, des lampions sont suspendus sur la place de la mairie.* = Accrocher, attacher, pendre. ≠ décrocher, dépendre. **2-** *Suspendre un abonnement,* = Interrompre, interdire, arrêter, cesser, couper. ≠ Maintenir, prolonger, continuer. **3-** *Suspendre un joueur.* = Démettre, limoger, mettre à pied, dégrader, révoquer. ■ **suspension** : n.f. = Arrêt, interruption, délai, fermeture, sursis, trêve, retrait. ≠ Continuité. ■ **en suspens** : = Interrompu, en sommeil, en attente, suspendu. ■ **suspense** : n.m. *Le suspense de ce film est insoutenable.* = Angoisse.

suspicion : n.f. *Mes parents avaient toujours de la suspicion à l'égard de mes nouveaux amis.* = Défiance, crainte, doute, méfiance. ≠ Confiance.

susurrer : v. *Il lui susurrait des mots doux à l'oreille.* = Murmurer, chuchoter.

suturer : v. *Il s'est ouvert la tête, le docteur l'a suturé.* = Recoudre, coudre.

suzerain : n.m. *Le suzerain possédait des fiefs.* = Seigneur. ≠ Vassal.

svelte : adj. *Sa svelte corpulence lui permettait de ramper dans le passage secret.* = Fin, élancé, allongé, délié, mince. ≠ Massif, épais, lourd.

sweat-shirt ou **sweatshirt** : n.m. (plur. sweat-shirts) *Elle a un sweat-shirt qu'on lui a rapporté des États-Unis.* = Chandail.

syllabe : n.f. *« Locomotive » a cinq syllabes : Lo-co-mo-ti-ve.* = Pied.

symbole : n.m. **1-** *L'aigle est le symbole de l'impérialisme.* = Signe, insigne, emblème, image, allégorie, figure, chiffre. ■ **symboliser** : v. *Marianne symbolise la République française.* = Représenter, figurer, incarner, matérialiser. ■ **symbolique** : adj. = Emblématique, figuratif, allégorique.

symétrie : n.f. *La symétrie du visage humain.* = Harmonie, équilibre. ≠ Asymétrie. ■ **symétrique** : adj. Superposable, régulier. ≠ Asymétrique, dissymétrique, irrégulier.

sympathie : n.f. *Elle a beaucoup de sympathie pour les amis de son frère.* = Amitié, attirance, estime, fraternité, cordialité, affinité. ≠ Antipathie, aversion, disparité, opposition, animosité, indifférence. ■ **sympathique** : adj. = Sociable, agréable, aimable, charmant, gentil, plaisant. ≠ Indifférent, malveillant, hostile, antipathique, désagréable, déplaisant.

symptôme : n.m. *Il avait tous les symptômes de la rougeole sauf les boutons rouges.* = Indice, signe, syndrome, présage.

synchroniser : v. *Les deux rameurs synchronisaient parfaitement leurs mouvements et le canoë filait sur l'eau.* = Rendre synchrone.

syncope : n.f. *Elle a fait une syncope sur son lieu de travail, les secours l'ont amené à l'hôpital.* =

Éblouissement, défaillance, étourdissement, lipothymie, évanouissement. ■ **syncopé(e) :** adj. *Le jazz est syncopé et rythmé.* = À contretemps.

syndic : n.m. *Le syndic de l'immeuble.* = Mandataire, liquidateur. ■ **syndicat :** n.m. *Le syndicat des chauffeurs routiers a décidé de prolonger le mouvement de grève.* = Association, fédération, groupement, mutuelle, union. ■ **se syndiquer :** v. pron. = S'affilier, adhérer à un syndicat.

synonyme : n.m. ou adj. *Gifle et claque sont des synonymes.* ≠ Antonyme, contraire.

syntaxe : n.f. *Clara a eu 8 à sa rédaction, sa syntaxe est correcte, mais elle manque de vocabulaire.*

synthèse : n.f. **1-** *Il a préparé, en vue de la réunion, une synthèse des activités de l'entreprise.* = Association, déduction. ≠ Analyse, dissociation, élément. **2-** *Du sucre de synthèse.* = Combinaison. ≠ Dissolution. ■ **synthétique :** n. et adj. *Mon pull est en tissu synthétique.* ≠ Naturel. ■ **synthétiseur :** n.m. Abrév. = Synthé.

système : n.m. *Le système d'éducation, le système politique.* = Doctrine, dogme, idéologie, méthode, théorie. ■ **systématique :** adj. **1-** = Méthodique, en règle, organisé. **2-** *Il achète son journal à 11 heures, c'est systématique.* = Habituel, invariable. ■ **systématiquement :** adv. De façon régulière, méthodiquement.

T t T t T t T t T t T t T t

table : n.f. **1-** = Bureau, guéridon, pupitre, écritoire, chevet, desserte. ■ **mettre la table :** = disposer, dresser le couvert. **2-** = Index, répertoire. ■ **table des matières :** = sommaire. ■ **table ronde :** = réunion, concertation. ■ **tabler :** v. *Elle table sur une vingtaine d'invités.* = Compter, miser, se fonder. ■ **tableau :** n.m. **1-** *Le musée a acquis un tableau de Picasso.* = Peinture, toile, portrait. **2-** *Le tableau d'affichage. Le tableau noir.* = Panneau. **3-** *Les tableaux vivants de la rue.* = Spectacle, scène. ■ **tablier :** n.m. = Blouse, sarrau.

tabou : adj. et n.m. *Un sujet tabou.* = Interdit, sacro-saint.

tache : n.f. **1-** *Un pelage avec des taches.* = Moucheture, spot. **2-** = Saleté, salissure, souillure, éclaboussure, marque, bavure. **3-** = Déshonneur, honte. ■ **tacher :** v. = Maculer, souiller, salir. ■ **tacheté :** adj. = Moucheté.

tâche : [de **taxer**] n.f. = Travail, labeur, peine. ■ **tâcher :** v. = Essayer, faire des efforts pour, s'efforcer de, tenter de.

tacite : [de **taire**] adj. *Un accord tacite.* = Sous-entendu, implicite, convenu. ≠ Explicite, formel.

taciturne : adj. = Silencieux, sombre, maussade. ≠ Bavard, loquace, volubile.

tact : [de **toucher**] n.m. = Délicatesse, doigté, finesse, savoir-vivre.

tactique : n.f. = Méthode, stratégie, système, plan, ruse.

tag : n.m. = Graffiti, graff, inscription.

tailler : v. = Couper, découper, élaguer, émonder, taillader. ■ **taillader :** v. = Entailler, tailler. ■ **taille :** n.f. **1-** *La taille des arbres.* = Coupe, découpe, élagage. **2-** = Hauteur, mesure, stature, dimension, gabarit. **3-** *La taille fine.* = Ceinture. **4-** *La taille 38.* = Dimension, pointure, stature. ■ **être de taille à :** = être capable de. ■ **taillis :** n.m. = Fourré, buisson.

taire (se) : v. pron. = Garder le silence, ne pas dire, dissimuler. ■ **taire :** v. *Taire la vérité.* = Cacher, dissimuler, couvrir, omettre. ≠ Dévoiler, divulguer.

talent : n.m. = Aptitude, virtuosité, don, disposition. ■ **talentueux :** adj. (f. talentueuse) = Doué. ≠ Médiocre.

talisman : n.m. = Amulette, fétiche, porte-bonheur.

talon : n.m. *Un talon de chèques.* = Souche. ■ **tourner les talons :** = fuir, partir. ■ **talon d'Achille :** = point faible. ■ **avoir l'estomac dans les talons :** fam. = être affamé. ■ **talonner :** v. = Poursuivre, pourchasser, traquer.

talus : [de **talon**] n.m. = Levée, remblai.

tambouriner : v. *Tambouriner à la fenêtre.* = Frapper, pianoter, marteler.

tamis : n.m. **1-** *Il recueille du sable avec un tamis.* = Sas, passoire, crible. **2-** = Cordage (d'une raquette) ■ **tamiser :** v. = Cribler, filtrer, passer, sasser, trier. ■ **tamisé :** adj. *Un éclairage tamisé.* = Adouci, doux. ≠ Cru, violent.

tampon : n.m. **1-** *C'est le tampon de la poste qui fait foi.* = Cachet. **2-** *Un tampon trempé dans l'alcool.* =Tissu, ouate. ■ **tamponner :** v. = Cogner, heurter, emboutir, télescoper.

tandem : n.m. *Ils écrivent en tandem des guides touristiques.* = Duo, binôme.

tandis que : loc. conj. **1-** *Tandis qu'il dort, elle lit.* = Pendant que, comme. **2-** *Il marche tandis que son frère court.* = Alors que.

tangent : adj. fam. = Juste, à la limite.

tangible : [de **toucher**] adj. *Une preuve tangible.* = Réel, palpable, concret, visible, authentique, certain, évident, incontestable. ≠ Irréel, éventuel, hypothétique.

tanguer : v. = Se balancer, osciller, zigzaguer.

tanière : = Terrier, antre, gîte, repaire.

tank : n.m. = **1-** Réservoir, citerne. **2-** = Char d'assaut.

tanner : v. **1-** = Bronzer, hâler, brunir. **2-** fam. = Harceler, tarabuster.

tant : adv. = Tellement, autant. ■ **en tant que** : = en qualité de. ■ **tant bien que mal** : = difficilement, cahin-caha. ■ **tant et plus** : = beaucoup, énormément.

taper : v. = Frapper, asséner, cogner, marteler, battre. ■ **tapage** : n.m. **1-** = Vacarme, chahut, tintamarre, charivari. **2-** = Scandale, éclat, esclandre. ■ **tape** : n. f. = Gifle, claque, soufflet.

tapir (se) : v. pron. = Se dissimuler, se cacher, se terrer.

tapis : = Carpette, moquette, natte. ■ **tapisser** : v. *Tapisser un mur.* = Recouvrir, couvrir, tendre. ■ **tapisserie** : n.f. = Tenture, canevas.

taquin : adj. = Espiègle, facétieux, malicieux, narquois. ■ **taquiner** : v. = Agacer, faire enrager. ■ **taquinerie** : n.f. = Plaisanterie, facétie, moquerie, agacerie.

tarauder : v. *La question le taraude.* = Hanter, tourmenter, inquiéter, obséder, ronger.

tard : adv. = Ultérieurement. ≠ Tôt. ■ **tarder** : v. = Durer, traîner, s'éterniser, se prolonger. ≠ Se hâter. ■ **sans (plus) tarder** : = immédiatement, sur-le-champ. ■ **tardif** : adj. (f. tardive) *Des poiriers tardifs.* = Retardataire, retardé, lent. ≠ Précoce. ■ **tardivement** : adv. = En retard. ≠ Précocement, prématurément.

tare : n.f. **1-** = Poids, contrepoids, charge. **2-** = Imperfection, défaut, malfaçon, vice, défectuosité.

targuer (se) : v. pron. = Se vanter, se prévaloir, s'enorgueillir, se flatter.

tarif : n.m. = Montant, prix, barême, tarification.

tarir : v. = Assécher, vider, épuiser.

tas : n.m. = Amas, monceau, amoncellement, foisonnement, multitude. ■ **des tas de** : fam. = des quantités, en abondance. ■ **tasser** : v. = Comprimer, compacter, entasser, serrer. ■ **se tasser** : v. pron. = S'affaisser, se voûter. ■ **tassement** : n.m. = Affaissement, diminution, réduction.

tâter : v. =Toucher, manier, palper, sonder. ■ **se tâter** : v. pron. fam. = Hésiter, s'interroger, balancer, douter. ■ **à tâtons** : loc. adv. = à l'aveuglette. ■ **tâtonner** : v. = Hésiter, essayer, expérimenter. ■ **tâtonnement** : n.m. = Hésitation, doute, indécision, perplexité.

tatillon : adj. = Exigeant, maniaque, minutieux, scrupuleux.

taudis : n.m. = Masure, galetas.

taux : [de **taxer**] n.m. = Prix, cours, intérêt, montant, pourcentage.

taxe : n.f. = Impôt, contribution, charge.

technique : n.f. **1-** *Il a appris la technique de la gravure sur bois.* = Méthode, procédé, métier, maîtrise, savoir-faire. **2-** *Une technique de calcul mental.* = Manière, stratégie, système, art. ■ **technicien** : n. (f. technicienne) *Le technicien du téléphone a vérifié la ligne.* = Ingénieur, professionnel, spécialiste.

teenager : n. = Adolescent.

teigne : n.f. fig. fam. = Hargneux, méchant. ■ **teigneux** : adj. (f. teigneuse) fig. fam. = Agressif, mauvais, tenace.

teindre : v. = Colorer, colorier, peindre, teinter.

teinter : v. = Colorer, colorier, peindre, teindre. ■ **teinture** : n.f. = Coloration, couleur. ■ **teinte** : n.f. *Différentes teintes de rouge.* = Couleur, coloris, nuance, ton. ■ **teint** : n.m. *Un teint bronzé.* = Couleur, coloris (de la peau)

tel, telle, tels, telles : adj. ou pron. = Pareil, identique, semblable.

téléguider : [de **guider**] v. = Radioguider, piloter (à distance).

télépathie : n.f. = Spiritisme, occultisme.

tellement : adv. = Tant, à tel point.

téméraire : adj. = Audacieux, imprudent, aventureux, insensé. ≠ Lâche, peureux, sage, craintif. ■ **témérité** : n.f. = Courage, audace, intrépidité. ≠ Prudence, lâcheté, couardise.

témoigner : v. **1-** = Attester, certifier, déposer, rapporter. **2-** *Témoigner de la sympathie.* = Exprimer, manifester, montrer, marquer, faire preuve de. ■ **témoignage** : n.m. **1-** = Certification, attestation, déposition. **2-** *Un témoignage d'amitié.* = Preuve, signe, marque, manifestation.

témoin : n. = Spectateur.

tempérament : [de **tempérer**] n.m. = Caractère, naturel, personnalité, disposition. ■ **température** : n.f. = Chaleur, climat, temps.

tempérer : v. = Adoucir, amortir, apaiser, atténuer, modérer, ralentir. ■ **tempéré** : adj. *Un climat tempéré.* = Moyen, modéré, équilibré.

tempête : [de **temps**] n.f. = Bourrasque, cyclone, ouragan, tourmente. ■ **tempêter** : v. fig. = Râler, fulminer.

temps : n.m. **1-** *Combien de temps ?* = Durée, instant, moment, minute, seconde, délai, marge. **2-** *Au temps des Gaulois, Paris s'appelait Lutèce.* = Ère, époque, siècle, âge, année, période. **3-** *Il est temps de partir.* = Moment, occasion. **4-** *Il fait beau temps.* = Climat, météo, température. **5-** *La machine à remonter le temps.* = Avenir, futur, passé, présent. ■ **de temps en temps** : = quelquefois, parfois, par intervalles. ■ **dans le**

temps : = autrefois, jadis, avant. ■ **en même temps :** = ensemble, simultanément, à la fois. ■ **tempo :** n.m. = Vitesse, rythme, mesure, temps. ■ **temporaire :** adj. = Momentané, provisoire, éphémère. ≠ Définitif, durable. ■ **temporairement :** adv. = Provisoirement. ■ **temporiser :** v. = Tergiverser, atermoyer, attendre, différer, surseoir.

tenable : [de **tenir**] adj. = Supportable, tolérable.

tenace : [de **tenir**] adj. **1-** *Une volonté tenace.* = Obstiné, entêté, opiniâtre, têtu. **2-** *Une tache tenace.* = Adhérant, indélébile, ineffaçable, durable. ≠ Fugace. ■ **ténacité :** n.f. = Volonté, obstination, opiniâtreté, persévérance.

tenailler : [de **tenir**] v. *Il est tenaillé par la faim.* = Torturer, tourmenter, miner, ronger, importuner, obséder, tracasser.

tendance : [de **tendre**] n.f. **1-** = Penchant, disposition, aptitude, propension. **2-** *Les tendances de la mode.* = Orientation, direction, option, opinion.

tendre : [de **tenir**] v. **1-** *Un hamac est tendu entre deux arbres .* = Allonger, déployer, étirer, tirer. **2-** *Elle tend les bras.* = Bander, contracter, raidir. ≠ Détendre. **3-** *Il tend à s'améliorer.* = Approcher, s'efforcer, essayer. ■ **tendre vers :** = avoir pour but, viser à.

tendre : adj. **1-** = Doux, affectueux, caressant, chaleureux, délicat, sentimental. **2-** *Cette viande est tendre.* = Mou, fondant. ≠ Dur, coriace. ■ **tendresse :** n.f. *Adrien a une grande tendresse pour son grand-père.* = Amour, affection, sentiment.

ténèbres : n.f. plur. = Obscurité, nuit, noir, ombre. ≠ Jour, lumière. ■ **ténébreux :** adj. (f. ténébreuse) = Obscur, mystérieux, sombre, sinistre.

teneur : [de **tenir**] n.f. = Contenu.

tenir : v. **1-** *Tenir un livre.* = Maintenir, porter, garder, détenir. ≠ Lâcher. **2-** *Ce canapé tient toute la place.* = Prendre, occuper. **3-** *Ses couettes tiennent par deux élastiques.* = Retenir, être attaché. **4-** *Elle tient une librairie.* = Gérer, s'occuper, avoir. **5-** *Cette voiture tient bien la route.* = Être stable, résister à. **6-** *Tenir un emploi.* = Avoir, posséder. **7-** *Il tient ses renseignements de l'agence immobilière.* = Détenir, posséder. **8-** *Tenir ses promesses.* = Respecter. **9-** *L'affiche tient au mur.* = Être fixé, coller. **10-** *Tenir ses pieds au chaud.* = Garder, conserver. ■ **être tenu à :** = être obligé. ■ **tenir de :** = ressembler. ■ **tenir lieu :** = remplacer, servir de. ■ **tenir pour :** *Tenir pour vrai.* = Considérer, croire. ■ **se tenir :** v. pron. **1-** *Se tenir à la rampe.* = S'accrocher, s'agripper. **2-** *Se tenir droit.* = Rester. **3-** *La réunion se tient dans la grande salle.*= Avoir lieu, se trouver, se situer. ■ **se tenir à :** *Il s'en tient à son idée.* = être fidèle à. ■ **tenant :** n.m. *Le tenant du titre.* = Détenteur.

tension : [de **tendre**] n.f. **1-** *La tension entre deux pays.* = Discorde, divergence, désaccord. **2-** *Régler la tension des cordes d'une guitare.* = Pression, contraction, traction. **3-** *Il ressent une grande tension avant l'examen.* = Stress, nervosité, inquiétude, crainte. ≠ Décontraction.

tentation : [de **tenter**] n.f. = Envie, désir, attrait, attirance. ■ **tentant :** adj. = Attirant, attractif, alléchant, séduisant. ≠ Rebutant, repoussant. ■ **tentative :** n.f. = Essai, entreprise, démarche.

tenter : v. **1-** *Il a tenté de m'impressionner.* = Essayer, chercher à, s'efforcer, entreprendre, se lancer, risquer, tâcher. **2-** *Les gâteaux du pâtissier me tentent bien.* = Donner envie, attirer, séduire, allécher.

ténu : adj. *Un fil ténu.* = Fin, mince, délicat, léger, subtil. ≠ Épais.

tenue : [de **tenir**] n.f. **1-** *Une bonne tenue est exigée à l'école.* = Maintien, présentation, allure, conduite, posture. **2-** *La tenue d'une assemblée.* = Séance, réunion. **3-** *Une tenue de sport.* = Vêtement, costume, habillement, habit, toilette. ■ **tenu :** adj. *Ce restaurant est bien tenu.* = Soigné, propre, convenable, décent.

tergiverser : v. = Hésiter, balancer, tâtonner, atermoyer, louvoyer. ≠ Trancher. ■ **tergiversation :** n.f. = Hésitation, détour, dérobade, louvoiement.

terme : n.m. *Ils sont arrivés au terme de leur voyage.* = Fin, bout, achèvement, limite. ≠ Début, départ, commencement. ■ **terminer :** v. = Finir, achever, conclure, liquider, clore, clôturer, cesser, accomplir, parfaire. ■ **se terminer :** v. pron. = Prendre fin, s'arrêter, s'achever. ≠ Commencer, débuter. ■ **terminaison :** n.f. **1-** = Fin, extrémité, bout, conclusion. **2-** = Suffixe, désinence, finale. ■ **terminal :** adj. (plur. terminaux) = Dernier, ultime. ≠ Premier.

terme : n.m. *Termes techniques.* = Expression, mot, vocable. ■ **en bons ou en mauvais termes :** = rapports.

ternir : v. = Obscurcir, décolorer, altérer, défraîchir. ≠ Raviver, éclaircir. ■ **terne :** adj. *une couleur terne.* = Blafard, blême, fade, plat. ≠ Brillant, éclatant.

terrain : [de **terre**] **1-** n.m. *Il va acheter le terrain d'à côté .* = Parcelle, domaine, champ, terre. **2-** *Un terrain argileux.* = Sol. **3-** *Terrain de sport.* = Emplacement.

terrasse : [de **terre**] n.f. = Balcon, plate-forme.

terrasser : [de **terre**] v. **1-** = Jeter à terre, vaincre, renverser, abattre, dominer, triompher de.

terre : n.f. **1-** Avec une majuscule = Planète, globe, monde. **2-** = Sol, terrain. **3-** *Un vase en terre cuite.* = Argile. **4-** *Des terres à blé.* =Terrain (cultivé), champ. **5-** *S'exiler en terre étrangère.* = Pays, région, terroir.

■ **avoir les deux pieds sur terre :** = être réaliste, être terre à terre. ■ **se terrer :** v. pron. = Se cacher, se camoufler, se tapir, se claquemurer. ■ **terrien :** n. (f. terrienne) ≠ Extraterrestre.

terreur : n.f. = Peur, épouvante, effroi, frayeur. ■ **terreux :** adj. *Un teint terreux.* = Blafard, blême, livide. ≠ Coloré. ■ **terrifier :** v. =Terroriser, effrayer, affoler, angoisser, épouvanter, horrifier. ≠ Rassurer, tranquilliser. ■ **terrible :** adj. **1-** = Épouvantable, dramatique, effroyable, terrifiant. **2-** *Un enfant terrible.* =Turbulent, fatigant, détestable. ≠ Charmant, sage. **3-** fam. *Une idée terrible.* = Formidable, fantastique, remarquable. ≠ médiocre. ■ **terriblement :** adv. = Extrêmement, excessivement, incroyablement, très. ■ **terrifiant :** adj. = Effrayant, cauchemardesque, effroyable, épouvantable, horrible, monstrueux, terrible. ■ **terroriser :** v. = Terrifier, effrayer, affoler, angoisser, épouvanter, horrifier.

territoire : [de **terre**] n.m. n.m. **1-** *Le territoire français.* = État, pays. **2-** *Le territoire de la commune.* = Circonscription, district, zone.

tertre : n.m. = Monticule , butte, élévation.

test : n.m. **1-** = Épreuve, examen, contrôle. **2-** Essai, étude, expérience. ■ **tester :** v. = Essayer, éprouver, étudier, expérimenter.

tête : n.f. **1-** = Crâne, front, visage, figure. **2-** *La tête du complot.* = Cerveau , organisateur, chef, meneur, dirigeant. **3-** = Esprit, imagination, mémoire, raison, réflexion. ■ **tenir tête :** = résister. ■ **de tête :** = de mémoire, mentalement. ■ **tête-à-queue :** n.m. inv. = Volte-face. ■ **tête-à-tête :** n.m. inv. = Face à face, nez à nez.

téter : v. = Aspirer, sucer.

têtu : adj. = Entêté, buté, obstiné, acharné, opiniâtre, tenace. ≠ Souple.

texte : n.m. **1-** *Il faut bien lire le texte avant de signer.* = Énoncé, consigne, document, copie, rédaction. **2-** *Les Misérables est un texte de Victor Hugo.* = Œuvre, manuscrit. ■ **textuel :** adj. = Exact, littéral, écrit, authentique, mot pour mot. ■ **textuellement :** adv. (abrév. texto) = Strictement, conformément.

textile : [de **tisser**] n.m. = Fibre, tissu, étoffe, toile.

texture : n.f. = Constitution, composition, structure.

théâtre : n.m. **1-** = Comédie, tragédie, drame, œuvre. **2-** = Plateau, scène, tréteaux, planches. **3-** *La clairière a été le théâtre du dernier combat.* = Lieu, endroit. ■ **coup de théâtre :** = imprévu, rebondissement. ■ **théâtral :** adj. (plur. théâtraux) = Spectaculaire, tragique, dramatique, pompeux, grandiloquent. ≠ Humble, discret.

thème : n.m. **1-** *Le peintre a pour thème les natures mortes.* = Sujet, idée, trame. **2-** = Traduction. ≠ Version.

théorie : n.f. *La théorie de la relativité.* = Idée, hypothèse, doctrine, principe, philosophie, système. ■ **théoricien :** n. (f. théoricienne) = Chercheur, penseur, philosophe. ■ **théorique :** adj. = Abstrait, hypothétique, imaginaire, spéculatif. ≠ Concret, matériel, expérimental. ■ **théorème :** n.m. = Démonstration (mathématique).

thérapeute : n. = Médecin, soignant. ■ **thérapie ou thérapeutique :** n.f. = Traitement, soin, médication.

thésauriser : v. = Économiser, amasser, épargner, placer. ≠ dépenser.

thèse : n.f. = Point de vue, opinion, principe.

thuriféraire : adj. = Flatteur, flagorneur.

tic : n.m. = Manie, habitude, grimace.

tiède : adj. **1-** = Mitigé, tempéré, doux. **2-** = Indifférent, modéré, mou, nonchalant, réservé. ≠ Zélé, fervent, enthousiaste. ■ **tiédeur :** n.f. = Douceur, indolence, moiteur, mollesse.

tiers : [de **trois**] n. (f. tierce) = Étranger, inconnu, intrus.

timbre : n.m. **1-** = Vignette , affranchissement, tampon, marque, cachet. **2-** = Sonorité, son, sonnerie. ■ **timbrer :** v. = Affranchir, tamponner.

timide : adj. = Craintif, timoré, hésitant, apeuré, humble. ≠ Audacieux, hardi, téméraire. ■ **timidité :** n.f. = Crainte, embarras, gaucherie, modestie, réserve, gêne. ≠ Audace, confiance, hardiesse. ■ **timidement :** adv. = Craintivement, peureusement. ≠ Audacieusement, bravement.

timoré : [de **timide**] adj. = Craintif, timide, hésitant, apeuré, humble. ≠ Courageux, entreprenant, téméraire, hardi.

tinter : v. = Sonner, carillonner, résonner. ■ **tintamarre :** n.m. = Vacarme, tapage, charivari, cacophonie, fracas.

tir : n.m. = Salve, rafale, coup.

tirage : [de **tirer**] n.m. = Impression, édition, publication. ■ **tirade :** n.f. = Réplique, discours. ■ **tirailler :** v. **1-** = Tirer. **2-** = Être écartelé, être déchiré. ■ **tiraillement :** n.m. = Déchirement, conflit.

tirer : v. **1-** *La locomotive tire les wagons.* = Conduire, emmener, haler, remorquer, traîner, tracter. ≠ Pousser. **2-** *Tirer les rideaux.* = Allonger, étirer, étendre, tendre. **3-** *Tirer un trait.* =Tracer, barrer. **4-** *L'éditeur a tiré le roman à 10 000 exemplaires.* = Imprimer, éditer. **5-** = Envoyer (un projectile), faire feu, mitrailler. **6-** *Tirer l'eau du puits.* = Extraire, pomper, puiser, retirer, sortir. **7-** *Tirer profit.* = Avoir, obtenir, profiter, soutirer, gagner. ■ **tirer les cartes :** = prédire (l'avenir) ■ **tirer à sa fin :** = se terminer, finir. ≠ Commencer, débuter. ■ **tiré :** adj. *Les traits tirés.* = Fatigué, amaigri, hâve. ■ **tiré par les cheveux :** = invraisemblable, abracadabrant.

tisane : n.f. = Infusion.

tisser : v. = Entrelacer, tresser, tramer, brocher. ■ **tissu :** n.m. = Étoffe, textile.

titan : n.m. = Géant, colosse. ■ **titanesque :** adj. = Surhumain, colossal, herculéen, démesuré, monumental.

titre : n.m. **1-** *Le titre d'un film.* = Nom, appellation, désignation, intitulé. **2-** *Les gros titres.*= Entête, manchette. **3-** *Appeler par son titre.* = Appellation, grade, fonction, dignité. **4-** = Certificat, diplôme. **5-** *Les titres de propriété.* = Document, reconnaissance, certificat. **6-** *Les titres boursiers.* = Valeur, obligation, action. ■ **au même titre :** = de la même manière. ■ **à juste titre :** = Légitimement. ≠ Injustement.

tituber : v. = Vaciller, flageoler, chanceler.

titulaire : [de **titre**] adj. **1-** *Un professeur titulaire.* = Nommé, choisi. ≠ Stagiaire, vacataire. **2-** *Les titulaires du permis de conduire.* = Détenteur. ■ **titulariser :** v. = Nommer, affecter, intégrer.

toc : n.m. fam. = Camelote, pacotille.

tohu-bohu : n.m. inv. fam. = Désordre, tumulte. ≠ Calme.

toile : [de **tisser**] n.f. **1-** = Tissu, textile, étoffe. **2-** *Le peintre a exposé ses toiles.* = Peinture, tableau. ■ **toilette :** n.f. **1-** = Soin, lavage, nettoyage, ablution. **2-** = Vêtement, tenue, costume, mise, parure. ■ **toilettes :** n.f. plur. = Lavabos, WC. ■ **toiletter :** v. = Laver, brosser , soigner (un animal).

toiser : [de **tendre**] v. fam. = Regarder, observer, dévisager.

toison : [de **tondre**] n.f. = Pelage, lainage, fourrure, chevelure.

toit : n.m. = Abri, asile, refuge. ■ **crier sur les toits :** = dévoiler (un secret), mettre au courant.

tolérer : [de **tollé**] v. = Supporter, permettre, accepter, admettre, autoriser, souffrir. ≠ Défendre, interdire. ■ **tolérant :** adj. = Indulgent, compréhensif, respectueux, patient. ≠ Intolérant, fanatique, sévère. ■ **tolérable :** adj. = Excusable, supportable. ≠ Intolérable. ■ **tolérance :** n.f. = Respect, indulgence, clémence, compréhension, patience. ≠ Intolérance, sectarisme.

tollé : n.m. = Indignation, protestation.

tombe : n.f. = Sépulture, caveau, mausolée, tombeau. ■ **tombeau :** n.m. = Sépulture, caveau, mausolée, tombe. ■ **à tombeau ouvert :** = à toute vitesse.

tomber : v. **1-** *Julie est tombée de cheval.* = Chuter, choir, descendre, dégringoler, s'affaler. ≠ Se relever. **2-** *Le vent est tombé.* = Faiblir. **3-** fam. *Elle a laissé tomber ses cours d'anglais.*= Abandonner, négliger. **4-** *Elle retira sa barrette et sa chevelure tomba.* = Pendre. **5-** *À l'automne, les feuilles tombent.* = Se détacher. **6-** *Le jeune sergent est tombé au combat.* = Mourir. ■ **tomber sur quelqu'un :** = le rencontrer.

ton : n.m. **1-** *Un changement de ton dans le refrain.* = Note, tonalité, son, timbre. **2-** *Un ton sec.* = Inflexion, intonation, accent. **3-** *Des tons pastel.* = Nuance, teinte, coloris, couleur. ■ **de bon ton :** = distingué, de bonne manière.

tondre : v. = Couper, raser, tonsurer.

tonique : [de **ton**] **1-** adj. *Il est tonique.* = Dynamique, énergique. ≠ Mou, apathique, atone. **2-** adj. ou n.m. *Un tonique.* = Reconstituant, revigorant, fortifiant. **3-** fig. *L'air de la montagne est tonique.* = Stimulant, vivifiant. ■ **tonicité :** n.f.= Tonus, vigueur. ■ **tonifier :** v. = Revigorer, stimuler, dynamiser, raffermir.

tonitruant : [de **tonnerre**] adj. *Un rire tonitruant.* = Bruyant, haut, retentissant, sonore. ≠ Discret.

tonner : v. = Gronder, fulminer, tempêter.

tonus : [de **ton**] n.m. = Énergie, dynamisme, ressort.

top : n.m. *Il est arrivé au top de son art.* = Mieux, idéal, sommet.

topo : n.m. fam. = Discours, laïus, exposé.

topographie : n.f. = Relief, cartographie, configuration.

toquer : [de **toc**] v. = Frapper. ■ **toqué :** adj. et n. fam. = Dérangé, fou, excentrique. ■ **toquade :** n.f. = Caprice, extravagance, lubie, manie.

torche : n.f. = Flambeau, lampe.

tordre : v. **1-** *Il faut tordre le drap mouillé.* = Tourner, serrer, torsader, tortiller, vriller. **2-** *Tordre des barres de fer.* = Déformer, plier, courber. ■ **tordu :** adj. **1-** *La clé est tordue.* = Tourné, déformé, vrillé. **2-** fig. fam. *Cette histoire est tordue.* = Compliqué. ≠ Franc, honnête.

toréador : n.m. = Matador, torero.

tornade : n.f. = Cyclone, ouragan, vent.

torpeur : n.f. = Assoupissement, engourdissement, léthargie, somnolence, abattement, ralentissement.

torrentiel : adj. (f. torrentielle) *Des pluies torrentielles.* = Abondant, diluvien, violent.

torride : adj. = Brûlant, caniculaire, chaud.

tors : [de **tordre**] adj. = Déformé.

torse : [de **tordre**] n.m. = Buste, tronc, poitrine.

tort : n.m. = Préjudice, dommage, désavantage, injustice, faute, offense. ■ **à tort :** = injustement. ■ **à tort et à travers :** = à la légère, sans discernement. ■ **tortionnaire :** n. = Bourreau.

tortiller : v. =Tordre, entortiller. ■ **se tortiller :** v. pron. = Se remuer , se balancer, onduler.

tortueux : [de **tordre**] adj. (f. tortueuse) = Sinueux, courbe, ondoyant, tourmenté. ≠ Rectiligne, droit, direct.

torture : [de **tordre**] n.f. = Souffrance, calvaire, douleur, martyre, persécution, supplice. ■ **torturer :** v. = Tourmenter, martyriser, persécuter.

torve : [de **tordre**] adj. = Malveillant, méchant, menaçant, oblique, tordu.

tôt : adv. = De bonne heure. ≠ Tard. ■ **tôt ou tard :** = un jour ou l'autre. ■ **au plus tôt :** = dès que possible.

total : [de **tout**] **A-** adj. **1-** *Le silence total.* = Général, complet, absolu, plein. ≠ Partiel. **2-** *Le montant total des rémunérations.* = Intégral, global. **B-** n.m. *Le total de vos points.* = Somme, ensemble, totalité, tout. ■ **totalement :** adv. = Entièrement, absolument, complètement. ■ **totalité :** n.f. = Ensemble, masse, total, globalité, tout. ■ **totalitaire :** adj. = Absolu, arbitraire, autoritaire, dictatorial, despotique. ■ **totaliser :** v. = Additionner, grouper, rassembler.

touchant : [de **toucher**] adj. = Émouvant, attendrissant, bouleversant, tendre.

toucher : **A-** v. **1-** = Palper, tâter, effleurer, atteindre. **2-** = Être proche, jouxter, avoisiner. **3-** = Encaisser, percevoir. **4-** = Émouvoir, atteindre, pénétrer, blesser, attendrir. ■ **toucher au but :** = atteindre son objectif.

touffu : adj. *La haie touffue nous protège de la route.* = Dru, serré, fourni, dense, luxuriant.

toujours : [de **jour**] adv. = Sans cesse, constamment, perpétuellement, éternellement. ≠ Jamais. ■ **pour toujours :** = définitivement.

toupet : n.m.fam. = Effronterie, hardiesse, sans-gêne, culot, aplomb.

tour : n.f. = Donjon, campanile, beffroi.

tour : [de **tourner**] n.m. **1-** *Trois tours de clé.* = Rotation, révolution. **2-** = Promenade, circuit. **3-** *Le tour de tête.* = Circonférence, bordure, périmètre, contour. **4-** *Un tour de magie. Un mauvais tour.* = Malice, ruse, stratagème, truc. **5-** *Les événements prirent un tour imprévu.* = Aspect, direction. ■ **tour de chant :** = récital. ■ **tour de main :** = habileté, adresse, savoir-faire, dextérité.

tourbillon : n.m. = Bourrasque, cyclone, ouragan, remous, tourmente. ■ **tourbillonner :** v. = Tournoyer, pivoter, virer, tourner.

tourment : [de **tordre**] n.m. = Souci, inquiétude, affliction, désolation, souffrance. ■ **tourmenter :** v. = Harceler, importuner, torturer, ennuyer, martyriser. ■ **tourmenté :** adj. = Anxieux, angoissé, inquiet, soucieux. ■ **tourmente :** n.f. = Ouragan, orage, bourrasque, tempête.

tournant : [de **tour**] adj. et n. = Virage, courbe, coude.

tourner : [de **tour**] v. **1-** *La Terre tourne autour du Soleil* .= Mouvoir, bouger, graviter. **2-** *Tourner le dos.* = Inverser, pivoter. **3-** *Le cambriolage a mal tourné.* = Évoluer. ■ **tourner les talons :** = partir, faire demi-tour. ■ **tourner en ridicule :** = rendre ridicule, se moquer. ■ **se tourner :** v. pron. = Regarder vers.

tournis : [de **tour**] n.m. fam. = Vertige.

tournoi : [de **tournoyer**] n.m. = Compétition, concours, combat.

tournoyer : [de **tourner**] v. = Tourbillonner, pivoter, tourner. ■ **tournoyant :** adj. *Un vent tournoyant.* = Tourbillonnant, changeant.

tousser : [de **toux**] v. = Expectorer.

tout : (f. toute) (plur. tous et toutes) **A-** adj. indéf. **1-** *J'ai mangé tous les bonbons.* = Intégralité, ensemble, totalité. **2-** *Tout individu a le droit à la liberté.* = Chaque, chacun. **B-** adv. **1-** *Il porte un tee-shirt tout neuf.* = Entièrement, complètement, totalement, tout à fait. **2-** *Yves est tout ému.* = Très.

toutefois : [de **tout** et **fois**] adv. = Cependant, néanmoins, pourtant.

toxique : **1-** adj. = Nocif, délétère. ≠ Inoffensif. **2-** n.m. = Poison. ■ **toxicomane :** n. = Drogué, intoxiqué.

trac : n.m. = Peur, angoisse, appréhension.

tracasser : [de **traquer**] v. = Inquiéter, tourmenter, ennuyer, importuner, harceler, obséder. ■ **se tracasser :** v. pron. = Se faire du souci, s'inquiéter, se tourmenter. ■ **tracas :** n.m. = Souci, contrariété, inquiétude, préoccupation.

tracer : [de **trait**] v. = Dessiner, écrire. ■ **trace :** n.f. **1-** = Impression, empreinte, piste, sillage, indice. **2-** = Marque, traînée, tache. ■ **tracé :** n.m. = Dessin, plan, parcours, itinéraire.

tractation : [de **traiter**] n.f. = Négociation, discussion, manœuvres, marchandage, pourparlers.

tracter : v. = Tirer, remorquer, traîner, haler.

tradition : n.f. = Pratique, coutume, usage, folklore, habitude. ■ **traditionnel :** adj. (f. traditionnelle) = Usuel, familier, classique, conventionnel, courant. ≠ Exceptionnel. ■ **traditionnellement :** adv. = Habituellement, rituellement.

traduire : v. **1-** *Traduire un malaise.* = Exprimer, manifester, montrer, révéler, refléter. **2-** *Traduire un* *texte.* = Interpréter, transposer. ■ **traduction** : n.f. = Interprétation, expression, reflet.

trafic : n.m. **1-** *Le trafic routier.* = Circulation. **2-** = Commerce. ■ **trafiquer** : v. **1-** = Frauder. **2-** *Les règles du jeu ont été trafiquées.* = Falsifier, dénaturer, frelater.

tragédie : n.f. = Drame. ≠ Comédie. ■ **tragique** : adj. = Dramatique, bouleversant, effroyable, épouvantable, terrible.

trahir : v. **1-** = Dénoncer, donner, tromper, abuser, duper. **2-** *Trahir un secret.* = Révéler, dévoiler, livrer, vendre, divulguer. ≠ Taire. ■ **trahison** : n.f. = Infidélité, dénonciation, traîtrise, déloyauté, tromperie.

train : [de **traîner**] n.m. **1-** = Rame, convoi, chemin de fer. **2-** *Un train de péniches.* = File. ■ **train-train** : n.m. = Routine, quotidien.

traîner : v. **1-** *Le camion traîne une remorque.* = Tirer, remorquer, haler, tracter. **2-** *La construction traîne depuis trois mois.*= Durer, s'éterniser. **3-** = S'attarder, musarder, rester en arrière. **4-** = Errer, vagabonder, flâner. ■ **traînant** : adj. = Indolent, long, lent, nonchalant. ■ **à la traîne** : fam. = En retard. ■ **traînée** : n.f. = Trace, empreinte, sillage, vestige.

trait : n.m. **1-** = Ligne, dessin, graphisme. **2-** = trait d'union, tiret. **3-** *Un trait d'esprit.* = Mot, ironie, saillie, raillerie. **4-** au pluriel = Allure, apparence, physionomie, caractéristiques, visage. ■ **avoir trait à** : = se rapporter à. ■ **d'un trait** : = d'un seul coup. ■ **trait pour trait** : = de façon identique.

traite : [de **traire**] n.f. **1-** *D'une seule traite.* = Trajet, traversée, route, chemin. **2-** = Commerce, négoce.

traiter : v. **1-** *Le responsable du personnel traitait durement les employés.* = Se comporter, agir, maltraiter. **2-** = Soigner. **3-** = Appeler, désigner, qualifier, nommer. **4-** = Négocier, parlementer, conclure. **5-** *Le prochain cours d'histoire traitera de la Révolution française.* = Étudier, aborder, développer, exposer. ■ **traitement** : n.m. **1-** *Suivre un traitement.* = Cure, régime, soins, thérapie, médication. **2-** *Percevoir un traitement.* = Salaire, appointements, émoluments, honoraires, paye. ■ **traité** : n.m. **1-** *Le traité de Versailles.* = Convention, accord, pacte. **2-** *Marie Curie est l'auteur d'un traité sur la radioactivité.* = Ouvrage, mémoire, manuel, essai, étude.

traître : [de **trahir**] (f. traîtresse) adj. et n.m. **1-** *Des pistes de ski traîtresses.* = Trompeur, dangereux, fourbe, déloyal, perfide, sournois. **2-** = Délateur, dénonciateur, parjure, renégat. ■ **traîtrise** : n.f. = Perfidie, tricherie, trahison, tromperie. ■ **traîtreusement** : adv. = Perfidement, sournoisement.

trajectoire : [de **trajet**] n.f. = Chemin, direction, courbe, ligne.

trajet : n.m. = Itinéraire, chemin, parcours, route, voyage.

trame : n.f. = Corde, fil, réseau, structure. ■ **tramer** : v. **1-** = Tisser, nouer. **2-** fig. = Comploter, manigancer, conspirer, ourdir.

trancher : v. **1-** = Séparer, couper, détacher, sectionner. **2-** = Décider, conclure, arrêter, couper court à. **3-** *La couleur verte de l'herbe tranche avec le bleu du ciel.* = Se détacher, ressortir, contraster, jurer. ■ **tranchant** : adj. **1-** *Mon canif est très tranchant.* = Coupant, effilé, acéré. **2-** *Un ton tranchant ne laisse aucune place à la discussion.* = Impérieux, autoritaire, incisif, catégorique, péremptoire, sec, sans réplique. ≠ Conciliant. ■ **tranchée** : n.f. = Fossé, sillon, cavité, trou. ■ **tranche** : n.f. **A- 1-** = Morceau, portion, part. **2-** = Bord, chant, côté. **3-** *Une tranche de travaux.* = Partie, phase, étape.

tranquille : adj. **1-** = Calme, paisible, serein, sage. ≠ Bruyant, agité, remuant, tumultueux, trépidant. **2-** = Réservé, prudent, raisonnable. ≠ Fébrile, exubérant, expansif. ■ **tranquilliser** : v. = Calmer, rassurer, rasséréner. ≠ Inquiéter, affoler, angoisser. ■ **tranquillement** : adv. = Sereinement, calmement. ■ **tranquillité** : n.f. = Calme, sérénité, quiétude, paix. ≠ Agitation, anxiété.

transaction : [de **transiger**] n.f. = Accord, arrangement, contrat, compromis.

transcrire : [d'**écrire**] v. **1-** = Copier, reproduire, traduire, noter. **2-** = Adapter (une musique). ■ **transcription** : n.f. = Copie, traduction, report, duplicata.

transe : [de **transir**] n.f. = Angoisse, anxiété, crainte, délire, hypnose.

transférer : v. = Transporter, déplacer, convoyer, déménager, délocaliser. ■ **transfert** : n.m. = Déplacement, déménagement, mutation, transport.

transfigurer : [de **figure**] v. = Embellir, changer, transformer, métamorphoser.

transformer : [de **forme**] v. = Changer, convertir, métamorphoser, muer, réformer, transfigurer. ■ **se transformer** : v. pron. = Se métamorphoser, se modifier, évoluer. ■ **transformation** : n.f. = Changement, métamorphose, modification, réforme, transfiguration. ■ **transformable** : adj. = Convertible.

transfuge : [de **fuir**] n. = Traître, dissident, déserteur.

transgresser : v. = Désobéir, enfreindre, passer outre. ■ **transgression** : n.f. = Infraction, violation.

transi : adj. = Saisi, engourdi, gelé, glacé, paralysé.

transiger : [d'**agir**] v. = Arranger, s'accorder, négocier, s'entendre, traiter.

transiter : = Passer par.

transition : n.f. = Passage, changement, évolution, intermédiaire. ■ **transitoire :** adj. = Passager, provisoire. ≠ Permanent, durable, définitif.

translucide : [de **lucide**] adj. = Diaphane, opaque.

transmettre : [de **mettre**] v. **1-** *Transmettre un message.* = Communiquer, passer, propager. **2-** *Les moustiques transmettent la malaria.* = Propager, véhiculer. **3-** *Transmettre un bien.* = Léguer, céder. **4-** *Transmettre des ondes.* = Conduire, véhiculer, relayer. ■ **transmission :** n.f. = Transfert, passage, propagation, épidémie, contagion, circulation.

transparent : [de **paraître**] adj. = Clair, limpide, opalescent, translucide. ■ **transparence :** n.f. = Clarté, limpidité, pureté, netteté.

transpercer : [de **percer**] v. = Crever, éventrer, ouvrir, percer, piquer, trouer.

transpirer : v. = Suer, perler, ruisseler.

transplanter : [de **planter**] v. **1-** = Déplacer, transférer. **2-** = Greffer (un organe).

transporter : [de **porter**] v. **1-** = Emporter, convoyer, charrier, déplacer, transférer, véhiculer. **2-** = Bouleverser, enthousiasmer, passionner, ravir. ■ **transport :** n.m. **1-**= Déplacement, transfert, manutention, livraison. 2- fig. = Enthousiasme, exaltation, fièvre, fougue.

transposer : [de **poser**] v. = Modifier, permuter, traduire, adapter.

transversal : [de **travers**] (plur. transversaux) adj. = Perpendiculaire.

trapu : adj. = Court, large, courtaud, râblé, ramassé. ≠ Fluet.

traquer : v. = Poursuivre, pourchasser, cerner. ■ **traquenard :** n.m. = Piège, embuscade, ruse.

traumatiser : v. = Choquer, frapper, hébéter. ■ **traumatisme :** n.m. = Blessure, choc, commotion, trouble.

travailler : v. **1-** = Exercer, œuvrer, produire. **2-** = Apprendre, étudier, s'instruire. **3-** *Le bois de la porte a travaillé.* = Se déformer. ■ **travail :** n.m. (plur. travaux) **1-** = Tâche, labeur, peine, besogne. **2-** = Emploi, fonction, métier, profession. ■ **travailleur :** (f. travailleuse) **1-** n. = Ouvrier, manœuvre, employé. **2-** adj. = Assidu, appliqué, consciencieux, laborieux, courageux, studieux. ≠ Paresseux, fainéant.

travers : **A-** n.m. = Défaut, imperfection, manie, faiblesse. ≠ Qualité. **B-** prép. ou loc. adv. ■ **à travers :** = entre, au milieu. ■ **de travers :** = Dévié, oblique, tordu.

traverser : [de **travers**] v. **1-** *Traverser sur les passages piétons.* = Franchir, passer, parcourir. **2-** *La balle a traversé l'épaule.* = Pénétrer, percer, transpercer. ■ **traversée :** n.f. = Franchissement, passage, trajet, voyage.

travestir : [de **vêtir**] v. *Travestir la vérité.* = Déguiser, transformer, falsifier, maquiller, changer, métamorphoser. ■ **se travestir :** v. pron. = Se déguiser.

trébucher : v. = Chanceler, buter, tituber, vaciller.

trembler : v. **1-** = Frémir, frissonner, tressaillir. **2-** *Il tremble pour sa vie.* = Appréhender, craindre, redouter. ■ **tremblement :** n.m. = Secousse, saccade, frémissement, frisson, soubresaut, spasme, trémolo.

trémousser (se) : v. pron. = Gigoter, remuer, s'agiter, se tortiller.

tremper : v. **1-** = Baigner, imbiber, humecter, imprégner. **2-** *Tremper le caractère.* = Affermir, endurcir, aguerrir. ■ **trempe :** n.f. **1-** = Caractère, envergure, valeur. **2-** fam. = Fessée, correction.

trépasser : [de **passer**] v. = Mourir, décéder, s'éteindre. ■ **trépas :** n.m. = Décès, mort.

trépidation : n.f. = Tremblement, choc, saccade, à-coup, secousse. ■ **trépidant :** adj. **1-** = Agité, fébrile. ≠ Calme. **2-** = Saccadé, spasmodique.

trépigner : v. = Taper, frapper, piaffer.

très : adv. = Beaucoup, énormément. ≠ Peu.

trésor : n.m. = Richesses , fortune, magot. ■ **trésorier :** n. (f. trésorière) = Comptable, caissier.

tressaillir : [de **saillir**] v. = Tressauter, sursauter, frissonner.

tresse : n.f. = Natte. ■ **tresser :** v. = Natter, entrelacer, tramer.

trêve : n.f. = Pause, répit, repos, armistice, arrêt, cessez-le-feu. ■ **trêve de :** = assez de.

tri : [de **trier**] n.m. = Sélection, choix, triage.

tribu : n.f. = Peuplade, ethnie, clan, famille, groupe.

tribulations : n.f. plur. = Aventures, épreuves.

tribunal : n.m. (plur. tribunaux) = Cour, prétoire, parquet. ■ **tribune :** n.f. = Estrade, chaire, gradin, podium, scène.

tribut : n.m. = Taxe, impôt, contribution, récompense. ■ **tributaire :** adj. = Dépendant, contraint, obligé, redevable.

tricher : v. = Tromper, frauder, mentir, trahir. ■ **tricherie :** n.f. = Mensonge, tromperie, fraude, triche, supercherie. ■ **tricheur :** n. (f. tricheuse) = Trompeur, fraudeur, truqueur.

trier : v. = Sélectionner, choisir, classer, répartir.

trimer : v. fam. = Travailler, s'échiner, peiner.

triomphe : n.m. = Succès, victoire, consécration, apothéose, gloire. ■ **triompher :** v. **1-** = Vaincre, conquérir, abattre, dominer. **2-** = Exceller, maîtriser, surclasser. ■ **triomphal :** adj. (plur. triomphaux) *Une entrée triomphale.* = Salué, acclamé, chaleureux, enthousiaste. ≠ Glacial, froid. ■ **triomphant :** adj. = Éclatant, rayonnant, radieux, resplendissant.

triste : adj. **1-** = Peiné, abattu, morose, chagrin, maussade, mélancolique. ≠ Gai, joyeux. **2-** *Un triste personnage.* = Lamentable, misérable. ■ **tristesse :** n.f. = Mélancolie, affliction, chagrin, amertume, morosité, spleen.

triturer : v. = Broyer, piler, malaxer, pétrir.

trivial : adj. (plur. triviaux) = Grossier, vulgaire, commun. ≠ Soigné, soutenu, original. ■ **trivialité :** n.f. = Familiarité, grossièreté, obscénité, vulgarité.

troc : [de **troquer**] n.m. = Échange, contrepartie.

trombe : n.f. = Cyclone, bourrasque, tornade. ■ **trombe d'eau :** = pluie, déluge, cataracte. ■ **en trombe :** = à toute vitesse.

tromper : v. = Abuser, duper, berner, leurrer, escroquer, mystifier, trahir, flouer. ■ **se tromper :** v. pron. = Se méprendre, se fourvoyer. ■ **trompeur :** adj. et n. (f. trompeuse) = Tricheur, menteur, escroc, déloyal, fallacieux, fourbe, perfide, traître. ■ **tromperie :** n.f. = Tricherie, fraude, mystification, supercherie.

tronc : n.m. = Buste, torse. ■ **tronçon :** n.m. = Morceau, parcelle, partie, portion. ■ **tronçonner :** v. = Découper, débiter, trancher, couper.

trôner : v. = Siéger, présider.

tronquer : [de **tronc**] v. = Altérer, abréger, retrancher, retirer, amputer, raccourcir.

trop : adv. = À l'excès, très.

troquer : v. = Échanger, convertir, permuter.

trotter : v. = Trottiner, courir. ■ **trotter dans la tête :** = obséder, préoccuper, tracasser.

trou : n.m. (plur. trous) = Cavité, ouverture, orifice, trouée, perforation. ■ **trou de mémoire :** = oubli, lacune. ■ **trouer :** v. = Perforer, percer, forer, transpercer. ■ **trouée :** n.f. = Brèche, passage.

troubadour : n.m. = Trouvère.

trouble : **A- 1-** adj. = Bourbeux, vaseux, opaque. ≠ Limpide, transparent. **2-** *Des images troubles.* = Flou, confus. ≠ Net. **3-** fig. *Une histoire trouble.* = Imprécis, confus, obscur, mystérieux, suspect. ≠ Précis, clair, net. **B- 1-** n.m. *Il y a eu des troubles lors de la manifestation.* = Désordre, agitation, confusion, effervescence, perturbation, tumulte. ≠ Concorde, entente, sérénité. **2-** *Des troubles du langage.* = Dérèglement, déséquilibre. ■ **trouble-fête :** n. = Importun. ■ **troubler :** v. **1-** = Perturber, déranger, désorganiser, gêner. **2-** = Embarrasser, émouvoir, bouleverser. ■ **troublant :** adj. = Inquiétant, déconcertant, déroutant.

troupe : [de **troupeau**] n.f. **1-** *Une troupe de touristes.* = Rassemblement, multitude, nuée, groupe. **2-** *La troupe de théâtre.* = Compagnie, bande, équipe. **3-** *Les généraux avancent leurs troupes à la frontière.* = Bataillon, détachement, formation, milice.

troupeau : n.m. = Cheptel, harde, meute.

trouver : v. **1-** *Trouver un appartement.* = Découvrir, détecter, dénicher. **2-** *Trouver la solution.* = Inventer, concevoir, deviner, imaginer, percer. **3-** *Sophie trouve le pull joli.* = Estimer, tenir pour. ■ **se trouver :** v. pron. *Maxime se trouve drôle.* = Se juger, s'estimer. ■ **se trouver mal :** = s'évanouir. ■ **trouvère :** n.m. = Troubadour. ■ **trouvaille :** n.f.= Invention, découverte, idée.

truand : n. fam. = Bandit, malfaiteur, canaille, voyou.

truc : n.m. fam. **1-** = Machin, chose, objet. **2-** = Astuce, artifice, combine.

truchement : n.m. = Intermédiaire, interprète, entremise.

truculent : adj. = Pittoresque, haut en couleur, original, savoureux.

truquage : [de **truc**] n.m. = Artifice, falsification. ■ **truquer :** v. = Arranger, tricher, falsifier, maquiller, fausser, trafiquer.

truisme : n.m. = Évidence, banalité, lapalissade.

tuer : v. = Abattre, assassiner, exterminer, liquider, massacrer, occire, supprimer. ■ **tueur :** n. (f. tueuse) = Meurtrier, assassin, homicide. ■ **tuerie :** n.f. = Carnage, hécatombe, massacre.

tuméfié : [de **tumeur** et de **faire**] adj. = Gonflé, enflé, boursouflé.

tumeur : n.f. = Enflure, gonflement, grosseur, abcès, cancer, kyste.

tumulte : n.m. = Vacarme, désordre, agitation, chahut, effervescence. ■ **tumultueux :** adj. (f. tumultueuse) = Désordonné, agité, mouvementé.

turbulent : adj. = Remuant, agité, excité. ≠ Sage, paisible.

turpitude : n.f. = Bassesse, ignominie, infamie.

tuteur : n. (f. tutrice) = Garant, responsable, représentant. ■ **tutelle :** n.f. = Aide, assistance, dépendance, patronage, protection, surveillance.

tuyau : n.m. **1-** = Tube, canalisation, conduite. **2-** fam. = Information, renseignement.

type : n.m. **1-** = Genre, modèle, sorte, style. **2-** fam. = Homme, gars, bonhomme, individu. ■ **typique :** adj. = Caractéristique, propre, distinctif, symbolique, significatif.

typhon : n.m. = Cyclone.

tyran : n.m. = Despote, dictateur. ■ **tyrannie :** n.f. = Dictature, absolutisme, oppression. ■ **tyrannique :** adj. = Autoritaire, despotique, oppressif, autocratique. ■ **tyranniser :** v. = Persécuter, asservir, opprimer.

U u U u U u U u U u U u u u

ulcère : n.m. *Il souffre d'un ulcère à l'estomac.* = Plaie, ulcération. ■ **ulcérer** : v. fig. *Il a été ulcéré par des racontars sur son compte.* = Blesser, excéder, vexer.

ultérieur : adj. = Futur, postérieur, suivant. ≠ Antérieur. ■ **ultérieurement** : adv. = Plus tard.

ultime : adj. = Dernier, final, suprême. ■ **ultimatum** : n.m. = Injonction, sommation.

ultra : 1- n.m. *C'est un ultraroyaliste.* = Extrémiste, intolérant **2-** préfixe. *Un immeuble ultramoderne.* = Hyper-, super-.

un : adj. num.**1-** *Je ne l'ai vue qu'une fois.* = Unique. ≠ Multiple, plusieurs. **2-** *Je commence à peine ce livre : j'en suis au chapitre un.* = Premier. ■ **les uns et les autres** : = Tous. ■ **ne faire ni une ni deux** : = Ne pas hésiter.

unanime : adj. *Un avis unanime.* = Commun, général. ≠ Contradictoire, partagé. ■ **unanimement** : adv. = Ensemble.■ **unanimité** : n.f. = Accord, consentement total.

uni : adj. **1-** *Une surface unie.* = Lisse. ≠ Inégal, rugueux. **2-** *Une famille unie.* = Joint, lié, solidaire. ≠ Séparé.

unifier : v. **1-** *Unifier des régions en un seul pays.* = Fusionner. ≠ Désunir, diviser, séparer. **2-** *Unifier les prix.* = Standardiser, uniformiser. ≠ Différencier, diversifier. ■ **unification** : n.f. = Intégration. ≠ Séparation.

uniforme : 1- n.m. *Des policiers en uniforme.* = Costume, tenue, vêtement. **2-** adj. *Un ton uniforme.* = Égal, monotone. ≠ Varié. *Une vitesse uniforme.* = Constant, régulier. ≠ Changeant, irrégulier. ■ **uniformément** : adv. = Régulièrement. ■ **uniformiser** : v. = Standardiser, unifier. ■ **uniformité** : n.f. = Égalité, monotonie, régularité. ≠ Diversité, inégalité, variété.

union : n.f. **1-** *L'union des locataires d'un immeuble.* = Alliance, association, fédération, rassemblement. ≠ Désunion, division. **2-** *Ils s'entendent très bien, leur union est parfaite.* = Liaison, mariage.

unique : adj. **1-** *C'est un enfant unique.* = Seul. ≠ Multiple. **2-** *Ce meuble est une pièce unique.* = Exceptionnel, incomparable, irremplaçable, original, rare. ≠ Commun, courant, ordinaire. ■ **uniquement** : adv. = Seulement, strictement.

unir : v. **1-** *Il suffit d'unir ces deux petites pièces pour en obtenir une grande.* = Assembler, associer, combiner, joindre, rassembler, réunir. ≠ Désunir, disjoindre, diviser, séparer. **2-** *Ils ont été unis par le maire.* = Marier. ■ **s'unir** : v. pron. = S'allier, s'associer, se coaliser, se solidariser; se marier.

unité : n.f. **1-** *Cette troupe de théâtre a une belle unité.* = Cohésion, harmonie, homogénéité. **2-** *La baguette de pain vaut un euro l'unité.* = Pièce. **3-** *Le capitaine rejoint son unité.* = Bataillon, compagnie, régiment, section. **4-** *Une unité médicale de premiers secours.* = Antenne.

univers : n.m. = Cosmos, création, monde, nature, tout. ■ **universel** : adj. *Le bonheur universel.* = Mondial. ≠ Individuel, partiel. ■ **universellement** : adv. = Mondialement. ≠ Partiellement.

université : n.f. = Faculté.

urbain : adj. **1-** *La population urbaine, le mobilier urbain.* = Citadin, communal, municipal. ≠ Campagnard, rural. **2-** *Un homme très urbain.* = Affable, courtois, poli. ≠ Brusque, grossier, impoli. ■ **urbanité** : n.f. = Affabilité, courtoisie, politesse. ≠ Brusquerie, grossièreté, impolitesse.

urgent : adj. = Impératif, impérieux, pressant, pressé. ■ **de toute urgence** : = Sans délai.

usage : n.m. **A-** sing. **1-** *Quel est l'usage de cette machine ?* = Emploi, fonction, utilisation. **2-** *Accidenté, il a perdu l'usage de ses jambes.* = Exercice, fonctionnement. **B-** plur. *Les usages d'un pays.* = Coutume, habitude, mœurs. ■ **hors d'usage** : = Usé. ≠ Neuf. ■ **usagé** : adj. = Usé, vieux. ■ **usager** : n.m. *Un usager du métro.* = Utilisateur.

user : v. **1-** *Cette voiture use trop d'essence.* = Consommer, dépenser, utiliser. **2-** *La mer use les falaises.* = Éroder, effriter, ronger. **3-** *Ma sœur use vite ses chaussures car elle porte toujours les mêmes.* = Abîmer, détériorer. ■ **user de** : *Les bandits ont usé de violence pendant un hold up.* = Se servir de, utiliser. ■ **s'user** : v. pron. **1-** *Mon vieil ours en peluche a fini par s'user.* = S'abîmer, se détériorer. **2-** fig. *Il s'use à trop travailler.* = S'épuiser, s'éreinter, se fatiguer. ■ **usé** : adj. **1-** = Détérioré, éculé, élimé, râpé, usagé. **2-** fig. *Cette expression est usée à force d'avoir été employée.* = Commun, banal, rebattu. **3-** *Une personne usée.* = Épuisé, fini, vieilli. ■ **usité** : adj. *Des termes très usités.* = Courant, employé, usuel. ≠ Inusité.

usine : n.f. = Entreprise, fabrique, industrie, manufacture. ■ **usiner** : v. *L'entreprise usine des clés.* = Façonner.

ustensile : n.m. = Instrument, matériel, outil.

usuel : adj. = Courant, habituel, ordinaire, usité. ≠ Désuet. ■ **usuellement** : adv. Couramment, d'ordinaire.

usure : n.f. **1-** *L'usure d'une montagne.* = Érosion. **2-** *L'usure de ses forces.* = Fatigue. **3-** *L'usure des vêtements.* = Dégradation, détérioration. **4-** *Un prêt à usure.* = Agio, intérêt. ■ **usurier** : n. = Prêteur.

usurper : v. *Usurper le pouvoir, une identité, un titre.* = S'arroger, s'approprier, s'emparer, voler. ■ **usurpation** : n.f. Appropriation. ■ **usurpateur** : n. = Imposteur.

ut : n.m. inv. = Do (en musique).

utile : adj. = Efficace, indispensable, nécessaire, précieux, profitable, salutaire. ≠ Inefficace, inutile, nuisible. ■ **en temps utile** : *Le travail sera fini en temps utile.* = Au moment opportun. ■ **utiliser** : v. **1-** *L'entraîneur utilise les aptitudes de ses joueurs.* = Exploiter, tirer parti. **2-** *J'utilise un compas pour tracer des cercles.* = Employer, pratiquer, se servir. ■ **utilisation** : n.f. = Emploi. ■ **utilisable** : adj. = Employable. ≠ Inutilisable. ■ **utilisateur** : n. = Usager. ■ **utilité** : n.f. **1-** *Un objet d'une grande utilité.* = Avantage, profit, secours. ≠ Inefficacité, inutilité. **2-** *Quelle est l'utilité de cet appareil ?* = Fonction. ■ **utilitaire** : adj. *Un véhicule utilitaire.* = Pratique.

utopie : n.f. = Illusion, mirage, rêve. ≠ Réalité. ■ **utopique** : adj. = Chimérique, imaginaire, irréalisable, irréaliste. ≠ Réalisable, réaliste. ■ **utopiste** : n. = Idéaliste, rêveur.

V v V v V v V v V v v v v

vacant : [de **vaquer**] adj. *Une place vacante.* = Libre, disponible, vide, inoccupé. ≠ Occupé, pris. ■ **vacance** : n.f. *La vacance d'un poste.* = Disponibilité, interruption, suspension. ■ **vacances** : n.f. plur. = Congé, détente, repos, villégiature. ■ **vacancier** : n. (f. vacancière) = Estivant, touriste.

vacarme : n.m. = Tapage, tumulte, tintamarre, charivari, brouhaha, bruit. ≠ Silence, calme.

vacciner : v. = Immuniser, protéger, mithridatiser, inoculer.

vaciller : v. **1-** = Chanceler, osciller, tituber. **2-** *Une flamme vacille.* = Clignoter, trembloter, hésiter, défaillir.

vadrouille : n.f. fam. *Le chien est toujours en vadrouille.* = Promenade, vagabondage. ■ **vadrouiller** : v. fam. = Aller sans but, vagabonder, errer.

va-et-vient : [de **va**] n.m. inv. = Allée et venue, navette, passage.

vagabond : **1-** n. = Clochard, rôdeur. **2-** adj. = Errant, itinérant, nomade, va-nu-pieds. ≠ Sédentaire. ■ **vagabonder** : v. **1-** =Traîner, errer, déambuler, flâner, rôder. **2-** *Son esprit vagabonde.* = Rêver, divaguer.

vague : **A-** n.f. **1-** = Lame, flot, houle, onde, eaux. **2-** *Une vague de panique.* = Déferlement, afflux, flot. **B- 1-** adj. *Une explication vague.* = Évasif, confus, ambigu, approximatif, douteux, équivoque, hypothétique, imprécis, incertain, indéterminé. ≠ Net, précis, explicite. **2-** n.m. *Il a le regard dans le vague.* = Flou, imprécision, vide. ■ **vaguement** : adv. = Confusément, indistinctement. ≠ Précisément, nettement. ■ **rester dans le vague** : = être imprécis.

vaillant : adj. = Courageux, brave, valeureux. ≠ Peureux, lâche, poltron, faible. ■ **vaillance** : n.f. = Courage, bravoure, audace, cran. ■ **vaillamment** : adv. = Courageusement, bravement, valeureusement, héroïquement. ≠ Lâchement.

vain : adj. = Inutile, inefficace, chimérique, illusoire, infructueux, futile. ≠ Réel, efficace, utile. ■ **en vain** : loc. adv. = Inutilement, pour rien.

vaincre : v. **1-** = Gagner, battre, défaire, abattre, conquérir, dominer, terrasser, surclasser. **2-** *Elle a vaincu sa peur.* = Surmonter, dominer, triompher de. ■ **vaincu** : adj. ou n. = Perdant, battu, défait. ≠ Vainqueur, gagnant. ■ **vainqueur** : **1-** n.m. *Le vainqueur du tournoi.* = Gagnant, lauréat, champion. ≠ Vaincu. **2-** adj. = Triomphant, victorieux.

vaisseau : [de **vase**] n.m. (plur. vaisseaux) **1-** = Navire, astronef. **2-** = Veine, artère, capillaires.

valable : [de **valoir**] adj. **1-** *Une raison valable.* = Admissible, acceptable, convenable, recevable. ≠ Inadmissible. **2-** *Ce billet est valable.* = Valide, en règle, légal. ≠ Périmé.

valeur : [de **valoir**] n.f. **1-** = Prix, montant, coût, cote. **2-** *Une valeur sentimentale.* = Importance. **3-** *Une femme de grande valeur.* = Qualité, mérite. ≠ Médiocrité. ■ **valeureux** : adj. (f. valeureuse) = Vaillant, courageux, brave, audacieux, héroïque. ≠ Lâche, poltron, couard.

valide : adj. **1-** = Robuste, sain, vigoureux. ≠ Invalide, malade. **2-** = Valable, en règle, légal, bon. ≠ Périmé. ■ **valider** : v. = Homologuer, ratifier, entériner, confirmer. ≠ Invalider, annuler. ■ **validité** : n.f. = Valeur. ≠ Nullité.

vallée : n.f. = Vallon, cluse, combe, bassin.

valoir : v. **1-** = Coûter, se monter à, revenir à. **2-** Égaliser, rivaliser, équivaloir à. ■ **se valoir** : v. pron. = Être équivalent. ■ **il vaut mieux** : = il est préférable. ■ **valoir la peine de** : = mériter de. ■ **faire valoir** : = rentabiliser, faire fructifier. ■ **valoriser** : v. = Mettre en valeur. ≠ Dévaloriser, déprécier.

vampire : n.m. fig. = Profiteur, exploiteur.

vandale : n.m. = Casseur, barbare. ■ **vandalisme** : n.m. = Destruction, saccage, barbarie, pillage. ■ **vandaliser** : v. = Saccager, abîmer, mettre à sac.

vanité : [de **vain**] n.f. = Prétention, arrogance, dédain, fierté, fatuité, orgueil, suffisance. ≠ Humilité, modestie. ■ **vaniteux** : adj. (f. vaniteuse) =

Orgueilleux, dédaigneux, prétentieux, fat, suffisant. ≠ Modeste, humble.

vanter : [de **vanité**] v. = Glorifier, louer, célébrer. ≠ Dénigrer, déprécier. ■ **se vanter :** v. pron. = Fanfaronner, se flatter, prétendre. ■ **vantard :** adj. ou n. = Vaniteux, bravache, fanfaron, prétentieux. ≠ Humble, modeste. ■ **vantardise :** n.f. = Forfanterie, fanfaronnade, mensonge.

va-nu-pieds : [de **va**] n. inv. fam. = Vagabond, gueux, misérable, miséreux.

vapeur : n.f. = Brouillard, buée, fumée, gaz, nuage, émanation.

vapeurs : n.f.plur. = Bouffées, trouble, vertige.

vaporiser : [de **vapeur**] v. = Pulvériser, diffuser. ■ **vaporeux :** adj. (f. vaporeuse) = Aérien, flou, fondu, imprécis, indistinct, léger, vague, obscur.

vaquer à : v. = Consacrer son temps, s'occuper de, s'appliquer à.

variable : [de **varier**] adj. = Changeant, capricieux, lunatique, incertain, inconstant, instable. ≠ Invariable. ■ **variation :** n.f. = Modification, changement, écart, fluctuation, mouvement, saute.

varier : v. = Changer, diversifier, modifier, transformer. ■ **varié :** adj. = Diversifié, disparate, différent, divers, hétéroclite, nuancé. ≠ Monotone. ■ **variété :** n.f. **1-** = Changement, diversité, disparité. **2-** *Une variété de rose.* = Espèce, sorte, type.

vase : **A-** n.m. = Amphore, calice, coupe. **B-** n.f. = Dépôt, sédiment, boue, limon.

vaste : adj. = Ample, étendu, grand, immense, large, considérable. ≠ Étroit, exigu, petit, minuscule, limité.

vaticiner : v. = Prophétiser, prédire, délirer.

vaurien : [de **vaut** et de **rien**] adj. ou n. (f. vaurienne) = Voyou, chenapan, garnement, coquin, polisson.

vautrer (se) : v. pron. fig. = Se coucher, se rouler, s'étendre, s'abandonner.

va-vite (à la) : [de **va**] loc. adv. fam. = Rapidement, en toute hâte. ≠ Soigneusement, méticuleusement.

vécu : [de **vivre**] n.m. = Expérience, vie. ■ **vécu :** adj. = Réel, vrai. ≠ Virtuel, imaginaire.

vedette : n.f. = Artiste , personnalité, star, étoile. ■ **mettre en vedette :** = Valoriser, mettre en évidence.

végéter : v. = Subsister, vivoter, languir, dépérir, s'étioler. ■ **végétation :** n.f. = Verdure, flore.

véhément : adj. = Violent, passionné, emporté, enflammé, impétueux, virulent, fougueux. ■ **véhémence :** n.f. = Vivacité, impétuosité, emportement, ardeur, fougue, feu, passion. ≠ Mollesse.

véhiculer : v. **1-** = Transporter, convoyer, acheminer, voiturer. **2-** fig. *Véhiculer une idée.* = Transmettre, diffuser, propager.

veille : n.f. = Garde, insomnie, surveillance. ■ **à la veille de :** = sur le point. ■ **veiller :** v. = S'occuper de, surveiller, assister, garder.

veine : n.f. **1-** = Vaisseau (sanguin). **2-** *Les veines du bois.* = Dessin, veinure, strie. **3-** fam. = Chance, aubaine. ≠ Malchance. **4-** *La veine poétique.* = Inspiration, esprit, imagination. ■ **veinard :** n. et adj. fam. = Chanceux. ≠ Malchanceux.

velléité : [de **vouloir**] n.f. = Désir, intention, volonté (faible). ■ **velléitaire :** adj. = Faible, mou, nonchalant, hésitant, apathique, indolent. ≠ Déterminé, décidé.

vélocité : n.f. = Rapidité, vitesse, célérité, promptitude. ≠ Lenteur.

velouté : adj. = Doux, onctueux, moelleux, soyeux, satiné. ≠ Rêche.

velu : adj. = Poilu. ≠ Glabre.

vénal : adj. (plur. vénaux) = Cupide, avide, âpre, corruptible. ≠ Incorruptible, intègre.

vendre : v. **1-** = Céder, écouler, liquider, solder. ≠ Acheter, acquérir. **2-** = Dénoncer, trahir, livrer.

vénéneux : [de **venin**] adj. (f. vénéneuse) = Nocif, toxique, empoisonné. ≠ Comestible.

vénérer : v. = Adorer, estimer, honorer, respecter, révérer. ■ **vénération :** n.f. = Adoration, respect, culte, hommage, révérence. ■ **vénérable :** adj. = Respectable.

venger : v. = Laver de. ■ **vengeance :** n.f. = Revanche, représailles, riposte, vindicte.

véniel : = Anodin, insignifiant, négligeable, quelconque.

venimeux : adj. (f. venimeuse) **1-** = Empoisonné, nocif, toxique. **2-** *Des paroles venimeuses.* = Malveillant, méchant, fielleux, haineux. ≠ Bienveillant.

venir : v. **1-** = Arriver, approcher, se rendre **2-** *Le français vient du grec et du latin.* = Émaner, découler, provenir. **3-** *Quand les beaux jours viendront, nous irons à la piscine.* = Apparaître. ■ **venir au monde :** = naître.

vent : n.m. = Alizé, aquilon, blizzard, brise, mistral, souffle, tempête, tramontane, zéphir. ■ **avoir le vent en poupe :** fam. = Réussir, prospérer.

vente : [de **vendre**] n.f. = Cession, braderie, débit, liquidation, solde. ≠ Achat, acquisition.

ventiler : [de **vent**] v. **1-** = Aérer. **2-** = Répartir, distribuer.

ventre : n.m. = Bedaine, panse, abdomen, estomac. ■ **ventripotent :** adj. fam. = Bedonnant, ventru, gros. ■ **ventru :** adj. = Rebondi, bedonnant, corpulent, gros, pansu.

venue : [de **venir**] n.f. = Arrivée, avènement, naissance.

véracité : [de **vrai**] n.f. = Authenticité, exactitude, évidence, vérité. ≠ Fausseté.

verbal : adj. (plur. verbaux) = Oral, parlé. ≠ Écrit. ■ **verbalement :** adv. = Oralement, de vive voix. ■ **verbeux :** adj. = Bavard, loquace, volubile, prolixe. ≠ Laconique. ■ **verbiage :** n.m. = Bavardage, fam. laïus, blabla.

verdict : n.m. = Sentence, décision, arrêt, jugement.

verdure : [de **vert**] n.f. = Végétation. ■ **verdeur :** n.f. = Jeunesse, vigueur, énergie. ■ **verdoyant :** adj. = vert.

vergogne (sans) : n.f. = Sans honte, sans scrupule, effrontément. ≠ Honte, pudeur, retenue.

véridique : [de **vrai**] adj. = Authentique, exact, incontestable, vrai, véritable. ≠ Mensonger.

vérifier : [de **vrai** et de **faire**] v. = Contrôler, constater, examiner, avérer, corroborer. ≠ Infirmer. ■ **vérification :** n.f.= Contrôle, examen, confirmation.

vérité : [de **vrai**] n.f. **1-** = Authenticité, exactitude, objectivité, réalité, véracité. **2-** *Une note de vérité.* = Franchise, sincérité. ≠ Mensonge, fausseté. **3-** = Conviction, principe. ■ **en vérité :** = certainement, vraiment. ■ **véritable :** adj. = Véridique, vrai, réel, authentique. ≠ Faux. ■ **véritablement :** adv. = Vraiment, réellement.

vermillon : adj. et n.m. = Rouge, écarlate, cramoisi, rubicond, vermeil.

verrouiller : v. = Fermer, barricader, cadenasser. ≠ Dévérrouiller.

vers : **A-** prép. **1-** *Il se dirige vers la plage.* = En direction de, à la rencontre. **2-** *Vers 20 heures.* = À peu près, environ, aux alentours. ■ **versifier :** v. = Rimer.

versatile : adj. = Inconstant, changeant, lunatique, capricieux, variable. ≠ Opiniâtre, stable.

verser : v. **1-** *Verser quelques gouttes.* = Couler, déverser, répandre. **2-** *La voiture verse dans le fossé.* = Se renverser, basculer. **3-** = Payer, régler, acquitter, déposer (de l'argent). ≠ Retirer.

version : n.f. **1-** =Traduction. ≠ Thème. **2-** = Interprétation, récit, analyse.

verso : n.m. = Dos, envers, revers. ≠ Recto.

vert : **A-** adj. **1-** = Émeraude, pers, verdoyant. **2-** = Immature. ≠ mûr, sec. **3-** = Vigoureux, gaillard, vaillant, fringant. ≠ Sénile. **4-** *De vertes réprimandes.* = Rude, sévère.

vertement : adv. = Brusquement, brutalement, rudement, vivement.

vertical : n. ou adj. (plur. verticaux) = Debout, droit, orthogonal. ≠ Horizontal. ■ **verticalité :** n.f. = Aplomb.

vertige : n.m. = Étourdissements, trouble, vapeurs. ■ **vertigineux :** adj. (f. vertigineuse) *Une chute vertigineuse.* = Démesuré, immense, énorme, monumental.

vertu : n.f. **A-** = Qualité, probité, valeur. ≠ Vice, défaut. **B-** *La camomille a des vertus apaisantes.* = Propriété, pouvoir, faculté. ■ **en vertu de :** = au nom de, en raison de. ■ **vertueux :** adj. (f. vertueuse) = Honnête, sage, exemplaire, méritoire.

verve : n.f. = Inspiration, esprit, fantaisie, éloquence, brio, truculence.

vestibule : n.m. = Antichambre, hall, entrée.

vestige : n.m. = Ruine, trace, reste.

vêtement : [de **vêtir**] n.m. = Habit, habillement, accoutrement, costume, effets, toilette, tenue.

vétille : n.f. = Détail, rien, bagatelle, broutille. ■ **vétilleux :** adj. (f. vétilleuse) = Maniaque, tatillon, méticuleux.

vêtir : v. = Habiller, couvrir. ■ **se vêtir :** v. pron. = S'habiller, endosser, revêtir. ≠ Se dévêtir, se déshabiller. ■ **vêtu :** adj. = Habillé, accoutré, costumé, mis. ≠ Dévêtu.

veto : n.m. = Refus, opposition. ≠ Accord, assentiment.

vétuste : [de **vieux**] adj. = Vieux, délabré. ≠ Neuf, récent. ■ **vétusté :** n.f. = Délabrement, dégradation, ancienneté. ≠ Modernité.

veule : adj. = Faible, mou, lâche. ≠ Énergique, volontaire, courageux. ■ **veulerie :** n.f. = Lâcheté, faiblesse. ≠ Hardiesse.

vexer : v. = Froisser, blesser, humilier, désobliger, offenser. ≠ Flatter. ■ **vexant :** adj. = Contrariant, blessant, désobligeant, humiliant. ■ **vexation :** n.f. = Persécution, abus, affront, offense, humiliation, brimade, sarcasme.

vibrer : v. = Trembler, frémir, tressauter, trépider.

vice : n.m. **1-** = Dépravation, immoralité, luxure, perversion. ≠ Vertu. **2-** *Un vice de construction.* = Défaut, faiblesse, imperfection. ■ **vicieux :** adj. (f. vicieuse) adj. = Pervers, dépravé, licencieux, obscène, dissolu, débauché, lubrique. ≠ Vertueux. ■ **vicié :** adj. = Impur, pollué, altéré, dénaturé. ≠ Pur, sain.

vice versa : loc. adv. = Réciproquement, inversement.

vicissitude : [de **vice**] n.f. (souvent plur.) = Aléa, tribulation, aventure.

victime : n.f. = Martyr, souffre-douleur, proie.

victoire : n.f. = Succès, gloire, triomphe, réussite. ≠ Échec. ■ **victorieux :** adj. (f. victorieuse) = Gagnant, triomphant, vainqueur. ≠ Vaincu, perdant.

victuailles : [de **vivre**] n.f. plur. = Aliments, nourriture, provisions, vivres.

vide : [de **vacant**] adj. **1-** = Nu, dégarni, désert, creux, inhabité. ≠ Plein, comble. **2-** = Inoccupé, vacant. ≠ Occupé. **3-** n.m. = Cavité, trou. **4-** = Néant, inutilité, vacuité. ■ **vider :** v. **1-** = Vidanger, assécher, purger, évacuer. ≠ Remplir. **2-** *Vider les lieux.* = S'en aller, abandonner, évacuer.

vie : [de **vivre**] n.f. **1-** = Existence, destinée. **2-** = Énergie, ardeur, ressort, vivacité, vigueur, entrain. ≠ Léthargie.

vierge : **A-** adj.**1-** = Pucelle, puceau, rosière. **2-** = Intact, inaltéré, pur, immaculé, inexploré. ≠ Utilisé, sali.

vieux ou vieil : adj. et n. (f. vieille) **1-** = Âgé, vieillard. ≠ Jeune. **2-** *Un vieux loup de mer.* = Expérimenté, habitué. **3-** *Une vieille chaussure.* = Usagé, usé. ≠ Neuf, récent. **4-** *Une vieille église.* = Antique, ancien. ≠ Moderne, nouveau. ■ **vieux de :** = qui remonte à. ■ **vieillard :** n. = Ancien, barbon, patriarche, vieux. ■ **vieillesse :** n.f. = Ancienneté, grand âge, déclin, sénilité, décrépitude. ≠ Jeunesse. ■ **vieillir :** v. = Décliner, s'user, se flétrir, mûrir. ≠ Rajeunir. ■ **vieillot :** adj. = Ancien, démodé, désuet. ≠ Moderne.

vif : adj. ou n. (f. vive) **1-** *Mort ou vif.* = Vivant. ≠ Mort. **2-** *Un vif coup de patte du chat.* = Agile, preste, alerte, rapide. **3-** *De vifs reproches.* = Brusque, emporté, violent, virulent, acerbe, dur. ≠ Patient, doux. **4-** *L'esprit vif.* = Brillant, éveillé, sémillant, pétulant. ≠ Mou, apathique. **5-** *Des couleurs vives.* = Éclatant, gai, fringant. ≠ Terne, pâle. **6-** *Un froid vif.* = Aigu, saisissant, pénétrant, piquant.

vigie : [de **veiller**] n.f. = Observateur, guetteur, surveillant, veilleur, gardien.

vigilance : [de **veiller**] n. f. = Attention, surveillance, concentration. ■ **vigilant :** adj. = Concentré, en éveil, attentif, assidu. ≠ Distrait, inattentif.

vigueur : n.f. **1-** *Une grande vigueur.* = Force, énergie, courage, puissance. ≠ Nonchalance. **2-** *Il s'exprime avec vigueur.* = Ardeur, dynamisme, vivacité. ≠ Mollesse. ■ **vigoureux :** adj. (f. vigoureuse) = Puissant, robuste, fort, athlétique, musclé, solide. ■ **vigoureusement :** adv. = Fermement, énergiquement.

vil : adj. = Abject, ignoble, infâme, méprisable, indigne, répugnant. ≠ Estimable, honorable.

vilain : **A-** n. = Paysan, manant, roturier. ≠ Serf, noble. **B-** adj. **1-** *Un vilain mot.* = Méchant, méprisable. ≠ Noble. **2-** *Une vilaine robe.* = Désagréable, laid, déplaisant, repoussant. ≠ Joli, agréable. **3-** *Un vilain temps.* = Mauvais, maussade, médiocre. ≠ Magnifique, radieux. ■ **vilainement :** adv. *Il est vilainement blessé.* = Dangereusement, affreusement.

vilenie : [de **vilain**] n.f. = Bassesse, infamie. ≠ Noblesse.

vilipender : v. = Conspuer, dénigrer, huer, bafouer, mépriser. ≠ Louer, vanter, encencer.

village : n.m. = Hameau, localité, bourg, bourgade.

ville : n.f. = Agglomération, localité, cité, métropole.

villégiature : n.f. = Séjour, résidence, vacances.

vindicatif : [de **venger**] adj. (f. vindicative) *Un caractère vindicatif.* = Vengeur, rancunier.

vindicte : n.f. = Hostilité, rancœur, rancune, ressentiment.

viol : n.m. **1-** = Manquement, transgression. **2-** Profanation, violation. ■ **violation :** n.f. = Transgression, entorse, infraction.

violence : n.f. **1-** = Brutalité, Coups, sévices, agression. **2-** = Fureur, frénésie, colère, véhémence, virulence, impétuosité. Modération. ■ **violent :** adj. = Brutal, agressif, brusque, véhément, virulent, furieux. ≠ Modéré, tiède, doux. ■ **violemment :** adv. = Brutalement.

violer : v. = Contrevenir, enfeindre, désobéir, transgresser.

virage : [de **virer**] n.m. = Tournant, lacet, coude.

virevolter : v. = Tournoyer, papillonner.

viril : adj. = Mâle, masculin. ≠ Féminin.

virtuel : adj. (f. virtuelle) = Possible, potentiel, concevable, latent. ≠ Réel.

virtuosité : n.f. = Agilité, brio, maestria, art.

virulent : [de **virus**] adj. = Âpre, violent, frénétique, impétueux, véhément. ■ **virulence :** n.f. = Force, violence, véhémence, fougue.

visa : [de **voir**] n.m. **1-** = Autorisation, attestation, passeport.

visage : n.m. 1- = Face, frimousse, figure, traits, physionomie. **2-** fig. *La situation a deux visages.* = Facette.

vis-à-vis : [de **visage**] adv. **1-** = En face de, face à face, nez à nez. **2-** loc. prép. *Il s'est engagé vis-à-vis de moi.* = À l'égard de, envers.

viscéral : adj. (plur. viscéraux) *Une peur viscérale.* = Instinctif, irraisonné, atavique, inné, irréfléchi. ≠ Maîtrisé, réfléchi. ■ **viscéralement :** adv. = Profondément.

viser : v. **1-** = Ajuster, mettre en joue, pointer. **2-** *Elle vise à devenir diplomate.* = Chercher à, rechercher, tendre à. **3-** Parapher, vérifier, examiner. ■ **visée :** n.f. **1-** = Orientation. **2-** = Ambition, intention.

visible : [de **voir**] adj. **1-** = Apparent, observable, perceptibler. ≠ Invisible. **2-** *Un plaisir visible.*= Évident, manifeste, flagrant, net, ostensible, patent. ■ **visiblement :** adv. = Manifestement.

vision : [de **voir**] n.f. **1-** = Perception, conception, optique, vue. **2-** = Apparitions, hallucinations, mirage, rêve. ■ **visionnaire :** adj. et n. = Voyant, halluciné, illuminé, mage, prophète.

visiter : [de **voir**] v. = Fréquenter, explorer, découvrir. ■ **visite :** n.f. = Entrevue, consultation, rencontre, perquisition.

visqueux : adj. (f. visqueuse) = Épais, collant, poisseux, gluant, sirupeux.

vital : [de **vie**] adj. (plur. vitaux) = Essentiel, capital, fondamental, primordial. ■ **vitalité :** n.f. = Énergie, dynamisme, entrain, fougue, pétulance. ≠ Apathie, léthargie.

vite : adv. = Rapidement, prestement. ≠ Lentement. ■ **vitesse :** n.f. = Rapidité, célérité, diligence, hâte, vélocité. ≠ Lenteur.

vitreux : adj. (f. vitreuse) = Terne, sans éclat, éteint, livide. ■ **vitrine :** n.f. = Devanture, étalage, éventaire.

vitupérer : v. = Critiquer, pester, réprouver, blâmer.

vivace : [de **vivre**] adj. = Durable, tenace, robuste, rustique. ■ **vivacité :** n.f. = Agilité, entrain, ardeur, rapidité, pétulance, vitalité.

vivant : [de **vivre**] adj. ou n. **1-** Valide, fringant. ≠ Mort. **2-** *Un quartier vivant.* = Animé, vif. ■ **vivable :** adj. = Supportable, accomodant, facile. ≠ Invivable, inconfortable. ■ **vivat :** n.m. = Acclamation, applaudissement, bravo, ovation. ≠ Huée.

vivement : [de **vif**] adv. = Ardemment, promptement.

vivifier : [de **vif** et de **faire**] v. = Stimuler, tonifier. ■ **vivifiant :** adj. = Revigorant, tonifiant, piquant, stimulant.

vivoter : v. = Subsister, végéter, survivre.

vivre : v. **1-** = Exister, être, subsister. **2-** = Habiter, demeurer. ■ **savoir vivre :** = Politesse, civilité, courtoisie. ■ **vivre(s) :** n.f. (plur.) = Nourriture, ravitaillement, victuailles.

vocable : n.m. = Mot, terme. ■ **vocabulaire :** n.m. = Lexique, terminologie, nomenclature.

vocation : n.f. = Goût, penchant, aptitude, passion, inclination, dispositions.

vociférer : [de **voix**] v. = Crier, hurler, tonitruer, rugir, tonner.

vœu : n.m. **1-** = Promesse, engagement, serment. **2-** = Souhait, désir, envie.

vogue : n.f. = Mode, renom, succès, engouement, cote. ■ **en vogue :** = à la mode, populaire.

voie : n.f. **1-** = Chemin, route, passage, piste. **2-** = Moyen, truchement, biais.

voiler : v. = Recouvrir, cacher, camoufler, dissimuler, masquer. ≠ Dévoiler. ■ **voilé :** adj. = Atténué, dissimulé, estompé, masqué, enroué.

voir : v. **1-** = Percevoir, apercevoir, contempler, discerner, distinguer, observer, regarder. **2-** *Il voit qu'il l'a vexé.* = Imaginer, comprendre, constater.

voisin : n. et adj. **1-** = Contigu, adjacent, attenant, mitoyen. **2-** = Proche, approchant, avoisinant, rapproché. ≠ Différent, éloigné. ■ **voisinage :** n.m. **1-** = Entourage. **2-** = Environs, alentours, proximité.

voix : n.f. **1-** = Son, parole. **2-** = Avis, jugement. **3-** = Suffrage, vote.

vol : [de **voler**] n.m. = Envol, essor, décollage.

volage : [de **voler**] adj. = Infidèle, frivole, inconstant. ≠ Fidèle, constant.

volatiliser (se) : [de **voler**] v. pron. **1-** = Disparaître, s'évaporer, s'éclipser, s'enfuir. **2-** = Se sublimer, se vaporiser (pour un gaz).

volcanique : adj. = Fougueux, impétueux, ardent, emporté.

voler : v. **1-** = Survoler, voltiger, planer. **2-** = Piloter (un avion).

voler : v. = Dérober, cambrioler, dévaliser, extorquer, soutirer, rançonner. ■ **vol :** n.m. = Cambriolage, larcin, escroquerie. ■ **voleur :** adj. ou n. (f. voleuse) = Malfaiteur, pickpocket, cambrioleur, escroc. ≠ Honnête.

volonté : [de **vouloir**] n.f. **1-** = Caractère, énergie, fermeté, ténacité, cran. ≠ Faiblesse. **2-** Désir, intention, détermination, gré, résolution, vœu, vouloir. ■ **à volonté :** = en quantité, copieusement, sans limite. ■ **dernières volontés :** = Testament. ■ **volontaire :** **A-** adj. **1-** = Délibéré, intentionnel, spontané, bénévole. ≠ Involontaire. **2-** = Déterminé, décidé, obstiné, opiniâtre, tenace, têtu. **B-** n. = Bénévole. ■ **volontairement :** adv. **1-** = De bon gré, volontiers. **2-** = Exprès, intentionnellement. ■ **volontiers :** adv. = Avec plaisir, de bon gré, volontairement.

volte face : n.f. invar.= Revirement, changement, retournement.

volubile : adj. = Bavard, loquace, prolixe, verbeux. ≠ Silencieux. ■ **volubilité :** n.f. = Faconde.

volume : n.m. **1-** = Livre, ouvrage, tome. **2-** *Le volume d'un meuble.* = Calibre, cubage, densité, grosseur, contenance, encombrement. ■ **volumineux :** adj. (f. volumineuse) = Encombrant, embarrassant, important, gros. ≠ Petit.

volupté : n.f. = Délice, plaisir, sensualité, délectation, jouissance. ■ **voluptueux** adj. (f. voluptueuse) = Agréable, charnel, lascif, libertin, sensuel.

vomir : v. = Rejeter,rendre, évacuer.

vorace : adj. = Avide, glouton, goulu. ■ **voracité :** n.f. = Appétit, gloutonnerie, avidité.

vote : n.m. **1-** = Opinion, voix. **2-** = Élection, scrutin, suffrage, consultation, référendum.

vouer : [de **vœu**] v. = Destiner, consacrer, dédier.

vouloir : v. = Souhaiter, espérer, désirer, demander, réclamer, exiger, requérir. ■ **vouloir de :** = accepter.

voûte : n.f. **1-** *La voûte d'une l'église.* = Plafond. **2-** *La voûte céleste.* = Ciel. ■ **se voûter :** v. pron. = S'affaisser, s'arrondir, se courber, se plier. ■ **voûté :** adj. *Une cave voûtée.* = Arrondi, arqué, bossu, courbe.

voyage : n.m. = Périple, croisière, pérégrination, déplacement, expédition. ■ **voyager :** v. = Se déplacer, bourlinguer. ■ **voyageur :** n. (f. voyageuse) = Touriste, explorateur, globe-trotteur, passager.

voyant : [de **voir**] **A- 1-** n.m. = Signal (lumineux). **2-** n. = Devin, cartomancienne, prophète, visionnaire. **B-** adj. = Criard, tapageur, coloré, éclatant. ≠ Discret.

voyou : [de **voie**] n.m. (plur. voyous) **1-** = Chenapan, vaurien, galopin, garnement. **2-** = Crapule, canaille, brigand, gredin, scélérat, escroc.

vrac (en) : adv. = Pêle-mêle, en désordre.

vrai : **A-** adj **1-** = Véridique, véritable, exact, authentique, existant, incontestable, ostensible, juste. ≠ Faux, inexact, mensonger. **2-** *Une vraie amitié.* = Sincère, loyal, fidèle. ≠ Hypocrite. **B-** n.m. = Réalité, vérité. ■ **vraiment :** adv. **1-** = Réellement, sans aucun doute, effectivement. **2-** *Vraiment, tu es insupportable.* = Franchement. ■ **vraisemblable :** adj. **1-** *Une histoire vraisemblable.* = Plausible, crédible. ≠ Invraisemblable. **2-** *Il est vraisemblable qu'il arrive tard.* = Probable, possible. ≠ Improbable. ■ **vraisemblablement :** adv. = Apparemment, probablement. ■ **vraisemblance :** n.f. = Crédibilité, probabilité.

vrombir : v. = Ronfler, bourdonner.

vu : [de **voir**] **1-** adj. = Perçu, observé, regardé. ■ **bien vu, mal vu :** = bien ou mal considéré. **2-** prép. *Vu tes résultats scolaires, tu passeras l'été à travailler.* = Étant donné.

vue : [de **voir**] n.f. **1-** = Oeil, regard, vision. **2-** *Une belle vue.* = Paysage, perspective, panorama, site, spectacle, tableau. **3-** *Une vue positive de l' avenir.* = Avis, opinion, idée. ■ **en vue de :** = dans l'intention de. ■ **à première vue :** = au premier abord. ■ **vues :** n.f.plur. = Objectif, but, finalité, visées, ambition.

vulgaire : adj. **1-** = Mal élevé, grossier. ≠ Poli, distingué, raffiné. **2-** *Un vulgaire tissu.* = Quelconque, banal, simple. **3-** *Une vulgaire idée.* = Courant, commun, trivial, prosaïque. ≠ original, extraordinaire, noble. ■ **vulgarité :** n.f. = Grossièreté, impolitesse. ≠ Délicatesse. ■ **vulgariser :** v. = Simplifier, populariser, répandre, propager.

vulnérable : adj. = Fragile, faible. ≠ Invulnérable, fort.

WwWwWwWwWw Ww Ww

wagon : n.m. = Voiture, fourgon.

Walkman : n.m. = Lecteur, baladeur.

waterproof : adj. inv. = Étanche, imperméable.

waters : n.m. plur. = Toilettes, cabinets, W.C.

Web (le) : = La Toile, internet. ■ **webcam** : n.f. = Caméra.

week-end : n.m. (plur. week-ends). = Fin de semaine, congé, repos.

whisky : n.m. (plur. whiskys ou whiskies). = Scotch, bourbon.

XxXxXxXxXxxxx

xénophobe : n. = Chauvin, raciste, nationaliste. ≠ Xénophile.

YyYyYyYyYyYyYy

yacht : n.m. = Navire, bateau.

yeux : n.m. plur. (Pluriel de œil). = Vue, vision, regard, optique.

ZzZzZzZzZzzzz

zapper : v. fig. = Papillonner.

zébré : adj. = Rayé, strié, veiné, tacheté. ■ **zébrure** : n.f. Rayure, strie.

zèle : n.m. = Ardeur, ferveur, empressement, dévouement, application, enthousiasme. ■ **zélé** : adj. = Appliqué, dévoué, attentif, empressé, enthousiaste.

zen : adj. fig. fam. = Calme, décontracté. ≠ Stressé, énervé.

zénith : n.m. = Apogée, summum, sommet, fam. top.

zéro : n.m. = Nullité, inexistence, rien.

zézayer : v. = Zozoter.

zigzag : n.m. = Méandre, virage.

zizanie : n.f. = Désaccord, mésentente. ≠ Concorde, entente.

zombie : n.m. = Revenant, mort-vivant, fantôme.

zone : n.f. = Secteur, région, site, territoire, espace.

zozoter : v. fam. = Zézayer.